Direito da Arquitectura

COLECTÂNEA ANOTADA DE TEXTOS LEGAIS

Direito da Arquitectura

COLECTÂNEA ANOTADA DE TEXTOS LEGAIS

2016 • 9ª Edição

António Cordeiro
Advogado
Professor da Faculdade de Direito da Universidade Lusíada de Lisboa

ALMEDINA

DIREITO DA ARQUITECTURA
COLECTÂNEA ANOTADA DE TEXTOS LEGAIS
AUTOR
António Cordeiro

EDITOR
EDIÇÕES ALMEDINA, S.A.
Rua Fernandes Tomás, nºs 76-80
3000-167 Coimbra
Tel.: 239 851 904 · Fax: 239 851 901
www.almedina.net · editora@almedina.net

DESIGN DE CAPA
FBA.

PRÉ-IMPRESSÃO
EDIÇÕES ALMEDINA, SA

IMPRESSÃO E ACABAMENTO
Vasp - DPS
Novembro, 2016
DEPÓSITO LEGAL
417694/16

ALMEDINA | GRUPOALMEDINA

BIBLIOTECA NACIONAL DE PORTUGAL – CATALOGAÇÃO NA PUBLICAÇÃO
PORTUGAL. Leis, decretos, etc.
Direito da arquitectura : colectânea
anotada de textos legais / [compil.]
António Cordeiro. – 9ª ed. - (Coletâneas
de legislação)
ISBN 978-972-40- 6787-2
I – CORDEIRO, António
CDU 349

NOTA INTRODUTÓRIA

Cerca de três anos volvidos sobre a anterior edição, surge esta já 9ª edição da Colectânea, tornada inevitável pelas extensas alterações a que, principalmente no último ano, foram sujeitos uma boa parte dos regimes legais que a integram.

Tal não significa que tenham ocorrido alterações substanciais: com uma ou outra excepção, defrontamos predominantemente novas arrumações de matérias, com preceitos a transitarem de velhos para novos diplomas. Relativamente a essas excepções, fica a dúvida sobre a adequação de algumas, muito em particular sobre as que foram introduzidas no Regime Jurídico da Urbanização e da Edificação, nomeadamente a substituição do regime da comunicação prévia pelo da designada mera comunicação prévia, em si questionável e, em qualquer caso, neste momento, por certo inoportuna.

Independentemente do seu conteúdo, atentando na técnica legislativa e no apuro formal, mantém-se a tendência para o indevido detalhe regulamentar nas leis (até nas leis em sentido formal – sendo logo exemplo a primeira lei incluída, agora integrada por anexos com extensas listas, obrigando a que uma sua qualquer alteração tenha de seguir um pesado processo legislativo); e, nos próprios regulamentos, surgindo cada vez mais a sua transformação em *check-lists*, repetindo-se às vezes até à exaustão as regras comuns às diversas situações. Acresce infelizmente, nos últimos tempos, o mau hábito de não efectuar a revisão final dos diplomas, linguística, deixando de se fazer as necessárias rectificações, como se foi num ou noutro ponto registando, quando o texto mais "arranha" os olhos do leitor.

Um outro efeito perverso dessa queda para a regulamentação miúda foi o do sensível aumento da extensão dos diplomas, obrigando a reduzir, com a supressão de um dos seus capítulos, o leque das matérias abarcadas na Colectânea, para esta se poder manter nos limites de uma obra em primeira linha pensada para efeitos didácticos.

Aos assinalados erros de redacção, somam-se os que já vinham de trás quanto à ortografia "oficial" (pois se continua a discutir, até, a constitucionalidade do infeliz Acordo ortográfico), que já tiveram de ser enfrentados na anterior edição. Manteve-se o critério então adoptado, de manter a ortografia dos textos tal como consta da sua publicação no Diário da República, podendo pois encontrar-se duas ortografias sempre que ocorreram alterações a diplomas anteriores ao início de aplicação do Acordo sem que tenha ocorrido a sua republicação.

O autor, ainda convicto de que algum conserto será talvez possível, continuará a utilizar a anterior grafia (por vezes alterada, até, sem qualquer razão face à lógica do acordo – porque não poderia, uma linha abaixo, continuar a escrever o mês assinalado com maiúscula?).

Outubro de 2016

ANTÓNIO CORDEIRO

I. Enquadramento legal da profissão de arquitecto

1. **Competências profissionais**
   a) **Elaboração de projectos, direcção de obra e fiscalização de obra**
      - Lei nº 31/2009, de 3 de Julho

   b) **Elaboração de planos de urbanização e de pormenor e projectos de loteamento**
      - Decreto-Lei nº 292/95, de 14 de Novembro

2. **Ordem dos Arquitectos**
   a) **Estatuto**
      - Decreto-Lei nº 176/98, de 3 de Julho

   b) **Regulamento de Inscrição e Estágio**
      - Regulamento nº 350/2016, 2ª Série do D.R. de 4.4.2016

   c) **Regulamento de Deontologia e Procedimento Disciplina**
      - Regulamento nº 336/2016, 2ª Série do D.R. de 30.3.2016
      - Recomendações sobre Ética e Deontologia da União Internacional dos Arquitectos

3. **Exercício da arquitectura na União Europeia**
   a) **Reconhecimento das qualificações profissionais**
      - Directiva nº 2005/36/CE, do Parlamento e do Conselho, de 7 de Setembro

   b) **Transposição para o direito português**
      - Lei nº 9/2009, de 4 de Março

4. **Propriedade intelectual**
   - Código do Direito de Autor e dos Direitos Conexos

gistas, engenheiros e engenheiros técnicos, com inscrição válida em associação profissional, sem prejuízo do disposto no artigo 11º.

2 – Para elaboração do projeto, os respetivos autores constituem uma equipa de projeto, a qual inclui um coordenador que pode, quando qualificado para o efeito, acumular com aquela função a elaboração total ou parcial de um ou mais projetos.

3 – A coordenação do projeto incumbe aos técnicos qualificados nos termos do anexo I à presente lei, que dela faz parte integrante.

4 – O coordenador de projeto, bem como os autores de projeto, ainda que integrados em equipa, ficam individualmente sujeitos aos deveres previstos na presente lei.

5 – Podem desempenhar a função de diretor de obra, de acordo com o projeto ordenador ou a natureza predominante da mesma, os técnicos qualificados nos termos do anexo II à presente lei, que dela faz parte integrante.

6 – A condução da execução dos trabalhos de cada especialidade enquadráveis em obras de classe 6 ou superior cabe aos técnicos titulares das qualificações adequadas, conforme disposto no artigo 14º-A.

7 – Podem desempenhar a função de diretor de fiscalização de obra, de acordo com o projeto ordenador ou a natureza predominante da mesma, os técnicos qualificados nos termos do anexo II à presente lei.

8 – O projeto ordenador de cada obra deve ser indicado pelo dono da obra, em respeito com o conceito constante da presente lei, e no âmbito dos projetos que integram a obra.

9 – O reconhecimento de qualificações obtidas fora de Portugal por técnicos nacionais de Estados do Espaço Económico Europeu é regulado pela Diretiva 2005/36/CE, do Parlamento Europeu e do Conselho, de 7 de setembro, transposta para o direito interno português pela Lei nº 9/2009, de 4 de março, alterada pelas Leis nºs 41/2012, de 28 de agosto, e 25/2014, de 2 de maio, sendo entidades competentes para o efeito as respetivas associações públicas profissionais ou, quando não existam, a autoridade sectorialmente competente para o controlo da profissão em causa, nos termos da legislação aplicável, ou ainda, caso tal autoridade não esteja designada, o Instituto dos Mercados Públicos, do Imobiliário e da Construção, I. P. (IMPIC, I. P.)[5].

[5] A Directiva foi alterada pela Directiva nº 2013/55/EU, de 20 de Novembro. Ver a subsequente Secção 3.

Artigo 5º – Apreciação de projetos

Sem prejuízo do disposto no nº 4 do artigo 42º do Decreto-Lei nº 176/98, de 3 de julho[6], no que respeita ao projeto de arquitetura, a Administração Pública e os donos de obra pública dotam os seus quadros de funcionários e trabalhadores com qualificação adequada para apreciar e analisar um projeto no âmbito de uma obra sujeita a licenciamento, comunicação prévia ou procedimento pré-contratual, podendo recorrer a entidades externas, dotadas de técnicos qualificados para esse fim, quando tal se revele conveniente para o cumprimento desta obrigação.

CAPÍTULO II – Qualificações dos técnicos

SECÇÃO I – Equipa de projeto: Autores de projeto e coordenador de projeto

Artigo 6º – Equipa de projeto

1 – O projeto é elaborado, em equipa de projeto, pelos técnicos necessários à sua correta e integral elaboração, podendo apenas integrar, como autores de projeto, arquitetos, arquitetos paisagistas, engenheiros e engenheiros técnicos, executando tarefas na área das suas qualificações e especializações, nos termos indicados na presente lei.

2 – Os autores de projeto e o coordenador de projeto ficam individualmente sujeitos a todos os deveres previstos na presente lei.

3 – A equipa de projeto é constituída, predominantemente, por engenheiros e engenheiros técnicos, nos projetos das obras de:

a) Estradas, pontes, túneis, pistas de aeroportos e de aeródromos e vias-férreas;

b) Redes de transporte de águas, de esgotos, de distribuição de energia, de telecomunicações e outras;

c) Obras de engenharia hidráulica, estações de tratamento de água ou de águas residuais;

d) Obras portuárias e de engenharia costeira e fluvial;

e) Estações de tratamento de resíduos;

f) Centrais de produção de energia e de tratamento, refinação ou armazenamento de combustíveis ou materiais químicos, não de retalho;

[6] O preceito citado é antes o art. 42º do Estatuto da Ordem dos Arquitectos aprovado pelo mencionado Decreto-Lei nº 176/98. Este, e o Estatuto, foram alterados pela Lei nº 113/2015, de 28 de Agosto – ver a subsequente Secção 2.

g) Demolição e preparação dos locais da construção, perfurações e sondagens;

h) Instalações elétricas, de canalização, de climatização e outras instalações.

Artigo 7º – Contrato para elaboração de projeto

1 – A elaboração de projeto nos contratos sujeitos à lei portuguesa é contratada por escrito, contendo, sob pena de nulidade, a identificação completa do coordenador de projeto e dos autores de projeto, a especificação das funções que assumem e dos projetos que elaboram, a classificação das obras pelas categorias I, II, III e IV, previstas no artigo 11º do anexo I e no anexo II da Portaria nº 701-H/2008, de 29 de julho[7], bem como a identificação dos elementos do seguro, previsto no artigo 24º da presente lei, que garante a sua responsabilidade civil.

2 – A elaboração de projeto é contratada, nomeadamente:

a) A uma empresa de projeto, com expressa identificação dos autores de projeto e do coordenador de projeto nos termos do número anterior, salvaguardando sempre o cumprimento integral do disposto na presente lei;

b) A uma equipa de projeto, de forma global, sempre com expressa identificação dos autores de projeto e do coordenador de projeto.

Artigo 8º – Coordenação de projeto

(Revogado)

Artigo 9º – Deveres do coordenador de projeto

1 – Compete ao coordenador do projeto, com autonomia técnica, e sem prejuízo das demais obrigações que assuma perante o dono da obra, bem como das competências próprias de coordenação e da autonomia técnica de cada um dos autores de projeto:

a) Representar a equipa de projeto, da qual faz parte integrante, durante as fases de projeto perante o dono da obra, o diretor de fiscalização de obra e quaisquer outras entidades;

b) Verificar a qualificação profissional de cada um dos elementos da equipa, conforme previsto na presente lei;

c) Assegurar a adequada articulação da equipa de projeto em função das características da obra, garantindo, com os restantes membros da equipa, a funcionalidade e a exequibilidade técnica das soluções a adotar, dentro dos condicionamentos e dos interesses expressos no programa do dono da obra;

[7] Portaria inserta na Secção 1 do Capítulo II.

d) Assegurar a compatibilidade entre as peças desenhadas e escritas necessárias à caracterização da obra, de modo a garantir a sua integridade e a sua coerência;

e) Atuar junto do dono da obra, em colaboração com os autores de projeto, no sentido de promover o esclarecimento do relevo das opções de conceção ou de construção no custo ou eficiência da obra, sempre que aquele o solicite ou tal se justifique;

f) Assegurar a compatibilização com o coordenador em matéria de segurança e saúde, durante a elaboração do projeto, visando a aplicação dos princípios gerais de segurança em cumprimento da legislação em vigor;

g) Verificar, na coordenação da elaboração dos projetos, o respeito pelas normas legais e regulamentares aplicáveis, nomeadamente as constantes de instrumentos de gestão territorial, sem prejuízo dos deveres próprios de cada autor de projeto;

h) Instruir o processo relativo à constituição da equipa de projeto, o qual inclui a identificação completa de todos os seus elementos, cópia dos contratos celebrados para a elaboração de projeto, cópia dos termos de responsabilidade pela sua elaboração e cópia dos comprovativos da contratação de seguro de responsabilidade civil nos termos do artigo 24º;

i) Disponibilizar todas as peças do projeto e o processo relativo à constituição de equipa de projeto ao dono da obra, aos autores de projeto e, quando solicitado, aos intervenientes na execução de obra e entidades com competência de fiscalização;

j) Comunicar, no prazo de cinco dias úteis, ao dono da obra, aos autores de projeto e, quando aplicável, à entidade perante a qual tenha decorrido procedimento de licenciamento, de autorização administrativa ou de comunicação prévia, a cessação de funções enquanto coordenador de projeto, para os efeitos e procedimentos previstos no RJUE e no Código dos Contratos Públicos, sem prejuízo dos deveres que incumbam a outras entidades, nomeadamente no caso de impossibilidade.

k) Cumprir os demais deveres de que seja incumbido por lei.

2 – Nos casos previstos na alínea *j*) do número anterior, o coordenador do projeto fica obrigado a prestar assistência técnica à obra, quando a sua execução possa contratual ou legalmente prosseguir, até à sua substituição junto da entidade acima indicada, até ao limite máximo de 60 dias, contados da comunicação prevista na alínea anterior.

Artigo 10º – Qualificação dos autores de projeto

1 – Os projetos relativos às operações e obras previstas no nº 1 do artigo 2º da presente lei são elaborados, em equipa de projeto, por arquitetos, engenheiros,

engenheiros técnicos e, sempre que necessário, arquitetos paisagistas, com qualificação adequada à natureza do projeto em causa, sem prejuízo de outros técnicos a quem seja reconhecida, por lei especial, habilitação para elaborar projetos.

2 – Os projetos de arquitetura são elaborados por arquitetos com inscrição válida na Ordem dos Arquitetos.

3 – Os projetos das especialidades de engenharia são elaborados por engenheiros ou engenheiros técnicos que sejam reconhecidos pela Ordem dos Engenheiros e pela Ordem dos Engenheiros Técnicos, nos termos do anexo III à presente lei, que dela faz parte integrante.

4 – Os projetos da especialidade de arquitetura paisagista são elaborados por arquitetos paisagistas com inscrição na associação profissional respetiva.

5 – O disposto no presente artigo não prejudica as exigências impostas pelo direito comunitário em matéria de profissões regulamentadas, nomeadamente no que respeita aos direitos adquiridos aplicáveis às profissões que são objeto de reconhecimento com base na coordenação das condições mínimas de formação, nos termos e para os efeitos do disposto no nº 9 do artigo 4º.

6 – *(Revogado).*

7 – *(Revogado).*

Artigo 11º – Outros técnicos qualificados

Podem ainda ser elaboradas por outros técnicos as peças escritas e desenhadas respeitantes a obras de conservação ou de alteração no interior de edifícios sujeitas a um regime de isenção de procedimento de controlo prévio, referidas nas alíneas *a*) e *b*) do nº 1 do artigo 6º do RJUE.

Artigo 12º – Deveres dos autores de projetos

1 – Os autores de projeto abrangidos pela presente lei devem cumprir, em toda a sua atuação, no exercício da sua profissão e com autonomia técnica, as normas legais e regulamentares em vigor que lhes sejam aplicáveis, bem como os deveres, principais ou acessórios, que decorram das obrigações assumidas por contrato, de natureza pública ou privada, e das normas de natureza deontológica, que estejam obrigados a observar em virtude do disposto nos respetivos estatutos profissionais.

2 – Sem prejuízo do disposto no número anterior e de outros deveres consagrados na presente lei, os autores de projeto estão, na sua atuação, especialmente obrigados a:

a) Subscrever os projetos que tenham elaborado, indicando o número da inscrição válida em organismo ou associação profissional, quando aplicável;

b) Adotar as soluções de conceção que melhor sirvam os interesses do dono da obra, expressos no programa preliminar e na apreciação de cada fase do projeto, ao nível estético, funcional e de exequibilidade do projeto e da obra, devendo justificar tecnicamente todas as soluções propostas;

c) Garantir, com o coordenador do projeto, na execução do projeto, a sua harmonização com as demais peças desenhadas e escritas necessárias à caracterização da obra, sem que se produza uma duplicidade desnecessária de documentação, de modo a garantir a sua integridade e a sua coerência;

d) Atuar junto do coordenador de projeto, sempre que tal se justifique, no sentido de esclarecer o relevo das opções de conceção ou de construção;

e) Prestar assistência técnica à obra, de acordo com o contratado;

f) Comunicar, no prazo de cinco dias úteis, ao dono da obra, ao coordenador de projeto e, quando aplicável, à entidade perante a qual tenha decorrido procedimento de licenciamento ou comunicação prévia, a cessação de funções enquanto autor de projeto, para os efeitos e procedimentos previstos no RJUE e no Código dos Contratos Públicos, sem prejuízo dos deveres que incumbam a outras entidades, nomeadamente no caso de impossibilidade;

g) Nos casos previstos na alínea anterior, o autor de projeto fica obrigado a prestar assistência técnica à obra quando a sua execução possa contratual ou legalmente prosseguir, até à sua substituição junto da entidade acima indicada, até ao limite máximo de 60 dias, contados da comunicação prevista na alínea anterior;

h) Cumprir os demais deveres de que seja incumbido por lei, designadamente pelo RJUE e respetivas portarias regulamentares, bem como as demais normas legais e regulamentares em vigor.

SECÇÃO II - Director de obra e director de fiscalização de obra

Artigo 13º - Director de obra

(Revogado)

Artigo 14º - Deveres do director de obra

1 - Sem prejuízo do disposto na legislação vigente, o diretor de obra fica obrigado, com autonomia técnica, a:

a) Assumir a função técnica de dirigir a execução dos trabalhos e a coordenação de toda a atividade de produção da empresa responsável pela execução da obra;

b) Assegurar a correta realização da obra, no desempenho das tarefas de coordenação, direção e execução dos trabalhos, em conformidade com o projeto de execução e o cumprimento das condições da licença ou da admissão, em sede de procedimento administrativo ou contratual público;

c) Adotar os métodos de produção adequados, de forma a assegurar o cumprimento dos deveres legais a que está obrigado, a qualidade da obra executada, a segurança e a eficiência no processo de construção;

d) Requerer, sempre que o julgue necessário para assegurar a conformidade da obra que executa ao projeto ou ao cumprimento das normas legais ou regulamentares em vigor, a intervenção do diretor de fiscalização de obra, a assistência técnica dos autores de projeto, devendo, neste caso, comunicar previamente ao diretor de fiscalização de obra, ficando também obrigado a proceder ao registo desse facto e das respetivas circunstâncias no livro de obra;

e) Quando coordene trabalhos executados por outras empresas, devidamente habilitadas, no âmbito de obra cuja realização tenha sido assumida pela empresa cujo quadro de pessoal integra, deve fazer-se coadjuvar, na execução destes, pelos técnicos dessas mesmas empresas;

f) Comunicar, no prazo de cinco dias úteis, a cessação de funções, enquanto diretor de obra, ao dono da obra, bem como ao diretor de fiscalização de obra e à entidade perante a qual tenha decorrido procedimento administrativo, em obra relativamente à qual tenha apresentado termo de responsabilidade, para os efeitos e procedimentos previstos no RJUE e no Código dos Contratos Públicos, sem prejuízo dos deveres que incumbam a outras entidades, nomeadamente no caso de impossibilidade;

g) Assegurar a efetiva condução da execução dos trabalhos das diferentes especialidades por técnicos qualificados nos termos do artigo 14º-A;

h) Cumprir as normas legais e regulamentares em vigor.

2 – Para efeito do disposto na alínea *d*) do número anterior, nos casos em que não seja legalmente prevista a existência obrigatória de diretor de fiscalização de obra, cabe ao diretor de obra o dever de requerer, nas situações e termos previstos na referida alínea e com as necessárias adaptações, a prestação de assistência técnica aos autores de projeto, sem prejuízo da responsabilidade civil, criminal, contraordenacional ou outra, das demais entidades que tenham sido contratadas pelo dono da obra.

Artigo 14º-A – Condução da execução dos trabalhos

1 – Em obras de classe 6 ou superior, as empresas responsáveis pela execução da obra devem recorrer a técnicos com as qualificações suficientes para a condução da execução dos trabalhos das diferentes especialidades enquadráveis na mesma, nos termos do anexo IV à presente lei, que dela faz parte integrante.

2 – O diretor de obra pode acumular a sua função com a de condução da execução dos trabalhos das diferentes especialidades enquadráveis na obra em causa, desde que devidamente qualificado nos termos da presente lei.

3 – O disposto nos números anteriores não prejudica eventuais reservas de atividade para a execução das especialidades enquadráveis nas obras em causa, nos termos de legislação especial.

Artigo 15º – Diretor de fiscalização de obra

(Revogado)

Artigo 16º – Deveres do diretor de fiscalização de obra

1 – O diretor de fiscalização de obra fica obrigado, com autonomia técnica, a:

a) Assegurar a verificação da execução da obra em conformidade com o projeto de execução, e o cumprimento das condições da licença ou admissão, em sede de procedimento administrativo ou contratual público, bem como o cumprimento das normas legais e regulamentares em vigor;

b) Acompanhar a realização da obra com a frequência adequada ao integral desempenho das suas funções e à fiscalização do decurso dos trabalhos e da atuação do diretor de obra no exercício das suas funções, emitindo as diretrizes necessárias ao cumprimento do disposto na alínea anterior;

c) Recorrer sempre a técnicos em número e qualificações suficientes de forma a que a fiscalização abranja o conjunto de projetos envolvidos;

d) Requerer, sempre que tal seja necessário para assegurar a conformidade da obra que executa ao projeto de execução ou ao cumprimento das normas legais ou regulamentares em vigor, a assistência técnica ao coordenador de projeto com intervenção dos autores de projeto, ficando também obrigado a proceder ao registo desse facto e das respetivas circunstâncias no livro de obra, bem como das solicitações de assistência técnica que tenham sido efetuadas pelo diretor de obra;

e) Comunicar, de imediato, ao dono da obra e ao coordenador de projeto qualquer deficiência técnica verificada no projeto ou a necessidade de alteração do mesmo para a sua correta execução;

f) Participar ao dono da obra, bem como, quando a lei o preveja, ao coordenador em matéria de segurança e saúde, durante a execução da obra, situações que comprometam a segurança, a qualidade, o preço contratado e o cumprimento do prazo previsto em procedimento contratual público ou para a conclusão das operações urbanísticas, sempre que as detetar na execução da obra;

g) Desempenhar as demais funções designadas pelo dono da obra de que tenha sido incumbido, conquanto as mesmas não se substituam às funções próprias do diretor de obra ou dos autores de projeto, não dependam de licença, habilitação ou autorização legalmente prevista e não sejam incompatíveis com o cumprimento de quaisquer deveres legais a que esteja sujeito;

h) Comunicar, no prazo de cinco dias úteis, ao dono da obra e à entidade perante a qual tenha decorrido procedimento de licenciamento ou comunicação prévia a cessação de funções enquanto diretor de fiscalização de obra, para os efeitos e procedimentos previstos no RJUE e no Código dos Contratos Públicos, sem prejuízo dos deveres que incumbam a outras entidades, nomeadamente no caso de impossibilidade;

i) Assegurar que a efetiva condução da execução dos trabalhos das diferentes especialidades é efetuada por técnicos qualificados nos termos do artigo 14º-A;

j) Cumprir os deveres de que seja incumbido por lei, designadamente pelo RJUE e respetivas portarias regulamentares, bem como pelo Código dos Contratos Públicos e demais normas legais e regulamentares em vigor.

2 – Sem prejuízo de disposição legal em contrário, não pode exercer funções como diretor de fiscalização de obra qualquer pessoa que integre o quadro de pessoal da empresa responsável pela execução da obra ou de qualquer outra empresa que tenha intervenção na execução da obra, incluindo o seu diretor.

Artigo 17º – Fiscalização de obra pública

Sem prejuízo do disposto em lei especial, em sede de obra pública, o desempenho das funções de diretor de fiscalização de obra, ou, quando exista, a chefia de equipa de fiscalização ficam sujeitos aos deveres previstos no Código dos Contratos Públicos e aos deveres elencados no artigo anterior que com ele sejam compatíveis.

CAPÍTULO III – Responsabilidade civil e garantias

Artigo 18º – Responsabilidades do dono da obra

1 – O dono da obra, enquanto adjudicante, respetivamente, da equipa de projeto, do diretor de fiscalização de obra, e do construtor, deve cumprir com todas as suas obrigações contratuais, nomeadamente:

a) Fornecer, antecipadamente à elaboração dos projetos, a informação necessária aos adjudicatários relativa a objetivos e condicionantes, nomeadamente o programa preliminar, bem como reconhecimentos e levantamentos;

b) Permitir o livre acesso à obra aos autores de projeto e até conclusão daquela.

2 – Sempre que a obra a executar seja classificada na categoria III ou superior, bem como naqueles casos em que o preço base, fixado no caderno de encargos, seja enquadrável na classe 3 de alvará ou em classe superior[8], o dono da obra

[8] Referem-se uma das categorias da obra previstas na Portaria nº 701-H/2008 (subsequente Cap. II) e classes de habilitações dos alvarás das empresas de construção, previstas na Portaria nº 119/2012, de 30 de Abril, de acordo com a Declaração de Rectificação nº 27/2012 (D.R. de 30.5.2012):

pública deve garantir que o projeto de execução seja objeto de prévia[9] revisão por entidade devidamente qualificada para a sua elaboração, distinta do autor do mesmo.

3 – O dono da obra particular em obras de classe 3 ou superior deve procurar, sempre que possível, diligenciar pela revisão de projeto, sempre que a complexidade técnica do processo construtivo da obra o justifique.

Artigo 19º – Responsabilidade civil dos técnicos

1 – Os técnicos e pessoas a quem a presente lei seja aplicável são responsáveis pelo ressarcimento dos danos causados a terceiros decorrentes da violação culposa, por ação ou omissão, de deveres no exercício da atividade a que estejam obrigados por contrato ou por norma legal ou regulamentar, sem prejuízo da responsabilidade criminal, contraordenacional, disciplinar ou outra que exista.

2 – Os técnicos e pessoas referidos no número anterior respondem ainda, independentemente de culpa, pelos danos causados pelos seus representantes, mandatários, agentes, funcionários ou por quaisquer pessoas que com eles colaborem na sua atuação.

3 – A responsabilidade dos técnicos e pessoas a quem esta lei seja aplicável não exclui a responsabilidade, civil ou outra, das pessoas, singulares ou coletivas, por conta ou no interesse das quais atuem, nem de quaisquer outras entidades que tenham violado deveres contratuais ou legais, nos termos gerais.

4 – A responsabilidade civil prevista na presente lei abrange os danos causados a terceiros adquirentes de direitos sobre projetos, construções ou imóveis, elaborados, construídos ou dirigidos tecnicamente pelos técnicos e pessoas indicados no nº 1.

Artigo 20º – Situações especiais de responsabilidade

(Revogado)

Classes de habilitações	Valores máximos das obras permitidas (em euros)
1	Até 166 000
2	Até 332 000
3	Até 664 000
4	Até 1 328 000
5	Até 2 656 000
6	Até 5 312 000
7	Até 10 624 000
8	Até 16 600 000
9	Acima de 16 600 000

[9] Esta palavra foi omitida no texto da republicação.

Artigo 21º – Termo de responsabilidade

1 – Os técnicos e demais pessoas abrangidas pela presente lei devem subscrever termos de responsabilidade nos casos nela previstos e na lei em geral.

2 – O coordenador de projeto está obrigado à subscrição de termo de responsabilidade pela correta elaboração e compatibilização das peças do projeto que coordena, bem como pelo cumprimento das obrigações previstas no artigo 9º da presente lei, obedecendo às especificações contidas no RJUE e respetiva regulamentação.

3 – Os autores dos projetos estão obrigados à subscrição de termo de responsabilidade pela correta elaboração do respetivo projeto e pela sua conformidade às disposições legais e regulamentares aplicáveis, bem como pelo cumprimento das obrigações previstas no artigo 12º da presente lei, nos termos do RJUE, com as devidas adaptações.

4 – O diretor de fiscalização de obra está obrigado à subscrição de termo de responsabilidade pela verificação da execução da obra em conformidade com o projeto admitido ou aprovado e as condições da licença ou autorização, em sede de procedimento administrativo, pelo cumprimento das normas legais e regulamentares aplicáveis, bem como pelo cumprimento das obrigações previstas no artigo 16º da presente lei, nos termos do RJUE, com as devidas adaptações.

5 – O diretor de obra está obrigado à subscrição de termo de responsabilidade pela correta execução da obra e pelo cumprimento das obrigações previstas no artigo 14º da presente lei, obedecendo às especificações contidas no RJUE e na regulamentação respetiva que estabeleça os elementos e modelo de termo de responsabilidade do diretor de obra, com as devidas adaptações.

6 – Sob pena de procedimento disciplinar ou contraordenacional, nos termos da legislação aplicável ao profissional em causa, os técnicos responsáveis pela condução da execução dos trabalhos de cada especialidade enquadráveis em determinada obra estão obrigados à subscrição de termo de responsabilidade pela correta execução dos mesmos, nos termos previstos no número anterior, com as devidas adaptações.

7 – Para efeito da aplicação do disposto nos números anteriores, em sede de contratação pública, o coordenador de projeto, os autores de projeto, o diretor de fiscalização de obra e o diretor de obra, devem subscrever termo de responsabilidade obedecendo às especificações contidas no RJUE e na regulamentação respetiva que estabeleça os elementos e os correspondentes modelos de termo de responsabilidade.

8 – Quando existam vários autores de um projeto, ou ainda, mais do que um projeto de especialidade, todos devem subscrever termo de responsabilidade relativamente aos projetos que elaboraram, nos termos dos números anteriores.

9 – Quando, por lei ou, nos casos permitidos, por contrato, uma das funções reguladas na presente lei é assumida por mais de uma pessoa, todas devem subscrever termo de responsabilidade, nos termos dos números anteriores.

10 – Os termos de responsabilidade referidos nos nºs 4 e 5 só podem ser subscritos após receção pelos técnicos em causa dos termos de responsabilidade relativos às várias especialidades da obra de subscrição obrigatória nos termos do nº 6 e da demais legislação aplicável.

Artigo 22º – Comprovação da qualificação e do cumprimento dos deveres em obras particulares

1 – *(Revogado).*

2 – Os técnicos cuja qualificação é regulada pela presente lei devem comprovar as qualificações para o desempenho das funções específicas que se propõem exercer, designadamente através do Sistema Eletrónico de Reconhecimento de Atributos Profissionais com o Cartão de Cidadão a que se refere o artigo 51º da Lei nº 2/2013, de 10 de janeiro, sempre que tal lhes seja solicitado pelo IMPIC, I. P., ou pela autoridade competente para o licenciamento ou receção de comunicação prévia de obra particular.

3 – Conjuntamente com o requerimento ou comunicação que dê início ao procedimento administrativo de licenciamento ou comunicação prévia são apresentados, relativamente ao coordenador de projeto, aos autores de projeto e ao diretor de fiscalização de obra, podendo, neste último caso, ser entregue aquando do pedido de autorização de utilização, os seguintes elementos:

a) Termo de responsabilidade;

b) Comprovativo da contratação de seguro de responsabilidade civil válido, nos termos do artigo 24º.

4 – Com a comunicação do início da execução dos trabalhos, é apresentado documento do qual consta a identificação da empresa de construção que executa a obra, bem como os seguintes elementos:

a) Termo de responsabilidade do diretor de obra e, quando aplicável, termo de identificação dos técnicos que conduzem a execução dos trabalhos nas diferentes especialidades;

b) Comprovativo da contratação de seguro de responsabilidade civil válido, relativo à direção da obra, nos termos do artigo 24º;

c) Comprovativo de contratação, por vínculo laboral ou de prestação de serviços, por parte da empresa responsável pela execução da obra e, quando aplicável, dos técnicos que conduzem a execução dos trabalhos nas diferentes especialidades;

d) *(Revogada).*

5 – Os documentos referidos nos nºs 3 e 4 são apresentados através de meios eletrónicos nos termos previstos no artigo 8º-A do RJUE.

6 – Os técnicos previstos no presente artigo comprovam, quando seja o caso, a renovação atempada do contrato de seguro de responsabilidade civil que são obrigados a deter nos termos da presente lei.

7 – Se as pessoas indicadas no número anterior não comprovarem a renovação do seguro até ao termo de validade deste, a entidade administrativa determina a suspensão da execução da obra, sob as cominações legais, até à comprovação da regularização da situação, notificando do facto o dono da obra e o diretor de fiscalização de obra ou o coordenador de projeto não faltosos.

8 – Para efeitos do disposto da parte final no número anterior é suficiente a notificação de qualquer das pessoas indicadas, ou de quem se encontra a executar a obra no local, sendo, no demais, aplicáveis os termos e os efeitos previstos no RJUE para embargo que sejam compatíveis com os interesses tutelados pela medida prevista na presente lei.

9 – Na situação referida no número anterior, o dono da obra tem a faculdade de resolver o contrato, considerando-se existir incumprimento definitivo do mesmo por causa exclusivamente imputável ao técnico sujeito à obrigação de seguro e à empresa cujo quadro integre.

Artigo 23º – Comprovação da qualificação e do cumprimento de deveres em procedimento contratual público

1 – Salvo disposição legal em contrário, em sede de procedimento contratual público, os técnicos e pessoas abrangidos pela aplicação da presente lei e obrigados a subscrever termo de responsabilidade devem, à data da celebração do contrato, proceder ao seu depósito junto do dono da obra, bem como dos comprovativos da contratação de seguros de responsabilidade civil válidos, previstos no artigo anterior, respeitantes a cada um deles, assim como deve a empresa de construção responsável pela execução da obra comprovar a contratação de diretor de obra.

2 – Os técnicos e as pessoas mencionados no número anterior, ficam sujeitos às obrigações previstas nos nºs 6 a 9 do artigo anterior, devendo o dono da obra pública praticar os atos correspondentemente devidos pela entidade administrativa.

3 – Sem prejuízo do previsto em disposição especial, os elementos referidos no nº 1 são mantidos pelo dono da obra pública, pelo menos, até ao termo dos prazos de garantia, legal ou contratual, das obras a que respeitem e de prescrição da responsabilidade civil que decorram.

4 – Os técnicos cuja qualificação é regulada pela presente lei devem comprovar as qualificações para o desempenho das funções específicas que se propõem exercer, designadamente através do Sistema Eletrónico de Reconhecimento de Atributos Profissionais com o Cartão de Cidadão a que se refere o artigo 51º da Lei nº 2/2013, de 10 de janeiro, sempre que tal lhes seja solicitado pelo IMPIC, I. P.

Artigo 24º – Seguro de responsabilidade civil

1 – Os técnicos responsáveis pela coordenação, elaboração e subscrição de projetos, pela fiscalização de obra pública e particular e pela direção de obra a que se refere o artigo 1º, estão obrigados a celebrar contrato de seguro de responsabilidade civil extracontratual, destinado a garantir o ressarcimento dos danos causados a terceiros por atos ou omissões negligentes, nos termos da legislação em vigor.

2 – O seguro abrange ainda a responsabilidade pelos danos decorrentes de ações e omissões praticadas no exercício da atividade pelos empregados, assalariados, mandatários ou outras pessoas diretamente envolvidas na atividade do segurado, quando ao serviço deste ou cuja função seja de sua responsabilidade assegurar, e desde que sobre elas recaia também a obrigação de indemnização, incluindo a responsabilidade dos técnicos referidos no artigo 14º-A.

3 – As condições mínimas do seguro de responsabilidade civil, o âmbito temporal de cobertura, os termos de reclamação de sinistros, os termos das exceções ao âmbito da cobertura e os montantes são fixados, tendo em conta a qualificação detida, as funções desempenhadas, o valor dos projetos ou obras em que podem intervir e as obrigações a que estão sujeitos, por portaria conjunta dos membros do Governo responsáveis pelas áreas das obras públicas e particulares e da atividade seguradora, ouvidas as associações públicas profissionais de arquitetos, engenheiros e engenheiros técnicos.[10]

4 – Em caso de divergência na determinação das causas, circunstâncias e consequências do sinistro, esse apuramento pode ser cometido a peritos árbitros nomeados pelas partes, nos termos a definir na portaria a que se refere o número anterior.

5 – Para efeitos do disposto no nº 1, podem também ser tomadores do seguro de responsabilidade civil entidades nas quais os técnicos a que se refere aquele número exercem a sua atividade, nomeadamente as empresas de projeto, as empresas de fiscalização e as empresas de construção.

6 – O ressarcimento de danos decorrentes de responsabilidade civil contratual pode ser assegurado através da constituição de garantia financeira, que pode assumir a forma de depósito em dinheiro, seguro-caução ou garantia bancária.

7 – A admissibilidade de seguros de responsabilidade civil ou de garantias financeiras equivalentes, contratados noutros Estados do Espaço Económico Europeu por prestadores de serviços aí estabelecidos, é regida pelos nºs 2 a 4 do artigo 13º do Decreto-Lei nº 92/2010, de 26 de julho.[11]

[10] Portaria não publicada.

[11] Este diploma transpõe a Directiva "Serviços" (Directiva nº 2006/123/CE, de 12 de Dezembro).

8 – Os técnicos referidos no nº 1 que prestem serviços em regime de livre prestação em Portugal e que estejam obrigados, nos termos da legislação do Estado membro de origem, à contratação de garantia financeira para a cobertura dos riscos referidos nos nºs 1 e 2 em território nacional estão isentos da obrigação de celebração da garantia financeira referida nos números anteriores.

9 – Nos casos referidos no número anterior, as informações referidas na alínea *m*) do nº 1 do artigo 20º do Decreto-Lei nº 92/2010, de 26 de julho, referem-se à garantia financeira contratada nos termos da legislação do Estado membro de origem, devendo os técnicos identificar a autoridade competente daquele Estado que exerce poder punitivo pela violação do requisito em causa em território nacional, sempre que tal lhe seja solicitado pelo destinatário do serviço ou por autoridade competente.

CAPÍTULO IV – Fiscalização e sanções

Artigo 24º-A – Competências de inspeção e fiscalização do Instituto dos Mercados Públicos, do Imobiliário e da Construção, I. P.

1 – Incumbe ao IMPIC, I. P., no âmbito das suas atribuições e competências, inspecionar e fiscalizar o cumprimento da presente lei.

2 – Todas as autoridades e seus agentes devem participar ao IMPIC, I. P., a ocorrência de quaisquer contraordenações previstas na presente lei de que tenham conhecimento, remetendo àquele o respetivo auto.

Artigo 24º-B – Contraordenações

1 – Constitui contraordenação punível com coima de € 500 a € 8350,40 a prática dos seguintes factos:

a) A violação dos deveres do coordenador de projeto referidos no artigo 9º;

b) A violação dos deveres do autor de projeto referidos no nº 2 do artigo 12º;

c) A violação dos deveres do diretor da obra referidos no artigo 14º;

d) A violação dos deveres do diretor de fiscalização de obra referidos no artigo 16º.

2 – A negligência é punível, sendo os limites mínimos e máximos das coimas reduzidos para metade.

3 – A tentativa é punível com a coima aplicável à contraordenação consumada, especialmente atenuada.

4 – Às contraordenações previstas na presente lei é subsidiariamente aplicável o regime geral do ilícito de mera ordenação social, constante do Decreto-Lei nº 433/82, de 27 de outubro, alterado pelos Decretos-Leis nºs 356/89, de 17 de outubro, 244/95, de 14 de setembro, e 323/2001, de 17 de dezembro, e pela Lei nº 109/2001, de 24 de dezembro.

Artigo 24º-C – Determinação da sanção aplicável

A determinação da coima é feita em função da gravidade da contraordenação, da ilicitude concreta do facto e da culpa do infrator, e tem em conta a sua anterior conduta, bem como a respetiva situação económica.

Artigo 24º-D – Competência para instrução dos processos de contraordenação e aplicação de sanções

1 – A instrução dos processos de contraordenação é da competência dos serviços do IMPIC, I. P.

2 – Compete ao IMPIC, I. P., a aplicação das coimas previstas na presente lei.

Artigo 24º-E – Cobrança coerciva de coimas

As coimas aplicadas em processo de contraordenação por decisão tornada definitiva, quando não pagas, são objeto de cobrança coerciva através de processo de execução fiscal, nos termos do Código de Procedimento e de Processo Tributário.

Artigo 24º-F – Produto das coimas

1 – O produto das coimas recebido por infração ao disposto na presente lei reverte:

a) Em 60 % para o Estado;

b) Em 30 % para o IMPIC, I. P.;

c) Em 10 % para a entidade autuante.

2 – Quando seja arrecadado após a instauração do processo de execução fiscal referido no artigo anterior, o produto das coimas recebidas por infração ao disposto na presente lei reverte:

a) Em 60 % para o Estado;

b) Em 20 % para o IMPIC, I. P.;

c) Em 10 % para a Autoridade Tributária e Aduaneira;

d) Em 10 % para a entidade autuante.

Artigo 24º-G – Infrações disciplinares

As sanções aplicadas aos coordenadores de projeto, aos diretores de projeto, aos diretores de obra e aos diretores de fiscalização de obra ao abrigo do disposto nas alíneas *a*) a *d*) do nº 1 do artigo 24º-B são comunicadas pelo IMPIC, I. P., à respetiva associação pública profissional, quando exista.

CAPÍTULO V – Disposições finais e transitórias

Artigo 25º – Disposições transitórias

1 – Os técnicos qualificados para a elaboração de projeto nos termos dos artigos 2º, 3º, 4º e 5º do Decreto nº 73/73, de 28 de fevereiro[12], podem, durante

[12] Dispunham os indicados preceitos:
Artigo 2º – (Loteamentos urbanos)
1 – Os estudos de urbanização, quando necessários à definição de loteamentos urbanos, serão elaborados e subscritos, conjuntamente, por arquitectos e engenheiros civis ou agentes técnicos de engenharia civil e de minas.
2 – Os projectos de loteamentos abrangidos por estudos de urbanização já aprovados ou os de loteamentos de reduzida dimensão em zonas rurais poderão ser elaborados e subscritos, isoladamente, por arquitectos, engenheiros civis ou agentes técnicos de engenharia civil e de minas.
3 – Os projectos das infra-estruturas serão elaborados e subscritos por arquitectos, engenheiros ou agentes técnicos de engenharia, de acordo com as suas especialidades e nos termos da legislação em vigor.
Artigo 3º (Edifícios)
1 – Os projectos de edifícios serão, em regra, elaborados de colaboração entre arquitectos e engenheiros civis, agentes técnicos de engenharia civil e de minas e construtores civis diplomados.
2 – Os projectos de edifícios correntes, e sem exigências especiais, poderão ser elaborados, isoladamente, por arquitectos, engenheiros civis ou agentes técnicos de engenharia civil e de minas.
3 – Os projectos de edifícios correntes, e sem exigências especiais, que não excedam quatro pisos acima do nível do arruamento principal e cuja área total de pavimentos não ultrapasse 800 m^2, bem como os projectos de alteração e os planos de demolição correntes, poderão ser elaborados e subscritos por construtores civis diplomados.
4 – É obrigatória a intervenção de arquitectos nos projectos de novos edifícios e nos de alteração em edifícios existentes, que envolvam modificações na sua expressão plástica, nas áreas aprovadas pelo Governo para este efeito, sob proposta das câmaras municipais interessadas.
Artigo 4º (Estruturas de edifícios)
1 – Os projectos de estruturas de edifícios serão elaborados e subscritos por engenheiros civis ou por agentes técnicos de engenharia civil e de minas.
2 – Na elaboração de projectos de estruturas de complexidade técnica ou de elevado valor económico que envolvam o recurso a soluções de características não correntes é obrigatória a intervenção de engenheiro civil.
3 – Salvo prescrição regulamentar em contrário, os engenheiros e os agentes técnicos de engenharia de especialidades não previstas no nº 1, os arquitectos e construtores civis diplomados poderão projectar estruturas simples, de fácil dimensionamento e de execução corrente.
Artigo 5º (Instalações especiais e equipamento)
1 – Os projectos de instalações especiais e equipamento, serão, em regra, elaborados e subscritos por engenheiros ou agentes técnicos de engenharia.
2 – Os projectos de abastecimento de água e de drenagem e tratamento de esgotos deverão ser elaborados e subscritos, consoante a sua importância, por engenheiros civis ou agentes técnicos de engenharia civil e de minas.
3 – Na elaboração dos projectos de instalações eléctricas, de ventilação, ar condicionado, ascensores e monta-cargas, de aquecimento e outro equipamento que utilize energia deverão intervir, em

o período de cinco anos contados da data de entrada em vigor da presente lei, elaborar os projetos especificamente neles previstos desde que comprovem que, nos cinco anos anteriores, já tinham elaborado e subscrito projeto no âmbito daqueles artigos, que tenha merecido aprovação municipal, ficando, no entanto, sujeitos ao cumprimento dos deveres consagrados na presente lei e, quando aplicável, à sua comprovação perante as entidades administrativas.

2 – Os autores dos projetos referidos no número anterior poderão intervir após o período transitório em projetos de alteração aos projetos de que sejam autores.

3 – Os técnicos referidos no nº 1, ficam ainda, durante o período de cinco anos contados da data de entrada em vigor desta lei, habilitados para desempenhar a função de diretor de fiscalização em obra pública e particular, quanto às obras que eram, nos termos dos artigos 2º, 3º, 4º e 5º do Decreto nº 73/73, de 28 de fevereiro, qualificados para projetar, desde que comprovem que, nos cinco anos anteriores, já tinham elaborado e subscrito projeto ou fiscalizado obra, no âmbito daqueles artigos, que tenha merecido aprovação municipal, ficando, no entanto, sujeitos ao cumprimento dos deveres consagrados na presente lei e, quando aplicável, à sua comprovação perante as entidades administrativas.

4 – Após o decurso do período transitório, os técnicos referidos nos números anteriores podem ainda prosseguir a sua atividade, nos três anos seguintes, desde que façam prova, mediante certidão emitida pela instituição de ensino superior em que se encontram matriculados, de que completaram, até ao final daquele período, pelo menos, 180 créditos ou 3 anos curriculares de trabalho.

5 – A entrada em vigor da presente lei não prejudica o exercício de funções como diretor de fiscalização de obra por pessoas que nessa data, não detendo as qualificações previstas na presente lei, tenham assumido essas funções e subscrito termo de responsabilidade, apresentado junto de entidade administrativa para a emissão de licença para a realização da operação urbanística ou para a admissão da comunicação prévia, até ao termo da execução dessas obras e à subscrição de termo de responsabilidade pela sua correta execução para a concessão da autorização de utilização.

6 – As pessoas mencionadas no número anterior ficam sujeitas às obrigações previstas na presente lei que sejam compatíveis com a função que desempenham, devendo comprovar no prazo de três meses contados da entrada em vigor

regra, engenheiros electrotécnicos, engenheiros mecânicos ou agentes técnicos de engenharia de electricidade e máquinas, podendo ser admitida, também, a intervenção de outros técnicos diplomados em Engenharia, cuja actividade profissional os recomende como especialistas na matéria.
4 – Salvo disposição legal em contrário, os arquitectos e construtores civis diplomados poderão projectar instalações simples cujo dimensionamento, decorrendo da aplicação directa dos regulamentos ou de disposições técnicas oficiais, dispense outra justificação.

da portaria prevista no artigo 24º a contratação de seguro de responsabilidade civil adequado.

Artigo 26º – Disposições transitórias para obra pública

1 – O exercício de funções de elaboração de projeto e de fiscalização de obra, em sede de contratação pública ou de atuação em obra pública, pode também ser desempenhado pelos técnicos e pessoas integrados nos quadros do dono da obra pública, que, não reunindo as qualificações previstas na presente lei, demonstrem ter desempenhado, nos últimos dois anos, essas funções, sendo que o prazo transitório de exercício dessas funções é de dois anos, contados da data de entrada em vigor da presente lei.

2 – Os técnicos e pessoas indicados no número anterior ficam sujeitos às obrigações previstas na presente lei e, quando aplicável, à sua comprovação nos termos do disposto nos nºs 2 a 8 do artigo 21º, com as necessárias adaptações.

Artigo 27º – Protocolos para definição de qualificações específicas

1 – Compete à Ordem dos Arquitetos, à Ordem dos Engenheiros e à Associação Nacional dos Engenheiros Técnicos e, quando se justifique, a outras associações públicas profissionais, no uso de poder regulamentar próprio, a definição das qualificações específicas adequadas à elaboração de projetos, à direção de obra e à fiscalização de obra que aqueles estão habilitados a elaborar, nos termos da presente lei.

2 – Para efeito do previsto no número anterior, as associações públicas profissionais devem estabelecer entre si protocolos que, tendo por base a complexidade da obra, as habilitações, formação e experiência efetiva dos técnicos nelas inscritos, definam os tipos de obra e os projetos respetivos que ficam qualificados a elaborar e as obras em que ficam qualificados para desempenhar as funções de direção e de fiscalização de obra.

3 – Sem prejuízo de outras disposições legais, os protocolos referidos no número anterior são elaborados cumprindo os seguintes princípios:

a) Elencar a globalidade dos tipos de obra e de projeto existentes, não afetando a regulação de qualificação prevista em lei especial que disponha sobre a elaboração de projeto ou plano concreto ou defina a qualificação mínima de técnicos para elaboração de projeto;

b) Respeitar as qualificações decorrentes das especialidades e, se aplicável, de especializações previstas nos respetivos estatutos profissionais de acordo com critérios de adequação definidos na presente lei;

c) Utilizar, na definição da qualificação, critérios de experiência efetiva, ficando vedada a concessão de relevo à mera antiguidade de inscrição, para esse efeito.

4 – Quando sejam criadas pelas associações públicas profissionais de arquitetos, engenheiros e engenheiros técnicos, no exercício das suas competências, novas especialidades ou, se aplicável, novas especializações, a determinação da respetiva qualificação para elaboração de projeto está sujeita ao disposto nos artigos 10º e 21º, enquanto essa matéria não for regulada em protocolo celebrado nos termos dos números anteriores.

5 – Estão sujeitos a publicação na 2.ª série do *Diário da República,* incumbindo a respetiva promoção às associações públicas profissionais, os protocolos previstos no presente artigo e as suas alterações, devendo, em anexo a estas, ser republicado o protocolo alterado.

6 – Incumbe ao Ministério das Obras Públicas, Transportes e Comunicações, através do Instituto da Construção e do Imobiliário, I. P., a promoção da celebração dos protocolos a que se reporta o presente artigo no prazo de dois meses contados da data de publicação da presente lei, convocando para o efeito os representantes da Ordem dos Arquitetos, Ordem dos Engenheiros e da Associação Nacional dos Engenheiros Técnicos.

7 – Caso não tenham sido celebrados os protocolos referidos no presente artigo, no prazo definido no número anterior, a definição das qualificações específicas adequadas à elaboração de projeto, direção de obra e fiscalização de obra é aprovada nos dois meses subsequentes, por portaria conjunta dos membros do Governo que tutelam as áreas das obras públicas e do ensino superior[13].

8 – Para efeito do disposto no número anterior, incumbe ao Ministério das Obras Públicas, Transportes e Comunicações, através do Instituto da Construção e do Imobiliário, I. P., promover a elaboração de proposta de portaria, devendo para tanto, nomeadamente, proceder à audição das associações públicas profissionais de arquitetos, engenheiros e engenheiros técnicos, bem como, quando se justifique, de outras associações públicas profissionais.

9 – Sem prejuízo das disposições transitórias, os protocolos ou portaria previstos no presente artigo entram em vigor na data da entrada em vigor da presente lei.

Artigo 28º – Norma revogatória

Sem prejuízo do disposto nos artigos 25º e 26º, é revogado o Decreto nº 73/73, de 28 de fevereiro, e os nºs 3 e 4 do artigo 4º do Decreto-Lei nº 292/95, de 14 de novembro.[14]

[13] Foi publicada a Portaria nº 1379/2009, de 30 de Outubro, revogada com a entrada em vigor da actual redacção desta Lei, que incorporou o seu conteúdo, principalmente nos Anexos que passou a integrar.

[14] Diploma inserido na subsequente Divisão.

Artigo 29º – Entrada em vigor

1 – A presente lei entra em vigor no dia 1 de novembro de 2009, com exceção do disposto no artigo 27º que entra em vigor no dia seguinte ao da publicação da presente lei.

2 – As disposições relativas ao seguro de responsabilidade civil profissional, previsto no artigo 24º, e aquelas respeitantes à sua comprovação entram em vigor no prazo de três meses após a data de entrada em vigor da portaria referida naquele artigo.

ANEXO I – Qualificações para exercício de funções como coordenador de projetos

(a que se refere o nº 3 do artigo 4º)

Tipo de projeto a coordenar	Qualificações mínimas
Projetos em geral de obras de classe não superior a 4 . .	Na medida em que sejam qualificados para a elaboração de qualquer projeto na obra em causa, nos termos da presente lei ou de legislação especial: Arquitetos; Arquitetos paisagistas; Engenheiros; Engenheiros técnicos.
Projetos em geral de obras de classe 5 ou superior	Na medida em que sejam qualificados para a elaboração de qualquer projeto na obra em causa, nos termos da presente lei ou de legislação especial e tenham pelo menos cinco anos de experiência em elaboração ou coordenação de projetos: Arquitetos; Arquitetos paisagistas; Engenheiros; Engenheiros técnicos.
Projetos das seguintes obras ou trabalhos: *a*) Estradas, pontes, túneis, pistas de aeroportos e de aeródromos e vias férreas; *b*) Redes de distribuição e transporte de águas, de esgotos, de distribuição de energia, de telecomunicações e outras; *c*) Obras de engenharia hidráulica, estações de tratamento de água ou de águas residuais; *d*) Obras portuárias e de engenharia costeira e fluvial; *e*) Estações de tratamento de resíduos sólidos; *f*) Centrais de produção de energia e de tratamento, refinação ou armazenamento de combustíveis ou materiais químicos, não de retalho; *g*) Demolição e preparação dos locais da construção, perfurações e sondagens; *h*) Instalações elétricas; *i*) Instalações de controlo e gestão técnica; *j*) Instalações de canalização; *k*) Instalações de climatização; *l*) Instalações de gás; *m*) Instalações de elevação; *n*) Instalações de caldeiras, fornos de biomassa, bombas de calor, sistemas solares fotovoltaicos, sistemas solares térmicos e de sistemas geotérmicos superficiais; *o*) Instalações das infraestruturas de telecomunicações em urbanizações (ITUR) e infraestruturas de telecomunicações em edifícios (ITED); *p*) Instalações de armazenamento de produtos de petróleo e de postos de abastecimento de combustível.	Na medida em que sejam qualificados para a elaboração de pelo menos um projeto elencado na coluna ao lado, nos termos do anexo III ou de legislação especial, e, caso a empreitada seja de classe 5 ou superior, tenham pelo menos cinco anos de experiência em elaboração ou coordenação de projetos: Engenheiros; Engenheiros técnicos.

Nota relativa às qualificações dos técnicos:

O disposto nos pontos anteriores não prejudica o exercício das atividades em causa por profissionais em livre prestação de serviços, nos termos da Lei nº 9/2009, de 4 de março, alterada pelas Leis nºs 41/2012, de 28 de agosto, e nº 25/2012, de 2 de maio, e dos estatutos dos profissionais em causa.

ANEXO II - Qualificações para exercício de funções de direção de obra ou de direção de fiscalização de obra

(a que se referem os nºs 5 e 7 do artigo 4º)

QUADRO Nº 1
Qualificações relativas a obras cuja natureza predominante seja a obra de edifícios, por tipo de edifícios

Natureza predominante da obra	Qualificações mínimas
Edifícios cujo projeto de estruturas tenha sido classificado na categoria IV prevista na Portaria nº 701-H/2008, de 29 de julho, independentemente da classe de obra.	Engenheiros civis especialistas. Engenheiros civis seniores. Engenheiros civis conselheiros. Engenheiros civis com, pelo menos, 10 anos de experiência. Engenheiros técnicos civis especialistas. Engenheiros técnicos civis seniores. Engenheiros técnicos civis com, pelo menos, 13 anos de experiência.
Edifícios classificados ou em vias de classificação, ou inseridos em zona especial ou automática de proteção, independentemente da classe de obra.	Engenheiros civis especialistas. Engenheiros civis seniores. Engenheiros civis conselheiros. Engenheiros civis com, pelo menos, 10 anos de experiência. Engenheiros técnicos civis especialistas. Engenheiros técnicos civis seniores. Engenheiros técnicos civis com, pelo menos, 13 anos de experiência. Arquitetos com, pelo menos, 10 anos de experiência, exceto nas seguintes obras e trabalhos: *a*) Obras de demolição e preparação dos locais da construção, perfurações e sondagens; *b*) Estradas, pontes, túneis, pistas de aeroportos e de aeródromos e vias férreas, redes de transporte de águas, de esgotos, de distribuição de energia, de telecomunicações e outras, obras de engenharia hidráulica, estações de tratamento de água ou de águas residuais; obras portuárias e de engenharia costeira e fluvial; estações de tratamento de resíduos sólidos; centrais de produção de energia e de tratamento, refinação ou armazenamento de combustíveis ou materiais químicos, não de retalho; *c*) Obras em edifícios com estruturas complexas ou que envolvam obras de contenção periférica e fundações especiais.
Outros edifícios, até à classe 9 de obra	Engenheiros civis especialistas. Engenheiros civis seniores. Engenheiros civis conselheiros. Engenheiros civis com, pelo menos, 10 anos de experiência. Engenheiros técnicos civis especialistas. Engenheiros técnicos civis seniores. Engenheiros técnicos civis com, pelo menos, 13 anos de experiência.
Outros edifícios, até à classe 8 de obra	Engenheiros civis. Engenheiros técnicos civis com, pelo menos, cinco anos de experiência.

Outros edifícios, até à classe 6 de obra	Engenheiros mecânicos. Engenheiros técnicos civis. Engenheiros técnicos mecânicos. Arquitetos com, pelo menos, cinco anos de experiência, exceto nas seguintes obras e trabalhos: *a*) Obras de demolição e preparação dos locais da construção, perfurações e sondagens; *b*) Obras em edifícios com estruturas complexas ou que envolvam obras de contenção periférica e fundações especiais.
Outros edifícios, até à classe 3 de obra	Arquitetos com, pelo menos, três anos de experiência, exceto nas seguintes obras e trabalhos: *a*) Obras de demolição e preparação dos locais da construção, perfurações e sondagens; *b*) Obras em edifícios com estruturas complexas ou que envolvam obras de contenção periférica e fundações especiais.
Outros edifícios, até à classe 2 de obra	Arquitetos, exceto nas seguintes obras e trabalhos: *a*) Obras de demolição e preparação dos locais da construção, perfurações e sondagens; *b*) Obras em edifícios com estruturas complexas ou que envolvam obras de contenção periférica e fundações especiais. Agentes técnicos de arquitetura e engenharia. Técnicos de obra (condutores de obra) ou outros profissionais com conhecimento na área dos trabalhos em causa, comprovado através de certificado de qualificações de nível 4 ou superior.
Outros edifícios, até à classe 1 de obra	Arquitetos, exceto nas seguintes obras e trabalhos: *a*) Obras de demolição e preparação dos locais da construção, perfurações e sondagens; *b*) Obras em edifícios com estruturas complexas ou que envolvam obras de contenção periférica e fundações especiais. Profissionais com conhecimento na área dos trabalhos em causa, comprovado através de certificado de qualificações de nível 2 ou superior.

Nota relativa às qualificações dos técnicos:

1 – As qualificações de nível não superior exigidas para o exercício das atividades profissionais identificadas no quadro nº 1 do presente anexo que não correspondam a profissões regulamentadas por lei especial são as constantes do Catálogo Nacional de Qualificações, nos termos do artigo 3º da Portaria nº 781/2009, de 23 de julho, comprovadas por certificados de qualificações ou diplomas obtidos no âmbito do Sistema Nacional de Qualificações.

2 – Equivalem aos certificados de qualificações referidos no quadro nº 1 do presente anexo:

a) Diplomas ou certificados de curso de formação emitidos em momento anterior à entrada em vigor do Decreto-Lei nº 92/2011, de 27 de julho, que nos termos da lei vigente à data da sua emissão conduzissem à obtenção de certificado de aptidão profissional;

b) Certificados de aptidão profissional emitidos ao abrigo de legislação anterior ao Decreto-Lei nº 92/2011, de 27 de julho;

c) Documentos emitidos por entidade formadora do Sistema Nacional de Qualificações que lhes equivalham nos termos da lei.

3 – Os certificados de aptidão profissional emitidos em momento anterior à entrada em vigor do Decreto-Lei nº 92/2011, de 27 de julho, e válidos a essa data consideram-se emitidos sem dependência de qualquer período de validade, não carecendo de ser objeto de renovação nem de ser substituídos.

4 – O disposto nos pontos anteriores não prejudica o exercício das atividades em causa por profissionais em livre prestação de serviços, nos termos da Lei nº 9/2009, de 4 de março, alterada pelas Leis nºs 41/2012, de 28 de agosto, e 25/2012, de 2 de maio, e dos estatutos dos profissionais em causa.

QUADRO Nº 2
Qualificações relativas a obras cuja natureza predominante não seja a obra de edifícios, por tipo de obras

Natureza predominante da obra	Qualificações mínimas
Fundações e estruturas	Engenheiros civis. Engenheiros técnicos civis.
Obras de escavação e contenção	Engenheiros civis. Engenheiros técnicos civis. Engenheiros de geologia e minas. Engenheiros técnicos de geotécnica e minas.
Instalações, equipamentos e sistemas de águas e esgotos	Engenheiros civis. Engenheiros técnicos civis. Engenheiros mecânicos. Engenheiros técnicos mecânicos. Engenheiros do ambiente, até à classe 6. Engenheiros técnicos do ambiente, até à classe 6.
Instalações, equipamentos e sistemas elétricos	Engenheiros eletrotécnicos. Engenheiros técnicos de energia e sistemas de potência.
Instalações, equipamentos e sistemas de comunicação .	Engenheiros eletrotécnicos. Engenheiros técnicos de eletrónica e de telecomunicações.
Instalações, equipamentos e sistemas de aquecimento, ventilação e ar condicionado (AVAC).	Engenheiros mecânicos. Engenheiros técnicos mecânicos. Engenheiros eletrotécnicos. Engenheiros técnicos eletrotécnicos. Técnicos qualificados nos termos do Sistema de Certificação Energética (SCE): técnico de instalação e manutenção de edifícios TIM III, até à classe 2 e técnico de instalação e manutenção de edifícios TIM II, até à classe 1.
Redes e ramais de distribuição de gás, instalações e aparelhos a gás	Técnico de gás da entidade instaladora de gás, nos termos do respetivo regime jurídico.
Instalações, equipamentos e sistemas de transporte de pessoas e cargas	Engenheiros mecânicos. Engenheiros técnicos mecânicos. Engenheiros eletrotécnicos. Engenheiros técnicos de energia e sistemas de potência.
Segurança integrada	Engenheiro especialista em segurança. Engenheiros eletrotécnicos. Engenheiros técnicos de energia e sistemas de potência. Engenheiros técnicos de eletrónica e de telecomunicações. Engenheiros técnicos de proteção civil, até à classe 6. Engenheiros técnicos de segurança, até à classe 6.
Sistemas de gestão técnica centralizada.	Engenheiros eletrotécnicos. Engenheiros técnicos de energia e sistemas de potência. Engenheiros técnicos de eletrónica e de telecomunicações. Engenheiros mecânicos. Engenheiros técnicos mecânicos.
Pontes, viadutos e passadiços	Engenheiros civis. Engenheiros técnicos civis.
Estradas e arruamentos	Engenheiros civis. Engenheiros técnicos civis.

Caminho-de-ferro	Engenheiros civis. Engenheiros técnicos civis.
Aeródromos	Engenheiros civis. Engenheiros técnicos civis.
Obras hidráulicas	Engenheiros civis. Engenheiros técnicos civis. Engenheiros do ambiente (exclusivamente aproveitamentos hidroagrícolas e hidroelétricos não envolvendo a construção de grandes barragens, mas apenas a construção de barragens de terra), até à classe 6. Engenheiros técnicos do ambiente (exclusivamente aproveitamentos hidroagrícolas e hidroelétricos não envolvendo a construção de grandes barragens, mas apenas a construção de barragens de terra), até à classe 6. Engenheiros agrónomos (exclusivamente aproveitamentos hidroagrícolas e hidroelétricos não envolvendo a construção de grandes barragens, mas apenas a construção de barragens de terra), até à classe 6. Engenheiros florestais (construção de pequenas barragens de terra, pontos de água para apoio ao combate a fogos florestais, represas de apoio à rega de plantações florestais de rápido crescimento, correção torrencial, construção de tanques/depósitos de água utilizável ao nível da DFCI, intervenções nas linhas de água para estabilização de margens e diminuição dos efeitos da erosão provocada pela movimentação da água), até à classe 6. Engenheiros técnicos agrários (exclusivamente aproveitamentos hidroagrícolas e hidroelétricos não envolvendo a construção de grandes barragens, mas apenas a construção de pequenas barragens de terra, pontos de água para apoio ao combate a fogos florestais, represas de apoio à rega de plantações florestais de rápido crescimento, correção torrencial, construção de tanques/depósitos de água utilizável ao nível da DFCI, intervenções nas linhas de água para estabilização de margens e diminuição dos efeitos da erosão provocada pela movimentação da água), até à classe 6. Engenheiros de geologia e minas (exclusivamente: *a*) Canais e vias navegáveis, até à classe 6; *b*) Aproveitamentos hidroagrícolas e hidroelétricos não envolvendo a construção de grandes barragens, mas apenas a construção de barragens de terra), até à classe 6. Engenheiros geógrafos (apenas canais e vias navegáveis). Engenheiros técnicos de geotécnica e minas (exclusivamente: *a*) Canais e vias navegáveis, até à classe 6; *b*) Aproveitamentos hidroagrícolas e hidroelétricos não envolvendo a construção de grandes barragens mas apenas a construção de barragens de terra), até à classe 6.
Túneis	Engenheiros civis. Engenheiros técnicos civis. Engenheiros de geologia e minas. Engenheiros técnicos de geotécnica e minas.
Abastecimento e tratamento de água	Engenheiros civis. Engenheiros técnicos civis. Engenheiros do ambiente, até à classe 6. Engenheiros técnicos do ambiente, até à classe 6.
Drenagem e tratamento de águas residuais	Engenheiros civis Engenheiros técnicos civis. Engenheiros do ambiente. Engenheiros técnicos do ambiente.

Resíduos	Engenheiros civis. Engenheiros técnicos civis. Engenheiros do ambiente. Engenheiros técnicos do ambiente. Engenheiros florestais (no caso de o resíduo ser biomassa florestal). Engenheiros técnicos agrários (no caso de o resíduo ser biomassa florestal).
Obras portuárias e de engenharia costeira	Engenheiros civis. Engenheiros técnicos civis. Engenheiros de geologia e minas (apenas: *a*) Quebra-mares; *b*) Esporões, defesas frontais e retenções de proteção marginal; *c*) Rampas-varadouro; *d*) Alimentação artificial de praias; *e*) Dragagens e depósitos de dragados; *f*) Terraplenos portuários). Engenheiros geógrafos (apenas alimentação artificial de praias e dragagens e depósitos de dragados). Engenheiros técnicos de geotécnica e minas (apenas: *a*) Quebra-mares; *b*) Esporões, defesas frontais e retenções de proteção marginal; *c*) Rampas-varadouro; *d*) Alimentação artificial de praias; *e*) Dragagens e depósitos de dragados; *f*) Terraplenos portuários).
Espaços exteriores	Engenheiros civis. Engenheiros técnicos civis. Engenheiros florestais [apenas: *a*) Matas; *b*) Arborização em espaço urbano e periurbano; *c*) Operações de recuperação de áreas degradadas; *d*) Rede divisional (caminhos) em matas e povoamentos florestais; *e*) Rede primária e secundária de defesa da floresta contra incêndios (DFCI); *f*) Drenagem superficial e limpeza de linhas de água; *g*) Contenção e estabilização de terras e de solo em zonas ardidas; *h*) Obras de regularização de linhas de drenagem natural; *i*) Aproveitamentos hidroflorestais e hidroagrícolas; *j*) Gestão e manutenção de espaços arbóreos, na envolvente de rios e ribeiras, bem como a intervenção em galerias ripícolas; *k*) Compartimentação do campo]. Engenheiros de geologia e minas (apenas: *a*) Minas pedreiras, saibreiras e areeiros; *b*) Estabilização e integração de taludes; *c*) Drenagem superficial). Engenheiros técnicos de geotécnica e minas (apenas: *a*) Minas, pedreiras, saibreiras e areeiros; *b*) Estabilização e integração de taludes; *c*) Drenagem superficial). Engenheiros agrónomos (apenas: *a*) Pedonalização de ruas; *b*) Matas;

c) Drenagem superficial;
d) Obras de regularização fluvial e linhas de drenagem natural;
e) Aproveitamentos hidroagrícolas;
f) Compartimentação do campo).

Engenheiros técnicos agrários [apenas:
a) Pedonalização de ruas;
b) Arborização em espaço urbano e periurbano;
c) Operações de recuperação de áreas degradadas;
d) Rede divisional (caminhos) em matas e povoamentos florestais;
e) Rede primária e secundária de defesa da floresta contra incêndios (DFCI);
f) Drenagem superficial e limpeza de linhas de água;
g) Contenção e estabilização de terras e de solo em zonas ardidas;
h) Obras de regularização de linhas de drenagem natural;
i) Aproveitamentos hidroflorestais e hidroagrícolas;
j) Gestão e manutenção de espaços arbóreos, na envolvente de rios e ribeiras, bem como a intervenção em galerias ripícolas;
k) Compartimentação do campo].

Engenheiros do ambiente:
a) Jardins privados e públicos;
b) Espaços livres e zonas verdes urbanas.

Engenheiros técnicos do ambiente:
a) Jardins privados e públicos;
b) Espaços livres e zonas verdes urbanas.

Arquitetos com pelo menos três anos de experiência (apenas nas obras até à categoria III prevista no artigo 11º do anexo I da Portaria nº 701-H/2008, de 29 de julho, exclusivamente no que se refere a:
a) Jardins privados e públicos;
b) Pedonalização de ruas;
c) Áreas envolventes do património natural ou cultural;
d) Espaços livres e zonas verdes urbanas;
e) Parques infantis;
f) Parques de campismo;
g) Enquadramento de edifícios de vária natureza;
h) Zonas polidesportivas;
i) Loteamentos urbanos;
j) Zonas desportivas de recreio e lazer;
k) Cemitérios;
l) Enquadramento de edifícios para habitação, escolas, igrejas, hospitais, teatros, cinemas e outros;
m) Enquadramento de hotéis e restaurantes.
Não incluindo estradas, pontes, túneis, pistas de aeroportos e de aeródromos e vias férreas, redes de transporte de águas, de esgotos, de distribuição de energia, de telecomunicações e outras, obras de engenharia hidráulica, estações de tratamento de água ou de águas residuais; obras portuárias e de engenharia costeira e fluvial; estações de tratamento de resíduos sólidos; centrais de produção de energia e de tratamento, refinação ou armazenamento de combustíveis ou materiais químicos; demolição e preparação dos locais da construção, perfurações e sondagens, de gás, de elevação de caldeiras, fornos de biomassa, bombas de calor, sistemas solares fotovoltaicos, sistemas solares térmicos, sistemas geotérmicos superficiais, instalações de controlo e gestão técnica, instalações ITUR e ITED, bem como as obras em edifícios com estruturas complexas ou

	que envolvam obras de contenção periférica e fundações especiais); Arquitetos com pelo menos cinco anos de experiência nos jardins e sítios históricos, da categoria IV prevista no artigo 11º do anexo I da Portaria nº 701-H/2008, de 29 de julho, não incluindo estradas, pontes, túneis, pistas de aeroportos e de aeródromos e vias férreas, redes de transporte de águas, de esgotos, de distribuição de energia, de telecomunicações e outras, obras de engenharia hidráulica, estações de tratamento de água ou de águas residuais; obras portuárias e de engenharia costeira e fluvial; estações de tratamento de resíduos sólidos; centrais de produção de energia e de tratamento, refinação ou armazenamento de combustíveis ou materiais químicos; demolição e preparação dos locais da construção, perfurações e sondagens, de gás, de elevação de caldeiras, fornos de biomassa, bombas de calor, sistemas solares fotovoltaicos, sistemas solares térmicos, sistemas geotérmicos superficiais, instalações de controlo e gestão técnica, instalações ITUR e ITED, bem como as obras em edifícios com estruturas complexas ou que envolvam obras de contenção periférica e fundações especiais. Arquitetos paisagistas [apenas: *a*) Jardins privados e públicos; *b*) Campos de golfe; *c*) Áreas envolventes do património natural ou cultural; *d*) Pedonalização de ruas; *e*) Matas; *f*) Compartimentação do campo; *g*) Projetos de rega; *h*) Espaços livres; *i*) Zonas verdes urbanas; *j*) Enquadramento de edifícios de vária natureza; *k*) Cemitérios; *l*) Enquadramento de edifícios para habitação, escolas, igrejas, hospitais, teatros, cinemas e outros; *m*) Enquadramento de hotéis e restaurantes; *n*) Integração de estradas de qualquer tipo (AE, IP, IC, EN, ER); *o*) Arruamentos urbanos, vias e caminhos municipais. Não incluindo estradas, pontes, túneis, pistas de aeroportos e de aeródromos e vias férreas, redes de transporte de águas, de esgotos, de distribuição de energia, de telecomunicações e outras, obras de engenharia hidráulica, estações de tratamento de água ou de águas residuais; obras portuárias e de engenharia costeira e fluvial; estações de tratamento de resíduos sólidos; centrais de produção de energia e de tratamento, refinação ou armazenamento de combustíveis ou materiais químicos; demolição e preparação dos locais da construção, perfurações e sondagens, de gás, de elevação de caldeiras, fornos de biomassa, bombas de calor, sistemas solares fotovoltaicos, sistemas solares térmicos, sistemas geotérmicos superficiais, instalações de controlo e gestão técnica, instalações ITUR e ITED, bem como as obras em edifícios com estruturas metálicas, complexas ou que envolvam obras de contenção periférica e fundações especiais, bem como sempre que as obras sejam realizadas em imóveis classificados, em vias de classificação ou inseridos em zona especial ou automática de proteção, independentemente da categoria de obra].
Produção, transformação, transporte e distribuição de energia elétrica	Engenheiros eletrotécnicos. Engenheiros técnicos de energia e sistemas de potência.

Redes de comunicações	Engenheiros eletrotécnicos, qualificados como técnicos ITUR ou ITED. Engenheiros técnicos de eletrónica e de telecomunicações, qualificados como técnicos ITUR ou ITED. Engenheiros técnicos de energia e sistemas de potência, qualificados como técnicos ITUR ou ITED.
Instalações de armazenamento de produtos de petróleo e de postos de abastecimento de combustível	Engenheiros mecânicos. Engenheiros técnicos mecânicos. Engenheiros químicos. Engenheiros técnicos químicos.

Nota relativa às qualificações dos técnicos:

1 – Os projetos referenciados no quadro nº 2 do presente anexo que constem do anexo II da Portaria nº 701-H/2008, de 29 de julho, incluem os subgrupos elencados no mesmo anexo.

2 – Os engenheiros técnicos referenciados no quadro nº 2 do presente anexo como qualificados para a direção de obra ou direção de fiscalização de obra cuja natureza predominante é neste identificada devem ter, pelo menos, cinco anos de experiência sempre que as obras e trabalhos em causa sejam da categoria III prevista no artigo 11º do anexo I e no anexo II da Portaria nº 701-H/2008, de 29 de julho.

3 – Os engenheiros referenciados no quadro nº 2 do presente anexo como qualificados para a direção de obra ou direção de fiscalização de obra cuja natureza predominante é neste identificada devem ser detentores do título de especialista, sénior, conselheiro ou ter, pelo menos, 10 anos de experiência sempre que:

a) As obras e trabalhos em causa sejam da categoria IV prevista no artigo 11º do anexo I e no anexo II da Portaria nº 701-H/2008, de 29 de julho;

b) As obras sejam realizadas em imóveis classificados, em vias de classificação ou inseridos em zona especial ou automática de proteção, independentemente da categoria de obra;

4 – Os engenheiros técnicos referenciados no quadro nº 2 do presente anexo como qualificados para a direção de obra ou direção de fiscalização de obra cuja natureza predominante é neste identificada devem ser detentores do título de especialistas, sénior ou ter, pelo menos, 13 anos de experiência sempre que:

a) As obras e trabalhos em causa sejam da categoria IV prevista no artigo 11º do anexo I e no anexo II da Portaria nº 701-H/2008, de 29 de julho;

b) As obras sejam realizadas em imóveis classificados, em vias de classificação ou inseridos em zona especial ou automática de proteção, independentemente da categoria de obra.

5 – Os arquitetos referenciados no quadro nº 2 do presente anexo como qualificados para a direção de obra ou direção de fiscalização de obra cuja natureza predominante é neste identificada devem ter, pelo menos, 10 anos de experiência sempre que as obras sejam realizadas em imóveis classificados, em vias de classificação ou inseridos em zona especial ou automática de proteção, independentemente da categoria de obra.

6 – O disposto nos pontos anteriores não prejudica o exercício das atividades em causa por profissionais em livre prestação de serviços, nos termos da Lei nº 9/2009, de 4 de março, alterada pelas Leis nºs 41/2012, de 28 de agosto, e 25/2014, de 2 de maio, e dos estatutos dos profissionais em causa.

ANEXO III – Qualificações para elaboração de projetos de especialidades de engenharia

(a que se refere o nº 3 do artigo 10º)

QUADRO Nº 1

Qualificações relativas à elaboração de projetos de engenharia

Tipos de projeto a elaborar	Qualificações mínimas
Os seguintes projetos da categoria I prevista no artigo 11º do anexo I da Portaria nº 701-H/2008, de 29 de julho: *a*) Fundações diretas em solo de boa qualidade; *b*) Escavações com talude inclinado, sem necessidade de entivação, até um máximo de 6 m de altura, com contenção por muros de betão armado; *c*) Instalações, equipamentos e sistemas de águas e esgotos para edifícios de categoria I; *d*) Instalações, equipamentos e sistemas elétricos para edifícios de categoria I; *e*) Instalações, equipamentos e sistemas de comunicações (voz, dados, imagem e outros) para edifícios de categoria I; *f*) Instalações de AVAC simples, com recurso a unidades individuais, com potências térmicas inferiores a 12 kW; *g*) Pequenas instalações de gás em edifícios de categoria I; *h*) Instalações simples de equipamentos eletromecânicos; *i*) Passadiços com vãos inferiores a 20 m sem condicionamentos especiais; *j*) Pontes e obras similares ferroviárias com vão único até 10 m e viés superior a 70°; *k*) Pequenos açudes de correção torrencial e pequenas obras de regularização fluvial; *l*) Pequenas obras de rega ou de enxugo, sem obras de arte especiais; *m*) Condutas adutoras de água e de funcionamento gravítico, para aglomerados até 10 000 habitantes; *n*) Emissários de águas residuais de funcionamento gravítico, para aglomerados até 10 000 habitantes; *o*) Remoções de resíduos sólidos, de âmbito restrito, simples; *p*) Dragagens e depósitos de dragados; *q*) Terraplenos portuários; *r*) Produção (centrais com potências instaladas iguais ou inferiores a 5 kVA), postos de transformação com potências instaladas iguais ou inferiores a 500 kVA, redes de distribuição em baixa tensão de pequena dimensão; *s*) Redes de comunicações de pequena dimensão.	Engenheiros com as seguintes especialidades: Civil para os projetos referidos nas alíneas *a*) a *c*) e *i*) a *q*); Eletrotécnica para os projetos referidos nas alíneas *d*), *f*), *h*), *r*) e *s*); Ambiente para os projetos referidos nas alíneas *c*), *l*) a *o*); Mecânica para os projetos referidos nas alíneas *f*) a *h*); Geologia e minas para os projetos referidos nas alíneas *b*), *p*) e *q*); Agronomia para os projetos referidos nas alíneas *k*) e *l*); Florestal para os projetos referidos nas alíneas *k*) e *l*); Química para os projetos referidos nas alíneas *g*). Engenheiros técnicos com as seguintes especialidades: Civil para os projetos referidos nas alíneas *a*) a *c*) e *i*) a *q*); Energia e sistemas de potência para os projetos referidos nas alíneas *d*), *f*), *h*), *r*) e *s*); Eletrónica e de telecomunicações para os projetos referidos na alínea *s*); Ambiente para os projetos referidos nas alíneas *c*), *l*) a *o*); Mecânica para os projetos referidos nas alíneas *f*) a *h*); Geotécnica e minas para os projetos referidos nas alíneas *b*), *p*) e *q*); Agrícola para os projetos referidos nas alíneas *k*) e *l*); Florestal para os projetos referidos nas alíneas *k*) e *l*); Química para os projetos referidos na alínea *g*).
Os seguintes projetos da categoria II prevista no artigo 11º do anexo I da Portaria nº 701-H/2008, de 29 de julho: *a*) Estruturas de edifícios com menos de 15 m de altura das fundações à cobertura; *b*) Estruturas de edifícios com vãos não superiores a 8 m; *c*) Instalações, equipamentos e sistemas de águas e esgotos em edifícios; *d*) Instalações, equipamentos e sistemas elétricos em edifícios; *e*) Caminhos municipais, vicinais e estradas florestais; *f*) Arruamentos urbanos com faixa de rodagem simples; *g*) Sistemas de abastecimento de água, excluindo o tratamento, de aglomerados até 10 000 habitantes;	Engenheiros com as seguintes especialidades: Civil para os projetos referidos nas alíneas *a*) a *c*) e *e*) a *l*); Eletrotécnica para os projetos referidos na alínea *d*); Ambiente para os projetos referidos nas alíneas *c*), *g*), *h*), *i*) e *k*); Agrónomos para os projetos referidos nas alíneas *e*) e *k*); Florestais para os projetos referidos nas alíneas *e*) e *k*); Química para os projetos referidos nas alíneas *h*) e *i*); Biológica para os projetos referidos nas alíneas *h*) e *i*).

h) Sistemas de resíduos, excluindo o tratamento, de aglomerados até 10 000 habitantes; *i*) Estações de tratamento de resíduos, sem exigências especiais e por processos de aterro, servindo até 10 000 habitantes; *j*) Estruturas especiais, nomeadamente torres, mastros, chaminés, postes, coberturas, silos e antenas; *k*) Conceção, tratamento e recuperação de espaços exteriores na componente de engenharia; *l*) Demolições correntes.	Engenheiros técnicos com as seguintes especialidades: Civil para os projetos referidos nas alíneas *a*) a *c*) e *e*) a *l*); Energia e sistemas de potência para os projetos referidos na alínea *d*); Ambiente para os projetos referidos nas alíneas *c*), *g*), *h*), *i*) e *k*). Agrários para os projetos referidos nas alíneas *e*) e *k*); Química e biológica para os projetos referidos nas alíneas *h*) e *i*).
Os seguintes projetos da categoria III prevista no artigo 11º do anexo I da Portaria nº 701-H/2008, de 29 de julho: *a*) Estruturas prefabricadas, exceto pavimentos com elementos prefabricados; *b*) Escavações entivadas com mais de 3 m de altura, com contenção por muros de betão armado escorados, ancorados ou com contrafortes; *c*) Instalações, equipamentos e sistemas de águas e esgotos em edifícios; *d*) Instalações, equipamentos e sistemas elétricos em edifícios; *e*) Instalações de elevação; *f*) Arruamentos urbanos com dupla faixa de rodagem; *g*) Estradas nacionais e municipais com faixa de rodagem simples ou dupla; *h*) Sistemas de abastecimento de água, excluindo o tratamento, de aglomerados com mais de 10 000 habitantes; *i*) Estações de tratamento de água sem exigências especiais quanto aos processos de tratamento e automatismo, tais como ozonização ou adsorção por carvão ativado, servindo até 50 000 habitantes; *j*) Sistemas de águas residuais de funcionamento gravítico, excluindo tratamento, para mais de 10 000 habitantes; *k*) Sistemas elevatórios de águas residuais; *l*) Estações de tratamento de águas residuais por processos convencionais, com produção de efluentes de qualidade correspondente a tratamento secundário, servindo até 50 000 habitantes; *m*) Sifões invertidos para águas residuais; *n*) Sistemas de resíduos, excluindo tratamento, para mais de 10 000 habitantes; *o*) Estações de tratamento de resíduos sem exigências especiais, servindo entre 10 000 e 50 000 habitantes, ou, com exigências especiais, para população inferior; *p*) Sinalização marítima por meio de farolins em costa aberta no estuário; *q*) Conceção, tratamento e recuperação de espaços exteriores na componente de engenharia.	Engenheiros com as seguintes especialidades: Civil para os projetos referidos nas alíneas *a*) a *c*), *f*) a *o*) e *q*); Eletrotécnica para os projetos referidos nas alíneas *d*) e *p*); Ambiente para os projetos referidos nas alíneas *c*), *h*), *i*), *j*), *k*), *l*), *m*), *n*) e *o*); Mecânico para os projetos referidos na alínea *e*). Engenheiros técnicos com cinco anos de experiência com as seguintes especialidades: Civil para os projetos referidos nas alíneas *a*) a *c*), *f*) a *o*) e *q*); Energia e sistemas de potência para os projetos referidos nas alíneas *d*) e *p*); Ambiente para os projetos referidos nas alíneas *c*), *h*), *i*), *j*), *k*), *l*), *m*), *n*) e *o*); Mecânico para os projetos referidos na alínea *e*); Química e biológica, para os projetos referidos na alínea *o*); Eletrónica e de telecomunicações, para os projetos referidos na alínea *p*).
Os seguintes projetos da categoria IV prevista no artigo 11º do anexo I da Portaria nº 701-H/2008, de 29 de julho: *a*) Instalações, equipamentos e sistemas de águas e esgotos em edifícios; *b*) Instalações, equipamentos e sistemas elétricos em edifícios; *c*) Sistemas de segurança integrada; *d*) Sistemas de gestão técnica centralizada; *e*) Autoestradas;	Engenheiros especialistas, seniores, conselheiros ou com, pelo menos, 10 anos de experiência, com as seguintes especialidades: Civil para os projetos referidos nas alíneas *a*), *e*), *g*) a *m*), *o*) e *p*); Eletrotécnica para os projetos referidos nas alíneas *b*) a *d*), *f*), *k*) e *n*); Ambiente para os projetos referidos nas alíneas *a*) a *m*) e *o*); Agrónomos para os projetos referidos na alínea *o*); Florestais para os projetos referidos na alínea *o*); Segurança para os projetos referidos na alínea *c*).

f) Sistemas de ajuda à navegação e controlo de tráfego aéreo; *g*) Estações de tratamento de água para mais de 50 000 habitantes, ou, quando envolverem exigências especiais quanto aos processos de tratamento e automatismo, tais como ozonização ou adsorção por carvão ativado, para população inferior; *h*) Estações de tratamento de águas residuais para mais de 50 000 habitantes, ou, quando a linha de tratamento integre processos não convencionais, para população inferior; *i*) Sistemas de reutilização de águas residuais; *j*) Estações de tratamento de resíduos para mais de 50 000 habitantes, ou, quando envolverem exigências especiais, para população inferior; *k*) Sistemas de recuperação de energia a partir dos resíduos sólidos; *l*) Sistemas de reutilização e reciclagem de resíduos tratados; *m*) Estações de tratamento de resíduos perigosos; *n*) Sistemas de ajuda à navegação e controlo de tráfego marítimo; *o*) Conceção, tratamento e recuperação de espaços exteriores na componente de engenharia; *p*) Demolições com exigências especiais.	Engenheiros técnicos especialistas, seniores ou com, pelo menos, 13 anos de experiência, com as seguintes especialidades: Civil para os projetos referidos nas alíneas *a*), *e*), *g*) a *m*), *o*) e *p*); Energia e sistemas de potência para os projetos referidos nas alíneas *b*) a *d*), *f*), *k*) e *n*); Eletrónica e de telecomunicações para os projetos referidos nas alíneas *c*), *d*), *f*) e *n*); Ambiente para os projetos referidos nas alíneas *a*) a *m*) e *o*); Agrários para os projetos referidos na alínea *o*); Segurança para os projetos referidos na alínea *c*); Proteção civil para os projetos referidos na alínea *c*).

QUADRO Nº 2

Qualificações relativas à elaboração de projetos de engenharia específicos, e outros abrangidos por legislação especial, por tipos de projetos

Tipos de projeto a elaborar	Qualificações mínimas
Projetos de fundações e estruturas de edifícios	Engenheiros civis. Engenheiros técnicos civis.
Projetos de obras de escavação e contenção	Engenheiros civis. Engenheiros técnicos civis.
Instalações, equipamentos e sistemas de águas e esgotos	Engenheiros civis. Engenheiros técnicos civis. Engenheiros mecânicos. Engenheiros técnicos mecânicos. Engenheiros do ambiente. Engenheiros técnicos do ambiente. Engenheiros florestais (apenas construção de viveiros florestais e construção de viveiros piscícolas). Engenheiros agrónomos (apenas construção de viveiros florestais e construção de viveiros piscícolas). Engenheiros técnicos agrários (apenas construção de viveiros florestais e construção de viveiros piscícolas).
Instalações, equipamentos e sistemas elétricos	Engenheiros eletrotécnicos. Engenheiros técnicos de energia e sistemas de potência.
Instalações, equipamentos e sistemas de comunicação	Técnicos qualificados nos termos do regime aplicável à construção de infraestruturas aptas ao alojamento de redes de comunicações eletrónicas, à instalação de redes de comunicações eletrónicas e à construção de infraestruturas de telecomunicações em urbanizações (ITUR) e infraestruturas de telecomunicações em edifícios (ITED).

Instalações, equipamentos e sistemas de aquecimento, ventilação e ar condicionado (AVAC).	Engenheiros mecânicos. Engenheiros técnicos mecânicos. Engenheiros eletrotécnicos. Engenheiros técnicos de energia e sistemas de potência.
Redes e ramais de distribuição de gás, instalações e aparelhos a gás	Técnicos qualificados nos termos da legislação aplicável à atividade de projeto na área dos gases combustíveis.
Instalações, equipamentos e sistemas de transporte de pessoas e cargas	Engenheiros mecânicos. Engenheiros técnicos mecânicos.
Segurança integrada	Engenheiros eletrotécnicos. Engenheiros especialistas em segurança. Engenheiros técnicos de energia e sistemas de potência. Engenheiros técnicos de eletrónica e de telecomunicações. Engenheiros técnicos de proteção civil. Engenheiros técnicos de segurança.
Sistemas de gestão técnica centralizada.................	Engenheiros eletrotécnicos. Engenheiros técnicos de energia e sistemas de potência. Engenheiros técnicos de eletrónica e de telecomunicações. Engenheiros mecânicos. Engenheiros técnicos mecânicos.
Pontes, viadutos e passadiços	Engenheiros civis. Engenheiros técnicos civis.
Estradas e arruamentos	Engenheiros civis. Engenheiros técnicos civis.
Caminho-de-ferro....................................	Engenheiros civis. Engenheiros técnicos civis. Engenheiros eletrotécnicos (apenas projetos de catenária). Engenheiros técnicos de energia e sistemas de potência (apenas projetos de catenária).
Aeródromos	Engenheiros civis. Engenheiros técnicos civis.
Obras hidráulicas	Engenheiros civis. Engenheiros técnicos civis. Engenheiros agrónomos (exclusivamente aproveitamentos hidroagrícolas e hidroelétricos não envolvendo a construção de grandes barragens, apenas a construção de barragens de terra). Engenheiros florestais (construção de pequenas barragens de terra, pontos de água para apoio ao combate a fogos florestais, represas de apoio à rega de plantações florestais de rápido crescimento, correção torrencial, construção de tanques/depósitos de água utilizável ao nível da DFCI, intervenções nas linhas de água para estabilização de margens e diminuição dos efeitos da erosão provocada pela movimentação da água). Engenheiros técnicos agrários (apenas aproveitamentos hidroagrícolas e hidroelétricos não envolvendo a construção de grandes barragens, apenas a construção de barragens de terra). Arquitetos paisagistas (apenas projetos de obras de rega ou de enxugo, sem obras de arte especiais). Engenheiros do ambiente. Engenheiros técnicos do ambiente.
Túneis...	Engenheiros civis. Engenheiros técnicos civis.

Abastecimento e tratamento de água	Engenheiros civis. Engenheiros técnicos civis. Engenheiros do ambiente. Engenheiros técnicos do ambiente.
Drenagem e tratamento de águas residuais	Engenheiros civis. Engenheiros técnicos civis. Engenheiros do ambiente (apenas para os seguintes projetos: *a*) Instalações sumárias de tratamento de águas residuais, de tipo fossa sética e órgão complementar ou tanque *Imhoff* e leitos de secagem; *b*) Estações de tratamento de águas residuais servindo até 50 000 habitantes por processos convencionais, com produção de efluentes de qualidade correspondente a tratamento secundário). Engenheiros técnicos do ambiente (apenas para os seguintes projetos: *a*) Instalações sumárias de tratamento de águas residuais, de tipo fossa sética e órgão complementar ou tanque *Imhoff* e leitos de secagem; *b*) Estações de tratamento de águas residuais servindo até 50 000 habitantes por processos convencionais, com produção de efluentes de qualidade correspondente a tratamento secundário).
Resíduos	Engenheiros civis. Engenheiros técnicos civis. Engenheiros do ambiente. Engenheiros técnicos do ambiente.
Obras portuárias e de engenharia costeira	Engenheiros civis. Engenheiros técnicos civis. Engenheiros do ambiente. Engenheiros técnicos do ambiente. Engenheiros geógrafos (apenas dragagens, depósitos de dragados e canais e vias navegáveis).
Espaços exteriores	Engenheiros civis. Engenheiros técnicos civis. Engenheiros florestais [apenas: *a*) Matas; *b*) Arborização em espaço urbano e periurbano; *c*) Operações de recuperação de áreas degradadas; *d*) Rede divisional (caminhos) em matas e povoamentos florestais; *e*) Rede primária e secundária de defesa da floresta contra incêndios (DFCI); *f*) Drenagem superficial e limpeza de linhas de água; *g*) Contenção e estabilização de terras e de solo em zonas ardidas; *h*) Obras de regularização de linhas de drenagem natural; *i*) Aproveitamentos hidroflorestais e hidroagrícolas; *j*) Gestão e manutenção de espaços arbóreos, na envolvente de rios e ribeiras, bem como a intervenção em galerias ripícolas; *k*) Compartimentação do campo]. Engenheiros técnicos florestais (apenas: *a*) Matas; *b*) Compartimentação do campo). Engenheiros de geologia e minas (apenas:

a) Minas pedreiras, saibreiras e areeiros;
b) Estabilização e integração de taludes;
c) Drenagem superficial).

Engenheiros técnicos de geotécnica e minas (apenas:
a) Minas, pedreiras, saibreiras e areeiros;
b) Estabilização e integração de taludes;
c) Drenagem superficial).

Engenheiros agrónomos [apenas:
a) Pedonalização de ruas;
b) Matas;
c) Arborização em espaço urbano e periurbano;
d) Operações de recuperação de áreas degradadas;
e) Rede divisional (caminhos) em matas e povoamentos florestais;
f) Rede primária e secundária da defesa da floresta contra incêndios (DFCI);
g) Drenagem superficial e limpeza de linhas de água;
h) Contenção e estabilização de terras e de solo em zonas ardidas;
i) Obras de regularização de linhas de drenagem natural;
j) Aproveitamentos hidroflorestais e hidroagrícolas;
k) Gestão e manutenção de espaços arbóreos, na envolvente de rios e ribeiras, bem como a intervenção em galerias ripícolas;
l) Compartimentação de campo].

Engenheiros técnicos agrários (apenas:
a) Pedonalização de ruas;
b) Matas;
c) Drenagem superficial;
d) Obras de regularização fluvial e linhas de drenagem natural;
e) Aproveitamentos hidroagrícolas;
f) Compartimentação de campo).

Arquitetos com, pelo menos, três anos de experiência (apenas nas obras até à categoria III prevista no artigo 11º do anexo I da Portaria nº 701-H/2008, de 29 de julho, exclusivamente no que se refere a:
a) Jardins privados e públicos;
b) Pedonalização de ruas;
c) Áreas envolventes do património natural ou cultural;
d) Espaços livres e zonas verdes urbanas;
e) Parques infantis;
f) Parques de campismo;
g) Enquadramento de edifícios de vária natureza;
h) Zonas polidesportivas;
i) Loteamentos urbanos;
j) Zonas desportivas de recreio e lazer;
k) Cemitérios;
l) Enquadramento de edifícios para habitação, escolas, igrejas, hospitais, teatros, cinemas e outros;
m) Enquadramento de hotéis e restaurantes.
Sempre que não incluam estradas, pontes, túneis, pistas de aeroportos e de aeródromos e vias férreas, redes de transporte de águas, de esgotos, de distribuição de energia, de telecomunicações e outras, obras de engenharia hidráulica, estações de tratamento de água ou de águas residuais; obras portuárias e de engenharia costeira e fluvial; estações de tratamento de resíduos sólidos; centrais de produção de energia e de tratamento, refinação ou armazenamento de combustíveis ou materiais químicos; demolição e preparação

	dos locais da construção, perfurações e sondagens, de gás, de elevação de caldeiras, fornos de biomassa, bombas de calor, sistemas solares fotovoltaicos, sistemas solares térmicos, sistemas geotérmicos superficiais, instalações de controlo e gestão técnica, instalações ITUR e ITED, bem como as obras em edifícios com estruturas complexas ou que envolvam obras de contenção periférica e fundações especiais.) Arquitetos paisagistas no que se refere a: *a*) Jardins privados e públicos; *b*) Pedonalização de ruas; *c*) Áreas envolventes do património natural ou cultural; *d*) Espaços livres e zonas verdes urbanas; *e*) Parques infantis; *f*) Parques de campismo; *g*) Enquadramento de edifícios de vária natureza; *h*) Zonas polidesportivas; *i*) Loteamentos urbanos; *j*) Zonas desportivas de recreio e lazer; *k*) Cemitérios; *l*) Edifícios para habitação, escolas, igrejas, hospitais, teatros, cinemas e outros; *m*) Enquadramento de hotéis e restaurantes; *n*) Integração de estradas de qualquer tipo; *o*) Arruamentos urbanos, vias e caminhos municipais. Sempre que não incluam estradas, pontes, túneis, pistas de aeroportos e de aeródromos e vias férreas, redes de transporte de águas, de esgotos, de distribuição de energia, de telecomunicações e outras, obras de engenharia hidráulica, estações de tratamento de água ou de águas residuais; obras portuárias e de engenharia costeira e fluvial; estações de tratamento de resíduos sólidos; centrais de produção de energia e de tratamento, refinação ou armazenamento de combustíveis ou materiais químicos; demolição e preparação dos locais da construção, perfurações e sondagens, de gás, de elevação de caldeiras, fornos de biomassa, bombas de calor, sistemas solares fotovoltaicos, sistemas solares térmicos, sistemas geotérmicos superficiais, instalações de controlo e gestão técnica, instalações ITUR e ITED, bem como as obras em edifícios com estruturas complexas ou que envolvam obras de contenção periférica e fundações especiais.
Produção, transformação, transporte e distribuição de energia elétrica..	Engenheiros eletrotécnicos. Engenheiros técnicos de energia e sistemas de potência.
Redes de comunicações..............................	Técnicos qualificados nos termos do regime aplicável à construção de infraestruturas aptas ao alojamento de redes de comunicações eletrónicas, à instalação de redes de comunicações eletrónicas e à construção de infraestruturas de telecomunicações em loteamentos, urbanizações e conjuntos de edifícios (ITUR) e edifícios (ITED).
Instalações de armazenamento de produtos de petróleo e de postos de abastecimento de combustível.	Técnicos qualificados nos termos do estatuto dos responsáveis técnicos pelo projeto e exploração de instalações de armazenamento de produtos de petróleo e de postos de abastecimento de combustíveis.
Projetos acústicos....................................	Técnicos qualificados nos termos do regulamento dos requisitos acústicos de edifícios.
Projetos de caldeiras, fornos de biomassa, bombas de calor, sistemas solares fotovoltaicos, sistemas solares térmicos e de sistemas geotérmicos superficiais.	Técnicos qualificados nos termos do regime especial aplicável.

Projetos de segurança contra incêndios em edifícios.......	Técnicos qualificados nos termos do regime aplicável à segurança contra incêndios em edifícios.
Projetos de arquitetura paisagista........................	Arquitetos paisagistas.

Nota relativa às qualificações dos técnicos:

1 – Os projetos referenciados no quadro nº 2 do presente anexo que constem do anexo II da Portaria nº 701-H/2008, de 29 de julho, incluem os subgrupos elencados no mesmo anexo.

2 – Os projetos referenciados no quadro nº 2 do presente anexo que sejam relativos a obras e a projetos da categoria I incumbem a engenheiros e a engenheiros técnicos, nas especialidades correspondentes.

3 – Os engenheiros técnicos referenciados no quadro nº 2 do presente anexo como qualificados para a elaboração dos projetos de engenharia neste identificados devem ter, pelo menos, cinco anos de experiência, sempre que os projetos em causa sejam relativos a obras e trabalhos da categoria II prevista no artigo 11º do anexo I e no anexo II da Portaria nº 701-H/2008, de 29 de julho, com exceção dos projetos relativos a obras e trabalhos desta categoria, constantes do quadro nº 1 do presente anexo.

4 – Os engenheiros referenciados no quadro nº 2 do presente anexo como qualificados para a elaboração dos projetos de engenharia neste identificados devem ser detentores do título de especialista, sénior ou conselheiro ou ter, pelo menos, 10 anos de experiência sempre que os projetos em causa sejam relativos a obras e trabalhos da categoria III prevista no artigo 11º do anexo I e no anexo II da Portaria nº 701-H/2008, de 29 de julho, com exceção dos projetos relativos a obras e trabalhos desta categoria, constantes do quadro nº 1 do presente anexo.

5 – Os engenheiros técnicos referenciados no quadro nº 2 do presente anexo como qualificados para a elaboração dos projetos de engenharia neste identificados devem ser detentores do título de especialista, sénior ou ter, pelo menos, 13 anos de experiência sempre que os projetos em causa sejam relativos a obras e trabalhos da categoria III prevista no artigo 11º do anexo I e no anexo II da Portaria nº 701-H/2008, de 29 de julho, com exceção dos projetos relativos a obras e trabalhos desta categoria, constantes do quadro nº 1 do presente anexo.

6 – Os engenheiros referenciados no quadro nº 2 do presente anexo como qualificados para a elaboração dos projetos de engenharia neste identificados devem ser detentores do título de especialista, sénior ou conselheiro, sempre que os projetos em causa sejam relativos a obras e trabalhos da categoria IV prevista no artigo 11º do anexo I e no anexo II da Portaria nº 701-H/2008, de 29 de julho, com exceção dos projetos relativos a obras e trabalhos desta categoria, constantes do quadro nº 1 do presente anexo.

7 – Os engenheiros técnicos referenciados no quadro nº 2 do presente anexo como qualificados para a elaboração dos projetos de engenharia neste identificados devem ser detentores do título de especialistas com, pelo menos, 20 anos de experiência sempre que os projetos em causa sejam relativos a obras e trabalhos da categoria IV prevista no artigo 11º do anexo I e no anexo II da Portaria nº 701-H/2008, de 29 de julho, com exceção dos projetos relativos a obras e trabalhos desta categoria, constantes do quadro nº 1 do presente anexo.

8 – O disposto nos pontos anteriores não prejudica o exercício das atividades em causa por profissionais em livre prestação de serviços, nos termos da Lei nº 9/2009, de 4 de março, alterada pelas Leis nºs 41/2012, de 28 de agosto, e 25/2014, de 2 de maio, e dos estatutos dos profissionais em causa.

ANEXO IV – Qualificações para exercício de funções como técnico responsável pela condução da execução de trabalhos de especialidades em obras de classe 6 ou superior, por categoria e subcategoria de obras e trabalhos

(a que se referem os nºs 1 e 2 do artigo 14º-A)

Categorias	Subhcategorias	Qualificações mínimas (em alternativa, exceto em caso de reserva de atividade)
1.ª Edifícios e património construído.	1.ª Estruturas e elementos de betão.	Engenheiro civil especialista, até à classe 9. Engenheiro civil sénior, até à classe 9. Engenheiro civil conselheiro, até à classe 9. Engenheiro civil com, pelo menos, 10 anos de experiência, até à classe 9. Engenheiro civil, até à classe 8. Engenheiro técnico civil especialista, até à classe 9. Engenheiro técnico civil sénior, até à classe 9. Engenheiro técnico civil com, pelo menos, 13 anos de experiência, até à classe 9. Engenheiro técnico civil com, pelo menos, cinco anos de experiência, até à classe 8. Engenheiro técnico civil, apenas classe 6.
	2.ª Estruturas metálicas.	Engenheiro civil especialista, até à classe 9. Engenheiro civil sénior, até à classe 9. Engenheiro civil conselheiro, até à classe 9. Engenheiro civil com, pelo menos, 10 anos de experiência, até à classe 9. Engenheiro civil, até à classe 8. Engenheiro técnico civil especialista, até à classe 9. Engenheiro técnico civil sénior, até à classe 9. Engenheiro técnico civil com, pelo menos, 13 anos de experiência, até à classe 9. Engenheiro técnico civil com, pelo menos, cinco anos de experiência, até à classe 8. Engenheiro técnico civil, apenas classe 6. Engenheiro mecânico, apenas classe 6. Engenheiro técnico mecânico, apenas classe 6.
	3.ª Estruturas de madeira.	Engenheiro civil especialista, até à classe 9. Engenheiro civil sénior, até à classe 9. Engenheiro civil conselheiro, até à classe 9. Engenheiro civil com, pelo menos, 10 anos de experiência, até à classe 9. Engenheiro civil, até à classe 8. Engenheiro técnico civil especialista, até à classe 9. Engenheiro técnico civil sénior, até à classe 9. Engenheiro técnico civil com, pelo menos, 13 anos de experiência, até à classe 9. Engenheiro técnico civil com, pelo menos, cinco anos de experiência até à classe 8. Engenheiro técnico civil, apenas classe 6. Engenheiro mecânico, até à classe 6. Engenheiro técnico mecânico, apenas classe 6.

4.ª Alvenarias, rebocos e assentamento de cantarias.	Engenheiro civil especialista, até à classe 9. Engenheiro civil sénior, até à classe 9. Engenheiro civil conselheiro, até à classe 9. Engenheiro civil com, pelo menos, 10 anos de experiência, até à classe 9. Engenheiro civil, até à classe 8. Engenheiro técnico civil especialista, até à classe 9. Engenheiro técnico civil sénior, até à classe 9. Engenheiro técnico civil com, pelo menos, 13 anos de experiência, até à classe 9. Engenheiro técnico civil com, pelo menos, cinco anos de experiência, até à classe 8. Engenheiro técnico civil, apenas classe 6. Arquiteto com, pelo menos, 10 anos de experiência, até à classe 9. Arquiteto com, pelo menos, cinco anos de experiência, até à classe 8. Arquiteto, apenas classe 6.
5.ª Estuques, pinturas e outros revestimentos.	Engenheiro civil especialista, até à classe 9. Engenheiro civil sénior, até à classe 9. Engenheiro civil conselheiro, até à classe 9. Engenheiro civil com, pelo menos, 10 anos de experiência, até à classe 9. Engenheiro civil, até à classe 8. Engenheiro técnico civil especialista, até à classe 9. Engenheiro técnico civil sénior, até à classe 9. Engenheiro técnico civil com, pelo menos, 13 anos de experiência, até à classe 9. Engenheiro técnico civil com, pelo menos, cinco anos de experiência, até à classe 8. Engenheiro técnico civil, apenas classe 6. Arquiteto com, pelo menos, 10 anos de experiência, até à classe 9. Arquiteto com, pelo menos, cinco anos de experiência, até à classe 8. Arquiteto, apenas classe 6.
6.ª Carpintarias.	Engenheiro civil especialista, até à classe 9. Engenheiro civil sénior, até à classe 9. Engenheiro civil conselheiro, até à classe 9. Engenheiro civil com, pelo menos, 10 anos de experiência, até à classe 9. Engenheiro civil, até à classe 8. Engenheiro técnico civil especialista, até à classe 9. Engenheiro técnico civil sénior, até à classe 9. Engenheiro técnico civil com, pelo menos, 13 anos de experiência, até à classe 9. Engenheiro técnico civil com, pelo menos cinco anos de experiência, até à classe 8. Engenheiro técnico civil, apenas classe 6. Engenheiro mecânico, apenas classe 6. Engenheiro técnico mecânico, apenas classe 6. Arquiteto com, pelo menos, 10 anos de experiência, até à classe 9. Arquiteto com, pelo menos, cinco anos de experiência, até à classe 8. Arquiteto, apenas classe 6.

7.ª Trabalhos em perfis não estruturais.	Engenheiro civil especialista, até à classe 9. Engenheiro civil sénior, até à classe 9. Engenheiro civil conselheiro, até à classe 9. Engenheiro civil com, pelo menos, 10 anos de experiência, até à classe 9. Engenheiro civil, até à classe 8. Engenheiro técnico civil especialista, até à classe 9. Engenheiro técnico civil sénior, até à classe 9. Engenheiro técnico civil com, pelo menos, 13 anos de experiência, até à classe 9. Engenheiro técnico civil com, pelo menos, cinco anos de experiência, até à classe 8. Engenheiro técnico civil, até à classe 6. Engenheiro mecânico especialista, até à classe 9. Engenheiro mecânico sénior, até à classe 9. Engenheiro mecânico conselheiro, até à classe 9. Engenheiro mecânico com, pelo menos, 10 anos de experiência, até à classe 9. Engenheiro mecânico, até à classe 8. Engenheiro técnico mecânico especialista, até à classe 9. Engenheiro técnico mecânico sénior, até à classe 9. Engenheiro técnico mecânico com, pelo menos, 13 anos de experiência, até à classe 9. Engenheiro técnico mecânico com, pelo menos, cinco anos de experiência, até à classe 8. Engenheiro técnico mecânico, apenas classe 6. Engenheiro de materiais, apenas classe 6. Engenheiro metalúrgico, apenas classe 6. Arquiteto com, pelo menos, 10 anos de experiência, até à classe 9. Arquiteto com, pelo menos, cinco anos de experiência, até à classe 8. Arquiteto, apenas classe 6.
8.ª Canalizações e condutas em edifícios.	Engenheiro civil especialista, até à classe 9. Engenheiro civil sénior, até à classe 9. Engenheiro civil conselheiro, até à classe 9. Engenheiro civil com, pelo menos, 10 anos de experiência, até à classe 9. Engenheiro civil, até à classe 8. Engenheiro técnico civil especialista, até à classe 9. Engenheiro técnico civil sénior, até à classe 9. Engenheiro técnico civil com, pelo menos, 13 anos de experiência, até à classe 9. Engenheiro técnico civil com, pelo menos, cinco anos de experiência, até à classe 8. Engenheiro técnico civil, apenas classe 6. Engenheiro mecânico especialista, até à classe 9. Engenheiro mecânico sénior, até à classe 9. Engenheiro mecânico conselheiro, até à classe 9. Engenheiro mecânico com, pelo menos, 10 anos de experiência, até à classe 9. Engenheiro mecânico, até à classe 8. Engenheiro técnico mecânico especialista, até à classe 9. Engenheiro técnico mecânico sénior, até à classe 9. Engenheiro técnico mecânico com, pelo menos, 13 anos de experiência, até à classe 9. Engenheiro técnico mecânico com, pelo menos, cinco anos de experiência, até à classe 8. Engenheiro técnico mecânico, apenas classe 6. Engenheiro do ambiente, apenas classe 6. Engenheiro técnico do ambiente, apenas classe 6.

9.ª Instalações sem qualificação específica.	Engenheiro civil especialista, até à classe 9. Engenheiro civil sénior, até à classe 9. Engenheiro civil conselheiro, até à classe 9. Engenheiro civil com, pelo menos, 10 anos de experiência, até à classe 9. Engenheiro civil, até à classe 8 Engenheiro técnico civil especialista, até à classe 9. Engenheiro técnico civil sénior, até à classe 9. Engenheiro técnico civil com, pelo menos, 13 anos de experiência, até à classe 9. Engenheiro técnico civil com, pelo menos, cinco anos de experiência, até à classe 8. Engenheiro técnico civil, até à classe 6. Engenheiro mecânico especialista, até à classe 9. Engenheiro mecânico sénior, até à classe 9. Engenheiro mecânico conselheiro, até à classe 9. Engenheiro mecânico com, pelo menos, 10 anos de experiência, até à classe 9. Engenheiro mecânico, até à classe 8. Engenheiro técnico mecânico especialista, até à classe 9. Engenheiro técnico mecânico sénior, até à classe 9. Engenheiro técnico mecânico com, pelo menos, 13 anos de experiência, até à classe 9. Engenheiro técnico mecânico com, pelo menos, cinco anos de experiência, até à classe 8. Engenheiro técnico mecânico, apenas classe 6. Engenheiro de materiais, apenas classe 6. Engenheiro metalúrgico, apenas classe 6. Arquiteto com, pelo menos, 10 anos de experiência, até à classe 9. Arquiteto com, pelo menos, cinco anos de experiência, até à classe 8. Arquiteto, apenas classe 6.
10.ª Restauro de bens imóveis histórico-artísticos.	Arquiteto com, pelo menos, 10 anos de experiência, até à classe 9. Arquiteto com, pelo menos, cinco anos de experiência, até à classe 8. Arquiteto, apenas classe 6. Engenheiro civil especialista, até à classe 9. Engenheiro civil sénior, até à classe 9. Engenheiro civil conselheiro, até à classe 9. Engenheiro civil com, pelo menos, 10 anos de experiência, até à classe 9. Engenheiro civil, até à classe 8. Engenheiro técnico civil especialista, até à classe 9. Engenheiro técnico civil sénior, até à classe 9. Engenheiro técnico civil com, pelo menos, 13 anos de experiência, até à classe 9. Engenheiro técnico civil com, pelo menos, cinco anos de experiência, até à classe 8. Engenheiro técnico civil, apenas classe 6. Técnico superior de conservação e restauro, apenas classe 6.

2.ª Vias de comunicação, obras de urbanização e outras infraestruturas.	1.ª Vias de circulação rodoviária e aeródromos.	Engenheiro civil especialista, até à classe 9. Engenheiro civil sénior, até à classe 9. Engenheiro civil conselheiro, até à classe 9. Engenheiro civil com, pelo menos, 10 anos de experiência, até à classe 9. Engenheiro civil, até à classe 8. Engenheiro técnico civil especialista, até à classe 9. Engenheiro técnico civil sénior, até à classe 9. Engenheiro técnico civil com, pelo menos, 13 anos de experiência, até à classe 9. Engenheiro técnico civil com, pelo menos, cinco anos de experiência, até à classe 8. Engenheiro técnico civil, apenas classe 6.
	2.ª Vias de circulação ferroviária.	Engenheiro civil especialista, até à classe 9. Engenheiro civil sénior, até à classe 9. Engenheiro civil conselheiro, até à classe 9. Engenheiro civil com, pelo menos, 10 anos de experiência, até à classe 9. Engenheiro civil, até à classe 8. Engenheiro técnico civil especialista, até à classe 9. Engenheiro técnico civil sénior, até à classe 9. Engenheiro técnico civil com, pelo menos, 13 anos de experiência, até à classe 9. Engenheiro técnico civil com, pelo menos, cinco anos de experiência, até à classe 8. Engenheiro técnico civil, apenas classe 6.
	3.ª Pontes e viadutos de betão.	Engenheiro civil especialista, até à classe 9. Engenheiro civil sénior, até à classe 9. Engenheiro civil conselheiro, até à classe 9. Engenheiro civil com, pelo menos, 10 anos de experiência, até à classe 9. Engenheiro civil, até à classe 8. Engenheiro técnico civil especialista, até à classe 9. Engenheiro técnico civil sénior, até à classe 9. Engenheiro técnico civil com, pelo menos, 13 anos de experiência, até à classe 9. Engenheiro técnico civil com, pelo menos, cinco anos de experiência, até à classe 8. Engenheiro técnico civil, apenas classe 6.
	4.ª Pontes e viadutos metálicos.	Engenheiro civil especialista, até à classe 9. Engenheiro civil sénior, até à classe 9. Engenheiro civil conselheiro, até à classe 9. Engenheiro civil com, pelo menos, 10 anos de experiência, até à classe 9. Engenheiro civil, até à classe 8. Engenheiro técnico civil especialista, até à classe 9. Engenheiro técnico civil sénior, até à classe 9. Engenheiro técnico civil com, pelo menos, 13 anos de experiência, até à classe 9. Engenheiro técnico civil com, pelo menos, cinco anos de experiência, até à classe 8. Engenheiro técnico civil, apenas classe 6.

5.ª Obras de arte correntes.	Engenheiro civil especialista, até à classe 9. Engenheiro civil sénior, até à classe 9. Engenheiro civil conselheiro, até à classe 9. Engenheiro civil com, pelo menos, 10 anos de experiência, até à classe 9. Engenheiro civil, até à classe 8. Engenheiro técnico civil especialista, até à classe 9. Engenheiro técnico civil sénior, até à classe 9. Engenheiro técnico civil com, pelo menos, 13 anos de experiência, até à classe 9. Engenheiro técnico civil com, pelo menos, cinco anos de experiência, até à classe 8. Engenheiro técnico civil, apenas classe 6.
6.ª Saneamento básico.	Engenheiro civil especialista, até à classe 9. Engenheiro civil sénior, até à classe 9. Engenheiro civil conselheiro, até à classe 9. Engenheiro civil com, pelo menos, 10 anos de experiência, até à classe 9. Engenheiro civil, até à classe 8. Engenheiro técnico civil especialista, até à classe 9. Engenheiro técnico civil sénior, até à classe 9. Engenheiro técnico civil com, pelo menos, 13 anos de experiência, até à classe 9. Engenheiro técnico civil com, pelo menos, cinco anos de experiência, até à classe 8. Engenheiro técnico civil, apenas classe 6. Engenheiro do ambiente, apenas classe 6. Engenheiro técnico do ambiente, apenas classe 6.
7.ª Oleodutos e gasodutos.	Técnico de gás da entidade instaladora de gás, nos termos do respetivo regime jurídico.
8.ª Calcetamentos.	Arquiteto paisagista com, pelo menos, 10 anos de experiência, até à classe 9. Arquiteto paisagista com, pelo menos, cinco anos de experiência, até à classe 8. Arquiteto paisagista, apenas classe 6. Engenheiro agrónomo especialista, até à classe 9. Engenheiro agrónomo conselheiro, até à classe 9. Engenheiro agrónomo sénior, até à classe 9. Engenheiro agrónomo com, pelo menos, 10 anos de experiência, até à classe 9. Engenheiro agrónomo, até à classe 8. Engenheiro técnico agrário especialista, até à classe 9. Engenheiro técnico agrário sénior, até à classe 9. Engenheiro técnico agrário com, pelo menos, 13 anos de experiência, até à classe 9. Engenheiro técnico agrário com, pelo menos, cinco anos de experiência, até à classe 8. Engenheiro técnico agrário, apenas classe 6. Engenheiro civil especialista, até à classe 9. Engenheiro civil sénior, até à classe 9. Engenheiro civil conselheiro, até à classe 9. Engenheiro civil com, pelo menos, 10 anos de experiência, até à classe 9. Engenheiro civil, até à classe 8. Engenheiro técnico civil especialista, até à classe 9. Engenheiro técnico civil sénior, até à classe 9. Engenheiro técnico civil com, pelo menos, 13 anos de experiência, até à classe 9. Engenheiro técnico civil com, pelo menos, cinco anos de experiência, até à classe 8. Engenheiro técnico civil, apenas classe 6.

9.ª Ajardinamentos.	Arquiteto paisagista com, pelo menos, 10 anos de experiência, até à classe 9. Arquiteto paisagista com, pelo menos, cinco anos de experiência, até à classe 8. Arquiteto paisagista, apenas classe 6. Engenheiro agrónomo especialista, até à classe 9. Engenheiro agrónomo sénior, até à classe 9. Engenheiro agrónomo conselheiro, até à classe 9. Engenheiro agrónomo com, pelo menos, 10 anos de experiência, até à classe 9 Engenheiro agrónomo, até à classe 8. Engenheiro florestal especialista, até à classe 9. Engenheiro florestal sénior, até à classe 9. Engenheiro florestal conselheiro, até à classe 9. Engenheiro florestal com, pelo menos, 10 anos de experiência, até à classe 9. Engenheiro florestal, até à classe 8. Engenheiro técnico agrário especialista, até à classe 9. Engenheiro técnico agrário sénior, até à classe 9. Engenheiro técnico agrário com 13 anos de experiência, até à classe 9. Engenheiro técnico agrário com, pelo menos, cinco anos de experiência, até à classe 8. Engenheiro técnico agrário, apenas classe 6. Engenheiro civil especialista, até à classe 9. Engenheiro civil sénior, até à classe 9. Engenheiro civil conselheiro, até à classe 9. Engenheiro civil com, pelo menos, 10 anos de experiência, até à classe 9. Engenheiro civil, até à classe 8. Engenheiro técnico civil especialista, até à classe 9. Engenheiro técnico civil sénior, até à classe 9. Engenheiro técnico civil com, pelo menos, 13 anos de experiência, até à classe 9. Engenheiro técnico civil com, pelo menos, cinco anos de experiência, até à classe 8. Engenheiro técnico civil, apenas classe 6.
10.ª Infraestruturas de desporto e lazer.	Engenheiro civil especialista, até à classe 9. Engenheiro civil sénior, até à classe 9. Engenheiro civil conselheiro, até à classe 9. Engenheiro civil com, pelo menos, 10 anos de experiência, até à classe 9. Engenheiro civil, até à classe 8. Engenheiro técnico civil especialista, até à classe 9. Engenheiro técnico civil sénior, até à classe 9. Engenheiro técnico civil com, pelo menos, 13 anos de experiência, até à classe 9. Engenheiro técnico civil com, pelo menos, cinco anos de experiência, até à classe 8. Engenheiro técnico civil, apenas classe 6. Arquiteto paisagista com, pelo menos, 10 anos de experiência, até à classe 9. Arquiteto paisagista com, pelo menos, cinco anos de experiência, até à classe 8. Arquiteto paisagista, apenas classe 6. Engenheiro agrónomo especialista, até à classe 9. Engenheiro agrónomo sénior, até à classe 9. Engenheiro agrónomo conselheiro, até à classe 9. Engenheiro agrónomo com 10 anos de experiência, até à classe 9. Engenheiro agrónomo, até à classe 8. Engenheiro técnico agrário especialista, até à classe 9. Engenheiro técnico agrário sénior, até à classe 9. Engenheiro técnico agrário com 13 anos de experiência, até à classe 9. Engenheiro técnico agrário com, pelo menos, cinco anos de experiência, até à classe 8. Engenheiro técnico agrário, apenas classe 6.

	11.ª Sinalização não elétrica e dispositivos de proteção e segurança.	Engenheiro civil especialista, até à classe 9. Engenheiro civil sénior, até à classe 9. Engenheiro civil conselheiro, até à classe 9. Engenheiro civil com, pelo menos, 10 anos de experiência, até à classe 9. Engenheiro civil, até à classe 8. Engenheiro técnico civil especialista, até à classe 9. Engenheiro técnico civil sénior, até à classe 9. Engenheiro técnico civil com, pelo menos, 13 anos de experiência, até à classe 9. Engenheiro técnico civil com, pelo menos, cinco anos de experiência, até à classe 8. Engenheiro técnico civil, apenas classe 6.
3.ª Obras hidráulicas.	1.ª Obras fluviais e aproveitamentos hidráulicos. 2.ª Obras portuárias. 3.ª Obras de proteção costeira. 4.ª Barragens e diques. 5.ª Dragagens. 6.ª Emissários.	Engenheiro civil especialista, até à classe 9. Engenheiro civil sénior, até à classe 9. Engenheiro civil conselheiro, até à classe 9. Engenheiro civil com, pelo menos, 10 anos de experiência, até à classe 9. Engenheiro civil, até à classe 8. Engenheiro técnico civil especialista, até à classe 9. Engenheiro técnico civil sénior, até à classe 9. Engenheiro técnico civil com, pelo menos, 13 anos de experiência, até à classe 9. Engenheiro técnico civil com, pelo menos, cinco anos de experiência, até à classe 8. Engenheiro técnico civil, apenas classe 6. Engenheiro do ambiente, nas 1.ª e 6.ª subcategorias. Engenheiro agrónomo, até à classe 6, nas 1.ª e 4.ª subcategorias, nesta última subcategoria apenas quando se trate da construção de barragens de terra. Engenheiro florestal, até à classe 6, nas 1.ª e 4.ª subcategorias, nesta última subcategoria apenas quando se trate da construção de barragens de terra. Engenheiro técnico do ambiente, apenas classe 6, nas 1.ª e 6.ª subcategorias, exclusivamente quando se trate de barragens de terra e emissários terrestres, respetivamente. Engenheiro técnico de geotécnica e minas, apenas classe 6, na 1.ª, na 3.ª e na 5.ª subcategorias. Engenheiro técnico agrário, apenas classe 6, nas 1.ª e 4.ª subcategorias. Engenheiro de geologia e minas apenas classe 6, na 1.ª, na 3.ª e na 5.ª subcategorias.
4.ª Instalações elétricas e mecânicas.	1.ª Instalações elétricas de utilização de baixa tensão com potência até 50 kVA.	Engenheiro eletrotécnico especialista, até à classe 9. Engenheiro eletrotécnico sénior, até à classe 9. Engenheiro eletrotécnico conselheiro, até à classe 9. Engenheiro eletrotécnico com, pelo menos, 10 anos de experiência, até à classe 9. Engenheiro eletrotécnico, até à classe 8. Engenheiro técnico de energia e sistemas de potência especialista, até à classe 9. Engenheiro técnico de energia e sistemas de potência sénior, até à classe 9. Engenheiro técnico de energia e sistemas de potência com, pelo menos, 13 anos de experiência, até à classe 9. Engenheiro técnico de energia e sistemas de potência com, pelo menos, cinco anos de experiência, até à classe 8. Engenheiro técnico de energia e sistemas de potência, apenas classe 6.

2.ª Postos de transformação até 250 kVA.	Engenheiro eletrotécnico especialista, até à classe 9. Engenheiro eletrotécnico sénior, até à classe 9. Engenheiro eletrotécnico conselheiro, até à classe 9. Engenheiro eletrotécnico com, pelo menos, 10 anos de experiência, até à classe 9. Engenheiro eletrotécnico, até à classe 8. Engenheiro técnico de energia e sistemas de potência especialista, até à classe 9. Engenheiro técnico de energia e sistemas de potência sénior, até à classe 9. Engenheiro técnico de energia e sistemas de potência com, pelo menos, 13 anos de experiência, até à classe 9. Engenheiro técnico de energia e sistemas de potência com, pelo menos, cinco anos de experiência, até à classe 8. Engenheiro técnico de energia e sistemas de potência, apenas classe 6.
3.ª Postos de transformação acima de 250 kVA.	Engenheiro eletrotécnico especialista, até à classe 9. Engenheiro eletrotécnico sénior, até à classe 9. Engenheiro eletrotécnico conselheiro, até à classe 9. Engenheiro eletrotécnico com, pelo menos, 10 anos de experiência, até à classe 9. Engenheiro eletrotécnico, até à classe 8. Engenheiro técnico de energia e sistemas de potência especialista, até à classe 9. Engenheiro técnico de energia e sistemas de potência sénior, até à classe 9. Engenheiro técnico de energia e sistemas de potência com, pelo menos, 13 anos de experiência, até à classe 9. Engenheiro técnico de energia e sistemas de potência com, pelo menos, cinco anos de experiência, até à classe 8. Engenheiro técnico de energia e sistemas de potência, apenas classe 6.
4.ª Redes e instalações elétricas de tensão de serviço até 30 kV.	Engenheiro eletrotécnico especialista, até à classe 9. Engenheiro eletrotécnico sénior, até à classe 9. Engenheiro eletrotécnico conselheiro, até à classe 9. Engenheiro eletrotécnico com, pelo menos, 10 anos de experiência, até à classe 9. Engenheiro eletrotécnico, até à classe 8. Engenheiro técnico de energia e sistemas de potência especialista, até à classe 9. Engenheiro técnico de energia e sistemas de potência sénior, até à classe 9. Engenheiro técnico de energia e sistemas de potência com, pelo menos, 13 anos de experiência, até à classe 9. Engenheiro técnico de energia e sistemas de potência com, pelo menos, cinco anos de experiência, até à classe 8. Engenheiro técnico de energia e sistemas de potência, apenas classe 6.

5.ª Redes e instalações elétricas de tensão de serviço acima de 30 kV.	Engenheiro eletrotécnico especialista, até à classe 9. Engenheiro eletrotécnico sénior, até à classe 9. Engenheiro eletrotécnico conselheiro, até à classe 9. Engenheiro eletrotécnico com, pelo menos, 10 anos de experiência, até à classe 9. Engenheiro eletrotécnico, até à classe 8. Engenheiro técnico de energia e sistemas de potência especialista, até à classe 9. Engenheiro técnico de energia e sistemas de potência sénior, até à classe 9. Engenheiro técnico de energia e sistemas de potência com, pelo menos, 13 anos de experiência, até à classe 9. Engenheiro técnico de energia e sistemas de potência com, pelo menos, cinco anos de experiência, até à classe 8. Engenheiro técnico de energia e sistemas de potência, apenas classe 6.
6.ª Instalações de produção de energia elétrica até 30 kV.	Engenheiro eletrotécnico especialista, até à classe 9. Engenheiro eletrotécnico sénior, até à classe 9. Engenheiro eletrotécnico conselheiro, até à classe 9. Engenheiro eletrotécnico com, pelo menos, 10 anos de experiência, até à classe 9. Engenheiro eletrotécnico, até à classe 8. Engenheiro técnico de energia e sistemas de potência especialista, até à classe 9. Engenheiro técnico de energia e sistemas de potência sénior, até à classe 9. Engenheiro técnico de energia e sistemas de potência com, pelo menos, 13 anos de experiência, até à classe 9. Engenheiro técnico de energia e sistemas de potência com, pelo menos, cinco anos de experiência, até à classe 8. Engenheiro técnico de energia e sistemas de potência, apenas classe 6.
7.ª Instalações de produção de energia elétrica acima de 30 kV.	Engenheiro eletrotécnico especialista, até à classe 9. Engenheiro eletrotécnico sénior, até à classe 9. Engenheiro eletrotécnico conselheiro, até à classe 9. Engenheiro eletrotécnico com, pelo menos, 10 anos de experiência, até à classe 9. Engenheiro eletrotécnico, até à classe 8. Engenheiro técnico de energia e sistemas de potência especialista, até à classe 9. Engenheiro técnico de energia e sistemas de potência sénior, até à classe 9. Engenheiro técnico de energia e sistemas de potência com, pelo menos, 13 anos de experiência, até à classe 9. Engenheiro técnico de energia e sistemas de potência com, pelo menos, cinco anos de experiência, até à classe 8. Engenheiro técnico de energia e sistemas de potência, apenas classe 6.

8.ª Instalações de tração elétrica.	Engenheiro eletrotécnico especialista, até à classe 9. Engenheiro eletrotécnico sénior, até à classe 9. Engenheiro eletrotécnico conselheiro, até à classe 9. Engenheiro eletrotécnico com, pelo menos, 10 anos de experiência, até à classe 9. Engenheiro eletrotécnico, até à classe 8. Engenheiro técnico de energia e sistemas de potência especialista, até à classe 9. Engenheiro técnico de energia e sistemas de potência sénior, até à classe 9. Engenheiro técnico de energia e sistemas de potência com, pelo menos, 13 anos de experiência, até à classe 9. Engenheiro técnico de energia e sistemas de potência com, pelo menos, cinco anos de experiência, até à classe 8. Engenheiro técnico de energia e sistemas de potência, apenas classe 6.
9.ª Infraestruturas de telecomunicações.	Instalador ITUR/ITED, nos termos do regime aplicável à construção de infraestruturas aptas ao alojamento de redes de comunicações eletrónicas, à instalação de redes de comunicações eletrónicas e à construção de infraestruturas de telecomunicações em loteamentos, urbanizações e conjuntos de edifícios (ITUR) e edifícios (ITED).
10.ª Sistemas de extinção de incêndios, de segurança e de deteção.	Engenheiro civil especialista, até à classe 9. Engenheiro civil sénior, até à classe 9. Engenheiro civil conselheiro, até à classe 9. Engenheiro civil com, pelo menos, 10 anos de experiência, até à classe 9. Engenheiro civil, até à classe 8. Engenheiro técnico civil especialista, até à classe 9. Engenheiro técnico civil sénior, até à classe 9. Engenheiro técnico civil com, pelo menos, 13 anos de experiência, até à classe 9. Engenheiro técnico civil com, pelo menos, cinco anos de experiência, até à classe 8. Engenheiro técnico civil, apenas classe 6. Engenheiro eletrotécnico especialista, até à classe 9. Engenheiro eletrotécnico sénior, até à classe 9. Engenheiro eletrotécnico conselheiro, até à classe 9. Engenheiro eletrotécnico com, pelo menos, 10 anos de experiência, até à classe 9. Engenheiro eletrotécnico, até à classe 8. Engenheiro técnico de energia e sistemas de potência especialista, até à classe 9. Engenheiro técnico de energia e sistemas de potência sénior, até à classe 9. Engenheiro técnico de energia e sistemas de potência com, pelo menos, 13 anos de experiência, até à classe 9. Engenheiro técnico de energia e sistemas de potência com, pelo menos, cinco anos de experiência, até à classe 8. Engenheiro técnico energia e sistemas de potência, apenas classe 6. Engenheiro técnico de eletrónica e de telecomunicações, apenas classe 6. Engenheiro técnico de segurança, apenas classe 6. Engenheiro técnico de proteção civil, apenas classe 6.

11.ª Instalações de elevação	Engenheiro mecânico especialista, até à classe 9. Engenheiro mecânico sénior, até à classe 9. Engenheiro mecânico conselheiro, até à classe 9. Engenheiro mecânico com, pelo menos, 10 anos de experiência, até à classe 9. Engenheiro mecânico, até à classe 8. Engenheiro técnico mecânico especialista, até à classe 9. Engenheiro técnico mecânico sénior, até à classe 9. Engenheiro técnico mecânico com, pelo menos, 13 anos de experiência, até à classe 9. Engenheiro técnico mecânico com, pelo menos, cinco anos de experiência, até à classe 8. Engenheiro técnico mecânico, apenas classe 6. Engenheiro eletrotécnico especialista, até à classe 9. Engenheiro eletrotécnico sénior, até à classe 9. Engenheiro eletrotécnico conselheiro, até à classe 9. Engenheiro eletrotécnico com, pelo menos, 10 anos de experiência, até à classe 9. Engenheiro eletrotécnico, até à classe 8. Engenheiro técnico de energia e sistemas de potência especialista, até à classe 9. Engenheiro técnico de energia e sistemas de potência sénior, até à classe 9. Engenheiro técnico de energia e sistemas de potência com, pelo menos, 13 anos de experiência, até à classe 9. Engenheiro técnico de energia e sistemas de potência com, pelo menos, cinco anos de experiência, até à classe 8. Engenheiro técnico de energia e sistemas de potência, apenas classe 6.
12.ª Aquecimento, ventilação, ar condicionado e refrigeração.	Engenheiro mecânico especialista, até à classe 9. Engenheiro mecânico sénior, até à classe 9. Engenheiro mecânico conselheiro, até à classe 9. Engenheiro mecânico com, pelo menos, 10 anos de experiência, até à classe 9. Engenheiro mecânico, até à classe 8. Engenheiro técnico mecânico especialista, até à classe 9. Engenheiro técnico mecânico sénior, até à classe 9. Engenheiro técnico mecânico com, pelo menos, 13 anos de experiência, até à classe 9. Engenheiro técnico mecânico com, pelo menos, cinco anos de experiência, até à classe 8. Engenheiro técnico mecânico, apenas classe 6. Engenheiro eletrotécnico especialista, até à classe 9. Engenheiro eletrotécnico sénior, até à classe 9. Engenheiro eletrotécnico conselheiro, até à classe 9. Engenheiro eletrotécnico com, pelo menos, 10 anos de experiência, até à classe 9. Engenheiro eletrotécnico, até à classe 8. Engenheiro técnico de energia e sistemas de potência especialista, até à classe 9. Engenheiro técnico de energia e sistemas de potência sénior, até à classe 9. Engenheiro técnico de energia e sistemas de potência com, pelo menos, 13 anos de experiência, até à classe 9. Engenheiro técnico de energia e sistemas de potência com, pelo menos, cinco anos de experiência, até à classe 8. Engenheiro técnico de energia e sistemas de potência, apenas classe 6. Técnico de instalação e manutenção de sistemas de climatização (TIM III), nos termos do Sistema de Certificação Energética (SCE), até à classe 2. Técnico de instalação e manutenção de sistemas de climatização (TIM II), nos termos do Sistema de Certificação Energética (SCE), até à classe 1.

13.ª Estações de tratamento ambiental.	Engenheiro civil especialista, até à classe 9. Engenheiro civil sénior, até à classe 9. Engenheiro civil conselheiro, até à classe 9. Engenheiro civil com, pelo menos, 10 anos de experiência, até à classe 9. Engenheiro civil, até à classe 8. Engenheiro técnico civil especialista, até à classe 9. Engenheiro técnico civil sénior, até à classe 9. Engenheiro técnico civil com, pelo menos, 13 anos de experiência, até à classe 9. Engenheiro técnico civil com, pelo menos, cinco anos de experiência, até à classe 8. Engenheiro técnico civil, apenas classe 6. Engenheiro mecânico especialista, até à classe 9. Engenheiro mecânico sénior, até à classe 9. Engenheiro mecânico conselheiro, até à classe 9. Engenheiro mecânico com, pelo menos, 10 anos de experiência, até à classe 9. Engenheiro mecânico, até à classe 8. Engenheiro técnico mecânico especialista, até à classe 9. Engenheiro técnico mecânico sénior, até à classe 9. Engenheiro técnico mecânico com, pelo menos, 13 anos de experiência, até à classe 9. Engenheiro técnico mecânico com, pelo menos, cinco anos de experiência, até à classe 8. Engenheiro técnico mecânico, apenas classe 6.
14.ª Redes e ramais de distribuição de gás, instalações e aparelhos a gás.	Técnico de gás da entidade instaladora de gás, nos termos do respetivo regime jurídico.
15.ª Instalações de armazenamento de produtos de petróleo e de postos de abastecimento de combustível.	Engenheiro mecânico especialista, até à classe 9. Engenheiro mecânico sénior, até à classe 9. Engenheiro mecânico conselheiro, até à classe 9. Engenheiro mecânico com, pelo menos, 10 anos de experiência, até à classe 9. Engenheiro mecânico, até à classe 8. Engenheiro técnico mecânico especialista, até à classe 9. Engenheiro técnico mecânico sénior, até à classe 9. Engenheiro técnico mecânico com, pelo menos, 13 anos de experiência, até à classe 9. Engenheiro técnico mecânico com, pelo menos, cinco anos de experiência, até à classe 8. Engenheiro técnico mecânico, apenas classe 6. Engenheiro químico especialista, até à classe 9. Engenheiro químico sénior, até à classe 9. Engenheiro químico conselheiro, até à classe 9. Engenheiro químico com, pelo menos, 10 anos de experiência, até à classe 9. Engenheiro químico, até à classe 8. Engenheiro técnico químico especialista, até à classe 9. Engenheiro técnico químico sénior, até à classe 9. Engenheiro técnico químico com, pelo menos, 13 anos de experiência, até à classe 9. Engenheiro técnico químico com, pelo menos, cinco anos de experiência, até à classe 8. Engenheiro técnico químico, apenas classe 6.

16.ª Redes de ar comprimido e vácuo.	Engenheiro mecânico especialista, até à classe 9. Engenheiro mecânico sénior, até à classe 9. Engenheiro mecânico conselheiro, até à classe 9. Engenheiro mecânico com, pelo menos, 10 anos de experiência, até à classe 9. Engenheiro mecânico, até à classe 8. Engenheiro técnico mecânico especialista, até à classe 9. Engenheiro técnico mecânico sénior, até à classe 9. Engenheiro técnico mecânico com, pelo menos, 13 anos de experiência, até à classe 9. Engenheiro técnico mecânico com, pelo menos, cinco anos de experiência, até à classe 8. Engenheiro técnico mecânico, apenas classe 6.
17.ª Instalações de apoio e sinalização em sistemas de transporte.	Engenheiro eletrotécnico especialista, até à classe 9. Engenheiro eletrotécnico sénior, até à classe 9. Engenheiro eletrotécnico conselheiro, até à classe 9. Engenheiro eletrotécnico com, pelo menos, 10 anos de experiência, até à classe 9. Engenheiro eletrotécnico, até à classe 8. Engenheiro técnico de energia e sistemas de potência especialista, até à classe 9. Engenheiro técnico de energia e sistemas de potência sénior, até à classe 9. Engenheiro técnico de energia e sistemas de potência com, pelo menos, 13 anos de experiência, até à classe 9. Engenheiro técnico de energia e sistemas de potência com, pelo menos, cinco anos de experiência, até à classe 8. Engenheiro técnico de energia e sistemas de potência, apenas classe 6. Engenheiro técnico de eletrónica e de telecomunicações, apenas classe 6.
18.ª Gestão técnica centralizada.	Engenheiro mecânico especialista, até à classe 9. Engenheiro mecânico sénior, até à classe 9. Engenheiro mecânico conselheiro, até à classe 9. Engenheiro mecânico com, pelo menos, 10 anos de experiência, até à classe 9. Engenheiro mecânico, até à classe 8. Engenheiro técnico mecânico especialista, até à classe 9. Engenheiro técnico mecânico sénior, até à classe 9. Engenheiro técnico mecânico com, pelo menos, 13 anos de experiência, até à classe 9. Engenheiro técnico mecânico com, pelo menos, cinco anos de experiência, até à classe 8. Engenheiro técnico mecânico, apenas classe 6. Engenheiro eletrotécnico especialista, até à classe 9. Engenheiro eletrotécnico sénior, até à classe 9. Engenheiro eletrotécnico conselheiro, até à classe 9. Engenheiro eletrotécnico com, pelo menos, 10 anos de experiência, até à classe 9. Engenheiro eletrotécnico, até à classe 8. Engenheiro técnico de energia e sistemas de potência especialista, até à classe 9. Engenheiro técnico de energia e sistemas de potência sénior, até à classe 9. Engenheiro técnico de energia e sistemas de potência com, pelo menos 13 anos de experiência, até à classe 9. Engenheiro técnico de energia e sistemas de potência com, pelo menos, cinco anos de experiência, até à classe 8. Engenheiro técnico de energia e sistemas de potência, apenas classe 6.

	19.ª Outras instalações mecânicas e eletromecânicas.	Engenheiro mecânico especialista, até à classe 9. Engenheiro mecânico sénior, até à classe 9. Engenheiro mecânico conselheiro, até à classe 9. Engenheiro mecânico com, pelo menos, 10 anos de experiência, até à classe 9. Engenheiro mecânico, até à classe 8. Engenheiro técnico mecânico especialista, até à classe 9. Engenheiro técnico mecânico sénior, até à classe 9. Engenheiro técnico mecânico com, pelo menos, 13 anos de experiência, até à classe 9. Engenheiro técnico mecânico com, pelo menos, cinco anos de experiência, até à classe 8. Engenheiro técnico mecânico, apenas classe 6. Engenheiro eletrotécnico especialista, até à classe 9. Engenheiro eletrotécnico sénior, até à classe 9. Engenheiro eletrotécnico conselheiro, até à classe 9. Engenheiro eletrotécnico com, pelo menos, 10 anos de experiência, até à classe 9. Engenheiro eletrotécnico, até à classe 8. Engenheiro técnico de energia e sistemas de potência especialista, até à classe 9. Engenheiro técnico de energia e sistemas de potência sénior, até à classe 9. Engenheiro técnico de energia e sistemas de potência com, pelo menos, 13 anos de experiência, até à classe 9. Engenheiro técnico de energia e sistemas de potência com, pelo menos, cinco anos de experiência, até à classe 8. Engenheiro técnico de energia e sistemas de potência, apenas classe 6.
5.ª Outros trabalhos.	1.ª Demolições.	Engenheiro civil especialista, até à classe 9. Engenheiro civil sénior, até à classe 9. Engenheiro civil conselheiro, até à classe 9. Engenheiro civil com, pelo menos, 10 anos de experiência, até à classe 9. Engenheiro civil, até à classe 8. Engenheiro técnico civil especialista, até à classe 9. Engenheiro técnico civil sénior, até à classe 9. Engenheiro técnico civil com, pelo menos, 13 anos de experiência, até à classe 9. Engenheiro técnico civil com, pelo menos, cinco anos de experiência, até à classe 8. Engenheiro técnico civil, apenas classe 6.
	2.ª Movimentação de terras.	Engenheiro civil especialista, até à classe 9. Engenheiro civil sénior, até à classe 9. Engenheiro civil conselheiro, até à classe 9. Engenheiro civil com, pelo menos, 10 anos de experiência, até à classe 9. Engenheiro civil, até à classe 8. Engenheiro técnico civil especialista, até à classe 9. Engenheiro técnico civil sénior, até à classe 9. Engenheiro técnico civil com, pelo menos, 13 anos de experiência, até à classe 9. Engenheiro técnico civil com, pelo menos, cinco anos de experiência, até à classe 8. Engenheiro técnico civil, apenas classe 6. Engenheiro de geologia e minas especialista, até à classe 9. Engenheiro de geologia e minas sénior, até à classe 9. Engenheiro de geologia e minas conselheiro, até à classe 9. Engenheiro de geologia e minas com, pelo menos, 10 anos de experiência, até à classe 9.

	Engenheiro civil especialista, até à classe 9. Engenheiro civil sénior, até à classe 9. Engenheiro civil conselheiro, até à classe 9. Engenheiro civil com, pelo menos, 10 anos de experiência, até à classe 9. Engenheiro civil, até à classe 8. Engenheiro técnico civil especialista, até à classe 9. Engenheiro técnico civil sénior, até à classe 9. Engenheiro técnico civil com, pelo menos, 13 anos de experiência, até à classe 9. Engenheiro técnico civil com, pelo menos, cinco anos de experiência, até à classe 8. Engenheiro técnico civil, apenas classe 6. Engenheiro de geologia e minas especialista, até à classe 9. Engenheiro de geologia e minas sénior, até à classe 9. Engenheiro de geologia e minas conselheiro, até à classe 9. Engenheiro de geologia e minas com, pelo menos, 10 anos de experiência, até à classe 9. Engenheiro de geologia e minas, até à classe 8. Engenheiro técnico de geotécnica e minas especialista, até à classe 9. Engenheiro técnico de geotécnica e minas sénior, até à classe 9. Engenheiro técnico de geotécnica e minas com, pelo menos, 13 anos de experiência, até à classe 9. Engenheiro técnico de geotécnica e minas com, pelo menos, cinco anos de experiência, até à classe 8. Engenheiro técnico de geotécnica e minas, apenas classe 6. Engenheiro florestal, apenas classe 6. Engenheiro agrónomo, apenas classe 6. Engenheiro técnico agrário, apenas classe 6.
3.ª Túneis e outros trabalhos de geotecnia.	Engenheiro civil especialista, até à classe 9. Engenheiro civil sénior, até à classe 9. Engenheiro civil conselheiro, até à classe 9. Engenheiro civil com, pelo menos, 10 anos de experiência, até à classe 9. Engenheiro civil, até à classe 8. Engenheiro técnico civil especialista, até à classe 9. Engenheiro técnico civil sénior, até à classe 9. Engenheiro técnico civil com, pelo menos, 13 anos de experiência, até à classe 9. Engenheiro técnico civil com, pelo menos, cinco anos de experiência, até à classe 8. Engenheiro técnico civil, até à classe 6. Licenciado em geologia, apenas classe 6. Engenheiro de geologia e minas especialista, até à classe 9. Engenheiro de geologia e minas sénior, até à classe 9. Engenheiro de geologia e minas conselheiro, até à classe 9. Engenheiro de geologia e minas com, pelo menos, 10 anos de experiência, até à classe 9. Engenheiro de geologia e minas, até à classe 8. Engenheiro técnico de geotécnica e minas especialista, até à classe 9. Engenheiro técnico de geotécnica e minas sénior, até à classe 9. Engenheiro técnico de geotécnica e minas com, pelo menos, 13 anos de experiência, até à classe 9. Engenheiro técnico de geotécnica e minas com, pelo menos, cinco anos de experiência, até à classe 8. Engenheiro técnico de geotécnica e minas, apenas classe 6.

4.ª Fundações especiais.	Engenheiro civil especialista, até à classe 9. Engenheiro civil sénior, até à classe 9. Engenheiro civil conselheiro, até à classe 9. Engenheiro civil com, pelo menos, 10 anos de experiência, até à classe 9. Engenheiro civil, até à classe 8. Engenheiro técnico civil especialista, até à classe 9. Engenheiro técnico civil sénior, até à classe 9. Engenheiro técnico civil conselheiro, até à classe 9. Engenheiro técnico civil com, pelo menos, 13 anos de experiência, até à classe 9. Engenheiro técnico civil com, pelo menos, cinco anos de experiência, até à classe 8. Engenheiro técnico civil, apenas classe 6. Licenciado em geologia, até à classe 7. Engenheiro de geologia e minas especialista, até à classe 9. Engenheiro de geologia e minas sénior, até à classe 9. Engenheiro de geologia e minas conselheiro, até à classe 9. Engenheiro de geologia e minas com, pelo menos, 10 anos de experiência, até à classe 9. Engenheiro de geologia e minas, até à classe 8. Engenheiro técnico de geotécnica especialista, até à classe 9. Engenheiro técnico de geotécnica e minas sénior, até à classe 9. Engenheiro técnico de geotécnica e minas com, pelo menos, 13 anos de experiência, até à classe 9. Engenheiro técnico de geotécnica e minas com, pelo menos, cinco anos de experiência, até à classe 8. Engenheiro técnico de geotécnica e minas, apenas classe 6.
5.ª Reabilitação de elementos estruturais de betão.	Engenheiro civil especialista, até à classe 9. Engenheiro civil sénior, até à classe 9. Engenheiro civil conselheiro, até à classe 9. Engenheiro civil com, pelo menos, 10 anos de experiência, até à classe 9. Engenheiro civil, até à classe 8. Engenheiro técnico civil especialista, até à classe 9. Engenheiro técnico civil sénior, até à classe 9. Engenheiro técnico civil com, pelo menos, 13 anos de experiência, até à classe 9. Engenheiro técnico civil com, pelo menos, cinco anos de experiência, até à classe 8. Engenheiro técnico civil, apenas classe 6.
6.ª Paredes de contenção e ancoragens.	Engenheiro civil especialista, até à classe 9. Engenheiro civil sénior, até à classe 9. Engenheiro civil conselheiro, até à classe 9. Engenheiro civil com, pelo menos, 10 anos de experiência, até à classe 9. Engenheiro civil, até à classe 8. Engenheiro técnico civil especialista, até à classe 9. Engenheiro técnico civil sénior, até à classe 9. Engenheiro técnico civil com, pelo menos, 13 anos de experiência, até à classe 9. Engenheiro técnico civil com, pelo menos, cinco anos de experiência, até à classe 8. Engenheiro técnico civil, apenas classe 6. Engenheiro de geologia e minas especialista, até à classe 9. Engenheiro de geologia e minas sénior, até à classe 9. Engenheiro de geologia e minas conselheiro, até à classe 9. Engenheiro de geologia e minas com 10 anos de experiência, até à classe 9.

	Engenheiro de geologia e minas, até à classe 8. Engenheiro técnico de geotécnica especialista, até à classe 9. Engenheiro técnico de geotécnica e minas sénior, até à classe 9. Engenheiro técnico de geotécnica e minas com 13 anos de experiência, até à classe 9. Engenheiro técnico de geotécnica e minas com cinco anos de experiência, até à classe 8. Engenheiro técnico de geotécnica e minas, apenas classe 6.
7.ª Drenagens e tratamento de taludes.	Engenheiro civil especialista, até à classe 9. Engenheiro civil sénior, até à classe 9. Engenheiro civil conselheiro, até à classe 9. Engenheiro civil com, pelo menos, 10 anos de experiência, até à classe 9. Engenheiro civil, até à classe 8. Engenheiro técnico civil especialista, até à classe 9. Engenheiro técnico civil sénior, até à classe 9. Engenheiro técnico civil com, pelo menos, 13 anos de experiência, até à classe 9. Engenheiro técnico civil com, pelo menos, cinco anos de experiência, até à classe 8. Engenheiro técnico civil, apenas classe 6. Engenheiro de geologia e minas conselheiro, até à classe 9. Engenheiro de geologia e minas especialista, até à classe 9. Engenheiro de geologia e minas sénior, até à classe 9. Engenheiro de geologia e minas com 10 anos de experiência, até à classe 9. Engenheiro de geologia e minas, até à classe 8. Engenheiro técnico de geotécnica e minas especialista, até à classe 9. Engenheiro técnico de geotécnica e minas sénior, até à classe 9. Engenheiro técnico de geotécnica e minas com 13 anos de experiência, até à classe 9. Engenheiro técnico de geotécnica e minas com cinco anos de experiência, até à classe 8. Engenheiro técnico de geotécnica e minas, apenas classe 6.
8.ª Armaduras para betão armado.	Engenheiro civil especialista, até à classe 9. Engenheiro civil sénior, até à classe 9. Engenheiro civil conselheiro, até à classe 9. Engenheiro civil com, pelo menos, 10 anos de experiência, até à classe 9. Engenheiro civil, até à classe 8. Engenheiro técnico civil especialista, até à classe 9. Engenheiro técnico civil sénior, até à classe 9. Engenheiro técnico civil com, pelo menos, 13 anos de experiência, até à classe 9. Engenheiro técnico civil com, pelo menos, cinco anos de experiência, até à classe 8. Engenheiro técnico civil, apenas classe 6. Arquiteto, apenas classe 6.
9.ª Reparações e tratamentos superficiais em estruturas metálicas.	Engenheiro civil especialista, até à classe 9. Engenheiro civil sénior, até à classe 9. Engenheiro civil conselheiro, até à classe 9. Engenheiro civil com, pelo menos, 10 anos de experiência, até à classe 9. Engenheiro civil, até à classe 8. Engenheiro técnico civil especialista, até à classe 9.

	Engenheiro técnico civil sénior, até à classe 9. Engenheiro técnico civil com, pelo menos, 13 anos de experiência, até à classe 9. Engenheiro técnico civil com, pelo menos, cinco anos de experiência, até à classe 8. Engenheiro técnico civil, apenas classe 6. Engenheiro mecânico, apenas classe 6. Engenheiro técnico mecânico, apenas classe 6. Engenheiro de materiais, apenas classe 6. Engenheiro metalúrgico, apenas classe 6.
10.ª Cofragens.	Engenheiro civil especialista, até à classe 9. Engenheiro civil sénior, até à classe 9. Engenheiro civil conselheiro, até à classe 9. Engenheiro civil com, pelo menos, 10 anos de experiência, até à classe 9. Engenheiro civil, até à classe 8. Engenheiro técnico civil especialista, até à classe 9. Engenheiro técnico civil sénior, até à classe 9. Engenheiro técnico civil sénior, até à classe 9. Engenheiro técnico civil com, pelo menos, 13 anos de experiência, até à classe 9. Engenheiro técnico civil com, pelo menos, cinco anos de experiência, até à classe 8. Engenheiro técnico civil, apenas classe 6. Engenheiro mecânico, apenas classe 6. Engenheiro técnico mecânico, apenas classe 6. Arquiteto, apenas classe 6.
11.ª Impermeabilizações e isolamentos.	Engenheiro civil especialista, até à classe 9. Engenheiro civil sénior, até à classe 9. Engenheiro civil conselheiro, até à classe 9. Engenheiro civil com, pelo menos, 10 anos de experiência, até à classe 9. Engenheiro civil, até à classe 8. Engenheiro técnico civil especialista, até à classe 9. Engenheiro técnico civil sénior, até à classe 9. Engenheiro técnico civil com, pelo menos, 13 anos de experiência, até à classe 9. Engenheiro técnico civil com, pelo menos, cinco anos de experiência, até à classe 8. Engenheiro técnico civil, apenas classe 6. Engenheiro mecânico, apenas classe 6. Engenheiro técnico mecânico, apenas classe 6. Arquiteto, apenas classe 6.
12.ª Andaimes e outras estruturas provisórias.	Engenheiro civil especialista, até à classe 9. Engenheiro civil sénior, até à classe 9. Engenheiro civil conselheiro, até à classe 9. Engenheiro civil com, pelo menos, 10 anos de experiência, até à classe 9. Engenheiro civil, até à classe 8. Engenheiro técnico civil especialista, até à classe 9. Engenheiro técnico civil sénior, até à classe 9. Engenheiro técnico civil com, pelo menos, 13 anos de experiência, até à classe 9. Engenheiro técnico civil com, pelo menos, cinco anos de experiência, até à classe 8. Engenheiro técnico civil, apenas classe 6. Engenheiro mecânico, apenas classe 6. Engenheiro técnico mecânico, apenas classe 6.

13.ª Caminhos agrícolas e florestais.	Engenheiro civil especialista, até à classe 9. Engenheiro civil sénior, até à classe 9. Engenheiro civil conselheiro, até à classe 9. Engenheiro civil com, pelo menos, 10 anos de experiência, até à classe 9. Engenheiro civil, até à classe 8. Engenheiro técnico civil especialista, até à classe 9. Engenheiro técnico civil sénior, até à classe 9. Engenheiro técnico civil com, pelo menos, 13 anos de experiência, até à classe 9. Engenheiro técnico civil com, pelo menos, cinco anos de experiência, até à classe 8. Engenheiro técnico civil, até à classe 6. Arquiteto paisagista com, pelo menos, 10 anos de experiência, até à classe 9. Arquiteto paisagista com, pelo menos, cinco anos de experiência, até à classe 8. Arquiteto paisagista, até à classe 6. Engenheiro agrónomo especialista, até à classe 9. Engenheiro agrónomo sénior, até à classe 9. Engenheiro agrónomo conselheiro, até à classe 9. Engenheiro agrónomo, até à classe 8. Engenheiro técnico agrário especialista, até à classe 9. Engenheiro técnico agrário sénior, até à classe 9. Engenheiro técnico agrário com, pelo menos, 13 anos de experiência, até à classe 9. Engenheiro técnico agrário com, pelo menos, cinco anos de experiência, até à classe 8. Engenheiro técnico agrário, até à classe 6. Engenheiro florestal especialista, até à classe 9. Engenheiro florestal sénior, até à classe 9. Engenheiro florestal conselheiro, até à classe 9. Engenheiro florestal com, pelo menos, 10 anos de experiência, até à classe 9. Engenheiro florestal, até à classe 8. Engenheiro de geologia e minas especialista, até à classe 9. Engenheiro de geologia e minas sénior, até à classe 9. Engenheiro de geologia e minas conselheiro, até à classe 9. Engenheiro de geologia e minas com 10 anos de experiência, até à classe 9. Engenheiro de geologia e minas, até à classe 8. Engenheiro técnico de geotécnica e minas especialista, até à classe 9. Engenheiro técnico de geotécnica e minas sénior, até à classe 9. Engenheiro técnico de geotécnica e minas com, pelo menos, 13 anos de experiência, até à classe 9. Engenheiro técnico de geotécnica e minas com, pelo menos, cinco anos de experiência, até à classe 8. Engenheiro técnico de geotécnica e minas, apenas classe 6.

Nota relativa às qualificações de licenciatura:

1 – Sem prejuízo da aplicação da Lei nº 9/2009, de 4 de março, alterada pelas Leis nºs 41/2012, de 28 de agosto, e 25/2014, de 2 de maio, as qualificações das licenciaturas referidas no presente anexo são comprovadas pela exibição de diploma português de licenciatura ou comprovativo de equivalência obtida em Portugal, nos termos da lei.

2 – O disposto nos pontos anteriores não prejudica o exercício das atividades em causa por profissionais em livre prestação de serviços, nos termos da Lei nº 9/2009, de 4 de março, alterada pelas Leis nºs 41/2012, de 28 de agosto, e 25/2014, de 2 de maio, e dos estatutos dos profissionais em causa.

b) Elaboração de planos de urbanização e de pormenor e projectos de loteamento

Decreto-Lei nº 292/95, de 14 de Novembro[15]

É hoje generalizadamente aceite que a salvaguarda do interesse público relativo ao correcto ordenamento do território deve ser assegurada no quadro de instrumentos de planeamento territorial que definam, com clareza e transparência, os princípios e normas que devem orientar a ocupação, o uso e a transformação dos solos para efeitos urbanísticos.

Na verdade, um desenvolvimento urbano sustentável não pode ser dissociado das preocupações de melhoria da qualidade de vida nos meios urbanos, de adequado enquadramento das edificações no espaço envolvente e da existência de zonas de recreio e lazer.

A cobertura do território nacional por planos directores municipais permite e aconselha a entrada numa nova fase do planeamento territorial, agora ao nível dos planos de urbanização e de pormenor.

A dualidade dos planos de urbanização e de pormenor, bem como dos projectos de operações de loteamento, vai ter forçosamente expressão na qualidade e harmonia do espaço construído e a construir. No limiar do século XXI não é aceitável que voltem a surgir zonas urbanas descaracterizadas, massificadas e sem qualidade.

Neste contexto, importa proceder à fixação de regras mínimas de qualificação técnica para a elaboração dos planos urbanísticos e dos projectos de operações de loteamento.

[15] Alterado pela Lei nº 31/2009, de 3 de Julho (no seu art. 28º).

Ao fazê-lo, há que ter em consideração que, nos últimos anos, tem aumentado o número de cursos, ministrados pelas instituições de ensino superior portuguesas, conferentes de especializações nas áreas do planeamento urbanístico e do urbanismo em geral.

Atendendo à diversidade de domínios do saber, de técnicas e de valências presentes no planeamento territorial, considera-se indispensável fazer assentar a elaboração de planos de urbanização e planos de pormenor, previstos no Decreto-Lei nº 69/90, de 2 de Março, bem como de projectos de operações de loteamento, em equipas multidisciplinares de que façam parte profissionais detentores de formações diversificadas e complementares.

No entanto, as equipas multidisciplinares devem adequar-se às especificidades próprias de cada plano urbanístico ou projecto de loteamento, que podem exigir maior ou menor número de profissionais e especialistas. Consagra-se, assim, no presente diploma a composição mínima das equipas multidisciplinares que se considera poder garantir a qualidade exigível aos instrumentos de planeamento territorial e aos projectos de loteamento. Espera-se, contudo, que as equipas multidisciplinares sejam sistematicamente enriquecidas, de tal modo que a respectiva interdisciplinaridade permita alcançar bons níveis de qualidade.

O objectivo fundamental da constituição de equipas multidisciplinares é assegurar a presença e intervenção, na elaboração dos planos e projectos, de formações técnicas diversificadas, reconhecidamente válidas e aptas para tratar as diferentes valências que devem ser consideradas, razão pela qual se entende salvaguardada a multidisciplinaridade quando um dos elementos da equipa disponha, simultaneamente, de mais de uma habilitação ou qualificação profissional.

Foi ouvida a Associação Nacional de Municípios Portugueses.

Assim:

Nos termos da alínea *a*) do nº 1 do artigo 201º da Constituição, o Governo decreta o seguinte:

Artigo 1º – Objecto

O presente diploma estabelece os princípios relativos à definição das qualificações oficiais a exigir aos autores de planos de urbanização, de planos de pormenor e de projectos de operações de loteamento.

Artigo 2º – Planos de urbanização e de pormenor

1 – Os planos de urbanização e de pormenor são obrigatoriamente elaborados por equipas técnicas multidisciplinares.

2 – As equipas multidisciplinares incluem pelo menos um arquitecto, um engenheiro civil ou engenheiro técnico civil, um arquitecto paisagista, um técnico

urbanistas e um licenciado em Direito, qualquer deles com experiência profissional efectiva de, pelo menos, três anos.

3 – Quando um plano de pormenor não exija um tratamento específico ao nível do enquadramento paisagístico e do estudo dos espaços exteriores, as entidades a que alude o nº 1 do artigo 5º, mediante despacho fundamentado, podem dispensar a participação do arquitecto paisagista na respectiva equipa multidisciplinar.

4 – Quando um dos técnicos integrantes de equipa multidisciplinar disponha, simultaneamente, de mais de uma das qualificações exigidas para a sua composição, fica dispensada a integração dos técnicos com as qualificações correspondentes.

5 – Sem prejuízo do disposto nos números anteriores, devem ainda participar nas equipas multidisciplinares outros técnicos cujas especialidades se revelem indispensáveis ou aconselháveis à elaboração dos planos.

6 – As equipas multidisciplinares de planos de urbanização ou de planos de pormenor dispõem de um coordenador técnico, designado de entre os seus membros.

7 – Os planos de salvaguarda e valorização referentes a edifícios classificados e suas zonas de protecção devem ser elaborados por equipas multidisciplinares com a composição estabelecida no nº 2.

Artigo 3º – Técnicos urbanistas

1 – Para os efeitos do presente diploma, consideram-se técnicos urbanistas os profissionais que disponham de licenciatura ou bacharelato nas áreas do urbanismo ou do planeamento físico do território ou de outras licenciaturas, bacharelatos e pós-graduações que os habilitem para o exercício de actividades no domínio do urbanismo.

2 – A identificação dos cursos relevantes para efeitos do número anterior é feita mediante portaria conjunta dos Ministros do Planeamento e da Administração do Território, da Educação e das Obras Públicas, Transportes e Comunicações.

Artigo 4º – Projectos de operações de loteamento urbano

1 – Os projectos de operações de loteamento urbano são elaborados por equipas multidisciplinares, que devem incluir pelo menos um arquitecto, um engenheiro civil, ou engenheiro técnico civil, e um arquitecto paisagista.

2 – As equipas multidisciplinares de projectos de operações de loteamento dispõem de um coordenador técnico designado de entre os seus membros.

3 – *(Revogado).*

4 – *(Revogado).*

5 – Qualquer loteamento em zona de protecção a edifícios classificados deve ser elaborado por um arquitecto ou por equipa multidisciplinar, consoante a área esteja ou não abrangida por plano de urbanização, de pormenor ou de salvaguarda.

Artigo 5º – Verificação das qualificações

1 – A verificação das qualificações oficiais fixadas pelo presente diploma incumbe à entidade competente para a respectiva elaboração, no caso dos planos municipais, e competente para o licenciamento, no caso das operações de loteamento.

2 – As qualificações oficiais devem ser verificadas mediante a apresentação de:

a) Título emitido por associação pública profissional comprovando a inscrição, sempre que o exercício da profissão esteja legalmente dependente da inscrição nessas associações;

b) Certificado de habilitações e currículo comprovativo, nos restantes casos.

3 – A experiência profissional é comprovada pelo respectivo currículo.

Artigo 6º – Entrada em vigor

1 – O presente diploma entra em vigor no dia 1 de Janeiro de 1996, sem prejuízo do disposto no número seguinte.

2 – Até 1 de Julho de 1996, os projectos de operações de loteamento urbano em área não abrangida por plano de urbanização ou de pormenor podem ser elaborados nos termos do nº 4 do artigo 4º do presente diploma.

2. Ordem dos Arquitectos

a) Estatuto

Decreto-Lei nº 176/98, de 3 de Julho[16]

O aumento significativo do número de licenciados em cursos de arquitectura e áreas afins, e as exigências de elevação dos níveis de formação, impondo uma clara separação entre os conceitos de título académico e título profissional, tornaram necessária uma revisão do Estatuto da Associação dos Arquitectos Portugueses, a qual se designará, doravante, por Ordem dos Arquitectos, tendente a melhor assegurar a representação da profissão, quer na relação com o Estado, quer nas relações com os profissionais da arquitectura.

Partindo do constante alargamento da esfera de intervenção do arquitecto na sociedade e dos diferentes modos de exercício da actividade profissional, a exigirem uma redefinição estatutária dos «actos próprios da profissão de arquitecto», a presente revisão do Estatuto curou, antes de mais, de conferir um adequado enquadramento às actividades profissionais compreendidas na esfera de representação da Ordem dos Arquitectos.

Sem nunca perder de vista a natureza mista das associações públicas profissionais – pública, enquanto prossegue atribuições públicas relativas ao exercício de profissões onde o interesse público está especialmente patente, privada, porque associação representativa dos profissionais inscritos –, a presente revisão do Estatuto da Associação dos Arquitectos Portugueses procurou conciliar as

[16] Este Decreto-Lei foi alterado pela Lei nº 113/2015, de 28 de Agosto, que igualmente alterou o Estatuto da Ordem dos Arquitetos ("conformando-o com a Lei nº 2/2013, de 10 de janeiro, que estabelece o regime jurídico de criação, organização e funcionamento das associações públicas profissionais") e procedeu à sua republicação.

propostas apresentadas pela classe profissional dos arquitectos com os imperativos decorrentes do actual quadro constitucional português.

Entre as alterações mais significativas introduzidas, cumpre assinalar o reforço da descentralização organizativa e, bem assim, da separação entre órgãos executivos e disciplinares, a abertura à criação de áreas de especialização, a redefinição, em conformidade com os princípios estabelecidos no Código de Ética do Conselho dos Arquitectos da Europa, das regras de deontologia profissional, a clarificação das regras sobre processo disciplinar, a consagração do referendo interno como instrumento de aprovação ou de ratificação pela profissão de decisões particularmente relevantes e, de uma maneira geral, todas as alterações tornadas necessárias em função da transposição da Directiva nº 85/384/CEE, de 10 de Junho, relativa ao reconhecimento mútuo dos diplomas, certificados e outros títulos do domínio da arquitectura.[17]

Foi ouvida a Associação dos Arquitectos Portugueses.

Assim, no uso da autorização legislativa concedida pelo artigo 1º da Lei nº 121/97, de 13 de Novembro, e nos termos da alínea *b*) do nº 1 do artigo 198º da Constituição, o Governo decreta, para valer como lei, aplicável em todo o território nacional, o seguinte:

Artigo 1º – Objecto

1 – A Associação dos Arquitectos Portugueses passa a designar-se por Ordem dos Arquitectos, doravante, abreviadamente, Ordem.

2 – A Ordem rege-se pelo Estatuto publicado em anexo ao presente decreto-lei, do qual faz parte integrante.

Artigo 2º – Disposições transitórias

(*Revogado*)

Artigo 3º – Revogação

É revogado o Decreto-Lei nº 465/88, de 15 de Dezembro, na data da entrada em vigor do presente diploma, excepto as disposições referentes ao funcionamento dos actuais órgãos, as quais se manterão em vigor até à substituição dos respectivos titulares de acordo com as novas disposições estatutárias.

[17] Hoje substituída pela Directiva nº 2005/36/CE, de 7 de Setembro, inserta na subsequente Secção 3.

ESTATUTO DA ORDEM DOS ARQUITETOS

CAPÍTULO I – Disposições gerais

Artigo 1º – Natureza e regime jurídico

1 – A Ordem dos Arquitetos, abreviadamente designada Ordem, é a associação pública representativa de todos os que exercem a profissão de arquiteto, em conformidade com o presente Estatuto e com a lei, prosseguindo as atribuições de interesse público que lhe são legalmente cometidas.

2 – A Ordem é uma pessoa coletiva de direito público e está sujeita a um regime de direito público no desempenho das suas tarefas públicas.

3 – A Ordem tem personalidade jurídica e goza de autonomia administrativa, financeira e patrimonial.

Artigo 2º – Âmbito e sede

1 – As atribuições da Ordem respeitam a todo o território nacional.

2 – A Ordem tem sede em Lisboa.

3 – A Ordem compreende as seguintes estruturas regionais, denominadas secções:

a) A secção regional do Norte;

b) A secção regional do Centro;

c) A secção regional de Lisboa e Vale do Tejo;

d) A secção regional do Alentejo;

e) A secção regional do Algarve;

f) A secção regional da Madeira;

g) A secção regional dos Açores.

4 – Sem prejuízo do disposto no artigo 88º as secções referidas no número anterior são constituídas com a base territorial correspondente às cinco unidades de nível II (NUT II) e às regiões autónomas dos Açores e da Madeira.

Artigo 3º – Fins e atribuições

1 – A Ordem tem por fim assegurar a salvaguarda do interesse constitucional por um correto ordenamento do território, por um urbanismo de qualidade, pela defesa e promoção da paisagem, do património edificado, do ambiente, da qualidade de vida e pelo direito à arquitetura.

2 – São atribuições da Ordem, em geral, as estabelecidas no artigo 5º da Lei nº 2/2013, de 10 de janeiro[18], incumbindo-lhe, em particular:

[18] Esta Lei estabelece o regime geral das associações públicas profissionais; é o seguinte o teor das alíneas *a*) a *m*) do nº 1 desse artigo 5º:

a) Contribuir para a defesa e promoção da arquitetura, no reconhecimento da sua função social e cultural, e zelar pela dignidade e prestígio da profissão de arquiteto, promovendo a valorização profissional e científica dos seus associados e a defesa dos princípios deontológicos estabelecidos;

b) Admitir e regulamentar a inscrição dos arquitetos, bem como conceder, em exclusivo, o respetivo título profissional;

c) Participar nos processos oficiais de acreditação e na avaliação dos cursos que permitam o acesso à profissão de arquiteto;

d) Reconhecer as qualificações profissionais obtidas fora do território nacional, nos termos da lei, do direito da União Europeia ou de convenção internacional;

e) Elaborar e aprovar os regulamentos internos de natureza associativa e profissional e participar na elaboração de legislação ou pronunciar-se sobre os trabalhos preparatórios de atos legislativos e regulamentares com alcance sobre a arquitetura e os atos próprios da profissão;

f) Representar os arquitetos perante quaisquer entidades públicas ou privadas;

g) Contribuir para a elevação dos padrões de formação do arquiteto;

h) Defender os interesses, direitos e prerrogativas dos associados;

i) Fazer respeitar os princípios e regras deontológicos e exercer o poder disciplinar sobre todos os arquitetos nacionais e estrangeiros que exerçam a profissão em território nacional;

j) Fomentar o intercâmbio de ideias e de experiências entre os membros, entre organismos congéneres estrangeiros e internacionais, nomeadamente por

"*a*) A defesa dos interesses gerais dos destinatários dos serviços;
b) A representação e a defesa dos interesses gerais da profissão;
c) A regulação do acesso e do exercício da profissão;
d) A concessão, em exclusivo, dos títulos profissionais das profissões que representem;
e) A concessão, quando existam, dos títulos de especialidade profissional;
f) A atribuição, quando existam, de prémios ou títulos honoríficos;
g) A elaboração e a atualização do registo profissional;
h) O exercício do poder disciplinar sobre os seus membros;
i) A prestação de serviços aos seus membros, no respeitante ao exercício profissional, designadamente em relação à informação e à formação profissional;
j) A colaboração com as demais entidades da Administração Pública na prossecução de fins de interesse público relacionados com a profissão;
k) A participação na elaboração da legislação que diga respeito ao acesso e exercício das respetivas profissões;
l) A participação nos processos oficiais de acreditação e na avaliação dos cursos que dão acesso à profissão;
m) O reconhecimento de qualificações profissionais obtidas fora do território nacional, nos termos da lei, do direito da União Europeia ou de convenção internacional".

meio de iniciativas de coordenação interdisciplinar, quer ao nível da formação e investigação, quer ao nível da prática profissional;

k) Colaborar, patrocinar e promover a edição de publicações que contribuam para um melhor esclarecimento público das implicações e relevância da arquitetura;

l) Colaborar com escolas, faculdades e outras instituições de ensino e cultura em iniciativas que visem a formação do arquiteto;

m) Prestar serviços aos seus membros, no respeitante ao exercício profissional, designadamente em relação à informação e à formação profissional;

n) Regulamentar os estágios profissionais por si organizados e participar na sua avaliação;

o) Filiar-se ou estabelecer acordos com organizações nacionais, internacionais e estrangeiras com objetivos afins;

p) Acompanhar a situação geral do ensino da arquitetura e dar parecer sobre todos os assuntos relacionados com esse ensino;

q) Manter atualizado o registo profissional e registar a autoria dos trabalhos profissionais, nos termos da lei;

r) Conceder os títulos de especialidade profissional de especialidade em urbanismo, património arquitetónico e gestão, direção e fiscalização de obras;

s) Atribuir prémios ou títulos honoríficos especificados em regulamento próprio;

t) Colaborar na organização e regulamentação de concursos que se enquadrem nos seus objetivos e participar nos seus júris.

3 – A Ordem pode constituir-se assistente nos processos penais relacionados com o exercício da profissão que representa ou com o desempenho de cargos nos seus órgãos.

CAPÍTULO II – Membros

Artigo 4º – Categorias de membros

A Ordem integra membros efetivos e membros extraordinários.

Artigo 5º – Membros efetivos

1 – Podem inscrever-se como membros efetivos os titulares de formação habilitante no domínio da arquitetura que tenham completado com aproveitamento estágio profissional nos termos do presente Estatuto.

2 – Para efeitos do disposto no número anterior, considera-se como formação habilitante no domínio da arquitetura:

a) A titularidade do grau de licenciado em arquitetura ou no domínio da arquitetura que satisfaça os requisitos dos nºs 1 e 2 do artigo 43º da Lei nº 9/2009, de 4 de março, alterada pelas Leis nºs 41/2012, de 28 de agosto, e 25/2014, de 2 de maio, conferido na sequência de um ciclo de estudos realizado no quadro da organização de estudos anterior ao regime de organização de estudos introduzido pelo Decreto-Lei nº 74/2006, de 24 de março, alterado pelos Decretos-Leis nºs 107/2008, de 25 de junho, 230/2009, de 14 de setembro, e 115/2013, de 7 de agosto[19];

b) A titularidade do grau de mestre em arquitetura ou no domínio da arquitetura que satisfaça os requisitos dos nºs 1 e 2 do artigo 43º da Lei nº 9/2009, de 4 de março, alterada pelas Leis nºs 41/2012, de 28 de agosto, e 25/2014, de 2 de maio, conferido na sequência de um ciclo de estudos integrado de mestrado realizado no quadro da organização de estudos introduzida pelo Decreto-Lei nº 74/2006, de 24 de março, alterado pelos Decretos-Leis nºs 107/2008, de 25 de junho, 230/2009, de 14 de setembro, e 115/2013, de 7 de agosto;

c) A titularidade de um grau académico superior estrangeiro no domínio da arquitetura a que tenha sido conferida equivalência aos graus a que se referem as alíneas *a*) ou *b*) ou que tenham sido reconhecidos com o nível destes.

3 – Podem ainda inscrever-se como membros efetivos as sociedades de profissionais de arquitetura e as organizações associativas de profissionais de outros Estados membros.

Artigo 6º – Direito de estabelecimento

1 – O reconhecimento das qualificações profissionais de nacional de Estado membro da União Europeia ou do Espaço Económico Europeu obtidas fora de Portugal para a sua inscrição como membro da Ordem é regulado pela Lei nº 9/2009, de 4 de março, alterada pelas Leis nºs 41/2012, de 28 de agosto, e 25/2014, de 2 de maio, sem prejuízo de condições especiais de reciprocidade caso as qualificações em causa tenham sido obtidas fora da União Europeia ou do Espaço Económico Europeu.

2 – O profissional que pretenda inscrever-se na Ordem nos termos do número anterior e que preste serviços, de forma subordinada ou autónoma ou na qualidade de sócio ou que atue como gerente ou administrador no Estado membro de origem, no âmbito de organização associativa de profissionais, observado o disposto no nº 4 do artigo 37º da Lei nº 2/2013, de 10 de janeiro, deve identificar a organização em causa no pedido apresentado nos termos do artigo 47º da

[19] A Lei nº 9/2009 transpôs para o direito interno português a Directiva nº 2005/36/CE, uma e outra estando inseridas na Secção seguinte.
O "quadro da organização de estudos" introduzido pelo Decreto-Lei nº 74/2006 é o decorrente do conhecido Processo de Bolonha.

Lei nº 9/2009, de 4 de março, alterada pelas Leis nºs 41/2012, de 28 de agosto, e 25/2014, de 2 de maio.

3 – Caso o facto a comunicar nos termos do número anterior ocorra após a apresentação do pedido de reconhecimento de qualificações, deve a organização associativa em causa ser identificada perante a Ordem no prazo máximo de 60 dias.

Artigo 7º – Livre prestação de serviços

1 – Os profissionais legalmente estabelecidos noutro Estado membro da União Europeia ou do Espaço Económico Europeu e que aí desenvolvam atividades comparáveis à atividade profissional de arquiteto regulada pelo presente Estatuto podem exercê-las, de forma ocasional e esporádica, em território nacional, em regime de livre prestação de serviços, nos termos da Lei nº 9/2009, de 4 de março, alterada pelas Leis nºs 41/2012, de 28 de agosto, e 25/2014, de 2 de maio.

2 – Os profissionais referidos no número anterior podem fazer uso do título profissional de arquiteto sempre que as suas qualificações sejam consideradas de reconhecimento automático nos termos da Lei nº 9/2009, de 4 de março, alterada pelas Leis nºs 41/2012, de 28 de agosto, e 25/2014, de 2 de maio, e são, em qualquer caso, equiparados a arquiteto para todos os efeitos legais, exceto quando o contrário resulte das disposições em causa.

3 – O profissional que preste serviços, de forma subordinada ou autónoma ou na qualidade de sócio ou que atue como gerente ou administrador no Estado membro de origem, no âmbito de organização associativa de profissionais e pretenda exercer a sua atividade profissional em território nacional nessa qualidade, em regime de livre prestação de serviços, deve identificar perante a Ordem a organização associativa, por conta da qual presta serviços, na declaração referida no artigo 5º da Lei nº 9/2009, de 4 de março, alterada pelas Leis nºs 41/2012, de 28 de agosto, e 25/2014, de 2 de maio.

Artigo 8º – Estágio profissional

1 – No quadro da missão específica de interesse público da profissão de arquiteto a inscrição na Ordem compreende um estágio profissional experimental nos atos próprios da profissão que permita a formação deontológica e o aprofundamento dos conhecimentos técnicos e científicos necessários ao desempenho da profissão, nomeadamente aqueles que relevam para os compromissos assumidos nos termos de responsabilidade por projetos de arquitetura e por outras atividades próprias da profissão de arquiteto.

2 – O estágio profissional tem a duração de 12 meses, é promovido pela Ordem e prestado sob acolhimento e a supervisão de um orientador.

3 – A entidade de acolhimento é a pessoa singular ou coletiva, pública ou privada, que, desenvolvendo atividades em domínios relacionados com os atos próprios da profissão de arquiteto nos termos do presente Estatuto, aceita acolher estágios da Ordem e certifica essa aceitação, podendo, nos casos de pessoas singulares, cumular tal responsabilidade com a de orientador.

4 – O orientador é membro da Ordem inscrito há, pelo menos, cinco anos, no pleno exercício dos seus direitos.

5 – Compete ao orientador do estágio:

a) Acompanhar o estagiário, ao nível técnico e pedagógico e supervisionar o seu progresso em face dos objetivos do estágio;

b) Avaliar, antes do termo do estágio, os resultados obtidos pelo estagiário.

6 – Compete ao estagiário:

a) Desenvolver as atividades propostas pelo orientador no âmbito do estágio;

b) Participar nas ações de formação profissional, em geral, que compreendem o conhecimento das normas e princípios estatutários da Ordem, e, em especial, nas ações de formação deontológica;

c) Apresentar o caderno de candidatura, acompanhado do parecer do orientador, nos prazos determinados no regulamento de inscrição. [20]

7 – A suspensão e cessação do estágio são definidas pelo Decreto-Lei nº 66/2011, de 1 de junho.[21]

8 – Durante o período do estágio, a entidade de acolhimento contrata um seguro para cobertura de acidentes pessoais em benefício do estagiário.

9 – A subscrição de seguro de responsabilidade civil profissional pelo arquiteto estagiário não é obrigatória, salvo se for admitida a prática de atos profissionais.

10 – O conselho diretivo nacional define anualmente o número de períodos de inscrição, que não pode ser inferior a dois, e o respetivo calendário.

11 – Os estágios profissionais de adaptação enquanto medida de compensação são regidos pela Lei nº 9/2009, de 4 de março, alterada pelas Leis nºs 41/2012, de 28 de agosto, e 25/2014, de 2 de maio.

Artigo 9º – Membros extraordinários [22]

1 – A condição de membro extraordinário da Ordem abrange as seguintes categorias:

a) Membros honorários;

[20] O Regulamento de Inscrição e Estágio está subsequentemente inserto.

[21] Este diploma aplica-se, em geral, aos estágios profissionais, incluindo os que são exigíveis para o acesso ao exercício de determinada profissão.

[22] O Conselho Nacional de Delegados aprovou em 11.3.2016 um *Regulamento do Membro Extraordinário*, publicado, com o nº 326/2016, no D.R., 2ª Série, de 29.3.2016.

b) Membros correspondentes;

c) Membros estagiários.

2 – São membros honorários as pessoas singulares ou coletivas que a Ordem entenda distinguir em razão de importantes contributos no âmbito dos seus objetivos.

3 – São membros correspondentes as pessoas singulares ou coletivas, nacionais ou estrangeiras, que, pela sua atividade, possam contribuir para a realização dos fins da Ordem, os estudantes de arquitetura e os membros de associações congéneres estrangeiras, em condições de reciprocidade.

4 – São membros estagiários as pessoas singulares com formação no domínio da arquitetura, reconhecida nos termos legais e do presente Estatuto, durante o período de estágio.

Artigo 10º – Cancelamento ou suspensão da inscrição

1 – O cancelamento da inscrição de um membro tem lugar a pedido do interessado.

2 – É suspensa a inscrição nas seguintes situações:

a) A pedido do interessado;

b) Aos membros aos quais tenha sido aplicada a sanção disciplinar de suspensão;

c) Quando se verifique uma situação de incompatibilidade.

CAPÍTULO III – Organização

SECÇÃO I – Disposições gerais

Artigo 11º – Órgãos

1 – A Ordem compreende órgãos nacionais e regionais.

2 – São órgãos nacionais:

a) O congresso;

b) A assembleia geral;

c) A assembleia de delegados;

d) O conselho diretivo nacional;

e) O conselho de disciplina nacional;

f) O conselho fiscal.

3 – São órgãos regionais:

a) As assembleias regionais;

b) Os conselhos diretivos regionais;

c) Os conselhos de disciplina regionais.

Artigo 12º – Regras gerais

1 – Os mandatos para os órgãos da Ordem têm a duração de três anos e só podem ser renovados por uma vez.

2 – A limitação de renovação a que se refere o número anterior aplica-se a todos os membros eleitos para um mesmo mandato nos órgãos executivos, mas apenas para as mesmas funções.

3 – Não é admitida a acumulação de cargos.

4 – A atividade em todos os órgãos é exercida a título gratuito, com exceção do conselho diretivo nacional e dos conselhos diretivos regionais, quando tiver carácter de regularidade e de permanência, e desde que a remuneração dos seus membros se encontre inscrita no orçamento em verba própria, nos termos do regulamento interno.

5 – A renúncia, a morte ou impedimento prolongado de um membro de qualquer órgão determina a sua substituição pelo candidato sucessivo na mesma lista do último ato eleitoral ou pelo candidato indicado como suplente, se for esse o caso, aplicando-se as limitações à renovação de mandatos previstas nos nºs 1 e 2.

Artigo 13º – Candidaturas e elegibilidade

1 – Apenas os membros efetivos com a inscrição em vigor e no pleno exercício dos seus direitos podem ser candidatos ou subscritores de candidaturas aos órgãos da Ordem.

2 – Quanto aos órgãos executivos o mandato obedece aos seguintes requisitos de elegibilidade:

a) Não ser titular de cargo de direção em outras associações de arquitetos;

b) Não ser titular de cargo político público.

3 – A eleição para os órgãos nacionais ou regionais da Ordem depende de proposta de candidatura, subscrita pelo número de membros efetivos em condições de elegibilidade estabelecido no regulamento eleitoral, apresentada aos presidentes das respetivas assembleias.[23]

4 – A apresentação das listas candidatas aos vários órgãos sociais, as quais são individualizadas para cada órgão, tem lugar até ao 60º dia anterior à data marcada para o ato eleitoral.

5 – Cada proposta de candidatura nacional ou regional compreende, sob pena de imediata rejeição, a declaração de aceitação e a indicação do candidato a presidente e a vice-presidente, quando for o caso.

[23] Foi aprovado o *Regulamento da Eleição dos Órgãos Sociais e da Realização de Referendos da Ordem dos Arquitetos*, publicado em D.R., 2ª Série, de 30.3.2016, com o nº 335/2016, alterado e republicado pelo Regulamento nº 892/2016, de 28 de Setembro.

Artigo 14º – Eleições

1 – O sufrágio para todos os órgãos é universal, direto, secreto e periódico, nos termos de regulamento próprio, e tem lugar na data designada pelo presidente da assembleia geral ou regional cessante.

2 – Apenas têm direito de voto os membros efetivos a título individual com a inscrição em vigor e no pleno exercício dos seus direitos.

3 – O voto é secreto, podendo ser exercido pessoalmente, por meios eletrónicos quando previsto no regulamento eleitoral em vigor, ou por correspondência, dirigido, conforme o caso, ao presidente da assembleia geral ou ao presidente da assembleia regional.

4 – No caso de voto por correspondência, o boletim, depois de encerrado em sobrescrito próprio, é acompanhado por declaração do eleitor, cuja assinatura é autenticada nos termos legalmente previstos, ou por junção de fotocópia do bilhete de identidade ou do cartão de cidadão.

5 – As eleições para os órgãos nacionais e regionais têm lugar na mesma data e devem ser convocadas até 90 dias antes do ato eleitoral.

SECÇÃO II – Órgãos nacionais

Artigo 15º – Congresso

1 – O congresso reúne trienalmente e nele podem participar os membros efetivos com inscrição em vigor e no pleno exercício dos seus direitos, os membros extraordinários, as pessoas que satisfaçam as condições de inscrição, bem como as demais que, para o efeito, sejam expressamente convidadas.

2 – O congresso é organizado pelo conselho diretivo nacional, em colaboração com o conselho diretivo da região onde for realizado e é dirigido pelo presidente da mesa da assembleia geral.

3 – O congresso realiza-se alternadamente no território das várias secções regionais.

4 – Compete ao congresso:

a) Pronunciar-se sobre o exercício da profissão e seu estatuto, bem como sobre o aperfeiçoamento da arquitetura nas suas componentes artística, técnica e humanística;

b) Discutir as comunicações de carácter científico, artístico, técnico e cultural que lhe forem apresentadas;

c) Aprovar as moções de orientação e as recomendações de carácter associativo e profissional.

Artigo 16º – Assembleia geral

1 – A assembleia geral é composta por todos os membros efetivos que se encontrem com inscrição em vigor e no pleno exercício dos seus direitos.

2 – A assembleia geral reúne ordinariamente para eleger a mesa e os órgãos nacionais, e extraordinariamente por convocação do presidente nos termos do número seguinte.

3 – O presidente convoca a assembleia geral a pedido da assembleia de delegados, do conselho diretivo nacional, do conselho fiscal nacional, de uma assembleia regional, ou de 5% dos membros efetivos que se encontrem com inscrição em vigor e no pleno exercício dos seus direitos.

4 – A mesa da assembleia geral é composta por cinco membros, um presidente e dois secretários, eleitos em assembleia geral, e dois vice-presidentes, eleitos em assembleia geral de entre os presidentes das assembleias regionais.

5 – A assembleia geral reúne na sede nacional ou nas sedes regionais, conforme previsto na convocatória, por determinação do presidente, ou no local onde funcione o congresso, quando em sessão simultânea com este.

6 – Se, à hora marcada na convocatória da assembleia geral, não se encontrarem presentes, pelo menos, metade dos membros efetivos que se encontrem com inscrição em vigor e no pleno exercício dos seus direitos, a reunião terá início uma hora depois, com a presença de qualquer número de membros.

7 – O disposto no número anterior não se aplica, às reuniões extraordinárias da assembleia geral, convocadas por solicitação de 5% dos seus membros efetivos que se encontrem com inscrição em vigor e no pleno exercício dos seus direitos, caso em que a assembleia geral só reúne na presença de metade dos requerentes.

Artigo 17º – Competência da assembleia geral

1 – À assembleia geral compete:

a) Eleger e destituir, nos termos do presente Estatuto, os titulares dos órgãos nacionais e os membros da mesa;

b) Pronunciar-se sobre todos os assuntos relacionados com a profissão.

2 – A destituição dos membros dos órgãos nacionais só pode ser deliberada em assembleia geral na qual participem, pelo menos, 5% dos seus membros efetivos e com voto favorável de mais de três quartos dos membros presentes.

Artigo 18º – Assembleia de delegados

1 – A assembleia de delegados é composta por 21 membros, eleitos pelo sistema de representação proporcional segundo o método da média mais alta de *Hondt*, nos círculos territoriais previstos no nº 3 do artigo 2º.

2 – Os presidentes das assembleias regionais integram a assembleia de delegados.

3 – Cada círculo territorial elege pelo menos um representante, sendo os restantes repartidos pelos círculos territoriais proporcionalmente ao número de eleitores de cada um, de acordo com os respetivos cadernos eleitorais.

4 – Incumbe à mesa da assembleia geral repartir o número de lugares pelos diversos círculos, nos termos dos números anteriores e proceder à sua divulgação oficial.

5 – As listas devem incluir, para cada círculo eleitoral, os candidatos nele inscritos ao respetivo número de lugares e ainda o número de suplentes estabelecido.

6 – O presidente da assembleia de delegados é designado pela lista mais votada entre os seus candidatos eleitos e o vice-presidente e os dois secretários são eleitos na primeira reunião em que aquele presida.

7 – A primeira reunião da assembleia de delegados é dirigida pelo eleito mais velho e secretariada pelo mais novo, até à designação do presidente.

8 – A assembleia de delegados reúne na sede nacional ou nas sedes regionais, conforme determinação do presidente, ordinariamente quatro vezes por ano e, extraordinariamente, por convocação do seu presidente ou a solicitação do presidente de qualquer outro órgão nacional.

9 – A assembleia de delegados só pode deliberar com a presença da maioria dos seus membros, incluindo o presidente ou o vice-presidente, e as suas deliberações são tomadas à pluralidade de votos, dispondo o presidente ou o vice-presidente, na ausência do primeiro, de voto de qualidade em caso de empate.

10 – As reuniões da assembleia de delegados podem ser abertas aos membros da Ordem nos termos do seu regimento.

Artigo 19º – Competência da assembleia de delegados

1 – À assembleia de delegados compete:

a) Discutir e votar o plano geral de atividades, o orçamento e o relatório e contas apresentados pelo conselho diretivo nacional, acompanhados do respetivo parecer elaborado pelo conselho fiscal nacional;

b) Fixar o valor da quota a pagar pelos membros e a repartição da receita de quotização entre o conselho diretivo nacional e os conselhos diretivos regionais, sob proposta do primeiro e ouvidos os segundos, mediante aprovação da maioria dos seus membros;

c) Discutir e aprovar propostas de alteração ao presente Estatuto, ouvidas as assembleias regionais, mediante aprovação de, pelo menos, dois terços dos seus membros;

d) Aprovar os regulamentos necessários à execução do presente Estatuto, designadamente os do estágio profissional, eleitoral e de organização e funcionamento das estruturas regionais e locais, sob proposta do conselho diretivo nacional, assim como o regulamento de disciplina, sob proposta do conselho de disciplina nacional, mediante votação favorável da maioria dos seus membros; [24]

e) Pronunciar-se sobre a atividade de todos os órgãos sociais, com exceção da assembleia geral e das assembleias regionais;

f) Aprovar moções e recomendações de carácter profissional e associativo, por sua iniciativa ou por iniciativa de 2% dos membros efetivos que se encontrem com inscrição em vigor e no pleno exercício dos seus direitos;

g) Resolver os conflitos de competência entre órgãos sociais;

h) Pronunciar-se sobre propostas do conselho diretivo nacional para filiação em instituições com objetivos afins aos da Ordem;

i) Designar, sob proposta do conselho diretivo nacional, o provedor da arquitetura, o seu regulamento e a respetiva remuneração;

j) Aprovar as propostas elaboradas pelo conselho diretivo nacional sobre alienação ou oneração de bens imóveis, ouvido o conselho fiscal nacional;

k) Organizar os processos de referendo interno e fixar a sua data;

l) Constituir comissões de trabalho nos termos do seu regimento interno;

m) Aprovar o respetivo regimento interno.

2 – Exercer funções consultivas a solicitação dos órgãos sociais.

3 – A fixação do valor de quotas e taxas deve ter por base um estudo que fundamente adequadamente os montantes propostos, observados os requisitos previstos na lei geral sobre as taxas e outras contribuições da Administração Pública.

Artigo 20º – Conselho diretivo nacional

1 – O conselho diretivo nacional é composto por:

a) Um presidente;

b) Um vice-presidente;

c) Sete vogais;

d) Os presidentes dos conselhos diretivos regionais, por inerência.

[24] Não foi publicado o regulamento sobre as estruturas regionais e locais, objecto de referências no nº 1 do artigo 28º e nos nºs 1 e 2 do artigo 88º.
Não sendo objecto de expressa referência no estatuto, foram aprovados um *Regulamento sobre Tratamento de Dados Pessoais de Membros*, publicado com o nº 321/2016 no D.R., 2ª Série, de 29.3.2016, e um *Regulamento de Certificação de Inscrição na Ordem dos Arquitectos e Certificação de Qualificações Profissionais Específicas*, publicado com o nº 613/2016 no D.R., 2ª Série, de 27.6.2016, e objecto da Declaração de Rectificação nº 716/2016, de 8 de Julho.

2 – O presidente, o vice-presidente e os vogais previstos no nº 1 são eleitos pela assembleia geral, devendo as listas candidatas à eleição incluir membros da Ordem inscritos em mais do que uma secção regional.

3 – O presidente é o representante da Ordem, em juízo e fora dele, podendo delegar essa representação no vice-presidente do conselho diretivo nacional, nos presidentes dos órgãos nacionais ou nos presidentes dos conselhos diretivos regionais.

4 – O presidente pode convocar para as reuniões do conselho diretivo nacional o presidente de outro órgão nacional ou regional, os quais não têm direito de voto.

5 – Na primeira sessão de cada triénio, o conselho diretivo nacional elege, de entre os seus membros, o secretário, o tesoureiro e a comissão executiva, podendo cometer a estes as competências indicadas nas alíneas do artigo seguinte.

6 – As listas de candidatura devem apresentar três suplentes.

7 – O conselho funciona na sede da Ordem e reúne, pelo menos, uma vez por mês, mediante convocação do presidente.

8 – O conselho só pode deliberar com a presença da maioria dos seus membros, incluindo o presidente ou o vice-presidente, e as suas deliberações são tomadas à pluralidade de votos, dispondo o presidente ou o vice-presidente, na ausência do primeiro, de voto de qualidade em caso de empate.

9 – A coordenação da atividade e da gestão corrente da Ordem no intervalo entre as sessões do conselho compete a uma comissão executiva, composta por um número mínimo de três elementos escolhidos pelo conselho diretivo nacional de entre os seus membros eleitos, aplicando-se, com as devidas adaptações, o disposto no número anterior.

Artigo 21º – Competência do conselho diretivo nacional

Compete ao conselho diretivo nacional:

a) Definir a posição da Ordem perante os órgãos de soberania e da administração pública, no que se relacione com a prossecução das atribuições da Ordem;

b) Emitir parecer, e participar nos trabalhos preparatórios, relativamente a projetos de diplomas legislativos que interessem ao exercício da profissão de arquiteto e propor as alterações legislativas que se julguem por convenientes, ouvidos os conselhos diretivos regionais;

c) Dirigir os serviços de âmbito nacional da Ordem;

d) Coordenar a atividade da Ordem, reunindo com os conselhos diretivos regionais, pelo menos semestralmente, a fim de assegurar a participação destes na definição das orientações nacionais;

e) Diligenciar pelo respeito e cumprimento do presente Estatuto e elaborar os regulamentos internos necessários à sua execução e à prossecução dos fins institucionais da Ordem, ouvidos os órgãos competentes;

f) Fazer executar as deliberações da assembleia geral e da assembleia de delegados;

g) Propor à assembleia de delegados o plano geral de atividades e orçamento da Ordem para o ano civil seguinte e o relatório e contas respeitantes ao ano civil anterior;

h) Propor à assembleia de delegados o valor da quota a pagar pelos membros e a fórmula de repartição da receita de quotização entre os conselhos diretivo nacional e regionais, ouvidos os últimos;

i) Arrecadar e distribuir receitas, realizar despesas, aceitar doações e heranças ou legados, bem como alienar ou onerar bens;

j) Cobrar as receitas gerais da Ordem, quando a cobrança não pertença aos conselhos diretivos regionais, e autorizar despesas por conta do orçamento geral da Ordem;

k) Prestar serviços aos membros e a outras entidades;

l) Estabelecer os critérios para a nomeação de peritos nos casos de solicitação de autoridades judiciais ou administrativas;[25]

m) Constituir organizações temáticas para a execução de tarefas ou a elaboração de estudos sobre assuntos de interesse para a Ordem;

n) Dirigir as relações internacionais da Ordem;

o) Organizar o congresso e fixar os seus temas, ouvida a assembleia de delegados;

p) Reconhecer as qualificações profissionais obtidas fora do território nacional nos termos da transposição para a ordem jurídica interna da Diretiva nº 2005/36/CE, do Parlamento Europeu e do Conselho, de 7 de setembro de 2005, para efeito de inscrição de membros ou para o registo de arquitetos em livre prestação de serviços;

q) Conceder o título profissional de arquiteto;

r) Atribuir o estatuto de membro correspondente mediante requerimento do candidato;

s) Atribuir o estatuto de membro honorário, mediante proposta escrita e devidamente fundamentada por qualquer dos seus membros;

t) Definir as condições de realização periódica do estágio, no âmbito do presente Estatuto e do respetivo regulamento;

u) Executar as decisões disciplinares do conselho de disciplina nacional;

v) Propor à assembleia de delegados a aprovação de regulamentos;

w) Propor à assembleia de delegados a nomeação do provedor da arquitetura, o seu regulamento e a respetiva remuneração;

[25] Com âmbito mais alargado, foi aprovado o *Regulamento da Bolsa de Peritos Arquitetos para efeitos de emissão de Pareceres e Peritagens*, publicado com o nº 327/2016 no D.R., 2ª Série, de 29.3.2016.

x) Admitir a inscrição de membro da Ordem e conceder os títulos de especialidade;

y) Aprovar o respetivo regimento.

Artigo 22º – Conselho de disciplina nacional

1 – O conselho de disciplina nacional é o órgão que zela pelo cumprimento do presente Estatuto e pela legalidade da atividade exercida pelos demais órgãos da Ordem, exercendo os poderes em matéria disciplinar e de deontologia, sendo independente no exercício das funções e dispondo de dotação própria no orçamento da Ordem.

2 – O conselho de disciplina nacional é constituído por um presidente e por quatro vogais eleitos em assembleia geral e reúne na sede, por convocação do presidente.

3 – As listas de candidatura devem apresentar dois candidatos suplentes.

4 – No exercício das suas competências o conselho de disciplina nacional pode ser apoiado por um jurista designado por aquele.

Artigo 23º – Competência do conselho de disciplina nacional

Compete ao conselho de disciplina nacional:

a) Julgar os recursos das deliberações em matéria disciplinar dos conselhos de disciplina regionais;

b) Julgar os recursos das deliberações dos conselhos diretivos regionais que não admitam a inscrição de profissionais na Ordem;

c) Julgar os recursos das deliberações do conselho diretivo nacional tomadas ao abrigo da alínea *p*) do artigo 21º;

d) Exercer o poder disciplinar sobre os titulares dos órgãos sociais da Ordem por factos praticados no exercício dos respetivos cargos;

e) Arbitrar conflitos em que intervenham os membros da Ordem referidos na alínea anterior;

f) Emitir parecer sobre os projetos de regulamentos de inscrição e de estágio profissional;

g) Proceder à verificação da conformidade estatutária dos processos de referendo;

h) Aprovar o respetivo regimento.

Artigo 24º – Conselho fiscal

1 – O conselho fiscal nacional é constituído por um presidente e dois vogais, eleitos em assembleia geral, e reúne na sede, por convocação do seu presidente.

2 – O conselho fiscal integra ainda um revisor oficial de contas, designado pelos membros eleitos, sem direito a voto, com exceção da matéria prevista na alínea *b*) do artigo 25º.

3 – As listas de candidatura devem apresentar um candidato suplente.

Artigo 25º – Competências do conselho fiscal

Compete ao conselho fiscal nacional:

a) Examinar pelo menos trimestralmente a gestão financeira da Ordem;

b) Dar parecer sobre o relatório e contas;

c) Dar parecer sobre os planos de atividades e orçamento anuais apresentados pelo conselho diretivo nacional;

d) Emitir parecer sobre a utilização de fundos e sobre a alienação de bens imóveis da Ordem.

SECÇÃO III – Órgãos regionais

Artigo 26º – Composição e funcionamento das assembleias regionais

1 – Em cada secção regional funciona uma assembleia regional, constituída por todos os membros inscritos por essa secção e no pleno exercício dos seus direitos.

2 – A mesa da assembleia regional é constituída por um presidente, dois secretários e um suplente.

3 – As assembleias regionais reúnem ordinariamente para a eleição da respetiva mesa e dos restantes órgãos regionais, bem como para apreciar o plano anual de atividades e o respetivo relatório do conselho diretivo regional.

4 – Ao funcionamento das assembleias regionais aplicam-se, com as necessárias adaptações, as regras estabelecidas no presente Estatuto e no regimento da assembleia geral.

Artigo 27º – Competência das assembleias regionais

Compete às assembleias regionais:

a) Eleger e destituir os órgãos regionais;

b) Aprovar o plano anual de atividades do conselho diretivo regional e o seu relatório;

c) Pronunciar-se sobre assuntos de caráter profissional e associativo;

d) Apreciar a atividade dos órgãos sociais regionais e aprovar moções e recomendações de caráter profissional e associativo;

e) Pronunciar-se sobre propostas de criação de novas secções regionais;

f) Pronunciar-se sobre propostas de alteração estatutária;

g) Pronunciar-se sobre os temas do congresso;

h) Examinar a gestão financeira do conselho diretivo regional;

i) Apreciar a atividade associativa na região;

j) Deliberar sobre a instalação de estruturas locais (delegações e ou núcleos), consoante a sua maior ou menor circunscrição territorial, que por delegação das secções regionais exercem determinados serviços e atividades daquelas, sob proposta do conselho diretivo regional.

Artigo 28º – Composição e funcionamento dos conselhos diretivos regionais

1 – Em cada secção regional funciona um conselho diretivo regional, constituído por um presidente, um vice-presidente e de três a sete vogais, nos termos do regulamento de organização e funcionamento das estruturas regionais e locais.

2 – As listas de candidatura devem apresentar até três candidatos suplentes, nos termos do regulamento de organização e funcionamento das estruturas regionais e locais.

3 – Na primeira sessão do triénio, cada conselho diretivo regional elege, de entre os seus membros, um secretário e um tesoureiro.

4 – O presidente do conselho diretivo regional convoca e dirige as reuniões, com voto de qualidade e representa a respetiva secção, designadamente nas reuniões periódicas com o conselho diretivo nacional nos termos da alínea *d*) do artigo 21º.

5 – O presidente pode convocar, para tomar parte nas reuniões do conselho diretivo regional, sem direito de voto, os presidentes de outros órgãos regionais ou locais.

Artigo 29º – Competência dos conselhos diretivos regionais

Compete ao conselho diretivo regional:

a) Representar a Ordem na respetiva região, designadamente perante os organismos regionais e locais;

b) Promover a filiação da respetiva secção em organizações de âmbito regional, nacionais ou estrangeiras, com objetivos afins, ouvido o conselho diretivo nacional;

c) Cooperar com os demais órgãos da Ordem na prossecução das suas atribuições;

d) Administrar e dirigir os serviços regionais;

e) Diligenciar pelo respeito e cumprimento do presente Estatuto, dos regulamentos e das orientações gerais da Ordem definidas pelos órgãos nacionais competentes;

f) Submeter à aprovação da assembleia regional o plano de atividades e o relatório anuais;

g) Adotar os procedimentos administrativos necessários à cobrança regular das quotas dos membros inscritos na respetiva região, acompanhando e promovendo os processos de execução coerciva;

h) Cobrar as receitas próprias dos serviços a seu cargo, e autorizar despesas, nos termos do plano geral de atividades e orçamento;

i) Instruir os processos de inscrição de membros profissionalmente estabelecidos na área da região, para decisão do conselho diretivo nacional;

j) Enviar ao conselho diretivo nacional a lista de todos os membros inscritos, para efeitos de registo e concessão do respetivo título profissional;

k) Prestar serviços aos membros e a outras entidades, designadamente dar assessoria à organização de concursos e nomear representantes de júris;

l) Constituir comissões de trabalho de âmbito regional e nomear os seus membros;

m) Pronunciar-se, a solicitação do conselho diretivo nacional, sobre projetos de diplomas legislativos e regulamentares;

n) Pronunciar-se, a solicitação do conselho diretivo nacional, sobre propostas do valor da quota a pagar pelos membros e da fórmula de repartição da receita de quotização entre os conselhos diretivo nacional e regionais;

o) Dar execução às decisões disciplinares dos conselhos de disciplina regionais;

p) Certificar a inscrição dos membros;

q) Organizar o estágio profissional, de acordo com o presente Estatuto, o respetivo regulamento e as orientações do conselho diretivo nacional;

r) Aprovar o respetivo regimento interno.

Artigo 30º – Conselhos de disciplina regionais

1 – Os conselhos de disciplina regionais exercem os poderes em matéria disciplinar e de deontologia na respetiva região e são independentes no exercício das funções, dispondo de dotação própria no orçamento da Ordem.

2 – Os conselhos de disciplina regionais são compostos por um presidente e quatro vogais, eleitos pela assembleia regional, e reúnem na sua sede, por convocação do presidente.

3 – As listas de candidatura devem apresentar dois candidatos suplentes.

Artigo 31º – Competência dos conselhos de disciplina regionais

1 – Compete aos conselhos de disciplina regionais:

a) Exercer o poder disciplinar em primeira instância sobre os membros da Ordem com domicílio profissional na área da secção correspondente, sem prejuízo do disposto na alínea *e*) do artigo 23º;[26]

[26] Querer-se-ia referir a alínea *d*) do artigo 23º, tal como, na subsequente alínea, se quereria referir a al. *e*) desse artigo.

b) Arbitrar os conflitos institucionais entre membros ou entre estes e terceiros, sem prejuízo do disposto na alínea *d*) do artigo 23º;

c) Verificar a conformidade do funcionamento das delegações e núcleos locais com o presente Estatuto e regulamento respetivo;

d) Aprovar o respetivo regimento.

2 – No exercício das suas competências o conselho de disciplina regional pode ser apoiado por um jurista designado por aquele.

SECÇÃO IV – Outras estruturas

Artigo 32º – Provedor da arquitetura[27]

1 – Compete ao provedor da arquitetura defender os interesses dos destinatários dos serviços profissionais prestados pelos membros da Ordem.

2 – O provedor da arquitetura exerce o seu mandato pelo tempo do mandato dos membros do conselho diretivo nacional, independentemente de eventual destituição destes, e não pode ser destituído, salvo por falta grave no exercício das suas funções.

3 – Compete ao provedor analisar as queixas apresentadas pelos destinatários dos serviços e fazer recomendações, tanto para a resolução dessas queixas, como em geral para o aperfeiçoamento do desempenho da Ordem.

4 – O cargo de provedor é remunerado nos termos do regulamento aprovado pela assembleia de delegados.

5 – No caso de ser membro da Ordem, a pessoa designada para o cargo de provedor requer a suspensão da sua inscrição nos termos do presente Estatuto e do regulamento de inscrição.

Artigo 33º – Colégios

1 – Podem ser constituídos colégios com funções de estudo, formação e divulgação, no domínio da arquitetura, sempre que estejam em causa áreas com características técnicas e científicas particulares, que assumam importância cultural, social ou económica e impliquem uma especialização do conhecimento ou da prática profissional.

2 – A qualidade de membro do colégio não diferencia o arquiteto dos demais arquitetos não inscritos no referido colégio, nomeadamente quanto à possibilidade de, em exclusivo, praticar qualquer ato da profissão, ainda que lhe seja outorgada a qualificação de especialista.

[27] O *Regulamento do Provedor da Arquitectura*, com o nº 323/2016, foi publicado em D.R., 2ª Série, de 29.3.2016.

3 – Os colégios referidos nos números anteriores não constituem colégios de especialidade para efeitos do disposto no nº 2 do artigo 14º da Lei nº 2/2013, de 10 de janeiro, sendo a respetiva constituição e modo de funcionamento definidos por regulamento interno.[28]

CAPÍTULO IV – Referendos internos[29]

Artigo 34º – Objeto dos referendos

1 – A Ordem pode realizar, a nível nacional, referendos internos com carácter vinculativo aos seus membros, destinados a submeter a votação as questões que a assembleia de delegados considere suficientemente relevantes e compreendidas nas atribuições definidas no presente Estatuto.

2 – As questões devem ser formuladas com clareza e para respostas de sim ou não.

3 – As questões relativas a matérias que o presente Estatuto confira à competência deliberativa de órgão nacional só podem ser submetidas a referendo vinculativo mediante autorização desse órgão.

4 – São obrigatoriamente submetidas a referendo interno as propostas de dissolução da Ordem.

Artigo 35º – Organização dos referendos

1 – Compete à assembleia de delegados fixar a data do referendo interno, as questões a apreciar e organizar o respetivo processo.

2 – As questões a submeter a referendo interno são divulgadas junto de todos os membros da Ordem e devem ser objeto de reuniões de esclarecimento e debate.

3 – Sem prejuízo do disposto no número seguinte, as propostas de alteração às questões a submeter a referendo interno devem ser dirigidas por escrito ao presidente da assembleia de delegados durante o período de esclarecimento e debate, por membros da Ordem devidamente identificados.

[28] Foram constituídos três colégios, encontrando-se os seus actuais regulamentos publicados em D.R., 2ª Série, de 29.3.2016:
- nº 324/2016 – Colégio de Arquitetos Urbanistas
- nº 328/2016 – Colégio de Património Arquitetónico
- nº 329/2016 – Colégio de Gestão, Direção e Fiscalização de Obras.

O mencionado nº 2 do artigo 14º da Lei nº 2/2013 prevê a hipótese de sujeição a período de estágio ou probatório ou a realização de exame para a obtenção de título de especialidade profissional.

[29] Ver a nota ao antecedente artigo 13º.

4 – As propostas de referendo interno subscritas por um mínimo de 5% dos membros efetivos da Ordem com inscrição em vigor e no pleno exercício dos seus direitos não podem ser objeto de alteração.

Artigo 36º – Efeitos dos referendos

1 – O efeito vinculativo do referendo interno depende do número de votantes ser superior a metade dos membros efetivos no pleno exercício dos seus direitos, em conformidade com os cadernos eleitorais.

2 – Quando se trate de questões relativas à dissolução da Ordem, a aprovação carece do voto expresso de dois terços dos membros efetivos no pleno exercício dos seus direitos, em conformidade com os cadernos eleitorais.

3 – Os resultados dos referendos internos são divulgados pela assembleia de delegados após a receção dos apuramentos parciais.

CAPÍTULO V – Regime financeiro

Artigo 37º – Receitas da estrutura nacional[30]

Constituem receitas da estrutura nacional da Ordem:

a) A percentagem da quotização que for estabelecida pela assembleia de delegados;

b) O produto eventual da atividade editorial, dos serviços e outras atividades de âmbito nacional;

c) As heranças, os legados e seus frutos, os donativos e os subsídios;

d) Os juros dos depósitos bancários, incluindo os do fundo de reserva e do fundo de comparticipação;

e) O rendimento dos bens móveis e imóveis da Ordem;

f) A percentagem das taxas e emolumentos cobradas pelas estruturas regionais e locais que for estabelecida pela assembleia de delegados;

g) Quaisquer outras receitas previstas na lei.

Artigo 38º – Fundo de reserva

1 – O fundo de reserva, depositado em numerário, destina-se a satisfazer as despesas extraordinárias da Ordem e é constituído, anualmente, pelo montante estabelecido no plano geral de atividades e orçamento.

2 – Para utilização do fundo, o conselho diretivo nacional carece de parecer favorável do conselho fiscal nacional e da assembleia de delegados.

[30] Com o nº 325/2016, foi publicado em D.R., 2ª Série, de 29.3.2016, o *Regulamento de Quotas*, que também se refere em geral às taxas cobradas pela Ordem.

3 – Presume-se favorável o parecer requerido há mais de 15 dias sem pronúncia do conselho fiscal nacional.

Artigo 39º – Fundo de comparticipação

1 – O fundo de comparticipação, depositado em numerário, destina-se a cobrir, total ou parcialmente, eventuais saldos negativos das secções regionais ou das despesas com iniciativas cujo interesse transcenda o âmbito regional, e é constituído, anualmente, pelo montante estabelecido no plano geral de atividades e orçamento.

2 – Para utilização do fundo, o conselho diretivo nacional carece de parecer favorável do conselho fiscal nacional.

3 – Presume-se favorável o parecer requerido há mais de 15 dias sem pronúncia do conselho fiscal nacional.

Artigo 40º – Receitas das secções regionais

Constituem receitas das secções regionais:

a) A percentagem da quotização que for estabelecida pela assembleia de delegados;

b) O produto da atividade editorial, dos serviços e de outras atividades de âmbito regional;

c) O rendimento dos bens móveis e imóveis da Ordem confiados à guarda e gestão da secção regional, ou por seu intermédio adquiridos;

d) Os juros dos depósitos bancários das secções regionais;

e) A percentagem das taxas e emolumentos cobradas pelas secções regionais que for estabelecida pela assembleia de delegados;

f) Quaisquer outras receitas previstas na lei.

Artigo 41º – Fundos de reserva regionais

1 – Os fundos de reserva regionais, depositados em numerário, destinam-se a fazer face a despesas extraordinárias e são constituídos anualmente no montante estabelecido no plano de atividades e orçamento.

2 – Os conselhos diretivos regionais podem dispor do respetivo fundo de reserva, mediante parecer favorável da assembleia regional.

Artigo 42º – Regime financeiro

1 – Na sua atividade, a Ordem encontra-se sujeita ao regime estabelecido no Código dos Contratos Públicos, aplicável com as necessárias adaptações, e à jurisdição do Tribunal de Contas, nos termos estabelecidos na Lei de Organização e Processo e Regulamento Geral do Tribunal de Contas, aprovada pela Lei nº 98/97, de 26 de agosto.

2 – Na sua atividade, a Ordem está ainda sujeita às regras de equilíbrio orçamental e de limitação do endividamento estabelecidas em diploma próprio e ao regime da normalização contabilística para as entidades do sector não lucrativo, que integra o Sistema de Normalização Contabilística.

3 – O plano geral de atividades e orçamento da Ordem deve ter em conta o plano de atividades de cada conselho diretivo e a previsão orçamental dos respetivos custos e proveitos ordinários, a nível nacional e regional.

4 – Os conselhos diretivos regionais enviam ao conselho diretivo nacional, até 31 de outubro, de cada ano, o plano das suas atividades para o ano seguinte, acompanhado da respetiva previsão orçamental para os efeitos previstos no número anterior.

5 – O plano geral de atividades e orçamento é aprovado em assembleia de delegados com parecer do conselho fiscal nacional.

6 – Os planos de atividades e as previsões orçamentais dos conselhos diretivos, quando deficitários, devem ser cobertos pelo saldo de anos anteriores ou pelos fundos de reserva ou de comparticipação respetivos.

Artigo 43º – Regime laboral

1 – A admissão de trabalhadores pela Ordem deve efetuar -se através de procedimento que assegure o respeito pelos princípios da igualdade, transparência, publicidade e da fundamentação.

2 – O convite da contratação e a respetiva decisão final devem ser publicitados em jornal diário de circulação nacional e no sítio eletrónico da Ordem.

3 – Aos trabalhadores da Ordem é aplicável o regime previsto no Código do Trabalho.

CAPÍTULO VI – Exercício da profissão

Artigo 44º – Exercício da profissão

1 – Independentemente do modo de exercício da profissão, ou das atividades exercidas, e sem prejuízo do disposto no artigo 7º, só os arquitetos inscritos na Ordem podem, no território nacional, praticar os atos próprios da profissão.

2 – São atos próprios dos arquitetos a elaboração ou apreciação dos estudos, projetos e planos de arquitetura, bem como os demais atos previstos em legislação especial.

3 – Para além dos atos próprios reservados a arquitetos previstos no número anterior, os arquitetos podem, ainda, intervir em estudos, projetos, planos e atividades de consultoria, gestão, fiscalização e direção de obras, planificação, coordenação e avaliação, reportadas à edificação, urbanismo, conceção e desenho

do quadro espacial da vida da população, visando a integração harmoniosa das atividades humanas no território, a valorização do património construído e do ambiente.

Artigo 45º – Direitos do arquiteto

1 – Os arquitetos têm direito de requerer a intervenção da Ordem para a defesa dos seus direitos ou interesses legítimos em matéria profissional, nos termos previstos no presente Estatuto.

2 – Constituem, designadamente, direitos do arquiteto no exercício da profissão:

a) O direito de exercer a sua profissão, de acordo com a sua vocação, formação e experiência, sem interferência na sua autonomia técnica, nem concorrência de profissionais sem formação adequada;

b) Os direitos de autor e direitos conexos sobre as obras de arquitetura;

c) O direito à coautoria dos trabalhos em que colabore, na medida da sua responsabilidade, e a fazê-la figurar em publicações e no currículo profissional;

d) O direito a publicitar a sua atividade e a divulgar as suas obras ou estudos;

e) O direito à atualização da sua formação e valorização profissional e social;

f) O direito aos meios e à assistência necessários às tarefas de que é incumbido e a uma remuneração condigna do seu trabalho.

Artigo 46º – Modos de exercício da profissão

A profissão de arquiteto pode ser exercida:

a) Por conta própria, como profissional independente ou como empresário em nome individual;

b) Como sócio, administrador ou gerente de uma sociedade de profissionais com atividade no domínio da arquitetura;

c) Como trabalhador nomeado ou contratado para funções públicas da administração central, direta ou indireta, regional ou local;

d) Como trabalhador de outro arquiteto, de outros profissionais ou de uma pessoa coletiva.

Artigo 47º – Sociedades de profissionais

1 – Os arquitetos estabelecidos em território nacional podem exercer em grupo a profissão, desde que constituam ou ingressem como sócios em sociedades profissionais de arquitetos.

2 – Podem ainda ser sócios de sociedades de profissionais de arquitetura:

a) As sociedades de profissionais de arquitetura, previamente constituídas e inscritas como membros da Ordem;

b) As organizações associativas de profissionais equiparadas de arquitetos, constituídas noutro Estado membro da União Europeia ou do Espaço Económico Europeu, cujo capital e direitos de voto caibam maioritariamente aos profissionais em causa.

3 – O requisito de capital referido na alínea *b*) do número anterior não é aplicável caso a organização associativa não disponha de capital social.

4 – O juízo de equiparação referido na alínea *b*) do nº 2 é regido:

a) Quanto a nacionais de Estado membro da União Europeia ou do Espaço Económico Europeu, pelo nº 4 do artigo 1º da Lei nº 9/2009, de 4 de março, alterada pelas Leis nºs 41/2012, de 28 de agosto, e 25/2014, de 2 de maio;

b) Quanto a nacionais de países terceiros cujas qualificações tenham sido obtidas fora de Portugal, pelo regime de reciprocidade internacionalmente vigente.

5 – As sociedades de arquitetos gozam dos direitos e estão sujeitas aos deveres aplicáveis aos profissionais membros da Ordem que sejam compatíveis com a sua natureza, estando nomeadamente sujeitas aos princípios e regras deontológicos constantes do presente Estatuto.

6 – Às sociedades de profissionais não é reconhecida capacidade eleitoral.

7 – Os membros do órgão executivo das sociedades profissionais de arquitetos, independentemente da sua qualidade de membros da Ordem, devem respeitar os princípios e regras deontológicos, a autonomia técnica e científica e as garantias conferidas aos arquitetos pela lei e pelo presente Estatuto.

8 – As sociedades profissionais de arquitetos podem exercer, a título secundário, quaisquer atividades que não sejam incompatíveis com a atividade de arquitetos, em relação às quais não se verifique impedimento nos termos do presente Estatuto, não estando essas atividades sujeitas ao controlo da Ordem.

9 – A constituição e o funcionamento das sociedades de profissionais consta de diploma próprio.[31]

Artigo 48º – Organizações associativas de profissionais de outros Estados membros

O regime jurídico de inscrição das organizações associativas de profissionais de outros Estados membros na Ordem consta do diploma que regula a constituição e funcionamento das sociedades de profissionais.

[31] Face ao seu preâmbulo, este "diploma" é o *Regulamento sobre a Constituição e o Funcionamento de Sociedades de Profissionais de Arquitetura*, publicado em D.R., 2ª Série, de 29.3.2016 com o nº 322/2016. Este Regulamento abrange também as organizações previstas nos subsequentes artigos 48º e 49º. A Lei nº 53/2015, de 11 de Junho, define genericamente o regime da constituição e funcionamento das sociedades de profissionais que estejam sujeitos a associações públicas profissionais.

Artigo 49º – Outros prestadores de serviços de arquitetura

1 – As empresas que se estabeleçam em território nacional para a prestação de serviços de arquitetura através dos seus sócios, administradores, gerentes, empregados ou subcontratados que não se constituam sob a forma de sociedades profissionais de arquitetos carecem de registo na Ordem.

2 – A violação do disposto no número anterior constitui contraordenação, punível com coima de € 2 500 a € 25 000, nos termos do regime geral das contraordenações.

Artigo 50º – Deveres dos prestadores de serviços de arquitetura

1 – Enquanto prestadores de serviços de arquitetura, os arquitetos, as sociedades de arquitetos e entidades equiparadas ficam sujeitos aos requisitos constantes dos nºs 1 e 2 do artigo 19º e dos artigos 20º e 22º do Decreto-Lei nº 92/2010, de 26 de julho, e ainda, no que se refere a serviços prestados por via eletrónica, ao disposto no artigo 10º do Decreto-Lei nº 7/2004, de 7 de janeiro, alterado pelo Decreto-Lei nº 62/2009, de 10 de março.[32]

2 – O disposto no número anterior não se aplica aos serviços e organismos da administração direta e indireta do Estado, das regiões autónomas e das autarquias locais, nem às demais pessoas coletivas públicas não empresariais.

Artigo 51º – Responsabilidade civil profissional

1 – O arquiteto com inscrição em vigor está obrigado a garantir a responsabilidade civil emergente do exercício da respetiva atividade profissional, mediante subscrição de seguro de responsabilidade civil adequado à natureza e à dimensão do risco, ou prestação de garantia ou instrumento equivalente.

2 – Sem prejuízo do disposto no número anterior, o arquiteto estabelecido noutro Estado membro da União Europeia ou do Espaço Económico Europeu não está sujeito à obrigação de subscrição do seguro de responsabilidade civil profissional pela atividade desenvolvida em território nacional, caso o mesmo tenha essa atividade, total ou parcialmente, coberta por seguro, garantia ou instrumento equivalente subscrito ou prestado no Estado membro onde se encontre estabelecido.

3 – Caso o seguro, a garantia ou o instrumento equivalente, subscrito noutro Estado membro, cubra parcialmente os riscos decorrentes da atividade, deve o prestador de serviços complementá-lo de forma a abranger riscos não cobertos.

[32] O Decreto-Lei nº 92/2010, transpondo Directiva europeia, estabelece regras para simplificar o livre acesso e exercício das actividades de serviços, integrando os três artigos aqui citados um seu capítulo sobre direitos dos respectivos destinatários.
O Decreto-Lei nº 7/2004, também transpondo Directiva europeia, refere-se a aspectos legais dos serviços da sociedade de informação, em especial ao comércio electrónico.

CAPÍTULO VII - Deontologia profissional[33]

Artigo 52º – Princípios de deontologia

Independentemente do modo de exercício da profissão e da natureza, pública ou privada, das respetivas funções, o arquiteto deve orientar-se de acordo com os seguintes princípios:

a) Orientar a sua atividade profissional de acordo com os princípios do interesse público, da isenção, da competência e da boa relação com os seus colegas;

b) Mostrar-se digno das responsabilidades que lhe correspondem;

c) Colocar os seus conhecimentos e a sua criatividade ao serviço do interesse público, mantendo sempre e em quaisquer circunstâncias a maior independência e isenção;

d) Abster-se de exercer qualquer pressão ilegítima sobre a autoridade pública com o objetivo de obter benefícios para o seu trabalho.

Artigo 53º – Enumeração das incompatibilidades

O exercício da arquitetura é incompatível com as funções e atividades seguintes:

a) Titular ou membro de órgãos de soberania, à exceção da Assembleia da República, e respetivos consultores, assessores, membros ou trabalhadores dos respetivos gabinetes;

b) Titular ou membro de governo regional e respetivos assessores, membros e trabalhadores contratados dos respetivos gabinetes;

c) Presidente ou vereador de câmara municipal no âmbito do que determine o estatuto dos eleitos locais;[34]

[33] Embora não especialmente destacado no Estatuto, como poderia estar no artigo 19º/1, *d*), continua a existir um regulamento de deontologia, acoplado agora ao regulamento de disciplina: *Regulamento de Deontologia e Procedimento Disciplinar*, publicado em D.R., 2ª Série, de 30.3.2016, com o nº 336/2016.
É subsequentemente transcrito, na parte relativa à deontologia.

[34] Nem o Estatuto dos eleitos locais (Lei nº 29/87, de 30 de Junho), nem o Regime jurídico de incompatibilidades e impedimentos dos titulares de cargos políticos e altos cargos públicos (Lei nº 64/93, de 26 de Agosto), determinam qualquer incompatibilidade. Neste (artigo 6º/1), diz-se quanto aos autarcas que “podem exercer outras actividades”, devendo apenas comunicá-las ao Tribunal Constitucional e à assembleia municipal; naquele (artigo 3º/1), consta igual regra. O nº 2 de um e outro preceito prescrevem que não ficam por isso revogados “os regimes de incompatibilidades e impedimentos previstos noutras leis para o exercício de cargos ou actividades profissionais”, mas, do confronto com a regra em anotação, resulta que, existindo obviamente impedimentos, não ocorre aqui incompatibilidade.

d) Gestor público, nos termos do respetivo estatuto.[35]

Artigo 54º – Deveres do arquiteto como servidor do interesse público

O arquiteto, no exercício da sua profissão, deve:

a) Atuar de forma que o seu trabalho, como criação artística e técnica, contribua para melhorar a qualidade do ambiente e do património cultural;

b) Utilizar processos e adotar soluções capazes de assegurar a qualidade da construção, o bem-estar e a segurança das pessoas;

c) Favorecer a integração social, estimulando a participação dos cidadãos no debate arquitetónico e no processo decisório em tudo o que respeita ao ambiente.

Artigo 55º – Deveres de isenção

O arquiteto, no desempenho da sua atividade profissional, deve:

a) Evitar todas as situações incompatíveis com as suas obrigações profissionais;

b) Declarar às pessoas envolvidas, antes de assumir qualquer compromisso profissional, qualquer ligação a interesses que possam pôr em dúvida ou afetar o desenvolvimento das atividades profissionais;

c) Abster-se do envolvimento em situações que possam comprometer o desempenho da sua atividade com independência e imparcialidade;

d) Recusar-se a assinar quaisquer trabalhos nos quais não tenha participado;

e) Basear a promoção da sua atividade profissional em informações verdadeiras.

Artigo 56º – Dever de competência

1 – O arquiteto deve exercer a sua profissão com eficácia e lealdade, aplicando nela todo o seu saber, criatividade e talento, tendo particularmente em atenção os interesses legítimos daqueles que lhe confiem tarefas profissionais.

2 – O arquiteto deve, em especial:

a) Definir claramente os termos da relação profissional, nomeadamente a natureza, o objetivo, a extensão dos serviços a prestar, as responsabilidades, as fases e os prazos a cumprir, bem como a remuneração e todos os restantes elementos que com ela se relacionem;

[35] Também neste caso se não defronta nenhuma incompatibilidade, face ao disposto no artigo 22º do Dec.-Lei nº 71/2007, de 27 de Março, que aprovou o Estatuto do gestor público, existindo apenas hipóteses de impedimento.

b) Recusar tarefas que ultrapassem a sua competência ou disponibilidade, ou cujas condições de realização prejudiquem a qualidade da prestação, não abandonando sem justificação legítima tarefas ou cargos que aceite desempenhar;

c) Assegurar a veracidade das informações que presta;

d) Abster-se de auferir retribuições que recaiam sobre a matéria do seu trabalho por outra via que não seja de honorários ou vencimentos previamente fixados;

e) Recusar condições financeiras que não lhe permitam fornecer uma prestação profissional satisfatória.

Artigo 57º – Deveres recíprocos dos arquitetos

Constituem deveres recíprocos dos arquitetos:

a) Basear a competição entre colegas no respeito pelos interesses de cada um e pela dignidade da profissão;

b) Quando chamado a substituir um colega na execução de uma tarefa, não a aceitar sem, com ele e com quem lhe incumbe a tarefa, esclarecer previamente a situação contratual e dos direitos de autor;

c) Abster-se de exercer competição fundada unicamente na remuneração.

Artigo 58º – Deveres do arquiteto para com a Ordem

Constituem deveres do arquiteto para com a Ordem:

a) Cumprir o disposto no presente Estatuto, as deliberações e os regulamentos próprios;

b) Colaborar na prossecução das suas atribuições e exercer os cargos para que tenha sido eleito;

c) Informar, no momento da inscrição, sobre o exercício de qualquer cargo ou outra atividade profissional, para efeitos de verificação de incompatibilidades;

d) Suspender imediatamente o exercício da profissão quando ocorrer incompatibilidade superveniente;

e) Pagar pontualmente as quotas e outros encargos devidos à Ordem, estabelecidos nos termos do presente Estatuto, sem o que não pode participar na vida institucional da Ordem e beneficiar dos serviços prestados por esta;

f) Comunicar, no prazo de 30 dias, qualquer mudança de domicílio profissional;

g) Colaborar e responder às solicitações dos conselhos de disciplina.

CAPÍTULO VIII - Regime disciplinar

SECÇÃO I - Disposições gerais

Artigo 59º - Infração disciplinar

1 - Considera-se infração disciplinar toda a ação ou omissão que consista em violação, por qualquer membro da Ordem, dos deveres profissionais consignados na lei, no presente Estatuto ou nos respetivos regulamentos e, nas leis aplicáveis à atividade profissional dos arquitetos.

2 - As infrações disciplinares previstas no presente Estatuto e demais disposições legais e regulamentares aplicáveis são puníveis a título de dolo ou negligência.

Artigo 60º - Jurisdição disciplinar

1 - Os membros da Ordem estão sujeitos ao poder disciplinar dos órgãos da Ordem, nos termos previstos no presente Estatuto e no regulamento de deontologia.[36]

2 - A suspensão ou o cancelamento da inscrição não faz cessar a responsabilidade disciplinar por infrações anteriormente praticadas pelo membro da Ordem enquanto tal.

3 - Durante o tempo de suspensão da inscrição, o associado continua sujeito ao poder disciplinar da Ordem.

Artigo 61º - Independência da responsabilidade disciplinar dos membros da Ordem

1 - A responsabilidade disciplinar é independente da eventual responsabilidade civil e criminal decorrente da prática do mesmo facto.

2 - A responsabilidade disciplinar perante a Ordem coexiste com qualquer outra prevista por lei.

3 - Quando, com fundamento nos mesmos factos, tiver sido instaurado processo penal contra membro da Ordem e, para se conhecer da existência de uma infração disciplinar, for necessário julgar qualquer questão que não possa ser convenientemente resolvida no processo disciplinar, pode ser ordenada a suspensão do processo disciplinar por um período máximo de um ano.

4 - A suspensão do processo disciplinar, nos termos do número anterior, é comunicada pela Ordem à autoridade judiciária competente, a qual deve ordenar a remessa à Ordem de cópia do despacho de acusação e, se a ele houver lugar, do despacho de pronúncia.

[36] *Regulamento de deontologia e procedimento disciplinar* - cfr. a nota 33.

5 – Decorrido o prazo fixado nos termos do nº 3 sem que a questão tenha sido resolvida, a mesma é decidida no processo disciplinar.

6 – Sempre que, em processo penal contra membro da Ordem, for designado dia para a audiência de julgamento, o tribunal deve ordenar a remessa à Ordem, preferencialmente por via eletrónica, do despacho de acusação, do despacho de pronúncia e da contestação, se tiver sido apresentada, bem como quaisquer outros elementos solicitados pela assembleia de delegados ou pelo presidente da Ordem.

7 – A responsabilidade disciplinar dos membros perante a Ordem decorrente da prática de infrações é independente da responsabilidade disciplinar perante os respetivos empregadores, por infração dos deveres emergentes de relações de trabalho.

Artigo 62º – Responsabilidade disciplinar dos profissionais em livre prestação de serviços

Os profissionais que prestem serviços em território nacional em regime de livre prestação são equiparados aos membros da Ordem para efeitos disciplinares, nos termos do nº 2 do artigo 4º da Lei nº 9/2009, de 4 de março, alterada pelas Leis nºs 41/2012, de 28 de agosto, e 25/2014, de 2 de maio, com as especificidades constantes do nº 8 do artigo 70º do presente Estatuto e do regulamento de deontologia, sempre que pratiquem ato ou omissão em violação dos deveres profissionais que lhes sejam aplicáveis nos termos legais e atenta a natureza ocasional e esporádica dos seus serviços em território nacional.

Artigo 63º – Responsabilidade disciplinar das sociedades profissionais

As pessoas coletivas membros da Ordem estão sujeitas ao poder disciplinar dos órgãos da Ordem, nos termos do presente Estatuto e da lei que regula a constituição e o funcionamento das sociedades de profissionais.

Artigo 64º – Prescrição do procedimento disciplinar

1 – O procedimento disciplinar extingue-se, por efeito de prescrição, logo que sobre a prática da infração tiver decorrido o prazo de três anos, salvo o disposto no número seguinte.

2 – Se a infração disciplinar constituir simultaneamente infração criminal para a qual a lei estabeleça prescrição sujeita a prazo mais longo, o procedimento disciplinar apenas prescreve após o decurso deste último prazo.

3 – O prazo de prescrição do procedimento disciplinar corre desde o dia em que o facto se tiver consumado.

4 – O prazo de prescrição só corre:

a) Nas infrações instantâneas, desde o momento da sua prática;

b) Nas infrações continuadas, desde o dia da prática do último ato;

c) Nas infrações permanentes, desde o dia em que cessar a consumação.

5 – O procedimento disciplinar também prescreve se, desde o conhecimento ou a participação efetuada nos termos do nº 1 do artigo seguinte, não se iniciar o processo disciplinar competente no prazo de um ano.

6 – O prazo de prescrição do processo disciplinar suspende-se durante o tempo em que:

a) O processo disciplinar estiver suspenso, a aguardar despacho de acusação ou de pronúncia em processo penal;

b) A decisão final do processo disciplinar não puder ser notificada ao arguido, por motivo que lhe seja imputável.

7 – A suspensão, quando resulte da situação prevista na alínea *b*) do número anterior, não pode exceder o prazo de dois anos.

8 – O prazo de prescrição volta a correr a partir do dia em que cessar a causa da suspensão.

9 – O prazo de prescrição do processo disciplinar referido nos nºs 1 e 5 interrompe-se com a notificação ao arguido:

a) Da instauração do processo disciplinar;

b) Da acusação.

10 – Após cada período de interrupção começa a correr novo prazo de prescrição.

SECÇÃO II – Do exercício da ação disciplinar

Artigo 65º – Exercício da ação disciplinar

1 – Têm legitimidade para participar à Ordem factos suscetíveis de constituir infração disciplinar:

a) Qualquer pessoa direta ou indiretamente afetada por estes;

b) O presidente da Ordem;

c) O provedor da arquitetura;

d) O Ministério Público, nos termos do nº 3.

2 – Os tribunais e quaisquer outras autoridades devem dar conhecimento à Ordem da prática, por membros desta, de factos suscetíveis de constituir infração disciplinar.

3 – Sem prejuízo do disposto na lei de processo penal acerca do segredo de justiça, o Ministério Público e os órgãos de polícia criminal remetem à Ordem certidão das denúncias, participações ou queixas apresentadas contra associados e que possam consubstanciar factos suscetíveis de constituir infração disciplinar.

Artigo 66º – Desistência da participação

A desistência da participação disciplinar pelo participante extingue o processo disciplinar, salvo se a infração imputada afetar a dignidade do membro visado e, neste caso, este manifestar de forma inequívoca intenção de que o processo prossiga, ou o prestígio da Ordem ou da profissão.

Artigo 67º – Instauração do processo disciplinar

1 – Qualquer órgão da Ordem, oficiosamente ou tendo por base queixa, denúncia ou participação apresentada por pessoa devidamente identificada, contendo factos suscetíveis de integrarem infração disciplinar do membro da Ordem, comunica, de imediato, os factos ao órgão competente para a instauração de processo disciplinar.

2 – Quando se conclua que a participação é infundada, é dado conhecimento da mesma ao membro visado e são emitidas as certidões que este entenda necessárias para a tutela dos seus direitos e interesses legítimos.

3 – O processo disciplinar contra o presidente ou contra qualquer membro do conselho de disciplina nacional em efetividade de funções só pode ser instaurado por deliberação da assembleia de delegados, aprovada por maioria absoluta.

Artigo 68º – Legitimidade processual

As pessoas com interesse direto, pessoal e legítimo relativamente aos factos participados podem solicitar à Ordem a sua intervenção no processo, requerendo e alegando o que tiverem por conveniente.

Artigo 69º – Direito subsidiário

Sem prejuízo do disposto no presente Estatuto, o processo disciplinar rege-se pelo regulamento de deontologia, sendo subsidiariamente aplicáveis as normas procedimentais previstas na Lei Geral do Trabalho em Funções Públicas, aprovada pela Lei nº 35/2014, de 20 de junho.

SECÇÃO III – Das sanções disciplinares

Artigo 70º – Aplicação de sanções disciplinares

1 – As sanções disciplinares são as seguintes:

a) Advertência;

b) Repreensão registada;

c) Multa de montante quantitativo igual ao valor da quota anual;

d) Multa de montante quantitativo igual ao dobro do valor da quota anual;

e) Suspensão do exercício profissional até ao máximo de seis meses;

f) Suspensão do exercício profissional de seis meses até ao máximo de dois anos;

g) Suspensão do exercício profissional de dois até ao máximo de 10 anos.

2 – A sanção de advertência é aplicável a faltas leves praticadas no exercício da profissão dos membros da Ordem.

3 – A sanção de repreensão registada é aplicável a faltas leves praticadas no exercício da profissão dos membros da Ordem, às quais, em razão da culpa do arguido, não caiba mera advertência.

4 – As sanções previstas na alínea *c*) e *d*) do nº 1 são aplicáveis aos casos de negligência, sendo aplicada uma ou outra em função da gravidade da falta cometida.

5 – A sanção prevista na alínea *e*) do nº 1 é aplicável em caso de culpa grave ou de acentuado desinteresse pelo cumprimento dos deveres profissionais consagrados nos artigos 54º, 55º, nas alíneas *c*) e *d*) do nº 2 do artigo 56º, no artigo 57º e nas alíneas *a*), *c*) e *d*) do artigo 58º

6 – A sanção prevista na alínea *f*) do nº 1 é aplicável quando a infração disciplinar seja grave e tenha afetado gravemente a dignidade e o prestígio profissional do arquiteto.

7 – A sanção prevista na alínea *g*) do nº 1 é aplicável quando a infração disciplinar também constitua crime punível com pena de prisão superior a dois anos, ou em caso de reincidência da infração referida no número anterior.

8 – No caso de profissionais em regime de livre prestação de serviços em território nacional, as sanções previstas nos nºs 5, 6 e 7 assumem a forma de interdição temporária ou definitiva do exercício da atividade profissional neste território, consoante os casos.

9 – A aplicação de sanção mais grave do que a de repreensão registada a membro que exerça algum cargo nos órgãos da Ordem determina a imediata destituição desse cargo, sem dependência de deliberação da assembleia de delegados nesse sentido.

10 – O produto das multas é aplicado no fundo de reserva da Ordem previsto no artigo 38º.

11 – Sempre que a infração resulte da violação de um dever por omissão, o cumprimento das sanções aplicadas não dispensa o arguido do cumprimento daquele, se tal ainda for possível.

Artigo 71º – Graduação

1 – Na aplicação das sanções deve atender-se aos antecedentes profissionais e disciplinares do arguido, ao grau de culpa, à gravidade e às consequências da infração, à situação económica do arguido e a todas as demais circunstâncias agravantes ou atenuantes.

2 – São circunstâncias atenuantes:

a) O exercício efetivo da atividade profissional por um período superior a cinco anos, seguidos ou interpolados, sem qualquer sanção disciplinar;

b) A confissão espontânea da infração ou das infrações;

c) A colaboração do arguido para a descoberta da verdade;

d) A reparação dos danos causados pela conduta lesiva.

3 – São circunstâncias agravantes:

a) A premeditação na prática da infração e na preparação da mesma;

b) O conluio;

c) A reincidência, considerando-se como tal a prática de infração antes de decorrido o prazo de cinco anos após o dia em que se tornar definitiva a condenação por cometimento de infração anterior;

d) A acumulação de infrações, sempre que duas ou mais infrações sejam cometidas no mesmo momento ou quando outra seja cometida antes de ter sido punida a anterior;

e) O facto de a infração ou infrações serem cometidas durante o cumprimento de sanção disciplinar ou no decurso do período de suspensão de sanção disciplinar;

f) A produção de prejuízos de valor considerável, entendendo-se como tal sempre que exceda o valor de metade da alçada dos tribunais da relação.

Artigo 72º – Aplicação de sanções acessórias

1 – Cumulativamente com a aplicação das sanções disciplinares podem ser aplicadas, a título de sanções acessórias:

a) A frequência obrigatória de ações de formação suplementares às ações de formação obrigatórias;

b) A restituição de quantias, documentos ou objetos;

c) A perda, total ou parcial, de honorários e do custeio de despesas;

d) A perda do produto do benefício obtido pelo arguido;

e) A inelegibilidade para órgãos da Ordem por um período máximo de seis anos.

2 – As sanções acessórias podem ser cumuladas entre si.

3 – Na aplicação das sanções acessórias deve atender-se aos critérios previstos no nº 1 do artigo anterior.

4 – O resultado da aplicação das sanções acessórias previstas nas alíneas *c*) e *d*) do nº 1 considera-se perdido a favor do fundo de reserva da Ordem.

Artigo 73º – Unidade e acumulação de infrações

Sem prejuízo do disposto quanto às sanções acessórias, não pode aplicar-se ao mesmo associado mais do que uma sanção disciplinar por cada facto punível.

Artigo 74º – Suspensão das sanções

1 – Tendo em consideração o grau de culpa, o comportamento do arguido e as demais circunstâncias da prática da infração, as sanções disciplinares inferiores à suspensão do exercício da atividade profissional até dois anos podem ser suspensas por um período compreendido entre um e três anos.

2 – A suspensão da sanção cessa sempre que, relativamente ao membro punido, seja proferida decisão final de condenação em novo processo disciplinar.

Artigo 75º – Aplicação da sanção de suspensão de dois até ao máximo de 10 anos

1 – A aplicação da sanção de suspensão do exercício profissional de dois até ao máximo de 10 anos só pode ter lugar após audiência pública, nos termos previstos no regulamento de deontologia.

2 – A sanção de suspensão do exercício profissional de dois até ao máximo de 10 anos só pode ser aplicada por deliberação que reúna a maioria qualificada de dois terços dos membros do órgão disciplinarmente competente.

Artigo 76º – Execução das sanções

1 – Compete ao conselho diretivo nacional dar execução às decisões proferidas em sede de processo disciplinar, designadamente praticando os atos necessários à efetiva suspensão dos membros a quem sejam aplicadas as sanções de suspensão.

2 – A aplicação de sanção de suspensão implica a proibição temporária da prática de qualquer ato profissional e a entrega da cédula profissional na sede da Ordem ou na secção regional em que o arguido tenha o seu domicílio profissional, nos casos aplicáveis.

Artigo 77º – Início de produção de efeitos das sanções disciplinares

1 – As sanções disciplinares iniciam a produção dos seus efeitos no dia seguinte àquele em que a decisão se torne definitiva.

2 – Se, na data em que a decisão se torna definitiva, estiver suspensa a inscrição do arguido, o cumprimento da sanção disciplinar de suspensão tem início no dia seguinte ao do levantamento da suspensão.

Artigo 78º – Comunicação e publicidade

1 – Com exceção da advertência, a aplicação das sanções é comunicada pelo conselho diretivo nacional:

a) À sociedade de profissionais ou organização associativa por conta da qual o arguido prestava serviços à data dos factos e à data da condenação pela prática da infração disciplinar;

b) À autoridade competente noutro Estado membro da União Europeia ou do Espaço Económico Europeu para o controlo da atividade do arguido estabelecido nesse mesmo Estado membro.

2 – Quando a sanção aplicada for de suspensão, é-lhe dada publicidade através do sítio oficial da Ordem e em locais considerados idóneos para o cumprimento das finalidades de prevenção geral do sistema jurídico.

3 – Se for aplicada sanção de suspensão, o conselho diretivo nacional deve inserir a correspondente anotação nas listas permanentes de membros divulgada por meios informáticos.

4 – A publicidade das sanções disciplinares e das sanções acessórias é promovida pelo órgão disciplinarmente competente, sendo efetuada a expensas do arguido.

5 – Sem prejuízo do disposto no número anterior, a Ordem restitui o montante pago pelo arguido para dar publicidade à sua suspensão preventiva, sempre que este não seja condenado no âmbito do respetivo procedimento disciplinar.

Artigo 79º – Prescrição das sanções disciplinares

1 – As sanções disciplinares prescrevem nos seguintes prazos:

a) De um ano, as de advertência e repreensão registada;

b) De três anos, as de suspensão.

2 – O prazo de prescrição corre desde o dia seguinte àquele em que a decisão se torne definitiva.

Artigo 80º – Princípio do cadastro na Ordem

1 – O processo individual dos membros na Ordem inclui um cadastro, do qual constam as sanções disciplinares referidas nas alíneas *b*) a *g*) do nº 1 do artigo 70º e as sanções acessórias que lhe tenham sido aplicadas.

2 – O cadastro é gerido pelo conselho diretivo nacional, com base nos elementos comunicados pelos órgãos disciplinares da Ordem.

3 – A condenação de um membro em processo penal é comunicada à Ordem para efeito de averbamento ao respetivo cadastro.

4 – As sanções referidas nas alíneas *b*) e *c*) do nº 1 do artigo 70º são eliminadas do cadastro após o decurso do prazo de cinco anos a contar do seu cumprimento.

SECÇÃO IV – Do processo

Artigo 81º – Obrigatoriedade

A aplicação de uma sanção disciplinar é sempre precedida do apuramento dos factos e da responsabilidade disciplinar em processo próprio, nos termos previstos no presente Estatuto e no regulamento de deontologia.

Artigo 82º – Formas do processo

1 – A ação disciplinar pode comportar as seguintes formas:

a) Processo de inquérito;

b) Processo disciplinar.

2 – O processo de inquérito é aplicável quando não seja possível identificar claramente a existência de uma infração disciplinar ou o respetivo infrator, impondo-se a realização de diligências sumárias para o esclarecimento ou a concretização dos factos em causa.

3 – Aplica-se o processo disciplinar sempre que existam indícios de que determinado membro da Ordem praticou factos devidamente concretizados, suscetíveis de constituir infração disciplinar.

4 – Durante o inquérito e depois de averiguada a identidade do infrator, ou, logo que se mostrem minimamente concretizados ou esclarecidos os factos participados, sendo eles suscetíveis de constituir infração disciplinar, é proposta a imediata conversão do processo de inquérito em processo disciplinar, mediante parecer sucintamente fundamentado.

5 – Quando a participação seja manifestamente inviável ou infundada, deve a mesma ser liminarmente arquivada, dando-se cumprimento ao disposto no nº 2 do artigo 67º.

6 – Se, da análise da conduta de um membro realizada no âmbito do processo de inquérito, resultar prova bastante da prática de infração disciplinar abstratamente punível com sanção de advertência ou de repreensão registada, o órgão disciplinar competente pode determinar a suspensão provisória do processo mediante a imposição ao arguido de regras de conduta ou do pagamento de uma determinada quantia, a título de caução, sempre que se verifiquem os seguintes pressupostos:

a) Ausência de aplicação anterior de suspensão provisória do processo pelo mesmo tipo de infração;

b) Ausência de um grau de culpa elevado.

7 – No caso previsto no número anterior, são aplicáveis ao arguido as seguintes medidas:

a) Pagamento de uma quantia entre o equivalente a três vezes e cinco vezes o valor da quota anual ou seis vezes e 10 vezes no caso de pessoas coletivas ou equiparadas, no prazo de 10 dias úteis;

b) Implementação de um plano de reestruturação da sua atividade, nos termos e no prazo que forem definidos;

c) Frequência de ações de formação suplementares às ações de formação obrigatórias, nos termos e prazo que forem definidos;

d) Retratação escrita nos casos em que estejam em causa relações profissionais entre membros da Ordem.

8 – O incumprimento das medidas determinadas, a que se refere o número anterior, implica a continuação do processo disciplinar suspenso provisoriamente nos termos dos nºs 6 e 7.

9 – Se o arguido cumprir as medidas determinadas, o processo é arquivado e são-lhe devolvidas as quantias referidas na alínea *a*) do nº 7.

Artigo 83º – Processo disciplinar

1 – O processo disciplinar é regulado no presente Estatuto e no regulamento de deontologia.

2 – O processo disciplinar é composto pelas seguintes fases:

a) Instrução;

b) Defesa do arguido;

c) Decisão;

d) Execução.

3 – Independentemente da fase do processo disciplinar, são asseguradas ao arguido todas as garantias de defesa nos termos gerais de direito.

Artigo 84º – Suspensão preventiva

1 – Após a audição do arguido, ou se este, tendo sido notificado, não comparecer para ser ouvido, pode ser ordenada a sua suspensão preventiva, mediante deliberação tomada por maioria qualificada de dois terços dos membros em efetividade de funções do órgão competente da Ordem.

2 – A suspensão a que se refere o número anterior só pode ser decretada nos casos em que haja indícios da prática de infração disciplinar à qual corresponda a sanção prevista na alínea *g*) do nº 1 do artigo 70º.

3 – A suspensão preventiva não pode exceder três meses e é sempre descontada na sanção de suspensão.

Artigo 85º – Natureza secreta do processo

1 – O processo é de natureza secreta até ao despacho de acusação ou ao de arquivamento.

2 – O relator pode, todavia, autorizar a consulta do processo pelo arguido, pelo participante, pelo Ministério Público, pelos órgãos de polícia criminal ou pelos interessados, quando daí não resulte inconveniente para a instrução e sob condição de não ser divulgado o que dele conste.

3 – O arguido ou o interessado, quando associado, que não respeite a natureza secreta do processo incorre em responsabilidade disciplinar.

SECÇÃO V – Das garantias

Artigo 86º – Decisões recorríveis

1 – Das decisões tomadas em matéria disciplinar cabe recurso para o conselho de disciplina nacional quando for este o órgão disciplinarmente competente.

2 – Das demais decisões tomadas em matéria disciplinar de que não caiba recurso nos termos do número anterior cabe recurso administrativo, nos termos gerais de direito.

3 – As decisões de mero expediente ou referentes à disciplina dos trabalhos não são passíveis de recurso nos termos dos números anteriores.

4 – O exercício do direito de recurso previsto no presente artigo é regulado pelas disposições aplicáveis do regulamento de deontologia.

Artigo 87º – Revisão

1 – É admissível a revisão de decisão definitiva proferida pelos órgãos da Ordem com competência disciplinar sempre que:

a) Uma decisão judicial transitada em julgado declarar falsos quaisquer elementos ou meios de prova que tenham sido determinantes para a decisão revidenda;

b) Uma decisão judicial transitada em julgado tiver dado como provado crime cometido por membro ou membros do órgão que proferiu a decisão revidenda e relacionado com o exercício das suas funções no processo;

c) Os factos que serviram de fundamento à decisão condenatória forem inconciliáveis com os que forem dados como provados noutra decisão definitiva e da oposição resultarem graves dúvidas sobre a justiça da condenação;

d) Se tenham descoberto novos factos ou meios de prova que, por si ou cominados com os que foram apreciados no processo, suscitem graves dúvidas sobre a justiça da decisão condenatória proferida.

2 – A simples alegação de ilegalidade, formal ou substancial, do processo e da decisão disciplinares não constitui fundamento para a revisão.

3 – A revisão é admissível ainda que o processo se encontre extinto ou a sanção prescrita ou cumprida.

4 – O exercício do direito de revisão é regulado pelas disposições aplicáveis do regulamento de deontologia.

CAPÍTULO IX – Disposições complementares, finais e transitórias

Artigo 88º – Secções regionais

1 – Até à aprovação do regulamento previsto na alínea *d*) do nº 1 do artigo 19º, referente à organização e ao funcionamento das estruturas regionais, as estruturas regionais da Ordem são:

a) A secção regional do Norte, com sede no Porto e que abrange a área correspondente aos distritos de Viana do Castelo, Braga, Vila Real, Bragança, Porto, Aveiro, Coimbra, Viseu e Guarda;

b) A secção regional do Sul, com sede em Lisboa e que abrange a área correspondente aos distritos de Castelo Branco, Leiria, Santarém, Lisboa, Portalegre, Évora, Beja, Setúbal e Faro, bem como, às regiões autónomas dos Açores e da Madeira.

2 – Até à aprovação do regulamento previsto na alínea *d*) do nº 1 do artigo 19º, referente à organização e ao funcionamento das estruturas regionais e locais mantêm-se em funcionamento as delegações e os núcleos criados nos termos do artigo 32º do Estatuto anexo ao Decreto-Lei nº 176/98, de 3 de julho.[37]

3 – No regulamento definido no número anterior as secções regionais podem ser agregadas, designadamente aquelas onde os arquitetos inscritos e no pleno exercício dos seus direitos profissionais sejam em número inferior ao mínimo para criar uma secção regional, ou não estejam reunidas as condições económicas e financeiras suficientes nos termos do regulamento de organização e funcionamento previsto na alínea *d*) do nº 1 do artigo 19º.

Artigo 89º – Comércio eletrónico

Os profissionais legalmente estabelecidos em Estado membro da União Europeia ou do Espaço Económico Europeu, que aí desenvolvam atividades comparáveis à atividade profissional de arquiteto regulada pelo presente Estatuto,

[37] Quer-se referir a redacção inicial do estatuto de 1998. Dispunha o seu artigo 32º:
"1- Podem ser criadas delegações em localidades que não coincidam com a sede das secções regionais.
2- As delegações exercem as competências que lhe forem delegadas pelo conselho directivo regional da respectiva área.
3- As delegações são dirigidas por um presidente com o apoio de um secretariado, de acordo com regras fixadas pelo conselho directivo regional.
4- Podem ser constituídos núcleos quando corresponda à vontade de 50% dos arquitectos residentes na sua área territorial que, de acordo com o regulamento respectivo, apresentem ao conselho directivo regional o seu programa de actividade, com indicação da duração, orçamento e responsáveis pela sua execução.
5- Compete ao conselho directivo regional verificar a conformidade da constituição e funcionamento dos núcleos com os estatutos e regulamento respectivo."

podem exercê-las, através de comércio eletrónico, com destino ao território nacional, observados que sejam os requisitos aplicáveis no Estado membro de origem, nomeadamente as normas deontológicas nele vigentes, assim como a disponibilização permanente da informação prevista no artigo 10º do Decreto-Lei nº 7/2004, de 7 de janeiro, alterado pelo Decreto-Lei nº 62/2009, de 10 de março, e pela Lei nº 46/2012, de 29 de agosto.

Artigo 90º – Documentos e balcão único

1 – Todos os pedidos, comunicações e notificações previstos na presente lei entre a Ordem e profissionais, sociedades de arquitetos ou outras organizações associativas de profissionais para o exercício de arquitetura, com exceção dos relativos a procedimentos disciplinares, são realizados por meios eletrónicos, através do balcão único eletrónico dos serviços, referido nos artigos 5º e 6º do Decreto-Lei nº 92/2010, de 26 de julho, acessível através do sítio na *Internet* da Ordem.[38]

2 – Quando, por motivos de indisponibilidade das plataformas eletrónicas, não for possível o cumprimento do disposto no número anterior, a transmissão da informação em apreço pode ser feita por entrega nos serviços da Ordem, por remessa pelo correio sob registo, por telecópia ou por correio eletrónico.

3 – A apresentação de documentos em forma simples nos termos dos números anteriores dispensa a remessa dos documentos originais, autênticos, autenticados ou certificados, sem prejuízo do disposto na alínea *a*) do nº 3 e nos nºs 4 e 5 do artigo 7º do Decreto-Lei nº 92/2010, de 26 de julho.

4 – São ainda aplicáveis aos procedimentos referidos no presente artigo o disposto nas alíneas *d*) e *e*) do artigo 5º e no nº 1 do artigo 7º do Decreto-Lei nº 92/2010, de 26 de julho.

Artigo 91º – Informação na *Internet*

Para além da informação referida no nº 3 do artigo 6º do Decreto-Lei nº 92/2010, de 26 de julho, e no nº 4 do artigo 19º da Diretiva nº 2000/31/CE, do Parlamento Europeu e do Conselho, de 8 de junho de 2000, relativa a certos aspetos legais dos serviços da sociedade de informação, em especial do comércio eletrónico, no mercado interno, a Ordem deve disponibilizar ao público em geral, através do seu sítio eletrónico na *Internet*, informação sobre:

a) O regime de acesso e exercício da profissão;

b) Os princípios e regras deontológicos e as normas técnicas aplicáveis aos seus associados;

[38] Ver a nota ao artigo 50º/1.

c) O procedimento de apresentação de queixa ou reclamações pelos destinatários relativamente aos serviços prestados pelos profissionais no âmbito da sua atividade;

d) As ofertas de emprego na Ordem;

e) O registo atualizado dos membros com:

i) O nome, o domicílio profissional e o número de carteira ou cédula profissionais;

ii) A designação do título e das especialidades profissionais;

iii) A situação de suspensão ou interdição temporária do exercício da atividade, se for caso disso;

f) O registo atualizado dos profissionais em livre prestação de serviços no território nacional, que se consideram inscritos nos termos do nº 2 do artigo 4º da Lei nº 9/2009, de 4 de março, alterada pelas Leis nºs 41/2012, de 28 de agosto, e 25/2014, de 2 de maio, que inclui:

i) O nome e o domicílio profissionais e, caso exista, a designação do título profissional de origem e das respetivas especialidades;

ii) A identificação da associação pública profissional no Estado membro de origem, na qual o profissional se encontre inscrito;

iii) A situação de suspensão ou interdição temporária do exercício da atividade, se for caso disso;

iv) A informação relativa às sociedades de profissionais ou outras formas de organização associativa de profissionais para que prestem serviços no Estado membro de origem, caso prestem serviços nessa qualidade;

g) O registo atualizado das sociedades de arquitetos e de outras formas de organização associativa inscritas com a respetiva designação, sede, número de inscrição e número de identificação fiscal ou equivalente;

h) O registo atualizado dos demais prestadores de serviços de arquitetura.

Artigo 92º – Cooperação administrativa

A Ordem presta e solicita às autoridades administrativas dos outros Estados membros da União Europeia e do Espaço Económico Europeu e à Comissão Europeia assistência mútua e toma as medidas necessárias para cooperar eficazmente, nomeadamente através do Sistema de Informação do Mercado Interno, no âmbito dos procedimentos relativos a prestadores de serviços já estabelecidos noutro Estado membro, nos termos do capítulo VI do Decreto-Lei nº 92/2010, de 26 de julho, do nº 2 do artigo 51º da Lei nº 9/2009, de 4 de março, alterada pelas Leis nºs 41/2012, de 28 de agosto, e 25/2014, de 2 de maio, e dos nºs 2 e 3 do artigo 19º da Diretiva nº 2000/31/CE, do Parlamento Europeu e do Conselho, de 8 de junho de 2000, relativa a certos aspetos legais dos serviços da sociedade de informação, em especial do comércio eletrónico.

Artigo 93º – Publicação de regulamentos

Sem prejuízo do disposto no Código de Procedimento Administrativo, os regulamentos previstos no presente Estatuto, com exceção dos que tiverem natureza regimental, são publicados na 2.ª série do *Diário da República* e divulgados no sítio eletrónico da Ordem.

Artigo 94º – Tutela

1 – A tutela administrativa de legalidade, prevista na Lei nº 2/2013, de 10 de janeiro, compete ao membro do Governo responsável pela área do ordenamento do território.

2 – Os regulamentos que versem sobre os estágios profissionais, as provas profissionais de acesso à profissão e as especialidades profissionais estão sujeitos a homologação do membro do Governo responsável pela área do ordenamento do território.

Artigo 95º – Controlo jurisdicional

1 – A Ordem fica sujeita, no âmbito das suas atribuições e do exercício dos poderes públicos que lhe são conferidos, à jurisdição administrativa, nos termos da respetiva legislação.

2 – Das sanções disciplinares e das contraordenações aplicadas pela Ordem cabe recurso para os tribunais administrativos competentes, a instaurar no prazo de 30 dias contados da data de notificação da decisão que as aplica.

b) Regulamento de Inscrição e Estágio

Regulamento nº 350/2016[39]

O processo de inscrição na Ordem dos Arquitetos (OA) – por parte dos titulares de formação académica habilitante – corresponde ao conjunto de procedimentos para o acesso à qualificação profissional legalmente requerida para o exercício da profissão de arquiteto.

O Regulamento de Inscrição (RI), em vigor desde setembro de 2006, explicitava a natureza distinta dos papéis do Estado, das Universidades e da AO no quadro das definições relativas ao acesso à profissão. Em simultâneo, o RI definia como objetivos principais a «melhoria da formação profissionalizante» e «o maior apoio à realização dos estágios». A análise da aplicação do RI e a verificação dos efeitos práticos do seu funcionamento no contexto evolutivo do exercício da profissão, conjugadas com a sucessiva introdução de novas determinações legais, justificaram a revisão que agora se apresenta.

No processo de revisão, conduzido pelo Conselho Nacional de Admissão da Ordem dos Arquitetos, foram acolhidas as contribuições dos diferentes órgãos da OA, em particular as dos Conselhos Regionais de Admissão e do Conselho Diretivo Nacional. Foram analisados os diplomas legais aplicáveis – de âmbito nacional e de âmbito europeu –, e foi realizado um inquérito aos candidatos que participaram no processo de admissão a partir da entrada em vigor do RI de 2006.

A Ordem dos Arquitetos entende o processo de inscrição no quadro da missão específica do interesse público da profissão de arquiteto, como reconhecido no seu Estatuto e em referência aos posicionamentos da União Internacional dos Arquitetos e do Conselho de Arquitetos da Europa.

[39] Publicado em D.R., 2ª Série, de 4.4.2016.

É reconhecida a importância de um período de transição entre a conclusão da formação académica habilitante e o exercício autónomo da profissão, concretizado através de um estágio profissional.

Em paralelo com a experiência profissional experimental nos atos próprios da profissão, relativamente à qual o novo Regulamento releva e explicita as competências do Orientador e do Estagiário, o estágio inclui ainda formação em Estatuto e Deontologia e formação Profissional, que sublinham as exigências de responsabilização inerentes à prática profissional, nomeadamente aquelas que respeitam os compromissos assumidos nos termos de responsabilidade por projetos de arquitetura e por outras atividades próprias da profissão de arquiteto.

As diferentes alterações verificadas no quadro legal que incide sobre o acesso e o exercício da profissão tiveram importância determinante na definição do novo Regulamento, sendo necessário sublinhar a intervenção direta da OA nalguns dos processos de revisão legislativa o que veio a permitir a clarificação dos mecanismos de acesso à profissão.

Os diplomas legais que entraram em vigor durante o processo de revisão do RI incidem sobre a qualificação académica, a qualificação profissional e o papel da OA como associação pública profissional, cruzando matérias que passam pela definição de graus académicos, pelo regime de avaliação e acreditação do ensino superior e pelo reconhecimento de diplomas; pela definição da qualificação profissional dos técnicos responsáveis pela elaboração dos projetos e pela definição da OA como autoridade nacional competente para o reconhecimento das qualificações profissionais; passam também pela definição do funcionamento dos estágios, da comparticipação financeira do Estado à sua realização e pela revisão das Diretivas Europeias relativas às Qualificações Profissionais e à Livre Prestação de Serviços, que têm múltiplas implicações no âmbito do acesso e do exercício da profissão.

O processo de revisão do RI ficou concluído com a integração das definições previstas no novo Estatuto da OA, assegurando a sua coerente articulação.

Aprovado na 25.ª reunião plenária do CDN, de 17 de novembro de 2015, com ratificação da proposta de regulamento e aprovação dos Anexos na 26.ª reunião plenária do CDN, de 23 de novembro de 2015 e aprovação na reunião do Conselho Nacional de Delegados, de 5 de dezembro de 2015 e remetido ao Ministério do Ambiente em 18 de dezembro de 2015 para efeitos do disposto no artigo 94º do Estatuto da Ordem dos Arquitetos.

CAPÍTULO I - Disposições gerais

Artigo 1º – Objeto e campo de aplicação

1 – O presente Regulamento estabelece as regras a observar na inscrição na Ordem, nos termos do Estatuto da Ordem e da legislação aplicável.

2 – As disposições regulamentares contidas no Anexo I – Inscrição a Estágio Profissional, no Anexo II – Estabelecimento de Profissionais de outros Estados, no Anexo III – Livre Prestação de Serviços, Anexo IV – Definições e Abreviaturas e no Anexo V – Documentação, fazem parte integrante deste regulamento.

CAPÍTULO II - Inscrição

Artigo 2º – Formação habilitante

1 – Para a inscrição na Ordem os candidatos devem ser titulares de formação habilitante no domínio da arquitetura, reconhecida nos termos da legislação portuguesa.

2 – Para efeitos do disposto no número anterior, considera-se como formação habilitante no domínio da arquitetura:

Formação em Portugal:

a) Mestrado Integrado em arquitetura, em conformidade com o descrito no EOA artigo 5º nº 2 alínea *b*);

b) Licenciatura ou diploma equivalente no domínio da arquitetura, em conformidade com o descrito no EOA, artigo 5º, nº 2, alínea *a*).

Formação no estrangeiro:

c) Títulos de formação académica em arquitetura com enquadramento num dos seguintes casos:

Que estejam abrangidos pelo reconhecimento automático na Diretiva da UE;

Que beneficiem da aplicação do regime geral de reconhecimento de títulos de formação e de experiência profissional, conforme disposto na Lei nº 9/2009, de 04 de março e sucessivas alterações;

Que obtenham equivalência do título académico nos termos da legislação em vigor.

Artigo 3º – Inscrição

1 – O processo de inscrição inclui a realização de um Estágio Profissional constituído por um período de Experiência Profissional Experimental nos atos próprios da profissão, Formação em Estatuto e Deontologia e Formação profissional, nos termos descritos no Anexo I.

2 – Aos candidatos que tenham realizado estágio profissional noutro Estado membro da UE, certificado por autoridade competente desse Estado, é reconhecido o período de experiência profissional e formação realizada para os efeitos do presente artigo, aplicando-se medidas de compensação para harmonização com o exigido no âmbito do estágio profissional.

Artigo 4º – Estabelecimento de profissionais de outros Estados

1 – Podem inscrever-se como membros efetivos da Ordem os profissionais legalmente estabelecidos noutros Estados, com formação habilitante, nos termos descritos no Anexo II.

2 – Para efeitos do disposto no número anterior, os profissionais estabelecidos noutro Estado membro da UE, podem efetuar a sua inscrição:

a) Mediante a apresentação do comprovativo do registo como arquiteto emitido pela autoridade competente, no caso em que a profissão seja regulamentada no Estado de Origem;

b) Mediante prova do exercício da profissão durante pelo menos 2 anos, no decurso dos 10 anos precedentes, no caso em que nem a profissão nem a formação a ela conducente, não se encontre regulamentada no Estado de Origem.[40]

3 – Aos candidatos que exerçam a profissão de arquiteto num Estado não pertencente à UE pode ser aplicado o disposto na alínea *b*) do nº 2 do presente artigo, desde que se verifique a existência de reciprocidade.

4 – Considera-se existir reciprocidade, desde que seja admitida a inscrição de arquitetos portugueses, na organização profissional do Estado de origem do arquiteto estrangeiro, mediante tratado internacional ou acordo escrito entre a Ordem e a organização profissional equivalente, que deverá especificar as condições de reciprocidade.

Artigo 5º – Livre prestação de serviços

1 – Os profissionais legalmente estabelecidos noutro Estado membro da UE ou do Espaço Económico Europeu e que aí desenvolvam atividades comparáveis à atividade profissional de arquiteto em Portugal podem exercê-las em território nacional, de forma ocasional e esporádica.

2 – Nos casos em que nem a profissão nem a formação a ela conducente, estejam regulamentadas no Estado membro de estabelecimento do prestador de serviços, este deverá fazer prova de experiência profissional por qualquer meio de prova de que exerceu a profissão de arquiteto durante pelo menos 2 anos no decurso dos 10 anos anteriores.

[40] Este Regulamento está particularmente mal escrito: aqui, por exemplo, tem de se desconsiderar a segunda negativa.

3 – O profissional que pretenda exercer a sua atividade em regime de livre prestação de serviços deve previamente comunicá-lo à Ordem através de uma declaração ao CDN, para efeitos de registo, nos termos descritos no Anexo III.

4 – A declaração poderá ser renovada uma vez por ano nos casos em que o prestador tencione fornecer serviços ocasionais ou esporádicos durante o ano em causa. O CDN procede à avaliação caso a caso, atendendo à duração, frequência, periodicidade e continuidade do serviço.

5 – Os profissionais em regime de livre prestação de serviços são equiparados aos membros da Ordem para efeitos disciplinares, conforme disposto no EOA.

Artigo 6º – Cancelamento ou suspensão da inscrição

1 – A inscrição do membro da Ordem é cancelada:

a) A pedido do interessado, quando este pretenda abandonar definitivamente o exercício da profissão, e dirigido ao CDN;

b) Após ser proferida decisão definitiva que condene na pena disciplinar de expulsão.[41]

2 – A inscrição do membro da Ordem é suspensa:

a) A pedido do interessado, quando este pretenda cessar temporariamente o exercício da profissão, e dirigido ao CDN;

b) Quando se verifique uma situação de incompatibilidade com o exercício da profissão;

c) Aos membros a quem tenha sido aplicada a sanção disciplinar de suspensão.

3 – A decisão do cancelamento ou suspensão é proferida e notificada ao membro no prazo máximo de vinte dias úteis com indicação expressa da data a partir da qual produz efeitos que é a data do pedido. No caso de a decisão não ser proferida nesse prazo é atribuída eficácia retroativa à data pela qual deveria ter sido deferida a suspensão da inscrição.

4 – O termo de suspensão é levantado:

a) A pedido do interessado que pretenda retomar o exercício da profissão;

b) Após comprovada a cessação da incompatibilidade que lhe deu causa;

c) Após o órgão disciplinar competente da Ordem que determinou a suspensão tiver decidido o levantamento da mesma.

5 – O termo de suspensão mencionado no número anterior fica condicionado ao cumprimento dos deveres estatutários e ao pagamento de taxa nos termos do regulamento próprio.

[41] Neste caso, não se trata apenas de deficiente redacção, mas de ilegalidade: como se viu no artigo 70º, nº 1 do Estatuto da Ordem, não existe a pena disciplinar de demissão.

6 – A reinscrição e o termo de suspensão devem ser acompanhados obrigatoriamente de declaração sob compromisso de honra do interessado de que não se encontra em nenhuma das situações de incompatibilidade previstas no Estatuto.

7 – Efeitos do cancelamento ou suspensão da inscrição:

a) O cancelamento ou a suspensão da inscrição impede o exercício da profissão, a participação na vida institucional da Ordem e o benefício dos serviços prestados por esta aos membros;

b) Com o cancelamento da inscrição o membro deixa de estar sujeito definitivamente à jurisdição disciplinar da Ordem dos Arquitetos;

c) Excetua-se do disposto na alínea anterior, a responsabilidade disciplinar relativamente às infrações praticadas até à data da decisão que ordenou o cancelamento da inscrição;

d) Com o cancelamento ou a suspensão da inscrição cessa a obrigação do pagamento da quota.

Artigo 7º – Competências e recursos

1 – Na apreciação de qualquer requerimento referente ao processo de inscrição na Ordem, serão cumpridos os princípios do Código do Procedimento Administrativo.

2 – Compete ao Conselho Diretivo Nacional:

a) Admitir a inscrição de membro da Ordem e conceder os títulos de especialidade;

b) Conceder o título profissional de arquiteto;

c) Definir as condições de realização periódica do estágio, no âmbito do EOA e do respetivo regulamento;

d) Reconhecer as qualificações profissionais obtidas fora do território nacional nos termos da transposição para a ordem jurídica interna da Diretiva nº 2005/36/CE, do Parlamento Europeu e do Conselho, de 7 de setembro de 2005, para efeito de inscrição de membros ou para o registo de arquitetos em livre prestação de serviços;

e) Aprovar o programa anual de formação e a carga horária no contexto do estágio profissional à Ordem;

f) Aprovar toda a documentação de suporte ao processo de inscrição e estágio;

g) Formular as regras gerais a observar na avaliação do carácter temporário e ocasional da prestação de serviços, conforme o disposto nos nºs 3 e 4 da Lei nº 9/2009, de 4 de março, alterada pelas Leis 41/2012, de 28 de agosto, e 25/2014, de 2 de maio – Transpôs para a ordem jurídica interna a Diretiva nº 2005/36/CE;

h) Formular as orientações sobre a organização e o reconhecimento de estágios profissionais efetuados noutro Estado membro da UE.

3 – Compete aos Conselhos Diretivos Regionais:

a) Instruir e validar os processos de inscrição de membros Estagiários na área da região;

b) Instruir os processos de inscrição de membros profissionalmente estabelecidos na área da região, para decisão do CDN;

c) Organizar o estágio profissional, de acordo com o EOA, o respetivo regulamento e as orientações do CDN;

d) Enviar ao CDN a lista de todos os membros inscritos, para efeitos de registo e concessão do respetivo título profissional;

e) Certificar a inscrição dos membros.

4 – Compete ao Conselho Nacional de Disciplina:

a) Julgar os recursos das deliberações dos CDR que não admitam a inscrição de profissionais na Ordem;

b) Julgar os recursos das deliberações do CDN tomadas ao abrigo da alínea *d*) do nº 2º do presente artigo, que não concedam o registo e a concessão do título profissional.

Artigo 8º – Deveres do Estagiário, Orientador e Entidade de acolhimento

1 – O Membro Estagiário deverá:

a) Desenvolver as atividades propostas pelo orientador no âmbito do estágio;

b) Participar nas ações de formação profissional e nas ações de formação em estatuto e deontologia;

c) Submeter à OA os pedidos de alteração das Entidades de Acolhimento e do Orientador;

d) Apresentar o caderno de candidatura, conforme o artigo 5º do Anexo I, durante o período de estágio e nos prazos estabelecidos no artigo 1º do Anexo I.

2 – O orientador deverá:

a) Elaborar com o Estagiário o Plano de estágio profissional;

b) Acompanhar o Estagiário, ao nível técnico e pedagógico e supervisionar o seu progresso em face dos objetivos inicialmente assumidos;

c) Avaliar, antes da conclusão do estágio, os resultados obtidos pelo Estagiário.

3 – A entidade de acolhimento deverá:

a) Acolher o Estagiário por um período mínimo de 4 meses e proporcionar-lhe um conjunto de atividades consideradas relevantes para o desenvolvimento da sua experiência profissional experimental em domínios relacionados com os atos próprios da profissão de arquiteto nos termos do EOA;

b) Disponibilizar ao Estagiário os meios necessários para o bom desempenho das tarefas atribuídas;

c) Contratar, em benefício do Estagiário, um seguro de acidentes pessoais que cubra os riscos de eventualidades que possam ocorrer durante e por causa das atividades desenvolvidas pelo Estagiário no decurso do estágio.

Artigo 9º – Taxas

A inscrição na Ordem dos Arquitetos, como Membro Estagiário ou Efetivo, a sua suspensão voluntária, ou levantamento da mesma, implica o pagamento das taxas previstas na Tabela de Taxas em vigor.

Artigo 10º – Plataforma eletrónica

Todos os procedimentos descritos no presente regulamento são realizados através da Plataforma eletrónica da Ordem sem prejuízo de, por motivos de indisponibilidade da plataforma eletrónica, poderem ser usados os meios convencionais, designadamente através dos serviços de atendimento nacionais e regionais da Ordem, correio eletrónico ou correio postal registado.

Artigo 11º – Disposições Finais e Transitórias

1 – Com base na avaliação da aplicação do presente regulamento, e até ao limite de quatro anos após a sua entrada em vigor, os CDR apresentarão ao CDN as propostas de alteração que entendam justificadas.

2 – O presente Regulamento entra em vigor no dia seguinte ao da sua publicação no *Diário da República* e no sítio eletrónico da Ordem dos Arquitetos.

3 – Os candidatos cujo processo de inscrição na Ordem esteja em curso à data de entrada em vigor do presente regulamento podem optar por concluir o processo ao abrigo do novo regulamento, desde que, expressamente, o requeiram no prazo de 60 dias após a data de entrada em vigor do presente.

ANEXO I – Inscrição a Estágio Profissional

Artigo 1º – Condições gerais

1 – O Estágio Profissional é constituído por um período de Experiência Profissional Experimental nos atos próprios da profissão, Formação em Estatuto e Deontologia e Formação profissional e tem a duração de 12 meses.

2 – A experiência profissional experimental prevista no estágio é desenvolvida em Entidades de Acolhimento enquadradas na prática dos atos próprios da profissão definidos nos nºs 2 e 3 do artigo 44º do EOA e tem supervisão de um Orientador.

3 – O período de experiência profissional experimental tem a duração de 12 meses, pode ser realizado em períodos mínimos de 4 meses em diferentes entidades e deverá estar concluído num período máximo de 24 meses.

4 – Caso o estágio não seja concluído no período de 24 meses, poderá ser requerida uma prorrogação de 6 meses, findo este período o procedimento ficará extinto.

5 – A suspensão e cessação do estágio estão definidas no nº 7 do artigo 8º do EOA.

6 – A contagem do período de estágio profissional à Ordem tem início a partir da data de validação pelo CDR ou por data indicada por este último, desde que posterior à validação.

7 – O Orientador deve ser membro efetivo da Ordem inscrito há pelo menos 5 anos e no pleno exercício dos seus direitos, não podendo acompanhar mais de 3 estagiários em simultâneo.

8 – O enquadramento, os termos e as condições do estágio são estabelecidas pela legislação nacional aplicável.

9 – Nos casos em que o estágio profissional seja realizado noutro estado membro da UE é aplicável o previsto na Diretiva 2013/55/UE, de 20 de novembro.[42]

Artigo 2º – Inscrição

1 – Para formalizar a inscrição no estágio profissional, o candidato submete através da Plataforma Eletrónica da Ordem ou diretamente nos serviços da Secção Regional da sua área de residência os seguintes elementos:

a) Ficha de Inscrição a Estágio Profissional;

b) 1 Fotografia;

c) Cartão de Cidadão ou documento equivalente;

d) Certificado de formação habilitante no domínio da arquitetura, reconhecida nos termos da legislação portuguesa, conforme disposto no artigo 2º do presente regulamento;

e) Declaração do Orientador;

f) Declaração da Entidade de Acolhimento;

g) Plano de Estágio Profissional;

h) Seguro de acidentes pessoais celebrado entre a Entidade de Acolhimento e o Estagiário;

i) Certificado de estágio profissional emitido pela autoridade competente do Estado membro da UE, quando aplicável.

2 – A aceitação dos pedidos de inscrição implica a instrução e validação pelo respetivo CDR no prazo de 30 dias.

[42] Uma outra imprecisão: como se viu, esta Directiva é uma directiva de alteração à Directiva nº 2005/36/CE.

3 – Para alteração da Entidade de Acolhimento o Estagiário deverá submeter previamente uma nova declaração à Ordem para apreciação e validação.

4 – O candidato deverá proceder ao pagamento das taxas previstas na Tabela de Taxas em vigor.

Artigo 3º – Formação em Estatuto e Deontologia

Os Membros Estagiários devem frequentar e obter aproveitamento, preferencialmente no início do período do estágio profissional, a Formação certificada em Estatuto e Deontologia realizada na Ordem.

Artigo 4º – Formação Profissional

1 – A Formação Profissional prevista no estágio visa permitir o aprofundamento dos conhecimentos técnicos e científicos necessários ao desempenho da profissão e é de frequência obrigatória.

2 – O Programa de Formação Profissional no âmbito do estágio define anualmente os temas e a carga horária de formação a realizar pelos Estagiários.

3 – Os Estagiários podem selecionar, de acordo com os temas de formação do seu interesse, as formações que pretendam realizar.

4 – A Formação Profissional é realizada na Ordem, podendo ser feita em conjunto com outras Entidades de Formação Profissional certificadas, desde que comprovem o cumprimento do programa e da carga horária aprovado anualmente.

5 – A Formação Profissional será concluída com a obtenção dos certificados de formação profissional que perfaçam a carga horária de formação definida no programa anual.

Artigo 5º – Conclusão do Estágio Profissional

1 – Para formalização da conclusão do estágio profissional, o Estagiário deverá entregar o Caderno de Candidatura de registo de atividades e atos próprios realizados durante o período do estágio profissional.

2 – O Caderno de Candidatura é entregue em suporte digital e composto por:

a) Ficha de conclusão do Estágio Profissional;

b) Parecer do Orientador;

c) Declaração da(s) Entidade(s) de Acolhimento;

d) Ficha das Atividades e descrição das competências adquiridas durante o estágio;

e) Certificados da Formação profissional realizada, quando não realizada na OA.

3 – A aceitação do Caderno de Candidatura implica a validação pelo respetivo CDR no prazo de 30 dias.

4 – O Caderno de Candidatura deverá ser validado pelo Orientador.

5 – Os Estagiários com o estágio profissional concluído deverão ser inscritos pelo CDN no prazo máximo de 30 dias após a data de validação do Caderno de Candidatura.

ANEXO II – Estabelecimento de Profissionais de outros Estados

1 – Para formalizar a inscrição a membro efetivo, o profissional legalmente estabelecido noutro estado submete através da Plataforma Eletrónica da Ordem ou diretamente nos serviços da Ordem os seguintes elementos:

a) Ficha de Estabelecimento para Profissionais de outros Estados;

b) 1 Fotografia;

c) Documento de identificação;

d) Título de formação académico no domínio da arquitetura, reconhecido nos termos da legislação portuguesa, conforme disposto no Artigo 2º do presente regulamento.

e) Conforme se aplique:

Comprovativo do registo como arquiteto emitido pela autoridade competente do país de estabelecimento;

Prova do exercício da profissão durante pelo menos 2 anos, no decurso dos 10 anos precedentes.

2 – O candidato deverá proceder ao pagamento das taxas previstas na Tabela de Taxas em vigor.

3 – A aceitação dos pedidos de estabelecimento implica a validação pelo CDN no prazo de 30 dias.

ANEXO III – Livre Prestação de Serviços

1 – Para formalizar a Livre Prestação de Serviços, o profissional submete através da Plataforma Eletrónica da Ordem ou diretamente nos serviços da Ordem os seguintes documentos:

a) Declaração prévia à deslocação do prestador de serviços;

b) Prova de nacionalidade do prestador de serviços;

c) Título de Formação;

d) Certificado da autoridade competente;

e) Prova de experiência profissional – Apenas nos casos em que nem a profissão nem a formação a ela conducente, detida pelo prestador de serviços, estejam regulamentadas no Estado membro de estabelecimento.

2 – A receção da declaração prévia à deslocação do prestador de serviços implica o registo pelo CDN.

3 – Para formalizar a renovação anual da declaração, o profissional submete através da Plataforma Eletrónica da Ordem a Declaração de renovação de Livre prestação de serviços.

4 – O CDN deverá comunicar em 30 dias, a avaliação referida no nº 4 do artigo 5º do presente Regulamento.

5 – A tramitação da livre prestação de serviços ocasional e esporádica não implica o pagamento de taxas.

ANEXO IV – Definições e Abreviaturas

Para efeitos do presente regulamento consideram-se as seguintes definições e abreviaturas:

Atos próprios da profissão – são, designadamente, atos próprios da profissão de arquiteto a elaboração ou apreciação dos estudos, projetos e planos de arquitetura, bem como os demais atos previstos em legislação especial. Para além dos atos próprios reservados, os arquitetos podem, ainda, intervir em estudos, projetos, planos e atividades de consultoria, gestão, fiscalização e direção de obras, planificação, coordenação e avaliação, reportadas à edificação, urbanismo, conceção e desenho do quadro espacial da vida da população, visando a integração harmoniosa das atividades humanas no território, a valorização do património construído e do ambiente;

Autoridade competente – entidade habilitada por um Estado membro da UE para emitir ou receber títulos de formação e outros documentos ou informações, bem como a receber requerimentos e adotar as decisões relativas ao reconhecimento das qualificações profissionais dos arquitetos a que se refere a Lei nº 9/2009, de 04 de março e sucessivas alterações, e a Portaria nº 90/2012 de 30 de março;

Caderno de candidatura – conjunto de documentos em suporte digital elaborados pelo Membro Estagiário, Orientador e Entidades de Acolhimento que registam as atividades realizadas durante o estágio profissional;

Candidato à inscrição como Membro Efetivo – titular de formação habilitante no domínio da arquitetura que pretende a inscrição como membro efetivo da Ordem dos Arquitetos, nos termos deste regulamento;

Diretiva Qualificações Profissionais – Diretiva 2005/36/CE, de 07 de setembro, relativa ao reconhecimento das qualificações profissionais, transposta para a ordem jurídica interna pela Lei nº 9/2009, de 04 de março e sucessivas alterações;

Diretiva Serviços – Diretiva 2006/123/CE, de 12 de dezembro, relativa ao livre acesso e exercício das atividades de serviços no mercado interno europeu, transposta para a ordem jurídica interna pela Lei nº 92/2010, de 26 de julho e sucessivas alterações;

Entidade de Acolhimento – entidade de acolhimento é a pessoa singular ou coletiva, pública ou privada, que desenvolvendo atividades em domínios relacionados com os atos próprios da profissão de arquiteto nos termos do Estatuto, aceita acolher estágios da Ordem e certifica essa aceitação, podendo, nos casos de pessoas singulares, acumular tal responsabilidade com a de orientador;

Estágio Profissional – período de experiência profissional experimental nos atos próprios da profissão, que inclui a formação em Estatuto e Deontologia, a formação Profissional e o aprofundamento dos conhecimentos técnicos e científicos necessários ao desempenho da profissão, nomeadamente aqueles que respeitam aos compromissos assumidos nos termos de responsabilidade por projetos de arquitetura e por outras atividades próprias da profissão de arquiteto;

Experiência profissional – exercício efetivo e lícito dos atos próprios da profissão;

Experiência profissional experimental – período de aquisição de experiência profissional nos atos próprios da profissão realizado em entidade de acolhimento sob a supervisão de um orientador;

Formação habilitante – formação académica que comprove a aquisição dos conhecimentos e competências previstos na Diretiva nº 2005/36/CE do Parlamento Europeu e do Conselho, de 7 de setembro, e no respetivo diploma de transposição;

Livre Prestação de Serviços – prestação de serviços em Portugal de forma ocasional e esporádica, por profissionais legalmente estabelecidos noutro Estado membro da União Europeia ou do Espaço Económico Europeu;

Membro efetivo – titular de formação habilitante no domínio da arquitetura, inscrito na Ordem estando autorizado ao uso do título profissional de arquiteto e a praticar os atos próprios da profissão;

Membro Estagiário – pessoa singular com formação no domínio da arquitetura, reconhecida nos termos legais e no Estatuto da OA, no decurso do estágio;

Orientador de estágio – membro efetivo da Ordem inscrito há pelo menos cinco anos, no pleno exercício dos seus direitos, que assume a orientação e supervisão de estágios;

Plataforma Eletrónica – plataforma que permite o acesso, para procedimentos administrativos, por via eletrónica às autoridades administrativas competentes;

Regime geral de reconhecimento de títulos de formação e experiência profissional – modalidade de reconhecimento ao abrigo da Diretiva Qualificações Profissionais, conforme o disposto na Secção I do Capítulo III da Lei nº 9/2009, de 04 de março e sucessivas alterações;

Título de formação académica – diploma, certificado ou outro título, emitido por uma instituição de ensino superior, que ateste o nível de formação académica obtida;

Título profissional – título atribuído por entidade competente para o efeito, que atesta que o titular está autorizado a exercer os atos próprios da profissão;

Reciprocidade – considera-se a existência de reciprocidade quando definida em tratados e acordos internacionais que vinculem o Estado português ou a Ordem dos Arquitetos;

EA – Entidade de Acolhimento;

CDN – Conselho Diretivo Nacional;

CDR – Conselhos Diretivos Regionais;

EOA – Estatuto da Ordem dos Arquitetos;

UE – União Europeia.

ANEXO V – Documentação

Para Inscrição a Membro efetivo:

1 – Ficha de Inscrição a Estágio Profissional;

2 – Plano de Estágio;

3 – Declaração do Orientador;

4 – Declaração da Entidade de Acolhimento.

Para conclusão e inscrição como Membro efetivo:

5 – Ficha de conclusão do Estágio profissional;

6 – Parecer do Orientador;

7 – Declaração de conclusão da Entidade de Acolhimento;

8 – Ficha de Atividades.

Para Estabelecimento:

9 – Ficha de Estabelecimento para Profissionais de outros Estados.

Para Livre Prestação de serviços:

10 – Declaração prévia à deslocação do prestador de serviços;

11 – Declaração de renovação de Livre prestação de serviços;

Para Cancelamento, Suspensão, Termo de Suspensão e Reinscrição:

12 – Cancelamento ou Suspensão de Inscrição;

13 – Reinscrição ou Termo de suspensão;

14 – Declaração sob compromisso de honra de que não se encontra em nenhuma das situações de incompatibilidade previstas no Estatuto da OA. [43]

[43] Suprimiram-se os catorze modelos que integram este Anexo.

c) Regulamento de Deontologia e Procedimento Disciplinar

Regulamento nº 336/2016[44]

Em cumprimento do nº 2 do artigo 17º da Lei nº 2/2013, de 10 de janeiro, e do artigo 101º do Código do Procedimento Administrativo, o presente Regulamento foi submetido a consulta pública prévia.

Assim, nos termos da alínea *d*) do artigo 19º do Estatuto da Ordem dos Arquitetos, o conselho nacional de delegados aprova o Regulamento de Deontologia e Procedimento Disciplinar:

CAPÍTULO I – Âmbito

Artigo 1º – Âmbito de aplicação

1 – O presente Regulamento aplica-se a todos os membros efetivos da Ordem dos Arquitetos, singulares ou coletivos, bem como a todos os profissionais a que a Ordem reconheça habilitação para a livre prestação de serviço em território nacional, em conformidade com o Estatuto da Ordem dos Arquitetos e com a lei.

2 – As pessoas referidas no número anterior são doravante designadas indiferentemente como arquiteto e arquitetos ou membro e membros.

3 – O Estatuto da Ordem dos Arquitetos, aprovado pelo Decreto-Lei nº 176/98, de 3 de julho e alterado pela Lei nº 113/2015, de 28 de agosto é doravante designado por Estatuto.

[44] Publicado em D.R., 2ª Série, de 30.3.2016.
É suprimido o capítulo III (artigos 16º a 65º) que integra as regras sobre procedimento disciplinar.

CAPÍTULO II – Deontologia do arquiteto

Artigo 2º – Princípios de Deontologia

Independentemente do modo de exercício da profissão e da natureza, pública ou privada, das respetivas funções, o arquiteto deve observar os seguintes princípios deontológicos:

a) Orientar a sua atividade profissional de acordo com os princípios do interesse público, da isenção, da competência e da boa relação com os colegas;

b) Mostrar-se digno das responsabilidades que lhe correspondem;

c) Colocar os seus conhecimentos e a sua criatividade ao serviço do interesse público, mantendo sempre e em quaisquer circunstâncias a maior independência e isenção;

d) Abster-se de exercer qualquer pressão ilegítima sobre a autoridade pública com o objetivo de obter benefícios para o seu trabalho.

Artigo 3º – Enumeração das incompatibilidades

1 – O exercício da arquitetura, para além das situações definidas no nº 5 do artigo 32º e no artigo 53º, ambos do Estatuto, é incompatível com qualquer atividade ou função que ponha em causa a independência e a dignidade do exercício da profissão.

2 – Em caso de dúvida sobre incompatibilidades o arquiteto deve expô-la ao respetivo conselho de disciplina, solicitando orientação.

Artigo 4º – Deveres do arquiteto como servidor do interesse público

Na salvaguarda do interesse público, os arquitetos além dos deveres enumerados no artigo 54º do Estatuto devem:

a) Dar cumprimento efetivo e correto à legislação aplicável;

b) Não usar meios ou expedientes ilegais, nem promover diligências dilatórias prejudiciais ou atentatórias do correto exercício da profissão;

c) Ter em consideração nos seus projetos os fatores sociais relevantes em cada caso;

d) Salvaguardar a economia do processo construtivo nas obras de que é autor ou responsável;

e) Proceder sempre com urbanidade na relação com todas as pessoas e entidades relacionadas com o seu trabalho, usando sempre de boa fé e lealdade.

Artigo 5º – Deveres de isenção

1 – No exercício da sua atividade, para garantia da sua isenção e imparcialidade, o arquiteto além dos deveres enumerados no artigo 55º do Estatuto deve:

a) Não assumir ou aceitar qualquer posição ou cargo em que o interesse privado entre em conflito com o interesse profissional;

b) Não participar na apreciação de projetos que tenha sido responsável pelo projeto de arquitetura;

c) Não fiscalizar obras de que tenha sido responsável pela sua conceção arquitetónica, salvo nas situações em que não seja previsível vir a existirem conflito de interesses;

d) Sempre que deva emitir o seu parecer técnico, nomeadamente no caso de litígio entre dono de obra, construtor e/ou entidade pública, o arquiteto deve agir com imparcialidade, interpretando com justiça as condições dos contratos ou documentos normativos existentes;

e) Quando for chamado a cumprir tarefas de controlo, aconselhamento e julgamento deve abster-se de qualquer atitude arbitrária;

f) Elaborar as decisões e os pareceres profissionais sempre de forma clara e fundamentada;

g) O arquiteto que for proprietário, representante ou beneficiário de qualquer material (de construção, equipamento e patente) suscetível de aplicação em determinada obra, não pode utilizá-lo sem a expressa autorização do cliente ou da entidade para quem presta serviço, nem pode prestar serviços de arquitetura a título gratuito ou manifestamente sub-remunerados;

h) O arquiteto que, dada a natureza das suas funções, se encontre em condições de intervir na apreciação de projetos ou de por qualquer forma influir na sua aprovação, não pode ser parte em quaisquer processos nos quais tenha interesse direto ou indireto, para si próprio ou para favorecer terceiros;

i) Antes de assinar um contrato ou um compromisso profissional, o arquiteto deve verificar se o mesmo contém cláusulas incompatíveis com a sua consciência profissional;

2 – O arquiteto que tenha dúvidas acerca da sua posição deontológica em determinada situação deve solicitar parecer ao respetivo conselho de disciplina.

Artigo 6º – Deveres de competência

1 – No desempenho da sua profissão e na defesa da sua competência e bom nome, o arquiteto além dos deveres enumerados no artigo 56º do Estatuto deve:

a) Não aceitar tarefas ou incumbências que, pelo seu número ou importância, o impeçam de pessoalmente dar assistência a todas elas no cabal desempenho da sua atividade profissional;

b) Adaptar o número e extensão das tarefas ou incumbências que aceita às suas aptidões, conhecimentos, possibilidades de intervenção pessoal e meios que pode utilizar, e às exigências particulares inerentes à sua importância e forma de execução;

c) Abster-se de dar falsas indicações quanto ao seu nível de qualificação ou à eficácia dos meios de que dispõe;

d) Procurar ter um claro conhecimento do desenvolvimento dos seus trabalhos;

e) No desempenho das suas funções, responder sempre em tempo útil à[45] solicitações que lhe sejam feitas por entidades públicas.

2 – O arquiteto que, em virtude da função ou do cargo desempenhados, aprecie planos, projetos e estudos ou influa na sua aprovação deve cumprir rigorosamente as seguintes condições:

a) Exercer o referido cargo com isenção e rigor, e em tempo útil;

b) Abster-se de expedientes dilatórios que constituam prejuízo para colegas e requerentes;

c) Abster-se de indicar aos requerentes meios ilícitos, nomeadamente o recurso ilegítimo a colegas e outros técnicos, com o objetivo de resolver eventuais dificuldades nos respetivos processos de apreciação e aprovação;

d) Prestar aos seus colegas os dados e informações de caráter público e não reservado, necessários ao desenvolvimento do seu trabalho profissional.

Artigo 7º – Deveres do arquiteto para com o cliente ou empregador

Nas suas relações com clientes e empregadores o arquiteto deve observar os seguintes deveres:

a) Não deve aceitar a prestação de serviços profissionais que com o seu conhecimento não resultem da escolha livre e direta do cliente ou empregador;

b) Fundamentar sempre em informações verdadeiras a oferta de serviços a clientes;

c) Qualquer compromisso profissional deve ser objeto de um contrato ou acordo escrito prévio que defina a natureza e o âmbito das funções tarefas ou intervenções a realizar, bem como as regras fundamentais que definam as relações com o cliente ou empregador;

d) Informar o cliente ou empregador sobre todas as condições da sua relação profissional;

e) Proceder sempre com urbanidade no diálogo com o cliente ou empregador, respondendo atempadamente às suas solicitações;

f) Facultar ao seu cliente ou empregador, sempre que solicitado para o efeito, todas as explicações necessárias à completa compreensão e apreciação dos serviços que lhe presta;

g) Dar conta do desempenho da sua atividade ao cliente ou empregador e fornecer-lhe os documentos relativos à mesma, de acordo com o estipulado no contrato;

[45] Assim no original. O presente Regulamento devia ter sido objecto de uma rectificação, que se revela também necessária, por exemplo, nos arts. 10º/7, *a*), 15º/2, *b*) e 82º.

h) Evitar qualquer situação em que interesses privados, mesmo legítimos, possam levá-lo a prejudicar ou preterir os do seu cliente ou empregador.

Artigo 8º – Denúncia de contrato pelo arquiteto

1 – O arquiteto só pode denunciar o contrato que haja assinado com justa causa.

2 – Para efeitos do disposto no número anterior, constituem justa causa, nomeadamente, as seguintes situações:

a) A perda de confiança no arquiteto manifestada de forma inequívoca pelo cliente ou empregador;

b) O aparecimento de uma situação que coloque o arquiteto em conflito de interesses com o cliente ou empregador;

c) O aparecimento de uma situação suscetível de atentar contra a independência do arquiteto;

d) A violação pelo cliente ou empregador de cláusulas do contrato que hajam assinado;

e) Quando o cliente ou empregador pretenda que o arquiteto ignore ou viole a lei;

f) Quando o cliente ou empregador pretenda levar o arquiteto a contrariar a sua consciência profissional;

g) Qualquer facto superveniente não previsível na altura da assinatura do contrato, mas que torne inviável o seu cumprimento por parte do arquiteto.

Artigo 9º – Remuneração do arquiteto

A remuneração do arquiteto deve obedecer às seguintes normas:

a) Ser claramente definida no contrato ou acordo escrito prévio;

b) Ser calculada em função das tarefas que lhe são confiadas, com especificação detalhada dos serviços nela englobados;

c) Ser exclusivamente encargo do cliente ou empregador;

d) Qualquer que seja a forma do exercício profissional, o arquiteto não pode aceitar comissões ou quaisquer outros proventos provenientes de fornecedores, intermediários, construtores ou outros, relacionados com os seus trabalhos;

e) Não deve ser paga qualquer remuneração a um arquiteto que não tenha participado na elaboração de um projeto.

Artigo 10º – Deveres recíprocos dos arquitetos

1 – Nas suas relações recíprocas, os arquitetos além dos deveres enumerados no artigo 57º do Estatuto devem:

a) Ser objetivos nas apreciações que façam aos trabalhos de colegas;

b) Aceitar as apreciações que os colegas façam com objetividade às suas obras;

c) Proceder com a maior lealdade, correção e urbanidade, abstendo-se de qualquer ataque pessoal ou alusão desprimorosa.

2 – Os casos de coautoria devem ser inequívoca e publicamente assumidos, devendo os nomes e títulos de todos os arquitetos que efetivamente participaram na elaboração de um plano, projeto ou estudo e a condição e fases em que o fizeram, serem explicitamente mencionados.

3 – O arquiteto encarregado da direção, fiscalização ou assistência técnica de obras projetadas por outrem, não pode exceder as suas funções, nem autorizar modificações da obra durante a construção, salvo se o autor manifestar a sua concordância.

4 – O arquiteto não pode contrafazer qualquer trabalho nem pode assinar um trabalho em que não haja tido qualquer intervenção.

5 – Na transmissão, substituição, participação ou intervenção em projetos e obras de colegas, o arquiteto encarregado de elaborar ou continuar um trabalho profissional anteriormente acordado com outro colega ou por este iniciado deve obedecer ao disposto no artigo 57º, *b*) do Estatuto e, no caso de a sucessão ser de um colega falecido, deve salvaguardar os legítimos interesses dos seus herdeiros.

6 – O arquiteto está obrigado aos seguintes deveres na intervenção em trabalhos de colegas:

a) O arquiteto encarregado de elaborar um projeto integrado em obra ou parte de obra da autoria de outro colega anteriormente contratado para o efeito só deverá fazê-lo depois de lhe ter comunicado esse facto;

b) Quando nos casos a que se refere a alínea anterior se verificarem dificuldades inultrapassáveis, devem estas ser comunicadas ao respetivo conselho de disciplina, a fim de este órgão tentar conciliar os interesses em conflito.

7 – São considerados atos de concorrência desleal, e como tal proibidos, o previsto no artigo 57º, *c*) do Estatuto e, ainda, os seguintes:

a) Qualquer propósito ou ato que vise denegrir colegas ou de os tentar desacreditar, relativamente a missões que lhes tenham sido confiadas, sem prejuízo da possibilidade de crítica fundamentada e deduzida com urbanidade;

b) Qualquer manobra ou pressão que possa atentar contra a liberdade de escolha de um potencial cliente.

8 – O arquiteto não pode inculcar-se direta ou indiretamente para executar qualquer serviço entregue ou a entregar a colegas.

9 – Ao arquiteto é interdita qualquer forma de apoio aos atos próprios reservados a um colega que se encontre em cumprimento de pena de suspensão.

10 – Os litígios entre arquitetos devem ser apreciados pelos órgãos disciplinares da Ordem antes de serem submetidos às jurisdições judiciais.

11 – Os litígios entre membros de órgãos sociais devem ser solucionados através de arbitragem do competente conselho de disciplina, nos termos definidos no Estatuto e neste Regulamento.

Artigo 11º – Deveres do arquiteto empregador ou responsável hierárquico

1 – Na relação profissional com os respetivos colaboradores, nomeadamente arquitetos, o arquiteto que seja empregador ou responsável hierárquico, na administração central ou local, deve:

a) Atribuir a cada um dos colaboradores tarefas compatíveis com o seu nível de qualificação;

b) Atribuir aos colaboradores remuneração que tenha em conta as funções e responsabilidades por eles assumidas;

c) Quando tiver a colaboração de outros colegas, deverá valorizá-la e respeitar os seus direitos de autor, por forma a contribuir para a promoção profissional dos colaboradores;

d) Emitir, quando solicitado, certificado ou declaração que explicite a natureza da colaboração prestada pelo interessado.

2 – O arquiteto assalariado pode fazer uso das referências ao serviço do empregador atestadas no documento referido na alínea *d*) do número anterior.

Artigo 12º – Deveres do arquiteto assalariado ou subordinado

Na relação profissional do arquiteto assalariado ou subordinado hierárquico com o seu empregador ou superior devem ser respeitadas as seguintes condições:

a) Quando o arquiteto assalariado ou subordinado não puder preencher as suas tarefas nas condições requeridas pelo Estatuto ou pelo presente Regulamento tem o dever de informar o seu empregador ou superior;

b) O arquiteto assalariado ou subordinado que não se julgue suficientemente preparado para o desempenho de qualquer tarefa que lhe seja confiada tem o dever de informar o seu empregador ou superior dessa circunstância.

Artigo 13º – Deveres do arquiteto para com a Ordem

Como membro da Ordem dos Arquitetos, o arquiteto, além dos deveres enumerados no artigo 58º do Estatuto, deve:

a) Pagar pontualmente as quotas nos termos e com as cominações estabelecidas no nº 2 do artigo 7º do Regulamentos de Quotas;

b) Pagar pontualmente outros encargos devidos à Ordem;

c) Mencionar de forma clara e inequívoca os diplomas, certificados ou títulos, nacionais ou estrangeiros, por virtude dos quais está ou pretende estar inscrito na Ordem, bem como outros diplomas, certificados, títulos ou funções de que se possa prevalecer;

d) O arquiteto deve abster-se de participar em concursos ou consultas, como concorrente ou como jurado, cujas condições contrariem o Estatuto ou o presente Regulamento.

Artigo 14º – Segredo profissional e discussão pública de questões profissionais

1 – No exercício da sua profissão o arquiteto encontra-se vinculado a segredo profissional.

2 – O arquiteto não deve, sem consentimento, revelar ou de qualquer forma aproveitar-se, de factos ou interpretações de factos alheios de que tenha tomado conhecimento no desempenho da profissão.

3 – O arquiteto deve abster-se de, sem consentimento, se aproveitar do conhecimento de factos relativos à atividade comercial, industrial, profissional ou artística alheia a que tenha tido acesso no desempenho da sua profissão e provocar deste modo prejuízo a outra pessoa ou entidade.

Artigo 15º – Publicidade

1 – O arquiteto pode oferecer e divulgar os seus serviços profissionais sob qualquer forma de comunicação, sempre dentro das limitações legais existentes.

2 – No caso de divulgação publicitária deverá fazê-lo ou autorizá-lo respeitando as seguintes especificidades:

a) A publicidade só poderá ser de caráter informativo e não persuasivo;

b) Em caso algum se podem estabelecer comparações com outros profissionais ou autorizarem terceiros a fazê-lo;

c) Na divulgação das próprias obras e méritos profissionais, não deve, sem a devida autorização, citar-se a identidade dos clientes, a menos que sejam obviamente públicos e notórios, assim como não se deve divulgar dados que não sejam exclusivamente técnicos ou artísticos;

d) O arquiteto deve abster-se de introduzir na divulgação dos seus serviços qualquer referência direta ou indireta aos honorários, ou aos custos da obra, sem autorização do dono da obra;

e) Quando a mensagem não se difunda em secções, espaços ou suportes especialmente publicitários, deve indicar-se claramente o seu caráter, consignando a esse fim, de modo visível e destacado, a menção "publicidade".

3 – Em caso de dúvida sobre a legitimidade do conteúdo da publicidade ou da autorização dada a terceiros, o arquiteto deve de tal dar conhecimento ao respetivo conselho disciplinar, solicitando orientação.

4 – O disposto nos números anteriores não prejudica:

a) A existência de placas com o nome do autor e outros dados referentes à propriedade artística e intelectual, durante e após a construção;

b) A indicação de cargos académicos, a menção de cargos exercidos na Ordem dos Arquitetos ou a referência à sociedade de profissionais de que o arquiteto seja sócio;

c) As menções incluídas em conferências ou publicações especializadas de arquitetura.

CAPÍTULO III – Procedimento disciplinar

....

CAPÍTULO IV – Arbitragem

SECÇÃO I – Disposições gerais

Artigo 66º – Objeto

O presente capítulo rege a arbitragem a que se referem a alínea *e*) do artigo 23º e a *b*) do nº 1 do artigo 31º do Estatuto.

Artigo 67º – Comissão Arbitral

1 – A arbitragem é realizada por uma comissão arbitral composta por três elementos, nos termos dos artigos seguintes.

2 – As comissões arbitram os conflitos de acordo com as normas jurídicas aplicáveis à Ordem dos Arquitetos, sendo proibido o recurso à equidade.

3 – As comissões de arbitragem possuem poderes para determinar a admissibilidade, pertinência e valor de qualquer prova produzida ou a produzir.

Artigo 68º – Cumulação de pedidos e coligação de partes

A cumulação de pedidos, bem como a coligação de demandantes ou demandados, são admissíveis quando a procedência dos pedidos dependa essencialmente da apreciação dos mesmos factos ou da interpretação e aplicação dos mesmos princípios ou normas de direito.

Artigo 69º – Prova

1 – Pode ser produzida perante a comissão arbitral qualquer prova admitida em direito.

2 – A comissão arbitral pode ouvir oficiosamente quem entender, bem como promover a entrega de documentos em poder das partes ou de terceiros.

Artigo 70º – Infração disciplinar

1 – Quando a comissão arbitral concluir que os litígios sobre os quais recai a sua competência constituem infração disciplinar deve comunicar o facto ao competente conselho de disciplina, com o envio de todo o processado.

2 – Se o conselho de disciplina competente concordar com a comissão arbitral, deve deliberar a instauração de procedimento disciplinar e a consequente extinção da comissão arbitral.

SECÇÃO II – Arbitragem do Conselho de Disciplina Nacional

Artigo 71º – Competência

1 – Podem ser submetidos a decisão arbitral do conselho de disciplina nacional os conflitos entre titulares de órgãos sociais da Ordem derivados de factos praticados ou a praticar no exercício dos respetivos cargos.

2 – Excluem-se da arbitragem os conflitos de competência entre órgãos sociais, que são resolvidos pela assembleia de delegados, nos termos previstos no artigo 19º, nº 1, *g*) do Estatuto.

Artigo 72º – Composição da comissão arbitral

1 – No âmbito do conselho de disciplina nacional, a comissão arbitral é composta por três elementos, todos titulares de cargos nos órgãos sociais da Ordem dos Arquitetos, sendo dois vogais e um presidente.

2 – Cada uma das partes indica um vogal e o presidente é um membro do conselho de disciplina nacional designado por este órgão.

3 – Em caso de pluralidade de pessoas numa ou em ambas as partes, a designação do árbitro de cada uma das partes é conjunta.

4 – Se uma das partes não proceder à indicação de árbitro no prazo de vinte dias após notificação para o efeito, compete ao conselho de disciplina regional da área a que o membro da Ordem pertença escolher um dos seus membros para integrar a comissão arbitral.

5 – Quando uma ou as duas partes sejam membros de órgão nacional, o árbitro a indicar é um titular de cargo num órgão nacional.

6 – Quando uma ou as duas partes sejam membros do conselho de disciplina nacional o presidente da comissão arbitral é o presidente do conselho diretivo nacional.

Artigo 73º – Iniciativa

A iniciativa para o recurso à arbitragem pelo conselho de disciplina nacional pode partir de um ou de todos os membros de órgãos sociais em litígio, bem como, no caso de todos pertencerem ao mesmo órgão, do respetivo presidente.

Artigo 74º – Início

1 – A resolução de litígio através de arbitragem pelo conselho de disciplina nacional inicia-se pela apresentação de requerimento dirigido ao presidente do conselho, que pode ser feita por via eletrónica.

2 – O requerimento deve conter a identificação das partes e do objeto do litígio, com indicação dos factos e das normas que devam ser apreciados pela comissão arbitral, bem como a identificação do árbitro escolhido pela parte.

3 – O requerimento deve ser acompanhado dos meios de prova disponíveis e conter a indicação das testemunhas a inquirir, num máximo de três por cada facto, bem como as diligências que os apresentantes do requerimento entendem dever ser efetuadas.

4 – Quando o requerimento seja apresentado apenas por uma das partes ou pelo presidente do órgão a que pertençam as partes, deve o mesmo ser comunicado de imediato à outra parte para resposta e indicação de árbitro, no prazo de vinte dias.

5 – A notificação prevista no número anterior deve ser feita, sempre que possível, por via eletrónica.

6 – Aplica-se à resposta o disposto no nº 3.

7 – A ausência de resposta não implica a aceitação das alegações da parte requerente.

Artigo 75º – Recusa de árbitro

1 – Decorrido o prazo referido no número anterior, o conselho de disciplina nacional constitui a comissão arbitral e notifica as partes para, no prazo de cinco dias exercerem o direito de recusa de árbitro, por o mesmo se encontrar em qualquer das situações previstas no artigo 27º.[46]

2 – Compete ao conselho de disciplina nacional analisar a recusa de árbitro e manter ou revogar a sua indicação.

3 – Em caso de revogação da indicação, a parte que havia indicado o árbitro dispõe de cinco dias para indicar outro.

Artigo 76º – Tentativa de conciliação

1 – Após a constituição da comissão arbitral, esta agenda uma reunião para efetuar uma tentativa de conciliação entre as partes.

2 – Não se conseguindo a conciliação das partes, a arbitragem prossegue com a apreciação da prova produzida.

[46] Este preceito trata, relativamente ao relator de processo disciplinar, das situações de impedimento.

Artigo 77º – Decisão final

1 – A comissão arbitral deve decidir o litígio no prazo de noventa dias a contar do requerimento a solicitar a arbitragem.

2 – A decisão arbitral deve conter uma descrição sucinta da base factual, probatória e jurídica que a fundamenta.

Artigo 78º – Recurso

Das decisões arbitrais do conselho de disciplina nacional cabe recurso para os tribunais administrativos.

SECÇÃO III – Arbitragem dos Conselhos de Disciplina Regionais

Artigo 79º – Âmbito

Os conselhos de disciplina regionais arbitram os conflitos institucionais entre membros ou entre estes e terceiros, sem prejuízo do disposto na alínea *d*) do artigo 23º do Estatuto.

Artigo 80º – Regime

Aplica-se à arbitragem efetuada pelos conselhos de disciplina regionais as normas aplicáveis à arbitragem realizada pelo conselho de disciplina nacional, com as necessárias adaptações.

Artigo 81º – Recurso

Das decisões arbitrais dos conselhos de disciplina regionais cabe recurso para os tribunais administrativos.

Artigo 82º – Entrada em Vigor

O presente Regulamento entra em vigor no dia seguinte ao da sua publicação no *Diário da República* e no sítio eletrónico da Ordem dos Arquitetos.

Recomendações sobre Ética e Deontologia da U.I.A.[47]

Preâmbulo

Os membros da profissão de arquitecto devem pautar-se pelos mais altos padrões de profissionalismo, integridade e competência, e apresentar um trabalho da melhor qualidade possível; deste modo, enriquecem a sociedade com um conjunto de conhecimentos específicos e únicos, de competências e aptidões essenciais ao desenvolvimento do ambiente construído das suas sociedades e culturas. Os princípios que se enunciam deverão reger a conduta dos arquitectos, preocupados com o cumprimento das suas obrigações, aquando da prestação dos seus serviços. Tais princípios aplicam-se a todas as suas actividades profissionais, onde quer que ocorram. São testemunho das suas responsabilidades para com o público (que a profissão serve e enriquece); para com os clientes e utilizadores da arquitectura e da indústria da construção (que contribuem para configurar o meio ambiente construído); e para com a arte e a ciência da arquitectura (esse contínuo de conhecimentos e criações que constitui património e herança da profissão e da sociedade).

Princípio 1 – Obrigações Gerais

Os arquitectos possuem um conjunto sistematizado de conhecimentos e teorias de arte, ciências e práticas arquitectónicas, adquirido através dos seus estudos, formação prática e experiência. O desenrolar dos estudos de arquitectura, formação e avaliação, é estruturado de forma a assegurar ao público que quando um arquitecto é convidado a prestar os seus serviços, já fez prova de um

[47] Estas Recomendações, a ele publicadas em anexo, integravam o anterior Regulamento de Deontologia, aprovado por Deliberação do Conselho Nacional de Delegados de 9.6.2001 e publicado no nº 103 do então existente boletim oficial da Ordem, *Arquitectos*.

nível que lhe permite responder adequadamente. Os arquitectos têm a obrigação geral de manter e aprofundar os seus conhecimentos das artes e ciências da arquitectura, de respeitar o conjunto do património arquitectónico e contribuir para o seu crescimento e, por último, de fazer prevalecer o seu julgamento íntegro de profissional conhecedor, sobre qualquer outra consideração, na busca do desenvolvimento das artes, ciências e actividades ligadas à arquitectura.

1.1 Regra: os arquitectos devem empenhar-se em aperfeiçoar continuamente os seus conhecimentos e competência profissionais nas áreas que dizem respeito à sua profissão.

1.2 Regra: os arquitectos devem procurar enriquecer continuamente o seu nível de excelência estética, conhecimento, pesquisa, formação prática e prática da sua profissão.

1.3 Regra: os arquitectos devem, de forma adequada, promover as artes relacionadas com a arquitectura e contribuir para o melhoramento dos conhecimentos e capacidades da indústria de construção.

1.4 Regra: os arquitectos devem exercer a sua profissão submetendo-se a processos internos de controlo e verificação do trabalho, adequados e eficazes, e dispor de pessoal qualificado e enquadrado de tal forma que lhes seja possível realizar um trabalho eficiente.

1.5 Regra: nas situações em que um trabalho seja executado por um funcionário ou por qualquer outro indivíduo agindo sob controlo directo de um arquitecto, este deve assegurar que tal indivíduo é competente para tal tarefa e, se necessário, que esta é convenientemente supervisionada.

Princípio 2 – Obrigações para com o Público

Os arquitectos têm, na defesa do interesse público, a obrigação de respeitar o espírito e a letra das leis que regem as suas actividades profissionais, e de se preocuparem profundamente com as consequências sociais e ambientais da sua actividade profissional.

2.1 Regra: os arquitectos devem respeitar e contribuir para conservar os equilíbrios, o meio natural e o património cultural da comunidade onde fazem arquitectura. Estando cientes do efeito das suas intervenções, em relação às preocupações de todos os que irão utilizar ou beneficiar da sua obra, os arquitectos devem empenhar-se na melhoria do meio ambiente, assim como da qualidade de vida e habitat, e isto de modo sustentável.

2.2 Regra: os arquitectos não devem exprimir-se, nem promover a sua pessoa ou os seus serviços, em termos falsos, equívocos ou ilusórios.

2.3 Regra: um gabinete de arquitectura não deve apresentar-se de forma enganosa.

2.4 Regra: os arquitectos devem cumprir a lei, no quadro das suas actividades profissionais.

2.5 Regra: os arquitectos devem ater-se aos códigos deontológicos e de conduta vigentes nos países e jurisdições nos quais prestam ou pretendem prestar serviços profissionais.

2.6 Regra: os arquitectos devem, no quadro da sua profissão, participar nas actividades públicas enquanto cidadãos e profissionais, e promover a sensibilização do público para as questões da arquitectura.

Princípio 3 – Obrigações para com o Cliente

Os arquitectos têm, para com os seus clientes, a obrigação de prestar os seus serviços com consciência e competência e de forma profissional. Devem fazer prova de um julgamento imparcial e isento de preconceitos, tendo em conta as normas técnicas e profissionais a aplicar. O seu juízo profissional e conhecedor deve prevalecer sobre qualquer outra consideração, na sua busca da arte, ciência e prática da arquitectura.

3.1 Regra: os arquitectos apenas devem aceitar projectos para os quais possuam conhecimentos e competência adequados e quando têm garantidos os meios financeiros e técnicos suficientes para cumprir os compromissos com os clientes, a todos os níveis.

3.2 Regra: os arquitectos devem realizar o seu trabalho profissional de forma talentosa, cuidadosa e diligente.

3.3 Regra: os arquitectos devem executar seu trabalho sem atrasos injustificados e, na medida do possível, dentro de um prazo de tempo conforme ao acordado.

3.4 Regra: os arquitectos devem informar regularmente os seus clientes do progresso dos trabalhos realizados em seu nome e de quaisquer questões que possam afectar a qualidade ou custo dos trabalhos.

3.5 Regra: os arquitectos devem assumir a responsabilidade pelas orientações independentes dadas aos seus clientes e prestar serviços apenas quando estiverem qualificados para tal pelos seus estudos, formação prática ou experiência nas áreas específicas envolvidas (o mesmo para aqueles que contratam a titulo de consultores).

3.6 Regra: os arquitectos não devem iniciar um projecto a menos que as partes envolvidas tenham claramente acordado por escrito os termos da contratação, nomeadamente quanto à:

> natureza dos serviços;
> distribuição de responsabilidades;
> qualquer limitação eventual de responsabilidades;
> honorários ou método pelo qual serão calculados;
> condições de rescisão contratual.

3.7 Regra: os arquitectos serão unicamente remunerados através de honorários ou vencimentos especificados num contrato escrito de prestação de serviços ou de emprego.

3.8 Regra: os arquitectos não oferecerão nenhuma compensação para serem contratados.

3.9 Regra: os arquitectos devem respeitar o carácter confidencial dos negócios dos seus clientes e não divulgarão informações confidenciais sem o seu consentimento prévio ou ordem dos poderes públicos (por exemplo, quando as informações são ordenadas por um tribunal).

3.10 Regra: os arquitectos devem informar os clientes, proprietários ou empreiteiros, de quaisquer circunstancias significativas que possam ser interpretadas como um conflito de interesses, devendo assegurar que um tal conflito não compromete os interesses legítimos de tais indivíduos ou impede o seu próprio dever de julgar imparcialmente a execução de contratos realizados por outros.

Princípio 4 – Obrigações para com a Profissão

Os arquitectos têm a obrigação de defender a integridade e dignidade da profissão, e em todas as circunstâncias conduzir-se de modo a respeitar os direitos e interesses legítimos de terceiros.

4.1 Regra: os arquitectos devem realizar as suas actividades profissionais com honestidade e lealdade.

4.2 Regra: um arquitecto não deve associar-se nem co-dirigir um projecto com uma pessoa indesejável como, por exemplo, alguém cujo nome tenha sido banido de qualquer registo de arquitectos (a não ser a pedido da própria) ou que tenha sido destituída de uma organização de arquitectos reconhecida.

4.3 Regra: os arquitectos devem empenhar-se, na sua acção, em promover a dignidade e integridade da profissão. Devem garantir também que os seus representantes e funcionários se conduzem do mesmo modo, de forma a evitar que nenhum acto ou conduta afecte a confiança daqueles para os quais ou com os quais trabalham; devem, por último, esforçar-se para que aqueles que estão em contacto com os arquitectos sejam protegidos contra todas as declarações falsas e enganadoras, fraudes ou falácias.

4.4 Regra: os arquitectos esforçar-se-ão, na medida das suas possibilidades, por contribuir para o desenvolvimento do conhecimento, da cultura e da formação em arquitectura.

Princípio 5 – Obrigações para com os Colegas

Os arquitectos devem respeitar os direitos e reconhecer as aspirações e contribuições profissionais dos seus colegas, assim como as contribuições para o seu trabalho trazidas por outros.

5.1 Regra: os arquitectos não devem fazer discriminação com base na raça, religião, incapacidade física, estado civil ou sexo.

5.2 Regra: os arquitectos não devem apropriar-se indevidamente das ideias de outro arquitecto, nem utilizá-las, sem autorização expressa.

5.3 Regra: quando propõem os seus serviços os arquitectos não devem indicar honorários, a menos que isso lhes seja solicitado. Devem dispor de informações suficientes sobre a natureza e dimensão do projecto, antes de fazerem uma proposta de honorários, a qual deve precisar claramente o âmbito dos serviços a prestar. Tal atitude visa proteger o cliente e a sociedade de arquitectos pouco escrupulosos que apresentem estimativas de preço insuficientes.

5.4 Regra: ao oferecer os seus serviços como consultores independentes, os arquitectos não devem diminuir os seus honorários em função de honorários apresentados por outros arquitectos para o mesmo trabalho, isto para proteger o cliente e a sociedade de arquitectos pouco escrupulosos que apresentem estimativas de preço insuficientes.

5.5 Regra: os arquitectos não devem tentar tomar o lugar de outro arquitecto numa tarefa profissional.

5.6 Regra: os arquitectos não devem participar em quaisquer concursos de arquitectura declarados inaceitáveis pela UIA ou pelas suas secções nacionais.

5.7 Regra: os arquitectos, quando designados para júris de um concurso de arquitectura, não devem participar no projecto a concurso seja a que título for.

5.8 Regra: os arquitectos não devem denegrir o trabalho de outro arquitecto nem tentar desacreditá-lo.

5.9 Regra: quando um arquitecto é solicitado para a realização de um projecto (ou para qualquer outro trabalho profissional) e sabe, ou se pode legitimamente presumir que possa saber, que um outro arquitecto já foi contratado para o mesmo projecto ou trabalho profissional, deve avisar este último.

5.10 Regra: quando um arquitecto é designado ou lhe é pedida outra opinião sobre o trabalho de outro arquitecto, deve avisar este último, a menos que possa ser provado que isso seria prejudicial a quaisquer processos litigiosos que decorram ou venham a decorrer.

5.11 Regra: os arquitectos devem proporcionar aos seus associados e funcionários um ambiente de trabalho adequado, assim como os devem remunerar convenientemente e contribuir para o seu desenvolvimento profissional.

5.12 Regra: os arquitectos devem certificar-se que as suas finanças pessoais e profissionais são geridas de forma legal e prudente.

5.13 Regra: os arquitectos devem construir a sua reputação profissional a partir dos méritos dos seus serviços e desempenho, e devem reconhecer e prestar homenagem ao trabalho dos seus colegas.

3. Exercício da arquitectura na União Europeia

a) Reconhecimento das qualificações profissionais

Directiva nº 2005/36/CE, do Parlamento e do Conselho, de 7 de Setembro [48] [49]

DIRECTIVA 2005/36/CE DO PARLAMENTO EUROPEU E DO CONSELHO, de 7 de Setembro de 2005, relativa ao reconhecimento das qualificações profissionais (Texto relevante para efeitos do EEE)

O PARLAMENTO EUROPEU E O CONSELHO DA UNIÃO EUROPEIA,

Tendo em conta o Tratado que institui a Comunidade Europeia, nomeadamente o artigo 40º, o nº 1 do artigo 47º , o primeiro e terceiro períodos do nº 2 do artigo 47º e o artigo 55º,

Tendo em conta a proposta da Comissão,

Tendo em conta o parecer do Comité Económico e Social Europeu,

Deliberando nos termos do artigo 251º do Tratado,

Considerando o seguinte:

(1) Por força da alínea *c*) do nº 1 do artigo 3º do Tratado, a abolição dos obstáculos à livre circulação de pessoas e serviços entre os Estados-Membros constitui um dos objetivos da Comunidade. Para os nacionais dos Estados-Membros,

[48] No Capítulo III, incluíram-se apenas a Secção 1 (com disposições gerais) e a Secção 8, relativa aos arquitectos. Suprimiu-se o novo capítulo III-A, por não aplicável a profissões sujeitas ao reconhecimento automático [nos termos do artigo 49º-A, nº 2, al. *d*)]. Suprimem-se também as notas da própria Directiva.

Nos Anexos, para além do que diz respeito aos arquitectos com cursos portugueses, manteve-se apenas a referência aos engenheiros civis constante da primeira lista do Anexo IV.

[49] A última versão consolidada, aqui reproduzida, data de 24.5.2016, subsequentemente à última alteração, introduzida pela Decisão Delegada (EU) 2016/790.

a referida abolição comporta, designadamente, o direito de exercer uma profissão, por conta própria ou por conta de outrem, num Estado-Membro diferente daquele em que tenham adquirido as suas qualificações profissionais. Por outro lado, o nº 1 do artigo 47º do Tratado prevê a aprovação de diretivas que visem o reconhecimento mútuo de diplomas, certificados e outros títulos.

(2) Na sequência do Conselho Europeu de Lisboa, de 23 e 24 de Março de 2000, a Comissão aprovou uma comunicação sobre «Uma estratégia do mercado interno para os serviços», tendo por objetivo, em especial, tornar a livre prestação de serviços no interior da Comunidade tão fácil como no interior de um Estado-Membro. No seguimento da comunicação da Comissão intitulada «Novos mercados de trabalho europeus, abertos a todos, acessíveis a todos», o Conselho Europeu de Estocolmo, de 23 e 24 de Março de 2001, mandatou a Comissão para apresentar ao Conselho Europeu da Primavera de 2002 propostas específicas relativas a um regime de reconhecimento de qualificações mais uniforme, transparente e flexível.

(3) A garantia conferida pela presente diretiva às pessoas que tenham adquirido as suas qualificações profissionais num Estado-Membro para acederem à mesma profissão e a exercerem noutro Estado-Membro, com os mesmos direitos que os nacionais desse Estado, não obsta a que o profissional migrante respeite eventuais condições de exercício não discriminatórias que possam ser impostas por este último Estado-Membro, desde que essas condições sejam objetivamente justificadas e proporcionadas.

(4) A fim de facilitar a livre prestação de serviços, convém prever regras específicas com vista ao alargamento da possibilidade de exercer atividades profissionais ao abrigo do título profissional de origem. No caso dos serviços da sociedade da informação prestados à distância, deve igualmente aplicar-se o disposto na Diretiva 2000/31/CE do Parlamento Europeu e do Conselho, de 8 de Junho de 2000, relativa a certos aspetos legais dos serviços da sociedade da informação, em especial do comércio eletrónico, no mercado interno.

(5) Atendendo aos diferentes regimes instaurados, por um lado, para a prestação de serviços além-fronteiras a título temporário ou ocasional e, por outro, para o estabelecimento, convém precisar os critérios de distinção entre estes dois conceitos em caso de deslocação do prestador de serviços ao território do Estado-Membro de acolhimento.

(6) A facilitação da prestação de serviços tem de ser assegurada no contexto do rigoroso respeito da saúde e segurança públicas e da defesa dos consumidores. Por conseguinte, é necessário prever disposições específicas para as profissões regulamentadas que tenham impacto na saúde ou segurança públicas e que prestem serviços além-fronteiras a título temporário ou ocasional.

(7) Se necessário, e nos termos da legislação comunitária, o Estado-Membro de acolhimento poderá prever requisitos em matéria de declaração. Estes requisitos não deverão constituir um ónus desproporcionado para os prestadores de serviços ou entravar ou tornar menos atrativo o exercício da liberdade de prestação de serviços. A necessidade desses requisitos deve ser revista periodicamente à luz do progresso realizado na instituição de um quadro comunitário de cooperação administrativa entre Estados-Membros.

(8) O prestador de serviços deve estar sujeito à aplicação das regras disciplinares do Estado-Membro de acolhimento relacionadas direta e especificamente com as qualificações profissionais, designadamente as que dizem respeito à definição das profissões, ao leque de atividades abrangidas por uma profissão ou a ela reservado e ao uso de títulos, bem como aos erros profissionais graves direta e especificamente relacionados com a defesa e segurança do consumidor.

(9) No que se refere à liberdade de estabelecimento, sem deixar de manter os princípios e as garantias subjacentes aos diferentes sistemas de reconhecimento em vigor, as regras destes sistemas deveriam ser melhoradas à luz da experiência. Além disso, as diretivas pertinentes foram alteradas por diversas vezes, sendo necessária uma reorganização, bem como uma racionalização do que nelas se encontra disposto através da uniformização dos princípios aplicáveis. Para tal, é necessário substituir as Diretivas 89/48/CEE e 92/51/CEE do Conselho, assim como a Diretiva 1999/42/CE do Parlamento Europeu e do Conselho, relativas ao sistema geral de reconhecimento das qualificações profissionais, e as Diretivas 77/452/CEE, 77/453/CEE, 78/686/CEE, 78/687/CEE, 78/1026/CEE, 78/1027/CEE, 80/154/CEE, 80/155/CEE, 85/384/CEE, 85/432/ /CEE, 85/433/CEE e 93/16/CEE do Conselho, relativas às profissões de enfermeiro responsável por cuidados gerais, dentista, veterinário, parteira, arquiteto, farmacêutico e médico, reunindo-as num único texto.[50]

(10) A presente diretiva não constitui obstáculo à possibilidade de os Estados-Membros reconhecerem, de acordo com a sua legislação, as qualificações profissionais obtidas fora do território da União Europeia por nacionais de países terceiros. Todo o reconhecimento deverá fazer-se, de qualquer forma, respeitando as condições mínimas de formação, para determinadas profissões.

(11) Relativamente às profissões abrangidas pelo regime geral de reconhecimento dos títulos de formação, a seguir denominado «regime geral», os Estados-Membros devem conservar a faculdade de fixar o nível mínimo de qualificações necessário para garantir a qualidade dos serviços prestados no respetivo território. Todavia, por força dos artigos 10º, 39º e 43º do Tratado, não deveriam exigir que um nacional de um Estado-Membro adquira qualificações, geralmente

[50] A Directiva 85/384/CEE, de 10 de Junho de 1985, era a "Directiva Arquitectos".

determinadas pelos Estados-Membros unicamente por referência aos diplomas existentes no âmbito do respetivo sistema nacional de ensino, se o interessado já tiver adquirido a totalidade ou parte dessas qualificações noutro Estado-Membro. Por conseguinte, é conveniente estabelecer que todos os Estados-Membros de acolhimento em que uma profissão esteja regulamentada tomem em conta as qualificações adquiridas noutro Estado-Membro e avaliem se elas correspondem às que eles próprios exigem. Esse regime geral de reconhecimento não impede, contudo, que um Estado-Membro imponha, a qualquer pessoa que exerça uma profissão nesse mesmo Estado-Membro, exigências específicas decorrentes da aplicação das normas profissionais justificadas pelo interesse geral. Estas consistem, nomeadamente, em regras referentes à organização da profissão, em normas profissionais, incluindo normas deontológicas, e em regras de controlo e de responsabilidade. Por último, a presente diretiva não visa colidir com o interesse legítimo dos Estados-Membros de obstarem a que alguns dos seus cidadãos se possam furtar à aplicação da legislação nacional em matéria profissional.

(12) A presente diretiva abrange o reconhecimento pelos Estados-Membros de qualificações profissionais adquiridas noutros Estados-Membros. No entanto, não abrange o reconhecimento pelos Estados-Membros das decisões de reconhecimento tomadas por outros Estados-Membros por força da presente diretiva. Por conseguinte, um indivíduo que possua qualificações profissionais reconhecidas nos termos da presente diretiva não pode fazer valer esse reconhecimento a fim de obter no seu Estado-Membro de origem direitos diferentes dos conferidos pela qualificação profissional obtida nesse Estado-Membro, a não ser que demonstre ter obtido qualificações profissionais suplementares no Estado-Membro de acolhimento.

(13) A fim de definir o mecanismo de reconhecimento de acordo com o sistema geral, é necessário agrupar os diversos sistemas nacionais de educação e formação em níveis diferentes. Estes níveis, que são estabelecidos unicamente com o objetivo do funcionamento do sistema geral, não produzem efeitos relativamente às estruturas nacionais de educação e formação nem à competência dos Estados-Membros na matéria.

(14) O mecanismo de reconhecimento estabelecido pelas Diretivas 89/48/CEE e 92/51/CEE mantém-se inalterado. Por conseguinte, deveria ser facultado ao titular de um diploma que sancione uma formação de nível pós-secundário com uma duração mínima de um ano o acesso a uma profissão regulamentada num Estado-Membro em que esse acesso esteja condicionado à posse de um diploma que sancione a conclusão de um curso superior ou universitário com uma duração de quatro anos, independentemente do nível do diploma exigido no Estado-Membro de acolhimento. Pelo contrário, no caso de o acesso a uma profissão regulamentada estar condicionado à conclusão de um curso superior

ou universitário com uma duração de mais de quatro anos, tal acesso deve ser facultado unicamente aos detentores de um diploma que sancione a conclusão de um curso superior ou universitário com uma duração mínima de três anos.

(15) Na ausência de harmonização das condições mínimas de formação para aceder às profissões regidas pelo regime geral, deve ser prevista a possibilidade de o Estado-Membro de acolhimento impor medidas de compensação. Essas medidas deverão ser proporcionadas e atender, nomeadamente, à experiência profissional do requerente. A experiência mostra que a exigência de uma prova de aptidão ou de um estágio de adaptação, à escolha do migrante, oferece garantias adequadas quanto ao nível de qualificação deste último, pelo que qualquer derrogação a essa escolha deverá ser justificada, caso a caso, por uma razão imperiosa de interesse geral.

(16) A fim de promover a livre circulação dos profissionais, sem deixar de garantir um nível adequado de qualificações, diversas associações e organizações profissionais ou Estados-Membros deveriam poder propor plataformas comuns a nível europeu. A presente diretiva deve ter em conta essas iniciativas, sob certas condições e no respeito da competência dos Estados-Membros para determinarem as qualificações exigidas para o exercício das profissões no seu território, bem como o conteúdo e a organização dos respetivos sistemas de ensino e de formação profissional, no respeito da legislação comunitária, designadamente em matéria de concorrência, privilegiando ao mesmo tempo, neste contexto, um reconhecimento de carácter mais automático no âmbito do regime geral. As associações profissionais que estejam em condições de apresentar plataformas comuns devem ser representativas a nível nacional e europeu. Uma plataforma comum é um conjunto de critérios que permitem reduzir o maior número de diferenças substanciais que tenham sido identificadas entre os requisitos das formações ministradas em pelo menos dois terços dos Estados-Membros, incluindo todos os Estados que regulamentem essa profissão. Estes critérios poderão, por exemplo, incluir requisitos tais como uma formação complementar, um estágio de adaptação sob a responsabilidade de um profissional qualificado, uma prova de aptidão, um determinado nível mínimo de experiência profissional, ou combinações dos mesmos.

(17) A fim de atender a todas as situações para as quais não existe ainda nenhuma disposição sobre o reconhecimento das qualificações profissionais, o regime geral deve ser alargado aos casos não cobertos por um regime específico, quer quando a profissão em causa não se encontre abrangida por um destes regimes, quer quando, embora esteja abrangida por um regime específico, o requerente não reúna, por uma qualquer razão específica e excecional, as condições para beneficiar desse regime.

(18) É necessário simplificar as regras que permitem aceder a um certo número de atividades industriais, comerciais e artesanais nos Estados-Membros em que as profissões em causa estejam regulamentadas, desde que essas atividades tenham sido exercidas noutro Estado-Membro durante um período razoável e suficientemente recente, mantendo simultaneamente para as referidas atividades um regime de reconhecimento automático baseado na experiência profissional.

(19) A livre circulação e o reconhecimento mútuo dos títulos de formação de médicos, enfermeiros responsáveis por cuidados gerais, dentistas, veterinários, parteiras, farmacêuticos e arquitetos deve assentar no princípio fundamental do reconhecimento automático dos títulos de formação, com base na coordenação das condições mínimas de formação. Além disso, o acesso nos Estados-Membros às profissões de médico, enfermeiro responsável por cuidados gerais, dentista, veterinário, parteira e farmacêutico deveria depender da posse de um determinado título de formação comprovativo de que o interessado obteve uma formação que corresponde às condições mínimas estabelecidas. Este sistema deve ser completado por uma série de direitos adquiridos de que os profissionais qualificados beneficiem em determinadas condições.

(20) A fim de ter em conta as características únicas das qualificações dos médicos e dos dentistas, bem como o correspondente acervo comunitário em matéria de reconhecimento automático, justifica-se a aplicação do princípio do reconhecimento automático às especializações médicas e dentárias comuns a, pelo menos, dois Estados-Membros. Em contrapartida, no intuito de simplificar o regime, a extensão do reconhecimento automático a novas especializações médicas após a data de entrada em vigor da presente diretiva deve limitar-se às especializações comuns a, pelo menos, dois quintos dos Estados-Membros. Por outro lado, a presente diretiva não obsta a que os Estados-Membros possam acordar entre si, relativamente a certas especializações médicas e dentárias comuns e que não sejam objeto de reconhecimento automático na aceção da presente diretiva, um reconhecimento automático regido pelas suas próprias regras.

(21) O reconhecimento automático dos títulos de formação médica de base não deve prejudicar a competência dos Estados-Membros para associarem ou não este título com o exercício de uma atividade profissional

(22) Todos os Estados-Membros devem aceitar a profissão de dentista como profissão específica e distinta da de médico, especializado ou não em odonto-estomatologia, e assegurar que a formação de dentista confira a competência necessária para exercer o conjunto das atividades de prevenção, de diagnóstico e de tratamento das anomalias e doenças dos dentes, da boca, dos maxilares e dos tecidos adjacentes. A atividade profissional de dentista deve ser exercida pelos detentores do título de formação de dentista referido na presente diretiva.

(23) Não se afigurou desejável impor uma via de formação unificada para as parteiras de todos os Estados-Membros. Convém, pelo contrário, deixar a estes últimos o máximo de liberdade na organização dessa formação.

(24) No intuito de simplificar a presente diretiva, importa ter como referência o conceito de «farmacêutico», a fim de delimitar o âmbito de aplicação das disposições relativas ao reconhecimento automático dos respetivos títulos de formação, sem prejuízo da especificidade das regulamentações nacionais que regem estas atividades.

(25) Os detentores de títulos de formação de farmacêutico são especialistas no domínio dos medicamentos e devem em princípio ter acesso, em todos os Estados-Membros, a uma área mínima de atividades neste domínio. Ao definir essa área mínima, a presente diretiva não deve ter como efeito limitar as atividades acessíveis aos farmacêuticos nos Estados-Membros, designadamente no que se refere às análises de biologia clínica, nem criar um monopólio em benefício destes profissionais, já que isto constitui matéria da competência exclusiva dos Estados-Membros. O disposto na presente diretiva não impede os Estados-Membros de imporem condições de formação complementares para o acesso a atividades não incluídas na área mínima de atividades coordenada. Deste modo, o Estado-Membro de acolhimento deverá poder impor essas condições aos nacionais detentores de títulos de formação que sejam objeto de reconhecimento automático nos termos da presente diretiva.

(26) A presente diretiva não assegura a coordenação de todas as condições de acesso às atividades do domínio farmacêutico e do seu exercício. Nomeadamente, a repartição geográfica das farmácias e o monopólio de distribuição de medicamentos devem continuar a ser matéria da competência dos Estados-Membros. A presente diretiva em nada altera as disposições legislativas, regulamentares e administrativas dos Estados-Membros que proíbem às sociedades o exercício de determinadas atividades de farmácia ou o sujeitam a determinadas condições.

(27) A criação arquitetónica, a qualidade das construções, a sua inserção harmoniosa no ambiente circundante, o respeito pelas paisagens naturais e urbanas, bem como pelo património coletivo e privado, são questões de interesse público. Por conseguinte, o reconhecimento mútuo dos títulos de formação deverá basear-se em critérios qualitativos e quantitativos que garantam que os detentores dos títulos de formação reconhecidos estejam aptos a compreender e traduzir as necessidades dos indivíduos, dos grupos sociais e das coletividades em matéria de organização do espaço, de conceção, organização e realização das construções, de conservação e valorização do património arquitetónico e de proteção dos equilíbrios naturais.

(28) As regulamentações nacionais no domínio da arquitetura relativas ao acesso às atividades profissionais de arquiteto e ao seu exercício têm um alcance muito variado. Na maioria dos Estados-Membros, as atividades do domínio da arquitetura são exercidas, de direito ou de facto, por pessoas que possuem o título de arquiteto, acompanhado ou não de outro título, sem por isso beneficiarem de um monopólio de exercício dessas atividades, salvo disposições legislativas em contrário. As referidas atividades, ou algumas delas, poderão igualmente ser exercidas por outros profissionais, nomeadamente engenheiros que tenham recebido uma formação específica no domínio da construção ou da arte de construir. No intuito de simplificar a presente diretiva, importa ter como referência o conceito de «arquiteto», a fim de delimitar o âmbito de aplicação das disposições relativas ao reconhecimento automático dos títulos de formação no domínio da arquitetura, sem prejuízo da especificidade das regulamentações nacionais que regem estas atividades.

(29) No caso de uma organização ou associação profissional a nível europeu inerente a uma profissão regulamentada requerer um regime específico de reconhecimento das qualificações com base em condições mínimas de formação coordenadas, a Comissão deverá avaliar a oportunidade de adotar uma proposta de alteração da presente diretiva.

(30) Para garantir a eficácia do regime de reconhecimento das qualificações profissionais, é necessário definir formalidades e regras processuais uniformes para a sua aplicação, assim como certos aspetos do exercício da profissão.

(31) Dado que a colaboração entre os Estados-Membros, e entre estes e a Comissão, pode facilitar a aplicação da presente diretiva e o respeito pelas obrigações dela decorrentes, há que organizar os meios para essa colaboração.

(32) A criação a nível europeu de carteiras profissionais a emitir por associações ou organizações profissionais poderá facilitar a mobilidade dos profissionais, acelerando, em particular, a troca de informações entre o Estado-Membro de acolhimento e o Estado-Membro de origem. Esta carteira possibilitará o acompanhamento da carreira dos profissionais que se estabeleçam em vários Estados-Membros. As carteiras poderão conter informações, sem prejuízo das disposições relativas à proteção de dados pessoais, sobre as qualificações profissionais do respetivo titular (universidade ou estabelecimento de ensino frequentados, qualificações, experiência profissional), o registo do seu estabelecimento, as sanções eventualmente impostas a nível profissional e outros pormenores fornecidos pela autoridade competente.

(33) A criação de uma rede de pontos de contacto que tenha por missão fornecer aos cidadãos dos Estados-Membros informações e assistência permitirá assegurar a transparência do sistema de reconhecimento. Esses pontos de contacto fornecerão a qualquer cidadão que o solicite, bem como à Comissão,

todas as informações e endereços relevantes para o processo de reconhecimento. A designação de um ponto de contacto único por Estado-Membro, no âmbito dessa rede, não afeta a organização de competências a nível nacional. Em especial, não impede a designação de vários serviços a nível nacional, ficando o ponto de contacto designado no âmbito da referida rede encarregado de se articular com os outros serviços e de fornecer aos cidadãos, sempre que necessário, informações pormenorizadas sobre os serviços competentes na matéria.

(34) A gestão dos diferentes regimes de reconhecimento criados pelas diretivas sectoriais e pelo regime geral revelou-se trabalhosa e complexa. Torna-se, pois, necessário simplificar a gestão e a atualização da presente diretiva para atender ao progresso científico e técnico, em especial nos casos em que as condições mínimas de formação sejam coordenadas com vista ao reconhecimento automático dos títulos de formação. Para o efeito, é necessário instituir um comité único de reconhecimento das qualificações profissionais e garantir uma participação adequada dos representantes das organizações profissionais, incluindo ao nível europeu.

(35) As medidas necessárias à execução da presente diretiva devem ser adotadas nos termos da Decisão 1999/468/CE do Conselho, de 28 de Junho de 1999, que fixa as regras de exercício das competências de execução atribuídas à Comissão.

(36) A elaboração pelos Estados-Membros de relatórios periódicos sobre a aplicação da presente diretiva, que inclua dados estatísticos, permitirá determinar o impacto do sistema de reconhecimento das qualificações profissionais.

(37) Há que prever um procedimento apropriado para a adoção de medidas temporárias caso a aplicação de qualquer disposição da presente diretiva venha a apresentar dificuldades significativas num Estado-Membro.

(38) O disposto na presente diretiva não afeta a competência dos Estados-Membros no que se refere à organização dos respetivos regimes nacionais de segurança social e à determinação das atividades que devem ser exercidas no âmbito desses regimes.

(39) Tendo em consideração a rapidez da evolução tecnológica e do progresso científico, a aprendizagem ao longo da vida reveste-se de uma importância especial para um grande número de profissões. Neste contexto, cabe aos Estados-Membros aprovar as modalidades segundo as quais, graças a uma formação contínua adequada, os profissionais se manterão informados dos progressos técnicos e científicos.

(40) Dado que os objetivos da presente diretiva, designadamente a racionalização, simplificação e o melhoramento das regras relativas ao reconhecimento das qualificações profissionais, não podem ser suficientemente realizados pelos Estados-Membros, podendo pois ser melhor alcançados a nível comunitário, a

Comunidade pode adotar medidas, em conformidade com o princípio da subsidiariedade, tal como se encontra estabelecido no artigo 5º do Tratado. De acordo com o princípio da proporcionalidade estabelecido no mesmo artigo, a presente diretiva limita-se ao mínimo exigido para alcançar esses objetivos.

(41) A presente diretiva não prejudica a aplicação do nº 4 do artigo 39º e do artigo 45º do Tratado, designadamente no que diz respeito aos notários.

(42) Relativamente ao direito de estabelecimento e à prestação de serviços, a presente diretiva é aplicável sem prejuízo de outras disposições legais específicas em matéria de reconhecimento das qualificações profissionais, tais como as existentes no domínio dos transportes, dos mediadores de seguros e dos revisores oficiais de contas. A presente diretiva não afeta a aplicação da Diretiva 77/249/CEE do Conselho, de 22 de Março de 1977, tendente a facilitar o exercício efetivo da livre prestação de serviços pelos advogados, nem da Diretiva 98/5/ /CE do Parlamento Europeu e do Conselho, de 16 de Fevereiro de 1998, tendente a facilitar o exercício permanente da profissão de advogado num Estado-Membro diferente daquele em que foi adquirida a qualificação profissional. O reconhecimento das qualificações profissionais dos advogados, para efeitos de estabelecimento imediato ao abrigo do título profissional do Estado-Membro de acolhimento, deverá ser abrangido pela presente diretiva.

(43) Na medida em que se trata de profissões regulamentadas, a presente diretiva abrange igualmente as profissões liberais que são, nos termos da presente diretiva, as exercidas com base em qualificações profissionais específicas, a título pessoal, sob responsabilidade própria e de forma independente por profissionais que prestam serviços de carácter intelectual, no interesse dos clientes e do público em geral. De acordo com o Tratado, o exercício da profissão pode estar sujeito nos Estados-Membros a obrigações legais específicas, decorrentes da legislação nacional e das normas autonomamente criadas pela respetiva representação profissional, garantindo e desenvolvendo o profissionalismo, a qualidade do serviço e a confidencialidade das relações com os clientes.

(44) A presente diretiva não prejudica as medidas necessárias para assegurar um elevado nível de proteção da saúde e de defesa do consumidor,

ADOPTARAM A PRESENTE DIRECTIVA:

TÍTULO I – Disposições Gerais

Artigo 1º – Objeto

A presente diretiva estabelece as regras segundo as quais um Estado-Membro que subordina o acesso a uma profissão regulamentada ou o respetivo exercício no seu território à posse de determinadas qualificações profissionais (adiante denominado «Estado-Membro de acolhimento») reconhece, para o acesso a essa profissão e para o seu exercício, as qualificações profissionais adquiridas noutro ou em vários outros Estados-Membros (adiante denominados «Estado-Membro de origem») que permitem ao seu titular nele exercer a mesma profissão.

A presente diretiva estabelece também as regras relativas ao acesso parcial a uma profissão regulamentada e ao reconhecimento de estágios profissionais realizados noutro Estado-Membro.

Artigo 2º – Âmbito de aplicação

1 – A presente diretiva é aplicável a qualquer nacional de um Estado-Membro que pretenda exercer uma profissão regulamentada, incluindo as profissões liberais, por conta própria ou por conta de outrem, num Estado-Membro diferente daquele em que adquiriu as suas qualificações profissionais.

A presente diretiva é também aplicável a qualquer nacional de um Estado-Membro que tenha efetuado um estágio profissional fora do Estado-Membro de origem.

2 – Cada Estado-Membro poderá permitir no seu território, de acordo com a sua regulamentação, o exercício de uma profissão regulamentada, na aceção da alínea a) do nº 1 do artigo 3º, a nacionais dos Estados-Membros que possuam qualificações profissionais que não tenham sido obtidas num Estado-Membro. No que se refere às profissões abrangidas pelo Capítulo III do Título III, este reconhecimento inicial deverá respeitar as condições mínimas de formação previstas no referido capítulo.

3 – Sempre que num instrumento separado da legislação comunitária sejam estabelecidas outras regras específicas diretamente relacionadas com o reconhecimento de qualificações profissionais para determinada profissão regulamentada, não se aplicarão as disposições correspondentes da presente diretiva.

4 – A presente diretiva não é aplicável aos notários designados por um ato oficial da administração pública.

Artigo 3º – Definições

1 – Para efeitos da presente diretiva, entende-se por:

a) «Profissão regulamentada»: a atividade ou o conjunto de atividades profissionais em que o acesso, o exercício ou uma das modalidades de exercício se encontram direta ou indiretamente subordinados, nos termos de disposições legislativas, regulamentares ou administrativas, à posse de determinadas qualificações profissionais; constitui, nomeadamente, uma modalidade de exercício o uso de um título profissional limitado por disposições legislativas, regulamentares ou administrativas aos detentores de uma determinada qualificação profissional. Quando não for aplicável a definição apresentada na primeira frase da presente definição, serão consideradas profissões regulamentadas as profissões a que se refere o nº 2;

b) «Qualificações profissionais»: as qualificações atestadas por um título de formação, uma declaração de competência tal como referida na subalínea *i*) da alínea a) do artigo 11º e/ou experiência profissional;

c) «Título de formação»: os diplomas, certificados e outros títulos emitidos por uma autoridade de um Estado-Membro designada nos termos das disposições legislativas, regulamentares ou administrativas desse Estado que sancionem uma formação profissional preponderantemente adquirida na Comunidade. Quando não for aplicável a primeira frase da presente definição, serão considerados títulos de formação os títulos a que se refere o nº 3;

d) «Autoridade competente»: todas as autoridades ou organismos investidos de autoridade pelos Estados-Membros, habilitados nomeadamente para emitir ou receber títulos de formação e outros documentos ou informações, bem como a receber requerimentos e adotar as decisões a que se refere a presente diretiva;

e) «Formação regulamentada»: qualquer formação especificamente orientada para o exercício de determinada profissão e que consista num ciclo de estudos eventualmente completado por uma formação profissional, um estágio profissional ou prática profissional.

A estrutura e o nível da formação profissional, do estágio profissional ou da prática profissional deverão ser determinados pelas disposições legislativas, regulamentares ou administrativas do Estado-Membro interessado, ou ser objeto de um controlo ou de aprovação pela autoridade designada para o efeito;

f) «Experiência profissional»: o exercício efetivo e lícito, a tempo inteiro ou equivalente a tempo parcial, da profissão em causa num Estado-Membro;

g) «Estágio de adaptação»: o exercício, no Estado-Membro de acolhimento, de uma profissão regulamentada sob a responsabilidade de um profissional qualificado, podendo este exercício ser eventualmente acompanhado de uma formação complementar. Este estágio de adaptação será objeto de uma avaliação. As regras pormenorizadas do estágio de adaptação e da sua avaliação, bem como o estatuto do migrante, serão determinados pela autoridade competente do Estado-Membro de acolhimento.

O estatuto de que beneficiará o migrante no Estado-Membro de acolhimento, nomeadamente em matéria de direito de residência, bem como de obrigações, de direitos e prestações sociais, de subsídios e remunerações, será estabelecido pelas autoridades competentes desse Estado-Membro nos termos do direito comunitário aplicável;

h) «Prova de aptidão»: um teste que incide sobre os conhecimentos, as aptidões e as competências profissionais do requerente, realizado ou reconhecido pelas autoridades competentes do Estado-Membro de acolhimento com a finalidade de avaliar a aptidão do requerente para exercer uma profissão regulamentada nesse Estado-Membro.

Para permitir a realização desse teste, as autoridades competentes elaboraram uma lista das matérias que, com base numa comparação entre a formação exigida no Estado-Membro de acolhimento e a formação recebida pelo requerente, não estejam abrangidas pelo diploma ou outro(s) título(s) de formação apresentado(s) pelo requerente.

A prova de aptidão deve ter em consideração o facto de o requerente ser um profissional qualificado no Estado-Membro de origem ou de proveniência do requerente. A prova incide sobre matérias a escolher de entre as matérias incluídas na lista, cujo conhecimento constitui condição essencial para poder exercer a profissão em causa no Estado-Membro de acolhimento. A prova pode igualmente abranger o conhecimento das regras deontológicas aplicáveis às atividades em causa no Estado-Membro de acolhimento.

As regras da prova de aptidão são estabelecidas pelas autoridades competentes do Estado-Membro de acolhimento, que fixam também o estatuto de que beneficia nesse Estado-Membro o requerente que aí deseje preparar-se para a prova de aptidão;

i) «Dirigente de empresa»: qualquer pessoa que tenha exercido numa empresa do ramo profissional correspondente uma das seguintes funções:

i) Dirigente de empresa ou de filial; ou

ii) Adjunto do empresário ou do dirigente de empresa, se esta função implicar uma responsabilidade equivalente à do empresário ou do dirigente representado; ou

iii) Quadro superior com funções comerciais e/ou técnicas e com responsabilidade por um ou mais departamentos da empresa.

j) «Estágio profissional»: sem prejuízo do disposto no artigo 46º, nº 4, um período de prática profissional sob supervisão desde que constitua uma condição de acesso a uma profissão regulamentada, e que pode ter lugar durante ou após conclusão de uma formação conducente a um diploma;

k) «Carteira profissional europeia»: certificado eletrónico que comprova que o profissional cumpriu todas as condições necessárias para prestar serviços num Estado-Membro de acolhimento a título temporário e ocasional ou o reconhecimento das qualificações profissionais para efeitos de estabelecimento num Estado-Membro de acolhimento;

l) «Aprendizagem ao longo da vida»: qualquer forma de ensino geral, de educação e formação profissionais, de educação não formal e de aprendizagem informal seguida ao longo da vida, que permita melhorar os conhecimentos, aptidões e competências, que podem incluir a deontologia profissional;

m) «Razões imperiosas de interesse geral»: razões reconhecidas como tal pela jurisprudência do Tribunal de Justiça da União Europeia;

n) «Sistema Europeu de Transferência e Acumulação de Créditos» ou «créditos ECTS»: sistema de créditos para o ensino superior utilizado no espaço europeu do ensino superior.

2 – Serão consideradas profissões regulamentadas as profissões exercidas pelos membros das associações ou organizações referidas no anexo I.

As associações ou organizações referidas no primeiro parágrafo têm nomeadamente por objetivo fomentar e manter um nível elevado na área profissional em questão. Para tal, são reconhecidas de forma especial por um Estado-Membro e concedem títulos de formação aos seus membros, submetem-nos a normas de conduta profissional por elas estabelecidas e conferem-lhes o direito ao uso de um título ou de uma designação abreviada, ou ao benefício de um estatuto correspondente a esses títulos de formação.

Sempre que um Estado-Membro conceda o reconhecimento a uma das associações ou organizações referidas no primeiro parágrafo, deve informar desse facto a Comissão. A Comissão verifica se essa associação ou organização preenche as condições estabelecidas no segundo parágrafo. A fim de ter em conta a evolução regulamentar nos Estados-Membros, a Comissão fica habilitada a adotar, nos termos do artigo 57º-C, atos delegados com vista à atualização do Anexo I, caso as condições previstas no segundo parágrafo sejam satisfeitas.

Se as condições previstas no segundo parágrafo não forem satisfeitas, a Comissão deve adotar um ato de execução a fim de indeferir o pedido de atualização do Anexo I.

3 – Será considerado título de formação qualquer título de formação emitido num país terceiro, desde que o seu titular tenha, nessa profissão, uma experiência profissional de três anos no território do Estado-Membro que reconheceu o referido título, nos termos do nº 2 do artigo 2º, certificada por esse Estado-Membro.

Artigo 4º – Efeitos do reconhecimento

1 – O reconhecimento das qualificações profissionais pelo Estado-Membro de acolhimento deve permitir aos beneficiários ter acesso nesse Estado-Membro à mesma profissão para a qual estão qualificados no Estado-Membro de origem, e nele exercer essa profissão nas mesmas condições que os respetivos nacionais.

2 – Para efeitos da presente diretiva, a profissão que o requerente pretende exercer no Estado-Membro de acolhimento será a mesma para a qual está qualificado no Estado-Membro de origem, se as atividades abrangidas forem comparáveis.

3. Não obstante o disposto no nº 1, é concedido acesso parcial a uma profissão no Estado-Membro de acolhimento nas condições estabelecidas no artigo 4º-F.

Artigo 4º-A – Carteira profissional europeia

1 – Os Estados-Membros emitem uma carteira profissional europeia aos titulares de uma qualificação profissional a pedido destes últimos e sob condição de a Comissão adotar os atos de execução relevantes previstos no nº 7.

2 – Se a carteira profissional europeia tiver sido emitida para uma determinada profissão através dos atos de execução previstos no nº 7, o titular de uma qualificação profissional pode optar por requerer o referido cartão ou fazer uso dos procedimentos previstos nos Títulos II e III.

3 – Os Estados-Membros asseguram que o titular de uma carteira profissional europeia beneficia de todos os direitos conferidos pelos artigos 4º-B a 4º-E.

4 – Se o titular de uma qualificação profissional pretender, ao abrigo do Título II, prestar serviços diferentes dos abrangidos pelo artigo 7º, nº 4, a autoridade competente do Estado-Membro de origem deve emitir a carteira profissional europeia, nos termos dos artigos 4º-B e 4º-C. A carteira profissional europeia constitui, se for caso disso, a declaração prevista no artigo 7º.

5 – Se o titular de uma qualificação profissional pretender estabelecer-se noutro Estado-Membro ao abrigo dos Capítulos I a III-A do Título III ou prestar serviços nos termos do artigo 7º, nº 4, a autoridade competente do Estado-Membro de origem adota todas as medidas preparatórias em relação ao processo individual do requerente criado no Sistema de Informação do Mercado Interno (IMI) (processo do IMI), tal como previsto nos artigos 4º-B e 4º-D. A autoridade competente do Estado-Membro de acolhimento emite a carteira profissional europeia, nos termos dos artigos 4º-B e 4º-D.

Para fins de estabelecimento, a emissão de uma carteira profissional europeia não confere um direito automático ao exercício de uma profissão específica se existirem requisitos em matéria de registo ou outros procedimentos de controlo no Estado-Membro de acolhimento antes da introdução de uma carteira profissional europeia para essa profissão.

6 – Os Estados-Membros designam as autoridades competentes responsáveis pelo tratamento dos processos do IMI e pela emissão da carteira profissional europeia. Essas autoridades devem assegurar um tratamento imparcial, objetivo e oportuno dos pedidos de emissão da carteira profissional europeia. Os centros de assistência referidos no artigo 57º-B podem também agir na qualidade de autoridades competentes. Os Estados-Membros devem assegurar que as autoridades competentes e os centros de assistência informam os cidadãos, incluindo os potenciais requerentes, sobre o funcionamento e o valor acrescentado de uma carteira profissional europeia para as profissões para as quais esteja disponível.

7 – A Comissão adota, por via de atos de execução, as medidas necessárias para assegurar a aplicação uniforme das disposições relativas às carteiras profissionais europeias relativamente às profissões que preencham as condições enunciadas no segundo parágrafo do presente número, incluindo as medidas relativas ao formato da carteira profissional europeia, o tratamento dos pedidos escritos, as traduções a fornecer pelo requerente para efeitos de apresentação de um pedido de carteira profissional europeia, os pormenores dos documentos requeridos a título do artigo 7º, nº 2, ou do Anexo VII, para apresentar uma candidatura completa e os procedimentos de pagamento e respetivo tratamento para emissão de uma carteira profissional europeia, tendo em conta as especificidades da profissão em causa. A Comissão especifica igualmente, por via de atos de execução, as modalidades em que as autoridades competentes podem requerer cópias autenticadas, quando e para que tipo de documentos, nos termos do artigo 4º-B, nº 3, e do artigo 4º-D, nºs 2 e 3, para a profissão em causa.

A introdução de uma carteira profissional europeia para uma determinada profissão por via da adoção dos atos de execução referidos no primeiro parágrafo está sujeita às seguintes condições:

a) Existe mobilidade considerável ou um potencial de mobilidade considerável na profissão em causa;

b) As partes interessadas exprimiram um interesse suficiente;

c) A profissão ou a formação orientada para o exercício da profissão está regulamentada num número significativo de Estados-Membros.

Esses atos de execução são adotados pelo procedimento de exame a que se refere o artigo 58º, nº 2.

8. As taxas a suportar pelos requerentes relativas aos procedimentos administrativos para a emissão da carteira profissional europeia devem ser razoáveis, proporcionais e consentâneas com os custos suportados pelos Estados-Membros de origem e de acolhimento, não devendo desincentivar o pedido da carteira profissional europeia.

Artigo 4º-B – Pedido da carteira profissional europeia e criação de um processo no IMI

1 – O Estado-Membro de origem permite ao titular de uma qualificação profissional solicitar uma carteira profissional europeia através de uma ferramenta informática em linha, fornecida pela Comissão, que cria automaticamente um processo do IMI para esse requerente. Caso um Estado-Membro de origem autorize igualmente os pedidos escritos, adota todas as disposições necessárias para a criação de um processo do IMI, a transmissão de todas e quaisquer informações ao requerente e a emissão de uma carteira profissional europeia.

2 – Os pedidos devem ser acompanhados dos documentos exigidos nos atos de execução a adotar nos termos do artigo 4º-A, nº 7.

3 – No prazo de uma semana a contar da receção do pedido, a autoridade competente do Estado-Membro de origem acusa a receção do pedido e informa sem demora o requerente de qualquer documento em falta.

Se for caso disso, a autoridade competente do Estado-Membro de origem emite qualquer certificado comprovativo exigido a título da presente diretiva. A autoridade do Estado-Membro de origem verifica se o requerente se encontra legalmente estabelecido no Estado-Membro de origem e se todos os documentos necessários emitidos no Estado-Membros de origem são válidos e autênticos. Em caso de dúvida devidamente justificada, a autoridade competente do Estado-Membro de origem consulta o organismo competente e pode solicitar ao requerente que forneça cópias autenticadas de documentos. Se, posteriormente, o mesmo requerente apresentar outros pedidos, as autoridades competentes dos Estado-Membros de origem e de acolhimento podem não solicitar a reapresentação de documentos já constantes do processo do IMI e ainda válidos.

4 – A Comissão pode, por via de atos de execução, adotar as especificações técnicas, as medidas necessárias para assegurar a integridade, a confidencialidade e a exatidão das informações contidas na carteira profissional europeia e no processo do IMI e as condições e procedimentos de emissão da carteira profissional europeia ao respetivo titular, incluindo a possibilidade de descarregá-la ou de enviar atualizações destinadas ao processo do IMI. Esses atos de execução são adotados pelo procedimento de exame a que se refere o artigo 58º, nº 2.

Artigo 4º -C – Carteira profissional europeia para a prestação temporária e ocasional de serviços diferentes dos abrangidos pelo artigo 7º, nº 4

1 – A autoridade competente do Estado-Membro de origem verifica o pedido e os documentos comprovativos constantes do processo do IMI e emite a carteira profissional europeia para a prestação temporária e ocasional de serviços diferentes dos abrangidos pelo artigo 7º, nº 4, no prazo de três semanas. Esse prazo começa a contar a partir da receção dos documentos em falta referidos no artigo 4º-B, nº 3, primeiro parágrafo ou, se não for exigido nenhum documento suplementar, a partir do termo do prazo de uma semana referido no mesmo artigo. Deve, em seguida, transmitir imediatamente a carteira profissional europeia à autoridade competente de cada Estado-Membro de acolhimento em causa e informar o requerente desse facto. O Estado-Membro de acolhimento não pode exigir qualquer outra declaração nos termos do artigo 7º nos dezoito meses seguintes.

2 – A decisão da autoridade competente do Estado-Membro de acolhimento, ou a ausência de uma decisão no prazo de três semanas referido no nº 1, é suscetível de recurso judicial de direito interno.

3 – O titular de uma carteira profissional europeia que pretenda prestar serviços em Estados-Membros diferentes dos inicialmente mencionados no pedido referido no nº 1 pode requerer um tal alargamento. Se o titular desejar continuar a prestar serviços para além do prazo de dezoito meses referido no nº 1, deve informar a autoridade competente desse facto. Em qualquer dos casos, o titular fornece igualmente qualquer informação sobre alterações importantes da situação atestada no processo do IMI que possa ser requerida pela autoridade competente no Estado-Membro de origem de acordo com os atos de execução a adotar nos termos do artigo 4º-A, nº 7. A autoridade competente do Estado-Membro de origem deve transmitir a carteira profissional europeia atualizada aos Estados-Membros de acolhimento em causa.

4 – A carteira profissional europeia é válida em todo o território de todos os Estados-Membros de acolhimento em causa enquanto o respetivo titular, com base nos documentos e informações contidos no processo do IMI, conservar o direito de exercer a sua profissão no Estado-Membro de origem.

Artigo 4º-D – Carteira profissional europeia para estabelecimento e para a prestação temporária e ocasional de serviços nos termos do artigo 7º, nº 4

1 – A autoridade competente do Estado-Membro de origem verifica, no prazo de um mês, a autenticidade e a validade dos documentos comprovativos constantes do processo do IMI para efeitos de emissão de uma carteira profissional europeia para o estabelecimento ou a prestação temporária ou ocasional de serviços nos termos do artigo 7º, nº 4. Este prazo começa a contar a partir da receção dos documentos em falta referidos no artigo 4º-B, nº 3, primeiro parágrafo ou, se não for exigido nenhum documento suplementar, a partir do termo do prazo de uma semana referido nesse parágrafo. O requerente transmite de imediato o pedido à autoridade competente do Estado-Membro de acolhimento. O Estado-Membro de origem informa o requerente do estado do pedido paralelamente à transmissão do pedido ao Estado-Membro de acolhimento.

2 – Nos casos referidos nos artigos 16º, 21º, 49º-A e 49º-B, o Estado-Membro de acolhimento decide se emite uma carteira profissional europeia, nos termos do nº 1, no prazo de um mês a contar da data de receção do pedido transmitido pelo Estado-Membro de origem. Em caso de dúvida devidamente justificada, o Estado-Membro de acolhimento pode pedir ao Estado-Membro de origem informações suplementares ou a inclusão de uma cópia autenticada de um documento, que o Estado-Membro de origem deve fornecer, pelo menos duas

semanas após a apresentação do pedido. Sem prejuízo do disposto no nº 5, segundo parágrafo, é aplicável o prazo de um mês, não obstante tal pedido.

3 – Nos casos referidos no artigo 7º, nº 4, e no artigo 14º, o Estado-Membro de acolhimento decide se emite uma carteira profissional europeia ou se sujeita o titular de uma qualificação profissional a medidas de compensação, no prazo de dois meses a contar da receção do pedido transmitido pelo Estado-Membro de origem. Em caso de dúvida devidamente justificada, o Estado-Membro de acolhimento pode pedir ao Estado-Membro de origem informações suplementares ou a inclusão de uma cópia autenticada de um documento, que o Estado-Membro de origem deve fornecer, pelo menos duas semanas após a apresentação do pedido. Sem prejuízo do disposto no nº 5, segundo parágrafo, é aplicável o prazo de dois meses, não obstante tal pedido.

4 – Caso o Estado-Membro de acolhimento não receba as informações necessárias que está autorizado a exigir nos termos da presente diretiva para efeitos de tomada de uma decisão sobre a emissão da carteira profissional europeia, do Estado-Membro de origem ou do requerente, pode indeferir o pedido de emissão da carteira. Um tal indeferimento deve ser devidamente justificado.

5 – Se o Estado-Membro de acolhimento não tomar uma decisão dentro dos prazos fixados nos nºs 2 e 3 do presente artigo ou não organizar a prova de aptidão nos termos do artigo 7º, nº 4, a carteira profissional europeia deve ser considerada emitida e deve ser enviada automaticamente, através do IMI, ao titular de uma qualificação profissional.

O Estado-Membro de acolhimento deve ter a possibilidade de prorrogar em duas semanas os prazos referidos nos nºs 2 e 3 para efeitos de emissão automática da carteira profissional europeia. Explica as razões da prorrogação e informa o requerente desse facto. Uma tal prorrogação pode ser renovada uma vez e apenas se for estritamente necessária, em particular por razões de ordem pública ou de segurança dos beneficiários dos serviços.

6 – Os procedimentos executados pelo Estado-Membro de origem nos termos do nº 1 substituem qualquer pedido de reconhecimento das qualificações profissionais previsto no direito interno do Estado-Membro de acolhimento.

7 – As decisões dos Estados-Membros de origem e de acolhimento adotadas nos termos dos nºs 1 a 5 ou a ausência de decisão por parte do Estado-Membro de origem são suscetíveis de recurso judicial ao abrigo do direito interno do Estado-Membro em causa.

Artigo 4º-E – Tratamento e acesso aos dados relativos à carteira profissional europeia

1. Sem prejuízo da presunção de inocência, as autoridades competentes dos Estados-Membros de origem e de acolhimento devem atualizar de forma atempada o processo do IMI correspondente com informações relativas a medidas disciplinares ou sanções criminais que se reportem a uma proibição ou a uma restrição e que tenham consequências para o exercício de atividades pelo titular de uma carteira profissional europeia nos termos da presente diretiva. Para o efeito, devem respeitar as regras em matéria de proteção de dados pessoais previstas na Diretiva 95/46/CE do Parlamento Europeu e do Conselho, de 24 de outubro de 1995, relativa à proteção das pessoas singulares no que diz respeito ao tratamento de dados pessoais e à livre circulação desses dados e na Diretiva 2002/58/CE do Parlamento Europeu e do Conselho, de 12 de julho de 2002, relativa ao tratamento de dados pessoais e à proteção da privacidade no setor das comunicações eletrónicas (diretiva relativa à privacidade e às comunicações eletrónicas). Estas atualizações contemplam a supressão de informações já desnecessárias. O titular da carteira profissional europeia e as autoridades competentes que têm acesso ao processo do IMI correspondente são imediatamente informados de quaisquer atualizações. Esta obrigação não prejudica as obrigações de alerta dos Estados-Membros previstas no artigo 56º-A.

2 – O conteúdo das atualizações de informação a que se refere o nº 1 deve limitar-se ao seguinte:

a) A identidade do profissional;

b) A profissão em causa;

c) As informações sobre a autoridade ou o tribunal nacional que adotou a decisão de limitação ou proibição;

d) O âmbito da limitação ou proibição; e

e) O período de vigência da restrição ou proibição.

3 – O acesso às informações constantes do processo do IMI fica limitado às autoridades competentes dos Estados-Membros de origem e de acolhimento nos termos da Diretiva 95/46/CE. As autoridades competentes informam o titular da carteira profissional europeia do conteúdo do processo do IMI, a pedido deste titular.

4 – As informações incluídas na carteira profissional europeia são apenas as necessárias para certificar o direito do seu titular a exercer a profissão para a qual foi emitida, nomeadamente, o nome do titular, apelido, data e local de nascimento, profissão, qualificações formais e o regime aplicável, autoridades competentes envolvidas, número da carteira, elementos de segurança e referência a uma prova de identidade válida. As informações relativas à experiência profissional adquirida pelo titular da carteira profissional europeia ou às medidas de compensação figuram no processo do IMI.

5 – Os dados pessoais que figuram no processo do IMI podem ser tratados durante o período necessário para efeitos do processo de reconhecimento enquanto tal ou como prova do reconhecimento ou da transmissão da declaração

requerida no artigo 7º. Os Estados-Membros zelam por que o titular de uma carteira profissional europeia usufrua do direito de, a qualquer momento, e sem encargos para esse titular, solicitar a retificação de dados inexatos ou incompletos, ou a eliminação e bloqueio do processo do IMI em causa. O titular deve ser informado deste direito no momento da emissão da carteira profissional europeia e, daí em diante, recordado do mesmo bienalmente. O aviso deve ser enviado automaticamente através do IMI quando o pedido inicial de carteira profissional europeia é apresentado em linha.

Em caso de pedido de supressão de um processo do IMI ligado a uma carteira profissional europeia emitida para efeitos de estabelecimento ou de prestação temporária e ocasional de serviços nos termos do artigo 7º, nº 4, as autoridades competentes do Estado-Membro de acolhimento em causa concedem ao titular de qualificações profissionais um título que atesta o reconhecimento das suas qualificações profissionais.

6 – No que se refere ao tratamento dos dados pessoais da carteira profissional europeia e de todos os processos do IMI, as autoridades competentes dos Estados-Membros são consideradas responsáveis por esse tratamento na aceção do artigo 2º, alínea *d*), da Diretiva 95/46/CE. Relativamente às suas responsabilidades previstas nos nºs 1 a 4 do presente artigo e ao tratamento dos dados pessoais conexos, a Comissão é considerada responsável por esse tratamento na aceção do artigo 2º, alínea *d*), do Regulamento (CE) nº 45/2001 do Parlamento Europeu e do Conselho, de 18 de dezembro de 2000, relativo à proteção das pessoas singulares no que diz respeito ao tratamento de dados pessoais pelas instituições e pelos órgãos comunitários e à livre circulação desses dados.

7 – Sem prejuízo do disposto no nº 3, os Estados-Membros de acolhimento concedem aos empregadores, clientes, doentes, autoridades públicas e outras partes interessadas a possibilidade de verificarem a autenticidade e a validade de uma carteira profissional europeia que lhes seja apresentada pelo respetivo titular.

A Comissão adota, por via de atos de execução, normas relativas ao acesso ao processo do IMI e os meios técnicos e procedimentos para a verificação referida no primeiro parágrafo. Esses atos de execução são adotados pelo procedimento de exame a que se refere o artigo 58º, nº 2.

Artigo 4º-F – Acesso parcial

1 – A autoridade competente do Estado-Membro de acolhimento concede o acesso parcial caso a caso a uma atividade profissional no seu território apenas se forem respeitadas todas as seguintes condições:

a) O profissional está plenamente qualificado para exercer no Estado-Membro de origem a atividade profissional para a qual é solicitado acesso parcial no Estado-Membro de acolhimento;

b) As diferenças entre a atividade profissional legalmente exercida no Estado-Membro de origem e a profissão regulamentada no Estado-Membro de acolhimento são de tal ordem que a aplicação de medidas compensatórias implicaria exigir ao requerente a conclusão do programa completo de educação e formação exigido no Estado-Membro de acolhimento para obter o pleno acesso à profissão regulamentada neste Estado-Membro;

c) A atividade profissional pode, objetivamente, ser separada das outras atividades abrangidas pela profissão regulamentada no Estado-Membro de acolhimento.

Para os efeitos da alínea *c*), a autoridade competente do Estado-Membro de acolhimento tem em conta o facto de a atividade profissional poder ou não ser exercida de forma autónoma no Estado-Membro de origem.

2 – O acesso parcial pode ser rejeitado se tal rejeição for justificada por razões imperiosas de interesse geral, e desde que assegure a realização do objetivo prosseguido e não vá além do estritamente necessário para atingir esse objetivo.

3 – Os pedidos para efeitos de estabelecimento num Estado-Membro de acolhimento são examinados de acordo com os Capítulos I e IV do Título III.

4 – Os pedidos para efeitos de prestação de serviços temporários e ocasionais no Estado-Membro de acolhimento relativos a atividades profissionais com impacto na saúde e na segurança públicas são examinados nos termos do Título II.

5 – Não obstante o disposto no artigo 7º, n. 4, sexto parágrafo, e no artigo 52º, nº 1, uma vez concedido o acesso parcial, a atividade profissional é exercida sob o título profissional do Estado-Membro de origem. O Estado-Membro de acolhimento pode exigir que este título profissional seja utilizado nas línguas do Estado-Membro de acolhimento. Os profissionais que beneficiem de um acesso parcial indicam claramente aos beneficiários do serviço o âmbito das suas atividades profissionais.

6 – O presente artigo não se aplica aos profissionais que beneficiam do reconhecimento automático das suas qualificações profissionais, nos termos dos Capítulos II, III e III-A do Título III.

TÍTULO II – Livre Prestação de Serviços

Artigo 5º – Princípio da livre prestação de serviços

1 – Sem prejuízo de disposições específicas do direito comunitário, bem como dos artigos 6º e 7º da presente diretiva, os Estados-Membros não poderão restringir, por razões relativas às qualificações profissionais, a livre prestação de serviços noutro Estado-Membro:

a) Se o prestador de serviços estiver legalmente estabelecido num Estado-Membro para nele exercer a mesma profissão (adiante designado «Estado-Membro de estabelecimento»); e

b) Em caso de deslocação, se o prestador de serviços tiver exercido essa profissão em um ou mais Estados-Membros durante, pelo menos, um ano no decurso dos 10 anos anteriores à prestação de serviços, se a profissão não se encontrar regulamentada no Estado-Membro de estabelecimento. A condição relativa a um ano de exercício não se aplica se a profissão ou a formação conducente à profissão estiver regulamentada.

2 – As disposições do presente título apenas serão aplicáveis quando o prestador de serviços se deslocar ao território do Estado-Membro de acolhimento para exercer, de forma temporária e ocasional, a profissão referida no nº 1.

O carácter temporário e ocasional da prestação será avaliado caso a caso, nomeadamente em função da respetiva duração, frequência, periodicidade e continuidade.

3 – Em caso de deslocação, o prestador de serviços ficará sujeito às normas de conduta de carácter profissional, legal ou administrativo diretamente relacionadas com as qualificações profissionais, designadamente as que dizem respeito à definição das profissões, ao uso de títulos, ou aos erros profissionais graves direta e especificamente relacionados com a defesa e segurança do consumidor, bem como às disposições disciplinares, aplicáveis no Estado-Membro de acolhimento aos profissionais que aí exercem a mesma profissão.

Artigo 6º – Dispensas

Nos termos do nº 1 do artigo 5º, o Estado-Membro de acolhimento dispensará os prestadores de serviços estabelecidos noutro Estado-Membro das exigências impostas aos profissionais estabelecidos no seu território relativamente:

a) À autorização, inscrição ou filiação numa organização ou num organismo profissionais. Para facilitar a aplicação das disposições disciplinares em vigor no seu território de acordo com o nº 3 do artigo 5º, os Estados-Membros poderão prever uma inscrição temporária e automática ou uma adesão *pro forma* a uma determinada organização ou organismo profissional, na condição de essa inscrição ou adesão não retardar nem tornar de algum modo mais complexa a prestação de serviços e não comportar encargos suplementares para o prestador de serviços. A autoridade competente enviará à organização ou organismo profissional competente cópia da declaração e, se for caso disso, da declaração renovada a que se refere o nº 1 do artigo 7º, acompanhada, no caso das profissões com impacto na saúde e segurança públicas a que se refere o nº 4 do artigo 7º ou que beneficiam de reconhecimento automático ao abrigo do Capítulo III do

Título III, de uma cópia dos documentos a que se refere o nº 2 do artigo 7º; essa cópia da declaração servirá de inscrição temporária ou adesão *pro forma* para este efeito;

b) À inscrição num organismo público de segurança social para regularizar, com um organismo segurador, as contas relativas às atividades exercidas em benefício de pessoas abrangidas por um sistema de seguros.

Todavia, o prestador de serviços deverá informar previamente ou, em caso de urgência, posteriormente, o organismo referido na alínea *b*) da prestação de serviços efetuada.

Artigo 7º – Declaração prévia em caso de deslocação do prestador de serviços

1 – Os Estados-Membros poderão exigir que, quando efetuar a sua primeira deslocação entre Estados-Membros para efeitos de prestação de serviços, o prestador informe previamente a autoridade competente do Estado-Membro de acolhimento por meio de declaração escrita que inclua os elementos circunstanciados relativos a qualquer seguro ou outro meio de proteção, individual ou coletiva, no tocante à responsabilidade profissional. Essa declaração será renovada uma vez por ano nos casos em que o prestador tencione fornecer serviços temporários ou ocasionais nesse Estado-Membro durante o ano em causa. O prestador de serviços poderá apresentar a declaração por qualquer meio que considere adequado.

2 – Além disso, aquando da primeira prestação de serviços ou quando se verifique uma alteração relevante da situação atestada pelos documentos, os Estados-Membros poderão exigir que a declaração seja acompanhada dos seguintes documentos:

a) Prova da nacionalidade do prestador de serviços;

b) Certificado segundo o qual o interessado se encontra legalmente estabelecido num Estado-Membro para efeitos do exercício das atividades em questão e não está, no momento da emissão do certificado, proibido, mesmo temporariamente, de as exercer;

c) Título(s) de formação;

d) Relativamente aos casos referidos no artigo 5º, nº 1, alínea *b*), qualquer meio de prova de que o prestador de serviços exerceu a atividade em questão durante pelo menos um ano no decurso dos 10 anos anteriores;

e) Para as profissões do setor da segurança e do setor da saúde, e para as profissões que envolvem a educação de menores, incluindo a prestação de cuidados à infância e a educação pré-escolar um certificado que confirme que o prestador de serviços não foi sujeito a qualquer suspensão temporária ou definitiva do exercício da profissão ou uma certidão negativa do registo criminal referente a condenações penais, caso o Estado-Membro o exija em relação aos seus próprios nacionais;

f) Para as profissões que tenham implicações em matéria de segurança de doentes, uma declaração sobre o conhecimento por parte do requerente da língua necessária ao exercício da profissão no Estado-Membro de acolhimento;

g) Para as profissões que abranjam as atividades referidas no artigo 16º e que tenham sido notificadas por um Estado-Membro nos termos do artigo 59º, nº 2, um certificado relativo à natureza e à duração da atividade emitido pela autoridade ou pelo organismo competente do Estado-Membro em que o prestador de serviços se encontra estabelecido.

2-A – A apresentação da declaração requerida pelo prestador de serviços nos termos do nº 1 confere a esse prestador de serviços o direito de acesso à atividade de serviços ou a exercer essa atividade em todo o território do Estado-Membro em causa. Um Estado-Membro pode requerer as informações adicionais constantes do nº 2 relativamente às qualificações profissionais do prestador de serviços se:

a) A profissão se encontrar regulamentada em partes do território desse Estado-Membro de forma diferente;

b) Uma tal regulamentação for também aplicável a todos os nacionais desse Estado-Membro;

c) As diferenças apresentadas por uma tal regulamentação se justificarem por razões imperiosas de interesse geral ligadas à saúde pública ou à segurança dos beneficiários do serviço; e

d) O Estado-Membro não dispuser de outros meios para obter estas informações.

3 – A prestação de serviços será efetuada sob o título profissional do Estado-Membro de estabelecimento, caso esse título exista nesse Estado-Membro para a atividade profissional em causa. Esse título será indicado na língua oficial ou numa das línguas oficiais do Estado-Membro de estabelecimento, por forma a evitar qualquer confusão com o título profissional do Estado-Membro de acolhimento. Nos casos em que o referido título profissional não exista no Estado-Membro de estabelecimento, o prestador de serviços indicará o seu título de formação na língua oficial ou numa das línguas oficiais deste Estado-Membro. A título excecional, a prestação de serviços será efetuada sob o título profissional do Estado-Membro de acolhimento relativamente aos casos a que se refere o Título III do Capítulo III.

4 – No que diz respeito à primeira prestação de serviços, no caso das profissões regulamentadas com impacto na saúde ou segurança públicas que não beneficiem do reconhecimento automático ao abrigo do Capítulo II, III ou III-A do Título III, a autoridade competente do Estado-Membro de acolhimento

pode proceder a uma verificação das qualificações profissionais do prestador de serviços antes da primeira prestação de serviços. Essa verificação prévia só é possível nos casos em que tiver por objetivo evitar danos graves para a saúde ou segurança do destinatário do serviço devido à falta de qualificação profissional do prestador de serviços e desde que a verificação não vá além do necessário para alcançar esse objetivo.

No prazo máximo de um mês a contar da data de receção da declaração e dos documentos que a acompanham, nos termos do nºs 1 e 2, a autoridade competente informa o prestador de serviços da sua decisão de:

a) Não verificar as suas qualificações profissionais;

b) Tendo verificado as suas qualificações profissionais:

i) solicitar ao prestador de serviços que efetue uma prova de aptidão, ou

ii) permitir a prestação de serviços.

Caso se verifiquem dificuldades das quais possa resultar um atraso na tomada de uma decisão nos termos do segundo parágrafo, a autoridade competente notifica o prestador de serviços, no mesmo prazo, do motivo do atraso. As dificuldades devem ser resolvidas no prazo de um mês após a notificação e a tomada de decisão deve ocorrer, no prazo de dois meses a contar da resolução dessas dificuldades.

Em caso de divergência substancial entre as qualificações profissionais do prestador de serviços e a formação exigida no Estado-Membro de acolhimento, na medida em que essa divergência possa prejudicar a saúde ou a segurança públicas e não possa ser compensada pela experiência profissional do prestador de serviços ou por conhecimentos, aptidões e competências adquiridos através da aprendizagem ao longo da vida, formalmente validados para esse efeito por um organismo competente, o Estado-Membro de acolhimento oferece a esse prestador de serviços a possibilidade de demonstrar que adquiriu os conhecimentos, as aptidões ou as competências de que carecia, através de uma prova de aptidão referida no segundo parágrafo, alínea *b*). O Estado-Membro de acolhimento adota uma decisão nessa base relativa à autorização de prestação de serviços. De qualquer forma, a prestação de serviços deve poder ser efetuada no mês subsequente à aprovação da decisão nos termos do segundo parágrafo.

Na falta de resposta da autoridade competente dentro dos prazos fixados no segundo e terceiros parágrafos, pode ser efetuada a prestação de serviços.

Nos casos em que as qualificações tenham sido verificadas nos termos do presente número, a prestação de serviços é efetuada com o título profissional do Estado-Membro de acolhimento.

Artigo 8º – Cooperação administrativa

1 – As autoridades competentes do Estado-Membro de acolhimento podem solicitar às autoridades competentes do Estado-Membro de estabelecimento,

em caso de dúvida justificada, todas as informações pertinentes respeitantes à licitude do estabelecimento e à boa conduta do prestador de serviços, assim como à ausência de sanções disciplinares ou penais de carácter profissional. Caso decidam controlar as qualificações profissionais do prestador de serviços, as autoridades competentes do Estado-Membro de acolhimento podem solicitar às autoridades competentes do Estado-Membro de estabelecimento as informações sobre os ciclos de formação que se revelem necessárias para determinar se existem diferenças substanciais passíveis de prejudicar a saúde ou a segurança públicas. As autoridades competentes do Estado-Membro de estabelecimento devem comunicar essas informações nos termos do artigo 56º. No caso de profissões não regulamentadas no Estado-Membro de origem, os centros de assistência referidos no artigo 57º-B também podem prestar essas informações.

2 – As autoridades competentes deverão assegurar o intercâmbio de todas as informações necessárias para que as queixas apresentadas pelo destinatário de um serviço contra o seu prestador sejam corretamente processadas. Os destinatários deverão ser informados dos resultados da queixa.

Artigo 9º – Informações a fornecer aos destinatários do serviço

Nos casos em que a prestação seja efetuada com o título profissional do Estado-Membro de estabelecimento ou com o título de formação do prestador de serviços, para além das outras exigências em matéria de informação previstas no direito comunitário, as autoridades competentes do Estado-Membro de acolhimento poderão exigir que o prestador forneça ao destinatário do serviço uma parte ou a totalidade das seguintes informações:

a) Caso o prestador de serviços esteja inscrito num registo comercial ou noutro registo público similar, o registo em que ele se encontre inscrito e o seu número de inscrição, ou os meios de identificação equivalentes que figurem nesse registo;

b) Se a atividade estiver sujeita a autorização no Estado-Membro de estabelecimento, o nome e o endereço da autoridade de controlo competente;

c) A associação profissional ou organismo similar em que o prestador de serviços esteja eventualmente inscrito;

d) O título profissional ou, na falta deste, o título de formação do prestador de serviços e o Estado-Membro no qual ele foi concedido;

e) Se o prestador de serviços exercer uma atividade sujeita a IVA, o número de identificação referido no nº 1 do artigo 22º da Sexta Diretiva 77/388/CEE do Conselho, de 17 de Maio de 1977, relativa à harmonização das legislações dos Estados-Membros respeitantes aos impostos sobre o volume de negócios – Sistema Comum do imposto sobre o valor acrescentado: matéria coletável uniforme;

f) Elementos circunstanciados relativos a um eventual seguro, ou a outro meio de proteção, individual ou coletiva, no tocante à responsabilidade profissional.

TÍTULO III - Liberdade de Estabelecimento

CAPÍTULO I - Regime geral de reconhecimento dos títulos de formação

Artigo 10º - Âmbito de aplicação

O presente capítulo aplicar-se-á a todas as profissões não abrangidas pelos capítulos II e III do presente título, assim como nos seguintes casos em que, por razões específicas e excecionais, o requerente não satisfaça as condições previstas nos referidos capítulos:

a) No caso das atividades enumeradas no anexo IV, sempre que o migrante não satisfaça os requisitos estabelecidos nos artigos 17º, 18º e 19º;

b) No caso dos médicos com formação de base, médicos especialistas, enfermeiros responsáveis por cuidados gerais, dentistas, dentistas especialistas, veterinários, parteiras, farmacêuticos e arquitetos, sempre que o migrante não satisfaça os requisitos de prática profissional efetiva e lícita a que se referem os artigos 23º, 27º, 33º, 37º, 39º, 43º e 49º;

c) No caso dos arquitetos, sempre que o migrante possua um título de formação não enumerado no ponto 5.7 do anexo V;

d) Sem prejuízo do nº 1 do artigo 21º e dos artigos 23º e 27º, no caso dos médicos, enfermeiros, dentistas, veterinários, parteiras, farmacêuticos e arquitetos que possuam um título de formação especializada e devam ter-se submetido à formação conducente à obtenção de um título enumerado nos pontos 5.1.1, 5.2.2, 5.3.2, 5.4.2, 5.5.2, 5.6.2 e 5.7.1. do anexo V, apenas para efeitos do reconhecimento da especialização em causa;

e) No caso dos enfermeiros responsáveis por cuidados gerais e dos enfermeiros especializados que possuam um título de formação profissional especializada e se tenham submetido à formação conducente à obtenção de um título enumerado no ponto 5.2.2 do anexo V, sempre que o migrante vise o reconhecimento noutro Estado-Membro em que as atividades profissionais em causa sejam exercidas por enfermeiros especializados que não possuam formação de enfermeiro responsável por cuidados gerais;

f) No caso dos enfermeiros especializados que não possuam formação de enfermeiro responsável por cuidados gerais, sempre que o migrante vise o reconhecimento noutro Estado-Membro em que as atividades profissionais em causa sejam exercidas por enfermeiros especializados que não possuam formação de enfermeiro responsável por cuidados gerais ou enfermeiros especializados que possuam um título de formação especializada e se tenham submetido à formação conducente à obtenção dos títulos enumerados no ponto 5.2.2 do anexo V;

g) No caso dos migrantes que satisfaçam os requisitos estabelecidos no nº 3 do artigo 3º.

Artigo 11º – Níveis de qualificação

Para efeitos do artigo 13º e do artigo 14º, nº 6, as qualificações profissionais são agrupadas segundo os níveis seguintes:

a) Declaração de competência emitida por uma autoridade competente do Estado-Membro de origem, designada nos termos das disposições legislativas, regulamentares ou administrativas desse Estado, com base:

i) numa formação que não faça parte de um certificado ou de um diploma na aceção das alíneas *b*), *c*), *d*) ou *e*), ou num exame específico sem formação prévia ou no exercício a tempo inteiro da profissão num Estado-Membro durante três anos consecutivos ou durante um período equivalente a tempo parcial nos 10 últimos anos; ou

ii) numa formação geral a nível do ensino primário ou secundário que confira ao seu titular conhecimentos gerais;

b) Certificado comprovativo de um ciclo de estudos secundários:

i) de carácter geral, completado por um ciclo de estudos ou de formação profissional diferentes dos referidos na alínea *c*) e/ou pelo estágio ou o período de prática profissional exigido para além desse ciclo de estudos; ou

ii) de carácter técnico ou profissional, eventualmente completado por um ciclo de estudos ou de formação profissional, tal como referido na alínea *a*), e/ou pelo estágio ou o período de prática profissional exigido para além desse ciclo de estudos;

c) Diploma comprovativo:

i) de uma formação a nível do ensino pós-secundário diferente do referido nas alíneas *d*) e *e*), com uma duração mínima de um ano ou durante um período equivalente a tempo parcial, cujo acesso esteja nomeadamente condicionado, regra geral, à conclusão do ciclo de estudos secundários exigido para o acesso ao ensino universitário ou superior ou à conclusão de uma formação equivalente ao nível secundário, e da formação profissional eventualmente exigida para além desse ciclo de estudos pós-secundários, ou

ii) de uma formação regulamentada ou, no caso de profissões regulamentadas, de uma formação profissional com uma estrutura específica com competências para além das previstas no nível b, equivalente ao nível de formação referido na subalínea *i*), que confira um nível profissional comparável e que prepare o formando para um nível comparável de responsabilidades e de funções, desde que esse diploma seja acompanhado por um certificado do Estado-Membro de origem;

d) Diploma comprovativo da conclusão pelo titular de uma formação a nível do ensino pós-secundário com uma duração mínima de três anos e não superior a quatro anos, ou durante um período equivalente a tempo parcial, que pode, complementarmente, ser expresso com um número equivalente de créditos ECTS, ministrada numa universidade ou num estabelecimento de ensino superior ou noutro estabelecimento que dispense o mesmo nível de formação e, se for o caso, da conclusão da formação profissional exigida em complemento do ciclo de estudos pós-secundários;

e) Diploma comprovativo da conclusão pelo titular de um ciclo de estudos pós-secundários de duração mínima de quatro anos ou durante um período equivalente a tempo parcial, que pode, complementarmente, ser expresso com um número equivalente de créditos ECTS, numa universidade ou num estabelecimento de ensino superior ou noutro estabelecimento que dispense o mesmo nível de formação e, se for o caso, da conclusão da formação profissional exigida em complemento do ciclo de estudos pós-secundários.

Artigo 12º – Igualdade de tratamento dos títulos de formação

É considerado título de formação comprovativo de uma das formações referidas no artigo 11º, inclusive quanto ao nível em questão, qualquer título de formação ou conjunto de títulos de formação emitido por uma autoridade competente num Estado-Membro que sancione uma formação adquirida na União, a tempo inteiro ou parcial, dentro ou fora de programas formais, reconhecida por esse Estado-Membro como de nível equivalente e que confira os mesmos direitos de acesso a uma profissão ou ao seu exercício, ou que prepare para o seu exercício.

Será igualmente considerada título de formação, nos termos e nas mesmas condições que as previstas no primeiro parágrafo, qualquer qualificação profissional que, embora não satisfaça as exigências constantes das disposições legislativas, regulamentares ou administrativas em vigor no Estado-Membro de origem em matéria de acesso a uma profissão ou do seu exercício, confira ao respetivo titular direitos adquiridos por força dessas disposições. Isto aplica-se particularmente no caso de o Estado-Membro de origem aumentar o nível de formação exigido para aceder a uma profissão e ao seu exercício e a pessoa que tenha tido uma formação anterior que não preenche os requisitos para a nova qualificação beneficiar de direitos adquiridos ao abrigo de disposições legislativas, regulamentares ou administrativas nacionais; neste caso, para os efeitos da aplicação do artigo 13º, a formação anterior é considerada pelo Estado-Membro de acolhimento como sendo correspondente ao nível da nova formação.

Artigo 13º – Condições para o reconhecimento

1 – Caso o acesso a uma profissão regulamentada ou o seu exercício esteja, num Estado-Membro de acolhimento, subordinado à posse de determinadas qualificações profissionais, a autoridade competente desse Estado-Membro deve permitir aos requerentes o acesso a essa profissão e o seu exercício, nas mesmas condições que aos seus nacionais, se estes possuírem uma declaração de competência ou o título de formação referido no artigo 11º, exigido por outro Estado-Membro para aceder à mesma profissão e a exercer no seu território.

As declarações de competência ou os títulos de formação são emitidos por uma autoridade competente de um Estado-Membro, designada nos termos das disposições legislativas, regulamentares ou administrativas desse Estado-Membro.

2 – O acesso a uma profissão e o seu exercício, nos termos do nº 1, devem igualmente ser permitidos aos requerentes que tenham exercido a profissão em causa a tempo inteiro durante um ano ou um período de duração global equivalente a tempo parcial nos 10 anos anteriores noutro Estado-Membro que não regulamente essa profissão, e que possuam uma ou várias declarações de competência ou provas de qualificações profissionais emitidos por outro Estado-Membro que não regulamente essa profissão.

As declarações de competência e os títulos de formação devem preencher as seguintes condições:

a) Terem sido emitidos por uma autoridade competente de um Estado-Membro, designada nos termos das disposições legislativas, regulamentares ou administrativas desse Estado;

b) Comprovarem que o titular obteve preparação para o exercício da profissão em causa.

A experiência profissional de um ano referida no primeiro parágrafo não pode, contudo, ser exigida se as provas de qualificações profissionais que o requerente possuir atestarem uma formação regulamentada.

3 – O Estado-Membro de acolhimento deve reconhecer o nível certificado nos termos do artigo 11º pelo Estado-Membro de origem, bem como o certificado através do qual o Estado-Membro de origem atesta que a formação regulamentada ou formação profissional com uma estrutura específica referida no artigo 11º, alínea *c*), subalínea *ii*), é equivalente ao nível previsto no artigo 11º, alínea *c*), subalínea *i*).

4 – Não obstante o disposto nos nºs 1 e 2 do presente artigo e no artigo 14º, a autoridade competente do Estado-Membro de acolhimento pode recusar o

acesso à profissão e o seu exercício aos titulares de uma declaração de competência classificada nos termos do artigo 11º, alínea *a*), se a qualificação profissional nacional exigida para exercer a profissão no seu território for classificada nos termos do artigo 11º, alínea *e*).

Artigo 14º – Medidas de compensação

1 – O artigo 13º não obsta a que o Estado-Membro de acolhimento exija que o requerente realize um estágio de adaptação durante um máximo de três anos ou se submeta a uma prova de aptidão, num dos casos seguintes:

a) Se a formação que o requerente recebeu abranger matérias substancialmente diferentes das que são abrangidas pelo título de formação exigido no Estado-Membro de acolhimento;

b) Se a profissão regulamentada no Estado-Membro de acolhimento abranger uma ou várias atividades profissionais regulamentadas que não existam na profissão correspondente no Estado-Membro de origem do requerente, e a formação exigida no Estado-Membro de acolhimento diga respeito a matérias substancialmente diferentes das abrangidas pela declaração de competência ou pelo título de formação apresentados pelo requerente.

2 – Se o Estado-Membro de acolhimento fizer uso da possibilidade prevista no nº 1, deverá permitir que o requerente opte entre o estágio de adaptação e a prova de aptidão.

Quando um Estado-Membro considerar que, para uma determinada profissão, é necessária uma derrogação da disposição que permite ao migrante optar entre o estágio de adaptação e a prova de aptidão, nos termos do primeiro parágrafo, informará previamente os outros Estados-Membros e a Comissão desse facto, apresentando uma justificação adequada para essa derrogação.

Se a Comissão considerar que a derrogação referida no segundo parágrafo não é adequada ou não respeita o direito da União, adota um ato de execução, no prazo de três meses a contar da receção de todas as informações necessárias, para solicitar ao Estado-Membro em questão que se abstenha de tomar a medida prevista. Na falta de reação da Comissão dentro desse prazo, a derrogação poderá ser aplicada.

3 – Em relação às profissões cujo exercício exige um conhecimento preciso do direito nacional e em que o aconselhamento e/ou a prestação de assistência em matéria de direito nacional constitui um elemento essencial e constante, o Estado-Membro de acolhimento poderá, em derrogação do princípio enunciado no nº 2, nos termos do qual o requerente tem um direito de opção, impor um estágio de adaptação ou uma prova de aptidão.

O mesmo aplicar-se-á igualmente nos casos previstos no artigo 10º , alíneas *b*) e *c*); alínea *d*), no que se refere aos médicos e dentistas; alínea *f*), sempre que o migrante vise o reconhecimento noutro Estado-Membro em que as atividades profissionais em causa sejam exercidas por enfermeiros responsáveis por cuidados gerais ou enfermeiros especializados que possuam um título de formação especializada e se tenham submetido à formação conducente à obtenção dos títulos enumerados no ponto 5.2.2 do anexo V; e alínea *g*).

Nos casos abrangidos pela alínea *a*) do artigo 10º, o Estado-Membro de acolhimento poderá exigir um estágio de adaptação ou uma prova de aptidão quando o migrante pretenda exercer uma atividade profissional, como independente ou como dirigente de empresa, que requeira o conhecimento e a aplicação das disposições nacionais pertinentes em vigor, desde que esse conhecimento e essa aplicação sejam exigidos pelas autoridades competentes do Estado-Membro de acolhimento aos seus próprios nacionais para o acesso a essa atividade.

Em derrogação ao princípio do direito de escolha do requerente, previsto no nº 2, o Estado-Membro de acolhimento pode estabelecer um período de adaptação ou uma prova de aptidão no caso de:

a) Um titular de uma qualificação profissional, nos termos do artigo 11º, alínea *a*), que solicita o reconhecimento das suas qualificações profissionais nos casos em que a qualificação profissional nacional exigida esteja classificada nos termos do artigo 11º, alínea *c*); ou

b) Um titular de uma qualificação profissional, nos termos do artigo 11º, alínea *b*), que solicita o reconhecimento das suas qualificações profissionais nos casos em que a qualificação profissional nacional exigida esteja classificada nos termos do artigo 11º, alíneas *d*) ou *e*).

No caso de um titular de uma qualificação profissional, nos termos do artigo 11º, alínea *a*), que solicita o reconhecimento das suas qualificações profissionais, caso a qualificação profissional nacional exigida esteja classificada nos termos do artigo 11º, alínea *d*), o Estado-Membro de acolhimento pode impor tanto um período de adaptação como uma prova de aptidão.

4 – Para efeitos dos nºs 1 e 5, entende-se por «matérias substancialmente diferentes» as matérias cujo conhecimento, aptidões e competências adquiridas são essenciais ao exercício da profissão e relativamente às quais a formação recebida pelo migrante contém diferenças substanciais, em termos de conteúdo, em relação à formação exigida no Estado-Membro de acolhimento.

5 – O nº 1 deve ser aplicado no respeito pelo princípio da proporcionalidade. Em especial, se o Estado-Membro de acolhimento tencionar exigir do requerente a realização de um estágio de adaptação ou de uma prova de aptidão deve, em primeiro lugar, verificar se os conhecimentos, aptidões e competências por ele adquiridos no decurso da sua experiência profissional profissional ou da sua aprendizagem ao longo da vida, e formalmente validados para esse fim por uma entidade competente, em qualquer Estado-Membro ou num país terceiro são

suscetíveis de compensar, no todo ou em parte, as matérias substancialmente diferentes a que se refere o nº 4.

6 – A decisão de impor a realização de um estágio de adaptação ou de uma prova de aptidão deve ser devidamente justificada. Mais concretamente, o requerente deve receber a seguinte informação:

a) O nível de qualificação profissional exigido no Estado-Membro de acolhimento e o nível de qualificação profissional detido pelo requerente de acordo com a classificação estabelecida no artigo 11º; e

b) As diferenças substanciais referidas no nº 4 e as razões pelas quais essas diferenças não podem ser compensadas pelos conhecimentos, aptidões e competências adquiridos no decurso da experiência profissional ou da aprendizagem ao longo da vida e formalmente validados para esse fim por uma entidade competente.

7 – Os Estados-Membros asseguram que os requerentes possam fazer a prova de aptidão referida no nº 1, no prazo máximo de seis meses a contar da decisão inicial de imposição de uma prova de aptidão ao requerente.

Artigo 15º – Dispensa de medidas de compensação com base em plataformas comuns

(Suprimido)

CAPÍTULO II – Reconhecimento da experiência profissional

Artigo 16º – Exigências em matéria de experiência profissional

Sempre que, num Estado-Membro, o acesso a uma das atividades enumeradas no anexo IV, ou o respetivo exercício, esteja subordinado à posse de conhecimentos e aptidões gerais, comerciais ou profissionais, esse Estado-Membro deverá reconhecer como prova suficiente desses conhecimentos e aptidões o exercício prévio da atividade em causa noutro Estado-Membro. Esta atividade deve ter sido exercida nos termos dos artigos 17º, 18º e 19º.

Artigo 17º – Atividades constantes da lista I do anexo IV

1 – No caso das atividades constantes da lista I do anexo IV, a atividade em causa deve ter sido exercida anteriormente:

a) Durante seis anos consecutivos por conta própria ou como dirigente de empresa; ou

b) Durante três anos consecutivos por conta própria ou como dirigente de empresa, desde que o beneficiário prove que, para exercer a atividade em questão, recebeu uma formação prévia de pelo menos três anos, sancionada por um certificado reconhecido por esse Estado-Membro ou considerado plenamente válido por um organismo profissional competente; ou

c) Durante quatro anos consecutivos por conta própria ou como dirigente de empresa, desde que o beneficiário prove que, para exercer a atividade em questão, recebeu uma formação prévia de pelo menos dois anos, sancionada por um certificado reconhecido por esse Estado-Membro ou considerado plenamente válido por um organismo profissional competente; ou

d) Durante três anos consecutivos por conta própria, desde que o beneficiário prove que exerceu a atividade em questão por conta de outrem durante, pelo menos, cinco anos; ou

e) Durante cinco anos consecutivos como quadro superior, dos quais pelo menos três anos com funções técnicas e como responsável de pelo menos um dos departamentos da empresa, desde que o beneficiário prove que, para exercer a atividade em questão, recebeu uma formação prévia de pelo menos três anos, sancionada por um certificado reconhecido por esse Estado-Membro ou considerado plenamente válido por um organismo profissional competente.

2 – Nos casos previstos nas alíneas *a*) e *d*), o exercício da atividade não deve ter cessado há mais de 10 anos no momento da apresentação do processo completo pelo interessado à autoridade competente referida no artigo 56º.

3 – A alínea *e*) do nº 1 não é aplicável às atividades do grupo ex. 855 da nomenclatura CITEI, salões de cabeleireiro.

Artigo 18º – Atividades constantes da lista II do anexo IV

1 – No caso das atividades constantes da lista II do anexo IV, a atividade em causa deve ter sido exercida anteriormente:

a) Durante cinco anos consecutivos por conta própria ou como dirigente de empresa; ou

b) Durante três anos consecutivos por conta própria ou como dirigente de empresa, desde que o beneficiário prove que, para exercer a atividade em questão, recebeu uma formação prévia de pelo menos três anos, sancionada por um certificado reconhecido por esse Estado-Membro ou considerado plenamente válido por um organismo profissional competente; ou

c) Durante quatro anos consecutivos por conta própria ou como dirigente de empresa, desde que o beneficiário prove que, para exercer a atividade em questão, recebeu uma formação prévia de pelo menos dois anos, sancionada por um certificado reconhecido por esse Estado-Membro ou considerado plenamente válido por um organismo profissional competente; ou

d) Durante três anos consecutivos por conta própria ou como dirigente de empresa, desde que o beneficiário prove que exerceu a atividade em questão por conta de outrem durante, pelo menos, cinco anos; ou *e*) Durante cinco anos consecutivos por conta de outrem, desde que o beneficiário prove que, para exercer a atividade em questão, recebeu uma formação prévia de pelo menos três anos, sancionada por um certificado reconhecido por esse Estado-Membro ou considerada plenamente válida por um organismo profissional competente; ou

f) Durante seis anos consecutivos por conta de outrem, desde que o beneficiário prove que, para exercer a atividade em questão, recebeu uma formação prévia de pelo menos dois anos, sancionada por um certificado reconhecido por esse Estado-Membro ou considerada plenamente válida por um organismo profissional competente.

2 – Nos casos previstos nas alíneas *a*) e *d*), o exercício da atividade não deve ter cessado há mais de 10 anos no momento da apresentação do processo completo pelo interessado à autoridade competente referida no artigo 56º.

Artigo 19º – Atividades constantes da lista III do anexo IV

1 – No caso das atividades constantes da lista III do anexo IV, a atividade em causa deve ter sido exercida anteriormente:

a) Durante três anos consecutivos por conta própria ou como dirigente de empresa; ou

b) Durante dois anos consecutivos por conta própria ou como dirigente de empresa, desde que o beneficiário prove que, para exercer a atividade em questão, recebeu uma formação prévia sancionada por um certificado reconhecido por esse Estado-Membro ou considerada plenamente válida por um organismo profissional competente; ou

c) Durante dois anos consecutivos por conta própria ou como dirigente de empresa, desde que o beneficiário prove que exerceu a atividade em questão por conta de outrem durante, pelo menos, três anos; ou

d) Durante três anos consecutivos por conta de outrem, desde que o beneficiário prove que, para exercer a atividade em questão, recebeu uma formação prévia sancionada por um certificado reconhecido por esse Estado-Membro ou considerada plenamente válida por um organismo profissional competente.

2 – Nos casos previstos nas alíneas *a*) e *c*), o exercício da atividade não deve ter cessado há mais de 10 anos no momento da apresentação do processo completo, pelo interessado, à autoridade competente referida no artigo 56º.

Artigo 20º – Adaptação das listas de atividades constantes do anexo IV

A Comissão fica habilitada a adotar, nos termos do artigo 57º-C, atos delegados para proceder às adaptações das listas de atividades constantes do anexo IV que sejam objeto de reconhecimento da experiência profissional nos termos do artigo 16º, com vista à atualização ou clarificação das atividades enumeradas no Anexo IV, nomeadamente com vista a especificar melhor o seu âmbito e a ter em devida conta os últimos desenvolvimentos no domínio da nomenclatura por atividades, desde que tal não implique uma redução do âmbito das atividades respeitantes a cada uma das categorias e que não haja uma transferência de atividades entre as atuais listas I, II e III do Anexo IV.

CAPÍTULO III – Reconhecimento com base na coordenação das condições mínimas de formação

SECÇÃO 1 – Disposições gerais

Artigo 21º – Princípio do reconhecimento automático

1 – Os Estados-Membros reconhecerão os títulos de formação de médico que permitam aceder às atividades profissionais de médico com formação de base e de médico especialista, enfermeiro responsável por cuidados gerais, dentista, dentista especialista, veterinário, farmacêutico e arquiteto enumerados, respetivamente, nos pontos 5.1.1, 5.1.2, 5.2.2, 5.3.2, 5.3.3, 5.4.2, 5.6.2 e 5.7.1. do anexo V, que respeitem as condições mínimas de formação estabelecidas, respetivamente, nos artigos 24º, 25º, 31º, 34º, 35º, 38º, 44º e 46º, atribuindo-lhes nos respetivos territórios, no que se refere ao acesso às atividades profissionais e ao seu exercício, o mesmo efeito que aos títulos de formação por eles emitidos.

Estes títulos de formação devem ser emitidos pelos organismos competentes dos Estados-membros e acompanhados, se for caso disso, dos certificados enumerados, respetivamente, nos pontos 5.1.1, 5.1.2, 5.2.2, 5.3.2, 5.3.3, 5.4.2, 5.6.2 e 5.7.1. do anexo V.

O disposto no primeiro e no segundo parágrafos não prejudica os direitos adquiridos previstos nos artigos 23º, 27º, 33º, 37º, 39º e 49º.

2 – Os Estados-Membros reconhecerão, para o exercício da atividade de médico generalista, no âmbito do respetivo regime nacional de segurança social, os títulos de formação enumerados no ponto 5.1.4 do anexo V que tenham sido concedidos a nacionais dos Estados-Membros pelos outros Estados-Membros, de acordo com as condições mínimas de formação estabelecidas no artigo 28º.

O disposto no primeiro parágrafo não prejudica os direitos adquiridos referidos no artigo 30º.

3 – Os Estados-Membros reconhecerão os títulos de formação de parteira, enumerados no ponto 5.5.2 do anexo V que tenham sido concedidos a nacionais dos Estados-membros pelos outros Estados-membros, que respeitem as condições mínimas de formação estabelecidas no artigo 40º e os critérios estabelecidos no artigo 41º, atribuindo-lhes nos respetivos territórios, no que se refere

ao acesso às atividades profissionais e ao seu exercício, o mesmo efeito que aos títulos de formação por eles emitidos. Esta disposição não prejudica os direitos adquiridos referidos nos artigos 23º e 43º.

4 – No que respeita à exploração de farmácias não sujeitas a restrições territoriais, um Estado-Membro pode, através de derrogação, decidir não reconhecer os títulos de formação enumerados no ponto 5.6.2. do Anexo V para a criação de novas farmácias abertas ao público. Para efeitos da aplicação do presente número, são também consideradas novas as farmácias abertas há menos de três anos.

Essa derrogação não se aplica aos farmacêuticos cujos títulos já tenham sido reconhecidos pelas autoridades competentes do Estado-Membro de acolhimento para outros efeitos e que tenham exercido de forma efetiva e legítima as atividades profissionais de farmacêutico durante pelo menos três anos consecutivos nesse Estado-Membro.

5 – Os títulos de formação de arquiteto enumerados no ponto 5.7.1. do anexo V que sejam objeto de um reconhecimento automático nos termos do nº 1 sancionam uma formação que não poderá ter sido iniciada antes do ano académico de referência constante do referido anexo.

6 – Os Estados-membros subordinam o acesso às atividades profissionais de médico, enfermeiro responsável por cuidados gerais, dentista, veterinário, parteira e farmacêutico, e o respetivo exercício, à posse de um título de formação enumerado, respetivamente, nos pontos 5.1.1, 5.1.2, 5.1.4, 5.2.2, 5.3.2, 5.3.3, 5.4.2, 5.5.2 e 5.6.2 do Anexo V, que comprove que o interessado adquiriu, no decurso de toda a sua formação, consoante os casos, os conhecimentos, aptidões e competências enumerados no artigo 24º, nº 3, no artigo 31º, nºs 6 e 7, no artigo 34º, nº 3, no artigo 38º, nº 3, no artigo 40º, nº 3, e no artigo 44º, nº 3.

A fim de ter em conta o progresso científico e técnico universalmente reconhecido, a Comissão fica habilitada a adotar, nos termos do artigo 57º-C, atos delegados para atualizar os conhecimentos e aptidões referidos no artigo 24º, nº 3, no artigo 31º, nº 6, no artigo 34º, nº 3, no artigo 40º, nº 3, no artigo 44º, nº 3, e no artigo 46º, nº 4, de modo a refletir a evolução do direito da União que afeta diretamente os profissionais em causa.

Essa atualização não implica uma alteração dos princípios legais existentes nos Estados-Membros relativamente ao regime das profissões no que diz respeito à formação e às condições de acesso das pessoas singulares. As atualizações devem respeitar a responsabilidade dos Estados-Membros pela organização dos sistemas de ensino, estabelecida no artigo 165º, nº 1, do Tratado sobre o Funcionamento da União Europeia (TFUE).

Artigo 21º-A – Procedimento de notificação

1 – Os Estados-Membros notificam a Comissão das disposições legislativas, regulamentares e administrativas que adotarem em matéria de emissão de títulos de formação nas profissões abrangidas pelo presente capítulo.

No caso dos títulos de formação referidos na secção 8 do presente capítulo, a notificação prevista no primeiro parágrafo é também dirigida aos outros Estados-Membros.

2 – A notificação referida no nº 1 deve incluir informações sobre a duração e o conteúdo dos programas de formação.

3 – A notificação referida no nº 1 deve ser transmitida através do IMI.

4 – A fim de ter em devida conta os desenvolvimentos legislativos e administrativos nos Estados-Membros e desde que as disposições legislativas, regulamentares e administrativas notificadas nos termos do nº 1 do presente artigo cumpram as condições estabelecidas no presente capítulo, a Comissão fica habilitada a adotar, nos termos do artigo 57º-C, atos delegados com vista à alteração dos pontos 5.1.1 a 5.1.4, 5.2.2, 5.3.2, 5.3.3, 5.4.2, 5.5.2, 5.6.2 e 5.7.1 do Anexo V, no que diz respeito à atualização das denominações adotadas pelos Estados-Membros para os títulos de formação, bem como, se for caso disso, o organismo que emite o título de formação, o certificado que o acompanha e o título profissional correspondente. [51]

5 – Se as disposições legislativas, regulamentares e administrativas notificadas nos termos do nº 1 não cumprirem as condições estabelecidas no presente capítulo, a Comissão adota um ato de execução com vista a rejeitar o pedido de alteração dos pontos 5.1.1 a 5.1.4, 5.2.2, 5.3.2, 5.3.3, 5.4.2, 5.5.2, 5.6.2 ou 5.7.1 do Anexo V.

Artigo 22º – Disposições comuns em matéria de formação

No tocante à formação referida nos artigos 24º, 25º, 28º, 31º, 34º, 35º, 38º, 40º, 44º e 46º:

a) Os Estados-Membros poderão autorizar uma formação a tempo parcial nas condições previstas pelas autoridades competentes; estas assegurarão que a

[51] Nos termos da anterior redacção do preceito a este equivalente (o segundo parágrafo do nº 7 do artigo 20º), a Comissão publicou as seguintes comunicações de actualização da lista constante do ponto 5.7 do Anexo V que abrangeram títulos portugueses de formação de arquitecto: Comunicação 2008/C 322/03 (J.O.U.E. de 17.12.2008, p. 7); Comunicação 2010/C 337/02 (J.O.U.E. de 14.12.2010, p. 12); Comunicação 2011/C 183/01 (J.O.U.E. de 24.6.2011, p. 3); Comunicação 2013/C 183/02 (J.O.U.E. de 28.6.2013, p. 9).
A lista actualmente em vigor inserida no texto, na parte relativa a esses títulos, corresponde à aprovada pela Comissão, já nos termos deste artigo 21º-A pela Decisão Delegada (EU) 2016/790, de 13 de Janeiro de 2016, publicada em J.O.U.E. de 24.5.2016 e considerada na última versão consolidada disponível.

duração global, o nível e a qualidade dessa formação não sejam inferiores aos da formação a tempo inteiro;

b) Os Estados-Membros devem, em conformidade com os procedimentos específicos de cada Estado-Membro, assegurar, através do fomento do desenvolvimento profissional contínuo, que os profissionais cuja qualificação profissional esteja abrangida pelo capítulo III do presente título possam atualizar os seus conhecimentos, aptidões e competências para manter um desempenho seguro e eficaz e estar a par dos progressos profissionais.

Os Estados-Membros devem comunicar à Comissão as medidas tomadas por força do primeiro parágrafo, alínea *b*), até 18 de janeiro de 2016.

Artigo 23º – Direitos adquiridos

1 – Sem prejuízo dos direitos adquiridos específicos das profissões em causa, quando os títulos de formação de médico que permitem aceder às atividades profissionais de médico com formação de base e de médico especialista, enfermeiro responsável por cuidados gerais, dentista e dentista especialista, veterinário, parteira e farmacêutico, obtidos pelos nacionais dos Estados-Membros, não satisfizerem todas as exigências de formação estabelecidas nos artigos 24º, 25º, 31º, 34º, 35º, 38º, 40º e 44º, os Estados-Membros reconhecerão como prova suficiente os títulos de formação emitidos por aqueles Estados-Membros na medida em que sancionem uma formação iniciada antes das datas de referência constantes dos pontos 5.1.1, 5.1.2, 5.2.2, 5.3.2, 5.3.3, 5.4.2, 5.5.2 e 5.6.2 do anexo V e sejam acompanhados de um certificado comprovativo de que os seus titulares se dedicaram de modo efetivo e lícito às atividades em causa durante, pelo menos, três anos consecutivos no decurso dos cinco anos que precederam a emissão da declaração.

2 – As mesmas disposições serão aplicáveis aos títulos de formação de médico que permitem aceder às atividades profissionais de médico com formação de base e de médico especialista, enfermeiro responsável por cuidados gerais, dentista e dentista especialista, veterinário, parteira e farmacêutico obtidos no território da antiga República Democrática Alemã e que não satisfaçam o conjunto de exigências de formação mínimas estabelecidas nos artigos 24º, 25º, 31º, 34º, 35º, 38º, 40º e 44º, se sancionarem uma formação iniciada antes de:

a) 3 de Outubro de 1990, para os médicos com formação de base, enfermeiros responsáveis por cuidados gerais, dentistas, dentistas especialistas, veterinários, parteiras e farmacêuticos, e

b) 3 de Abril de 1992, para os médicos especialistas.

Os títulos de formação referidos no primeiro parágrafo conferem ao respetivo titular o direito de exercício das atividades profissionais em todo o território da Alemanha nas mesmas condições que os títulos de formação emitidos pelas autoridades alemãs competentes enumerados nos pontos 5.1.1, 5.1.2, 5.2.2, 5.3.2, 5.3.3, 5.4.2, 5.5.2 e 5.6.2 do anexo V.

3 – Sem prejuízo do nº 1 do artigo 37º, os Estados-Membros reconhecerão os títulos de formação de médico que permitem aceder às atividades profissionais de médico com formação de base e de médico especialista, enfermeiro responsável por cuidados gerais, veterinário, parteira, farmacêutico e arquiteto, obtidos pelos nacionais dos Estados-Membros e concedidos pela antiga Checoslováquia, ou comprovativos de uma formação iniciada, no que se refere à República Checa e à Eslováquia, antes de 1 de Janeiro de 1993, sempre que as autoridades de um desses dois Estados-Membros certifiquem que esses títulos possuem, no seu território, o mesmo valor jurídico dos títulos por elas concedidos – e, para os arquitetos, dos títulos enumerados para esses Estados-Membros no ponto 6 do anexo VI – no que se refere ao acesso às atividades profissionais de médico com formação de base e de médico especialista, enfermeiro responsável por cuidados gerais, veterinário, parteira e farmacêutico relativamente às atividades referidas no nº 2 do artigo 45º, e de arquiteto relativamente às atividades referidas no artigo 48º, bem como ao seu exercício.

Tal certificação deverá ser acompanhada de um atestado, emitido pelas mesmas autoridades, comprovativo de que os nacionais daqueles Estados-Membros se dedicaram efetiva e licitamente, no seu território, às atividades em causa durante, pelo menos, três anos consecutivos no decurso dos cinco anos anteriores à emissão do atestado.

4 – Os Estados-Membros reconhecerão os títulos de formação de médico que permitem aceder às atividades profissionais de médico com formação de base e de médico especialista, enfermeiro responsável por cuidados gerais, dentista, dentista especialista, veterinário, parteira, farmacêutico e arquiteto obtidos pelos nacionais dos Estados-Membros e concedidos pela antiga União Soviética ou comprovativos de uma formação iniciada

a) no que se refere à Estónia, antes de 20 de Agosto de 1991,

b) no que se refere à Letónia, antes de 21 de Agosto de 1991,

c) no que se refere à Lituânia, antes de 11 de Março de 1990,

sempre que as autoridades de um desses três Estados-Membros certifiquem que esses títulos possuem, no seu território, a mesma validade jurídica dos títulos por elas concedidos – e, para os arquitetos, dos títulos referidos para esses Estados-Membros no ponto 6 do anexo VI – no que se refere ao acesso às atividades profissionais de médico com formação de base e de médico especialista, enfermeiro responsável por cuidados gerais, dentista, dentista especialista, veterinário, parteira e farmacêutico relativamente às atividades referidas no nº 2 do artigo 45º, e de arquiteto relativamente às atividades referidas no artigo 48º, bem como ao seu exercício.

Tal certificação deverá ser acompanhada de um atestado, emitido pelas mesmas autoridades, comprovativo de que os nacionais daqueles Estados-Membros se dedicaram efetiva e licitamente, no seu território, às atividades em causa durante, pelo menos, três anos consecutivos no decurso dos cinco anos anteriores à emissão do atestado.

No que se refere aos títulos de veterinário concedidos pela antiga União Soviética ou comprovativos de uma formação iniciada, no que se refere à Estónia, antes de 20 de Agosto de 1991, a certificação referida no parágrafo anterior deverá ser acompanhada de um atestado, emitido pelas autoridades estónias, comprovativo de que essas pessoas se dedicaram efetiva e licitamente, no seu território, às atividades em causa durante, pelo menos, cinco anos consecutivos no decurso dos sete anos anteriores à emissão do atestado.

5 – Sem prejuízo do artigo 43º-B, os Estados membros reconhecem os títulos de formação de médico que permitem aceder às atividades profissionais de médico com formação de base e de médico especialista, enfermeiro responsável por cuidados gerais, dentista, dentista especialista, veterinário, parteira, farmacêutico e arquiteto, obtidos pelos nacionais dos Estados membros e concedidos pela antiga Jugoslávia ou comprovativos de uma formação iniciada:

a) No que se refere à Eslovénia, antes de 25 de Junho de 1991; e

b) No que se refere à Croácia, antes de 8 de Outubro de 1991;

sempre que as autoridades desses Estados membros certifiquem que esses títulos possuem, no seu território, a mesma validade jurídica dos títulos por elas concedidos – e, para os arquitetos, dos títulos referidos para esse Estado membro no anexo VI, ponto 6 – no que se refere ao acesso às atividades profissionais de médico com formação de base e de médico especialista, enfermeiro responsável por cuidados gerais, dentista, dentista especialista, veterinário, parteira e farmacêutico relativamente às atividades referidas no artigo 45º, nº 2, e de arquiteto relativamente às atividades referidas no artigo 48º, bem como ao seu exercício.

Tal certificação deverá ser acompanhada de um atestado, emitido pelas mesmas autoridades, comprovativo de que os nacionais daqueles Estados membros se dedicaram efetiva e licitamente, no seu território, às atividades em causa durante, pelo menos, três anos consecutivos no decurso dos cinco anos anteriores à emissão do atestado.

6 – Os Estados-Membros reconhecerão como prova suficiente, para os nacionais dos Estados-Membros cujos títulos de formação de médico, enfermeiro responsável por cuidados gerais, dentista, veterinário, parteira e farmacêutico não correspondam às denominações que figuram, para esse Estado-Membro, nos pontos 5.1.1, 5.1.2, 5.1.3, 5.1.4, 5.2.2, 5.3.2, 5.3.3, 5.4.2, 5.5.2 e 5.6.2 do anexo V, os

títulos de formação emitidos por esses Estados-Membros, se forem acompanhados de um certificado emitido pelas autoridades ou organismos competentes.

O certificado referido no primeiro parágrafo atesta que os referidos títulos de formação sancionam uma formação conforme, respetivamente, aos artigos 24º, 25º, 28º, 31º, 34º, 35º, 38º, 40º e 44º e são considerados, pelo Estado-Membro que os emitiu, como aqueles cujas denominações figuram nos pontos 5.1.1, 5.1.2, 5.1.3, 5.1.4, 5.2.2, 5.3.2, 5.3.3, 5.4.2, 5.5.2 e 5.6.2 do anexo V.

Artigo 23º-A – Circunstâncias específicas

1. Em derrogação da presente diretiva, a Bulgária pode autorizar os detentores do título de formação de «фелдшер» (feldsher) concedido na Bulgária antes de 31 de Dezembro de 1999 que exerçam essa profissão ao abrigo do regime nacional de segurança social búlgaro à data de 1 de Janeiro de 2000 a prosseguir o exercício da referida profissão, mesmo que algumas partes da sua atividade passem a ser abrangidas pela presente diretiva no que diz respeito a médicos e enfermeiros responsáveis pelos cuidados gerais.

2. Os detentores do título de formação búlgaro de «фелдшер» (feldsher) referidos no nº 1 não têm direito a obter reconhecimento profissional noutros Estados-Membros como médicos ou enfermeiros responsáveis pela dispensa de cuidados gerais ao abrigo da presente diretiva.

SECÇÃO 2 – Médico

....

SECÇÃO 3 – Enfermeiro responsável por cuidados gerais

....

SECÇÃO 4 – Dentista

....

SECÇÃO 5 – Veterinário

....

SECÇÃO 6 – Parteira

....

SECÇÃO 7 – Farmacêutico

....

SECÇÃO 8 - Arquiteto

Artigo 46º – Formação de arquiteto

1 – A formação de arquiteto compreende:

a) Um total de, pelo menos, cinco anos de estudos a tempo inteiro numa universidade ou estabelecimento de ensino comparável, formação que deve ser comprovada pela aprovação num exame de nível universitário; ou

b) Não menos de quatro anos de estudos a tempo inteiro numa universidade ou estabelecimento de ensino comparável, formação que deve ser comprovada pela aprovação num exame de nível universitário, acompanhados de um certificado comprovativo da realização de um estágio profissional de dois anos, nos termos do nº 4.

2 – A arquitetura deve ser o elemento principal dos estudos referidos no nº 1. Os estudos devem manter o equilíbrio entre os aspetos teóricos e práticos da formação em arquitetura e assegurar, pelo menos, a aquisição dos conhecimentos, aptidões e competências seguintes:

a) Capacidade para conceber projetos de arquitetura que satisfaçam as exigências estéticas e técnicas;

b) Conhecimento adequado da história e das teorias da arquitetura, bem como das artes, tecnologias e ciências humanas conexas;

c) Conhecimento das belas-artes e da sua influência sobre a qualidade da conceção arquitetónica;

d) Conhecimentos adequados em matéria de urbanismo, ordenamento e competências relacionadas com o processo de ordenamento;

e) Capacidade de apreender as relações entre, por um lado, o homem e os edifícios e, por outro, entre os edifícios e o seu ambiente, bem como a necessidade de relacionar entre si os edifícios e espaços em função das necessidades e da escala humana;

f) Compreensão da profissão de arquiteto e do seu papel na sociedade, nomeadamente, pela elaboração de projetos que tomem em consideração os fatores sociais;

g) Conhecimento dos métodos de investigação e de preparação do caderno de encargos do projeto;

h) Conhecimento dos problemas de conceção estrutural, de construção e de engenharia civil relacionados com a conceção dos edifícios;

i) Conhecimento adequado dos problemas físicos e das tecnologias, bem como da função dos edifícios, no sentido de os dotar de todos os elementos de conforto interior e de proteção climatérica, no âmbito do desenvolvimento sustentável;

j) Capacidade técnica que lhe permita conceber construções que satisfaçam as exigências dos utentes, dentro dos limites impostos pelo fator custo e pelas regulamentações em matéria de construção;

k) Conhecimento adequado das indústrias, organizações, regulamentações e procedimentos implicados na concretização dos projetos em construção e na integração dos planos na planificação geral.

3 – O número de anos de estudos universitários referido nos nºs 1 e 2 pode, além disso, ser expresso com os créditos ECTS equivalentes.

4 – O estágio profissional a que se refere o nº 1, alínea *b*), só deve ser realizado após a conclusão dos primeiros três anos de estudos. Pelo menos um ano do estágio profissional deve fundar-se nos conhecimentos, aptidões e competências adquiridos no decurso dos estudos referidos no nº 2. Para o efeito, o estágio profissional deve ser efetuado sob a orientação de uma pessoa ou entidade autorizada pela autoridade competente do Estado-Membro de origem. Os estágios orientados podem ser realizados em qualquer país. O estágio profissional deve ser avaliado pela autoridade competente do Estado-Membro de origem.

Artigo 47º – Derrogações às condições da formação de arquiteto

Não obstante o disposto no artigo 46º, é igualmente reconhecida como conforme com o artigo 21º a formação no âmbito de programas sociais ou de estudos universitários a tempo parcial que satisfaça as exigências definidas no artigo 46º, nº 2, e que seja sancionada pela aprovação num exame de arquitetura, obtida por um profissional que trabalhe no domínio da arquitetura há pelo menos sete anos sob a orientação de um arquiteto ou de um gabinete de arquitetos. Este exame deve ser de nível universitário e ser equivalente ao exame final referido no artigo 46º , nº 1, alínea *b*).

Artigo 48º – Exercício das atividades profissionais de arquiteto

1 – Para efeitos da presente diretiva, as atividades profissionais de arquiteto são as atividades habitualmente exercidas sob o título profissional de arquiteto.

2 – Considera-se que preenchem as condições requeridas para o exercício das atividades de arquiteto, sob o título profissional de arquiteto, os nacionais de um Estado-Membro autorizados a usar esse título nos termos de uma lei que atribua à autoridade competente de um Estado-Membro a faculdade de conceder esse título aos nacionais dos Estados-Membros que se tenham distinguido especialmente pela qualidade das suas realizações no domínio da arquitetura. As atividades de arquiteto dos interessados serão atestadas por um certificado emitido pelo Estado-Membro de origem.

Artigo 49º – Direitos adquiridos específicos dos arquitetos

1 – Os Estados-Membros reconhecem os títulos de formação de arquiteto enumerados no anexo VI, emitidos pelos outros Estados-Membros e que sancionem uma formação iniciada, o mais tardar, no decurso do ano académico de referência constante do referido anexo, mesmo que não satisfaçam as exigências mínimas definidas no artigo 46º, atribuindo-lhes nos seus territórios, para efeitos de acesso às atividades profissionais de arquiteto e respetivo exercício, o mesmo efeito que aos títulos de formação de arquiteto por eles emitidos.

Nessas condições, são reconhecidos os certificados emitidos pelas autoridades competentes da República Federal da Alemanha que atestem que os títulos de formação emitidos a partir de 8 de Maio de 1945 pelas autoridades competentes da República Democrática Alemã são equivalentes aos títulos correspondentes enumerados no referido anexo.

1-A – O nº 1 é igualmente aplicável aos títulos de formação de arquiteto constantes do Anexo V, nos casos em que a formação tenha começado antes de 18 de janeiro de 2016.

2 – Sem prejuízo do disposto no nº 1, os Estados-Membros reconhecem, atribuindo-lhes nos seus territórios, para efeitos de acesso às atividades profissionais de arquiteto e respetivo exercício sob o título profissional de arquiteto, o mesmo efeito que aos títulos de formação por eles emitidos, os certificados concedidos aos nacionais dos Estados-Membros pelos Estados-Membros que tenham aprovado regras em matéria de acesso e de exercício das atividades de arquiteto nas datas seguintes:

a) 1 de Janeiro de 1995 para a Áustria, a Finlândia e a Suécia;

b) 1 de Maio de 2004 para a República Checa, a Estónia, Chipre, a Letónia, a Lituânia, a Hungria, Malta, a Polónia, a Eslovénia e a Eslováquia;

b-A) 1 de Julho de 2013 para a Croácia;

c) 5 de Agosto de 1987 para os outros Estados-Membros.

Os certificados referidos no primeiro parágrafo atestam que o seu titular foi autorizado a usar o título profissional de arquiteto o mais tardar nessa data e se dedicou efetivamente, no âmbito dessas regras, às atividades em causa durante, pelo menos, três anos consecutivos no decurso dos cinco que precederam a emissão do certificado.

3 – Para efeitos de acesso e exercício da profissão de arquiteto, um Estado-Membro deve atribuir, no respetivo território, o mesmo efeito dos títulos de formação por si emitidos ao seguinte título de formação: comprovativo da formação de três anos ministrada pelas «Fachhochschulen» na República Federal da Alemanha, existente desde 5 de agosto de 1985, e iniciada antes de 17 de janeiro de 2014, que satisfaça as exigências definidas no nº 2 do artigo 46º e dê acesso, nesse Estado-Membro, às atividades referidas no artigo 48º com o título

profissional de «arquiteto», desde que completada por um período de experiência profissional de quatro anos na República Federal da Alemanha, comprovado por um certificado emitido pela autoridade competente em que esteja inscrito o arquiteto que pretender beneficiar do disposto na presente diretiva.

CAPÍTULO III-A – Reconhecimento automático com base em princípios de formação comuns

....

CAPÍTULO IV – Disposições comuns em matéria de estabelecimento

Artigo 50º – Documentação e formalidades

1 – Quando deliberarem sobre um pedido de autorização para o exercício da profissão regulamentada em questão nos termos do presente título, as autoridades competentes do Estado-Membro de acolhimento poderão exigir os documentos e certificados enumerados no anexo VII.

Os documentos referidos nas alíneas *d*), *e*) e f) do ponto 1 do anexo VII não poderão ser apresentados mais de três meses após a data da sua emissão.

Os Estados-Membros, organismos e outras pessoas coletivas garantirão a confidencialidade das informações recebidas.

2 – Em caso de dúvida justificada, o Estado-Membro de acolhimento pode exigir das autoridades competentes de outro Estado-Membro a confirmação da autenticidade dos certificados emitidos e dos títulos de formação concedidos nesse Estado-Membro, bem como, eventualmente, a confirmação de que o beneficiário satisfaz, para as profissões referidas no capítulo III do presente título, as condições mínimas de formação estabelecidas, respetivamente, nos artigos 24º, 25º, 28º, 31º, 34º, 35º, 38º, 40º, 44º e 46º.

3 – Em caso de dúvida justificada, quando os títulos de formação, tal como definidos na alínea *c*) do nº 1 do artigo 3º, tenham sido emitidos por uma autoridade competente de um Estado-Membro e incluam formação recebida total ou parcialmente num estabelecimento legalmente estabelecido no território de outro Estado-Membro, o Estado-Membro de acolhimento terá o direito de verificar junto do organismo competente do Estado-Membro em que os títulos foram emitidos:

a) Se o curso de formação no estabelecimento que o ministrou foi formalmente certificado pelo estabelecimento de ensino situado no Estado-Membro em que o título foi emitido;

b) Se o título de formação emitido corresponde ao que teria sido concedido se o curso de formação tivesse sido inteiramente ministrado no Estado-Membro em que foi emitido, e

c) Se o título de formação confere os mesmos direitos profissionais no território do Estado-Membro em que foi emitido.

3-A – Em caso de dúvida justificada, o Estado-Membro de acolhimento pode exigir das autoridades competentes de outro Estado-Membro a confirmação de que o requerente não tem o exercício da profissão suspenso ou proibido devido a falta profissional grave ou condenação por infração penal no exercício de qualquer uma das suas atividades profissionais.

3-B – O intercâmbio de informações entre as autoridades competentes dos diferentes Estados-Membros, nos termos do presente artigo, deve ocorrer através do IMI.

4 – Quando o Estado-Membro de acolhimento exigir aos seus nacionais um juramento ou uma declaração solene para obter acesso a uma profissão regulamentada, e caso a fórmula de tal juramento ou declaração não possa ser utilizada pelos nacionais dos outros Estados-Membros, o Estado-Membro de acolhimento assegurará que os interessados possam usar uma fórmula equivalente adequada.

Artigo 51º – Procedimento para o reconhecimento mútuo das qualificações profissionais

1 – A autoridade competente do Estado-Membro de acolhimento acusará a receção do processo do requerente no prazo de um mês a contar da receção, e informará o requerente de qualquer documento em falta.

2 – O procedimento de análise do pedido de autorização para o exercício de uma profissão regulamentada deverá ser concluído com a maior brevidade possível e sancionado por uma decisão devidamente fundamentada da autoridade competente do Estado-Membro de acolhimento e, em todo o caso, no prazo de três meses a contar da apresentação do processo completo pelo interessado. Contudo, este prazo poderá ser prorrogado por um mês nos casos abrangidos pelos capítulos I e II do presente título.

3 – A decisão ou falta de decisão no prazo previsto é suscetível de recurso judicial de direito interno.

Artigo 52º – Uso do título profissional

1 – Quando, num Estado-Membro de acolhimento, o uso do título profissional relativo a uma das atividades da profissão em causa esteja regulamentado, os nacionais dos outros Estados-Membros autorizados a exercer uma profissão regulamentada com base no título III usarão o título profissional do Estado-

-Membro de acolhimento que, neste Estado, corresponde a essa profissão, e farão uso da sua eventual abreviatura.

2 – Sempre que uma profissão esteja regulamentada no Estado-Membro de acolhimento por uma associação ou organização na aceção do nº 2 do artigo 3º, os nacionais dos Estados-Membros só terão direito ao uso do título profissional conferido por essa organização ou associação, ou da respetiva designação abreviada, mediante prova de que são membros dessa organização ou associação.

Quando a associação ou organização subordinar a aquisição da qualidade de membro à posse de certas qualificações, só poderá fazê-lo, nas condições previstas na presente diretiva, em relação a nacionais de outros Estados-Membros que possuam qualificações profissionais.

3 – Um Estado-Membro não pode reservar o uso do título profissional aos titulares das qualificações profissionais se não tiver notificado o reconhecimento da associação ou organização à Comissão e aos outros Estados-Membros, nos termos do artigo 3º, nº 2.

TÍTULO IV – Modalidades de Exercício da Profissão

Artigo 53º – Conhecimentos linguísticos

1 – Os profissionais beneficiários do reconhecimento de qualificações profissionais devem ter os conhecimentos linguísticos necessários para o exercício da profissão no Estado-Membro de acolhimento.

2 – Os Estados Membros asseguram que os controlos realizados por uma autoridade competente, ou sob a sua supervisão, tendo em vista verificar o cumprimento da obrigação prevista no nº 1 sejam limitados ao conhecimento de uma língua oficial do Estado-Membro de acolhimento, ou uma língua administrativa do Estado-Membro de acolhimento desde que também seja uma língua oficial da União.

3 – Podem ser impostos controlos realizados nos termos do nº 2 se a profissão a exercer tem impacto na segurança dos doentes. Podem ser impostos controlos para outras profissões, em caso de dúvida séria e concreta sobre a adequação dos conhecimentos linguísticos do profissional em relação às atividades profissionais que pretenda exercer.

Os controlos só podem ser efetuados após a emissão de uma carteira profissional europeia, nos termos do artigo 4º, alínea *d*), ou após o reconhecimento de uma qualificação profissional, consoante o caso.

4 – O controlo dos conhecimentos linguísticos deve ser proporcional à atividade a exercer. O profissional em causa deve poder recorrer dos resultados desse controlo ao abrigo da legislação nacional.

Artigo 54º – Uso de títulos académicos

Sem prejuízo do disposto nos artigos 7º e 52º, o Estado-Membro de acolhimento assegurará o reconhecimento aos interessados do direito de usar os respetivos títulos académicos obtidos no Estado-Membro de origem e, eventualmente, da sua abreviatura, na língua do Estado-Membro de acolhimento. O Estado-Membro de acolhimento pode determinar que esses títulos sejam seguidos do nome e do local do estabelecimento ou do júri de exame que os emitiu. Quando um título académico do Estado-Membro de origem puder ser confundido, no Estado-Membro de acolhimento, com qualquer título que exija, neste último Estado, uma formação complementar não obtida pelo interessado, o Estado-Membro de acolhimento pode exigir que este último use o título académico do Estado-Membro de origem de forma adequada, a definir pelo Estado-Membro de acolhimento.

Artigo 55º – Inscrição num regime de seguro de doença

Sem prejuízo do disposto no nº 1 do artigo 5º e na alínea *b*) do primeiro parágrafo do artigo 6º, os Estados-Membros que exijam das pessoas que tenham obtido as suas qualificações profissionais nos seus territórios a realização de um estágio preparatório e/ou de um período de experiência profissional para poderem inscrever-se num regime de seguro de doença dispensarão desta obrigação os titulares de qualificações profissionais de médico e de dentista adquiridas noutro Estado-Membro.

Artigo 55º-A – Reconhecimento do estágio profissional

1 – Se o acesso a uma profissão regulamentada no Estado-Membro de origem for condicionado à conclusão de um estágio profissional, a autoridade competente do Estado-Membro de origem deve, ao examinar um pedido de autorização para exercer a profissão regulamentada, reconhecer os estágios profissionais efetuados noutro Estado-Membro, na condição de que sejam conformes com as orientações publicadas referidas no nº 2, e deve ter em conta estágios profissionais efetuados num país terceiro. Os Estados-Membros podem, no entanto, fixar na legislação nacional um limite razoável à duração da parte do estágio profissional que pode ser efetuada no estrangeiro.

2 – O reconhecimento do estágio profissional não substitui os requisitos em vigor para passar num exame tendo em vista o acesso à profissão em causa. As autoridades competentes devem publicar orientações sobre a organização e o reconhecimento de estágios profissionais efetuados noutro Estado-Membro ou num país terceiro, em especial sobre o papel do supervisor do estágio profissional.

TÍTULO V – Cooperação Administrativa e Responsabilidade pela Execução Perante os Cidadãos

Artigo 56º – Autoridades competentes

1 – As autoridades competentes do Estado-Membro de acolhimento e do Estado-Membro de origem deverão colaborar estreitamente e prestar-se assistência mútua, a fim de facilitar a aplicação da presente diretiva. Deverão igualmente assegurar a confidencialidade das informações trocadas entre si.

2 – As autoridades competentes dos Estado-Membros de origem e de acolhimento devem trocar informações sobre processos disciplinares ou sanções penais aplicadas ou quaisquer outras circunstâncias específicas graves suscetíveis de ter consequências no exercício das atividades previstas na presente diretiva. Devem fazê-lo no respeito pelas regras de proteção dos dados pessoais consignadas na Diretiva 95/46/CE e na Diretiva 2002/58/CE.

O Estado-Membro de origem deverá analisar a veracidade dos factos e as suas autoridades deverão decidir da natureza e da amplitude das investigações a efetuar e comunicar ao Estado-Membro de acolhimento as conclusões que tirarem das informações de que dispõem.

2 – A – Para efeitos dos nºs 1 e 2, as autoridades competentes utilizam o IMI.

3 – Cada Estado-Membro deverá designar, até 20 de Outubro de 2007, as autoridades e organismos competentes para a concessão ou receção dos títulos de formação e de outros documentos ou informações, bem como para a receção dos pedidos e a tomada das decisões visadas na presente diretiva, e informar imediatamente os outros Estados-Membros e a Comissão das respetivas designações.

4 – Cada Estado-Membro designa um coordenador para as atividades das autoridades competentes referidas no nº 1 e informa desse facto os outros Estados-Membros e a Comissão.

Os coordenadores têm as seguintes missões:

a) Promover a aplicação uniforme da presente diretiva;

b) Reunir todas as informações úteis para a aplicação da presente diretiva, nomeadamente as relativas às condições de acesso às profissões regulamentadas nos Estados-Membros;

c) Examinar as propostas de quadros de formação comuns e de testes de formação comuns;

d) Fazer o intercâmbio de informações e das melhores práticas para otimizar o desenvolvimento profissional contínuo nos Estados-Membros;

e) Fazer o intercâmbio de informações e das melhores práticas sobre a aplicação das medidas de compensação previstas no artigo 14º.

Para efeitos do exercício das funções referidas na alínea *b*) do presente número, os coordenadores podem recorrer aos centros de assistência referidos no artigo 57º-B.

Artigo 56º-A – Mecanismo de alerta

1 – As autoridades competentes de um Estado-Membro comunicam às autoridades competentes dos outros Estados-Membros a identidade de um profissional a quem o exercício, no território desse Estado-Membro, da totalidade ou de partes das atividades profissionais que se seguem tenha sido limitado ou proibido, ainda que temporariamente, pelas autoridades ou tribunais nacionais:

a) Médico de clínica geral detentor de um dos títulos de formação referidos nos pontos 5.1.1 e 5.1.4 do Anexo V;

b) Médico especialista detentor de um dos títulos referidos no ponto 5.1.3 do Anexo V;

c) Enfermeiro responsável por cuidados gerais detentor de um dos títulos de formação referidos no ponto 5.2.2 do Anexo V;

d) Dentista detentor de um dos títulos de formação referidos no ponto 5.3.2 do Anexo V;

e) Dentista especialista detentor de um dos títulos de formação referidos no ponto 5.3.3 do Anexo V;

f) Dentista especialista detentor de um dos títulos de formação referidos no ponto 5.4.2 do Anexo V;

g) Parteira detentora de um dos títulos de formação referidos no ponto 5.5.2 do Anexo V;

h) Farmacêutico detentor de um dos títulos de formação referidos no ponto 5.6.2 do Anexo V;

i) Titulares dos certificados referidos no ponto 2 do Anexo VII, que comprovem que o titular concluiu uma formação que satisfaz os requisitos mínimos previstos nos artigos 24º, 25º, 31º, 34º, 35º, 38º, 40º ou 44º, respetivamente, mas que teve início antes das datas de referência dos títulos de formação constantes dos pontos 5.1.3, 5.1.4, 5.2.2, 5.3.2, 5.3.3, 5.4.2, 5.5.2 e 5.6.2 do Anexo V;

j) Titulares de certificados dos direitos adquiridos a que se referem os artigos 23º, 27º, 29º, 33º, 33º-A, 37º, 43º e 43º-A;

k) Outros profissionais que exerçam uma atividade que tenha impacto na segurança dos doentes, sempre que o profissional em causa exerça uma profissão regulamentada nesse Estado-Membro;

l) Profissionais que exerçam atividades relacionadas com a educação de menores, incluindo a prestação de cuidados à infância e a educação pré-escolar, sempre que o profissional exerça uma profissão regulamentada nesse Estado-Membro.

2 – As autoridades competentes enviam a informação referida no nº 1 por meio de alerta através do IMI no prazo máximo de três dias a contar da data de adoção da decisão que limita ou proíbe o profissional em causa de exercer uma determinada atividade profissional. Esta informação deve limitar-se ao seguinte;

a) A identidade do profissional;

b) A profissão em causa;

c) Informações sobre a autoridade ou tribunal nacional que adota a decisão de restrição ou proibição;

d) O âmbito da restrição ou proibição, e ainda

e) O período de vigência da restrição ou proibição.

3 – As autoridades competentes do Estado-Membro em causa informam, o mais tardar três dias após a data de adoção da decisão judicial, as autoridades competentes de todos os outros Estados-Membros, por meio de alerta através do IMI, sobre a identidade dos profissionais que requereram o reconhecimento de uma qualificação ao abrigo da presente diretiva e em relação aos quais se veio a concluir, através de decisão judicial, que utilizaram títulos de qualificações profissionais falsificados neste contexto.

4 – O tratamento de dados pessoais para efeitos das trocas de informações referidas nos nºs 1 e 3 é efetuado nos termos das Diretivas 95/46/CE e 2002/58//CE. O tratamento de dados pessoais por parte da Comissão é efetuado nos termos do Regulamento (CE) nº 45/2001.

5 – As autoridades competentes de todos os Estados-Membros devem ser informadas sem demora sempre que uma proibição ou restrição a que se refere o nº 1 tenha expirado. Para o efeito, a autoridade competente do Estado-Membro que fornece as informações nos termos do nº 1 também é obrigada a indicar a data de expiração, assim como quaisquer alterações posteriores a essa data.

6 – Os Estados-Membros asseguram que os profissionais relativamente aos quais sejam enviados alertas para outros Estados-Membros sejam informados por escrito, e em simultâneo, da decisão relativa ao alerta e do alerta propriamente dito, possam recorrer da decisão ao abrigo da legislação nacional ou pedir a sua retificação junto dos tribunais nacionais e sejam compensados por eventuais danos causados pelo envio de falsos alertas para outros Estados-Membros. Nestes casos, a decisão ou o alerta deve indicar que está a ser objeto de uma ação intentada pelo profissional em causa.

7 – Os dados referentes a alertas podem ser tratados no sistema IMI enquanto são válidos. Os alertas são suprimidos no prazo de três dias a contar da data da aprovação da decisão de revogação ou da expiração da proibição ou restrição referidas no nº 1.

8 – A Comissão adota atos de execução com vista à aplicação do mecanismo de alerta. Esses atos de execução incluem disposições sobre as autoridades com-

petentes para enviar e receber alertas, e sobre a retirada e o cancelamento de alertas e medidas para garantir a segurança do tratamento dos dados. Os referidos atos de execução são adotados pelo procedimento de exame referido no artigo 58º, nº 2.

Artigo 57º – Acesso central em linha à informação

1 – Os Estados Membros asseguram a disponibilização em linha e a atualização periódica, através dos balcões únicos, referidos no artigo 6º da Diretiva 2006/123/CE do Parlamento Europeu e do Conselho, de 12 de dezembro de 2006, relativa aos serviços no mercado interno, das seguintes informações:

a) Uma lista de todas as profissões regulamentadas no Estado-Membro, incluindo os contactos das autoridades competentes para cada profissão regulamentada e dos centros de assistência referidos no artigo 57º-B;

b) Uma lista das profissões para as quais exista uma carteira profissional europeia, bem como o funcionamento desta, incluindo todas as despesas a pagar pelos profissionais, e as autoridades competentes para a emitir;

c) Uma lista de todas as profissões às quais o Estado-Membro aplica o artigo 7º, nº 4, por força das disposições legislativas, regulamentares e administrativas nacionais;

d) Uma lista dos ciclos de formação regulamentada e de formação com uma estrutura específica a que se refere o artigo 11º, alínea *c*), subalínea *ii*);

e) Todos os requisitos e procedimentos referidos nos artigos 7º, 50º, 51º e 53º para as profissões regulamentadas no Estado-Membro, incluindo todas as despesas a pagar e os documentos a apresentar pelos cidadãos às autoridades competentes;

f) Como recorrer, nos termos das disposições legislativas, regulamentares e administrativas nacionais, das decisões das autoridades competentes, adotadas ao abrigo da presente diretiva.

2 – Os Estados-Membros asseguram que as informações referidas no nº 1 sejam prestadas de forma clara e exaustiva aos utilizadores, facilmente acessíveis de modo remoto e por via eletrónica e atualizadas.

3 – Os Estados Membros asseguram que qualquer pedido de informações dirigido a um balcão único obtenha uma resposta o mais rapidamente possível.

4 – Os Estados-Membros e a Comissão adotam medidas de acompanhamento para encorajar os balcões únicos a disponibilizarem as informações referidas no nº 1 nas outras línguas oficiais da União. Esta disposição não afeta a legislação dos Estados-Membros sobre a utilização de línguas no seu território.

5 – Os Estados-Membros cooperam entre si e com a Comissão para efeitos de aplicação dos nºs 1, 2 e 4.

Artigo 57º-A – Procedimentos por via eletrónica

1 – Os Estados-Membros asseguram que todos os requisitos, procedimentos e formalidades relativos às matérias abrangidas pela presente diretiva possam ser facilmente cumpridos, de modo remoto e por via eletrónica, através do balcão único correspondente ou das autoridades competentes em causa. Tal não obsta a que as autoridades competentes dos Estados-Membros exijam cópias autenticadas numa fase posterior, em caso de dúvidas justificadas e sempre que seja estritamente necessário.

2 – O nº 1 não é aplicável à realização de um estágio de adaptação ou uma prova de aptidão.

3 – Sempre que, do ponto de vista dos Estados Membros, se justifique solicitar assinaturas eletrónicas avançadas, na aceção do ponto 2 do artigo 2º da Diretiva 1999/93/CE do Parlamento Europeu e do Conselho, de 13 de dezembro de 1999, relativa a um quadro legal comunitário para as assinaturas eletrónicas, para cumprir os procedimentos referidos no nº 1 do presente artigo, os Estados Membros devem aceitar as assinaturas eletrónicas que sejam conformes à Decisão 2009/767/CE da Comissão, de 16 de outubro de 2009, que determina medidas destinadas a facilitar a utilização de procedimentos informatizados através de balcões únicos, nos termos da Diretiva 2006/123/CE do Parlamento Europeu e do Conselho relativa aos serviços no mercado interno, e providenciar os técnicos para processar documentos com assinaturas eletrónicas avançadas nos formatos definidos pela Decisão nº 2011/130/UE da Comissão, de 25 de fevereiro de 2011, que estabelece requisitos mínimos para o processamento transfronteiras de documentos assinados eletronicamente pelas autoridades competentes nos termos da Diretiva 2006/123/CE do Parlamento Europeu e do Conselho relativa aos serviços no mercado interno.

4 – Todos os procedimentos devem ser cumpridos nos termos do artigo 8º na Diretiva 2006/123/CE em matéria de balcões únicos. Os prazos definidos no artigo 7º, nº 4, e no artigo 51º da presente diretiva para efeitos de cumprimento dos procedimentos têm início na data em que o cidadão apresentar o pedido ou um documento em falta a um balcão único ou, diretamente, à autoridade competente relevante. Os pedidos de cópias autenticadas a que se refere o nº 1 do presente artigo não são considerados como pedidos de documentos em falta.

Artigo 57º-B – Centros de assistência

1 – Cada Estado-Membro designa, até 18 de janeiro de 2016, um centro de assistência que tem por missão prestar aos cidadãos, bem como aos centros de assistência dos outros Estados-Membros, a assistência necessária em matéria de reconhecimento das qualificações profissionais previsto na presente diretiva,

nomeadamente, informações sobre a legislação nacional que rege as profissões e o seu exercício, legislação social e, se for caso disso, as regras deontológicas.

2 – Os centros de assistência dos Estados-Membros de acolhimento ajudam os cidadãos no exercício dos direitos que lhes são conferidos pela presente diretiva, em cooperação, se for caso disso, com o centro de assistência do Estado-Membro de origem e com as autoridades competentes e os balcões únicos do Estado-Membro de acolhimento.

3 – As autoridades competentes do Estado-Membro de origem ou de acolhimento devem cooperar plenamente com o centro de assistência do Estado-Membro de acolhimento e, se for caso disso, do Estado-Membro de origem e fornecer todas as informações relevantes sobre casos individuais aos centros de assistência que as solicitem, no respeito da proteção de dados, nos termos das Diretivas 95/46/CE e 2002/58/CE.

4 – A seu pedido, os centros de assistência informam a Comissão dos resultados dos casos por si tratados no prazo de dois meses a contar da data de receção do pedido.

Artigo 57º-C – Exercício da delegação

1 – O poder de adotar atos delegados é conferido à Comissão nas condições estabelecidas no presente artigo.

2 – O poder de adotar atos delegados referido no artigo 3º, nº 2, terceiro parágrafo, no artigo 20º, no artigo 21º, nº 6, segundo parágrafo, no artigo 21º-A, nº 4, no artigo 25º, nº 5, no artigo 26º, segundo parágrafo, no artigo 31º, nº 2, segundo parágrafo, no artigo 34º, nº 2, segundo parágrafo, no artigo 35º, nºs 4 e 5, no artigo 38º, nº 1, segundo parágrafo, no artigo 40º, nº 1, terceiro parágrafo, no artigo 44º, nº 2, segundo parágrafo no artigo 49º-A, nº 4, e no artigo 49º-B, nº 4, é conferido à Comissão por um prazo de cinco anos a contar de 17 de janeiro de 2014. A Comissão elabora um relatório relativo à delegação de poderes pelo menos nove meses antes do final do prazo de cinco anos. A delegação de poderes é tacitamente prorrogada por prazos de igual duração, salvo se o Parlamento Europeu ou o Conselho a tal se opuserem, pelo menos três meses antes do final de cada prazo.

3 – A delegação de poderes referida no artigo 3º, nº 2, terceiro parágrafo, no artigo 20º, no artigo 21º, nº 6, segundo parágrafo, no artigo 21º-A, nº 4, no artigo 25º, nº 5, no artigo 26º, segundo parágrafo, no artigo 31º, nº 2, segundo parágrafo, no artigo 34º, nº 2, no artigo 35º, nºs 4 e 5, no artigo 38º, nº 1, segundo parágrafo, no artigo 40º, nº 1, terceiro parágrafo, no artigo 44º, nº 2, segundo parágrafo, no artigo 49º-A, nº 4, e no artigo 49º-B, nº 4, pode ser revogada em qualquer momento pelo Parlamento Europeu ou pelo Conselho. A decisão de revogação põe termo à delegação dos poderes nela especificados. A decisão de

revogação produz efeitos a partir do dia seguinte ao da sua publicação no *Jornal Oficial da União Europeia* ou de uma data posterior nela especificada. A decisão de revogação não afeta os atos delegados já em vigor.

4 – Assim que adotar um ato delegado, a Comissão notifica-o simultaneamente ao Parlamento Europeu e ao Conselho.

5 – Os atos delegados adotados nos termos do artigo 3º, nº 2, terceiro parágrafo, no artigo 20º, no artigo 21º, nº 6, segundo parágrafo, no artigo 21º-A, nº 4, no artigo 25º, nº 5, no artigo 26º, segundo parágrafo, no artigo 31º, nº 2, no artigo 34º, nº 2, segundo parágrafo, no artigo 35º, nºs 4 e 5, no artigo 38º, nº 1, segundo parágrafo, no artigo 40º, nº 1, terceiro parágrafo, no artigo 44º, nº 2, segundo parágrafo, no artigo 49º-A, nº 4, e no artigo 49º-B, nº 4, só entram em vigor se não tiverem sido formuladas objeções pelo Parlamento Europeu ou pelo Conselho no prazo de dois meses a contar da notificação desse ato ao Parlamento Europeu e ao Conselho, ou se, antes do termo desse prazo, o Parlamento Europeu e o Conselho tiverem informado a Comissão de que não têm objeções a formular. O referido prazo é prorrogado por dois meses por iniciativa do Parlamento Europeu ou do Conselho.

Artigo 58º – Procedimento de comité

1 – A Comissão é assistida por um Comité para o reconhecimento das qualificações profissionais. Esse comité deve ser entendido como comité na aceção do Regulamento (UE) nº 182/2011.

2 – Caso se faça referência ao presente número, aplica-se o artigo 5º do Regulamento (UE) nº 182/2011.

Artigo 59º – Transparência

1 – Os Estados Membros comunicam à Comissão, nos termos da respetiva legislação nacional, uma lista das profissões regulamentadas existentes que especifique as atividades abrangidas por cada profissão, uma lista das formações regulamentadas e das formações profissionais com uma estrutura específica, referida no artigo 11º, alínea *c*), subalínea *ii*), no seu território até 18 de janeiro de 2016. Qualquer alteração a estas listas é igualmente comunicada sem demora indevida à Comissão. A Comissão cria e mantém uma base de dados, acessível ao público, de profissões regulamentadas, incluindo uma descrição geral de atividades abrangidas por cada profissão.

2 – Até 18 de janeiro de 2016, os Estados-Membros devem comunicar à Comissão a lista das profissões cujas qualificações necessitem de uma verificação prévia, ao abrigo do artigo 7º, nº 4. Os Estados-Membros apresentam à Comissão uma justificação específica para a inclusão de cada uma dessas profissões nessa lista.

3 – Os Estados-Membros verificam se os requisitos, de acordo com os respetivos sistemas jurídicos, que limitam o acesso a uma profissão ou o seu exercício aos titulares de uma qualificação profissional específica, incluindo o uso do título profissional e as atividades profissionais autorizadas sob esse título, que o presente artigo refere como «requisitos», são compatíveis com os seguintes princípios:

a) Os requisitos não podem ser direta ou indiretamente discriminatórios com base na nacionalidade ou na residência;

b) Os requisitos têm que ser justificados por uma razão imperiosa de interesse geral;

c) Os requisitos devem ser adequados para garantir a consecução do objetivo perseguido, não indo além do necessário para atingir esse objetivo.

4 – O nº 1 é igualmente aplicável às profissões regulamentadas num Estado-Membro por uma associação ou organização na aceção do artigo 3º, nº 2, bem como aos requisitos de adesão a essas associações ou organizações.

5 – Até 18 de janeiro de 2016, os Estados-Membros fornecem informações à Comissão sobre os requisitos que tencionam manter e indicar as razões pelas quais consideram que esses requisitos respeitam o nº 3. Os Estados-Membros fornecem também informações sobre os requisitos que introduziram posteriormente e indicar as razões pelas quais consideram que estes requisitos respeitam o nº 3 no prazo de seis meses após a adoção da medida.

6 – Até 18 de janeiro de 2016 e, posteriormente, de dois em dois anos, os Estados-Membros apresentam um relatório à Comissão sobre os requisitos que foram suprimidos ou simplificados.

7 – A Comissão transmite os relatórios referidos no nº 6 aos outros Estados-Membros, que, no prazo de seis meses, comunicam as suas observações. Nesse mesmo período, a Comissão consulta as partes interessadas, incluindo as profissões em causa.

8 – A Comissão apresenta um relatório de síntese baseado nas informações facultadas pelos Estados-Membros ao grupo de coordenadores criado ao abrigo da Decisão 2007/172/CE da Comissão, de 19 de março de 2007, que cria o grupo de coordenadores para o reconhecimento das qualificações profissionais, que pode apresentar observações.

9 – À luz das observações previstas nos nºs 7 e 8, a Comissão apresenta ao Parlamento Europeu e ao Conselho, até 18 de janeiro de 2017, um relatório de síntese acompanhado, se necessário, de propostas de iniciativas complementares.

TÍTULO VI – Outras Disposições

Artigo 60º – Relatórios

1 – A partir de 20 de Outubro de 2007, os Estados-Membros deverão apresentar bienalmente à Comissão um relatório sobre a aplicação do sistema instituído. Além de comentários gerais, o relatório deve conter um levantamento estatístico das decisões tomadas, bem como uma descrição dos principais problemas decorrentes da aplicação da presente diretiva.

A partir de 18 de janeiro de 2016, o levantamento estatístico das decisões adotadas a que se refere o primeiro parágrafo deve incluir informações pormenorizadas sobre o número e os tipos de decisões adotadas em conformidade com a presente diretiva, incluindo os tipos de decisões sobre acesso parcial adotadas pelas autoridades competentes nos termos do artigo 4º-F, bem como uma descrição dos principais problemas decorrentes da aplicação da presente diretiva.

2 – Até 18 de janeiro de 2019, e posteriormente de cinco em cinco anos, a Comissão publica um relatório sobre a aplicação da presente diretiva.

O primeiro desses relatórios deve incidir especialmente sobre os novos elementos introduzidos na presente diretiva e atender, em particular, às seguintes questões:

a) O funcionamento da carteira profissional europeia;

b) A atualização dos conhecimentos, aptidões e competências para as profissões abrangidas pelo Capítulo III do Título III, incluindo a lista de competências a que se refere o artigo 31º, nº 7;

c) O funcionamento dos quadros de formação comuns e dos testes de formação comuns;

d) Os resultados do programa especial de atualização estabelecido ao abrigo de disposições legislativas, regulamentares e administrativas romenas para os detentores dos títulos enumerados no artigo 33º-A, bem como para os detentores do título de formação de nível pós-secundário, com vista a avaliar a necessidade de rever as disposições que atualmente regem o regime de direitos adquiridos aplicável ao título romeno de formação de enfermeiro responsável por cuidados gerais.

Os Estados-Membros devem prestar todas as informações necessárias à elaboração do referido relatório.

Artigo 61º – Cláusula de derrogação

Se um Estado-Membro se deparar, num certo domínio, com dificuldades graves na aplicação de qualquer disposição da presente diretiva, a Comissão deverá examinar tais dificuldades em colaboração com o Estado-Membro em causa.

Se for caso disso, a Comissão adota um ato de execução para autorizar o Estado-Membro em questão a efetuar derrogações, por um período limitado, na aplicação da disposição em causa.

Artigo 62º – Revogação

São revogadas, com efeitos a partir de 20 de Outubro de 2007, as Diretivas 77/452/CEE, 77/453/CEE, 78/686/CEE, 78/687/CEE, 78/1026/CEE, 78/1027//CEE, 80/154/CEE, 80/155/CEE, 85/384/CEE, 85/432/CEE, 85/433/CEE, 89/48/CEE, 92/51/CEE, 93/16/CEE e 1999/42/CE. As remissões para as diretivas revogadas devem entender-se como sendo feitas para a presente diretiva, não sendo os atos aprovados com base nas referidas diretivas afetados pela revogação.

Artigo 63º – Transposição

Os Estados-Membros deverão pôr em vigor, até 20 de Outubro de 2007, as disposições legislativas, regulamentares e administrativas necessárias para dar cumprimento à presente diretiva. Do facto deverão informar imediatamente a Comissão.

Quando os Estados-Membros aprovarem essas disposições, estas devem incluir uma referência à presente diretiva ou ser acompanhadas dessa referência aquando da sua publicação oficial. As modalidades dessa referência serão aprovadas pelos Estados-Membros.

Artigo 64º – Entrada em vigor

A presente diretiva entra em vigor no vigésimo dia seguinte ao da sua publicação no *Jornal Oficial da União Europeia.*

Artigo 65º – Destinatários

Os Estados-Membros são os destinatários da presente diretiva.

ANEXO I

Lista de associações ou organizações profissionais que preenchem as condições do nº 2 do artigo 3º

....

ANEXO IV

Atividades ligadas às categorias de experiência profissional referidas nos artigos 17º, 18º e 19º

Lista I

Classes abrangidas pela Diretiva 64/427/CEE, alterada pela Diretiva 69/77/CEE, e pelas Diretivas 68/366/CEE e 82/489/CEE

1 Diretiva 64/427/CEE
(Diretiva de liberalização: 64/429/CEE)
Nomenclatura NICE (correspondente às classes 23-40 CITI)

....

Classe	40	Construção de edifícios e engenharia civil
	400	Construção de edifícios e engenharia civil (sem especialização), demolição
	401	Construção de edifícios (de habitação e outros)
	402	Engenharia civil: construção de estradas, pontes, vias-férreas, etc.
	403	Instalação
	404	Acabamentos

....

ANEXO V

Reconhecimento com base na coordenação das condições mínimas de formação

....

V.7. ARQUITETO

5.7.1. *Títulos de formação de arquiteto reconhecidos de acordo com o artigo 46º*[52]

País	Título de formação	Organismo que concede o título de formação	Certificado que acompanha o título de formação	Ano académico de referência
....	....	....	....	....
Portugal	Carta de curso de licenciatura em Arquitetura	- Faculdade de Arquitetura da Universidade técnica de Lisboa - Faculdade de arquitetura da Universidade do Porto - Escola Superior Artística do Porto - Faculdade de Ciências e Tecnologia da Universidade de Coimbra	Certificado de cumprimento dos pré-requisitos de qualificação para inscrição na Ordem dos Arquitectos, emitido pela competente Ordem dos Arquitectos	1988/1989
		- Universidade Lusíada de Lisboa		1986/1987
		- Faculdade de Arquitetura e Artes da Universidade Lusíada de Vila Nova de Famalicão		1993/1994
		- Universidade Lusófona de Humanidades e Tecnologia		1995/1996
		- Instituto Superior Manuel Teixeira Gomes		1997/1998
		- Universidade do Minho		1997/1998
		- Instituto Superior Técnico da Universidade Técnica de Lisboa		1998/1999
		- ISCTE-Instituto Universitário de Lisboa		1998/1999

[52] Ver a nota ao artigo 21º-A.

	Carta de Curso de Licenciatura em Arquitetura e Urbanismo	Escola Superior Gallaecia		2002/2003
	Para os cursos iniciados a partir do ano académico de 1991/1992	- Faculdade de Arquitetura e Artes da Universidade Lusíada do Porto		1991/1992
	Mestrado integrado em Arquitetura	- Universidade Autónoma de Lisboa		2001/2002
		- Universidade Técnica de Lisboa (Instituto Superior Técnico)		2001/2002
	Carta de curso de Mestrado integrado em Arquitetur	- Universidade do Minho		1997/1998
		- ISCTE-Instituto Universitário de Lisboa		1999/2000
		- Universidade Lusíada de Vila Nova de Famalicão		2006/2007
		- Universidade Lusófona de Humanidades e Tecnologias		1995/1996
		- Faculdade de Arquitetura da Universidade Técnica de Lisboa		2008/2009
		- Universidade de Évora		2007/2008
		- Escola Superior Artística do Porto (ESAP)		1995/1996 (Licenciatura) 2007/2008 (Mestrado)
		- Instituto Superior Manuel Teixeira Gomes		2006/2007
		Universidade Lusíada do Porto		2006/2207
	Carta de curso de Mestrado Integrado em Arquitetura e Urbanismo	- Universidade Fernando Pessoa		2006/2007
		- ESG/Escola Superior Gallaecia		2002/2003
	Diploma de Mestre em Arquitetura	- Universidade Lusíada de Lisboa		1988/1989

	Carta de Curso, Grau de Licenciado	- Universidade de Évora		2001/2002
	Carta de curso de mestre em Arquitetura	- Universidade do Porto		2003/2004
	Certidão de Licenciatura em Arquitetura	Universidade Católica Portuguesa Centro Regional das Beiras		2001/2002
	Diploma de Mestrado Integrado em Arquitetura	Universidade Católica Portuguesa Centro Regional das Beiras		2001/2002
....	....	....	....	....

ANEXO VI

Direitos adquiridos aplicáveis às profissões que são objeto de reconhecimento com base na coordenação das condições mínimas de formação

Títulos de formação de arquiteto que beneficiam dos direitos adquiridos ao abrigo do nº 1 do artigo 49º

País	Título de formação	Ano académico de referência
....	....	....
Portugal	- Diploma do curso especial de Arquitetura emitido pelas Escolas de Belas-Artes de Lisboa e do Porto - Diploma de arquiteto emitido pelas Escolas de Belas-Artes de Lisboa e do Porto - Diploma do curso de Arquitetura emitido pelas Escolas Superiores de Belas-Artes de Lisboa e do Porto - Diploma de licenciatura em Arquitetura emitido pela Escola Superior de Belas-Artes de Lisboa - Carta de curso de licenciatura em Arquitetura emitida pela Universidade Técnica de Lisboa e pela Universidade do Porto - Diploma universitário em Engenharia Civil (licenciatura em Engenharia Civil) emitido pelo Instituto Superior Técnico da Universidade Técnica de Lisboa - Diploma universitário em Engenharia Civil (licenciatura em Engenharia Civil) emitido pela Faculdade de Engenharia da Universidade do Porto - Diploma universitário em Engenharia Civil (licenciatura em Engenharia Civil) emitido pela Faculdade de Ciências e de Tecnologia da Universidade de Coimbra - Diploma universitário em Engenharia Civil, produção (licenciatura em Engenharia Civil, produção) emitido pela Universidade do Minho	1987/1988
....	....	....

ANEXO VII
Documentos e certificados exigidos nos termos do nº 1 do artigo 50º

1. *Documentos*

a) Prova da nacionalidade do interessado.

b) Cópia das declarações de competência ou do título de formação que dá acesso à profissão em causa e, eventualmente, declaração comprovativa da experiência profissional do interessado.

As autoridades competentes do Estado-Membro de acolhimento poderão solicitar ao requerente que preste informações sobre a sua formação na medida do necessário para determinar a existência de eventuais diferenças substanciais em relação à formação nacional exigida, tal como determinado no artigo 14º. Sempre que for impossível ao requerente fornecer estas informações, as autoridades competentes do Estado-Membro de acolhimento dirigir-se-ão ao ponto de contacto, à autoridade competente ou a qualquer outro organismo pertinente do Estado-Membro de origem.

c) Nos casos referidos no artigo 16º, uma declaração que comprove a natureza e a duração da atividade, emitida pela autoridade ou pelo organismo competente do Estado-Membro de origem ou de proveniência.

d) A autoridade competente do Estado-Membro de acolhimento que subordina o acesso a uma profissão regulamentada à apresentação de provas de honorabilidade, de boa conduta ou de ausência de falência, ou que suspende ou proíbe o exercício dessa profissão em caso de falta profissional grave ou de infração penal, aceitará como prova suficiente para os nacionais dos Estados-Membros que pretendam exercer essa profissão no seu território a apresentação de documentos, emitidos pelas autoridades competentes do Estado-Membro de origem ou de proveniência do interessado, que comprovem que estão reunidas essas condições. Estas autoridades deverão fornecer os documentos requeridos no prazo de dois meses.

Quando os documentos referidos no primeiro parágrafo não forem emitidos pelas autoridades competentes do Estado-Membro de origem ou de proveniência, serão substituídos por uma declaração, feita sob juramento – ou, nos Estados-Membros onde tal juramento não exista, por uma declaração solene –, feita pelo interessado perante uma autoridade judicial ou administrativa competente ou, eventualmente, perante um notário ou um organismo profissional qualificado do Estado-Membro de origem ou de proveniência do interessado, que emitirá um documento comprovativo desse juramento ou declaração solene.

e) Sempre que a autoridade competente do Estado-Membro de acolhimento exija aos seus nacionais, para o acesso a uma profissão regulamentada ou para o respetivo exercício, um documento relativo à saúde física ou mental do requerente, aceitará como prova suficiente para esse efeito o documento exigido no Estado-Membro de origem. Sempre que o Estado-Membro de origem não exija qualquer documento dessa natureza, o Estado-Membro de acolhimento aceitará um atestado emitido por uma autoridade competente daquele Estado. Neste caso, as autoridades competentes do Estado-Membro de origem deverão fornecer o documento requerido no prazo de dois meses.

f) Sempre que um Estado-Membro de acolhimento exija aos seus nacionais, para o acesso a uma profissão regulamentada:

– prova da capacidade financeira do requerente,

– prova de que o requerente se encontra coberto por um seguro contra os riscos pecuniários decorrentes da sua responsabilidade profissional de acordo com os requisitos legais e regulamentares vigentes no Estado-Membro de acolhimento no que se refere às modalidades e ao âmbito dessa garantia, este Estado-Membro aceitará como prova suficiente uma declaração passada pelos bancos e seguradoras de outro Estado-Membro.

g) Caso o Estado-Membro o exija aos seus nacionais, um documento que ateste a inexistência de suspensão temporária ou definitiva do exercício da profissão ou uma certidão negativa do registo criminal referente a condenações penais.

2. *Certificados*

Com vista a facilitar a aplicação do capítulo III do título III da presente diretiva, os Estados-Membros poderão exigir que os interessados que satisfaçam as condições de formação requeridas apresentem, juntamente com o seu título de formação, um certificado das autoridades competentes do Estado-Membro de origem, confirmando que o referido título constitui, efetivamente, aquele que se encontra previsto na presente diretiva.

b) Transposição para o direito português

Incluem-se apenas os três últimos capítulos da Lei nº 9/2009, que contêm as disposições mais específicas adoptadas pelo legislador português na transposição [dando conta a norma revogatória do art. 55º dos múltiplos diplomas que, ao longo dos anos, foram incorporando no direito interno português as sucessivas directivas e regulamentos comunitários substituídos pela Directiva de 2006, mas inserindo-se apenas a alínea i) do nº 1, relativa à transposição da Directiva "Arquitectos"].

Lei nº 9/2009, de 4 de Março [53]

....

CAPÍTULO IV – Regras de exercício da profissão

Artigo 48º – Conhecimentos linguísticos

1 – Os beneficiários do reconhecimento de qualificações profissionais, incluindo os profissionais sujeitos à mera declaração prévia referida no artigo 5º ou dela isentos, devem ter os conhecimentos da língua portuguesa, caso tal seja exigível, para o exercício da atividade profissional que exerçam em território nacional, no âmbito da profissão em causa.

2 – Em simultâneo com os procedimentos de reconhecimento das qualificações profissionais previstos nos artigos 6º e 47º, a autoridade competente verifica se o requerente cumpre o requisito referido no número anterior, podendo

[53] Alterada pelas Leis nº 41/2012, de 18 de Agosto, e nº 25/2014, de 2 de Maio.

solicitar documentos comprovativos dos conhecimentos da língua portuguesa necessários para o exercício da atividade profissional no âmbito da profissão em causa, devendo comunicar a sua decisão àquele no prazo previsto no nº 3 do artigo 6º ou no nº 4 do artigo 47º, sob pena de se considerarem tacitamente comprovados os conhecimentos linguísticos do requerente.

3 – Em caso de indeferimento, o requerente não pode exercer a atividade profissional, salvo se entretanto demonstrar a aquisição dos conhecimentos da língua portuguesa necessários para o exercício da profissão perante a autoridade competente.

4 – Sem prejuízo do disposto no número anterior, a legislação setorial pode prever outras sanções aplicáveis ao profissional que exerça uma atividade profissional no âmbito de uma profissão regulamentada sem ter os conhecimentos da língua portuguesa necessários para o efeito.

Artigo 49º – Uso do título profissional

1 – Na livre prestação de serviços em território nacional, o prestador usa o título profissional do Estado membro de estabelecimento, com as seguintes exceções:

a) Caso o título profissional não exista no Estado membro de estabelecimento, o prestador usa o título de formação numa das línguas oficiais deste Estado;

b) Nos casos a que se refere a secção III do capítulo III, ou quando as qualificações tenham sido verificadas nos termos do artigo 6º, o prestador usa o título profissional utilizado no território nacional.

2 – No direito de estabelecimento, e sem prejuízo do disposto no número seguinte, quando o uso do título profissional relativo a uma das atividades da profissão em causa esteja regulamentado, o nacional de outro Estado membro autorizado a exercer uma profissão regulamentada ao abrigo do disposto na secção III do capítulo III usa o título profissional que no território nacional corresponde a essa profissão e, caso haja, a respetiva abreviatura.

3 – O uso por profissional estabelecido em território nacional de título profissional conferido por associação pública profissional nacional só pode ser utilizado por membros dessa associação, inscritos no termo do procedimento referido no artigo 47º.

Artigo 50º – Uso de título académico

1 – Sem prejuízo do disposto no artigo anterior, o profissional pode usar qualquer título académico obtido no Estado membro de origem e, se houver, a respectiva abreviatura na língua portuguesa, seguido do nome e do local do estabelecimento ou júri que o emitiu.

2 – Quando o título académico do Estado membro de origem puder ser confundido, no território nacional, com qualquer título que exija formação complementar não obtida pelo profissional, a autoridade competente pode exigir o uso daquele título por forma adequada a evitar a confusão.

CAPÍTULO V – Competências de execução e cooperação administrativa

Artigo 51º – Autoridades competentes

1 – As autoridades nacionais competentes para proceder ao reconhecimento das qualificações profissionais, nos termos da presente lei, são designadas, no prazo de seis meses a contar da data de entrada em vigor da presente lei, por portaria dos ministros responsáveis pela actividade em causa, que especifica as profissões regulamentadas abrangidas no âmbito da respectiva competência.[54]

2 – As autoridades referidas no número anterior devem:

a) Colaborar com as entidades homólogas dos outros Estados membros, nomeadamente fornecendo todas as informações previstas na presente lei;

b) Trocar com as entidades homólogas dos outros Estados membros as informações pertinentes sobre circunstâncias graves susceptíveis de ter consequências no exercício das profissões abrangidas pela presente lei, designadamente as relativas a sanções disciplinares ou penais, licitude do estabelecimento ou boa conduta do prestador de serviços;

c) Assegurar a troca das informações necessárias à elaboração e apreciação de queixas apresentadas pelo destinatário de um serviço contra o seu prestador e para a comunicação do resultado das mesmas ao requerente.

3 – A cooperação administrativa referida no número anterior é feita nos termos previstos no capítulo VI do Decreto-Lei nº 92/2010, de 26 de julho.[55]

4 – A autoridade nacional competente deve emitir, no prazo máximo de 60 dias, os comprovativos dos requisitos referidos nas alíneas *d*) e *e*) do nº 1 do artigo 47º em relação a procedimentos para o reconhecimento de qualifi-

[54] A profissão de arquitecto foi considerada abrangida na área do ambiente e do ordenamento do território pela Portaria nº 90/2012, de 30 de Março, sendo designada como autoridade nacional competente a Ordem dos Arquitectos.
As profissões de engenheiro civil e de engenheiro técnico civil, além de outras na engenharia e engenharia técnica, foram, tautologicamente, consideradas abrangidas "no âmbito das competências e atribuições da Ordem dos Engenheiros e da Ordem dos Engenheiros Técnicos" (art. 2º/2), pela Portaria nº 96/2012, de 5 de Abril, que designou como autoridades nacionais competentes, respectivamente, essas duas associações públicas profissionais.

[55] Transpõe a Directiva nº 2006/123/CE, que visa facilitar o livre acesso e exercício das actividades e serviços.

cações profissionais a decorrer noutro Estado membro, nos termos da Diretiva nº 2005/36/CE, do Parlamento Europeu e do Conselho, de 7 de setembro, relativa ao reconhecimento das qualificações profissionais.

5 – Nos casos em que o exercício da profissão noutro Estado membro depender da ausência de comportamento repreensível que afete esse exercício ou de falta profissional grave, o profissional pode comprovar que preenche os requisitos em causa, através de declaração feita sob juramento ou compromisso de honra perante notário, caso não exista autoridade nacional competente para o efeito.

6 – Quando, no âmbito de procedimentos para o reconhecimento de qualificações profissionais a decorrer noutro Estado membro nos termos da diretiva referida no nº 4, o Estado membro de acolhimento excecionalmente exigir documento emitido por autoridade competente que comprove determinada experiência profissional e a autoridade nacional competente para a profissão em causa não puder verificar a experiência profissional, ou sempre que tal autoridade não exista, o profissional pode fazer prova daquela por qualquer meio legalmente admissível, nomeadamente por declaração feita perante notário, sob juramento ou compromisso de honra, acompanhada da apresentação de documentos idóneos como declarações de remunerações e pagamentos feitos perante a administração fiscal e a segurança social nacionais.

Artigo 52º – Entidade coordenadora e ponto de contacto

1 – As autoridades nacionais competentes são coordenadas por uma entidade à qual compete promover a aplicação uniforme da presente lei e reunir todas as informações úteis para tal fim, nomeadamente as relativas às condições de acesso às profissões regulamentadas nos vários Estados membros, podendo solicitar informações às autoridades nacionais competentes e emitir recomendações sobre a interpretação e aplicação da mesma.

2 – A entidade coordenadora assegura a representação nacional no *comité* que assiste a Comissão Europeia para o reconhecimento das qualificações profissionais.

3 – Compete à entidade coordenadora promover a notificação à Comissão Europeia das disposições legislativas, regulamentares e administrativas que sejam adoptadas no âmbito da secção III do capítulo III, assegurando igualmente que, no que respeite aos títulos de formação a que se referem os artigos 43º a 46º, sejam notificados também os restantes Estados membros.

4 – A entidade coordenadora articula com os serviços competentes do Ministério dos Negócios Estrangeiros para promover a notificação à Comissão Europeia a que se refere o número anterior, bem como a notificação aos outros Estados membros dos títulos de formação de arquitetos.

5 – Toda a informação relativa ao reconhecimento das qualificações profissionais previsto na presente lei é prestada pelo ponto de contacto, o qual tem por funções:

a) Fornecer aos cidadãos e às entidades homólogas dos outros Estados membros as informações necessárias para o reconhecimento das qualificações profissionais, designadamente sobre a regulamentação nacional da profissão, incluindo as regras deontológicas, bem como informações sobre a legislação laboral e de segurança social;

b) Apoiar os cidadãos que pretendam exercer a profissão noutro Estado membro nas diligências para obter as informações referidas na alínea anterior, em cooperação, se for caso disso, com as entidades homólogas e as autoridades competentes para o reconhecimento no Estado membro de acolhimento.

6 – A entidade coordenadora e o ponto de contacto são serviços ou organismos da administração direta ou indireta do Estado designados por despacho do Primeiro-Ministro, do membro do Governo responsável pela área do emprego e, sendo caso disso, do membro do Governo de que aqueles dependem.[56]

Artigo 53º – Protecção de dados pessoais

As entidades intervenientes no processo de reconhecimento das qualificações asseguram, nos termos da lei, a protecção dos dados pessoais a que tenham acesso.

CAPÍTULO VI – Disposições finais

Artigo 54º – Contagem dos prazos

A contagem dos prazos relativos a procedimentos administrativos previstos na presente lei é feita nos termos do Código do Procedimento Administrativo.

Artigo 55º – Norma revogatória

1 – São revogados os seguintes diplomas:

………………………………………………………

i) Decreto-Lei nº 14/90, de 8 de Janeiro, transpõe para a ordem jurídica interna portuguesa a Directiva nº 85/384/CEE (aplicação do princípio do direito de estabelecimento e de livre prestação de serviços para as actividades do domínio da arquitectura); [57]

[56] O Despacho nº 13460/2012, D.R., 2ª Série, de 16.10.2012, designou a Direcção-Geral do Emprego e das Relações de Trabalho como entidade coordenadora e o Instituto do Emprego e da Formação Profissional como ponto de contacto.

[57] V. a nota ao considerando (9) da Directiva anteriormente inserida.

……………………………………………………

2 – As disposições dos diplomas referidos no número anterior, na medida em que especificam quais as profissões regulamentadas e designam as autoridades competentes para proceder ao reconhecimento das qualificações profissionais, mantêm-se em vigor até serem substituídos por portarias emitidas ao abrigo do nº 1 do artigo 51º da presente lei.

4. Propriedade intelectual

Código do Direito de Autor e dos Direitos Conexo[58]

TÍTULO I – Da obra protegida e do direito de autor

CAPÍTULO I – Da obra protegida

Artigo 1º – Definição

1 – Consideram-se obras as criações intelectuais do domínio literário, científico e artístico, por qualquer modo exteriorizadas, que, como tais, são protegidas nos termos deste Código, incluindo-se nessa protecção os direitos dos respectivos autores.

2 – As ideias, os processos, os sistemas, os métodos operacionais, os conceitos, os princípios ou as descobertas não são, por si só e enquanto tais, protegidos nos termos deste Código.

3 – Para os efeitos do disposto neste Código, a obra é independente da sua divulgação, utilização, publicação, utilização ou exploração.

[58] Aprovado pelo Decreto-Lei nº 63/85, de 14 de Março, rectificado em D.R. de 30.4.85, parcialmente suspenso pela Resolução da Assembleia da República nº 16/85, de 18 de Junho, ratificado com alterações e republicado pela Lei nº 45/85, de 17 de Setembro; alterado pela Lei nº 114/91, de 3 de Setembro, pelos Decretos-Lei nº 322/97 e nº 334/97, ambos de 27 de Novembro, pela Lei nº 50/2004, de 24 de Agosto, pela Lei nº 24/2006, de 30 de Junho, pela Lei nº 16/2008, de 1 de Abril, que novamente o republicou, e pela Lei nº 65/2012, de 20 de Dezembro.

Artigo 2º – Obras originais

1 – As criações intelectuais do domínio literário, científico e artístico, quaisquer que sejam o género, a forma de expressão, o mérito, o modo de comunicação e o objectivo, compreendem nomeadamente:

a) Livros, folhetos, revistas, jornais e outros escritos;

b) Conferências, lições, alocuções e sermões;

c) Obras dramáticas e dramático-musicais e a sua encenação;

d) Obras coreográficas e pantominas, cujo expressão se fixa por escrito ou por qualquer outra forma;

e) Composições musicais, com ou sem palavras;

f) Obras cinematográficas, televisivas, fonográficas, videográficas e radiofónicas;

g) Obras de desenho, tapeçaria, pintura, escultura, cerâmica, azulejo, gravura, litografia e arquitectura;

h) Obras fotográficas ou produzidas por quaisquer processos análogos aos da fotografia;

i) Obras de artes aplicadas, desenhos ou modelos industriais e obras de *design* que constituam criação artística independentemente da protecção relativa à propriedade industrial;

j) Ilustrações e cartas geográficas;

l) Projectos, esboços e obras plásticas respeitantes à arquitectura, ao urbanismo, à geografia ou às outras ciências;

m) Lemas ou divisas, ainda que de carácter publicitário, se se revestirem de originalidade;

n) Paródias e outras composições literárias ou musicais, ainda que inspiradas num tema ou motivo de outra obra.

2 – As sucessivas edições de uma obra, ainda que corrigidas, aumentadas, refundidas ou com mudança de título ou de formato, não são obras distintas da obra original, nem o são as reproduções de obra de arte, embora com diversas dimensões.

....

Artigo 6º – Obra publicada e obra divulgada

1 – A obra publicada é a obra reproduzida com o consentimento do seu autor, qualquer que seja o modo de fabrico dos respectivos exemplares, desde que efectivamente postos à disposição do público em termos que satisfaçam razoavelmente as necessidades deste, tendo em consideração a natureza da obra.

2 – Não constitui publicação a utilização ou divulgação de uma obra que não importe a sua reprodução nos termos do número anterior.

3 – Obra divulgada é a que foi licitamente trazida ao conhecimento do público por quaisquer meios, como sejam a representação de obra dramática ou dramático-musical, a exibição cinematográfica, a execução de obra musical, a recitação de obra literária, a transmissão ou a radiodifusão, a construção de obra de arquitectura ou de obra plástica nela incorporada e a exposição de qualquer obra artística.

....

CAPÍTULO II – Do direito de autor

SECÇÃO I – Do conteúdo do direito de autor

Artigo 9º – Conteúdo do direito de autor

1 – O direito de autor abrange direitos de carácter patrimonial e direitos de natureza pessoal, denominados direitos morais.

2 – No exercício dos direitos de carácter patrimonial o autor tem o direito exclusivo de dispor da sua obra e de fruí-la e utilizá-la, ou autorizar a sua fruição ou utilização por terceiro, total ou parcialmente.

3 – Independentemente dos direitos patrimoniais, e mesmo depois da transmissão ou extinção destes, o autor goza de direitos morais sobre a sua obra, designadamente o direito de reivindicar a respectiva paternidade e assegurar a sua genuinidade e integridade.

Artigo 10º – Suportes da obra

1 – O direito de autor sobre a obra como coisa incorpórea é independente do direito de propriedade sobre as coisas materiais que sirvam de suporte à sua fixação ou comunicação.

2 – O fabricante e o adquirente dos suportes referidos no número anterior não gozam de quaisquer poderes compreendidos no direito de autor.

SECÇÃO II – Da atribuição do direito de autor

Artigo 11º – Titularidade

O direito de autor pertence ao criador intelectual da obra, salvo disposição expressa em contrário.

Artigo 12º – Reconhecimento do direito de autor

O direito de autor é reconhecido independentemente de registo, depósito ou qualquer outra formalidade.

Artigo 13º – Obra subsidiada

Aquele que subsidie ou financie por qualquer forma, total ou parcialmente, a preparação, conclusão, publicação ou divulgação de uma obra não adquire por esse facto sobre esta, salvo convenção escrita em contrário, qualquer dos poderes incluídos no direito de autor.

Artigo 14º – Determinação da titularidade em casos excepcionais

1 – Sem prejuízo do disposto no artigo 174º, a titularidade do direito de autor relativo a obra feita por encomenda ou por conta de outrem, quer em cumprimento de dever funcional quer de contrato de trabalho, determina-se de harmonia com o que tiver sido convencionado.

2 – Na falta de convenção, presume-se que a titularidade do direito de autor relativo a obra feita por conta de outrem pertence ao seu criador intelectual.

3 – A circunstância de o nome do criador da obra não vir mencionado nesta ou não figurar no local destinado para o efeito segundo o uso universal constitui presunção de que o direito de autor fica a pertencer à entidade por conta de quem a obra é feita.

4 – Ainda quando a titularidade do conteúdo patrimonial do direito de autor pertença àquele para quem a obra é realizada, o seu criador intelectual poderá exigir, para além da remuneração ajustada e independentemente do próprio facto da divulgação ou publicação, uma remuneração especial:

a) Quando a criação intelectual exceda claramente o desempenho, ainda que zeloso, da função ou tarefa que lhe estava confiada,

b) Quando da obra vierem a fazer-se utilizações ou a retirar-se vantagens não incluídas nem previstas na fixação da remuneração ajustada.

Artigo 15º – Limites à utilização

1 – No caso dos artigos 13º e 14º, quando o direito de autor pertença ao criador intelectual, a obra apenas pode ser utilizada para os fins previstos na respectiva convenção.

2 – A faculdade de introduzir modificações na obra depende do acordo expresso do seu criador e só pode exercer-se nos termos convencionados.

3 – O criador intelectual não poderá fazer utilização da obra que prejudique a obtenção dos fins para que foi produzida.

Artigo 16º – Noção de obra feita em colaboração e de obra colectiva

1 – A obra que for criação de uma pluralidade de pessoas denomina-se:

a) Obra feita em colaboração, quando divulgada ou publicada em nome dos colaboradores ou de algum deles, quer possam discriminar-se quer não os contributos individuais;

b) Obra colectiva, se for organizada por iniciativa de entidade singular ou colectiva e divulgada ou publicada em seu nome.

2 – A obra de arte aleatória em que a contribuição criativa do ou dos seus intérpretes se ache originariamente prevista considera-se obra feita em colaboração.

Artigo 17º – Obra feita em colaboração

1 – O direito de autor de obra feita em colaboração, na sua unidade, pertence a todos os que nela tiverem colaborado, aplicando-se ao exercício comum desse direito as regras da compropriedade.

2 – Salvo estipulação em contrário, que deve ser sempre reduzida a escrito, consideram-se de valor igual as partes indivisas dos autores na obra feita em colaboração.

3 – Se a obra feita em colaboração for divulgada ou publicada apenas em nome de algum ou alguns dos colaboradores, presume-se, na falta de designação explícita dos demais em qualquer parte da obra, que os não designados cederam os seus direitos àquele ou àqueles em nome de quem a divulgação ou publicação é feita.

4 – Não se consideram colaboradores e não participam, portanto, dos direitos de autor sobre a obra aqueles que tiverem simplesmente auxiliado o autor na produção e divulgação desta, seja qual for o modo por que o tiverem feito.

Artigo 18º – Direitos individuais dos autores de obra feita em colaboração

1 – Qualquer dos autores pode solicitar a publicação, a exploração ou a modificação de obra feita em colaboração, sendo, em caso de divergência, a questão resolvida segundo as regras de boa-fé.

2 – Qualquer dos autores poderá, sem prejuízo da exploração em comum de obra feita em colaboração, exercer individualmente os direitos relativos à sua contribuição pessoal, quando esta puder discriminar-se.

Artigo 19º – Obra colectiva

1 – O direito de autor sobre a obra colectiva é atribuído à entidade singular ou colectiva que tiver organizado e dirigido a sua criação e em nome de quem tiver sido divulgada ou publicada.

2 – Se, porém, no conjunto da obra colectiva for possível discriminar a produção pessoal de algum ou alguns colaboradores, aplicar-se-á, relativamente aos direitos sobre essa produção pessoal, o preceituado quanto à obra feita em colaboração.

3 – Os jornais e outras publicações periódicas presumem-se obras colectivas, pertencendo às respectivas empresas o direito de autor sobre as mesmas.

Artigo 20º – Obra compósita

1 – Considera-se obra compósita aquela em que se incorpora, no todo ou em parte, uma obra preexistente, com autorização, mas sem a colaboração, do autor desta.

2 – Ao autor de obra compósita pertencem exclusivamente os direitos relativos à mesma, sem prejuízo dos direitos do autor da obra preexistente.

……………………………………………………………………………………

Artigo 25º – Obra de arquitectura, urbanismo e "design"

Autor de obra de arquitectura, de urbanismo ou de *design* é o criador da sua concepção global e respectivo projecto.

Artigo 26º – Colaboradores técnicos

Sem prejuízo dos direitos de que possam ser titulares, as pessoas singulares ou colectivas intervenientes a título de colaboradores, agentes técnicos, desenhadores, construtores ou outro semelhante na produção e divulgação das obras a que se referem os artigos 21º e seguintes não podem invocar relativamente a estas quaisquer poderes incluídos no direito de autor.

……………………………………………………………………………………

CAPÍTULO IV – Da duração

Artigo 31º – Regra geral

O direito de autor caduca, na falta de disposição especial, 70 anos após a morte do criador intelectual, mesmo que a obra só tenha sido publicada ou divulgada postumamente.

Artigo 32º – Obra de colaboração e obra colectiva

1 – O direito de autor sobre a obra feita em colaboração, como tal, caduca 70 anos após a morte do colaborador que falecer em último lugar.

2 – O direito de autor sobre a obra colectiva ou originariamente atribuída a pessoa colectiva caduca 70 anos após a primeira publicação ou divulgação lícitas, salvo se as pessoas físicas que a criaram foram identificadas nas versões da obra tornadas acessíveis ao público.

3 – A duração do direito de autor atribuído individualmente aos colaboradores de obra colectiva, em relação às respectivas contribuições que possam discriminar-se, é a que se estabelece no artigo 31º.

Artigo 33º – Obra anónima e equiparada

1 – A duração da protecção de obra anónima ou licitamente publicada ou divulgada sem identificação do autor é de 70 anos após a publicação ou divulgação.

2 – Se a utilização de nome, que não o próprio, não deixar dúvidas quanto à identidade do autor, ou se este a revelar dentro do prazo referido no número anterior, a duração da protecção será a dispensada à obra publicada ou divulgada sob nome próprio.

....

Artigo 37º – Obra estrangeira

As obras que tiverem como país de origem um país estrangeiro não pertencente à União Europeia e cujo autor não seja nacional de um país da União gozam da duração de protecção prevista na lei do país de origem, se não exceder a fixada nos artigos precedentes.

Artigo 38º – Domínio público

1 – A obra cai no domínio público quando tiverem decorrido os prazos de protecção estabelecidos neste diploma.

2 – Cai igualmente no domínio público a obra que não for licitamente publicada ou divulgada no prazo de 70 anos a contar da sua criação, quando esse prazo não seja calculado a partir da morte do autor.

Artigo 39º – Obras no domínio público

1 – Quem fizer publicar ou divulgar licitamente, após a caducidade do direito de autor, uma obra inédita beneficia durante 25 anos a contar da publicação ou divulgação de protecção equivalente à resultante dos direitos patrimoniais do autor.

2 – As publicações críticas e científicas de obras caídas no domínio público beneficiam de protecção durante 25 anos a contar da primeira publicação lícita.

CAPÍTULO V – Da transmissão e oneração do conteúdo patrimonial do direito de autor

Artigo 40º – Disponibilidade dos poderes patrimoniais

O titular originário, bem como os seus sucessores ou transmissários, podem:

a) Autorizar a utilização da obra por terceiro;

b) Transmitir ou onerar, no todo ou em parte, o conteúdo patrimonial do direito de autor sobre essa obra.

....

Artigo 54º – Direito de sequência

1 – O autor de uma obra de arte original que não seja de arquitectura nem de arte aplicada tem direito a uma participação sobre o preço obtido, livre de impostos, pela venda dessa obra, realizada mediante a intervenção de qualquer agente que actue profissional e estavelmente no mercado de arte, após a sua alienação inicial por aquele.

2 – Para o efeito do disposto no número anterior, entende-se por 'obra de arte original' qualquer obra de arte gráfica ou plástica, tal como quadros, colagens, pinturas, desenhos, serigrafias, gravuras, estampas, litografias, esculturas, tapeçarias, cerâmicas, vidros e fotografias, na medida em que seja executada pelo autor ou se trate de cópias consideradas como obras de arte originais, devendo estas ser numeradas, assinadas ou por qualquer modo por ele autorizadas.

3 – O direito referido no nº 1 é inalienável e irrenunciável.

4 – A participação sobre o preço prevista no nº 1 é fixada do seguinte modo:

a) 4 % sobre o preço de venda cujo montante esteja compreendido entre € 3000 e € 50 000;

b) 3 % sobre o preço de venda cujo montante esteja compreendido entre € 50 000,01 e € 200 000;

c) 1 % sobre o preço de venda cujo montante esteja compreendido entre € 200 000,01 e € 350 000;

d) 0,5 % sobre o preço de venda cujo montante esteja compreendido entre € 350 000,01 e € 500 000;

e) 0,25 % sobre o preço de venda cujo montante seja superior a € 500 000,01.

5 – O montante total da participação em cada transacção não pode exceder € 12 500.

6 – Exceptua-se do disposto nos números anteriores toda e qualquer transacção de obra de arte original que se destine a integrar o património de um museu sem fins lucrativos e aberto ao público.

7 – O pagamento da participação devida ao autor é da responsabilidade do vendedor da obra de arte original e, subsidiariamente, da entidade actuante no mercado de arte através da qual se operou a transacção.

8 – O autor ou o seu mandatário, em ordem a garantir o cumprimento do seu direito de participação, pode reclamar a qualquer interveniente na transacção da obra de arte original as informações estritamente úteis ao referido efeito, usando, se necessário, os meios administrativos e judiciais adequados.

9 – O direito a reclamar as informações referidas no número anterior prescreve no prazo de três anos a contar do conhecimento de cada transacção.

10 – O direito referido no nº 1 pode ser exercido após a morte do autor pelos herdeiros deste até à caducidade do direito de autor.

11 – A atribuição deste direito a nacionais de países não comunitários está sujeita ao princípio da reciprocidade.

....

CAPÍTULO VI – Dos direitos morais

Artigo 56º – Definição

1 – Independentemente dos direitos de carácter patrimonial e ainda que os tenha alienado ou onerado, o autor goza durante toda a vida do direito de reivindicar a paternidade da obra e de assegurar a genuinidade e integridade desta, opondo-se à sua destruição, a toda e qualquer mutilação, deformação ou outra modificação da mesma e, de um modo geral, a todo e qualquer acto que a desvirtue e possa afectar a honra e reputação do autor.

2 – Este direito é inalienável, irrenunciável e imprescritível, perpetuando-se, após a morte do autor, nos termos do artigo seguinte.

Artigo 57º – Exercício[59]

1 – Por morte do autor, enquanto a obra não cair no domínio público, o exercício destes direitos compete aos seus sucessores.

2 – A defesa da genuinidade e integridade das obras caídas no domínio público compete ao Estado e é exercida através do Ministério da Cultura.

3 – Falecido o autor, pode o Ministério da Cultura avocar a si, e assegurá-la pelos meios adequados, a defesa das obras ainda não caídas no domínio público que se encontrem ameaçadas na sua autenticidade ou dignidade cultural, quando os titulares do direito de autor, notificados para o exercer, se tiverem disso abstido sem motivo atendível.

....

Artigo 59º – Modificação da obra

1 – Não são admitidas modificações da obra sem o consentimento do autor, mesmo naqueles casos em que, sem esse consentimento, a utilização da obra seja lícita.

2 – Tratando-se de colectâneas destinadas ao ensino, são permitidas as modificações que a finalidade reclama, sob condição de não se lhes opor o autor nos termos do número seguinte.

[59] A intervenção estadual prevista neste preceito foi antecipada pelo Dec.-Lei nº 150/82, de 29 de Abril, que contém normas complementares que se devem considerar em vigor.

3 – Solicitado por carta registada com aviso de recepção o consentimento do autor, dispõe este, para manifestar a sua posição, do prazo de um mês a contar da data do registo.

Artigo 60º – Modificações de projecto arquitectónico

1 – O autor de projecto de arquitectura ou de obra plástica executada por outrem e incorporada em obra de arquitectura tem o direito de fiscalizar a sua construção ou execução em todas as fases e pormenores, de maneira a assegurar a exacta conformidade da obra com o projecto de que é autor.

2 – Quando edificada segundo projecto, não pode o dono da obra, durante a construção nem após a conclusão, introduzir nela alterações sem consulta prévia ao autor do projecto, sob pena de indemnização por perdas e danos.

3 – Não havendo acordo pode o autor repudiar a paternidade da obra modificada, ficando vedado ao proprietário invocar para o futuro, em proveito próprio, o nome do autor do projecto inicial.

....

TÍTULO II – Da utilização da obra

CAPÍTULO 1 – Disposições gerais

SECÇÃO 1 – Das modalidades de utilização

Artigo 67º – Fruição e utilização

1 – O autor tem, em exclusivo, o direito de fruir e utilizar a obra, no todo ou em parte, no que se compreendem, nomeadamente, as faculdades de a divulgar, publicar e explorar economicamente por qualquer forma, directa ou indirectamente, nos limites da lei.

2 – A garantia das vantagens patrimoniais resultantes dessa exploração constitui, do ponto de vista económico, o objecto fundamental da protecção legal.

Artigo 68º – Formas de utilização

1 – A exploração e, em geral, a utilização da obra podem fazer-se, segundo a sua espécie e natureza, por qualquer dos modos actualmente conhecidos ou que de futuro o venham a ser.

2 – Assiste ao autor, entre outros, o direito exclusivo de fazer ou autorizar, por si ou pelos seus representantes:

a) A publicação pela imprensa ou por qualquer outro meio de reprodução gráfica;

b) A representação, recitação, execução, exibição ou exposição em público;

c) A reprodução, adaptação, representação, execução, distribuição e exibição cinematográficas;

d) A fixação ou adaptação a qualquer aparelho destinado à reprodução mecânica, eléctrica, electrónica ou química e a execução pública, transmissão ou retransmissão por esses meios;

e) A difusão pela fotografia, telefotografia, televisão, radiofonia ou por qualquer outro processo de reprodução de sinais, sons ou imagens e a comunicação pública por altifalantes ou instrumentos análogos, por fios ou sem fios, nomeadamente por ondas hertzianas, fibras ópticas, cabo ou satélite, quando essa comunicação for feita por outro organismo que não o de origem;

f) Qualquer forma de distribuição do original ou de cópias da obra, tal como venda, aluguer ou comodato;[60]

g) A tradução, adaptação, arranjo, instrumentação ou qualquer outra transformação da obra;

h) Qualquer utilização em obra diferente;

i) A reprodução directa ou indirecta, temporária ou permanente, por quaisquer meios e sob qualquer forma, no todo ou em parte;

j) A colocação à disposição do público, por fio ou sem fio, da obra por forma a torná-la acessível a qualquer pessoa a partir do local e no momento por ela escolhido;

l) A construção de obra de arquitectura segundo o projecto, quer haja ou não repetições.

3 – Pertence em exclusivo ao titular do direito de autor a faculdade de escolher livremente os processos e as condições de utilização e exploração da obra.

4 – As diversas formas de utilização da obra são independentes umas das outras e a adopção de qualquer delas pelo autor ou pessoa habilitada não prejudica a adopção das restantes pelo autor ou terceiros.

5 – Os actos de disposição lícitos, mediante a primeira venda ou por outro meio de transferência de propriedade, esgotam o direito de distribuição do original ou de cópias, enquanto exemplares tangíveis, de uma obra na União Europeia.

....

[60] O artigo 4º, nº 2 do Decreto-Lei nº 332/97, de 27 de Novembro, que alterou a redacção desta alínea, esclarece que as "obras de arquitectura e de artes aplicadas não são objecto dos direitos de aluguer ou comodato".

CAPÍTULO III – Das utilizações em especial

....

SECÇÃO VII – Da criação de artes plásticas, gráficas e aplicadas

....

Artigo 159º – Forma e conteúdo do contrato de reprodução

1 – A reprodução das criações de artes plásticas, gráficas e aplicadas, *design*, projectos de arquitectura e planos de urbanização só pode ser feita pelo autor ou por outrém com a sua autorização.

2 – A autorização referida no artigo anterior deve ser dada por escrito, presume-se onerosa e pode ser condicionada.

3 – São aplicáveis ao contrato as disposições do artigo 86º, devendo, porém, fixar-se nele o número mínimo de exemplares a vender anualmente, abaixo do qual a entidade que explora a reprodução poderá usar das faculdades nesse artigo reconhecidas.

Artigo 160º – Identificação da obra

1 – O contrato deverá conter indicações que permitam identificar a obra, tais como a sua descrição sumária, debuxo, desenho ou fotografia com a assinatura do autor.

2 – As reproduções não podem ser postas à venda sem que o autor tenha aprovado o exemplar submetido a seu exame.

3 – Em todos os exemplares reproduzidos deve figurar o nome, pseudónimo ou outro sinal que identifique o autor.

Artigo 161º – Estudos e projectos de arquitectura e urbanismo

1 – Em cada exemplar dos estudos e projectos de arquitectura e urbanismo, junto ao estaleiro da construção da obra de arquitectura e nesta, depois de construída, é obrigatória a indicação do respectivo autor, por forma bem legível.[61]

2 – A repetição da construção de obra de arquitectura, segundo o mesmo projecto, só pode fazer-se com o acordo do autor.

....

[61] V. o artigo 61º do Decreto-Lei n.º 555/99, no subsequente Cap. VIII.

II. Faseamento e conteúdo do projecto de arquitectura

1. **Instruções para a elaboração de projectos de obras**
   - Portaria nº 701-H/2008, de 29 de Julho

2. **Elementos que devem instruir os pedidos formulados às câmaras municipais**
   - Portaria nº 113/2015, de 22 de Abril

1. Instruções para a elaboração de projectos de obras

Integram o Anexo I da Portaria nº 701-H/2008, subsequentemente inserta.

É a seguinte a sistematização desse Anexo I, de que se incluem apenas o Capítulo I e, do Capítulo II, a Secção I e o art. 157º da Secção XIII:

CAPÍTULO I – Disposições Gerais
CAPÍTULO II – Disposições especiais
SECÇÃO I – Edifícios
SECÇÃO II – Instalações, Equipamentos e Sistemas em Edifícios
SUBSECÇÃO I – Instalações, equipamentos e sistemas de águas e esgotos
SUBSECÇÃO II – Instalações, equipamentos e sistemas eléctricos
SUBSECÇÃO III – Instalações, equipamentos e sistemas de comunicações
SUBSECÇÃO IV – Instalações, equipamentos e sistemas de aquecimento, ventilação e ar condicionado (AVAC)
SUBSECÇÃO V – Instalações, equipamentos e sistemas a gás
SUBSECÇÃO VI – Instalações, equipamentos e sistemas de transporte de pessoas e cargas
SUBSECÇÃO VII – Sistemas de Segurança Integrada
SUBSECÇÃO VIII – Sistemas de gestão técnica centralizada
SUBSECÇÃO IX – Condicionamento Acústico
SECÇÃO III – Pontes, Viadutos e Passadiços
SECÇÃO IV – Estradas
SECÇÃO V – Caminhos-de-Ferro
SUBSECÇÃO I – Via Férrea
SUBSECÇÃO II – Catenária

SUBSECÇÃO III – Faseamento Construtivo
SECÇÃO VI – Aeródromos
SUBSECÇÃO I – Área Operacional
SUBSECÇÃO II – Apoio à navegação aérea
SECÇÃO VII – Obras Hidráulicas
SECÇÃO VIII – Túneis
SECÇÃO IX – Abastecimento e Tratamento de Água
SECÇÃO X – Drenagem e Tratamento de Águas Residuais
SECÇÃO XI – Resíduos Urbanos e Industriais
SECÇÃO XII – Obras Portuárias e de Engenharia Costeira
SECÇÃO XIII – Espaços Exteriores
SECÇÃO XIV – Produção, transformação, transporte e distribuição de Energia eléctrica
SECÇÃO XV – Redes de comunicações

O Anexo II engloba a classificação de obras por categorias e está dividido em quinze secções, que correspondem às quinze secções do Cap. II das Instruções constantes do Anexo I, englobando-se apenas parte do ponto I para se visualizar a referência, inútil, a "Arquitectura".

Portaria nº 701-H/2008, de 29 de Julho

A portaria de 7 de Fevereiro de 1972, publicada no Diário do Governo, 2.ª série, nº 35 (suplemento), de 11 de Fevereiro de 1972, aprovou as instruções para o cálculo dos honorários referentes aos projectos de obras públicas, definindo, em particular, os métodos de cálculos de honorários a cobrar pelos autores de projectos de obras públicas, bem como as diversas fases em que o projecto se desenvolve e as informações que devem constar dos documentos elaborados em cada fase. [62]

A longa experiência na aplicação desta portaria conjugada com a evolução natural da tipologia de obras públicas e dos correspondentes sistemas técnicos e tecnológicos de construção impõem uma revisão aprofundada daquelas instruções, de forma a adequá-las à realidade actual das obras públicas que exigem a elaboração de projectos cada vez mais complexos.

Igualmente, a recente publicação e entrada em vigor a curto prazo do Decreto-Lei nº 18/2008, de 29 de Janeiro, que aprovou o Código dos Contratos Públicos (CCP), vem também impor que sejam feitas alterações à portaria de 1972. O CCP veio introduzir alterações profundas na legislação anteriormente

[62] Ver a listagem das alterações ao texto de 1972 na norma revogatória do art. 3º da Portaria.

aplicável à formação e execução dos contratos de empreitada de obras públicas. Em particular, e subjacente a esta revisão, encontra-se o desígnio do legislador de impor uma maior exigência na elaboração dos projectos, visando uma melhoria na qualidade dos mesmos.

O nº 1 do artigo 43º do CCP estabelece que o caderno de encargos do procedimento de formação dos contratos de empreitadas de obras públicas deve ser integrado por um programa e um projecto de execução, admitindo-se, apenas em casos excepcionais, que o projecto de execução possa ser elaborado pelos concorrentes.

Nos termos do nº 7 do mesmo artigo, o conteúdo obrigatório do programa e do projecto de execução que integram o caderno de encargos de um procedimento de formação de um contrato de obras públicas é fixado por portaria do ministro responsável pelas obras públicas.

Conjugados todos estes factores, entendeu-se necessário regulamentar este artigo do CCP, aproveitando para revogar a referida portaria de 7 de Fevereiro, uma vez que, não obstante para efeitos do CCP ser essencial o programa e o projecto de execução, a verdade é que muitos dos projectos de obras públicas passam por fases anteriores, cujo conteúdo importa também regulamentar.

A revisão agora efectuada, cujos trabalhos foram inicialmente desenvolvidos e coordenados pelo Conselho Superior de Obras Públicas e Transportes (CSOPT) e, posteriormente, em conjugação com o Instituto da Construção e do Imobiliário, I. P. (InCI, I. P.), tiveram o contributo de diversos outros organismos e entidades do sector.

No que respeita ao seu conteúdo, a presente portaria dá maior importância às exigências e requisitos na elaboração dos projectos de obras públicas, mantendo e reforçando o seu carácter vinculativo para as entidades envolvidas.

Decidiu-se, assim, consagrar na presente portaria as instruções para a elaboração de projectos de obras, tendo o trabalho desenvolvido sido norteado, em linhas gerais, pelas seguintes orientações:

a) Actualizar e completar os conceitos e definições;

b) Levar em consideração as profundas alterações na legislação aplicável aos contratos públicos desencadeada pelo novo Código dos Contratos Públicos;

c) Eliminar todos os procedimentos de cálculo e de avaliação de honorários, incompatíveis com a actual economia de mercado;

d) Aperfeiçoar e desenvolver os requisitos mínimos exigidos em cada fase do projecto;

e) Completar e actualizar as especificações de projecto definidas para cada tipo de obra;

f) Atribuir maior responsabilização aos autores do projecto;

g) Ajustar as fases de projecto aos actuais conceitos de gestão na execução das obras;

h) Introduzir maior rigor nas estimativas orçamentais elaboradas nas diferentes fases do projecto.

Foram ouvidas a Ordem dos Engenheiros, a Ordem dos Arquitectos, a Associação Portuguesa de Projectistas e Consultores e a Associação Portuguesa dos Arquitectos Paisagistas.

Assim:

Ao abrigo do nº 7 do artigo 43º do Código dos Contratos Públicos, aprovado pelo Decreto-Lei nº 18/2008, de 29 de Janeiro, manda o Governo, pelo Ministro das Obras Públicas, Transportes e Comunicações, o seguinte:

Artigo 1º – Objecto

1 – A presente portaria aprova, ao abrigo do nº 7 do artigo 43º do Código dos Contratos Públicos (CCP), o conteúdo obrigatório do programa e do projecto de execução, a que se referem os nº 1 e 3 do artigo 43º do CCP, bem como os procedimentos e normas a adoptar na elaboração e faseamento de projectos de obras públicas, designados como instruções para a elaboração de projectos de obras, constantes do anexo I à presente portaria, da qual faz parte integrante.

2 – A presente portaria aprova, ainda, a classificação de obras por categorias, a qual consta do anexo II à presente portaria, da qual faz parte integrante.

Artigo 2º – Âmbito

1 – As disposições constantes da presente portaria aplicam-se nos casos em que o dono da obra, a entidade responsável pela concepção e execução de obra ou a entidade adquirente de serviços de elaboração de projectos de obras públicas sejam entidades adjudicantes, nos termos previstos no artigo 2º do CCP, aprovado pelo Decreto-Lei nº 18/2008, de 29 de Janeiro.

2 – A presente portaria aplica-se, ainda, aos projectos apresentados pelos concorrentes em procedimentos pré-contratuais públicos, nas situações previstas no nº 3 do artigo 43º do CCP.

Artigo 3º – Norma revogatória

Sem prejuízo do disposto no nº 3 do artigo seguinte, com a entrada em vigor da presente portaria é revogada a portaria de 7 de Fevereiro de 1972, publicada no Diário do Governo, 2.ª série, nº 35 (suplemento), de 11 de Fevereiro de 1972, alterada pela portaria de 22 de Novembro de 1974, publicada no Diário do Governo, 2.ª série, nº 2, de 3 de Janeiro de 1975, e pela portaria de 27 de Janeiro de 1986, publicada no Diário da República, 2.ª série, nº 53, de 5 de Março de 1986.

Artigo 4º – Entrada em vigor

1 – A presente portaria entra em vigor na data de entrada em vigor do CCP, aplicando-se à elaboração de todos os projectos cujo procedimento de contratação tenha sido iniciado após aquela data, sem prejuízo do disposto no número seguinte.

2 – Para efeitos do cumprimento do disposto do nº 1 do artigo 43º do CCP, relativamente a procedimentos de formação de contratos de empreitada de obras públicas que se iniciem seis meses após a data de entrada em vigor do CCP, é aplicável o disposto na presente portaria independentemente da data de início da elaboração do projecto.

3 – Até ao termo do prazo referido no número anterior, aplica-se, para efeitos do disposto no nº 7 do artigo 43º do CCP, a portaria de 7 de Fevereiro de 1972, publicada no Diário do Governo, 2.ª série, nº 35 (suplemento), de 11 de Fevereiro de 1972, e respectivas alterações.

ANEXO I

(a que se refere o nº 1 do artigo 1º da presente portaria)

Instruções para a elaboração de projectos de obras

CAPÍTULO 1 – Disposições Gerais

Artigo 1º – Definições

Para efeitos do presente Anexo, entende-se por:

a) «Anteprojecto», ou «Projecto base», o documento a elaborar pelo Projectista, correspondente ao desenvolvimento do Estudo prévio aprovado pelo Dono da Obra, destinado a estabelecer, em definitivo, as bases a que deve obedecer a continuação do estudo sob a forma de Projecto de execução;

b) «Assistência técnica», as prestações acessórias a realizar pelo Projectista perante o Dono da Obra, sem prejuízo do cumprimento de outras obrigações legais ou contratuais que lhe incumbam, que visam, designadamente, assegurar a correcta execução da obra, a conformidade da obra executada com o projecto e com o caderno de encargos e o cumprimento das normas legais e regulamentares aplicáveis. A Assistência Técnica consiste, entre outras actividades, na prestação de informações e esclarecimentos, bem como no acompanhamento da execução da obra, a prestar pelo Coordenador de Projecto e pelos Autores do Projecto ao Dono da Obra, ou quando previsto, ao empreiteiro geral, a qual deve realizar-se, sempre que for solicitado, ou quando tal se revele necessário, e preferencialmente, de forma presencial, podendo ocorrer:

(i) durante a fase de preparação do procedimento de formação de um contrato público;

(ii) durante a fase de formação do contrato público, em particular durante a apreciação das propostas, visando nomeadamente a correcta interpretação do projecto e a escolha do adjudicatário; ou

(iii) durante a execução da obra;

c) «Assistência técnica especial», os serviços complementares a prestar, quando contratualmente previstos, pelo Projectista ao Dono da Obra, visando a apreciação da qualidade de equipamentos, elementos ou ensaios ligados à execução da obra, à sua monitorização ou manutenção, bem como à recepção da obra;

d) «Autor do projecto», o técnico que elabora e subscreve, com autonomia, o projecto, os projectos parcelares ou parte de projecto e subscreve as declarações e os termos de responsabilidade respectivos, devendo, nos projectos que elaboram, assegurar o cumprimento das disposições legais e regulamentares aplicáveis;

e) «Coordenador do projecto», o técnico a quem compete, satisfazendo as condições exigíveis ao autor de projecto, garantir a adequada articulação da equipa de projecto em função das características da obra, assegurando a participação dos técnicos autores, a compatibilidade entre os diversos projectos necessários e o cumprimento das disposições legais e regulamentares aplicáveis a cada especialidade;

f) «Coordenador de segurança e saúde em fase de projecto», a pessoa singular ou colectiva, que executa, durante a elaboração do projecto, as tarefas de coordenação em matéria de segurança e saúde, previstas na legislação aplicável podendo também participar na preparação do processo de negociação da empreitada e de outros actos preparatórios da execução da obra, na parte respeitante à segurança e saúde no trabalho;

g) «Dono da Obra», o dono de obra pública ou entidade adjudicante tal como definido no Código dos Contratos Públicos ou o concessionário relativamente a obra executada com base em contrato relativamente a obra executada com base em contrato de concessão de obra pública;

h) «Empreendimento», o conjunto de uma ou mais obras integradas para uma determinada função ou objectivo;

i) «Equipa de projecto», a equipa multidisciplinar, tendo por finalidade a elaboração de um projecto contratado pelo Dono da Obra ou especialmente regulamentado por lei ou previsto em procedimento contratual público, constituída por vários autores de projecto e orientada por coordenador de projecto, cumprindo os correspondentes deveres;

j) «Estudo prévio», o documento elaborado pelo Projectista, depois da aprovação do programa base, visando a opção pela solução que melhor se ajuste ao programa, essencialmente no que respeita à concepção geral da obra;

l) «Peças do projecto», os documentos, escritos ou desenhados que caracterizam as diferentes partes de um projecto;

m) «Programa base», o documento elaborado pelo Projectista a partir do programa preliminar resultando da particularização deste, visando a verificação da viabilidade da obra e do estudo de soluções alternativas, o qual, depois de aprovado pelo Dono da Obra, serve de base ao desenvolvimento das fases ulteriores do projecto;

n) «Programa preliminar», o documento fornecido pelo Dono da Obra ao Projectista para definição dos objectivos, características orgânicas e funcionais e condicionamentos financeiros da obra, bem como dos respectivos custos e prazos de execução a observar; corresponde ao programa previsto no artigo 43º do CCP;

o) «Programa de reconhecimento», o documento que integra as acções de prospecção, medição e ensaio das condições existentes;

p) «Projectista», a entidade singular ou colectiva que assume a responsabilidade pela elaboração de projecto ou programa, no âmbito, ou tendo em vista, a realização de um procedimento pré-contratual público;

q) «Projecto», o conjunto de documentos escritos e desenhados que definem e caracterizam a concepção funcional, estética e construtiva de uma obra, compreendendo, designadamente, o projecto de arquitectura e projectos de engenharia;

r) «Projecto de ampliação», o projecto com base numa construção existente que visa ampliar a capacidade de utilização, com o correspondente aumento da área de construção ou do volume da obra;

s) «Projecto de demolição», o projecto com base numa construção existente que visa a sua total ou parcial destruição;

t) «Projecto de execução», o documento elaborado pelo Projectista, a partir do estudo prévio ou do anteprojecto aprovado pelo Dono da Obra, destinado a facultar todos os elementos necessários à definição rigorosa dos trabalhos a executar;

u) «Projecto de reabilitação», o projecto com base numa construção existente que tem por objectivo fundamental repor ou melhorar as suas condições de funcionamento;

v) «Projecto de reforço», o projecto com base numa construção existente que visa conferir-lhe maior capacidade;

x) «Projecto de remodelação», o projecto com base numa construção existente tendo em vista introduzir quaisquer alterações incluindo as mudanças de utilização;

z) «Projecto variante», o projecto elaborado no todo ou em parte como alternativa a outro já existente, sem modificação dos seus objectivos e condicionantes;

aa) «Revisão do projecto», a análise crítica do projecto e emissão dos respectivos pareceres, por outrem que não o Projectista;

bb) «Revisor do projecto», a pessoa singular ou colectiva devidamente qualificada para a elaboração desse projecto e distinta do autor do mesmo;

cc) «Telas finais», o conjunto de desenhos finais do projecto, integrando as rectificações alterações introduzidas no decurso da obra e que traduzem o que foi efectivamente construído.

Artigo 2º – Programa preliminar

O Programa preliminar contém, além de elementos específicos constantes da legislação e regulamentação aplicável, os seguintes elementos, podendo alguns destes ser dispensados consoante a obra a projectar:

a) Objectivos da obra;

b) Características gerais da obra;

c) Dados sobre a localização do empreendimento;

d) Elementos topográficos, cartográficos e geotécnicos, levantamento das construções existentes e das redes de infra-estruturas locais, coberto vegetal, características ambientais e outros eventualmente disponíveis, a escalas convenientes;

e) Dados básicos relativos às exigências de comportamento, funcionamento, exploração e conservação da obra, tendo em atenção as disposições regulamentares;

f) Estimativa de custo e respectivo limite dos desvios e, eventualmente, indicações relativas ao financiamento do empreendimento;

g) Indicação geral dos prazos para a elaboração do projecto e para a execução da obra.

Artigo 3º – Fases do Projecto

1 – O projecto desenvolve-se de acordo com as fases a seguir indicadas, podendo, algumas delas, ser dispensadas de apresentação formal, por especificação do caderno de encargos ou acordo entre o Dono da Obra e o Projectista:

a) Programa base;

b) Estudo prévio;

c) Anteprojecto;

d) Projecto de execução e Assistência técnica.

2 – O faseamento dos Projectos de remodelação, ampliação, reabilitação, reforço e demolição pode ser ajustado à respectiva especificidade, por especificação do caderno de encargos ou acordo entre o Dono da Obra e o Projectista.

3 – O faseamento da Revisão de projecto segue o da respectiva elaboração, salvo acordo diverso entre o Dono da Obra e o revisor do projecto.

Artigo 4º – Programa Base

1 – O Programa base é apresentado de forma a proporcionar ao Dono da Obra a compreensão clara das soluções propostas pelo Projectista, com base nas indicações expressas no programa preliminar.

2 – Caso o contrato não especifique outras condições, entende-se que o Programa base a apresentar à aprovação do Dono da Obra inclui os elementos seguintes, sem prejuízo dos constantes de regulamentação aplicável:

a) Esquema da obra e programação das diversas operações a realizar, quando aplicável;

b) Definição dos critérios gerais de dimensionamento das diferentes partes constitutivas da obra;

c) Indicação dos condicionamentos principais relativos à ocupação do terreno, nomeadamente os legais, topográficos, urbanísticos, geotécnicos, ambientais, em particular, os técnicos e acústicos;

d) Peças escritas e desenhadas e outros elementos informativos necessários para o perfeito esclarecimento do Programa base, no todo ou em qualquer das suas partes, incluindo as que porventura se justifiquem para definir as alternativas de solução propostas pelo Projectista e avaliar a sua viabilidade, em função das condições de espaço, técnicas, de custos e de prazos;

e) Estimativa geral do custo da obra, tomando em conta os encargos mais significativos com a sua realização e análise comparativa dos custos de manutenção e consumos da obra nas soluções propostas;

f) Descrição sumária das opções relacionadas com o comportamento, funcionamento, exploração e conservação da obra;

g) Informação sobre a necessidade de obtenção de elementos topográficos, geológicos, geotécnicos, hidrológicos, climáticos, características da componente acústica do ambiente, redes de infra-estruturas ou de qualquer outra natureza que interessem à elaboração do projecto, bem como sobre a realização de estudos em modelos, ensaios, maquetes, trabalhos de investigação e quaisquer outras actividades ou formalidades que podem ser exigidas, quer para a elaboração do projecto, quer para a execução da obra.

Artigo 5º – Estudo prévio

O Estudo prévio desenvolve as soluções aprovadas no Programa base, sendo constituído por peças escritas e desenhadas e por outros elementos informativos, de modo a possibilitar ao Dono da Obra a fácil apreciação das soluções propostas pelo Projectista e o seu confronto com os elementos constantes naquele.

2 – Se outras condições não forem fixadas no contrato, o Estudo prévio contém, para cada uma das soluções alternativas apresentadas à aprovação do Dono da Obra, e sem prejuízo dos elementos constantes da regulamentação aplicável, os elementos seguintes:

a) Memória descritiva e justificativa, incluindo capítulos respeitantes a cada um dos objectivos relevantes do estudo prévio;

b) Elementos gráficos elucidativos sob a forma de plantas, alçados, cortes, perfis, esquemas de princípio e outros elementos, em escala apropriada;

c) Dimensionamento aproximado e características principais dos elementos fundamentais da obra;

d) Definição geral dos processos de construção e da natureza dos materiais e equipamentos mais significativos;

e) Análise prospectiva do desempenho térmico e energético e da qualidade do ar interior nos edifícios no seu conjunto e dos diferentes sistemas activos em particular;

f) Análise prospectiva de desempenho acústico relativa, nomeadamente, à propagação sonora, aérea e estrutural, entre espaços e para o exterior;

g) Estimativa do custo da obra e do seu prazo de execução.

Artigo 6º – Anteprojecto ou Projecto base

1 – O Anteprojecto, ou Projecto base, desenvolve a solução do Estudo prévio aprovado, sendo constituído por peças escritas e desenhadas e outros elementos de natureza informativa que permitam a conveniente definição e dimensionamento da obra, bem como o esclarecimento do modo da sua execução.

2 – Se outras condições não forem fixadas no contrato, o anteprojecto deve conter, para além dos elementos constantes da regulamentação aplicável os seguintes:

a) Memórias descritivas e justificativas da solução adoptada, incluindo capítulos especialmente destinados a cada um dos objectivos especificados para o anteprojecto, onde figuram designadamente descrições da solução orgânica, funcional e estética da obra, dos sistemas e dos processos de construção previstos para a sua execução e das características técnicas e funcionais dos materiais, elementos de construção, sistemas e equipamentos;

b) Avaliação das quantidades de trabalho a realizar por grandes itens e respectivos mapas;

c) Estimativa de custo actualizada;

d) Peças desenhadas a escalas convenientes e outros elementos gráficos que explicitem a localização da obra, a planimetria e a altimetria das suas diferentes partes componentes e o seu dimensionamento bem como os esquemas de princípio detalhados para cada uma das Instalações Técnicas, garantindo a sua compatibilidade;

e) Identificação de locais técnicos, centrais interiores e exteriores, bem como mapa de espaços técnicos verticais e horizontais para instalação de equipamentos terminais e redes.

f) Os elementos de estudo que serviram de base às opções tomadas, de preferência constituindo anexos ou volumes individualizados identificados nas memórias;

g) Programa geral dos trabalhos.

Artigo 7º – Projecto de execução

1 – O Projecto de execução desenvolve o Projecto base aprovado, sendo constituído por um conjunto coordenado das informações escritas e desenhadas de fácil e inequívoca interpretação por parte das entidades intervenientes na execução da obra, obedecendo ao disposto na legislação e regulamentação aplicável.

2 – Se outras condições não forem fixadas no contrato, o Projecto de execução inclui, além de outros elementos constantes de regulamentação aplicável, as seguintes peças:

a) Memória descritiva e justificativa, incluindo a disposição e descrição geral da obra, evidenciando quando aplicável a justificação da implantação da obra e da sua integração nos condicionamentos locais existentes ou planeados; descrição genérica da solução adoptada com vista à satisfação das disposições legais e regulamentares em vigor; indicação das características dos materiais, dos elementos da construção, dos sistemas, equipamentos e redes associadas às Instalações Técnicas;

b) Cálculos relativos às diferentes partes da obra apresentados de modo a definirem, pelo menos, os elementos referidos na regulamentação aplicável a cada tipo de obra e a justificarem as soluções adoptadas;

c) Medições e mapas de quantidade de trabalhos, dando a indicação da natureza e da quantidade dos trabalhos necessários para a execução da obra;

d) Orçamento baseado nas quantidades e qualidades de trabalho constantes das medições;

e) Peças desenhadas de acordo com o estabelecido para cada tipo de obra na regulamentação aplicável, devendo conter as indicações numéricas indispensáveis e a representação de todos os pormenores necessários à perfeita compreensão, implantação e execução da obra;

f) Condições técnicas, gerais e especiais, do caderno de encargos.

3 – Compete ao Projectista em face da natureza da obra, por sua iniciativa ou por solicitação do Dono da Obra, elaborar plano de observação, que assegure as condições de segurança da obra.

Artigo 8º – Programação e Coordenação do Projecto

1 – A coordenação das actividades dos intervenientes no projecto tem como objectivo a integração das suas diferentes partes num conjunto harmónico, de fácil interpretação e capaz de fornecer todos os elementos necessários à execução da obra, garantindo a adequada articulação da equipa de projecto em função das características da obra e assegurando a participação dos técnicos autores, a compatibilidade entre os diversos projectos necessários e o cumprimento das disposições legais e regulamentares aplicáveis a cada especialidade, bem como a relação com o Dono da Obra ou o seu representante.

2 – A programação do projecto visa o escalonamento das suas diferentes fases e das actividades de cada interveniente, de modo a ser dado cumprimento ao contrato.

3 – O Coordenador do projecto deve compatibilizar a sua acção com a do coordenador de segurança e saúde em fase de projecto, quando este existir.

Artigo 9º – Assistência Técnica

1 – O Projectista tem o direito de exigir e a obrigação de garantir a assistência técnica necessária.

2 – Na fase do procedimento de formação do contrato, e até à adjudicação da obra, a Assistência técnica do Projectista ao Dono da Obra compreende as actividades seguintes:

a) Esclarecimento de dúvidas relativas ao projecto durante a preparação do processo do concurso para adjudicação da empreitada ou fornecimento;

b) Prestação de informações e esclarecimentos solicitados por candidatos a concorrentes, sob a forma escrita e exclusivamente por intermédio do Dono da Obra, sobre problemas relativos à interpretação das peças escritas e desenhadas do projecto;

c) Prestação do apoio ao Dono da Obra na apreciação e comparação das condições da qualidade das soluções técnicas das propostas de molde a permitir a sua correcta ponderação por aquele, incluindo a apreciação de compatibilidade com o projecto de execução, constante do caderno de encargos, de variantes ou alterações que sejam apresentadas;

3 – Durante a execução da obra, a assistência técnica compreende:

a) Esclarecimento de dúvidas de interpretação de informações complementares relativas a ambiguidades ou omissões do projecto, bem como elaboração das peças de alteração do projecto necessárias à respectiva correcção e à integral e correcta caracterização dos trabalhos a executar no âmbito da referida correcção;

b) Apreciação de documentos de ordem técnica apresentados pelo empreiteiro ou Dono da Obra, incluindo, quando apropriado, a sua compatibilidade com o projecto;

c) Proceder, concluída a execução da obra, à elaboração das telas finais a ela respeitantes, verificando a conformidade das mesmas com o projecto de execução e das eventuais alterações nele introduzidas, de acordo com as informações fornecidas pelo Dono da Obra.

4 – A assistência técnica não abrange a direcção técnica, a administração, a coordenação da segurança, a organização da compilação técnica em matéria de segurança e saúde e a fiscalização da obra, nem a adaptação dos projectos às condições reais das empreitadas não previsíveis na fase do projecto.

Artigo 10º – Assistência Técnica Especial

O Projectista encontra-se sempre disponível para contratar os serviços de Assistência técnica especial, os quais envolvem, nomeadamente:

a) Apreciação técnico-económica de projectos variantes apresentados a concurso, sem prejuízo do disposto no artigo anterior;

b) Apreciação técnico-económica de alternativas que venham a ser propostas pelos empreiteiros, sem prejuízo do disposto no artigo anterior;

c) Verificação da qualidade dos materiais, da qualidade de execução dos trabalhos relevantes, do fornecimento e montagem dos equipamentos e instalações, bem como a elaboração dos respectivos pareceres;

d) Elaboração dos planos ou projectos de monitorização e manutenção;

e) Elaboração de desenhos de preparação de obra, quando os mesmos não sejam elaborados pelo empreiteiro;

f) Participação nos ensaios e recepção das obras.

Artigo 11º – Categorias de Obras

1 – As obras são classificadas em quatro categorias consoante a maior ou menor dificuldade da concepção e o grau de complexidade do projecto, nos termos definidos nos números seguintes e de acordo com o Anexo II à presente Portaria.

2 – A categoria I abrange as obras de natureza simples em que sejam dominantes as características seguintes:

a) Concepção fácil pela simplicidade de satisfação do programa de exigências funcionais;

b) Elevado grau de repetição das diferentes partes componentes da obra;

c) Sistemas ou métodos de execução correntes.

3 – Na categoria II incluem-se as obras de características correntes e onde sejam predominantes os seguintes aspectos:

a) Concepção simples, baseada em programas funcionais com exigências correntes;

b) Instalações e equipamentos correspondentes a soluções sem complexidades específicas;

c) Pequeno grau de repetição das diferentes partes componentes da obra;

d) Solução da concepção e construção sem condicionamentos especiais de custos.

4 – Na categoria III incluem-se as obras em que a elaboração do projecto está condicionada relativamente às obras correntes, por algum dos factores seguintes:

a) Concepção fundamentada em programas funcionais com exigências especiais;

b) Instalações técnicas que, pela sua complexidade, tornem necessário o estudo de soluções pouco correntes que exijam soluções elaboradas de compatibilização com as diferentes partes componentes da obra;

c) Obrigatoriedade de pesquisa de várias soluções que conduzam a novos sistemas e métodos e à aplicação de materiais e elementos de construção diferentes das correntes na prática respectiva.

d) Integração num contexto natural ou construído que determine exigências relevantes, correspondentes a, designadamente, aspectos relacionados com contextos ambientais ou visuais de excepção, históricos;

e) Obrigação especial de inovação técnica ou artística do programa;

f) Obrigatoriedade de pesquisa de soluções que garantam uma contenção de custos particularmente reduzidos.

5 – A categoria IV compreende obras com imposições e características mais severas do que as anteriormente especificadas, ou, ainda, em que seja dominante a pesquisa de soluções individualizadas.

6 – Os projectos cujas obras exijam a execução de trabalhos em circunstâncias excepcionais, tais como, por exemplo, com risco de acidentes, climas severos, com prazos de execução particularmente reduzidos, ou que incluam a responsabilidade por novas concepções ou métodos muito especiais de construção, podem ser classificados em categorias superiores às que lhes corresponderiam sem a ocorrência de tais circunstâncias.

Artigo 12º – Importância das fases do projecto

Para efeitos de planeamento, o peso relativo de cada fase de projecto poderá traduzir-se pelas seguintes percentagens:

Fases do projecto	Percentagem
Programa base	10
Estudo prévio	20
Anteprojecto	20
Projecto de execução	35
Assistência técnica	15

Artigo 13º – Alteração do peso das fases de projecto

1 – Em função da complexidade e dimensão de cada projecto, e mediante fundamentação especificada das divergências dos impactos de cada fase no processo de elaboração do projecto que justifique a alteração, podem ser definidos outros pesos relativos ou percentagens para cada fase de projecto, sem prejuízo do disposto no número seguinte.

2 – Nos casos previstos no número anterior não pode ser atribuído uma percentagem acumulada superior a 50% para o Programa base, Estudo prévio e Anteprojecto.

CAPÍTULO II – Disposições especiais

Artigo 14º – Disposição Introdutória

Além dos elementos referidos no Capítulo I, o Programa preliminar e as diversas fases do Projecto devem conter os elementos especiais constantes das secções seguintes, bem como os constantes da legislação aplicável às respectivas obras.

SECÇÃO I – Edifícios

Artigo 15º – Programa Preliminar

São elementos especiais do Programa preliminar, da responsabilidade do Dono da Obra:

a) Os diferentes tipos de utentes do edifício, a natureza e a medida das respectivas actividades e as suas interligações;

b) As características evolutivas das funções a que o edifício se deve adequar;

c) A ordem de grandeza das áreas e volumes, as necessidades genéricas de mobiliário, máquinas, instalações, instrumentos e aparelhagem e as eventuais condições específicas de ambiente exigidas, designadamente, isolamento térmico, renovação de ar, condicionamento acústico, condições de iluminação e incidência solar;

d) O reconhecimento geotécnico do terreno nos termos definidos pelo Autor do projecto no Programa base.

Artigo 16º – Programa base

São elementos especiais do Programa base:

a) Organograma das funções e das actividades dos utentes do edifício, com discriminação dos factores principais que foram tidos em consideração, nomeadamente: estrutura orgânica, funções e actividades, número e qualificação dos utentes.

b) Representação gráfica de interdependência das funções e das actividades dos utentes.

c) Descrição e avaliação das condições de utilização, de segurança, de conforto e de ambiente exigidas, seja qual for a sua natureza, e a definição e justificação das soluções a adoptar para satisfação daquelas exigências.

d) Discriminação e justificação das necessidades de instalações e de equipamentos, de circulações e comunicações e outras fixadas no Programa Preliminar.

e) Definição e justificação dos critérios gerais de compartimentação e de dimensionamento, em função da forma de ocupação, das exigências de ambiente e de conforto e das necessidades de instalações e de equipamentos.

f) Definição e justificação do programa de reconhecimento geotécnieo, incluindo as respectivas especificações, necessário ao desenvolvimento dos estudos geológico e geotécnico.

Artigo 17º – Estudo Prévio

São elementos especiais do Estudo prévio:

a) Os elementos necessários à definição esquemática:

i) Da implantação do edifício, a qual deverá ser efectuada sobre planta topográfica a escala adequada, a fornecer pelo Dono da Obra.

ii) Da integração urbana e paisagística do edifício.

iii) Dos acessos ao terreno e da disposição das redes gerais de água, de drenagem de águas residuais domésticas e pluviais, gás, electricidade, comunicações e outras.

iv) Das necessidades mais importantes de infra-estruturas a executar no terreno e dos critérios propostos para a conservação ou para a demolição de construções ou de outros elementos existentes no terreno e para o desvio e reposição das infra-estruturas existentes, quando for caso.

b) Representação gráfica da forma, da organização de espaços e volume e da composição do edifício que evidencie:

i) As características morfológicas dominantes do edifício e das suas partes componentes.

ii) A organização dos espaços e a interdependência de áreas e volumes que explicitem as inter-relações das partes componentes e destas com o conjunto do edifício.

iii) A compartimentação genérica do edifício, com indicação da forma como são solucionados os sistemas de comunicações e de circulações estabelecidas no Programa base.

c) Descrição e justificação das soluções estruturais propostas, incluindo:

i) O pré-dimensionamento da solução estrutural proposta.

ii) O pré-dimensionamento das soluções de escavação e de contenção periférica proposta, caso aplicável.

d) Descrição, justificação e pré-dimensionamento das instalações e dos equipamentos propostos;

e) Pré-dimensionamento das medidas de condicionamento térmico e acústico.

f) Relatório com os resultados do reconhecimento geotécnico do terreno, fornecido pelo Dono da Obra, justificação das soluções de fundação preconizadas e, quando for o caso, a justificação das soluções de escavação e de contenção periférica;

g) Descrição genérica das medidas de condicionamento acústico e dos modelos de conservação de energia e de conforto térmico.

Artigo 18º – Anteprojecto

São elementos especiais do Anteprojecto:

a) Planta topográfica de implantação do edifício e perfis do terreno que definam a implantação do edifício e das infra-estruturas e expressem, com clareza, a sua integração urbana e paisagística.

b) Plantas, alçados e cortes, em escalas apropriadas, que discriminem a compartimentação e indiquem as áreas, os volumes e as dimensões principais da construção, do mobiliário e de outros elementos acessórios do edifício.

c) O reconhecimento geológico e o estudo geotécnico, fornecidos pelo Dono da Obra.

d) O dimensionamento da solução estrutural proposta e da solução de escavação e de contenção periférica proposta, caso aplicável.

e) O dimensionamento das instalações e dos equipamentos.

f) O dimensionamento da solução de condicionamento acústico, incluindo uma análise prospectiva de desempenhos e a demonstração de conformidade com os critérios de qualidade aplicáveis, nomeadamente os regulamentares.

g) O dimensionamento da solução de condicionamento térmico.

h) A localização e caracterização do mobiliário fixo.

i) As peças necessárias à organização dos processos de licenciamento quando exigíveis.

Artigo 19º – Projecto de Execução

1 – São elementos especiais do Projecto de execução em geral:

a) Os resultados da análise do reconhecimento geotécnico e do estudo geológico, fornecidos pelo Dono da Obra.

b) A planta de localização do edifício e do conjunto em que se insere, incluindo a topografia, as vias públicas que o servem, com a indicação das respectivas redes de drenagem de águas residuais domésticas e pluviais, abastecimento de água, electricidade, gás, comunicações e outras que sejam indispensáveis à natureza do edifício, na escala mínima de 1:2000.

c) A planta geral do edifício e do conjunto em que se insere, perfis longitudinais e transversais e outras peças desenhadas, a escalas adequadas a cada caso, que representem as informações relativas à execução de todos os trabalhos exteriores do edifício, nomeadamente:

(i) Movimento de terras exigido para a implantação do edifício e para a adaptação do terreno às condições definidas no projecto.

(ii) Arruamentos, incluindo a estrutura da plataforma e do pavimento, com indicação dos perfis longitudinais e dos perfis transversais tipo.

(iii) Redes de águas residuais, abastecimento de água, electricidade, gás, comunicações e outras, no terreno circundante do edifício, com discriminação dos traçados das valas, das secções das canalizações e demais características necessárias à sua execução.

(iv) Muros de suporte, vedações e outras construções exteriores ao edifício, designadamente, plantas, cortes, alçados, pormenores e outros elementos gráficos indispensáveis à sua realização.

(v) Projecto de espaços exteriores, nomeadamente, arborizações, ajardinamentos e outros trabalhos relativos ao tratamento paisagístico e mobiliário urbano, com a especificação das quantidades e das espécies de trabalhos a executar.

2 – As escalas são as adequadas a cada caso, com os mínimos de 1:500 e 1:1.000, respectivamente, para as representações gerais e de pormenor.

3 – São elementos do projecto de arquitectura:

a) Plantas cotadas de cada piso, pelo menos na escala 1:100, em que sejam indicadas:

(i) A compartimentação e as respectivas dimensões.

(ii) A localização e as dimensões dos diversos elementos de construção, nomeadamente escadas, ascensores, portas, janelas, varandas, envidraçados, instalações sanitárias e outros necessários à definição do edifício e da execução da obra.

(iii) As linhas de corte e os pormenores que sejam objecto de outras peças desenhadas.

(iv) A distribuição e a tipologia do mobiliário fixo.

b) Cortes gerais do edifício, pelo menos na escala 1:100, que evidenciem a compartimentação, as dimensões dos vãos, as alturas e as larguras que interessem à construção, os diferentes níveis entre toscos, ou limpos, dos pavimentos e dos tectos, incluindo os tectos falsos, os locais destinados à passagem de canalizações e condutas, os elementos da estrutura, tais como pilares, vigas, lajes, escadas e outros elementos da construção, e outras informações necessárias à execução do edifício, nomeadamente, natureza e localização dos materiais de revestimento, articulações mais importantes entre diferentes elementos de construção e tipo de remates.

c) Alçados do edifício, pelo menos na escala 1:100, que explicitem a configuração e dimensões das paredes exteriores e de todos os elementos nelas integrados, nomeadamente, janelas, portas, vergas, palas, varandas, a natureza e a localização dos materiais utilizados nos revestimentos e nos elementos de construção e outras informações que sejam indispensáveis à construção do edifício.

d) Cortes de pormenorização, em escala adequada, que indiquem os aspectos construtivos de maior interesse para a execução da obra.

e) Mapa de vãos, com indicação da tipologia de cada vão, das respectivas dimensões e quantidades, do modo de funcionamento, da natureza e das características dos materiais e das ferragens e de outras informações necessárias ao fabrico e montagem de caixilharias, portas, envidraçados e outros elementos.

f) Mapa de acabamentos que defina claramente os materiais e a natureza dos acabamentos considerados para todos os elementos da construção.

g) Pormenores de execução dos diferentes elementos de construção com a definição precisa das dimensões e da natureza das interligações dos diferentes materiais ou partes constituintes.

h) Outras representações necessárias à definição da construção e à execução das obras.

3 – São elementos do Projecto de estruturas:

a) Memória descritiva e justificativa da escolha do tipo de fundações e de estrutura e respectivas verificações de cálculo, de acordo com os regulamentos em vigor.

b) Plantas e cortes definidores da estrutura, em escalas adequadas, em que sejam representadas:

(i) A posição, devidamente cotada, de todos os elementos estruturais, nomeadamente, as vigas, pelos seus eixos ou pelos seus contornos; os pilares, pelos seus eixos e contornos; as lajes, com a indicação das suas espessuras; as aberturas nas lajes, com a indicação da sua localização e das suas dimensões; as paredes e outros elementos estruturais, pelos seus eixos e contornos.

(ii) As secções em tosco de todos os elementos estruturais.

(iii) As cotas de nível de toscos das faces superiores das vigas, paredes e lajes e, quando necessário, as espessuras dos revestimentos;

(iv) A localização, devidamente referenciada, e as dimensões das aberturas e passagens através dos elementos estruturais, nomeadamente as relativas a canalizações e a condutas.

(v) O desenvolvimento em altura dos pilares, definido nas plantas pela sua indicação nos níveis em que têm início e em que terminam.

c) Pormenores de todos os elementos da estrutura que evidenciem a sua forma e constituição e permitam a sua execução sem dúvidas ou ambiguidades, nas escalas 1:50, 1:20,1:10 ou superior.

4 – O projecto de escavação e de contenção periférica, constitui um processo autónomo, incluindo, para efeitos de caracterização e justificação, uma memória descritiva e peças desenhadas elaboradas em conformidade com o seguinte:

a) A memória deverá incluir, nomeadamente, a descrição geral da obra, uma informação geológica e geotécnica, a caracterização dos elementos da estrutura do edifício e infra-estruturas contíguas ou vizinhas, o faseamento de trabalho e o modo de execução das obras, o dimensionamento e justificação das soluções adoptadas, de acordo com os regulamentos em vigor, e, quando for caso, o plano de observação a implementar.

b) As peças desenhadas devem incluir, para além da planta de localização sobre o levantamento topográfico actualizado, os elementos de arquitectura necessários à apreciação isolada do referido projecto e da planta de localização dos trabalhos de prospecção e dos cortes geológicos interpretativos, a planta com a indicação das soluções de escavação, de contenção ou de fundações, os cortes transversais, longitudinais e alçados contendo os elementos necessários à compreensão da solução preconizada com referência às estruturas vizinhas, em particular no subsolo, as plantas, alçados e cortes com indicação e definição de todos os elementos de contenção e de drenagem, os cortes e pormenores de betão armado e a definição e a planta de localização dos dispositivos de observação a instalar.

5 – São elementos dos projectos de instalações e equipamentos:

a) Memórias descritivas e justificativas das instalações e equipamentos descrevendo e justificando as soluções adoptadas, tendo em atenção o anteprojecto aprovado e as disposições legais e regulamentares em vigor.

b) Especificações técnicas, gerais e especiais, relativas às instalações e equipamentos, definindo as condições de montagem e as características técnicas dos materiais e equipamentos.

c) Plantas e, se necessário, alçados e cortes, em escala adequada, com o mínimo de 1:100 que definam:

(i) A localização e, se necessário, o modo de implantação dos materiais e dos equipamentos afectos às instalações.

(ii) O traçado e o modo de montagem das redes.

(iii) As dimensões das canalizações eléctricas, de comunicações e das tubagens e condutas para abastecimento de água, águas residuais, ar, gás e outros fluidos.

(iv) As interdependências mais relevantes das instalações e equipamentos com os elementos de construção, nomeadamente, aberturas em pavimentos ou paredes para passagem de canalizações, tubagens e condutas, maciços para equipamentos e revestimentos especiais, seja para atenuação acústica, seja qual for a sua finalidade.

d) Esquemas, diagramas. perspectivas, etc., necessários à definição das instalações.

e) Pormenores, em escalas adequadas, no mínimo à escala 1/50, necessários à montagem dos equipamentos e das instalações.

6 – São elementos do estudo de condicionamento acústico e de verificação do comportamento térmico:

a) Planta geral em escala adequada onde sejam evidenciadas as características das alterações determinadas na componente acústica do ambiente.

b) Plantas e cortes. em escala adequada, onde se indiquem os locais principais de intervenção em termos de condicionamento térmico e acústico.

c) Memórias descritivas e justificativas incluindo análise prospectiva de desempenhos, das intervenções de condicionamento acústico, descrevendo e justificando as soluções projectadas, tendo em atenção o anteprojecto aprovado e as disposições legais em vigor.

d) Especificações técnicas, gerais e especiais, referentes ao condicionamento térmico e acústico, especificando as condições de execução ou montagem e as características técnicas dos materiais e dos equipamentos.

Artigo 20º – Assistência Técnica Especial

Para efeitos do disposto no artigo 10º do presente Anexo, os elementos especiais da Assistência técnica são acordados entre o Dono da Obra e o Projectista, caso a caso e em função das características da obra.

....

SECÇÃO XIII – Espaços Exteriores

Artigo 157º – Programa Preliminar

É elemento especial do Programa preliminar a análise e caracterização da área de intervenção, nomeadamente quanto a:

a) Inserção contextual e relações funcionais, figurativas e simbólicas daí emergentes;

b) Fisiografia do terreno;

c) Aspectos microclimáticos, nomeadamente de exposição a ventos, ensombramentos e radiação recebida;

d) Capacidade de carga da área de intervenção e seu zonamento;

e) Características pedológicas;

f) Vegetação existente, sua identificação, dimensionamento e estado sanitário;

g) Enquadramento regulamentar da área de intervenção e outras condicionantes à intervenção;

h) Síntese de condicionamentos devidos a infra-estruturas;

i) Aspectos hidrológicos, nomeadamente o equilíbrio hídrico e a qualidade da água;

j) Caracterização da componente acústica do ambiente;

l) Imposições relativas a condicionamentos de impacte ambiental;

m) Identificação de aspectos específicos da área de intervenção, em termos de energia eléctrica, em particular no que respeita à sua produção e consumo, comunicações, segurança e outros.

ANEXO II

Classificação das obras por categorias

(a que se refere os nº 2 do artigo 1º da Portaria e o nº 1 do artigo 11º do Anexo I)

		CATEGORIAS			
		I	II	III	IV
I	EDIFÍCIOS				
I.1	ARQUITECTURA				
I.2	FUNDAÇÕES E ESTRUTURAS				
	Fundações directas em solo de boa qualidade	•			
	Fundações directas em solo de má qualidade		•		
	Fundações indirectas			•	
	Fundações especiais				•
	....				

2. Elementos que devem instruir os pedidos formulados às câmaras municipais

Portaria nº 113/2015, de 22 de abril

O Decreto-Lei nº 136/2014, de 9 de setembro, introduziu alterações ao regime jurídico da urbanização e edificação (RJUE) aprovado pelo Decreto-Lei nº 555/99, de 16 de dezembro, que visam simplificar procedimentos, permitindo, designadamente, que, reunidas determinadas condições, os interessados possam realizar determinadas operações, uma vez efetuada a comunicação prévia e pagas as taxas devidas, sem dependência de qualquer ato permissivo expresso.

A agilização procedimental só é, contudo, exequível se tiver igualmente expressão a nível regulamentar, pelo que se impõe a revisão da Portaria nº 232/2008, de 11 de março, que define os elementos instrutores dos pedidos de realização de operações urbanísticas.

Assim, optou-se pela manutenção da definição dos elementos assente nos diversos tipos e procedimentos de operações urbanísticas, conforme já constava dos diplomas anteriores, que se descriminam, quando for o caso, na parte dedicada ao controlo prévio tradicional, ou seja o licenciamento e autorização, e na parte relativa à comunicação prévia.

Sem prejuízo do disposto no Decreto-Lei nº 135/99, de 22 de abril, com a redação dada pelo Decreto-Lei nº 73/2014, de 13 de maio, em relação à obtenção de informação que[63] já seja detida pela própria Administração com preferência pela utilização da plataforma de interoperabilidade da Administração

[63] Introduziu-se esta palavra, que não consta do texto publicado, corrigindo uma das gralhas desta portaria.

Pública para o efeito, e uma vez que os elementos instrutórios dos procedimentos administrativos em causa não correspondem necessariamente a documentos a entregar pelos requerentes, estabeleceu-se ainda a possibilidade de substituição de determinada informação pela inclusão de uma referência que permita o conhecimento do respetivo procedimento administrativo, em casos como o da junção da notificação de aprovação de um pedido de informação prévia no âmbito de procedimentos de licenciamento.

Assim:

Ao abrigo do disposto no nº 4 do artigo 9º e do nº 4 do artigo 35º do Decreto-Lei nº 555/99, de 16 de dezembro, alterado e republicado pelo Decreto-Lei nº 136/2014, de 9 de setembro:

Manda o Governo, pelos Ministros Adjunto e do Desenvolvimento Regional, da Economia e do Ambiente, Ordenamento do Território e Energia, o seguinte:

Artigo 1º – Objeto

A presente portaria identifica os elementos instrutórios dos procedimentos previstos no Regime Jurídico da Urbanização e Edificação (RJUE) aprovado pelo Decreto-Lei nº 555/99 de 16 de dezembro, alterado e republicado pelo Decreto-Lei nº 136/2014, de 9 de setembro.

Artigo 2º – Âmbito

1 – É aprovada a lista dos elementos que, em função do tipo e complexidade da operação urbanística, deve instruir os processos apresentados no âmbito do RJUE, bem como as condições de apresentação desses elementos, constantes, respetivamente, dos Anexos I e II a esta portaria e que dela fazem parte integrante.

2 – São aprovados os modelos dos termos de responsabilidade que, sem prejuízo do disposto no número seguinte, devem ser apresentados no âmbito do RJUE, constantes do anexo III à presente portaria e que dela faz parte integrante.

3 – Os termos de responsabilidade dos autores dos projetos de especialidade de infraestruturas de telecomunicações regem-se pelo disposto no Decreto-Lei nº 123/2009, de 21 de maio, alterado e republicado pela Lei nº 47/2013, de 10 de julho.

4 – Só podem ser exigidos documentos não constantes dos anexos a esta portaria quando previstos em lei especial ou em plano municipal ou intermunicipal de ordenamento do território.

5 – Os requerentes e comunicantes podem apresentar documentos adicionais não enunciados no anexo I, que entendam pertinentes para o licenciamento e fiscalização das operações urbanísticas, assim como justificar a não instrução do pedido com alguns dos elementos obrigatórios previstos naquele anexo quando desnecessários face à pretensão em concreto.

Artigo 3º – Disposição transitória

Até à conclusão dos processos de transposição do conteúdo dos planos especiais de ordenamento do território nos termos previstos no artigo 78º da Lei nº 31/2014, de 30 de maio, as operações urbanísticas que incidam sobre áreas abrangidas por planos especiais devem ser instruídas com extratos das respetivas plantas.

Artigo 4º – Norma revogatória

É revogada a Portaria nº 232/2008, de 11 de março.

Artigo 5º – Entrada em vigor

A presente portaria produz efeitos no dia seguinte ao da sua publicação.

ANEXO I

(a que se refere o nº 1 do artigo 2º)

ELEMENTOS INSTRUTÓRIOS

I

Elementos comuns aos procedimentos de controlo prévio

1 – Certidão da descrição e de todas as inscrições em vigor emitida pela conservatória do registo predial referente ao prédio ou prédios abrangidos, ou indicação do código de acesso à certidão permanente do registo predial; quando omissos, a respetiva certidão negativa do registo predial, acompanhada da caderneta predial onde constem os correspondentes artigos matriciais.

2 – Delimitação da área objeto da operação e sua área de enquadramento em planta de localização fornecida pela câmara municipal ou planta de localização à escala 1:1.000, com indicação das coordenadas geográficas dos limites da área da operação urbanística, no sistema de coordenadas geográficas utilizado pelo município.

3 – Levantamento topográfico, sempre que haja alteração da topografia ou da implantação das construções, à escala de 1:200, ou de 1:500 no caso de loteamentos, devidamente cotado, que identifique o prédio e a respetiva área, assim como o espaço público envolvente (vias, passeios, estacionamentos, árvores e infraestruturas ou instalações aí localizadas, incluindo postes, tampas, sinalização e mobiliário urbano).

4 – Planta de implantação, desenhada sobre o levantamento topográfico, quando este for exigível, indicando a construção e as áreas impermeabilizadas e os respetivos materiais e, quando houver alterações na via pública, planta dessas alterações.

5 – Memória descritiva contendo:

a) Área objeto do pedido;

b) Caracterização da operação urbanística;

c) Enquadramento da pretensão nos planos territoriais aplicáveis;

d) Justificação das opções técnicas e da integração urbana e paisagística da operação;

e) Indicação das condicionantes para um adequado relacionamento formal e funcional com a envolvente, incluindo com a via pública e as infraestruturas ou equipamentos aí existentes;

f) Programa de utilização das edificações, quando for o caso, incluindo a área a afetar aos diversos usos;

g) Áreas destinadas a infraestruturas, equipamentos, espaços verdes e outros espaços de utilização coletiva e respetivos arranjos, quando estejam previstas;

h) Quadro sinóptico identificando a superfície total do terreno objeto da operação e, em função da operação urbanística em causa, a área total de implantação, a área de implantação do edifício, a área total de construção, a área de construção do edifício, o número de pisos, a altura da fachada, as áreas a afetar aos usos pretendidos e as áreas de cedência, assim como a demonstração do cumprimento de outros parâmetros constantes de normas legais e regulamentares aplicáveis;

i) Quando se trate de operações de loteamento:

(*i*) Número de lotes e respetivas áreas, bem como as áreas e os condicionamentos relativos à implantação dos edifícios e construções anexas;

(*ii*) Área de construção e volumetria dos edifícios, número de pisos e de fogos de cada um dos lotes, com especificação dos fogos destinados a habitações a custos controlados, quando previstos, e com indicação dos índices urbanísticos adotados, nomeadamente a distribuição percentual das diferentes ocupações propostas para o solo, os índices de implantação e de construção e a densidade habitacional, quando for o caso;

(*iii*) Redes de infraestruturas e sobrecarga que a pretensão pode implicar, no caso de operações de loteamento em área não abrangida por plano de pormenor;

(*iv*) Solução adotada para o funcionamento das redes de abastecimento de água, de energia elétrica, de saneamento, de gás e de telecomunicações e suas ligações às redes gerais, quando for o caso;

(*v*) Estrutura viária adotada, especificando as áreas destinadas às vias, acessos e estacionamentos de veículos, incluindo as previstas em cave, quando for o caso.

6 – Extratos das cartas da Reserva Agrícola Nacional e da Reserva Ecológica Nacional com a delimitação da área objeto da pretensão, quando se trate de ope-

rações não abrangidas por plano municipal ou intermunicipal de ordenamento do território e as operações não tenham sido precedidas por operação de loteamento, nem exista pedido de informação prévia em vigor.

II
Elementos específicos da Informação Prévia
(requerida nos termos do nº 2 do artigo 14º do RJUE)

7 – No caso de operações de loteamento em área abrangida por plano de urbanização ou plano diretor municipal:

a) Projeto de loteamento, incluindo:

(*i*) Planta da situação existente, à escala de 1:1.000 ou superior, correspondente ao estado e uso atual do terreno e de uma faixa envolvente com dimensão adequada à avaliação da integração da operação na área em que se insere, com indicação dos valores naturais e construídos, de servidões administrativas e restrições de utilidade pública e infraestruturas existentes;

(*ii*) Planta síntese do loteamento à escala de 1:1.000 ou superior contendo os elementos técnicos definidores da modelação do terreno, da volumetria, alinhamentos, altura da fachada e implantação da edificação e dos muros de vedação;

(*iii*) Planta das infraestruturas locais e ligação às infraestruturas gerais;

(*iv*) Planta com indicação das áreas de cedência destinadas à implantação de espaços verdes e de utilização coletiva, infraestruturas viárias e equipamentos, acompanhada de quadros com as medições das áreas respetivas, exceto se não houver lugar a cedências para esses fins nos termos do nº 4 do artigo 44º do RJUE, caso em que será indicado o valor e a forma de pagamento da compensação;

b) Termo de responsabilidade de técnico legalmente habilitado a subscrever projetos que ateste que a execução da operação de loteamento se conforma com o Regulamento Geral do Ruído, aprovado pelo Decreto-Lei nº 9/2007, de 17 de janeiro;

c) Plano de acessibilidades que apresente a rede de espaços e equipamentos acessíveis, acompanhado do termo de responsabilidade do seu autor que ateste que a execução da operação se conforma com o Decreto-Lei nº 163/2006, de 8 de agosto, desde que inclua tipologias do seu artigo 2º.

8 – Quando se trate de obras de urbanização:

a) Planta da situação existente, à escala de 1:1.000 ou superior, correspondente ao estado e uso atual do terreno e de uma faixa envolvente com dimensão adequada à avaliação da integração da operação na área em que se insere, com indicação dos valores naturais e construídos, de servidões administrativas e restrições de utilidade pública e infraestruturas existentes;

b) Termo de responsabilidade de técnico legalmente habilitado a subscrever projetos que ateste que a execução das obras de urbanização se conforma com o disposto no Regulamento Geral do Ruído, aprovado pelo Decreto-Lei nº 9/2007, de 17 de janeiro;

c) Plano de acessibilidades que apresente a rede de espaços e equipamentos acessíveis, acompanhado do termo de responsabilidade do seu autor que ateste que a execução da operação se conforma com o Decreto-Lei nº 163/2006, de 8 de agosto, desde que inclua tipologias do seu artigo 2º, quando se trate de obras em área não abrangida por operação de loteamento.

9 – No caso de obras de edificação:

a) Quando a edificação esteja abrangida por operação de loteamento, indicação do respetivo procedimento administrativo;

b) Projeto de arquitetura, incluindo plantas à escala de 1:500 ou superior, definindo a volumetria, alinhamento, altura da fachada e implantação da edificação, dos muros de vedação e das construções anexas;

c) Planta das infraestruturas locais e ligação às infraestruturas gerais;

d) Planta com a definição das áreas de cedência destinadas à implantação de espaços verdes, equipamentos de utilização coletiva e infraestruturas viárias, acompanhada de quadros com as medições das áreas respetivas, exceto se não houver lugar a cedências para esses fins;

e) Fotografias do imóvel sempre que se trate de obras de alteração, reconstrução, ampliação ou existam edificações adjacentes;

f) Indicação da localização e dimensionamento das construções anexas, incluindo alçados a uma escala de 1:500 ou superior, para os efeitos previstos na alínea *d*) do nº 4 do artigo 4º do RJUE;

g) Termo de responsabilidade de técnico legalmente habilitado a subscrever projetos que ateste que a execução das obras de urbanização se conforma com o disposto no Regulamento Geral do Ruído, aprovado pelo Decreto-Lei nº 9/2007, de 17 de janeiro;

h) Plano de acessibilidades que apresente a rede de espaços e equipamentos acessíveis, acompanhado do termo de responsabilidade do seu autor que ateste que a execução da operação se conforma com o Decreto-Lei nº 163/2006, de 8 de agosto, desde que inclua tipologias do seu artigo 2º.

10 – Quando se trate de obras de demolição:

a) Descrição sumária do estado de conservação do imóvel e da utilização futura do terreno;

b) Peças desenhadas demonstrativas das técnicas de demolição e das estruturas de contenção indicadas na memória descritiva, quando aplicável;

c) Fotografias do imóvel.

11 – Quando se trate de alteração de utilização:

Planta do edifício ou da fração com identificação do respetivo prédio.

12 – Quando se trate de outras operações urbanísticas:

a) Planta à escala de 1:1.000 ou superior contendo os elementos técnicos definidores da operação urbanística, nomeadamente da modelação do terreno;

b) Termo de responsabilidade de técnico legalmente habilitado a subscrever projetos que ateste da conformidade da operação com o Regulamento Geral do Ruído, aprovado pelo Decreto-Lei nº 9/2007, de 17 de janeiro;

c) Plano de acessibilidades que apresente a rede de espaços e equipamentos acessíveis, acompanhado do termo de responsabilidade do seu autor que ateste que a execução da operação se conforma com o Decreto-Lei nº 163/2006, de 8 de agosto, desde que inclua tipologias do seu artigo 2º.

III
Elementos específicos do licenciamento

13 – No caso de operações de loteamento:

a) Documentos comprovativos da qualidade de titular de qualquer direito que lhe confira a faculdade de realização da operação ou da atribuição dos poderes necessários para agir em sua representação, sempre que tal comprovação não resulte diretamente do nº 1;

b) Cópia da notificação da câmara municipal a comunicar a aprovação de um pedido de informação prévia, caso exista e esteja em vigor, ou indicação do respetivo procedimento administrativo, acompanhada de declaração dos autores e coordenador dos projetos de que a operação respeita os limites constantes da informação prévia favorável, nos termos do disposto no nº 3 do artigo 17º do RJUE, se o requerente estiver a exercer a faculdade prevista no nº 6 do artigo 4º do RJUE;

c) Termos de responsabilidade subscritos pelos autores dos projetos, incluindo o de loteamento e os projetos de obras de urbanização, e pelo coordenador do projeto, quanto ao cumprimento das disposições legais e regulamentares aplicáveis;

d) Comprovativo da contratação de seguro de responsabilidade civil dos técnicos, nos termos da Lei nº 31/2009, de 3 de julho;

e) Planta da situação existente, à escala de 1:1.000 ou superior, correspondente ao estado e uso atual do terreno e de uma faixa envolvente com dimensão adequada à avaliação da integração da operação na área em que se insere, com indicação dos valores naturais e construídos, de servidões administrativas e restrições de utilidade pública e infraestruturas existentes;

f) Planta de síntese do loteamento, à escala de 1:1.000 ou superior, indicando, nomeadamente, a modelação proposta para o terreno, a estrutura viária, as redes de abastecimento de água e de saneamento, de energia elétrica, de gás e de condutas destinadas à instalação de infraestruturas de telecomunicações, a divisão em lotes e sua numeração, finalidade, áreas de implantação e de construção, número de pisos acima e abaixo da cota de soleira e número de fogos, com especificação dos destinados a habitações a custos controlados, quando previstos, e a localização dos equipamentos e das áreas que lhes sejam destinadas, bem como das áreas para espaços verdes e de utilização coletiva;

g) Planta com identificação dos percursos acessíveis, detalhes métricos, técnicos e construtivos e uma peça escrita descrevendo e justificando as soluções adotadas;

h) Estudo que demonstre a conformidade com o Regulamento Geral do Ruído, contendo informação acústica relativa à situação atual e à decorrente da execução da operação de loteamento e termo de responsabilidade do respetivo técnico;

i) Plano de acessibilidades que apresente a rede de espaços e equipamentos acessíveis, acompanhado do termo de responsabilidade do seu autor que ateste que a execução da operação se conforma com o Decreto-Lei nº 163/2006, de 8 de agosto, desde que inclua tipologias do seu artigo 2º;

j) Planta com identificação das áreas de cedência para o domínio municipal, a qual será vertida para a planta do cadastro predial a apresentar após a conclusão da operação;

k) Simulação virtual tridimensional, nos casos em que seja exigida discussão pública;

l) Ficha de elementos estatísticos previstos na Portaria nº 235/2013, de 24 de julho.[64]

14 – No caso de obras de urbanização:

a) Documentos comprovativos da qualidade de titular de qualquer direito que lhe confira a faculdade de realização da operação ou da atribuição dos poderes necessários para agir em sua representação, sempre que tal comprovação não resulte diretamente do nº 1;

b) Cópia da notificação da câmara municipal a comunicar a aprovação de um pedido de informação prévia, caso exista e esteja em vigor, ou indicação do respetivo procedimento administrativo, acompanhada de declaração dos autores e coordenador dos projetos de que a operação respeita os limites constantes da informação prévia favorável, nos termos do disposto no nº 3 do artigo 17º do RJUE, se o requerente estiver a exercer a faculdade prevista no nº 6 do artigo 4º do RJUE;

[64] Portaria prevista no artigo 126º do R.J.U.E..

c) Termos de responsabilidade subscritos pelos autores dos projetos e coordenador do projeto quanto ao cumprimento das disposições legais e regulamentares aplicáveis;

d) Comprovativo da contratação de seguro de responsabilidade civil dos técnicos, nos termos da Lei nº 31/2009, de 3 de julho;

e) Termo de responsabilidade de técnico legalmente habilitado a subscrever projetos que ateste que a execução das obras de urbanização se conforma com o Regulamento Geral do Ruído, aprovado pelo Decreto-Lei nº 9/2007, de 17 de janeiro;

f) Plano de acessibilidades que apresente a rede de espaços e equipamentos acessíveis, acompanhado do termo de responsabilidade do seu autor que ateste que a execução da operação se conforma com o Decreto-Lei nº 163/2006, de 8 de agosto, desde que inclua tipologias do seu artigo 2º, quando se trate de obras em área não abrangida por operação de loteamento;

g) Planta da situação existente, à escala de 1:1.000 ou superior, correspondente ao estado e uso atual do terreno e de uma faixa envolvente com dimensão adequada à avaliação da integração da operação na área em que se insere, com indicação dos valores naturais e construídos, de servidões administrativas e restrições de utilidade pública e infraestruturas existentes;

h) Projetos de especialidades que integrem a obra, designadamente, infraestruturas viárias, redes de abastecimento de águas, esgotos e drenagem, de gás, de eletricidade, de telecomunicações, arranjos exteriores, contendo cada projeto memória descritiva e justificativa, bem como os cálculos, se for caso disso, e as peças desenhadas, em escala tecnicamente adequada, e os respetivos termos de responsabilidade dos técnicos autores dos projetos;

i) Calendarização da execução da obra, com estimativa do prazo de início e de conclusão dos trabalhos;

j) Estimativa do custo total da obra e custo por especialidades, baseado em quantidades e qualidades dos trabalhos necessários à sua execução, devendo ser adotadas as normas europeias e portuguesas em vigor ou as especificações do Laboratório Nacional de Engenharia Civil.

15 – No caso de obras de edificação, para efeitos de aprovação do projeto de arquitetura:

a) Documentos comprovativos da qualidade de titular de qualquer direito que lhe confira a faculdade de realização da operação ou da atribuição dos poderes necessários para agir em sua representação, sempre que tal comprovação não resulte diretamente do nº 1;

b) Cópia da notificação da câmara municipal a comunicar a aprovação de um pedido de informação prévia, caso exista e esteja em vigor, ou indicação do respetivo procedimento administrativo, acompanhada de declaração dos autores e coordenador dos projetos de que a operação respeita os limites constantes da informação prévia favorável, nos termos do disposto no nº 3 do artigo 17º do RJUE, se o requerente estiver a exercer a faculdade prevista no nº 6 do artigo 4º do RJUE;

c) Caso a operação seja abrangida por operação de loteamento e o procedimento adotado for o do licenciamento nos termos do nº 6 do artigo 4º do RJUE, indicação do respetivo procedimento administrativo;

d) Termos de responsabilidade subscritos pelos autores dos projetos e coordenador do projeto quanto ao cumprimento das disposições legais e regulamentares aplicáveis;

e) Comprovativo da contratação de seguro de responsabilidade civil dos técnicos, nos termos da Lei nº 31/2009, de 3 de julho;

f) Projeto de arquitetura, incluindo:

(*i*) Plantas à escala de 1:50 ou de 1:100 contendo as dimensões e áreas e utilizações de todos os compartimentos, bem como a representação do mobiliário fixo e equipamento sanitário;

(*ii*) Alçados à escala de 1:50 ou de 1:100 com a indicação das cores e dos materiais dos elementos que constituem as fachadas e a cobertura, bem como as construções adjacentes, quando existam;

(*iii*) Cortes longitudinais e transversais à escala de 1:50 ou de 1:100 abrangendo o terreno, com indicação do perfil existente e o proposto, bem como das cotas dos diversos pisos, da cota de soleira e dos acessos ao estacionamento;

(*iv*) Pormenores de construção, à escala adequada, esclarecendo a solução construtiva adotada para as paredes exteriores do edifício e sua articulação com a cobertura, vãos de iluminação/ventilação e de acesso, bem como com o pavimento exterior envolvente;

(*v*) Discriminação das partes do edifício correspondentes às várias frações e partes comuns, valor relativo de cada fração, expressa em percentagem ou permilagem, do valor total do prédio, caso se pretenda que o edifício fique sujeito ao regime da propriedade horizontal;

g) Calendarização da execução da obra, com estimativa do prazo de início e de conclusão dos trabalhos;

h) Estimativa do custo total da obra;

i) Plano de acessibilidades que apresente a rede de espaços e equipamentos acessíveis, acompanhado do termo de responsabilidade do seu autor que ateste que a execução da operação se conforma com o Decreto-Lei nº 163/2006, de 8 de agosto, desde que inclua tipologias do seu artigo 2º;

j) Termo de responsabilidade de técnico autor do projeto de condicionamento acústico que ateste da conformidade da operação com o Regulamento Geral do Ruído, aprovado pelo Decreto-Lei nº 9/2007, de 17 de janeiro;

k) Fotografias do imóvel;

l) Ficha de elementos estatísticos previstos na Portaria nº 235/2013, de 24 de julho;

m) Facultativamente o requerente pode entregar, desde logo, os projetos de especialidades.

16 – Quando se trate de obras de edificação, na sequência da aprovação do projeto de arquitetura, projetos de especialidades em função do tipo de obra a executar, nomeadamente:

a) Projeto de estabilidade que inclua o projeto de escavação e contenção periférica;

b) Projeto de alimentação e distribuição de energia elétrica e projeto de instalação de gás, quando exigível, nos termos da lei;

c) Projeto de redes prediais de água e esgotos;

d) Projeto de águas pluviais;

e) Projeto de arranjos exteriores, quando exista logradouro privativo não pavimentado;

f) Projeto de infraestruturas de telecomunicações;

g) Estudo de comportamento térmico e demais elementos previstos na Portaria nº 349-C/2013, de 2 de dezembro;[65]

h) Projeto de instalações eletromecânicas, incluindo as de transporte de pessoas e ou mercadorias;

i) Projeto de segurança contra incêndios em edifícios;

j) Projeto de condicionamento acústico;

k) Termos de responsabilidade subscritos pelos autores dos projetos quanto ao cumprimento das disposições legais e regulamentares aplicáveis;

l) Comprovativo da contratação de seguro de responsabilidade civil dos técnicos, nos termos da Lei nº 31/2009, de 3 de julho.

17 – Quando se trate de obras de demolição:

a) Documentos comprovativos da qualidade de titular de qualquer direito que lhe confira a faculdade de realização da operação ou da atribuição dos poderes necessários para agir em sua representação, sempre que tal comprovação não resulte diretamente do nº 1;

b) Cópia da notificação da câmara municipal a comunicar a aprovação de um pedido de informação prévia, caso exista e esteja em vigor, ou indicação do respetivo procedimento administrativo, acompanhada de declaração dos autores e coordenador dos projetos de que a operação respeita os limites constantes

[65] Esta Portaria, também referida nos subsequentes nºs 22, *i*) e *j*) e 25, *b*), *c*) e *d*), foi aprovada ao abrigo do Sistema de Certificação Energética dos Edifícios, estabelecido pelo Decreto-Lei nº 118/2013, de 20 de Agosto.

da informação prévia favorável, nos termos do disposto no nº 3 do artigo 17º do RJUE, se o requerente estiver a exercer a faculdade prevista no nº 6 do artigo 4º do RJUE;

c) Caso a operação seja abrangida por operação de loteamento, indicação do respetivo procedimento administrativo;

d) Descrição da utilização futura do terreno;

e) Indicação do local de depósito dos entulhos;

f) Projetos de especialidades necessários à execução dos trabalhos, incluindo o projeto de estabilidade ou de contenção de construções adjacentes e termos de responsabilidade dos seus autores;

g) Comprovativo da contratação de seguro de responsabilidade civil dos técnicos, nos termos da Lei nº 31/2009, de 3 de julho;

h) Calendarização da execução da obra, com estimativa do prazo de início e de conclusão dos trabalhos;

i) Estimativa do custo total da obra;

j) Termos de responsabilidade assinados pelo diretor de fiscalização de obra e pelo diretor de obra;

k) Número do alvará, ou de registo, ou número de outro título habilitante emitido pelo InCI, I. P. que confira habilitações adequadas à natureza ou valor da obra;

l) Ficha de elementos estatísticos previstos na Portaria nº 235/2013, de 24 de julho.

18 – No caso de trabalhos de remodelação de terrenos:

a) Documentos comprovativos da qualidade de titular de qualquer direito que lhe confira a faculdade de realização da operação ou da atribuição dos poderes necessários para agir em sua representação, sempre que tal comprovação não resulte diretamente do nº 1;

b) Cópia da notificação da câmara municipal a comunicar a aprovação de um pedido de informação prévia, caso exista e esteja em vigor, ou indicação do respetivo procedimento administrativo, acompanhada de declaração dos autores e coordenador dos projetos de que a operação respeita os limites constantes da informação prévia favorável, nos termos do disposto no nº 3 do artigo 17º do RJUE, se o requerente estiver a exercer a faculdade prevista no nº 6 do artigo 4º do RJUE;

c) Termos de responsabilidade subscritos pelos autores dos projetos e coordenador do projeto quanto ao cumprimento das normas legais e regulamentares aplicáveis;

d) Comprovativo da contratação de seguro de responsabilidade civil dos técnicos, nos termos da Lei nº 31/2009, de 3 de julho;

e) Projetos de especialidades necessários à execução dos trabalhos;

f) Projeto de execução dos trabalhos;

g) Calendarização da execução da obra, com estimativa do prazo de início e de conclusão dos trabalhos;

h) Estimativa do custo total da obra;

i) Ficha de elementos estatísticos previstos na Portaria nº 235/2013, de 24 de julho.

IV
Elementos específicos da comunicação prévia

19 – No caso de operações de loteamento:

a) Documentos comprovativos da qualidade de titular de qualquer direito que lhe confira a faculdade de realização da operação ou da atribuição dos poderes necessários para agir em sua representação, sempre que tal comprovação não resulte diretamente do nº 1;

b) Cópia da notificação da câmara municipal a comunicar a aprovação do pedido de informação prévia, ou indicação do respetivo procedimento administrativo, e indicação da sua vigência acompanhado de declaração dos autores e coordenador os projetos de que aquela respeita os limites constantes da informação prévia favorável, nos termos do disposto no nº 3 do artigo 17º do RJUE;

c) Discriminação dos elementos apresentados em sede de pedido de informação prévia, cuja alteração tenha sido imposta com a aprovação daquele pedido;

d) Pareceres, autorizações ou aprovações das entidades externas cuja consulta seja obrigatória nos termos da lei, exceto se estas já se pronunciaram favoravelmente no âmbito de procedimento de informação prévia ou de aprovação de plano de pormenor, nos termos do nº 2 do artigo 13º do RJUE, caso em que será indicado o procedimento em que tal pronúncia ocorreu e em que termos;

e) Termos de responsabilidade subscritos pelos autores dos projetos e coordenador do projeto quanto ao cumprimento das disposições legais e regulamentares aplicáveis;

f) Comprovativo da contratação de seguro de responsabilidade civil dos técnicos, nos termos da Lei nº 31/2009, de 3 de julho;

g) Planta da situação existente, à escala de 1:1.000 ou superior, correspondente ao estado e uso atual do terreno e de uma faixa envolvente com dimensão adequada à avaliação da integração da operação na área em que se insere, com indicação dos valores naturais e construídos, de servidões administrativas e restrições de utilidade pública e infraestruturas existentes;

h) Planta de síntese da operação de loteamento em formato digital;

i) Descrição pormenorizada dos lotes com indicação dos artigos matriciais de proveniência, a qual é substituída pela planta de cadastro predial, na qual se inclui as áreas de cedência, uma vez concluídos os trabalhos;

j) Calendarização da execução da obra, com estimativa do prazo de início e de conclusão dos trabalhos;

k) Estimativa do custo total da obra;

l) Documento comprovativo da prestação de caução;

m) Apólice de seguro que cubra a responsabilidade pela reparação dos danos emergentes de acidentes de trabalho, nos termos previstos na Lei nº 100/97, de 13 de setembro;

n) Termo de responsabilidade assinado pelo diretor de fiscalização de obra e pelo diretor de obra;

o) Número do alvará, ou de registo, ou número de outro título habilitante emitido pelo InCI, I. P. que confira habilitações adequadas à natureza ou valor da obra, quando as operações de loteamento incluam obras de urbanização;

p) Plano de segurança e saúde;

q) Ficha de elementos estatísticos previstos na Portaria nº 235/2013, de 24 de julho.

20 – No caso de obras de urbanização:

a) Documentos comprovativos da qualidade de titular de qualquer direito que lhe confira a faculdade de realização da operação ou da atribuição dos poderes necessários para agir em sua representação, sempre que tal comprovação não resulte diretamente do nº 1;

b) Cópia da notificação da câmara municipal a comunicar a aprovação de um pedido de informação prévia, quando esta exista e esteja em vigor, ou indicação do respetivo procedimento administrativo, acompanhado de declaração dos autores e coordenador os projetos de que aquela respeita os limites constantes da informação prévia favorável, nos termos do disposto no nº 3 do artigo 17º do RJUE;

c) Cópia da notificação do deferimento do pedido de licenciamento da operação de loteamento ou indicação do respetivo procedimento administrativo;

d) Termos de responsabilidade subscritos pelos autores dos projetos e coordenador de projeto quanto ao cumprimento das disposições legais e regulamentares aplicáveis;

e) Comprovativo da contratação de seguro de responsabilidade civil dos técnicos, nos termos da Lei nº 31/2009, de 3 de julho;

f) Pareceres, autorizações ou aprovações das entidades externas cuja consulta seja obrigatória nos termos da lei, exceto se estas já se pronunciaram favoravelmente no âmbito da operação de loteamento ou plano de pormenor, nos termos do nº 2 do artigo 13º do RJUE, caso em que será indicado o procedimento e os termos em que tal pronúncia ocorreu;

g) Planta da situação existente, à escala de 1:1.000 ou superior, correspondente ao estado e uso atual do terreno e de uma faixa envolvente com dimensão adequada à avaliação da integração da operação na área em que se insere, com indicação dos valores naturais e construídos, de servidões administrativas e restrições de utilidade pública e infraestruturas existentes;

h) Projetos das especialidades que integrem a obra, designadamente das infraestruturas viárias, redes de abastecimento de águas, esgotos e drenagem, de gás, de eletricidade, de telecomunicações, arranjos exteriores, devendo cada projeto conter memória descritiva e justificativa, bem como os cálculos, se for caso disso, e as peças desenhadas, em escala tecnicamente adequada, com os respetivos termos de responsabilidade dos técnicos autores dos projetos;

i) Calendarização da execução da obra, com estimativa do prazo de início e de conclusão dos trabalhos;

j) Estimativa do custo total da obra e custo por especialidades, baseado em quantidades e qualidades dos trabalhos necessários à sua execução, devendo ser adotadas as normas europeias e portuguesas em vigor ou as especificações do Laboratório Nacional de Engenharia Civil;

k) Documento comprovativo da prestação de caução;

l) Apólice de seguro que cubra a responsabilidade pela reparação dos danos emergentes de acidentes de trabalho, nos termos previstos na Lei nº 100/97, de 13 de setembro;

m) Termo de responsabilidade assinado pelo diretor de fiscalização de obra e pelo diretor de obra;

n) Número do alvará, ou de registo, ou número de outro título habilitante emitido pelo InCI, I. P. que confira habilitações adequadas à natureza ou valor da obra;

o) Livro de obra, com menção de termo de abertura;

p) Plano de segurança e saúde;

q) Projeto de contrato de urbanização, quando exista;

r) Plano de acessibilidades que apresente a rede de espaços e equipamentos acessíveis, acompanhado do termo de responsabilidade do seu autor que ateste que a execução da operação se conforma com o Decreto-Lei nº 163/2006, de 8 de agosto, desde que inclua tipologias do seu artigo 2º;

s) Projeto de condicionamento acústico e termo de responsabilidade do respetivo técnico.

21 – Quando se trate de trabalhos de remodelação de terrenos:

a) Documentos comprovativos da qualidade de titular de qualquer direito que lhe confira a faculdade de realização da operação ou da atribuição dos poderes necessários para agir em sua representação, sempre que tal comprovação não resulte diretamente do nº 1;

b) Cópia da notificação da câmara municipal a comunicar a aprovação de um pedido de informação prévia, quando esta exista e esteja em vigor, ou indicação do respetivo procedimento administrativo, acompanhado de declaração dos autores e coordenador os projetos de que aquela respeita os limites constantes da informação prévia favorável, nos termos do disposto no nº 3 do artigo 17º do RJUE;

c) Pareceres, autorizações ou aprovações das entidades externas cuja consulta seja obrigatória nos termos da lei, exceto se estas já se pronunciaram favoravelmente no âmbito da operação de loteamento, nos termos do nº 2 do artigo 13º do RJUE, caso em que será indicado os termos em que tal pronúncia ocorreu;

d) Projetos das especialidades que integrem a obra, devendo cada projeto conter memória descritiva e justificativa, bem como os cálculos, se for caso disso, e as peças desenhadas, em escala tecnicamente adequada, com os respetivos termos de responsabilidade dos técnicos autores dos projetos quanto ao cumprimento das normas legais e regulamentares aplicáveis;

e) Calendarização da execução da obra, com estimativa do prazo de início e de conclusão dos trabalhos;

f) Estimativa do custo total da obra;

g) Documento comprovativo da prestação de caução;

h) Apólice de seguro que cubra a responsabilidade pela reparação dos danos emergentes de acidentes de trabalho, nos termos previstos na Lei nº 100/97, de 13 de setembro;

i) Termo de responsabilidade assinado pelo diretor de fiscalização de obra e pelo diretor de obra;

j) Comprovativo da contratação de seguro de responsabilidade civil dos técnicos, nos termos da Lei nº 31/2009, de 3 de julho;

k) Número do alvará, ou de registo, ou número de outro título habilitante emitido pelo InCI, I. P. que confira habilitações adequadas à natureza ou valor da obra;

l) Livro de obra, com menção de termo de abertura;

m) Plano de segurança e saúde;

n) Ficha de elementos estatísticos previstos na Portaria nº 235/2013, de 24 de julho.

22 – Quando se trate de comunicação prévia de obras de edificação:

a) Documentos comprovativos da qualidade de titular de qualquer direito que lhe confira a faculdade de realização da operação ou da atribuição dos poderes necessários para agir em sua representação, sempre que tal comprovação não resulte diretamente do nº 1;

b) Cópia da notificação da câmara municipal a comunicar a aprovação de um pedido de informação prévia, quando esta exista e esteja em vigor, ou indicação do respetivo procedimento administrativo, acompanhado de declaração dos autores e coordenador dos projetos de que aquela respeita os limites constantes da informação prévia favorável, nos termos do disposto no nº 3 do artigo 17º do RJUE;

c) Termos de responsabilidade subscritos pelos autores dos projetos e coordenador do projeto quanto ao cumprimento das disposições legais e regulamentares aplicáveis;

d) Comprovativo da contratação de seguro de responsabilidade civil dos técnicos, nos termos da Lei nº 31/2009, de 3 de julho;

e) Pareceres, autorizações ou aprovações das entidades externas cuja consulta seja obrigatória nos termos da lei, exceto se estas já se pronunciaram favoravelmente no âmbito da operação de loteamento ou plano de pormenor, nos termos do nº 2 do artigo 13º do RJUE, caso em que será indicado o procedimento e os termos em que tal pronúncia ocorreu;

f) Projeto de arquitetura, a apresentar nos termos da alínea *f*) do nº 15;

g) Projetos de especialidades, a apresentar em função do tipo de obra a executar, com os respetivos termos de responsabilidade dos técnicos autores dos projetos quanto ao cumprimento das normas legais e regulamentares aplicáveis, nomeadamente:

(*i*) Projeto de estabilidade que inclua o projeto de escavação e contenção periférica;

(*ii*) Projeto de alimentação e distribuição de energia elétrica e projeto de instalação de gás, quando exigível, nos termos da lei;

(*iii*) Projeto de redes prediais de água e esgotos;

(*iv*) Projeto de águas pluviais;

(*v*) Projeto de arranjos exteriores, quando exista logradouro privativo não pavimentado;

(*vi*) Projeto de infraestruturas de telecomunicações;

(*vii*) Estudo de comportamento térmico e demais elementos previstos na Portaria nº 349-C/2013, de 2 de dezembro;

(*viii*) Projeto de instalações eletromecânicas, incluindo as de transporte de pessoas e ou mercadorias;

(*ix*) Projeto de segurança contra incêndios em edifícios;

(*x*) Projeto de condicionamento acústico.

h) Plano de acessibilidades que apresente a rede de espaços e equipamentos acessíveis, acompanhado do termo de responsabilidade do seu autor que ateste que a execução da operação se conforma com o Decreto-Lei nº 163/2006, de 8 de agosto, desde que inclua tipologias do seu artigo 2º;

i) Quando se trate de obras de construção, reconstrução, ampliação, alteração, ou conservação de imóvel de edifícios de habitação, os elementos previstos no ponto 1.1 do anexo à Portaria nº 349-C/2013, de 2 de dezembro, relativa ao desempenho energético de edifícios;

(*i*) Termo de responsabilidade subscrito pelo autor do projeto de comportamento térmico;

(*ii*) Projeto de comportamento térmico elaborado por técnico responsável, onde devem constar evidências das soluções adotadas e os cálculos efetuados e cumprimento do Regulamento de Desempenho Energético dos Edifícios de Habitação;[66]

(*iii*) Ficha resumo caracterizadora do edifício e da intervenção preconizada;

(*iv*) Pré-certificado do SCE, emitido por perito qualificado no âmbito do Sistema de Certificação Energética dos Edifícios.

j) Quando se trate de obras de construção, reconstrução, ampliação, alteração, ou conservação de imóvel de edifícios de comércio e serviços, os elementos previstos no ponto 2.1 do anexo à Portaria nº 349-C/2013, de 2 de dezembro, relativa ao desempenho energético de edifícios:

(*i*) Termo(s) de responsabilidade subscrito(s) pelo autor(es) do(s) projeto(s) do(s) sistema(s) técnicos(s) objeto de requisitos, no âmbito do Regulamento de Desempenho Energético dos Edifícios de Comércio e Serviços (RECS)[66], quanto ao cumprimento das disposições legais e regulamentares aplicáveis;

(*ii*) Declaração ou outra prova de reconhecimento de capacidade profissional dos técnicos responsáveis pelo(s) projeto(s) do(s) sistema(s) técnico(s) objeto de requisitos no âmbito do Regulamento de Desempenho Energético dos Edifícios de Comércio e Serviços (RECS), emitida pela respetiva ordem profissional;

(*iii*) Projeto(s) do(s) sistema(s) técnico(s) objeto de requisitos no âmbito do Regulamento de Desempenho Energético dos Edifícios de Comércio e Serviços (RECS), elaborado(s) pelo(s) técnico(s) responsável(is) pelo(s) mesmo(s), onde devem constar evidências das soluções adotadas e os cálculos efetuados;

(*iv*) Pré-certificado do SCE, emitido por perito qualificado no âmbito do Regulamento de Desempenho Energético dos Edifícios de Comércio e Serviços.

k) Fotografias do imóvel sempre que se trate de obras de alteração, reconstrução, ampliação ou existam edificações adjacentes;

l) Calendarização da execução da obra, incluindo prazos para o início e para o termo da execução dos trabalhos;

m) Estimativa do custo total da obra;

n) Apólice de seguro que cubra a responsabilidade pela reparação dos danos emergentes de acidentes de trabalho, nos termos previstos na Lei nº 100/97, de 13 de setembro;

[66] Regulamentos aprovados também pela Lei nº 118/2013, de 20 de Agosto, referida na nota anterior.

o) Apólice de seguro de construção, quando for legalmente exigível;

p) Termo de responsabilidade assinado pelo diretor de fiscalização de obra e pelo diretor de obra;

q) Número do alvará ou de registo emitido pelo InCI, I. P., que confira habilitações adequadas à natureza e valor da obra;

r) Livro de obra, com menção de termo de abertura;

s) Plano de segurança e saúde;

t) Ficha de elementos estatísticos previstos na Portaria nº 235/2013, de 24 de julho.

23 – Quando se trate de obras de demolição:

a) Documentos comprovativos da qualidade de titular de qualquer direito que lhe confira a faculdade de realização da operação ou da atribuição dos poderes necessários para agir em sua representação, sempre que tal comprovação não resulte diretamente do nº 1;

b) Cópia da notificação da câmara municipal a comunicar a aprovação de um pedido de informação prévia, caso exista e esteja em vigor, ou indicação do respetivo procedimento administrativo, acompanhada de declaração dos autores e coordenador dos projetos de que a operação respeita os limites constantes da informação prévia favorável, nos termos do disposto no nº 3 do artigo 17º do RJUE, se o requerente estiver a exercer a faculdade prevista no nº 6 do artigo 4º do RJUE;

c) Caso a operação seja abrangida por operação de loteamento, indicação do respetivo procedimento administrativo;

d) Pareceres, autorizações ou aprovações das entidades externas cuja consulta seja obrigatória nos termos da lei, exceto se estas já se pronunciaram favoravelmente no âmbito da operação de loteamento ou plano de pormenor, nos termos do nº 2 do artigo 13º do RJUE, caso em que será indicado o procedimento e os termos em que tal pronúncia ocorreu;

e) Descrição da utilização futura do terreno;

f) Indicação do local de depósito dos entulhos;

g) Projetos de especialidades necessários à execução dos trabalhos, incluindo o projeto de estabilidade ou de contenção de construções adjacentes;

h) Calendarização da execução da obra, com estimativa do prazo de início e de conclusão dos trabalhos;

i) Estimativa do custo total da obra;

j) Comprovativo da contratação de seguro de responsabilidade civil dos técnicos, nos termos da Lei nº 31/2009, de 3 de julho;

k) Ficha de elementos estatísticos previstos na Portaria nº 235/2013, de 24 de julho;

l) Apólice de seguro que cubra a responsabilidade pela reparação dos danos emergentes de acidentes de trabalho, nos termos previstos na Lei nº 100/97, de 13 de setembro;

m) Termo de responsabilidade assinado pelo diretor de fiscalização de obra e pelo diretor de obra;

n) Número do alvará, ou de registo, ou número de outro título habilitante emitido pelo InCI, I. P. que confira habilitações adequadas à natureza ou valor da obra;

o) Livro de obra, com menção de termo de abertura;

p) Plano de segurança e saúde.

24 – No caso de comunicação prévia de outras operações urbanísticas:

a) Documentos comprovativos da qualidade de titular de qualquer direito que lhe confira a faculdade de realização da operação ou da atribuição dos poderes necessários para agir em sua representação, sempre que tal comprovação não resulte diretamente do nº 1;

b) Cópia da notificação da câmara municipal a comunicar a aprovação de um pedido de informação prévia, quando esta exista e esteja em vigor, ou indicação do respetivo procedimento administrativo, acompanhado de declaração dos autores e coordenador os projetos de que aquela respeita os limites constantes da informação prévia favorável, nos termos do disposto no nº 3 do artigo 17º do RJUE;

c) Pareceres, autorizações ou aprovações das entidades externas cuja consulta seja obrigatória nos termos da lei, exceto se estas já se pronunciaram favoravelmente no âmbito da operação de loteamento ou plano de pormenor, nos termos do nº 2 do artigo 13º do RJUE, caso em que será indicado o procedimento e os termos em que tal pronúncia ocorreu;

d) Projetos das especialidades que integrem a obra bem como os cálculos, se for caso disso, e as peças desenhadas, em escala tecnicamente adequada, com os respetivos termos de responsabilidade dos técnicos autores dos projetos quanto ao cumprimento das normas legais e regulamentares aplicáveis;

e) Calendarização da execução da obra, com estimativa do prazo de início e de conclusão dos trabalhos;

f) Estimativa do custo total da obra;

g) Documento comprovativo da prestação de caução;

h) Apólice de seguro que cubra a responsabilidade pela reparação dos danos emergentes de acidentes de trabalho, nos termos previstos na Lei nº 100/97, de 13 de setembro;

i) Termo de responsabilidade assinado pelo diretor de fiscalização de obra e pelo diretor de obra;

j) Comprovativo da contratação de seguro de responsabilidade civil dos técnicos, nos termos da Lei nº 31/2009, de 3 de julho;

k) Número do alvará, ou de registo, ou número de outro título habilitante emitido pelo InCI, I. P. que confira habilitações adequadas à natureza ou valor da obra;

l) Livro de obra, com menção de termo de abertura;

m) Plano de segurança e saúde;

n) Ficha de elementos estatísticos previstos na Portaria nº 235/2013, de 24 de julho.

V
Elementos específicos dos pedidos de autorização e alteração de utilização

25 – Quando se trate de autorização de utilização de edifícios ou suas frações formulado na sequência de realização de obra sujeita a controlo prévio:

a) Documentos comprovativos da qualidade de titular de qualquer direito que lhe confira a faculdade de realização da operação ou da atribuição dos poderes necessários para agir em sua representação, sempre que tal comprovação não resulte diretamente do nº 1;

b) Termo de responsabilidade subscrita pelo diretor da obra ou do diretor de fiscalização da obra, nos termos do nº 1 do artigo 63º do RJUE e, ainda, nos termos e para os efeitos do disposto nas alíneas *a*) e *b*) do nº 1.2 e 2.2 do anexo à Portaria nº 349-C/2013, de 2 de dezembro;

c) Declaração ou outra prova de reconhecimento da capacidade profissional dos técnicos responsáveis mencionados nas alíneas anteriores, emitida pela respetiva ordem profissional, nos termos na alínea *c*) do nº 1.2 e 2.2 do anexo à Portaria nº 349-C/2013 de 2 de dezembro;

d) Ficha resumo caracterizadora do edifício e da intervenção realizada, de acordo com o modelo ficha 2, constante do anexo à Portaria nº 349-C/2013, de 2 de dezembro, caso se trate de edifício de habitação;

e) Certificado SCE, emitido por perito qualificado no âmbito do Sistema de Certificação Energética dos Edifícios;

f) Termo de responsabilidade subscrito por pessoa legalmente habilitada a ser autor de projeto, nos termos de regime jurídico que define a qualificação profissional exigível aos técnicos responsáveis pela elaboração e subscrição de projetos, pela fiscalização e pela direção da obra, caso o requerente queira fazer uso da faculdade concedida pelo nº 3 do artigo 64º do RJUE;

g) Termo de responsabilidade subscrito por pessoa legalmente habilitada a ser autor de projeto, nos termos de regime jurídico que define a qualificação profissional exigível aos técnicos responsáveis pela elaboração e subscrição de projetos, relativo à conformidade da obra com o projeto acústico;

h) Cópia do título da operação urbanística ao abrigo da qual foram realizadas as obras;

i) Telas finais, quando aplicável;

j) Ficha de elementos estatísticos previstos na Portaria nº 235/2013, de 24 de julho.

26 – Quando se trate de pedido de autorização ou alteração de utilização de edifícios ou suas frações não precedido de operação urbanística sujeita a controlo prévio:

a) Documentos previstos no número anterior, com exceção dos referidos nas alíneas *b*), *c*), *f*), *g*) e *h*);

b) Cópia da notificação da câmara municipal a comunicar a aprovação de um pedido de informação prévia, quando esta existir e estiver em vigor, ou indicação do respetivo procedimento administrativo, acompanhado de declaração dos autores e coordenador os projetos de que aquela respeita os limites constantes da informação prévia favorável, nos termos do disposto no nº 3 do artigo 17º do RJUE;

c) Termo de responsabilidade subscrito por pessoa legalmente habilitada a ser autor de projeto, nos termos de regime jurídico que define a qualificação profissional exigível aos técnicos responsáveis pela elaboração e subscrição de projetos, relativo à conformidade da utilização prevista com as normas legais e regulamentares que fixam os usos e utilizações admissíveis, bem como à idoneidade do edifício ou sua fração autónoma para o fim pretendido.

ANEXO II
Condições de apresentação dos elementos instrutórios

1 – Os elementos instrutórios que devam ser apresentados em formato digital, devem assumir o formato "pdf", ou, caso contenham peças desenhadas, o formato ".dwf" e o formato ".dwg" ou formatos abertos equivalentes, adotados nos termos da Lei nº 36/2011, de 21 de junho no que respeita à implantação da operação urbanística.

2 – As peças escritas devem respeitar o formato A4.

3 – Os elementos instrutórios devem incluir um índice que indique os documentos apresentados e estes devem ser paginados.

4 – As peças desenhadas devem incluir legendas, contendo todos os elementos necessários à identificação da peça: o nome do requerente, a localização, o número do desenho, a escala, a especificação da peça desenhada e o nome do autor do projeto.

5 – Todas as peças escritas e desenhadas dos projetos devem ser datadas e assinadas pelo autor ou autores do projeto.

6 – Sempre que a operação urbanística a apreciar compreenda alterações ou demolições parciais e/ou afetar a via pública, devem ser utilizadas para a sua representação as seguintes cores convencionais:

a) A vermelha para os elementos a construir;

b) A amarela para os elementos a demolir;

c) A preta para os elementos a manter;

d) A azul para elementos a legalizar.

7 – As escalas indicadas nos desenhos não dispensam a cotagem, quer nos desenhos com as cores convencionais, quer nos desenhos com a proposta final.

ANEXO III

(a que se refere o nº 2 do artigo 2º)

TERMOS DE RESPONSABILIDADE

I

Termo de responsabilidade do autor do projeto de... (*a*)

... (*b*), morador na..., contribuinte nº..., inscrito na... (*c*) sob o nº..., declara, para efeitos do disposto no nº 1 do artigo 10º do Decreto-Lei nº 555/99, de 16 de dezembro, na redação que lhe foi conferida pela Decreto-Lei nº 136/2014, de 9 de setembro, que o projeto de... (*a*), de que é autor, relativo à obra de... (*d*), localizada em... (*e*), cujo... (*f*) foi... (*g*) por ... (*h*):

a) Observa as normas legais e regulamentares aplicáveis, designadamente ... (*i*);

b) Está conforme com os planos municipais ou intermunicipais de ordenamento do território aplicáveis à pretensão, bem como com ... (*j*).

.... (data).

... (assinatura) (*k*).

Instruções de preenchimento

(*a*) Identificar o tipo de operação urbanística, projeto de arquitetura ou de especialidade em questão.

(*b*) Indicar nome e habilitação do autor do projeto.

(*c*) Indicar associação pública de natureza profissional, quando for o caso;

(*d*) Indicar a natureza da operação urbanística a realizar.

(*e*) Indicar a localização da obra (rua, número de polícia e freguesia).

(*f*) Indicar se se trata de licenciamento ou comunicação prévia.

(*g*) Indicar que foi "requerido" no caso de licenciamento ou "apresentado" no caso de comunicação prévia.

(*h*) Indicar o nome e morada do requerente ou comunicante.

(*i*) Discriminar, designadamente, as normas técnicas gerais e específicas de construção, o alvará de loteamento ou a informação prévia, quando aplicáveis, bem como justificar de forma fundamentada os motivos da não observância das normas técnicas e regulamentares, nos casos previstos no nº 5 do artigo 10º RJUE.

(*j*) Indicar a licença de loteamento ou informação prévia, quando aplicável.

(*k*) Assinatura reconhecida nos termos gerais de direito ou assinatura digital qualificada, nomeadamente através do cartão de cidadão.

II

Termo de responsabilidade do coordenador do projeto de... (*a*)

... (*b*), morador na..., contribuinte nº..., inscrito na... (*c*) sob o nº..., declara, para efeitos do disposto no nº 1 do artigo 10º do Decreto-Lei nº 555/99, de 16 de dezembro, na redação que lhe foi conferida pelo Decreto-Lei nº 136/2014, de 9 de setembro, que o projeto de... (*a*), de que é coordenador, relativo à obra de... (*d*), localizada em... (*e*), cujo... (*f*) foi ... (*g*) por ... (*h*):

a) Observa as normas legais e regulamentares aplicáveis, designadamente ... (*i*);

b) Está conforme com os planos municipais ou intermunicipais de ordenamento do território aplicáveis à pretensão, bem como com (*j*).

... (data).

... (assinatura) (*k*).

Instruções de preenchimento

(*a*) Identificar o tipo de operação urbanística, projeto de arquitetura ou de especialidade em questão

(*b*) Indicar nome e habilitação do autor do projeto.

(*c*) Indicar associação pública de natureza profissional, quando for o caso;

(*d*) Indicar a natureza da operação urbanística a realizar.

(*e*) Indicar a localização da obra (rua, número de polícia e freguesia).

(*f*) Indicar se se trata de licenciamento ou comunicação prévia.

(*g*) Indicar que foi "requerido" no caso de licenciamento ou "apresentado" no caso de comunicação prévia.

(*h*) Indicar o nome e morada do requerente ou comunicante.

(*i*) Discriminar, designadamente, as normas técnicas gerais e específicas de construção, o alvará de loteamento ou a informação prévia, quando aplicáveis, bem como justificar de forma fundamentada os motivos da não observância das normas técnicas e regulamentares, nos casos previstos no nº 5 do artigo 10º RJUE.

(*j*) Indicar a licença de loteamento ou informação prévia, quando aplicável.

(*k*) Assinatura reconhecida nos termos gerais de direito ou assinatura digital qualificada, nomeadamente através do cartão de cidadão.

III

Termo de responsabilidade do diretor de fiscalização e do diretor de obra

... (*a*), morador na ..., contribuinte nº ..., inscrito na ... (*b*) sob o nº ..., declara, na qualidade de diretor de fiscalização da obras, que a obra localizada em ... (*c*), à qual foi atribuído o alvará de licença ou titulo de comunicação prévia de obras de edificação nº ..., cujo titular é ... (*d*), se encontra concluída desde ... (*e*), em conformidade com o projeto aprovado ou apresentado, com as condicionantes da licença, com a utilização prevista no alvará de licença ou titulo de comunicação prévia, e que as alterações efetuadas ao projeto estão em conformidade com normas legais e regulamentares que lhe são aplicáveis;

(*f*) .... (*g*), morador na ...., contribuinte nº ..., inscrito na ... (*b*) sob o nº ..., declara, na qualidade de ... (*h*), que a obra localizada em... (*c*), à qual foi atribuído o alvará de licença ou título de comunicação prévia de obras de edificação nº ..., cujo titular é ... (*d*), se encontra concluída em conformidade com o projeto aprovado ou apresentado, com as condicionantes da licença, com a utilização prevista no alvará de licença ou título de comunicação prévia, e que as alterações efetuadas ao projeto estão em conformidade com normas legais e regulamentares que lhe são aplicáveis

.... (data).

... (assinatura) (*i*).

Instruções de preenchimento

(*a*) Indicar o nome e habilitação profissional do diretor da obra ou diretor de fiscalização de obra.

(*b*) Indicar associação pública de natureza profissional, quando for o caso.

(*c*) Identificar a localização da obra (rua, número de polícia e freguesia).

(*d*) Indicar o nome e morada do titular.

(*e*) Indicar a data da conclusão da obra.

(*f*) A preencher nos casos previstos no nº 2 do artigo 63º do RJUE.

(*g*) Indicar o nome e habilitação profissional.

(*h*) Indicar se se trata de técnico autor do projeto ou de mandatário do dono da obra com a habilitação legalmente exigida para o efeito.

(*i*) Assinatura reconhecida nos termos gerais de direito ou assinatura digital qualificada, nomeadamente através do cartão de cidadão.

IV

Termo de responsabilidade do autor/coordenador do projeto

... (*a*), morador na ..., contribuinte nº ..., inscrito na ... (*b*) sob o nº ..., declara, para efeitos do disposto no nº 3 do artigo 17º do Decreto-Lei nº 555/99, de 16 de dezembro, na redação que lhe foi conferida pelo Decreto-Lei nº Lei nº 136/2014, de 9 de setembro, que ... (*c*), de que é autor/coordenador dos projetos, relativo à obra de ... (*d*), localizada em ... (*e*), cujo pedido de informação prévia foi requerida por ... (*f*), respeita os limites constantes da informação prévia favorável.

... (data).

... (assinatura) (*g*)

Instruções de preenchimento

(*a*) Indicar o nome e habilitação do autor ou do coordenador do projeto.

(*b*) Indicar associação pública de natureza profissional, quando for o caso.

(*c*) Indicar o pedido de licenciamento ou apresentação de comunicação prévia.

(*d*) Indicar a natureza da operação urbanística a realizar.

(*e*) Identificar a localização da obra (rua, número de polícia e freguesia).

(*f*) Indicar o nome e morada do requerente ou comunicante.

(*g*) Assinatura reconhecida nos termos gerais de direito ou assinatura digital qualificada, nomeadamente através do cartão de cidadão.

V

Termo de responsabilidade do autor do Plano de Acessibilidades

... (*a*), morador na ..., contribuinte nº ..., inscrito na ... (*b*) sob o nº ..., declara, para efeitos do disposto no nº 1 do artigo 10º do Decreto-Lei nº 555/99, de 16 de dezembro, e do nº 2 do artigo 3º do Decreto-Lei nº 163/2006, de 8 de agosto, ambos com a redação conferida pelo Decreto-Lei nº 136/2014, de 9 de setembro, que o plano de acessibilidades de que é autor, relativo à obra de ... (*c*), localizada em ... (*d*), cujo ... (*e*) foi ... (*f*) por ... (*g*) observa as normas legais e regulamentares aplicáveis, com exceção ... (*h*);

... (data).

... (assinatura) (*i*).

Instruções de preenchimento

(*a*) Indicar nome e habilitação do autor do projeto.

(*b*) Indicar associação pública de natureza profissional, quando for o caso;

(*c*) Indicar a natureza da operação urbanística a realizar.

(*d*) Indicar a localização da obra (rua, número de polícia e freguesia).

(*e*) Indicar se se trata de licenciamento ou comunicação prévia.

(*f*) Indicar que foi "requerido" no caso de licenciamento ou "apresentado" no caso de comunicação prévia.

(*g*) Indicar o nome e morada do requerente ou comunicante.

(*h*) Indicar, quando for o caso, as normas técnicas de acessibilidades que não foram cumpridas e justificação dos motivos que legitimam o incumprimento.

(*i*) Assinatura reconhecida nos termos gerais de direito ou assinatura digital qualificada, nomeadamente através do cartão de cidadão.

III. As regras técnicas sobre construção

1. Na disciplina do direito de propriedade

- Código Civil – Secções I e IV do Cap. III do Título II do Livro III

2. O Regulamento Geral das Edificações Urbanas e os regulamentos específicos

3. Habitação social

- Decreto-Lei nº 73/96, de 18 de Junho

4. Recuperação de edificações clandestinas

- Portaria nº 243/84, de 17 de Abril

5. Acessibilidade de pessoas com mobilidade condicionada

- Decreto-Lei nº 163/2006, de 8 de Agosto

1. Na disciplina do direito de propriedade

Código Civil – Secções I, IV e VI do Cap. III do título II do Livro III

SECÇÃO I – Disposições gerais

Artigo 1344º – Limites materiais

1 – A propriedade dos imóveis abrange o espaço aéreo correspondente à superfície, bem como o subsolo, com tudo o que neles se contém e não esteja desintegrado do domínio por lei ou negócio jurídico.

2 – O proprietário não pode, todavia, proibir os actos de terceiro que, pela altura ou profundidade a que têm lugar, não haja interesse em impedir.

Artigo 1345º – Coisas imóveis sem dono conhecido

As coisas imóveis sem dono conhecido consideram-se do património do Estado.

Artigo 1346º – Emissão de fumo, produção de ruídos e factos semelhantes

O proprietário de um imóvel pode opôr-se à emissão de fumo, fuligem, vapores, cheiros, calor ou ruídos, bem como à produção de trepidações e a outros quaisquer factos semelhantes, provenientes de prédio vizinho, sempre que tais factos importem um prejuízo substancial para o uso do imóvel ou não resultem da utilização do prédio de que emanam.

Artigo 1347º – Instalações prejudiciais

1 – O proprietário não pode construir nem manter no seu prédio quaisquer obras, instalações ou depósitos de substâncias corrosivas ou perigosas, se for de recear que possam ter sobre o prédio vizinho efeitos nocivos não permitidos por lei.

2 – Se as obras, instalações ou depósitos tiverem sidos autorizados por entidade pública competente, ou tiverem sido observadas as condições especiais prescritas na lei para a construção ou manutenção deles, a sua inutilização só é admitida a partir do momento em que o prejuízo se torna efectivo.

3 – É devida, em qualquer dos casos, indemnização pelo prejuízo sofrido.

Artigo 1348º – Escavações

1 – O proprietário tem a faculdade de abrir no seu prédio minas ou poços e fazer escavações, desde que não prive os prédios vizinhos do apoio necessário para evitar desmoronamentos ou deslocações de terra.

2 – Logo que venham a padecer danos com as obras feitas, os proprietários vizinhos serão indemnizados pelo autor delas mesmo que tenham sido tomadas as precauções julgadas necessárias.

Artigo 1349º – Passagem forçada momentânea

1 – Se, para reparar algum edifício ou construção, for indispensável levantar andaime, colocar objectos sobre prédio alheio, fazer passar por ele os materiais para a obra ou praticar outros actos análogos, é o dono do prédio obrigado a consentir nesses actos.

2 – É igualmente permitido o acesso a prédio alheio a quem pretenda apoderar-se de coisas suas que acidentalmente nele se encontrem; o proprietário pode impedir o acesso, entregando as coisas ao seu dono.

3 – Em qualquer dos casos previstos neste artigo, o proprietário tem direito a ser indemnizado do prejuízo sofrido.

Artigo 1350º – Ruína de construção

Se qualquer edifício ou outra obra oferecer perigo de ruir, no todo ou em parte, e do desmoronamento puderem resultar danos para o prédio vizinho, é lícito ao dono deste exigir da pessoa responsável pelos danos, nos termos do artigo 492º, as providências necessárias para eliminar o perigo.

Artigo 1351º – Escoamento natural das águas

1 – Os prédios inferiores estão sujeitos a receber as águas que, naturalmente e sem obra do homem, decorrem dos prédios superiores, assim como a terra e entulhos que elas arrastam na sua corrente.

2 – Nem o dono do prédio inferior pode fazer obras que estorvem o escoamento, nem o dono do prédio superior obras capazes de o agravar, sem prejuízo da possibilidade de constituição da servidão legal de escoamento, nos casos em que é admitida.

Artigo 1352º – Obras defensivas das águas

1 – O dono do prédio onde existam obras defensivas para conter as águas, ou onde, pela variação do curso das águas, seja necessário construir novas obras, é obrigado a fazer os reparos precisos, ou a tolerar que os façam, sem prejuízo dele, os donos dos prédios que padeçam danos ou estejam expostos a danos eminentes.

2 – O disposto no número anterior é aplicável, sempre que seja necessário despojar algum prédio de materiais cuja acumulação ou queda estorve o curso das águas com prejuízo ou risco de terceiro.

3 – Todos os proprietários que participam do benefício das obras são obrigados a contribuir para as despesas delas, em proporção do seu interesse, sem prejuízo da responsabilidade que recaia sobre o autor dos danos.

....

SECÇÃO IV – Construções e edificações

Artigo 1360º – Abertura de janelas, portas, varandas e obras semelhantes

1 – O proprietário que no seu prédio levantar edifício ou outra construção não pode abrir nela janelas ou portas que deitem directamente sobre o prédio vizinho sem deixar entre este e cada uma das obras o intervalo de metro e meio.

2 – Igual restrição é aplicável às varandas, terraços, eirados ou obras semelhantes, quando sejam servidos de parapeitos de altura inferior a metro e meio em toda a sua extensão ou parte dela.

3 – Se os dois prédios forem oblíquos entre si, a distância de metro e meio conta-se perpendicularmente do prédio para onde deitam as vistas até à construção ou edifício novamente levantado; mas, se a obliquidade fôr além de quarenta e cinco graus, não tem aplicação a restrição imposta ao proprietário.

Artigo 1361º – Prédios isentos da restrição

As restrições do artigo precedente não são aplicáveis a prédios separados entre si por estrada, rua, travessa ou outra passagem por terreno do domínio público.

Artigo 1362º – Servidão de vistas

1 – A existência de janelas, portas, varandas, terraços, eirados ou obras semelhantes, em contravenção do disposto na lei, pode importar, nos termos gerais, a constituição da servidão de vistas por usucapião.

2 – Constituída a servidão de vistas, por usucapião ou outro título, ao proprietário vizinho só é permitido levantar edifício ou outra construção no seu

prédio desde que deixe entre o novo edifício ou construção e as obras mencionadas no nº 1 o espaço mínimo de metro e meio, correspondente à extensão destas obras.

Artigo 1363º – Frestas, seteiras ou óculos para luz e ar

1 – Não se consideram abrangidos pelas restrições da lei as frestas, seteiras ou óculos para luz e ar, podendo o vizinho levantar a todo o tempo a sua casa ou contramuro, ainda que vede tais aberturas.

2 – As frestas, seteiras ou óculos para luz e ar devem, todavia, situar-se pelo menos a um metro e oitenta centímetros de altura, a contar do solo ou do sobrado, e não devem ter, numa das suas dimensões, mais de quinze centímetros; a altura de um metro e oitenta centímetros respeita a ambos os lados da parede ou muro onde essas aberturas se encontram.

Artigo 1364º – Janelas gradadas

É aplicável o disposto no nº 1 do artigo antecedentes às aberturas, quaisquer que sejam as suas dimensões, igualmente situadas a mais de um metro e oitenta centímetros do solo ou do sobrado, com grades fixas de ferro ou outro metal, de secção não inferior a um centímetro quadrado e cuja malha não seja superior a cinco centímetros.

Artigo 1365º – Estilicídio

1 – O proprietário deve edificar de modo que a beira do telhado ou outra cobertura não goteje sobre o prédio vizinho, deixando um intervalo mínimo de cinco decímetros entre o prédio e a beira, se de outro modo não puder evitá-lo.

2 – Constituída por qualquer título a servidão de estilicídio, o proprietário do prédio serviente não pode levantar edifício ou construção que impeça o escoamento das águas, devendo realizar as obras necessárias para que o escoamento se faça sobre o seu prédio, sem prejuízo para o prédio dominante.

2. O Regulamento Geral das Edificações Urbanas e os regulamentos específicos

O Regulamento Geral das Edificações Urbanas foi aprovado pelo Decreto-Lei nº 38382, de 7 de Agosto de 1951, mantendo-se até hoje em vigor com algumas modificações (foi objecto de 16 diplomas de alteração).

Foi completado com outras regras, que podiam ter sido insertas no seu articulado ou objecto de diploma autónomo. Um dos domínios mais relevantes é o que diz respeito à eliminação das barreiras arquitectónicas aos deficientes motores, inicialmente tratado através de alteração de diversos preceitos do próprio R.G.E.U. (artigos 45º, 46º, 50º, 68º e 70º), pelo Decreto-Lei nº 43/82, de 8 de Fevereiro, não tendo porém essa redacção chegado a entrar em vigor: após sucessivos adiamentos, o diploma foi revogado pelo Decreto-Lei nº 172-H/86, de 30 de Junho, e "substituído" por meras recomendações. Só em 1997 veio a ser aprovado um regime legal sobre a matéria, através do Decreto-Lei nº 123/97, de 22 de Maio, depois substituído em 2006 pelo diploma inserto na Secção 5 do presente capítulo.

Deve também destacar-se a substituição, iniciada em 1990, do capítulo III do seu Título IV, relativo à segurança contra incêndios, então por um diploma relativo apenas a edifícios para habitação (o Decreto-Lei nº 64/90, de 21 de Fevereiro), seguido de outras regulamentações para diferentes tipos de edificações. Só em 2008 se retomou uma disciplina concentrada num único diploma, vigorando hoje um "regime jurídico da segurança contra incêndios em edifícios" – Decreto-Lei nº 220/2008, de 12 de Novembro.

Deve por último referir-se que, além deste regulamento contra incêndios, existem muitíssimos outros regulamentos particulares ou específicos (conforme se queiram referir, em contraposição ao regulamento "geral"), incidindo sobre certos tipos de edifícios ou sobre determinadas partes dos projectos. A reconhecida dificuldade dos projectistas em conhecer a sua existência levou o legislador, desde a primeira disciplina consistente no domínio do licenciamento de obras (o Decreto-Lei nº 166/70, de 16 de Abril, no seu art. 25º), a prever a publicação oficial de uma sua lista, através de portaria, cuja elaboração ficou a cargo do Laboratório Nacional de Engenharia Civil. No actual regime de urbanização e edificação (inserto no subsequente Cap. VII), essa previsão manteve-se no art. 123º, tendo a Portaria nº 193/2005, de 19 de Fevereiro, sido a última que publicitou a lista com esse formato; de facto, na actual redacção desse artigo 123º, introduzida pela Lei nº 60/2007, de 4 de Setembro, a publicitação passou a fazer-se nos "sítios na Internet dos ministérios" que se ocupam das obras públicas e do ordenamento do território.

Incluiu-se apenas a sistemática do R.G.E.U.:

Título I – Disposições de natureza administrativa
Capítulo I – Generalidades

Título II – Condições gerais das edificações
Capítulo I – Generalidades
Capítulo II – Fundações
Capítulo III – Paredes
Capítulo IV – Pavimentos e coberturas
Capítulo V – Comunicações verticais

Título III – Condições especiais relativas à salubridade das edificações e dos terrenos de construção
Capítulo I – Salubridade dos terrenos
Capítulo II – Da edificação em conjunto
Capítulo III – Disposições interiores das edificações e espaços livres
Capítulo IV – Instalações sanitárias e esgotos
Capítulo V – Abastecimento de água potável
Capítulo VI – Evacuação dos fumos e gases
Capítulo VII – Alojamento de animais

Título IV – Condições especiais relativas à estética das edificações
Capítulo único

Título V – Condições especiais relativas à segurança das edificações
Capítulo I – Solidez das edificações
Capítulo II – Segurança pública e dos operários no decurso das obras
Capítulo III – Segurança contra incêndios (*Revogado*)

Título VI – Sanções e disposições diversas
Capítulo único

3. Habitação social

Decreto-Lei nº 73/96, de 18 de Junho

Pelo Decreto-Lei nº 237/85, de 5 de Julho, foi permitida a aplicação de limites e requisitos diferentes dos fixados no Regulamento Geral das Edificações Urbanas, exclusivamente nos casos e nos precisos termos estabelecidos nas Recomendações Técnicas para Habitação Social (RTHS), aprovadas pelo Despacho nº 41/MES/85, de 14 de Fevereiro, do Ministro do Equipamento Social.[67]

A experiência entretanto colhida justifica a introdução de alguns ajustamentos às RTHS, sendo aconselhável flexibilizar o mecanismo legal conducente à sua aplicação prática, designadamente no que se refere à aplicação aos empreendimentos a construir no âmbito dos programas de realojamento de população residente em barracas ou em situações similares. Assim:

Nos termos da alínea *a*) do nº 1 do artigo 201º da Constituição, o Governo decreta o seguinte:

Artigo 1º

Na construção de habitação social ou de custos controlados é permitida a aplicação de limites e requisitos diferentes dos fixados no Regulamento Geral das Edificações Urbanas, exclusivamente nos casos e nos precisos termos estabelecidos nas Recomendações Técnicas para Habitação Social, que são aprovados por despacho do Ministro do Equipamento, do Planeamento e da Administração do Território.

Artigo 2º

É revogado o Decreto-Lei nº 237/85, de 5 de Julho.

[67] Este despacho, e as recomendações que aprovou, foram publicados no 3º suplemento ao D.R., II Série, de 14.2.1985, tendo sido aditadas pelo Despacho MEPAT 131/96, de 13.8.1996, publicado em D.R., II Série, de 30.8.1996.

4. Recuperação de edificações clandestinas

Portaria nº 243/84, de 17 de Abril

A revogação do Decreto-Lei nº 278/71, de 23 de Junho, e, como consequência, o respectivo diploma regulamentar, Portaria nº 398/72, de 21 de Julho, pelo Decreto-Lei nº 804/76, de 6 de Novembro, privou os competentes serviços da Administração da fundamentação jurídico-técnica para apreciação e aprovação de projectos para legalização das áreas de construção clandestina.

Sabido que a maioria destas construções dificilmente se enquadra nos mínimos técnicos considerados no Regulamento Geral das Edificações Urbanas (RGEU), qualquer juízo com base nas respectivas disposições dificultará ou mesmo prejudicará qualquer operação de recuperação e legalização.

Por outro lado, há que ter em conta os vultosíssimos investimentos necessários para harmonizar as construções existentes com as exigências do RGEU ou, em face de tal impossibilidade, as pesadíssimas implicações económico-sociais da operação de demolição em larga escala.

Não estando em causa a necessidade de condições especiais de habitabilidade, o artigo 2º, nº 3, do Decreto-Lei nº 804/76 prevê expressamente a fixação de condições mínimas que vão ao encontro de uma certa contemporização com as situações de construção clandestina criadas, na medida em que seja considerada viável, técnica e economicamente, a reconversão das respectivas áreas.

Esta mesma necessidade era já apontada anteriormente no artigo 3º do Decreto-Lei nº 650/75, de 8 de Novembro, que autorizava o Secretário de Estado da Habitação e Urbanismo a estabelecer, por portaria, instruções para a recuperação e transformação de habitações com dispensa das disposições do RGEU.

Nestes termos:

Manda o Governo da República Portuguesa pelo Secretário de Estado da Habitação e Urbanismo, nos termos e para os efeitos do disposto no nº 3 do artigo 2º do Decreto-Lei nº 804/76, de 6 de Novembro[68], fixar as condições mínimas de habitabilidade das edificações clandestinas:

1º Desde que cumpridos os aspectos referidos nas alíneas *a*) e *b*) do nº 1 do artigo 2º do Decreto-Lei nº 804/76, deve proceder-se por vistoria técnica à análise das condições de segurança e de habitabilidade dos edifícios clandestinos de habitação susceptíveis de eventual reabilitação, bem como de edificações que lhes fiquem contíguas.

2º As condições mínimas de habitabilidade exigíveis em edifícios clandestinos de habitação são as fixadas nos regulamentos em vigor, nomeadamente o Regulamento Geral das Edificações Urbanas, aprovado pelo Decreto-Lei nº 38 382, de 7 de Agosto de 1951, e as respectivas alterações posteriores, ao qual admitem as seguintes tolerâncias:

1) Os compartimentos das habitações, com excepção apenas dos casos previstos no nº 2º, nºs 4) e 5) não poderão ter área inferior a 8 m^2;

2) Nas habitações com menos de 5 compartimentos um deles, no mínimo, deverá ter área não inferior a 10,5 m^2;

3) Nas habitações com 5 ou mais compartimentos haverá pelo menos 2 com 10,5 m^2 de área;

4) Nas habitações com mais de 4 ou mais de 6 compartimentos poderá haver, respectivamente, 1 ou 2 compartimentos com área reduzida a 7 m^2;

5) No número de compartimentos referidos nos números anteriores não se incluem os vestíbulos, instalações sanitárias, arrumos e outros compartimentos de função similar;

6) O compartimento destinado exclusivamente a cozinha deverá ter a área mínima de 5 m^2, podendo, no entanto, reduzir-se este limite a 4 m^2, quando o número de compartimentos, excluídos os referidos no nº 2º, nº 5), for inferior a 4;

7) Os compartimentos das habitações, com exclusão dos referidos no nº 2º, nº 5), deverão ser delineados de tal forma que o comprimento não exceda o dobro da largura e que na respectiva planta se possa inscrever, entre paredes, um

[68] O Decreto-Lei nº 804/76, estabelecendo as condições para a legalização, se possível, das áreas de construção clandestina, dispõe no seu artigo 2º que um dos requisitos exigíveis para se optar pela legalização é o de "serem aceitáveis, em significativa percentagem no conjunto da área, as construções existentes nos aspectos de solidez, segurança e salubridade ou serem susceptíveis de assim se tornarem através de obras economicamente justificáveis"; e, para efeitos de aplicação dessa regra, o invocado nº 3 desse artigo prevê que possam ser fixadas, por portaria, "condições mínimas de habitabilidade das construções, nos diversos aspectos pertinentes".

círculo de diâmetro não inferior a 1,8 m, podendo, contudo, baixar até 1,6 m, no caso das cozinhas com área inferior a 5 m^2;

8) O pé-direito livre mínimo em edificações destinadas a habitação, referido no nº 1 do artigo 65º do RGEU, pode ser reduzido até 2,35 m;

9) Quando os sótãos, águas furtadas e mansardas possam ser utilizadas para fins de habitação, nos termos do disposto no artigo 79º do RGEU, será permitido que os respectivos compartimentos tenham o pé-direito mínimo referido no nº 2º, nº 8), só metade da sua área;

10) A largura dos corredores das habitações não poderá ser inferior a 0,9 m;

11) Nos edifícios colectivos de habitação com mais de 2 pisos ou 4 habitações servidas pela mesma escada admite-se que a largura dos lanços de escada se reduza a 1 m, desde que não se situem entre paredes;

12) Os patins não poderão ter largura inferior à dos lanços e os degraus das escadas terão como largura mínima 0,22 m e altura máxima 0,193 m;

13) Admite-se a existência de uma única casa de banho completa nas habitações com mais de 4 compartimentos.

3º Deverá ser garantida a demolição de paredes interiores, quando esta fôr exigida para a legalização do edifício.

4º As disposições desta portaria só se aplicam a edifícios com acesso independente e possibilidade de ligação directa às redes gerais de infra-estruturas.

5. Acessibilidade de pessoas com mobilidade condicionada

Decreto-Lei nº 163/2006, de 8 de Agosto[69]

A promoção da acessibilidade constitui um elemento fundamental na qualidade de vida das pessoas, sendo um meio imprescindível para o exercício dos direitos que são conferidos a qualquer membro de uma sociedade democrática, contribuindo decisivamente para um maior reforço dos laços sociais, para uma maior participação cívica de todos aqueles que a integram e, consequentemente, para um crescente aprofundamento da solidariedade no Estado social de direito.

São, assim, devidas ao Estado acções cuja finalidade seja garantir e assegurar os direitos das pessoas com necessidades especiais, ou seja, pessoas que se confrontam com barreiras ambientais, impeditivas de uma participação cívica activa e integral, resultantes de factores permanentes ou temporários, de deficiências de ordem intelectual, emocional, sensorial, física ou comunicacional.

Do conjunto das pessoas com necessidades especiais fazem parte pessoas com mobilidade condicionada, isto é, pessoas em cadeiras de rodas, pessoas incapazes de andar ou que não conseguem percorrer grandes distâncias, pessoas com dificuldades sensoriais, tais como as pessoas cegas ou surdas, e ainda aquelas que, em virtude do seu percurso de vida, se apresentam transitoriamente condicionadas, como as grávidas, as crianças e os idosos.

Constituem, portanto, incumbências do Estado, de acordo com a Constituição da República Portuguesa, a promoção do bem-estar e qualidade de vida da população e a igualdade real e jurídico-formal entre todos os portugueses [alínea *d*) do artigo 9º e artigo 13º], bem como a realização de «uma política nacional

[69] O art. 3º foi alterado pelo Dec.-Lei nº 136/2014, de 9 de Setembro.
Suprimiu-se o Anexo, incluindo apenas a respectiva sistematização.

de prevenção e de tratamento, reabilitação e integração dos cidadãos portadores de deficiência e de apoio às suas famílias», o desenvolvimento de «uma pedagogia que sensibilize a sociedade quanto aos deveres de respeito e solidariedade para com eles» e «assumir o encargo da efectiva realização dos seus direitos, sem prejuízo dos direitos e deveres dos pais e tutores» (nº 2 do artigo 71º).

Por sua vez, a alínea *d*) do artigo 3º da Lei de Bases da Prevenção, Habilitação, Reabilitação e Participação das Pessoas com Deficiência (Lei nº 38/2004, de 18 de Agosto) determina «a promoção de uma sociedade para todos através da eliminação de barreiras e da adopção de medidas que visem a plena participação da pessoa com deficiência».

O XVII Governo Constitucional assumiu, igualmente, no seu Programa que o combate à exclusão que afecta diversos grupos da sociedade portuguesa seria um dos objectivos primordiais da sua acção governativa, nos quais se incluem, naturalmente, as pessoas com mobilidade condicionada que quotidianamente têm de confrontar-se com múltiplas barreiras impeditivas do exercício pleno dos seus direitos de cidadania.

A matéria das acessibilidades foi já objecto de regulação normativa, através do Decreto-Lei nº 123/97, de 22 de Maio, que introduziu normas técnicas, visando a eliminação de barreiras urbanísticas e arquitectónicas nos edifícios públicos, equipamentos colectivos e via pública.[70]

Decorridos oito anos sobre a promulgação do Decreto-Lei nº 123/97, de 22 de Maio, aprova-se agora, neste domínio, um novo diploma que define o regime da acessibilidade aos edifícios e estabelecimentos que recebem público, via pública e edifícios habitacionais, o qual faz parte de um conjunto mais vasto de instrumentos que o XVII Governo Constitucional pretende criar, visando a construção de um sistema global, coerente e ordenado em matéria de acessibilidades, susceptível de proporcionar às pessoas com mobilidade condicionada condições iguais às das restantes pessoas.

As razões que justificam a revogação do Decreto-Lei nº 123/97, de 22 de Maio, e a criação de um novo diploma em sua substituição prendem-se, em primeiro lugar, com a constatação da insuficiência das soluções propostas por esse diploma.

Pesem embora as melhorias significativas decorrentes da introdução do Decreto-Lei nº 123/97, de 22 de Maio, a sua fraca eficácia sancionatória, que impunha, em larga medida, apenas coimas de baixo valor, fez que persistissem na sociedade portuguesa as desigualdades impostas pela existência de barreiras urbanísticas e arquitectónicas.

[70] Como se refere na antecedente Secção 2, este diploma de 1997 já tinha antecedentes legislativos, desde 1982.

Neste sentido, o presente decreto-lei visa, numa solução de continuidade com o anterior diploma, corrigir as imperfeições nele constatadas, melhorando os mecanismos fiscalizadores, dotando-o de uma maior eficácia sancionatória, aumentando os níveis de comunicação e de responsabilização dos diversos agentes envolvidos nestes procedimentos, bem como introduzir novas soluções, consentâneas com a evolução técnica, social e legislativa entretanto verificada.

De entre as principais inovações introduzidas com o presente decreto-lei, é de referir, em primeiro lugar, o alargamento do âmbito de aplicação das normas técnicas de acessibilidades aos edifícios habitacionais, garantindo-se assim a mobilidade sem condicionamentos, quer nos espaços públicos, como já resultava do diploma anterior e o presente manteve, quer nos espaços privados (acessos às habitações e seus interiores).

Como já foi anteriormente salientado, as normas técnicas de acessibilidades que constavam do Decreto-Lei nº 123/97, de 22 de Maio, foram actualizadas e procedeu-se à introdução de novas normas técnicas aplicáveis especificamente aos edifícios habitacionais.

Espelhando a preocupação de eficácia da imposição de normas técnicas, que presidiu à elaboração deste decreto-lei, foram introduzidos diversos mecanismos que têm, no essencial, o intuito de evitar a entrada de novas edificações não acessíveis no parque edificado português. Visa-se impedir a realização de loteamentos e urbanizações e a construção de novas edificações que não cumpram os requisitos de acessibilidades estabelecidos no presente decreto-lei.

As operações urbanísticas promovidas pela Administração Pública, que não carecem, de modo geral, de qualquer licença ou autorização, são registadas na Direcção-Geral dos Edifícios e Monumentos Nacionais, devendo as entidades administrativas que beneficiem desta isenção declarar expressamente que foram cumpridas, em tais operações, as normas legais e regulamentares aplicáveis, designadamente as normas técnicas de acessibilidades.

A abertura de quaisquer estabelecimentos destinados ao público (escolas, estabelecimentos de saúde, estabelecimentos comerciais, entre outros) é licenciada pelas entidades competentes, quando o estabelecimento em causa se conforme com as normas de acessibilidade.

Por outro lado, consagra-se também, de forma expressa, a obrigatoriedade de comunicação às entidades competentes para esses licenciamentos, por parte de câmara municipal, das situações que se revelem desconformes com as obrigações impostas por este regime, aumentando-se, assim, o nível de coordenação existente entre os diversos actores intervenientes no procedimento.

Assume igualmente grande importância a regra agora introduzida, segundo a qual os pedidos de licenciamento ou autorização de loteamento, urbanização, construção, reconstrução ou alteração de edificações devem ser indeferidos quando não respeitem as condições de acessibilidade exigíveis, cabendo, no âmbito deste mecanismo, um importante papel às câmaras municipais, pois são elas as entidades responsáveis pelos referidos licenciamentos e autorizações.

Outro ponto fundamental deste novo regime jurídico reside na introdução de mecanismos mais exigentes a observar sempre que quaisquer excepções ao integral cumprimento das normas técnicas sobre acessibilidades sejam concedidas, nomeadamente a obrigatoriedade de fundamentar devidamente tais excepções, a apensação da justificação ao processo e, adicionalmente, a publicação em local próprio para o efeito.

As coimas previstas para a violação das normas técnicas de acessibilidades são sensivelmente mais elevadas do que as previstas no diploma anterior sobre a matéria, e, com o intuito de reforçar ainda mais a co-actividade das normas de acessibilidades, a sua aplicação pode também ser acompanhada da aplicação de sanções acessórias.

Neste domínio, visa-se, igualmente, definir de forma mais clara a responsabilidade dos diversos agentes que intervêm no decurso das diversas operações urbanísticas, designadamente o projectista, o responsável técnico ou o dono da obra.

O produto da cobrança destas coimas reverte em parte para as entidades fiscalizadoras e, noutra parte, para a entidade pública responsável pela execução das políticas de prevenção, habilitação, reabilitação e participação das pessoas com deficiência.

Outra inovação importante introduzida pelo presente decreto-lei consiste na atribuição de um papel activo na defesa dos interesses acautelados aos cidadãos com necessidades especiais e às organizações não governamentais representativas dos seus interesses. Estes cidadãos e as suas organizações são os principais interessados no cumprimento das normas de acessibilidades, pelo que se procurou conceder-lhes instrumentos de fiscalização e de imposição das mesmas. As organizações não governamentais de defesa destes interesses podem, assim, intentar acções, nos termos da lei da acção popular, visando garantir o cumprimento das presentes normas técnicas. Estas acções podem configurar-se como as clássicas acções cíveis, por incumprimento de norma legal de protecção de interesses de terceiros, ou como acções administrativas. O regime aqui proposto deve ser articulado com o regime das novas acções administrativas, introduzidas com o Código de Processo nos Tribunais Administrativos, que pode, em muitos casos, ser um instrumento válido de defesa dos interesses destes cidadãos em matéria de acessibilidades.

Por fim, a efectividade do regime introduzido por este decreto-lei ficaria diminuída caso não fossem consagrados mecanismos tendentes à avaliação e acompanhamento da sua aplicação, pelo que as informações recolhidas no terreno, no decurso das acções de fiscalização, são remetidas para a Direcção-Geral dos Edifícios e Monumentos Nacionais, que procederá, periodicamente, a um diagnóstico global do nível de acessibilidade existente no edificado nacional.

Foram promovidas as diligências necessárias à audição da Ordem dos Engenheiros e da Ordem dos Arquitectos.

Foram ouvidos os órgãos de governo próprio das Regiões Autónomas e a Associação Nacional de Municípios Portugueses.

Assim:

No desenvolvimento do regime jurídico estabelecido na Lei nº 38/2004, de 18 de Agosto, e nos termos da alínea *c*) do nº 1 do artigo 198º da Constituição, o Governo decreta o seguinte:

Artigo 1º – Objecto

1 – O presente decreto-lei tem por objecto a definição das condições de acessibilidade a satisfazer no projecto e na construção de espaços públicos, equipamentos colectivos e edifícios públicos e habitacionais.

2 – São aprovadas as normas técnicas a que devem obedecer os edifícios, equipamentos e infra-estruturas abrangidos, que se publicam no anexo ao presente decreto-lei e que dele faz parte integrante.

3 – Mantém-se o símbolo internacional de acessibilidade, que consiste numa placa com uma figura em branco sobre um fundo azul, em tinta reflectora, especificada na secção 4.14.3 do anexo ao presente decreto-lei, a qual é obtida junto das entidades licenciadoras.

4 – O símbolo internacional de acessibilidade deve ser afixado em local bem visível nos edifícios, estabelecimentos e equipamentos de utilização pública e via pública que respeitem as normas técnicas constantes do anexo ao presente decreto-lei.

Artigo 2º – Âmbito de aplicação

1 – As normas técnicas sobre acessibilidades aplicam-se às instalações e respectivos espaços circundantes da administração pública central, regional e local, bem como dos institutos públicos que revistam a natureza de serviços personalizados ou de fundos públicos.

2 – As normas técnicas aplicam-se também aos seguintes edifícios, estabelecimentos e equipamentos de utilização pública e via pública:

a) Passeios e outros percursos pedonais pavimentados;

b) Espaços de estacionamento marginal à via pública ou em parques de estacionamento público;

c) Equipamentos sociais de apoio a pessoas idosas e ou com deficiência, designadamente lares, residências, centros de dia, centros de convívio, centros de emprego protegido, centros de actividades ocupacionais e outros equipamentos equivalentes;

d) Centros de saúde, centros de enfermagem, centros de diagnóstico, hospitais, maternidades, clínicas, postos médicos em geral, centros de reabilitação, consultórios médicos, farmácias e estâncias termais;

e) Estabelecimentos de educação pré-escolar e de ensino básico, secundário e superior, centros de formação, residenciais e cantinas;

f) Estações ferroviárias e de metropolitano, centrais de camionagem, gares marítimas e fluviais, aerogares de aeroportos e aeródromos, paragens dos transportes colectivos na via pública, postos de abastecimento de combustível e áreas de serviço;

g) Passagens de peões desniveladas, aéreas ou subterrâneas, para travessia de vias férreas, vias rápidas e auto-estradas;

h) Estações de correios, estabelecimentos de telecomunicações, bancos e respectivas caixas multibanco, companhias de seguros e estabelecimentos similares;

i) Parques de estacionamento de veículos automóveis;

j) Instalações sanitárias de acesso público;

l) Igrejas e outros edifícios destinados ao exercício de cultos religiosos;

m) Museus, teatros, cinemas, salas de congressos e conferências e bibliotecas públicas, bem como outros edifícios ou instalações destinados a actividades recreativas e sócio-culturais;

n) Estabelecimentos prisionais e de reinserção social;

o) Instalações desportivas, designadamente estádios, campos de jogos e pistas de atletismo, pavilhões e salas de desporto, piscinas e centros de condição física, incluindo ginásios e clubes de saúde;

p) Espaços de recreio e lazer, nomeadamente parques infantis, parques de diversões, jardins, praias e discotecas;

q) Estabelecimentos comerciais cuja superfície de acesso ao público ultrapasse 150 m2, bem como hipermercados, grandes superfícies, supermercados e centros comerciais;

r) Estabelecimentos hoteleiros, meios complementares de alojamento turístico, à excepção das moradias turísticas e apartamentos turísticos dispersos, nos termos da alínea *c*) do nº 2 do artigo 38º do Decreto Regulamentar nº 34/97, de 17 de Setembro, conjuntos turísticos e ainda cafés e bares cuja superfície de acesso ao público ultrapasse 150 m2;

s) Edifícios e centros de escritórios.

3 – As normas técnicas sobre acessibilidades aplicam-se ainda aos edifícios habitacionais.[71]

[71] Nos termos do subsequente artigo 23º.

4 – As presentes normas aplicam-se sem prejuízo das contidas em regulamentação técnica específica mais exigente.

Artigo 3º – Licenciamento e autorização

1 – Os pedidos de licenciamento e de autorização de utilização e a apresentação de comunicação prévia relativos a obras de construção, alteração, ampliação, reconstrução e urbanização devem ser instruídos com um plano de acessibilidades que apresente a rede de espaços e equipamentos acessíveis, bem como soluções de detalhe métrico, técnico e construtivo, esclarecendo as soluções adotadas em matéria de acessibilidade a pessoas com deficiência e mobilidade condicionada, nos termos regulamentados na Portaria nº 1110/2001, de 19 de setembro.

2 – Quando o plano de acessibilidades referido no número anterior seja acompanhado por termo de responsabilidade subscrito por técnico legalmente habilitado do cumprimento do disposto no presente diploma e demais normas legais e regulamentares aplicáveis, fica dispensada a sua apreciação prévia pela câmara municipal.

3 – A concessão de licença ou autorização para a realização de obras de alteração ou reconstrução das edificações referidas, já existentes à data da entrada em vigor do presente decreto-lei, não pode ser recusada com fundamento na desconformidade com as presentes normas técnicas de acessibilidade, desde que tais obras não originem ou agravem a desconformidade com estas normas e se encontrem abrangidas pelas disposições constantes dos artigos 9º e 10º.

4 – O disposto no presente artigo não prejudica o estabelecido no Decreto-Lei nº 555/99, de 16 de Dezembro, quanto à sujeição de operações urbanísticas a licenciamento ou autorização.

5 – Os pedidos referentes aos loteamentos e obras abrangidas pelos nºs 1, 2 e 3 devem ser instruídos com um plano de acessibilidades que apresente a rede de espaços e equipamentos acessíveis bem como soluções de detalhe métrico, técnico e construtivo, esclarecendo as soluções adoptadas em matéria de acessibilidade a pessoas com deficiência e mobilidade condicionada, nos termos regulamentados na Portaria nº 1110/2001, de 19 de Setembro.[72]

[72] Esta Portaria nº 1110/2001, definindo os elementos que devem instruir os diversos pedidos referentes a operações urbanísticas, foi depois substituída pela Portaria nº 232/2008, de 11 de Março, constando agora a sua disciplina da Portaria nº 113/2015, de 22 de Abril, inserta no antecedente Capítulo II.

Artigo 4º – Operações urbanísticas promovidas pela Administração Pública

1 – Os órgãos da administração pública central, regional e local, dos institutos públicos que revistam a natureza de serviços personalizados e de fundos públicos e as entidades concessionárias de obras ou serviços públicos, promotores de operações urbanísticas que não careçam de licenciamento ou autorização camarária, certificam o cumprimento das normas legais e regulamentares aplicáveis, designadamente as normas técnicas constantes do anexo ao presente decreto-lei, através de termo de responsabilidade, definido em portaria conjunta dos ministros responsáveis pelas áreas das finanças, da administração local, do ambiente, da solidariedade social e das obras públicas.

2 – O termo de responsabilidade referido no número anterior deve ser enviado, para efeitos de registo, à Direcção-Geral dos Edifícios e Monumentos Nacionais.

Artigo 5º – Definições

Para efeitos do presente decreto-lei, são aplicáveis as definições constantes do artigo 2º do Decreto-Lei nº 555/99, de 16 de Dezembro.

Artigo 6º – Licenciamento de estabelecimentos

1 – As autoridades administrativas competentes para o licenciamento de estabelecimentos comerciais, escolares, de saúde e turismo e estabelecimentos abertos ao público abrangidos pelo presente decreto-lei devem recusar a emissão da licença ou autorização de funcionamento quando esses estabelecimentos não cumpram as normas técnicas constantes do anexo que o integra.

2 – A câmara municipal deve, obrigatoriamente, para efeitos do disposto no número anterior, comunicar às entidades administrativas competentes as situações de incumprimento das normas técnicas anexas a este decreto-lei.

Artigo 7º – Direito à informação

1 – As organizações não governamentais das pessoas com deficiência e das pessoas com mobilidade condicionada têm o direito de conhecer o estado e andamento dos processos de licenciamento ou autorização das operações urbanísticas e de obras de construção, ampliação, reconstrução e alteração dos edifícios, estabelecimentos e equipamentos referidos no artigo 2º, nos termos do artigo 110º do Decreto-Lei nº 555/99, de 16 de Dezembro.

2 – As organizações não governamentais mencionadas no artigo anterior têm ainda o direito de ser informadas sobre as operações urbanísticas relativas a instalações e respectivos espaços circundantes da administração pública central, regional e local, bem como dos institutos públicos que revistam a natureza de serviços personalizados ou de fundos públicos, que não careçam de licença ou autorização nos termos da legislação em vigor.

Artigo 8º – Publicidade

A publicitação de que o pedido de licenciamento ou autorização de obras abrangidas pelo artigo 3º e o início de processo tendente à realização das operações urbanísticas referidas no artigo 4º é conforme às normas técnicas previstas no presente decreto-lei deve ser inscrita no aviso referido no artigo 12º do Decreto-Lei nº 555/99, de 16 de Dezembro, nos termos a regulamentar em portaria complementar à aí referida, da competência conjunta dos ministros responsáveis pelas áreas da administração local, do ambiente, da solidariedade social e das obras públicas.

Artigo 9º – Instalações, edifícios, estabelecimentos e espaços circundantes já existentes

1 – As instalações, edifícios, estabelecimentos, equipamentos e espaços abrangentes referidos nos nºs 1 e 2 do artigo 2º, cujo início de construção seja anterior a 22 de Agosto de 1997, são adaptados dentro de um prazo de 10 anos, contados a partir da data de início de vigência do presente decreto-lei, de modo a assegurar o cumprimento das normas técnicas constantes do anexo que o integra.[73]

2 – As instalações, edifícios, estabelecimentos, equipamentos e espaços abrangentes referidos nos nºs 1 e 2 do artigo 2º, cujo início de construção seja posterior a 22 de Agosto de 1997, são adaptados dentro de um prazo de cinco anos, contados a partir da data de início de vigência do presente decreto-lei.

3 – As instalações, edifícios, estabelecimentos, equipamentos e espaços abrangentes referidos nos nºs 1 e 2 do artigo 2º que se encontrem em conformidade com o disposto no Decreto-Lei nº 123/97, de 22 de Maio, estão isentos do cumprimento das normas técnicas anexas ao presente decreto-lei.

4 – Após o decurso dos prazos estabelecidos nos números anteriores, a desconformidade das edificações e estabelecimentos aí referidos com as normas técnicas de acessibilidade é sancionada nos termos aplicáveis às edificações e estabelecimentos novos.

Artigo 10º – Excepções

1 – Nos casos referidos nos nºs 1 e 2 do artigo anterior, o cumprimento das normas técnicas de acessibilidade constantes do anexo ao presente decreto-lei não é exigível quando as obras necessárias à sua execução sejam desproporcionadamente difíceis, requeiram a aplicação de meios económico-financeiros desproporcionados ou não disponíveis, ou ainda quando afectem sensivelmente o

[73] A data aqui referida é a da entrada em vigor do anterior regime constante do Decreto-Lei nº 123/97.

património cultural ou histórico, cujas características morfológicas, arquitectónicas e ambientais se pretende preservar.

2 – As excepções referidas no número anterior são devidamente fundamentadas, cabendo às entidades competentes para a aprovação dos projectos autorizar a realização de soluções que não satisfaçam o disposto nas normas técnicas, bem como expressar e justificar os motivos que legitimam este incumprimento.

3 – Quando não seja desencadeado qualquer procedimento de licenciamento ou de autorização, a competência referida no número anterior pertence, no âmbito das respectivas acções de fiscalização, às entidades referidas no artigo 12º.

4 – Nos casos de operações urbanísticas isentas de licenciamento e autorização, nos termos do Decreto-Lei nº 555/99, de 16 de Dezembro, a justificação dos motivos que legitimam o incumprimento das normas técnicas de acessibilidades é consignada em adequado termo de responsabilidade enviado, para efeitos de registo, à Direcção-Geral dos Edifícios e Monumentos Nacionais.

5 – Se a satisfação de alguma ou algumas das especificações contidas nas normas técnicas for impraticável devem ser satisfeitas todas as restantes especificações.

6 – A justificação dos motivos que legitimam o incumprimento do disposto nas normas técnicas fica apensa ao processo e disponível para consulta pública.

7 – A justificação referida no número anterior, nos casos de imóveis pertencentes a particulares, é objecto de publicitação no sítio da Internet do município respectivo e, nos casos de imóveis pertencentes a entidades públicas, através de relatório anual, no sítio da Internet a que tenham acesso oficial.

8 – A aplicação das normas técnicas aprovadas por este decreto-lei a edifícios e respectivos espaços circundantes que revistam especial interesse histórico e arquitectónico, designadamente os imóveis classificados ou em vias de classificação, é avaliada caso a caso e adaptada às características específicas do edifício em causa, ficando a sua aprovação dependente do parecer favorável do Instituto Português do Património Arquitectónico e Arqueológico.

Artigo 11º – Obras em execução ou em processo de licenciamento ou autorização

O presente decreto-lei não se aplica:

a) Às obras em execução, aquando da sua entrada em vigor;

b) Aos projectos de novas construções cujo processo de aprovação, licenciamento ou autorização esteja em curso à data da sua entrada em vigor.

Artigo 12º – Fiscalização

A fiscalização do cumprimento das normas aprovadas pelo presente decreto-lei compete:

a) À Direcção-Geral dos Edifícios e Monumentos Nacionais quanto aos deveres impostos às entidades da administração pública central e dos institutos públicos que revistam a natureza de serviços personalizados e de fundos públicos;

b) À Inspecção-Geral da Administração do Território quanto aos deveres impostos às entidades da administração pública local;

c) Às câmaras municipais quanto aos deveres impostos aos particulares.

Artigo 13º – Responsabilidade civil

As entidades públicas ou privadas que actuem em violação do disposto no presente decreto-lei incorrem em responsabilidade civil, nos termos da lei geral, sem prejuízo da responsabilidade contra-ordenacional ou disciplinar que ao caso couber.

Artigo 14º – Direito de acção das associações e fundações de defesa dos interesses das pessoas com deficiência

1 – As organizações não governamentais das pessoas com deficiência e de mobilidade reduzida dotadas de personalidade jurídica têm legitimidade para propor e intervir em quaisquer acções relativas ao cumprimento das normas técnicas de acessibilidade contidas no anexo ao presente decreto-lei.

2 – Constituem requisitos da legitimidade activa das associações e fundações:

a) Inclusão expressa nas suas atribuições ou nos seus objectivos estatutários a defesa dos interesses das pessoas com deficiências ou mobilidade reduzida;

b) Não exercício de qualquer tipo de actividade liberal concorrente com empresas ou profissionais liberais.

3 – Aplica-se o regime especial disposto na Lei nº 83/95, de 31 de Agosto, relativa à acção popular, ao pagamento de preparos e custas nas acções propostas nos termos do nº 1.

Artigo 15º – Responsabilidade disciplinar

Os funcionários e agentes da administração pública central, regional e local e dos institutos públicos que revistam a natureza de serviços personalizados ou fundos públicos que deixarem de participar infracções ou prestarem informações falsas ou erradas, relativas ao presente decreto-lei, de que tiverem conhecimento no exercício das suas funções, incorrem em responsabilidade disciplinar, nos termos da lei geral, para além da responsabilidade civil e criminal que ao caso couber.

Artigo 16º – Responsabilidade contra-ordenacional

Constitui contra-ordenação, sem prejuízo do disposto no Decreto-Lei nº 555/99, de 16 de Dezembro, todo o facto típico, ilícito e censurável que consubstancie a violação de uma norma que imponha deveres de aplicação, execução, controlo ou fiscalização das normas técnicas constantes do anexo ao presente decreto-lei, designadamente:

a) Não observância dos prazos referidos nos nºs 1 e 2 do artigo 9º para a adaptação de instalações, edifícios, estabelecimentos e espaços abrangentes em conformidade com as normas técnicas constantes do anexo ao presente decreto-lei;

b) Concepção ou elaboração de operações urbanísticas em desconformidade com os requisitos técnicos estabelecidos no presente decreto-lei;

c) Emissão de licença ou autorização de funcionamento de estabelecimentos que não cumpram as normas técnicas constantes do anexo ao presente decreto-lei;

d) Incumprimento das obrigações previstas no artigo 4º.

Artigo 17º – Sujeitos

Incorrem em responsabilidade contra-ordenacional os agentes que tenham contribuído, por acção ou omissão, para a verificação dos factos descritos no artigo anterior, designadamente o projectista, o director técnico ou o dono da obra.

Artigo 18º – Coimas

1 – As contra-ordenações são puníveis com coima de € 250 a € 3740,98, quando se trate de pessoas singulares, e de € 500 a € 44 891,81, quando o infractor for uma pessoa colectiva.

2 – Em caso de negligência, os montantes máximos previstos no número anterior são, respectivamente, de € 1870,49 e de € 22 445,91.

3 – O disposto nos números anteriores não prejudica a aplicação de outras normas sancionatórias da competência das entidades referidas nos artigos 3º e 6º.

4 – O produto da cobrança das coimas referidas nos nºs 1 e 2 destina-se:

a) 50% à entidade pública responsável pela execução das políticas de prevenção, habilitação, reabilitação e participação das pessoas com deficiência para fins de investigação científica;

b) 50% à entidade competente para a instauração do processo de contra-ordenação nos termos do artigo 21º.

Artigo 19º – Sanções acessórias

1 – As contra-ordenações previstas no artigo 16º podem ainda determinar a aplicação das seguintes sanções acessórias, quando a gravidade da infracção o justifique:

a) Privação do direito a subsídios atribuídos por entidades públicas ou serviços públicos;

b) Interdição de exercício da actividade cujo exercício dependa de título público ou de autorização ou homologação de autoridade pública;

c) Encerramento de estabelecimento cujo funcionamento esteja sujeito a autorização ou licença de autoridade administrativa;

d) Suspensão de autorizações, licenças e alvarás.

2 – Para efeitos do disposto no número anterior, a autoridade competente para a instauração do processo de contra-ordenação notifica as entidades às quais pertençam as competências decisórias aí referidas para que estas procedam à execução das sanções aplicadas.

3 – As sanções referidas neste artigo têm a duração máxima de dois anos, contados a partir da decisão condenatória definitiva.

Artigo 20º – Determinação da sanção aplicável

A determinação da coima e das sanções acessórias faz-se em função da gravidade da contra-ordenação, da ilicitude concreta do facto, da culpa do infractor e dos benefícios obtidos e tem em conta a sua situação económica.

Artigo 21º – Competência sancionatória

A competência para determinar a instauração dos processos de contra-ordenação, para designar o instrutor e para aplicar as coimas e sanções acessórias pertence:

a) À Direcção-Geral dos Edifícios e Monumentos Nacionais no âmbito das acções de fiscalização às instalações e espaços circundantes da administração central e dos institutos públicos que revistam a natureza de serviços personalizados e de fundos públicos;

b) Às câmaras municipais no âmbito das acções de fiscalização dos edifícios, espaços e estabelecimentos pertencentes a entidades privadas.

Artigo 22º – Avaliação e acompanhamento

1 – A Direcção-Geral dos Edifícios e Monumentos Nacionais acompanha a aplicação do presente decreto-lei e procede, periodicamente, à avaliação global do grau de acessibilidade dos edifícios, instalações e espaços referidos no artigo 2º.

2 – As câmaras municipais e a Inspecção-Geral da Administração do Território enviam à Direcção-Geral dos Edifícios e Monumentos Nacionais, até ao dia 30 de Março de cada ano, um relatório da situação existente tendo por base os elementos recolhidos nas respectivas acções de fiscalização.

3 – A avaliação referida no nº 1 deve, anualmente, ser objecto de publicação.

Artigo 23º – Norma transitória

1 – As normas técnicas sobre acessibilidades são aplicáveis, de forma gradual, ao longo de oito anos, no que respeita às áreas privativas dos fogos destinados a habitação de cada edifício, sempre com um mínimo de um fogo por edifício, a, pelo menos:

a) 12,5% do número total de fogos, relativamente a edifício cujo projecto de licenciamento ou autorização seja apresentado na respectiva câmara municipal no ano subsequente à entrada em vigor deste decreto-lei;

b) De 25% a 87,5% do número total de fogos, relativamente a edifício cujo projecto de licenciamento ou autorização seja apresentado na respectiva câmara municipal do 2º ao 7º ano subsequentes à entrada em vigor deste decreto-lei, na razão de um acréscimo de 12,5% do número total de fogos por cada ano.

2 – As normas técnicas sobre acessibilidades são aplicáveis à totalidade dos fogos destinados a habitação de edifício cujo projecto de licenciamento ou autorização seja apresentado na respectiva câmara municipal no 8º ano subsequente à entrada em vigor deste decreto-lei e anos seguintes.

Artigo 24º – Aplicação às Regiões Autónomas

O presente decreto-lei aplica-se às Regiões Autónomas dos Açores e da Madeira, sem prejuízo de diploma regional que proceda às necessárias adaptações.

Artigo 25º – Norma revogatória

É revogado o Decreto-Lei nº 123/97, de 22 de Maio.

Artigo 26º – Entrada em vigor

O presente decreto-lei entra em vigor seis meses após a sua publicação.

ANEXO

Normas técnicas para melhoria da acessibilidade das pessoas com mobilidade condicionada

Capítulo 1 – Via pública:

- Secção 1.1 – Percurso acessível
- Secção 1.2 – Passeios e caminhos de peões
- Secção 1.3 – Escadarias na via pública
- Secção 1.4 – Escadarias em rampa na via pública
- Secção 1.5 – Rampas na via pública
- Secção 1.6 – Passagens de peões de superfície
- Secção 1.7 – Passagens de peões desniveladas
- Secção 1.8 – Outros espaços de circulação e permanência de peões

Capítulo 2 – Edifícios e estabelecimentos em geral
Secção 2.1 – Percurso acessível
Secção 2.2 – Átrios
Secção 2.3 – Patamares, galerias e corredores
Secção 2.4 – Escadas
Secção 2.5 – Rampas
Secção 2.6 – Ascensores
Secção 2.7 – Plataformas elevatórias
Secção 2.8 – Espaços para estacionamento de viaturas
Secção 2.9 – Instalações sanitárias de utilização geral
Secção 2.10 – Vestiários e cabinas de prova
Secção 2.11 – Equipamentos de auto-atendimento
Secção 2.12 – Balcões e guichés de atendimento
Secção 2.13 – Telefones de uso público
Secção 2.14 – Bateria de receptáculos postais

Capítulo 3 – Edifícios, estabelecimentos e instalações com usos específicos
Secção 3.1–Disposições específicas
Secção 3.2 – Edifícios de habitação – espaços comuns
Secção 3.3 – Edifícios de habitação – habitações
Secção 3.4 – Recintos e instalações desportivas
Secção 3.5 – Edifícios e instalações escolares e de formação
Secção 3.6 – Salas de espectáculos e outras instalações para actividades sócio-culturais
Secção 3.7 – Postos de abastecimento de combustível

Capítulo 4 – Percurso acessível
Secção 4.1 – Zonas de permanência
Secção 4.2 – Alcance
Secção 4.3 – Largura livre
Secção 4.4 – Zonas de manobra
Secção 4.5 – Altura livre
Secção 4.6 – Objectos salientes
Secção 4.7 – Pisos e seus revestimentos
Secção 4.8 – Ressaltos no piso
Secção 4.9 – Portas
Secção 4.10 – Portas de movimento automático
Secção 4.11 – Corrimãos e barras de apoio
Secção 4.12 – Comandos e controlos
Secção 4.12 – Comandos e controlos
Secção 4.14 – Sinalização e orientação

IV. Regimes de preservação dos solos

1. Conservação da natureza e da biodiversidade

- Decreto-Lei nº 142/2008, de 24 de Julho

2. Reserva agrícola nacional

- Decreto-Lei nº 73/2009, de 31 de Março

3. Reserva ecológica nacional

- Decreto-Lei nº 166/2006, de 22 de Agosto
- Portaria nº 419/2002, de 20 de Dezembro

1. Conservação da natureza e da biodiversidade

Decreto-Lei nº 142/2008, de 24 de Julho[74]

A Lei nº 11/87, de 7 de Abril, que define as bases da política de ambiente, enquadrou, nos últimos 20 anos, toda a legislação produzida sobre conservação da natureza e da biodiversidade. Dela emanou, designadamente, a Estratégia Nacional de Conservação da Natureza e da Biodiversidade (ENCNB), adoptada pela Resolução do Conselho de Ministros nº 152/2001, de 11 de Outubro. A ENCNB formula 10 opções estratégicas para a política de conservação da natureza e da biodiversidade, de entre as quais avulta a opção nº 2, relativa à constituição da Rede Fundamental de Conservação da Natureza (RFCN) e do Sistema Nacional de Áreas Classificadas (SNAC), integrando neste a Rede Nacional de Áreas Protegidas (RNAP), criada pelo Decreto-Lei nº 19/93, de 23 de Janeiro.

Concretizando a referida opção, o presente decreto-lei cria a RFCN, a qual é composta pelas áreas nucleares de conservação da natureza e da biodiversidade integradas no SNAC e pelas áreas de reserva ecológica nacional, de reserva agrícola nacional e do domínio público hídrico enquanto áreas de continuidade que estabelecem ou salvaguardam a ligação e o intercâmbio genético de populações de espécies selvagens entre as diferentes áreas nucleares de conservação, contribuindo para uma adequada protecção dos recursos naturais e para a promoção da continuidade espacial, da coerência ecológica das áreas classificadas e da

[74] Rectificado pela Declaração de Rectificação nº 53-A/2008, de 22 de Setembro, e alterado pelo Decreto-Lei nº 242/2015, de 15 de Outubro, que o republicou.
O texto republicado (que não abrange o preâmbulo) segue, com um ou outro "esquecimento", a nova grafia.
Suprimiram-se os capítulos IV e V (arts. 30º a 39º) referentes à conservação de espécies e habitats e ao regime económico e financeiro da conservação da natureza e da biodiversidade.

conectividade das componentes da biodiversidade em todo o território, bem como para uma adequada integração e desenvolvimento das actividades humanas.

Ainda em concretização da mesma opção estratégica, o presente decreto-lei estrutura o SNAC, constituído pela RNAP, pelas áreas classificadas que integram a Rede Natura 2000 e pelas demais áreas classificadas ao abrigo de compromissos internacionais assumidos pelo Estado Português, assegurando a integração e a regulamentação harmoniosa dessas áreas já sujeitas a estatutos ambientais de protecção. Ao nível da RNAP, com o objectivo de clarificar e actualizar o regime actual, o presente decreto-lei dispõe sobre as categorias e tipologias de áreas protegidas - prevendo no nosso ordenamento jurídico, expressamente, a possibilidade da existência de parques nacionais nas Regiões Autónomas –, os respectivos regimes de gestão e estrutura orgânica e ainda sobre os objectivos e os procedimentos conducentes à sua classificação.

Por outro lado, com o objectivo de simplificar e adaptar o regime vigente às características específicas das reservas naturais, das paisagens protegidas e dos monumentos naturais de âmbito nacional, bem como das áreas protegidas de âmbito regional ou local, é introduzida, com carácter inovatório, a ponderação casuística da necessidade de existência de planos de ordenamento para as duas primeiras tipologias - aquando da respectiva classificação - e a dispensa de elaboração de tais instrumentos de gestão territorial no caso dos monumentos naturais e das áreas protegidas de âmbito regional ou local.

Em consequência das alterações introduzidas ao regime actual são revogadas as disposições ainda vigentes do Decreto-Lei nº 19/93, de 23 de Janeiro. Relativamente à Rede Natura 2000, dado que a dimensão e a complexidade da respectiva regulamentação aconselham a que a mesma continue a constar de diploma próprio, aliado ao facto do respectivo regime, constante do Decreto-Lei nº 140/99, de 24 de Abril, estar ainda em consolidação após uma profunda revisão efectuada pelo Decreto-Lei nº 49/2005, de 24 de Fevereiro, no sentido de garantir a plena transposição da Directiva nº 79/409/CEE, do Conselho, de 2 de Abril (Directiva Aves), e da Directiva nº 92/43/CEE, do Conselho, de 21 de Maio (Directiva Habitats), o presente decreto-lei contém apenas uma remissão enquadradora. Tal sucede igualmente com alguns regimes de conservação e protecção decorrentes de iniciativa nacional, ao nível da protecção de espécies selvagens ao abrigo de legislação comunitária e ao nível de alguns regimes decorrentes de instrumentos jurídicos internacionais, nomeadamente da Convenção sobre o Comércio Internacional das Espécies da Fauna e da Flora Selvagens Ameaçadas de Extinção ou da Convenção Relativa à Conservação da Vida Selvagem e dos Habitats Naturais da Europa (Convenção de Berna), cujas complexidade e especificidades, designadamente ao nível procedimental, aconselham também que a respectiva regulamentação nacional continue a constar de diplomas próprios.

Por fim, quanto às áreas classificadas ao abrigo de compromissos internacionais assumidos pelo Estado Português, destaca-se a criação da figura dos espaços naturais protegidos de carácter transfronteiriço, designados «áreas protegidas transfronteiriças», e a consagração legal das áreas abrangidas por designações de conservação de carácter supranacional. Em termos de política de conservação da natureza e da biodiversidade, a par da ENCNB e da referida RFCN, importa assinalar, ao nível da organização da informação, a consagração do Sistema de Informação sobre o Património Natural (SIPNAT) e a criação do Cadastro Nacional dos Valores Naturais Classificados. Resumidamente, o SIPNAT é constituído pelo inventário da biodiversidade e dos geossítios presentes no território nacional e nas águas sob jurisdição nacional, enquanto que o Cadastro Nacional dos Valores Naturais Classificados – instrumento mais operacional –, é um arquivo de informação sobre os valores naturais classificados ou considerados sob ameaça pela autoridade nacional.

Face aos compromissos assumidos internacionalmente pelo Estado Português, são reforçados os mecanismos que permitam a Portugal cumprir as obrigações assumidas quer no âmbito da União Europeia quer no âmbito da Organização das Nações Unidas – suster a perda de biodiversidade até 2010 e para além –, de acordo com um conceito dinâmico de conservação da biodiversidade, na relação desta última com as alterações climáticas, no combate à desertificação e erradicação da pobreza, no seu papel transversal ao desenvolvimento sustentável, na necessidade de alargar o reconhecimento público da biodiversidade, integrando-a no sistema económico e empresarial, e no reconhecimento de cada cidadão como directa e simultaneamente beneficiário e implicado na gestão da biodiversidade.

Na verdade, com uma dimensão e complexidade crescentes nas sociedades modernas, a política de conservação da natureza e da biodiversidade enfrenta o desafio de se assumir como um serviço público que garanta a gestão ambiental do território, num quadro de valorização do património natural e de adequado usufruto do espaço e dos recursos. Por outro lado, a conservação da natureza e da biodiversidade constitui também um motor de desenvolvimento local e regional, associado à identificação de caracteres próprios e distintivos que urge valorizar, através de uma actividade de gestão e aproveitamento sustentável dos recursos naturais, com o envolvimento e participação de toda a sociedade, numa lógica de benefício comum. Neste contexto, o presente decreto-lei define orientações estratégicas e instrumentos próprios, visando os seguintes objectivos essenciais:

i) Garantir a conservação dos valores naturais e promover a sua valorização e uso sustentável;

ii) Promover a conservação da natureza e da biodiversidade como dimensão fundamental do desenvolvimento sustentável, nomeadamente pela integração da política de conservação da natureza e da biodiversidade na política de ordenamento do território e nas diferentes políticas sectoriais;

iii) Integrar critérios de conservação da natureza e da biodiversidade nos sistemas sociais, empresariais e económicos;

iv) Definir e delimitar uma infra-estrutura básica de conservação da natureza, a citada RFCN;

v) Contribuir para a prossecução dos objectivos fixados no âmbito da cooperação internacional na área da conservação da natureza, em especial os definidos na Convenção das Nações Unidas sobre a Diversidade Biológica, adoptada no Rio de Janeiro em 5 de Junho de 1992;

vi) Promover a investigação científica e o conhecimento sobre o património natural, bem como a monitorização de espécies, habitats, ecossistemas e geossítios;

vii) Promover a educação e a formação da sociedade civil em matéria de conservação da natureza e da biodiversidade e assegurar a informação, sensibilização e participação do público, incentivando a visitação, a comunicação, o interesse e o contacto dos cidadãos com a natureza;

viii) Promover o reconhecimento pela sociedade do valor patrimonial, intergeracional, económico e social da biodiversidade e do património geológico.

Especial destaque merece o novo regime económico e financeiro da conservação da natureza e da biodiversidade, que constitui uma componente essencial do presente decreto-lei, dada a importância que tal regime reveste para a inversão do ciclo de degradação e desinvestimento na política de conservação da natureza e da biodiversidade verificado nos últimos anos. Assim, a este nível, cumpre assinalar a previsão da constituição do Fundo para a Conservação da Natureza e da Biodiversidade, que terá como objectivo apoiar, através da afectação de recursos a projectos e investimentos necessários e adequados, a gestão da infra-estrutura básica de suporte à conservação da natureza, designadamente das áreas que compõem a RFCN. Todavia, dado que a prossecução dos objectivos visados com o presente decreto-lei exige o envolvimento, a participação e a responsabilização de toda a sociedade na alocação dos recursos financeiros e materiais que os viabilizem, conforme já referido, recorrer-se-á ainda, quando adequado:

i) À adequada remuneração dos serviços proporcionados pela conservação da natureza e seus sistemas, quer através da aplicação de taxas, designadamente pelo acesso e visita às áreas integradas no Sistema Nacional de Áreas Classificadas que sejam da titularidade do Estado e que se encontrem sob a gestão da autoridade nacional, quer através do pagamento directo de bens e serviços prestados;

ii) À intervenção da autoridade nacional em actividades de conservação, incluindo acções de sensibilização social para a conservação da natureza e da biodiversidade, seja assumindo a responsabilidade directa, seja colaborando com entidades públicas e privadas;

iii) À promoção de actividades económicas geradoras de valor ao abrigo de contratos de parceria, de acordos, de concessões ou, ainda, de prestação de serviços celebrados com entidades públicas ou privadas;

iv) À utilização de instrumentos de compensação ambiental, mediante os quais se visa garantir a satisfação das condições ou requisitos legais ou regulamentares de que esteja dependente o início de exercício de uma actividade por via da realização de projectos ou acções que produzam um benefício ambiental equivalente ao custo ambiental causado e que decorram da aplicação da legislação em vigor, nomeadamente do regime jurídico da avaliação de impacte ambiental ou do regime jurídico da Rede Natura 2000.

Aproveitando o ensejo reformista, o presente diploma promove ainda a actualização e a adaptação do regime de fiscalização e inspecção e do regime contra-ordenacional e sancionatório ao novo regime constante da Lei nº 50/2006, de 29 de Agosto, que aprovou a lei quadro das contra-ordenações ambientais, ainda que, quanto ao segundo, não em termos exaustivos dada a grande dispersão legislativa existente ao nível da tipificação de condutas ilícitas com implicações na conservação da natureza e da biodiversidade.

Em síntese, o presente decreto-lei estabelece o novo regime jurídico da conservação da natureza e da biodiversidade, dando cumprimento ao objectivo assumido no Programa do XVII Governo de rever o complexo regime jurídico que a regulamenta, consolidando a implantação da política de conservação da natureza em Portugal e redefinindo, simultaneamente, os respectivos instrumentos e as políticas nacionais face às novas competências e incumbências do Estado nesta matéria, no seguimento, aliás, do processo iniciado com a reestruturação do Instituto da Conservação da Natureza, concretizada com o Decreto-Lei nº 136/2007, de 27 de Abril, que aprovou a Lei Orgânica do Instituto da Conservação da Natureza e da Biodiversidade, I. P.

Foram ouvidos os órgãos de governo próprio das Regiões Autónomas, a Associação Nacional dos Municípios Portugueses e o Conselho Nacional do Ambiente e do Desenvolvimento Sustentável.

Foram ouvidas, a título facultativo, as organizações não governamentais do ambiente. Assim:

No desenvolvimento da Lei de Bases do Ambiente, aprovada pela Lei nº 11/87, de 7 de Abril, em concretização da Estratégia Nacional de Conservação da Natureza e da Biodiversidade, adoptada pela Resolução do Conselho de Ministros nº 152/2001, de 11 de Outubro, e nos termos das alíneas *a*) e *c*) do nº 1 do artigo 198º da Constituição, o Governo decreta o seguinte:

CAPÍTULO I - Disposições gerais, princípios e enquadramento institucional

Artigo 1º - Objeto

O presente decreto-lei estabelece o regime jurídico da conservação da natureza e da biodiversidade.

Artigo 2º - Âmbito

1 - O regime jurídico estabelecido no presente decreto-lei é aplicável ao conjunto dos valores e recursos naturais presentes no território nacional e nas águas sob jurisdição nacional.

2 - O disposto no presente decreto-lei não prejudica a aplicação de regimes especiais, designadamente os relativos à classificação e gestão de áreas marinhas protegidas para além do mar territorial, à reserva ecológica nacional, ao domínio público hídrico, à reserva agrícola nacional e aos recursos florestais, fitogenéticos, agrícolas, cinegéticos, pesqueiros e aquícolas das águas interiores.

Artigo 3º - Definições

Para os efeitos do disposto no presente decreto-lei, entende-se por:

a) «Áreas classificadas» as áreas definidas e delimitadas cartograficamente do território nacional e das águas sob jurisdição nacional que, em função da sua relevância para a conservação da natureza e da biodiversidade, são objeto de regulamentação específica;

b) «Biodiversidade» a variedade das formas de vida e dos processos que as relacionam, incluindo todos os organismos vivos, as diferenças genéticas entre eles e as comunidades e ecossistemas em que ocorrem;

c) «Conservação da natureza e da biodiversidade» o conjunto das intervenções físicas, ecológicas, sociológicas ou económicas orientadas para a manutenção ou recuperação dos valores naturais e para a valorização e uso sustentável dos recursos naturais;

d) «Conservação ex situ» a conservação de espécies da fauna e da flora selvagens fora dos seus habitats naturais;

e) «Conservação in situ» a conservação de espécies da fauna e da flora selvagens nos seus habitats naturais;

f) «Ecossistemas» os complexos dinâmicos constituídos por comunidades vegetais, animais e de microrganismos, relacionados entre si e com o meio envolvente, considerados como uma unidade funcional;

g) «Espécies» o conjunto de indivíduos inter-reprodutores com a mesma morfologia hereditária e um ciclo de vida comum, incluindo quaisquer subespécies ou suas populações geograficamente isoladas;

h) «Espécie não indígena» qualquer espécie, da flora ou da fauna, não originária de um determinado território e nunca aí registada como ocorrendo naturalmente e com populações autossustentadas durante os tempos históricos;

i) «Geossítio» a área de ocorrência de elementos geológicos com reconhecido valor científico, educativo, estético e cultural;

j) «Habitat» a área terrestre ou aquática natural ou seminatural que se distingue por características geográficas abióticas e bióticas;

l) «Monitorização» o processo de recolha e processamento de informação sobre um ou mais valores naturais, visando acompanhar o seu estado de conservação;

m) «Património geológico» o conjunto de geossítios que ocorrem numa determinada área e que inclui o património geomorfológico, paleontológico, mineralógico, petrológico, estratigráfico, tectónico, hidrogeológico e pedológico, entre outros;

n) «Património natural» o conjunto dos valores naturais com reconhecido interesse natural ou paisagístico, nomeadamente do ponto de vista científico, da conservação e estético;

o) «Recursos genéticos» o material genético, designadamente de origem vegetal, animal ou microbiológica, contendo unidades funcionais de hereditariedade, com um valor de utilização real ou potencial;

p) «Recursos naturais» os componentes ambientais naturais com utilidade para o ser humano e geradores de bens e serviços, incluindo a fauna, a flora, o ar, a água, os minerais e o solo;

q) «Serviços dos ecossistemas» os benefícios que as pessoas obtêm, direta ou indiretamente, dos ecossistemas, distinguindo-se em:

i) «Serviços de produção», entendidos como os bens produzidos ou aprovisionados pelos ecossistemas, nomeadamente alimentos, água doce, lenha, fibra, bioquímicos ou recursos genéticos, entre outros;

ii) «Serviços de regulação», entendidos como os benefícios obtidos da regulação dos processos de ecossistema, nomeadamente a regulação do clima, de doenças, de cheias ou a destoxificação, entre outros;

iii) «Serviços culturais», entendidos como os benefícios não materiais obtidos dos ecossistemas, nomeadamente ao nível espiritual, recreativo, estético ou educativo, entre outros;

iv) «Serviços de suporte», entendidos como os serviços necessários para a produção de todos os outros serviços, nomeadamente a formação do solo, os ciclos dos nutrientes ou a produtividade primária, ente outros;

r) «Valores naturais» os elementos da biodiversidade, paisagens, territórios, habitats ou geossítios;

s) «Valores naturais classificados» os valores naturais que, em razão da sua relevância para a conservação da natureza e da biodiversidade, estão sujeitos a regimes legais de proteção.

Artigo 4º – Princípios

Para além dos princípios gerais e específicos consignados na Lei de Bases do Ambiente[75], a execução da política e das ações de conservação da natureza e da biodiversidade deve observar os seguintes princípios:

a) Princípio da função social e pública do património natural, nos termos do qual se consagra o património natural como infraestrutura básica integradora dos recursos naturais indispensáveis ao desenvolvimento social e económico e à qualidade de vida dos cidadãos;

b) Princípio da sustentabilidade, nos termos do qual deve ser promovido o aproveitamento racional dos recursos naturais, conciliando a conservação da natureza e da biodiversidade com a criação de oportunidades sociais e económicas e garantindo a sua disponibilidade para as gerações futuras;

c) Princípio da identificação, por força do qual deve ser promovido o conhecimento, a classificação e o registo dos valores naturais que integram o património natural;

d) Princípio da compensação, pelo utilizador, dos efeitos negativos provocados pelo uso dos recursos naturais;

e) Princípio da precaução, nos termos do qual as medidas destinadas a evitar o impacte negativo de uma ação sobre a conservação da natureza e a biodiversidade devem ser adotadas mesmo na ausência de certeza científica da existência de uma relação causa-efeito entre eles;

f) Princípio da proteção, por força do qual importa desenvolver uma efetiva salvaguarda dos valores mais significativos do nosso património natural, designadamente dos presentes nas áreas classificadas.

Artigo 5º – Rede Fundamental de Conservação da Natureza

1 – É criada a Rede Fundamental de Conservação da Natureza, abreviadamente designada por RFCN, a qual é composta:

a) Pelo Sistema Nacional de Áreas Classificadas, que integra as seguintes áreas nucleares de conservação da natureza e da biodiversidade:

i) Áreas protegidas integradas na Rede Nacional de Áreas Protegidas;

ii) Sítios da lista nacional de sítios e zonas de proteção especial integrados na Rede Natura 2000;

[75] Hoje, a Lei nº 19/2014, de 14 de Abril, sucedendo à referida na forma de aprovação deste diploma.

iii) As demais áreas classificadas ao abrigo de compromissos internacionais assumidos pelo Estado Português;

b) Pelas áreas de continuidade a seguir identificadas, nos termos do número seguinte e com salvaguarda dos respetivos regimes jurídicos:

i) A Reserva Ecológica Nacional (REN);

ii) A Reserva Agrícola Nacional (RAN);

iii) O domínio público hídrico (DPH).

2 – As áreas de continuidade referidas no número anterior estabelecem ou salvaguardam a ligação e o intercâmbio genético de populações de espécies selvagens entre as diferentes áreas nucleares de conservação, contribuindo para uma adequada proteção dos recursos naturais e para a promoção da continuidade espacial, da coerência ecológica das áreas classificadas e da conectividade das componentes da biodiversidade em todo o território, bem como para uma adequada integração e desenvolvimento das atividades humanas[76].

Artigo 6º – Ações de conservação ativa e de suporte

A conservação da natureza e da biodiversidade compreende o exercício:

a) De ações de conservação ativa, que correspondem ao conjunto de medidas e ações de intervenção dirigidas ao maneio direto de espécies, habitats, ecossistemas e geossítios, bem como o conjunto de medidas e ações de intervenção associadas a atividades socioeconómicas, tais como a silvicultura, a mineração, a agricultura, a pecuária, a caça ou a pesca, com implicações significativas no maneio de espécies, habitats, ecossistemas e geossítios, tendo em vista a sua manutenção ou recuperação para um estado favorável de conservação;

b) De ações de suporte, que correspondem à regulamentação, ordenamento, monitorização, acompanhamento, cadastro, fiscalização, apoio às ações de conservação ativa, visitação, comunicação e vigilância dos valores naturais classificados.

Artigo 7º – Comissão de Coordenação Interministerial

Compete à Comissão de Coordenação Interministerial (CCI), criada pela Resolução do Conselho de Ministros nº 41/99, de 17 de maio, a integração da política de conservação da natureza e do princípio da utilização sustentável da biodiversidade nas diferentes políticas sectoriais, bem como o acompanha-

[76] Veja-se a noção de «corredores ecológicos», cujo estabelecimento é imposto aos Estados-Membros pela Directiva nº 92/43/CEE, do Conselho, de 21 de Maio: são definidos como os elementos que, pela sua estrutura linear e contínua (tais como rios e ribeiras e respectivas margens ou os sistemas tradicionais de delimitação dos campos) ou pelo seu papel e espaço de ligação (tais como lagos, lagoas ou matas), são essenciais à migração, à distribuição geográfica e ao intercâmbio genético de espécies selvagens (cf. artigos 1º, 3º, nº 3, e 10º, nº 2).

mento e avaliação da execução da Estratégia Nacional de Conservação da Natureza e da Biodiversidade.

Artigo 8º – Autoridades para a conservação da natureza e da biodiversidade

Sem prejuízo das competências próprias de outras entidades públicas que concorrem para a conservação da natureza e da biodiversidade, cabe:

a) Ao Instituto da Conservação da Natureza e da Biodiversidade, I. P. [77], exercer as funções de autoridade nacional para a conservação da natureza e da biodiversidade, abreviadamente designada por autoridade nacional, competindo-lhe promover a nível nacional a conservação da natureza e da biodiversidade e garantir, nos moldes previstos nos capítulos seguintes e na respetiva lei orgânica, a consecução dos objetivos do presente decreto-lei;

b) Às comissões de coordenação e desenvolvimento regional executar, avaliar e fiscalizar, ao nível regional, a política de conservação da natureza e da biodiversidade em articulação com a autoridade nacional;

c) Às associações de municípios e aos municípios gerir as áreas protegidas de âmbito regional ou local, respetivamente, e participar na gestão das áreas protegidas de âmbito nacional, designadamente por via da integração nos respetivos conselhos estratégicos.

CAPÍTULO II – Sistema Nacional de Áreas Classificadas

Artigo 9º – Âmbito do Sistema Nacional de Áreas Classificadas

1 – O Sistema Nacional de Áreas Classificadas, abreviadamente designado por SNAC, é constituído pela Rede Nacional de Áreas Protegidas, pelas áreas classificadas integradas na Rede Natura 2000 e pelas demais áreas classificadas ao abrigo de compromissos internacionais assumidos pelo Estado Português.

2 – Sem prejuízo da existência dos instrumentos de gestão territorial previstos na lei, podem ser adotados planos de gestão para áreas classificadas ou planos específicos de ação para a conservação e recuperação de espécies e habitats no âmbito do SNAC.

[77] Hoje, na actual orgânica governamental (Decreto-Lei nº 251-A/2015, de 17 de Dezembro, tendo a alteração sido introduzida pelo Decreto-Lei nº 7/2012, de 17 de Janeiro), Instituto da Conservação da Natureza e das Florestas.

Artigo 9º-A – Marcas associadas ao Sistema Nacional de Áreas Classificadas e sinalização

1 – Nas áreas que integram o SNAC, a autoridade nacional deve definir uma abordagem integrada assente na promoção das potencialidades dos territórios e no desenvolvimento local sustentável, designadamente através da criação de marcas comerciais registadas e de uma imagem identitária.

2 – A gestão da marca Natural.PT é definida por regulamento administrativo aprovado pela autoridade nacional.

3 – A sinalização para efeitos de identificação e informação relativa às áreas classificadas dentro dos seus limites territoriais consta de modelos próprios, a aprovar por portaria do membro do Governo responsável pela área da conservação da natureza.[78]

SECÇÃO I – Rede Nacional de Áreas Protegidas

Artigo 10º – Constituição

1 – A Rede Nacional de Áreas Protegidas, abreviadamente designada por RNAP, é constituída pelas áreas protegidas classificadas ao abrigo do disposto no presente decreto-lei e dos respetivos diplomas regionais de classificação.

2 – Devem ser classificadas como áreas protegidas as áreas terrestres e aquáticas interiores e as áreas marinhas em que a biodiversidade ou outras ocorrências naturais apresentem, pela sua raridade, valor científico, ecológico, social ou cénico, uma relevância especial que exija medidas específicas de conservação e gestão, em ordem a promover a gestão racional dos recursos naturais e a valorização do património natural e cultural, regulamentando as intervenções artificiais suscetíveis de as degradar.

3 – A classificação de áreas protegidas pode abranger o domínio público e o domínio privado do Estado, a zona económica exclusiva e, em geral, quaisquer bens imóveis.

4 – As áreas protegidas delimitadas exclusivamente em águas marítimas sob jurisdição nacional e as áreas de «reservas marinhas» e «parques marinhos» demarcadas nas áreas protegidas constituem a rede nacional de áreas protegidas marinhas.

Artigo 11º – Categorias e tipologias de áreas protegidas

1 – As áreas protegidas podem ter âmbito nacional, regional ou local, consoante os interesses que procuram salvaguardar.

[78] V. o subsequente artigo 24º.

2 – Sem prejuízo do disposto no nº 6, as áreas protegidas classificam-se nas seguintes tipologias:

a) Parque nacional;

b) Parque natural;

c) Reserva natural;

d) Paisagem protegida;

e) Monumento natural.

3 – As áreas protegidas de âmbito nacional podem adotar qualquer das tipologias referidas no número anterior.

4 – Com exceção da tipologia «parque nacional», as áreas protegidas de âmbito regional ou local podem adotar qualquer das tipologias referidas no nº 2, devendo as mesmas serem acompanhadas da designação «regional» ou «local», consoante o caso.[79]

5 – Sempre que uma área protegida, qualquer que seja a sua tipologia, seja delimitada exclusivamente em águas marítimas sob jurisdição nacional, deve ser acrescentado à tipologia usada a expressão «marinha».

6 – Podem ainda ser classificadas áreas protegidas de estatuto privado, designadas «áreas protegidas privadas», nos termos previstos no artigo 21º.

Artigo 12º – Objetivos da classificação

A classificação de uma área protegida visa conceder-lhe um estatuto legal de proteção adequado à manutenção da biodiversidade e dos serviços dos ecossistemas e do património geológico, bem como à valorização da paisagem.

Artigo 13º – Gestão das áreas protegidas

1 – A gestão das áreas protegidas de âmbito nacional compete à autoridade nacional.

2 – A gestão das áreas marinhas protegidas no solo e subsolo marinho e na coluna e superfície de água para além do mar territorial compete à Direção-Geral de Recursos Naturais, Segurança e Serviços Marítimos, em articulação com a autoridade nacional.

3 – A gestão das áreas protegidas de âmbito regional ou local compete às comunidades intermunicipais, às associações de municípios ou aos respetivos municípios.

4 – As tarefas de gestão das áreas protegidas de âmbito nacional, regional ou local, ou suas partes, bem como o exercício de ações de conservação ativa ou de suporte, podem ser contratualizadas com entidades públicas ou privadas.

[79] Ver no entanto, quanto às regiões autónomas, o artigo 54º/3.

5 – Os bens imóveis do domínio público ou privado do Estado situados nas áreas protegidas de âmbito nacional e com relevância para a prossecução dos fins destas podem ser geridos pela autoridade nacional mediante cedência de utilização, a realizar nos termos previstos no Decreto-Lei nº 280/2007, de 7 de Agosto.

6 – Os bens imóveis que integram o património próprio da autoridade nacional, bem como os bens que integram o domínio privado do Estado situados nas áreas protegidas de âmbito nacional que não estejam afetos à prestação de serviço público, podem ser objeto de transmissão, cedência de utilização ou exploração onerosas e arrendamento a terceiros, nos termos do Decreto-Lei nº 280/2007, de 7 de agosto.

7 – Tendo em conta o reforço dos objetivos de classificação de determinada área protegida de âmbito nacional, regional ou local, podem ser celebrados, sempre que adequado, acordos ou convenções internacionais de gestão transfronteiriça das áreas terrestres ou marinhas por ela abrangidas.

Artigo 14º – Classificação de áreas protegidas de âmbito nacional

1 – A classificação de áreas protegidas de âmbito nacional pode ser proposta pela autoridade nacional ou por quaisquer entidades públicas ou privadas, designadamente autarquias locais e associações de defesa do ambiente, devendo a respetiva proposta ser acompanhada dos seguintes elementos:

a) Caracterização da área sob os aspetos geológicos, geográficos, biofísicos, paisagísticos e socioeconómicos;

b) Justificação da necessidade de classificação da área protegida, que inclui obrigatoriamente uma avaliação científica qualitativa e quantitativa do património natural existente e as razões que impõem a sua conservação e proteção;

c) Tipologia de área protegida considerada mais adequada aos objetivos de conservação visados.

2 – As propostas de classificação efetuadas por quaisquer entidades públicas ou privadas nos termos do número anterior são apresentadas à autoridade nacional, que procede à sua apreciação técnica e, em caso de concordância, propõe ao membro do Governo responsável pela área da conservação da natureza a respetiva classificação como área protegida de âmbito nacional.

3 – Sem prejuízo do disposto no número seguinte, a classificação é feita por resolução de Conselho de Ministros, que define:

a) O tipo e delimitação geográfica da área e seus objetivos específicos;

b) [Revogada];

c) Os recursos financeiros, materiais e humanos mínimos para a gestão da área protegida;

d) As ações, atos e atividades interditas ou condicionadas a autorização da autoridade nacional, suscetíveis de prejudicar a biodiversidade, o património geológico ou outras características da área protegida.

4 – Quando seja obrigatória a elaboração de programa especial nos termos do presente decreto-lei, a resolução do Conselho de Ministros a que se refere o número anterior pode suspender os planos territoriais de âmbito intermunicipal e municipal abrangidos pela área protegida e estabelecer medidas preventivas para evitar a alteração das circunstâncias.

5 – À suspensão dos planos territoriais de âmbito intermunicipal e municipal e à aplicação de medidas preventivas referidas no número anterior é aplicável o regime jurídico dos instrumentos de gestão territorial.

6 – A classificação é obrigatoriamente precedida de um período de discussão pública visando a recolha de observações e sugestões sobre a classificação da área protegida, devendo, durante o mesmo período, ser também promovida a audição das autarquias locais envolvidas.

7 – A abertura do período de discussão pública é feita através de aviso a publicar no Diário da República e a divulgar através da comunicação social e da página da Internet da autoridade nacional, do qual consta a indicação do período da discussão e dos locais onde se encontra disponível a proposta final de classificação e a forma como os interessados devem apresentar as suas observações ou sugestões.

8 – O período de discussão pública deve ser anunciado com a antecedência mínima de 10 dias e não pode ser inferior a 20 nem superior a 30 dias.

9 – O decurso do prazo de suspensão dos planos territoriais de âmbito intermunicipal ou municipal e de aplicação de medidas preventivas não determina a caducidade da classificação da área protegida.

Artigo 15º – Classificação de áreas protegidas de âmbito regional ou local

1 – As comunidades intermunicipais, as associações de municípios e os municípios podem classificar áreas protegidas de âmbito regional ou local, nos termos previstos nos números seguintes.

2 – Com observância do disposto no nº 4 do artigo 11º, a classificação de áreas protegidas de âmbito regional ou local é determinada pelos órgãos deliberativos das entidades intermunicipais, das associações de municípios ou dos municípios.

3 – É aplicável ao procedimento de classificação de áreas protegidas de âmbito regional ou local o disposto nas alíneas *a*) e *c*) do nº 3 e nos nºs 6 a 8 do artigo anterior, com as devidas adaptações.

4 – Concluída a discussão pública e aprovada a classificação da área protegida de âmbito regional ou local, a mesma é publicada em 2.ª série do Diário da

República, mediante aviso e objeto de publicitação nos boletins municipais e na página na Internet das entidades responsáveis pela gestão da área protegida.

5 – A deliberação que aprova a classificação da área protegida de âmbito regional e local é submetida a parecer da autoridade nacional, para efeitos da sua integração na RNAP.

6 – Os objetivos específicos da criação da área protegida de âmbito regional ou local, a competência e a composição dos órgãos de gestão, os meios financeiros, materiais e humanos para a gestão da área, os atos e atividades interditos e condicionados, as normas de fiscalização e o regime contraordenacional são estabelecidos por regulamento de gestão.

7 – O modelo de gestão das áreas protegidas de âmbito regional e local é definido no respetivo regulamento de gestão, tendo presentes as orientações gerais a estabelecer pela autoridade nacional da conservação da natureza e biodiversidade.

8 – Na elaboração do regulamento de gestão previsto no número anterior, as entidades intermunicipais, as associações de municípios ou os municípios devem promover a participação da autoridade nacional, das entidades públicas competentes, por forma garantir a articulação e coerência da proposta com os objetivos, princípios e regras aplicáveis ao território em causa, definidos por lei especial ou por quaisquer outros programas e planos territoriais, assim como das associações representativas dos interesses ambientais, económicos, sociais e culturais envolvidos.

9 – Os planos territoriais de âmbito intermunicipal ou municipal devem consagrar os regimes adequados de proteção da área protegida de âmbito regional e local e estabelecer as ações permitidas, condicionadas ou interditas com incidência urbanística.

10 – A autoridade nacional avalia periodicamente a manutenção dos pressupostos subjacentes à classificação, designadamente ao nível da adequação da tipologia adotada e dos regimes de proteção constante dos planos territoriais de âmbito intermunicipal e municipal, aplicáveis na área em causa.

11 – A avaliação prevista no número anterior determina a integração ou a exclusão das áreas protegidas de âmbito regional ou local na RNAP.

Artigo 16º – Parque nacional

1 – Entende-se por «parque nacional» uma área que contenha maioritariamente amostras representativas de regiões naturais características, de paisagens naturais e humanizadas, de elementos de biodiversidade e de geossítios, com valor científico, ecológico ou educativo.

2 – A classificação de um parque nacional visa a proteção dos valores naturais existentes, conservando a integridade dos ecossistemas, tanto ao nível dos

elementos constituintes como dos inerentes processos ecológicos, e a adoção de medidas compatíveis com os objetivos da sua classificação, designadamente:

a) A execução das ações necessárias para a manutenção e recuperação das espécies, dos habitats e dos geossítios em estado de conservação favorável;

b) O estabelecimento de um regime de visitação que garanta objetivos culturais, educativos e recreativos;

c) A regulamentação das atividades permitidas, condicionadas ou proibidas, considerando as necessidades das populações locais num quadro de uso sustentável dos recursos naturais;

d) A promoção de atividades que constituam vias alternativas de desenvolvimento local sustentável e que não constituam uma ameaça para os valores naturais e funções do ecossistema a conservar.

Artigo 17º – Parque natural

1 – Entende-se por «parque natural» uma área que contenha predominantemente ecossistemas naturais ou seminaturais, onde a preservação da biodiversidade a longo prazo possa depender de atividade humana, assegurando um fluxo sustentável de produtos naturais e de serviços.

2 – A classificação de um parque natural visa a proteção dos valores naturais existentes, contribuindo para o desenvolvimento regional e nacional, e a adoção de medidas compatíveis com os objetivos da sua classificação, designadamente:

a) A promoção de práticas de maneio que assegurem a conservação dos elementos da biodiversidade;

b) A criação de oportunidades para a promoção de atividades de recreio e lazer, que no seu carácter e magnitude estejam em consonância com a manutenção dos atributos e qualidades da área;

c) A promoção de atividades que constituam vias alternativas de desenvolvimento local sustentável.

Artigo 18º – Reserva natural

1 – Entende-se por reserva natural uma área que contenha características ecológicas, geológicas e fisiográficas, ou outro tipo de atributos com valor científico, ecológico ou educativo, e que não se encontre habitada de forma permanente ou significativa.

2 – A classificação de uma reserva natural visa a proteção dos valores naturais existentes, assegurando que as gerações futuras terão oportunidade de desfrutar e compreender o valor das zonas que permaneceram pouco alteradas pela atividade humana durante um prolongado período de tempo, e a adoção de medidas compatíveis com os objetivos da sua classificação, designadamente:

a) A execução das ações necessárias para a manutenção e recuperação das espécies, dos habitats e dos geossítios em estado de conservação favorável;

b) O condicionamento da visitação a um regime que garanta níveis mínimos de perturbação do ambiente natural;

c) A limitação da utilização dos recursos, assegurando a manutenção dos atributos e das qualidades naturais essenciais da área objeto de classificação.

Artigo 19º – Paisagem protegida

1 – Entende-se por «paisagem protegida» uma área que contenha paisagens resultantes da interação harmoniosa do ser humano e da natureza, e que evidenciem grande valor estético, ecológico ou cultural.

2 – A classificação de uma paisagem protegida visa a proteção dos valores naturais e culturais existentes, realçando a identidade local, e a adoção de medidas compatíveis com os objetivos da sua classificação, designadamente:

a) A conservação dos elementos da biodiversidade num contexto da valorização da paisagem;

b) A manutenção ou recuperação dos padrões da paisagem e dos processos ecológicos que lhe estão subjacentes, promovendo as práticas tradicionais de uso do solo, os métodos de construção e as manifestações sociais e culturais;

c) O fomento das iniciativas que beneficiem a geração de benefícios para as comunidades locais, a partir de produtos ou da prestação de serviços.

Artigo 20º – Monumento natural

1 – Entende-se por monumento natural uma ocorrência natural contendo um ou mais aspetos que, pela sua singularidade, raridade ou representatividade em termos ecológicos, estéticos, científicos e culturais, exigem a sua conservação e a manutenção da sua integridade.

2 – A classificação de um monumento natural visa a proteção dos valores naturais, nomeadamente ocorrências notáveis do património geológico, na integridade das suas características e nas zonas imediatamente circundantes, e a adoção de medidas compatíveis com os objetivos da sua classificação, designadamente:

a) A limitação ou impedimento das formas de exploração ou ocupação suscetíveis de alterar as suas características;

b) A criação de oportunidades para a investigação, educação e apreciação pública.

Artigo 21º – Áreas protegidas de estatuto privado

1 – Visando os objetivos previstos no artigo 12º, pode ser atribuída a designação de «área protegida privada» a terrenos privados não incluídos em áreas protegidas.

2 – A designação é feita a pedido do respetivo proprietário, mediante um processo especial de candidatura e reconhecimento pela autoridade nacional a

regular por portaria do membro do Governo responsável pela área da conservação da natureza.[80]

3 – Os terrenos a que for atribuída a designação de «área protegida privada» integram a RNAP e ficam sujeitos ao protocolo de gestão que for acordado com a autoridade nacional na sequência do seu reconhecimento.

4 – O reconhecimento previsto no presente artigo não confere ao respetivo proprietário quaisquer direitos ou prerrogativas especiais de autoridade nem condiciona a aplicação dos programas e planos territoriais existentes, mantendo-se apenas enquanto se mantiverem os valores e objetivos de conservação da natureza e da biodiversidade que justificaram a sua concessão.

5 – O ato de atribuição da designação de «área protegida privada» pode interditar ou condicionar a autorização da autoridade nacional, no interior da área protegida, as ações, atos e atividades de iniciativa particular suscetíveis de prejudicar a biodiversidade, o património geológico ou outras características da área protegida, salvo tratando-se de uma ação de interesse público ou de um empreendimento com relevante interesse geral, como tal reconhecido por despacho dos membros do Governo responsáveis pela área da conservação da natureza e em razão da matéria.

Artigo 22º – Delimitações especiais

1 – Nos atos de classificação de áreas protegidas podem ser demarcadas:

a) Zonas de proteção integral, denominadas reservas integrais, com o objetivo de manter os processos naturais num estado dinâmico e evolutivo, sem o desenvolvimento de atividades humanas regulares e em que a investigação científica, a monitorização ambiental ou a visitação carecem de autorização prévia da autoridade nacional;

b) Zonas de proteção dirigida, denominadas microreservas, quando esteja em causa a conservação de uma pequena área isolada de ocupação de uma espécie, ou grupo de espécies, ou de um habitat, ou grupo de habitats, muito raros ou ameaçados, com o objetivo de desenvolver as ações de conservação adequadas à manutenção ou recuperação do seu estado de conservação favorável, designadamente programas de gestão próprios.

2 – A delimitação das zonas previstas no número anterior e as normas que regulamentam os respetivos regimes de salvaguarda que condicionem a ocupação, o uso e a transformação do solo são integradas nos planos territoriais de âmbito intermunicipal e municipal abrangidos.

3 – Uma vez demarcadas as reservas integrais previstas na alínea *a*) do número anterior, ficam as áreas em causa sujeitas a expropriação nos termos da lei.

[80] Portaria nº 1181/2009, de 7 de Outubro.

4 – Nas áreas protegidas que abranjam meio marinho até ao limite do mar territorial podem ainda ser delimitadas, nos programas especiais e nos instrumentos de ordenamento do espaço marítimo nacional, denominadas reservas marinhas ou parques marinhos, com os seguintes objetivos:

a) Nas reservas marinhas, a adoção de medidas dirigidas para a proteção das comunidades e dos habitats marinhos sensíveis, de forma a assegurar a biodiversidade marinha;

b) Nos parques marinhos, a adoção de medidas que visem a proteção, valorização e uso sustentado dos recursos marinhos, através da integração harmoniosa das atividades humanas.

Artigo 23º – Programas especiais das áreas protegidas

1 – Os parques nacionais, os parques naturais de âmbito nacional e as reservas naturais e paisagens protegidas de âmbito nacional dispõem obrigatoriamente de um programa especial.

2 – Aos programas especiais das áreas protegidas é aplicável o disposto no regime jurídico dos instrumentos de gestão territorial, em articulação com o regime jurídico que desenvolve as bases da política de ordenamento do espaço marítimo nacional, competindo a respetiva elaboração, execução e avaliação à autoridade nacional.

3 – Os programas especiais das áreas protegidas estabelecem, em função da salvaguarda dos recursos e valores naturais, as ações permitidas, as ações condicionadas ao cumprimento de determinados parâmetros e condições neles estabelecidas e as ações proibidas.

4 – As normas dos programas especiais de áreas protegidas que, em função da sua incidência territorial urbanística, condicionem a ocupação, o uso e a transformação do solo são obrigatoriamente integradas nos planos territoriais de âmbito intermunicipal e municipais abrangidos.

5 – As normas dos programas especiais relativas aos regimes de salvaguarda de recursos e valores naturais das áreas marinhas protegidas e dos volumes relevantes para a conservação da natureza e da biodiversidade são integradas nas normas de execução dos instrumentos de ordenamento do espaço marítimo nacional.

6 – A integração das normas dos programas especiais prevista no número anterior deve atender ao disposto no nº 3 do artigo 25º do Decreto-Lei nº 80/ /2015, de 14 de maio.[81]

7 – As normas dos programas especiais que constituam normas de gestão das áreas protegidas podem ser desenvolvidas em regulamento administrativo,

[81] Diploma inserido no subsequente Capítulo VI.

designado por regulamento de gestão das áreas protegidas, nos termos definidos no programa especial.

8 – O regulamento de gestão da área protegida contém normas jurídicas gerais e abstratas que, no exercício de poderes jurídico-administrativos, visam produzir efeitos jurídicos externos, aplicando-se-lhe, nomeadamente, o regime previsto no Código do Procedimento Administrativo.

Artigo 23º-A – Áreas sujeitas a regimes de protecção

1 – O regime de proteção de cada área protegida é definido de acordo com a importância dos valores e recursos naturais presentes e a respetiva sensibilidade ecológica, podendo ser delimitadas na planta de síntese do programa especial:

a) Áreas de proteção total – as quais correspondem a espaços onde os valores naturais e paisagísticos assumem um caráter de excecionalidade do ponto de vista da conservação da natureza e da biodiversidade e que se caracterizam pela elevada sensibilidade ecológica, destinando-se a garantir a manutenção ou recuperação do estado de conservação dos valores naturais em presença e a integridade dos processos ecológicos que lhes estão associados, com o mínimo de perturbação humana;

b) Áreas de proteção parcial – as quais correspondem a espaços que contêm valores naturais e paisagísticos que se assumem, no seu conjunto, como relevantes para a garantia da biodiversidade e manutenção do estado de conservação favorável de habitats naturais e de espécies da fauna e da flora, onde as atividades humanas e os usos do solo devem estar particularmente adaptados aos objetivos de conservação, promovendo os valores naturais em presença;

c) Áreas de proteção complementar – as quais correspondem a espaços que estabelecem o enquadramento, a transição ou o amortecimento de impactes que afetam de forma negativa as áreas sujeitas a níveis de proteção total e proteção parcial e que incluem elementos naturais e paisagísticos com um elevado potencial de valorização mediante o desenvolvimento de ações de gestão que promovam o uso sustentável dos recursos e o desenvolvimento socioeconómico local e a compatibilização da intervenção humana com os valores naturais e paisagísticos, incentivando a fixação das populações e a melhoria da qualidade de vida.

2 – Podem ainda ser delimitadas áreas de intervenção específica, para as quais, independentemente dos níveis de proteção aplicáveis, é previsto o desenvolvimento de um plano, programa ou projetos de intervenção específica.

3 – A delimitação dos regimes de proteção previstos nos números anteriores deve fazer-se tendo em conta as construções existentes e direitos juridicamente consolidados, sem prejuízo do dever de indemnização sempre que tal não seja possível.

Artigo 23º-B – Atividades condicionadas

1 – Os programas especiais das áreas protegidas podem sujeitar a execução de determinadas ações, atos ou atividades a parecer prévio vinculativo ou autorização da autoridade nacional.

2 – Salvo nos casos expressamente previstos nos programas especiais, o parecer da autoridade nacional não incide sobre o uso, a ocupação e a transformação do solo em matéria urbanística.

3 – O prazo para a emissão de autorizações e pareceres pela autoridade nacional, no âmbito da aplicação dos programas especiais, é de 30 dias, sem prejuízo do disposto no regime jurídico da urbanização e edificação.

4 – A ausência de autorização ou parecer no prazo fixado nos termos do número anterior equivale à emissão de autorização ou parecer favorável.

5 – Os pareceres ou autorizações da autoridade nacional caducam no prazo de dois anos, salvo quando integrados em procedimentos no âmbito dos regimes de controlo prévio de operações urbanísticas ou de regulamentação do exercício de atividades, caso em que prevalecem os prazos neles previstos.

6 – Quando sejam previsíveis impactes sobre o património natural, o programa especial das áreas protegidas pode fazer depender a prática de determinadas ações ou projetos de análise de incidências ambientais.

7 – Os programas especiais das áreas protegidas podem estabelecer que determinadas atividades, ações ou projetos por eles, em geral, não admitidos, possam ser autorizados pela autoridade nacional, devendo estabelecer expressamente os condicionalismos em que tal se pode verificar.

8 – A autorização a que se refere o número anterior está sempre condicionada à ausência de impactes negativos significativos em matéria de proteção e salvaguarda de recursos naturais.

Artigo 24º – Sinalização

(Revogado)[82]

SECÇÃO II – Rede Natura 2000[83]

Artigo 25º – Âmbito

1 – A Rede Natura 2000 é uma rede ecológica de âmbito europeu resultante da aplicação da Diretiva nº 79/409/CEE, do Conselho, de 2 de Abril (Diretiva Aves), alterada pelas Diretivas nºs 91/244/CEE, da Comissão, de 6 de Março,

[82] Ainda ao abrigo deste preceito, revogado em Outubro de 2015, fora publicada nesse ano a Portaria nº 98/2015, de 31 de Março, que agora tem previsão legal no nº 3 do artigo 9º-A da versão em vigor.

[83] Cfr. o quinto parágrafo do preâmbulo.

94/24/CE, do Conselho, de 8 de Junho, e 97/49/CE, da Comissão, de 29 de Junho, bem como da Diretiva nº 92/43/CEE, do Conselho, de 21 de Maio (Diretiva Habitats), com as alterações que lhe foram introduzidas pela Diretiva nº 97/62/CE, do Conselho, de 27 de Outubro.

2 – A Rede Natura 2000 compreende as áreas classificadas como zona especial de conservação (ZEC) e as áreas classificadas como zona de proteção especial (ZPE), constando o respetivo regime de diploma próprio.[84]

SECÇÃO III – Outras áreas classificadas

Artigo 26º – Áreas protegidas transfronteiriças

1 – Por via da celebração de acordos ou convenções internacionais com outros Estados, podem ser classificados espaços naturais protegidos de carácter transfronteiriço, designados «áreas protegidas transfronteiriças».

2 – A classificação das «áreas protegidas transfronteiriças» incide sobre áreas terrestres ou marinhas dedicadas particularmente à proteção e à manutenção da biodiversidade e dos recursos naturais e culturais associados a estas, que estejam integradas, pelo menos, por uma área protegida estabelecida em conformidade com o presente decreto-lei e por uma área natural adjacente, situada em território não nacional ou nas águas marítimas de um Estado que partilhe uma fronteira terrestre ou marítima com Portugal e aí sujeita a um regime jurídico especial para a conservação da natureza e da biodiversidade.

Artigo 27º – Áreas abrangidas por designações de conservação de carácter supranacional

1 – Tendo por objetivo o reforço da proteção e a manutenção da biodiversidade e dos recursos naturais e culturais associados, podem ficar abrangidas por designações de conservação de carácter supranacional, em particular as estabelecidas por convenções ou acordos internacionais de que Portugal seja parte, áreas delimitadas no território nacional ou nas águas marítimas sujeitas a jurisdição nacional, coincidentes com áreas protegidas integradas na RNAP ou com áreas que integrem a Rede Natura 2000, cujos valores naturais sejam reconhecidos como de relevância supranacional.

2 – São consideradas áreas classificadas por instrumentos jurídicos internacionais de conservação da natureza e da biodiversidade de que Portugal seja parte todas as áreas que obtenham tal reconhecimento nos termos previstos no

[84] V. o Decreto-Lei nº 140/99, de 24 de Abril, alterado e republicado pelo Decreto-Lei nº 49/2005, de 24 de Fevereiro, e o Decreto-Lei nº 384-B/99, de 23 de Setembro, também alterado pelo Decreto-Lei nº 49/2005.

instrumento jurídico internacional aplicável em função das suas características, designadamente ao abrigo:

a) Do Programa Man and Biosphere, da Organização das Nações Unidas para a Educação, Ciência e Cultura (UNESCO), lançado em 1970;

b) Da Convenção sobre Zonas Húmidas de Importância Internacional Especialmente como «Habitat» de Aves Aquáticas (Convenção de Ramsar), adotada em Ramsar em 2 de fevereiro de 1971;

c) Da Convenção Relativa à Proteção do Património Mundial, Cultural e Natural, adotada em Paris em 16 de novembro de 1972, na parte relativa aos valores naturais;

d) Das Resoluções do Comité de Ministros nºs (76) 17 – Reservas Biogenéticas do Conselho da Europa – e (98) 29 – Áreas Diplomadas do Conselho da Europa;[85]

e) Da Convenção para a Proteção do Meio Marinho do Atlântico Nordeste (Convenção OSPAR), adotada em Paris em 22 de setembro de 1992;

f) Da Decisão do Conselho Executivo da UNESCO (161 EX/Decisions, 3.3.1), adotada em Paris em 2001, relativa aos geossítios e geoparques.

3 – Quando as áreas previstas no presente artigo coincidam com áreas protegidas de âmbito nacional, regional ou local, é-lhes aplicável o regime constante dos respetivos atos de classificação ou programas especiais de áreas protegidas, quando existentes.

CAPÍTULO III – Organização da informação sobre o património natural e os valores naturais classificados

Artigo 28º – Sistema de Informação sobre o Património Natural

1 – O Sistema de Informação sobre o Património Natural, abreviadamente designado por SIPNAT, é constituído pelo inventário da biodiversidade e do património geológico presentes no território nacional e nas águas sob jurisdição nacional.

2 – Compete à autoridade nacional, em articulação com outros organismos do Estado e com as entidades competentes das Regiões Autónomas dos Açores e da Madeira, promover o desenvolvimento do SIPNAT, validar a informação nele constante e assegurar a sua gestão e divulgação ao público.

[85] Deveria mais propriamente referir-se o Diploma Europeu de Área Protegida, concedido pelo Conselho da Europa.

Artigo 29º – Cadastro Nacional dos Valores Naturais Classificados

1 – O Cadastro Nacional dos Valores Naturais Classificados, adiante designado por Cadastro, é um arquivo de informação sobre os valores naturais classificados e as espécies vegetais ou animais a que seja atribuída uma categoria de ameaça pela autoridade nacional de acordo com critérios internacionais definidos pela The World Conservation Union (IUCN).

2 – O Cadastro, a aprovar por decreto regulamentar, sob proposta da autoridade nacional, contém informação sobre:

a) Os territórios definidos no continente e nas Regiões Autónomas e as áreas demarcadas nas águas sob jurisdição nacional, com interesse internacional, nacional, regional ou local, cartografadas a uma escala adequada à sua gestão;

b) Os ecossistemas, habitats, espécies e geossítios, identificados de acordo com os seguintes parâmetros, quando aplicáveis:

i) Descrição e distribuição geográfica;

ii) Razões que lhe conferem um reconhecimento internacional, nacional, regional ou local;

iii) Estado de conservação;

iv) Ameaças à sua conservação e, se atribuído, o respetivo estatuto de ameaça;

v) Medidas de conservação já adotadas;

vi) Objetivos e níveis de proteção a assegurar;

vii) Medidas de conservação e orientações de gestão a adotar.

3 – A informação relativa aos territórios das Regiões Autónomas referidos na alínea a) do número anterior é prestada à autoridade nacional pelas entidades competentes das Regiões Autónomas dos Açores e da Madeira.

4 – O Cadastro é atualizado, por inclusão ou exclusão, a cada quatro anos e sempre que tal se justificar por imperativos de conservação da natureza e da biodiversidade, devendo a respetiva proposta de atualização ser objeto de consulta pública, a promover pela autoridade nacional.

5 – Na elaboração da proposta de atualização a autoridade nacional deve ter em conta as propostas apresentadas por qualquer entidade pública ou privada ou pessoa singular, desde que devidamente fundamentadas em informação científica.

CAPÍTULO IV - Conservação de espécies e habitats

....

CAPÍTULO V - Regime económico e financeiro da conservação da natureza e da biodiversidade

....

CAPÍTULO VI - Fiscalização e inspecção

Artigo 40º – Inspeção e fiscalização

1 – A verificação do cumprimento do disposto no presente decreto-lei e na legislação em vigor aplicável aos valores naturais classificados pode revestir a forma de:

a) Fiscalização, a desenvolver de forma sistemática pelas autoridades competentes, no cumprimento da obrigação geral de vigilância que lhes está cometida, e de forma pontual em função das queixas e denúncias recebidas;

b) Inspeção, a efetuar pelas entidades dotadas de competência para o efeito, de forma casuística e aleatória ou em execução de um plano de inspeção previamente aprovado, ou ainda no apuramento do alcance e das responsabilidades por acidentes que afetem valores naturais classificados.

2 – A fiscalização compete à autoridade nacional, especialmente através do serviço de vigilantes da natureza, à Guarda Nacional Republicana, especialmente através do Serviço de Proteção da Natureza e do Ambiente (SEPNA), às demais autoridades policiais e aos municípios.

3 – O disposto no número anterior não prejudica o exercício dos poderes de fiscalização e polícia que, em razão da matéria, competem às demais autoridades públicas, nomeadamente marítimas e portuárias.

4 – A inspeção compete à Inspeção-geral do Ambiente e do Ordenamento do Território (IGAOT).

Artigo 41º – Planos de inspeção e de fiscalização

1 – No âmbito da aplicação dos princípios da precaução, da proteção e da prevenção, a autoridade nacional, conjuntamente com as restantes entidades de inspeção e fiscalização competentes, deve promover a elaboração de planos de inspeção e fiscalização, dos quais deve constar o âmbito espacial, temporal e material, os programas e procedimentos adotados e o modo de coordenação das entidades envolvidas.

2 – Os planos de inspeção e de fiscalização são públicos, devendo ser objeto de divulgação nas componentes que não comprometam a eficácia das ações a desenvolver.

Artigo 42º – Direito de acesso e embargos administrativos

Nos termos estabelecidos nos artigos 18º e 19º da Lei nº 50/2006, de 29 de Agosto[86]:

a) É facultada às autoridades administrativas no exercício das funções de inspeção e fiscalização a entrada livre nas instalações e locais onde se exerçam as atividades a inspecionar ou a fiscalizar;

b) As autoridades administrativas no exercício das funções de inspeção e fiscalização podem determinar, dentro da sua área de atuação geográfica, o embargo de quaisquer construções em áreas de ocupação proibida ou condicionada em zonas de proteção estabelecidas por lei ou em contravenção à lei, aos regulamentos ou às condições de licenciamento ou autorização.

CAPÍTULO VII – Regime contraordenacional e sanções

Artigo 43º – Contraordenações em áreas protegidas

1 – Constitui contraordenação ambiental muito grave, punível nos termos da Lei nº 50/2006, de 29 de agosto, a prática dos seguintes atos e atividades quando previstos como proibidos ou interditos nos regulamentos de gestão das áreas protegidas:

a) A alteração à morfologia do solo, excetuando as atividades previstas no âmbito do Sistema Nacional de Defesa da Floresta contra Incêndios, nomeadamente pontos de água destinados ao combate de incêndios florestais;

b) A modificação do coberto vegetal, excetuando as situações devidamente enquadradas em instrumentos válidos de planeamento e ordenamento florestal, as medidas e ações a desenvolver no âmbito do sistema defesa da floresta contra incêndios e as medidas e ações de proteção fitossanitárias e as operações de manutenção e limpeza das faixas de proteção a infraestruturas de suporte a atividades de interesse geral decorrentes da aplicação de disposições legais e regulamentares;

c) A instalação ou ampliação de depósitos de ferro-velho, de sucata, de veículos, de areia ou inertes ou de outros resíduos sólidos que causem impacte visual negativo ou efeitos negativos no ambiente;

[86] Trata-se da Lei quadro das contra-ordenações ambientais, como referido no penúltimo parágrafo do preâmbulo.

d) O abandono, depósito ou vazamento de entulhos ou sucatas ou quaisquer outros resíduos não urbanos fora dos locais para tal destinados;

e) A alteração da configuração ou topologia das zonas lagunares e marinhas;

f) *(Revogada)*

g) *(Revogada)*

h) O depósito ou lançamento de águas residuais industriais ou domésticas na água, no solo ou no subsolo, sem tratamento adequado ou de forma suscetível de causar efeitos negativos no ambiente;

i) O corte, extração, pesquisa ou exploração de recursos geológicos, nomeadamente de massas minerais e inertes;

j) A captação, o armazenamento, o desvio ou a condução de águas, bem como a drenagem, a impermeabilização ou a inundação de terrenos, e demais alterações à rede de drenagem natural ou ao caudal ou à qualidade das águas superficiais ou subterrâneas;

l) *(Revogada)*

m) A remoção ou danificação de quaisquer substratos marinhos;

n) *(Revogada)*

o) A realização de atividades económicas, quando isentas de controlo prévio urbanístico, designadamente viveiros, aquicultura e estufas;

p) *(Revogada)*

q) A destruição ou delapidação de bens culturais inventariados ou geossítios;

r) A realização de queimadas ou outros fogos, exceto nas áreas com infraestruturas a isso destinadas ou para prevenção de fogos (fogos prescritos ou controlados), e o lançamento de foguetes ou balões com mecha acesa, bem como outras atividades pirotécnicas;

s) A colheita, captura, apanha, abate, detenção, transporte ou comercialização de indivíduos ou parte de indivíduos de quaisquer espécies vegetais ou animais sujeitas a medidas de proteção e com categoria de ameaça atribuída, em qualquer fase do seu ciclo biológico, incluindo a destruição de ninhos ou a apanha de ovos, a perturbação ou a destruição dos seus habitats;

t) A introdução de espécies não indígenas invasoras;

u) *(Revogada)*

v) *(Revogada)*

x) *(Revogada)*

2 – Constitui contraordenação ambiental grave, punível nos termos da Lei nº 50/2006, de 29 de agosto, a prática não autorizada dos atos e atividades previstos no número anterior quando, nos termos do regulamento de gestão das áreas protegidas, sejam permitidas mediante autorização ou parecer da autoridade nacional.

3 – Constitui, ainda, contraordenação ambiental grave, punível nos termos da Lei nº 50/2006, de 29 de agosto, a prática dos seguintes atos e atividades quando previstos como proibidos ou interditos nos regulamentos de gestão das áreas protegidas:

a) A prática de atividades turísticas ou desportivas motorizadas suscetíveis de provocarem poluição sonora ou aquática ou que pela sua natureza específica ponham em risco objetivo os valores naturais presentes na área protegida;

b) O exercício de caça ou de pesca;

c) A obstrução de qualquer tipo de passagem nos caminhos públicos e de acesso às linhas ou aos planos de água;

d) A introdução de espécies não indígenas, sem prejuízo do disposto na alínea *t*) do nº 1;

e) A reintrodução de espécies indígenas da fauna ou flora selvagens.

4 – Constitui contraordenação ambiental leve, punível nos termos da Lei nº 50/2006, de 29 de Agosto, a prática dos seguintes atos e atividades proibidos ou interditos e a prática não autorizada dos seguintes atos e atividades condicionados, desde que previstos como tal nos regulamentos de gestão das áreas protegidas:

a) A instalação, afixação, inscrição ou pintura mural de mensagens de publicidade ou propaganda, temporárias ou permanentes, de cariz comercial ou não, incluindo a colocação de meios amovíveis;

b) A introdução, a circulação e o estacionamento de pessoas, veículos ou animais;

c) A entrada, circulação ou permanência na área protegida sem o pagamento da taxa devida;

d) A prática de campismo ou caravanismo, bem como qualquer forma de pernoita;

e) O abandono, depósito ou vazamento de resíduos sólidos urbanos fora dos locais para tal destinados;

f) A instalação de estruturas construídas com materiais ligeiros, designadamente prefabricados, que permitam a sua fácil desmontagem e remoção;

g) A utilização comercial ou publicitária de referências à área protegida, salvo em produtos ou serviços devidamente credenciados;

h) A colheita, a detenção e o transporte de amostras de recursos geológicos, nomeadamente minerais, rochas e fósseis;

i) A prática de quaisquer atos que perturbem a fauna selvagem, incluindo a prestação de alimentos;

j) O sobrevoo de aeronaves com motor abaixo de 1000 pés, fora dos casos em que tal sobrevoo tenha por finalidade trabalhos agrícolas, ações de fiscalização, de socorro ou de controlo para fins de manutenção e segurança por parte das entidades gestoras de infraestruturas de serviço público ou se insira na normal atividade concessionada de exploração de infraestrutura aeroportuária;

k) A destruição ou o desmantelamento de muros, divisórias ou outras construções que integrem o valor natural paisagístico classificado;

l) A realização de mercados ou feiras;

m) A prática de atividades desportivas não motorizadas, designadamente mergulho, alpinismo, escalada ou montanhismo, e de atividades turísticas suscetíveis de deteriorarem os valores naturais da área;

n) A utilização da marca «Natural.PT», sem estar devidamente registado e credenciado para o efeito.

5 – Relativamente às contraordenações ambientais previstas no presente artigo, e sem prejuízo do disposto no artigo 20º da Lei nº 50/2006, de 29 de agosto, na determinação da medida da coima a aplicar deve ser tomado em conta o estatuto de proteção atribuído ao local da prática da contraordenação, conforme estabelecido nos programas especiais e nos regulamentos de gestão das áreas protegidas.

6 – Em caso de concurso legal ou aparente entre contraordenações ambientais previstas no presente artigo e contraordenações previstas em regimes especiais, designadamente os elencados no nº 2 do artigo 2º, é aplicável o regime contraordenacional e sanções definidos nesses regimes.

7 – As contraordenações resultantes da violação das normas dos programas especiais relativas à transformação, uso e ocupação do solo com incidência urbanística integradas nos planos territoriais de âmbito intermunicipal e municipal são consideradas contraordenações do ordenamento do território sendo-lhes aplicável o regime previsto nos artigos 40º-A a 40º-D da Lei nº 50/2006, de 29 de agosto.

Artigo 44º – Outras contraordenações ambientais

1 – Para além do disposto no artigo anterior e em diplomas legais relativos à conservação ou proteção da natureza e da biodiversidade, a colheita, captura, apanha, abate, detenção, transporte ou comercialização de indivíduos ou parte de indivíduos de quaisquer espécies vegetais ou animais, em qualquer fase do seu ciclo biológico, incluindo a destruição de ninhos ou a apanha de ovos, a perturbação ou a destruição dos seus habitats, constitui contraordenação ambiental, punível nos termos da Lei nº 50/2006, de 29 de Agosto:

a) Muito grave, quando a espécie em causa esteja inscrita no Cadastro com a categoria de ameaça «criticamente em perigo»;

b) Grave, quando a espécie em causa esteja inscrita no Cadastro com a categoria de ameaça «em perigo»;

c) Leve, quando a espécie em causa esteja inscrita no Cadastro com a categoria de ameaça «vulnerável».

2 – *(Revogada)*

3 – A prática das ações referidas no nº 1 não constitui contraordenação desde que autorizada pela autoridade nacional.

Artigo 45º – Instrução de processos e aplicação de sanções

1 – Sem prejuízo do disposto nos números seguintes, compete à autoridade nacional ou à IGAMAOT instruir os respetivos processos contraordenacionais e decidir da aplicação da coima e sanções acessórias.

2 – Nos casos previstos nas alíneas *a*) a *d*) e *f*) a *i*) do nº 1 do artigo 43º, os municípios têm também competência para o processamento das contraordenações e para a aplicação das coimas e sanções acessórias.

3 – No caso referido no número anterior, o início do processamento da contraordenação implica, imediata e obrigatoriamente, a notificação da autoridade nacional.

4 – A competência para o processamento das contraordenações e a aplicação das respetivas coimas e sanções acessórias relativamente às infrações praticadas em áreas sujeitas à jurisdição marítima cabe ao capitão do porto territorialmente competente, caso em que os autos de notícia, participações e denúncias lhe são enviados, com recurso para os tribunais marítimos.

5 – Quando a entidade fiscalizadora não tenha competência para instruir o processo, o mesmo é instruído e decidido pela IGAMAOT.

Artigo 46º – Publicidade

A condenação pela prática das contraordenações ambientais muito graves e graves previstas no presente decreto-lei pode ser objeto de publicidade, nos termos do disposto no artigo 38º da Lei nº 50/2006, de 29 de Agosto, quando a medida concreta da coima aplicada ultrapasse metade do montante máximo da coima abstrata aplicável.

Artigo 47º – Apreensão cautelar e sanções acessórias

A entidade competente para a aplicação da coima pode proceder a apreensões cautelares e aplicar as sanções acessórias que se mostrem adequadas, nos termos do disposto na Lei nº 50/2006, de 29 de Agosto.

Artigo 48º – Reposição da situação anterior

1 – Sem prejuízo do disposto no artigo anterior, o infrator está obrigado a remover as causas da infração e a reconstituir a situação anterior à prática da mesma.

2 – Sempre que o dever de reposição da situação anterior não seja voluntariamente cumprido, a autoridade nacional atua diretamente por conta do infra-

tor, podendo as respetivas despesas, se necessário, ser cobradas coercivamente através do processo previsto para as execuções fiscais.

3 – Para efeitos do disposto no número anterior, a certidão passada pela autoridade nacional, comprovativa das quantias despendidas, serve de título executivo.

CAPÍTULO VIII – Disposições transitórias e finais

Artigo 49º – Áreas protegidas existentes

1 – Sem prejuízo do disposto nos números seguintes, mantém-se em vigor a classificação das áreas protegidas feita ao abrigo da Lei nº 9/70, de 19 de junho, e dos Decretos-Leis nºs 613/76, de 27 de julho, e 19/93, de 23 de janeiro.

2 – Os sítios classificados seguidamente identificados, definidos e constituídos ao abrigo do Decreto-Lei nº 613/76, de 27 de julho, devem, quando se justifique e no prazo máximo de dois anos a contar da publicação do presente decreto-lei, ser objeto de reclassificação na tipologia de monumento natural:

a) Sítio classificado do Monte de São Bartolomeu (ou de São Brás), definido e constituído pelo Decreto-Lei nº 108/79, de 2 de maio;

b) Sítio classificado da Gruta do Zambujal, definido e constituído pelo Decreto-Lei nº 140/79, de 21 de maio;

c) Sítios classificados dos Açudes de Monte da Barca e da Agolada, definidos e constituídos pelo Decreto-Lei nº 197/80, de 24 de junho;

d) Sítios classificados da Rocha da Pena e Fonte Benémola, criados pelo Decreto-Lei nº 392/91, de 10 de outubro;

e) Sítios classificados da Granja dos Serrões e de Negrais, criados pelo Decreto-Lei nº 393/91, de 11 de outubro;

f) Sítio classificado de Montes de Santa Olaia e Ferrestelo, criado pelo Decreto-Lei nº 394/91, de 11 de outubro.

3 – O incumprimento do disposto no número anterior determina a perda do estatuto conferido pelo Decreto-Lei nº 613/76, de 27 de julho.

4 – No prazo máximo de dois anos a contar da publicação do presente decreto-lei e sob a cominação de perda dos atuais estatutos de proteção, deve ser objeto de ponderação:

a) A reclassificação numa das tipologias de áreas protegidas previstas no presente decreto-lei:

i) Da paisagem protegida da Reserva Ornitológica de Mindelo, criada por decreto publicado no Diário do Governo, 2.ª série, nº 204, de 2 de setembro de 1957, com retificação de área efetuada por decreto publicado no Diário do Governo, 2.ª série, nº 115, de 15 de maio de 1959;

ii) Da Reserva Botânica do Cambarinho, criada pelo Decreto nº 364/71, de 25 de agosto, ao abrigo do estabelecido no nº 4 da base iv da Lei nº 9/70, de 19 de junho;

iii) Do Refúgio Ornitológico Monte Novo do Roncão, criado pela Resolução do Conselho de Ministros nº 7/91, de 12 de março, ao abrigo do estabelecido no Decreto-Lei nº 264/79, de 1 de agosto;

b) A manutenção do estatuto conferido pelo Decreto-Lei nº 613/76, de 27 de julho, ao sítio classificado do Centro Histórico de Coruche, definido e constituído pelo Decreto-Lei nº 28/79, de 10 de abril, face aos regimes de proteção do património arquitetónico em vigor.

Artigo 50º – Gestão de bens imóveis do domínio público ou privado do Estado

O disposto no nº 4 do artigo 13º do presente decreto-lei não prejudica a manutenção das situações já existentes de gestão pela autoridade nacional de bens imóveis do domínio público ou privado do Estado situados nas áreas protegidas de âmbito nacional e com relevância para a prossecução dos fins destas.

Artigo 51º – Planos de ordenamento

(Revogado)

Artigo 52º – Cadastro Nacional dos Valores Naturais Classificados

O primeiro Cadastro Nacional dos Valores Naturais Classificados é aprovado no prazo máximo de dois anos a contar da entrada em vigor do presente decreto-lei.

Artigo 53º – Norma revogatória

1 – São revogados:

a) Os artigos 3º, 4º, 5º, 6º, 7º, 8º, 9º e 12º do Decreto nº 162/75, de 27 de março;

b) O nº 3 do artigo 2º e os artigos 3º, 4º, 5º, 6º, 7º, 8º, 9º e 11º do Decreto-Lei nº 565/76, de 19 de julho, na redação dada pelo Decreto-Lei nº 487/77, de 17 de novembro;

c) O Decreto-Lei nº 264/79, de 1 de agosto;

d) Os artigos 3º, 5º, 6º, nºs 1 e 2, 7º, 8º, 9º, 10º e 12º do Decreto-Lei nº 430/80, de 1 de outubro;

e) Os artigos 7º e 8º do Decreto-Lei nº 67/82, de 3 de março;

f) Os artigos 6º, 7º, 8º, 10º e 11º do Decreto-Lei nº 237/83, de 8 de junho;

g) Os artigos 7º, 8º e 9º do Decreto-Lei nº 168/84, de 22 de maio;

h) O Decreto-Lei nº 19/93, de 23 de Janeiro, na redação dada pelos Decretos--Leis nºs 151/95, de 24 de junho, 213/97, de 16 de agosto, 227/98, de 17 de julho, 221/2002, de 22 de outubro, 117/2005, de 18 de julho, e 136/2007, de 27 de abril.

2 – A revogação das disposições mencionadas nas alíneas *a*) e *b*), bem como nas alíneas *d*) a *g*) do número anterior produz efeitos a partir da data da entrada em vigor dos planos de ordenamento das respetivas áreas protegidas.

3 – Todas as remissões legais e regulamentares para disposições do Decreto--Lei nº 19/93, de 23 de janeiro, consideram-se feitas para as correspondentes disposições do presente decreto-lei.

Artigo 54º – Regiões Autónomas

1 – O presente decreto-lei aplica-se às Regiões Autónomas dos Açores e da Madeira, sem prejuízo dos diplomas regionais que procedam às necessárias adaptações, nomeadamente face às especificidades decorrentes da localização destas Regiões em meio oceânico e numa região biogeográfica restrita e singular, a macaronésia.

2 – A gestão das áreas classificadas integradas no SNAC existentes nas Regiões Autónomas dos Açores e da Madeira compete aos respetivos Governos Regionais.

3 – A tipologia de parque nacional pode ser adotada nas Regiões Autónomas dos Açores e da Madeira, devendo os diplomas regionais de adaptação referidos no número anterior prever:

a) A possibilidade de a autoridade nacional apresentar aos órgãos regionais competentes propostas nesse sentido;

b) A obrigatoriedade de consulta prévia à autoridade nacional aquando do respetivo procedimento de classificação.

2. Reserva agrícola nacional

Decreto-Lei nº 73/2009, de 31 de Março[87]

O final do século passado acrescentou às concepções clássicas de solo e de terra, uma nova visão mais dinâmica e abrangente, apontando para uma multiplicidade de funções sociais e de preservação para além do desempenho das funções tradicionais que lhes são inerentes – produção de bens alimentares, fibras e madeira.

Atendendo não só à sua escassez como recursos naturais finitos –, acrescem ao solo e à terra funções nucleares na regulação do ciclo da água e na manutenção da sua qualidade igualmente o ressurgir de aplicações na produção de energia, como é o caso dos biocombustíveis, o papel fundamental na redução das emissões de carbono, o suporte da biodiversidade, bem como a sua procura para actividades de lazer das populações.

Assim, com o acréscimo da sensibilidade ambiental por parte da sociedade e em especial no sector agrícola e florestal o solo passou a ser assumido como um recurso precioso, escasso e indispensável à sustentabilidade dos nossos ecossistemas e à salvaguarda do planeta.

É assim fundamental e estratégico, pelas profundas alterações geopolíticas que as sociedades actuais têm sofrido, pelo reflexo nas sociedades humanas e nos ecossistemas em geral que as alterações climáticas têm produzido, pela necessidade da manutenção de condições estratégicas básicas de vida das populações e da garantia da sustentabilidade dos recursos, que se promovam políticas de defesa e conservação dos terras e solos.

[87] Suprimem-se os Anexos.
A redacção actual foi introduzida pelo Decreto-Lei nº 199/2015, de 16 de Setembro, que procedeu à republicação do diploma.

O desenvolvimento do mundo rural português pauta-se cada vez mais por critérios de utilização sustentável dos recursos naturais e pela sua conservação e recuperação quando necessário, concretizando o desejo profundo de as gerações vindouras poderem usufruir de terras e solos, água e ar em melhores condições assim como uma paisagem rural consentânea com os sentimentos históricos e culturais das populações.

Com o enquadramento dado por políticas nacionais, por políticas europeias e por compromissos assumidos ao nível das Nações Unidas, a utilização do solo obedece a regras, consubstanciadas quer em condicionantes definidas em regimes jurídicos específicos, assumindo designadamente a natureza de restrições de utilidade pública de âmbito nacional, quer em diferentes instrumentos de ordenamento do território e de política sectorial.

Face ao carácter não destrutivo, nem irreversível do uso florestal dos solos e considerando as orientações da União Europeia em torno do conceito de florestação das terras agrícolas, o presente decreto-lei considera a actividade florestal como integrante da actividade agrícola.

Considera-se pois necessário e premente reforçar a importância dos recursos pedológicos que devem estar afectos às actividades agrícolas e adaptar a realidade existente às actuais condições concretas da procura de solos para outras finalidades, tais como o lazer, a manutenção do ciclo da água e do carbono e a paisagem, desempenhando a Reserva Agrícola Nacional um papel fundamental na concretização dos objectivos principais da preservação do recurso do solo e sua afectação à agricultura.

Gera-se assim uma abertura para uma gestão mais eficaz e consensual dos espaços agrícolas, assente em cartografia digital como ferramenta de rigor e apoio à decisão, assegurando um maior controlo na gestão do território, compatibilizando-se com os restantes instrumentos de ordenamento e permitindo ainda uma mais fácil harmonização intermunicipal.

A RAN consubstancia-se, espacialmente, nos diversos instrumentos cartográficos existentes em Portugal, tanto na cartografia tradicional da Carta de Solos e da Carta de Capacidade de Uso dos Solos do ex-CNROA, como nos estudos e cartografias desenvolvidos mais recentemente em três regiões do País, Trás-os-Montes e Alto Douro, Entre Douro e Minho e Interior Centro, com classificação de terras internacional (FAO/WRB) assente em parâmetros técnicos completos, mais actuais e dinâmicos, prevendo-se a expansão dos trabalhos para assegurar uma cobertura nacional.

Considerando que a Reserva Agrícola Nacional é uma restrição de utilidade pública de âmbito nacional, inscrita nos instrumentos de gestão territorial, e tendo em conta a situação dinâmica desses mesmos planos, através da sua revisão, cria-

-se um regime transitório a fim de não ocorrer um hiato legal e material, tanto para os planos já revistos, como para os que se encontram em fase de revisão.

Será pois progressiva a introdução de um novo conceito de classificação dos solos.

O presente decreto-lei introduz medidas de simplificação e agilização dos procedimentos administrativos, no quadro SIMPLEX.

Foi ouvida a Associação Nacional de Municípios Portugueses.

Foram ouvidos os órgãos de Governo próprio das Regiões Autónomas.

Assim:

Nos termos da alínea *a*) do nº 1 do artigo 198º da Constituição, o Governo decreta o seguinte:

CAPÍTULO I – Disposições gerais

Artigo 1º – Objeto

O presente decreto-lei aprova o regime jurídico da Reserva Agrícola Nacional, abreviadamente designada RAN.

Artigo 2º – Conceito

1 – A RAN é o conjunto das áreas que em termos agroclimáticos, geomorfológicos e pedológicos apresentam maior aptidão para a atividade agrícola.

2 – A RAN é uma restrição de utilidade pública, à qual se aplica um regime territorial especial, que estabelece um conjunto de condicionamentos à utilização não agrícola do solo, identificando quais as permitidas tendo em conta os objetivos do presente regime nos vários tipos de terras e solos.

Artigo 3º – Definições

Para efeitos do presente decreto-lei e legislação complementar, entende-se por:

a) «Atividade agrícola» a atividade económica do setor primário que tem por fim a produção de bens de origem vegetal, lenhosa ou não lenhosa, ou animal utilizáveis como matérias-primas de diversas indústrias ou que chegam ao consumidor sem qualquer transformação;

b) «Atividade conexa ou complementar à atividade agrícola» aquela que sendo realizada na exploração agrícola, utiliza os meios e as infraestruturas à disposição da mesma, mas com objetivos distintos da produção de matérias primárias, nomeadamente as atividades relacionadas com a produção de outros bens ou serviços, que são parte integrante da economia da exploração, ou serviços de preservação do ambiente, do património e do espaço rural;

c) «Agricultor» a entidade singular ou coletiva que exerça uma atividade agrícola, com ou sem recurso a trabalho assalariado e utilizando fatores de produção próprios ou de terceiros, assumindo a responsabilidade jurídica e económica, como produtor agrícola, pela gestão de uma ou mais explorações agrícolas;

d) «Alteração irreversível da topografia» a ação de aterro ou desaterro que modifique definitivamente a cota dos terrenos e o perfil dos solos, de forma que este deixe de estar apto para suportar determinadas atividades ou usos, nomeadamente os agrícolas;

e) «Áreas cujo aproveitamento é determinante da viabilidade económica de explorações agrícolas» as áreas que, embora não correspondendo a solos com elevada ou moderada aptidão para a agricultura, ou seja, às classes A, B, e Ch da capacidade de uso do solo e A1 e A2 da metodologia da Organização das Nações Unidas para a Agricultura e Alimentação (FAO), tenham uma ocupação cultural tal que as torne indispensáveis à economia da exploração;

f) «Áreas submetidas a importantes investimentos destinados a aumentar a capacidade produtiva dos solos» as que sejam, ou tenham sido, abrangidas por ações tendentes a atenuar ou eliminar as suas limitações naturais e das quais resultem benefícios evidentes, quer para o empresário agrícola, quer para a comunidade rural, nomeadamente obras de rega, drenagem, enxugo, defesa e conservação do solo e despedregas;

g) «Assento de lavoura» a área onde estão implantadas as instalações necessárias para atingir os objetivos da exploração agrícola;

h) «Exploração agrícola» a unidade técnico-económica de produção, submetida a uma gestão única, com uma localização determinada, constituída por um ou mais blocos de terras, que integra, além das atividades agrícolas, as outras atividades produtivas diretamente relacionadas com a atividade agrícola e que utilizem terras ou outros recursos da exploração;

i) «Habitação para residência própria e permanente» a edificação que se destina a satisfazer as necessidades de habitação própria do proprietário e do agregado familiar, na qual tem centralizada a organização da sua vida pessoal, familiar e social, com carácter de habitualidade e estabilidade;

j) «Manchas de estrutura complexa» as áreas constituídas por solos de duas ou de três classes, cuja identificação cartográfica individual não é possível em virtude do seu modo de ocorrência;

k) «Prédio misto» o terreno constituído por parte rústica e parte urbana, sem que qualquer das partes possa separadamente ser classificada como prédio rústico ou prédio urbano;

l) «Prédio rústico» o terreno situado fora de um aglomerado urbano, que não se possa considerar como terreno para construção e desde que tenha como destino normal uma utilização geradora de rendimentos agrícolas, ou aqueles que não possuindo a afetação indicada, não se encontrem construídos ou disponham apenas de edifícios rurais de carácter acessório, sem autonomia económica e de reduzido valor e ainda as águas, as plantações e os edifícios e construções rurais diretamente afetos à produção de rendimentos agrícolas, pecuários ou florestais, nele localizados, que inclui os assentos de lavoura;

m) «Solo» a camada superficial da crosta terrestre situada entre a rocha subjacente e a superfície, sendo composta por partículas minerais, matéria orgânica, água, ar e organismos vivos e eventualmente materiais antropogénicos;

n) «Solos de baixas aluvionares» os solos incipientes (aluviossolos), constituídos por depósitos estratificados de aluviões;

o) «Solos coluviais» os solos incipientes (coluviossolos), de origem coluvial localizados em vales, depressões ou na base de encostas;

p) «Terra» a porção do território, que resulta da interação de todos os elementos do meio que afetam o seu potencial de utilização, incluindo, além do solo, os fatores relevantes do clima, litologia, geomorfologia, hidrologia, coberto vegetal, ocupação agroflorestal, e ainda os resultados da atividade humana;

q) «Unidades de terra» as porções do território possuindo elevado grau de homogeneidade no que respeita às suas características físicas, nomeadamente nas aspetos agroclimáticos, morfológicos e pedológicos.

Artigo 4º – Objetivos

Constituem objetivos da RAN:

a) Proteger o recurso solo, elemento fundamental das terras, como suporte do desenvolvimento da atividade agrícola;

b) Contribuir para o desenvolvimento sustentável da atividade agrícola;

c) Promover a competitividade dos territórios rurais e contribuir para o ordenamento do território;

d) Contribuir para a preservação dos recursos naturais;

e) Assegurar que a atual geração respeite os valores a preservar, permitindo uma diversidade e uma sustentabilidade de recursos às gerações seguintes pelo menos análogos aos herdados das gerações anteriores;

f) Contribuir para a conectividade e a coerência ecológica da Rede Fundamental de Conservação da Natureza;

g) Adotar medidas cautelares de gestão que tenham em devida conta a necessidade de prevenir situações que se revelem inaceitáveis para a perenidade do recurso «solo».

Artigo 5º – Articulação com outros regimes

1 – A RAN articula-se com o quadro estratégico e normativo estabelecido no Programa do Desenvolvimento Rural, no Programa Nacional da Política de

Ordenamento do Território, na Estratégia Nacional para as Florestas, nos programas setoriais com incidência territorial e nos programas regionais.

2 – A RAN é uma das componentes da Rede Fundamental de Conservação da Natureza, favorecendo a conectividade entre as áreas nucleares de conservação da natureza e da biodiversidade integradas no Sistema Nacional de Áreas Classificadas.

CAPÍTULO II – Classificação das terras e dos solos

Artigo 6º – Classificação das terras

1 – A classificação das terras é feita pela Direcção-Geral da Agricultura e do Desenvolvimento Rural (DGADR), com base na metodologia de classificação da aptidão da terra recomendada pela Organização das Nações Unidas para a Agricultura e Alimentação (FAO), que considera as características agroclimáticas, da topografia e dos solos.

2 – De acordo com a classificação referida no número anterior, as terras classificam-se em:

a) Classe A1 – unidades de terra com aptidão elevada para o uso agrícola genérico;

b) Classe A2 – unidades de terra com aptidão moderada para o uso agrícola genérico;

c) Classe A3 – unidades de terra com aptidão marginal para o uso agrícola genérico;

d) Classe A4 – unidades de terra com aptidão agrícola condicionada a um uso específico;

e) Classe A0 – unidades de terra sem aptidão (inaptas) para o uso agrícola.

3 – A classificação, as respetivas notas explicativas e a informação cartográfica à escala de 1:25 000 são aprovadas por despacho do diretor-geral de Agricultura e Desenvolvimento Rural, a publicar no Diário da República, e são progressivamente disponibilizadas no sítio da Internet da DGADR e da DRAP[88] territorialmente competente, em função da conclusão dos respetivos trabalhos.

4 – A classificação das terras nos termos dos nºs 1 e 2 faz-se de acordo com os critérios técnicos constantes do anexo I do presente decreto-lei, que dele faz parte integrante.

[88] Sigla de Direcção Regional de Agricultura e Pescas.

Artigo 7º – Classificação dos solos

1 – Nas áreas do País em que não tenha sido publicada a informação cartográfica e as notas explicativas, que materializam a classificação das terras da forma prevista no artigo anterior, e para efeitos de delimitação da RAN, os solos classificam-se segundo a sua capacidade de uso, de acordo com a metodologia definida pelo ex-Centro Nacional de Reconhecimento e Ordenamento Agrário (CNROA).

2 – Para efeitos do número anterior, os solos classificam-se em:

a) Classe A – os que têm uma capacidade de uso muito elevada, com poucas ou nenhumas limitações, sem riscos de erosão ou com riscos ligeiros, suscetíveis de utilização intensiva ou de outras utilizações;

b) Classe B – os que têm uma capacidade de uso elevada, limitações moderadas, riscos de erosão moderados, suscetíveis de utilização agrícola moderadamente intensiva e de outras utilizações;

c) Classe C – os que têm uma capacidade de uso moderada, limitações acentuadas, riscos de erosão elevados, suscetíveis de utilização agrícola pouco intensiva e de outras utilizações;

d) Subclasse Ch – os que, pertencendo à classe C, apresentam excesso de água ou uma drenagem pobre, que constitui o principal fator limitante da sua utilização ou condicionador dos riscos a que o solo está sujeito em resultado de uma permeabilidade lenta, de um nível freático elevado ou da frequência de inundações;

e) Classe D – os que têm uma capacidade de uso baixa, limitações severas, riscos de erosão elevados a muito elevados, não suscetíveis de utilização agrícola, salvo em casos muito especiais, poucas ou moderadas limitações para pastagem, exploração de matas e exploração florestal;

f) Classe E – os que têm uma capacidade de uso muito baixa, limitações muito severas, riscos de erosão muito elevados, não suscetíveis de uso agrícola, severas a muito severas, limitações para pastagens, exploração de matas e exploração florestal, não sendo em muitos casos suscetíveis de qualquer utilização económica, podendo destinar-se a vegetação natural ou floresta de proteção ou recuperação.

3 – Os solos referidos no número anterior são os definidos de acordo com o sistema de classificação publicado pelo ex-CNROA, à escala de 1:25 000, sendo as respetivas notas explicativas e a informação cartográfica disponibilizadas no sítio da Internet da DGADR e da DRAP territorialmente competente.

4 – A classificação dos solos nos termos dos nºs 1 e 2 faz-se de acordo com os critérios técnicos constantes do anexo II do presente decreto-lei, que dele faz parte integrante.

CAPÍTULO III – Áreas integradas na RAN

Artigo 8º – Áreas integradas na RAN

1 – Integram a RAN as unidades de terra que apresentam elevada ou moderada aptidão para a atividade agrícola, correspondendo às classes A1 e A2, previstas no artigo 6º.

2 – Na ausência da classificação prevista no artigo 6º, integram a RAN:

a) As áreas com solos das classes de capacidade de uso A, B e Ch, previstas no nº 2 do artigo 7º;

b) As áreas com unidades de solos classificados como baixas aluvionares e coluviais;

c) As áreas em que as classes e unidades referidas nas alíneas *a*) e *b*) estejam maioritariamente representadas, quando em complexo com outras classes e unidades de solo.

3 – As áreas beneficiadas por obras de aproveitamento hidroagrícola não inseridas em solo urbano identificado nos planos territoriais de âmbito intermunicipal ou municipal são classificadas como RAN.

Artigo 9º – Integração específica

1 – Quando assumam relevância em termos de economia local ou regional, podem ainda ser integradas na RAN, após a audição dos titulares dos prédios e suas organizações específicas, as terras e os solos de outras classes quando:

a) Tenham sido submetidas a importantes investimentos destinados a aumentar com carácter duradouro a capacidade produtiva dos solos ou a promover a sua sustentabilidade;

b) O aproveitamento seja determinante para a viabilidade económica de explorações agrícolas existentes;

c) Assumam interesse estratégico, pedogenético ou patrimonial.

2 – A integração específica referida no número anterior pode ser efetuada no âmbito da elaboração, alteração ou revisão dos planos territoriais de âmbito intermunicipal ou municipal.

3 – No caso referido no número anterior, o procedimento aplicável é o previsto nos artigos 13º e seguintes.

4 – A integração específica também pode ser determinada por despacho do membro do Governo responsável pela área da agricultura, depois de ouvidas as entidades administrativas representativas de interesses a ponderar e após parecer favorável da entidade regional da RAN e da câmara municipal em causa.

5 – Nos casos previstos no número anterior, os planos territoriais de âmbito intermunicipal ou municipal de ordenamento do território em vigor na área em

causa são objeto de alteração por adaptação, nos termos previstos no regime jurídico dos instrumentos de gestão territorial.

Artigo 10º – Solos não integrados na RAN

1 – Não integram a RAN as terras ou solos que integrem o solo urbano identificado nos planos territoriais de âmbito intermunicipal ou municipal.

2 – Quando exista reclassificação de áreas integradas na RAN como solo urbano, aplica-se o procedimento previsto no artigo 14º.

CAPÍTULO IV – Delimitação da RAN

Artigo 11º – Identificação das áreas da RAN

As áreas da RAN são obrigatoriamente identificadas nas plantas de condicionantes dos planos territoriais de âmbito intermunicipal ou municipal.

Artigo 12º – Conteúdo da proposta de delimitação

1 – A proposta de delimitação da RAN a nível municipal deve conter:

a) A delimitação das áreas incluídas na RAN, indicando a respetiva classificação nos termos dos artigos 6º e 7º ou motivos de integração, nos termos do artigo 9º;

b) As exclusões de áreas que, em princípio, deveriam ser integradas na RAN, incluindo a sua fundamentação e indicação do fim a que se destinam.

2 – Na elaboração da proposta de delimitação da RAN deve ser ponderada a inclusão de áreas que assumam relevância em termos de economia local ou regional, de acordo com o previsto no artigo 9º.

3 – Na elaboração da proposta de delimitação da RAN deve ser ponderada a necessidade de exclusão de áreas com edificações legalmente licenciadas ou autorizadas, bem como das destinadas à satisfação das carências existentes em termos de habitação, atividades económicas, equipamentos e de infraestruturas.

Artigo 13º – Elaboração

1 – A delimitação da RAN ocorre no âmbito da elaboração, alteração ou revisão dos planos territoriais de âmbito intermunicipal ou municipal.

2 – Em sede de elaboração da proposta de delimitação da RAN, a entidade responsável pela elaboração do plano solicita à DRAP competente em razão do território a disponibilização de uma proposta de áreas classificadas nos termos do disposto nos artigos 6º e 7º, bem como as orientações indispensáveis ao ordenamento agrícola do território, de forma a garantir a preservação do recurso solo e a sua gestão eficaz.

3 – *(Revogado).*

4 – Compete à DRAP territorialmente competente assegurar o acompanhamento assíduo e continuado da elaboração técnica da proposta de delimitação pelo município.

5 – Em momento prévio à elaboração da proposta, a entidade responsável pela elaboração do plano pode estabelecer um protocolo de execução com a DRAP na qual se definem, designadamente, os prazos e as formas de colaboração técnica a prestar pela DRAP.

Artigo 14º – Acompanhamento e aprovação da proposta de delimitação da RAN

1 – A entidade responsável pela proposta de elaboração, alteração ou revisão de plano territorial de âmbito intermunicipal ou municipal, elabora a proposta de delimitação da RAN, incluindo informação relativa aos critérios que presidiram à elaboração da proposta, da exclusão e integração de áreas constantes da delimitação em vigor.

2 – A proposta de delimitação da RAN é apreciada no âmbito da comissão consultiva, à qual compete o acompanhamento da elaboração dos planos territoriais de âmbito intermunicipal ou municipal ou no âmbito da conferência procedimental convocada para o efeito, nos termos do regime jurídico dos instrumentos de gestão territorial.

3 – O parecer da comissão consultiva ou a ata da conferência procedimental previstos no regime jurídico dos instrumentos de gestão territorial incluem a posição final da DRAP sobre a proposta de delimitação da RAN.

4 – *(Revogado).*

5 – Quando a posição final da DRAP for favorável à proposta de delimitação da câmara municipal, sem que nenhuma das entidades consultadas nos termos do nº 2 a ela se oponha, a posição final referida no nº 3 é considerada como aprovação da proposta de delimitação da RAN.

6 – Quando a DRAP ou alguma das entidades representadas na comissão consultiva ou na conferência procedimental manifestar a sua discordância com a proposta de delimitação, a DRAP comunica essa situação à DGADR, no prazo de cinco dias, para que esta promova uma reunião de concertação, tendo em vista a obtenção de uma solução concertada que permita ultrapassar as objeções formuladas quanto à proposta de delimitação da RAN.

7 – A reunião de concertação prevista no número anterior deve ser convocada nos 20 dias subsequentes à emissão do parecer final e na mesma devem participar as entidades que se pronunciaram desfavoravelmente na comissão consultiva ou na conferência procedimental, a comissão de coordenação e desenvolvimento regional territorialmente competente e a entidade responsável

pela elaboração, alteração ou revisão do plano territorial de âmbito intermunicipal ou municipal.

8 – Quando o consenso não for alcançado, a proposta de delimitação é enviada à entidade nacional da RAN, que deve proferir decisão final sobre a delimitação da RAN no prazo de 30 dias.

9 – Quando a decisão referida no número anterior for desfavorável à proposta de delimitação da RAN, a mesma deve identificar as matérias da proposta de delimitação a reformular pela entidade responsável pela proposta de elaboração, alteração ou revisão de plano territorial.

10 – Nos casos em que a entidade responsável pela proposta de elaboração, alteração ou revisão de plano territorial não reformule a proposta de delimitação no prazo de 44 dias, após ter sido notificada da decisão a que se refere o número anterior, cabe à DRAP reformular a proposta e submeter a mesma a aprovação pela entidade nacional da RAN.

11 – Após a aprovação da proposta de delimitação da RAN, nos termos do nº 8 ou do número anterior, a DRAP comunica à entidade responsável pela proposta de elaboração, alteração ou revisão de plano territorial a aprovação da delimitação para efeitos de integração na planta de condicionantes.

12 – A consulta e a comunicação entre entidades públicas prevista no presente artigo efetua-se através da plataforma colaborativa de gestão territorial, prevista na alínea *a*) do nº 2 do artigo 190º do regime jurídico dos instrumentos de gestão territorial.

13 – *(Revogado).*

14 – *(Revogado).*

15 – *(Revogado).*

16 – *(Revogado).*

Artigo 15º – Acompanhamento e aprovação da proposta de delimitação da RAN no âmbito da formação de planos especiais de ordenamento do território

(Revogado)

Artigo 16º – Depósito e consulta

1 – A delimitação das áreas da RAN aprovada em definitivo é depositada junto da DGADR.

2 – Para efeitos do disposto no número anterior, a entidade responsável pela elaboração, alteração ou revisão do plano territorial de âmbito intermunicipal ou municipal envia à DGADR e à DRAP territorialmente competente a cartografia da RAN com as respetivas notas explicativas, em formato digital georreferenciado (ETRS 89 – TM6) base SIG.

3 – Os elementos referidos no número anterior são disponibilizados na Internet através do sítio da DGADR, do Sistema Nacional de Informação Territorial, bem como no sistema de pesquisa online de informação pública que indexa todos os conteúdos públicos dos sítios na Internet das entidades públicas, previsto no artigo 49º do Decreto-Lei nº 135/99, de 22 de abril, alterado pelos Decretos-Leis nºs 29/2000, de 13 de março, 72-A/2010, de 18 de junho, e 73/2014, de 13 de maio.

4 – Os erros materiais, patentes e manifestos, na cartografia da RAN são comunicados pela DRAP territorialmente competente ao município, que procede à respetiva retificação no prazo de 90 dias.

Artigo 17º – Relevante interesse geral

Em casos excecionais de relevante interesse geral, o Governo pode, ouvida a câmara municipal do município abrangido, alterar a delimitação da RAN a nível municipal através de resolução do Conselho de Ministros.

Artigo 18º – Reintegração

1 – As áreas que tenham sido excluídas da RAN são reintegradas, no todo ou em parte, quando as mesmas não tenham sido destinadas aos fins que fundamentaram a sua exclusão:

a) No prazo de cinco anos, quando a exclusão tenha ocorrido no âmbito do artigo 17º para a execução de projetos específicos e a obra ainda não se tenha iniciado;

b) No prazo para a execução de plano territorial de âmbito intermunicipal ou municipal, quando a exclusão tenha ocorrido no âmbito da elaboração desse plano e a obra ainda não se tenha iniciado.

2 – Nos casos de projetos com título válido para a sua execução, a reintegração só ocorre com a caducidade do título.

3 – Decorridos os prazos previstos nos números anteriores e para efeitos de reintegração, a câmara municipal promove obrigatoriamente a alteração do plano territorial que contenha a delimitação nos termos da alteração por adaptação prevista no regime jurídico dos instrumentos de gestão territorial.

Artigo 19º – Direito à informação e participação

Ao longo dos trabalhos de delimitação da RAN, as entidades públicas competentes devem facultar aos interessados, nos respetivos sítios da Internet, todos os elementos relevantes para que estes possam conhecer a evolução dos trabalhos e da respetiva tramitação procedimental, bem como formular observações, sugestões e pedidos de esclarecimento.

CAPÍTULO V - Regime da RAN

Artigo 20º – Afetação das áreas da RAN

1 – As áreas da RAN devem ser afetas à atividade agrícola e são áreas *non aedificandi*, numa ótica de uso sustentado e de gestão eficaz do espaço rural.

2 – Aos assentos da lavoura de explorações ligadas à atividade agrícola ou a atividades conexas ou complementares à atividade agrícola, situados nas áreas da RAN, é aplicável o presente decreto-lei.

Artigo 21º – Ações interditas

São interditas todas as ações que diminuam ou destruam as potencialidades para o exercício da atividade agrícola das terras e solos da RAN, tais como:

a) Operações de loteamento e obras de urbanização, construção ou ampliação, com exceção das utilizações previstas no artigo seguinte;

b) Lançamento ou depósito de resíduos radioativos, resíduos sólidos urbanos, resíduos industriais ou outros produtos que contenham substâncias ou microrganismos que possam alterar e deteriorar as características do solo;

c) Aplicação de volumes excessivos de lamas nos termos da legislação aplicável, designadamente resultantes da utilização indiscriminada de processos de tratamento de efluentes;

d) Intervenções ou utilizações que provoquem a degradação do solo, nomeadamente erosão, compactação, desprendimento de terras, encharcamento, inundações, excesso de salinidade, poluição e outros efeitos perniciosos;

e) Utilização indevida de técnicas ou produtos fertilizantes e fitofarmacêuticos;

f) Deposição, abandono ou depósito de entulhos, sucatas ou quaisquer outros resíduos.

Artigo 22º – Utilização de áreas da RAN para outros fins

1 – As utilizações não agrícolas de áreas integradas na RAN só podem verificar-se quando, cumulativamente, não causem graves prejuízos para os objetivos a que se refere o artigo 4º e não exista alternativa viável fora das terras ou solos da RAN, no que respeita às componentes técnica, económica, ambiental e cultural, devendo localizar-se, preferencialmente, nas terras e solos classificadas como de menor aptidão, e quando estejam em causa:

a) Obras com finalidade agrícola, quando integradas na gestão das explorações ligadas à atividade agrícola, nomeadamente, obras de edificação, obras hidráulicas, vias de acesso, aterros e escavações, e edificações para armazenamento ou comercialização;

b) Construção ou ampliação de habitação para residência própria e permanente de agricultores em exploração agrícola;

c) Construção ou ampliação de habitação para residência própria e permanente dos proprietários e respetivos agregados familiares, com os limites de área e tipologia estabelecidos no regime da habitação a custos controlados em função da dimensão do agregado, quando se encontrem em situação de comprovada insuficiência económica e não sejam proprietários de qualquer outro edifício ou fração para fins habitacionais, desde que daí não resultem inconvenientes para os interesses tutelados pelo presente decreto-lei;

d) Instalações ou equipamentos para produção de energia a partir de fontes de energia renováveis;

e) Prospeção geológica e hidrogeológica e exploração de recursos geológicos, e respetivos anexos de apoio à exploração, respeitada a legislação específica, nomeadamente no tocante aos planos de recuperação exigíveis;

f) Estabelecimentos industriais, comerciais ou de serviços complementares à atividade agrícola, tal como identificados no regime de licenciamento de estabelecimentos industriais, comerciais ou de serviços aplicável;

g) Estabelecimentos de turismo em espaço rural e de turismo de habitação, bem como empreendimentos reconhecidos como turismo de natureza, complementares à atividade agrícola;

h) Instalações de recreio e lazer complementares à atividade agrícola e ao espaço rural;

i) Instalações desportivas especializadas destinadas à prática de golfe, com parecer favorável pelo Turismo de Portugal, I. P., desde que não impliquem alterações irreversíveis na topografia do solo e não inviabilizem a sua eventual reutilização pela atividade agrícola;

j) Obras e intervenções indispensáveis à salvaguarda do património cultural, designadamente de natureza arqueológica, recuperação paisagística ou medidas de minimização determinados pelas autoridades competentes na área do ambiente;

l) Obras de construção, requalificação ou beneficiação de infraestruturas públicas rodoviárias, ferroviárias, aeroportuárias, de logística, de saneamento, de transporte e distribuição de energia elétrica, de abastecimento de gás e de telecomunicações, bem como outras construções ou empreendimentos públicos ou de serviço público;

m) Obras indispensáveis para a proteção civil;

n) Obras de reconstrução e ampliação de construções já existentes, desde que estas já se destinassem e continuem a destinar-se a habitação própria;

o) Obras de captação de águas ou de implantação de infraestruturas hidráulicas;

p) Obras decorrentes de exigências legais supervenientes relativas à regularização de atividades económicas previamente exercidas.

2 – Apenas pode ser permitida uma única utilização não agrícola das áreas integradas na RAN, no que se refere às alíneas *b*) e *c*) do número anterior.

3 – Compete aos membros do Governo responsáveis pelas áreas do ordenamento do território, do desenvolvimento rural e da tutela respetiva aprovar, por portaria, os limites e as condições a observar para a viabilização das utilizações referidas no nº 1, nomeadamente assentes em fatores demográficos ou de ordenamento do território, após audição das entidades regionais da RAN. [89]

4 – As utilizações não agrícolas previstas nas alíneas *b*) e *c*) do nº 1 constituem, respetivamente, o agricultor e o proprietário na obrigação de alteração do domicílio fiscal para a área da residência própria e permanente ali referida.

Artigo 23º – Parecer prévio

1 – As utilizações não agrícolas de áreas integradas na RAN para as quais seja necessária concessão, aprovação, licença, autorização administrativa ou comunicação prévia estão sujeitas a parecer prévio vinculativo das respetivas entidades regionais da RAN, a emitir no prazo de 20 dias.

2 – O parecer a que se refere o número anterior é requerido junto das entidades regionais da RAN, nos termos do artigo 1º do anexo I da Portaria nº 162/2011, de 18 de abril, sem prejuízo do disposto no artigo 13º-A do regime jurídico da urbanização e edificação.

3 – A entidade regional da RAN pode solicitar ao requerente ou à entidade competente, consoante o caso, no prazo máximo de 10 dias a contar da data da receção do processo, sempre que tal se mostre necessário e por uma única vez, elementos adicionais relevantes para a decisão, suspendendo-se o prazo para a emissão do parecer referido no nº 1.

4 – Nos casos em que o município é a entidade competente para a concessão, autorização, licença, aprovação ou comunicação prévia, este deve ser ouvido nos termos do número anterior.

5 – Se o parecer não for emitido no prazo previsto no nº 1, considera-se o mesmo favorável.

6 – Os interessados dispõem de um prazo de um ano para apresentar o pedido de concessão, aprovação, licença, autorização administrativa ou a comunicação prévia relativos à utilização a que o parecer respeita, findo o qual o mesmo caduca.

[89] Portaria nº 162/2011, de 18 de Abril (rectificada pela Declaração de Rectificação nº 15/2011, de 23 de maio) já expressamente mencionada, após a alteração de 2015, no texto dos subsequentes artigos 23º, nº 2, e 25º, nºs 3 e 4.

7 – Quando a utilização esteja associada a um projeto sujeito a procedimento de avaliação de impacte ambiental em fase de projeto de execução, o parecer prévio vinculativo previsto no nº 1 compreende a pronúncia da entidade regional da RAN nesse procedimento.

8 – A emissão do parecer prévio vinculativo, nos termos do número anterior, tem lugar após o pagamento da respetiva taxa pelo proponente

9 – Quando a utilização em causa esteja sujeita a procedimento de análise de incidências ambientais, aplica-se o disposto nos nºs 7 e 8, com as necessárias adaptações, nos casos em que a entidade regional da RAN seja chamada a pronunciar-se.

10 – Sem prejuízo da possibilidade de impugnação contenciosa, nos termos do Código de Processo nos Tribunais Administrativos, os interessados podem interpor recurso para a entidade nacional da RAN dos pareceres vinculativos desfavoráveis emitidos pelas entidades regionais da RAN, a emitir no prazo de 20 dias.

Artigo 24º – Comunicação prévia

(Revogado)

Artigo 25º – Ações de relevante interesse público

1 – Podem ser autorizadas, a título excecional, utilizações não agrícolas de áreas integradas na RAN para a realização de ações de relevante interesse público que sejam reconhecidas como tal por despacho dos membros do Governo responsáveis pela área do desenvolvimento rural e demais áreas envolvidas em razão da matéria, desde que não se possam realizar de forma adequada em áreas não integradas na RAN.

2 – O reconhecimento referido no número anterior é formalizado através de requerimento apresentado na DRAP territorialmente competente e dirigido ao membro do Governo responsável pela área do desenvolvimento rural, conforme modelo previsto no anexo III do presente decreto-lei, que dele faz parte integrante.

3 – O requerimento é acompanhado dos documentos identificados no anexo II da Portaria nº 162/2011, de 18 de abril, e dos seguintes elementos adicionais:

a) Declaração emitida pela Assembleia Municipal do concelho onde se pretende realizar a ação, comprovando que o projeto é considerado de interesse público municipal;

b) Parecer do serviço competente em razão da matéria que é objeto da pretensão requerida, a emitir no prazo de 20 dias, sem prejuízo do previsto no nº 5;

c) Declaração emitida pelo serviço das finanças comprovativa da situação tributária regularizada, ou indicação de consentimento para consulta da situação tributária no respetivo sítio na Internet;

d) Declaração emitida pela segurança social comprovativa da situação contributiva regularizada, ou indicação de consentimento para consulta da correspondente situação contributiva no respetivo sítio na Internet;

e) Cópia de alvarás de autorização de utilização válidos, anteriormente emitidos, no caso de se tratar de ampliação da área RAN a utilizar.

4 – A memória descritiva e justificativa referida no anexo II da Portaria nº 162/2011, de 18 de abril, deve especificar a natureza da pretensão e o seu âmbito socioeconómico, proceder a uma caracterização dos bens a produzir ou dos serviços a disponibilizar e identificar a mão-de-obra envolvida, os planos de investimento e financiamento, o fundamento sobre a impossibilidade de concretizar a pretensão requerida fora das áreas da RAN, bem como outros elementos eventualmente relevantes para a apreciação do pedido, nomeadamente referentes ao alinhamento da pretensão com a estratégia de desenvolvimento do setor em que se enquadra.

5 – Salvo quando seja apresentado pelo interessado juntamente com o requerimento, cabe à DRAP territorialmente competente, no prazo máximo de 10 dias a contar da data da apresentação do requerimento, solicitar o parecer ao serviço competente em razão da matéria, para que este, no prazo de 20 dias, emita parecer sobre a pretensão requerida.

6 – A DGADR disponibiliza, no seu sítio na Internet, lista exemplificativa e atualizada dos serviços e organismos competentes para emissão do parecer competente em razão da matéria, e elaborada com a cooperação desses serviços e organismos.

7 – Finda a instrução, a DRAP territorialmente competente emite, no prazo de 30 dias, um relatório nos termos do artigo 126º do Código do Procedimento Administrativo.

8 – O relatório referido no número anterior é remetido à entidade nacional da RAN, acompanhado dos elementos instrutórios referidos nos nºs 2 e 3, para, no prazo de 30 dias, emitir parecer fundamentado e elaborar proposta de decisão ao membro do Governo responsável pela área do desenvolvimento rural.

9 – A emissão de pareceres dos serviços competentes em razão da matéria objeto da pretensão requerida não se encontra sujeita ao pagamento de taxa.

Artigo 26º – Direito de preferência

1 – Sem prejuízo dos direitos de preferência estabelecidos no Código Civil e em legislação complementar, os proprietários de prédios rústicos ou mistos incluídos numa área da RAN gozam do direito de preferência na alienação ou dação em cumprimento de prédios rústicos ou mistos confinantes.

2 – Os proprietários dos prédios rústicos ou mistos inseridos na RAN que os pretendam vender, comunicam por escrito a sua intenção aos confinantes que podem exercer o seu direito nos termos dos artigos 416º a 418º do Código Civil.

3 – No caso de violação do prescrito nos números anteriores é aplicável o disposto no artigo 1410º do Código Civil, exceto se a alienação ou dação em cumprimento tiver sido efetuada a favor de um dos preferentes.

Artigo 27º – Fracionamento

Para efeitos de fracionamento, nas áreas RAN, a unidade de cultura corresponde ao triplo da área fixada pela lei geral para os respetivos terrenos e região.

Artigo 28º – Comunicação à administração fiscal

Nos casos em que se destine a construções e edificações, a inutilização de terras e solos para o exercício da atividade agrícola é comunicada oficiosamente pela entidade regional da RAN ao serviço de finanças do respetivo concelho.

Artigo 29º – Inalienabilidade

1 – No caso da situação prevista na alínea *b*) do nº 1 do artigo 22º, os prédios que constituem a exploração agrícola são inalienáveis por um prazo de 10 anos subsequentes à construção ou ampliação, salvo por dívidas relacionadas com a aquisição dos bens imóveis da exploração e de que estes sejam garantia ou por dívidas tributárias.

2 – Nas situações previstas nas alíneas *c*) e *n*) do nº 1 do artigo 22º, os prédios são inalienáveis por um prazo de 10 anos subsequentes à construção ou ampliação, ou reconstrução e ampliação, salvo por dívidas tributárias.

3 – O ónus de inalienabilidade não se aplica quando a transmissão de quaisquer direitos reais sobre os prédios que constituem a exploração agrícola e sobre a edificação ocorrer entre agricultores e desde que se mantenha a afetação da edificação ao uso exclusivo da habitação para residência própria e habitual do adquirente.

4 – O ónus de inalienabilidade está sujeito a registo na Conservatória do Registo Predial e cessa ocorrendo a morte ou invalidez permanente e absoluta do proprietário ou quando decorrido o prazo de 10 anos referido no nº 1.

5 – Compete à câmara municipal averbar o ónus de inalienabilidade no título de utilização do edifício ou fração e comunicar à DRAP, no prazo de 15 dias, a emissão do mesmo.

6 – Compete ao interessado efetuar o registo predial do referido ónus no prazo de 30 dias após a emissão do título a que se refere o número anterior, dando conhecimento à DRAP desse ato, preferencialmente por via eletrónica.

CAPÍTULO V – Estrutura e entidades da RAN

Artigo 30º – Estrutura

Para efeitos da sua gestão ordenada, a RAN divide-se em regiões que coincidem com o território de cada unidade de nível II da Nomenclatura de Unidades Territoriais (NUTS).

Artigo 31º – Entidade nacional da RAN

A entidade nacional da RAN tem a seguinte composição:

a) O diretor-geral de agricultura e desenvolvimento rural, que preside e tem voto de qualidade, sem prejuízo da faculdade de delegar essa competência;

b) Um representante do membro do Governo responsável pela área da agricultura e do desenvolvimento rural;

c) Um representante do membro do Governo responsável pela área do ambiente e do ordenamento do território;

d) Um representante do membro do Governo responsável pela área da conservação da natureza;

e) Um representante do membro do Governo responsável pela área do património imobiliário do Estado;

f) Um representante do membro do Governo responsável pela área das obras públicas;

g) Um representante do membro do Governo responsável pela área da economia;

h) Um representante do membro do Governo responsável pela administração local;

i) Um representante da Associação Nacional dos Municípios Portugueses (ANMP).

Artigo 32º – Competências

1 – Compete à entidade nacional da RAN:

a) Promover medidas de defesa da RAN;

b) Assegurar o cumprimento das normas estabelecidas no presente decreto-lei e a realização das ações com elas relacionadas;

c) Propor as medidas legislativas ou regulamentares consideradas necessárias;

d) Emitir os pareceres que lhe sejam solicitados pelo membro do Governo responsável pela área do desenvolvimento rural;

e) Assegurar, sem prejuízo das especificidades regionais, a uniformidade de critérios de atuação das entidades regionais da RAN, podendo, para o efeito, emitir as orientações genéricas que se mostrem necessárias;

f) Proferir a decisão prevista nos nºs 8 e 10 do artigo 14º;

g) Conhecer dos recursos previstos no nº 10 do artigo 23º;

h) Emitir o parecer e elaborar a proposta referidos no nº 8 do artigo 25º.

2 – As orientações genéricas previstas na alínea *e*) do número anterior são homologadas pelo membro do Governo responsável pela área do desenvolvimento rural.

Artigo 33º – Entidades regionais da RAN

1 – As entidades regionais da RAN têm a seguinte composição:

a) O diretor regional de Agricultura e Pescas territorialmente competente, que presidirá;

b) Um representante da CCDR, cuja área de atuação coincida maioritariamente com a região da RAN em causa;

c) Um representante da ANMP.

2 – O representante referido na alínea *b*) do número anterior é designado por despacho de dirigente máximo do respetivo serviço.

3 – Participa nas reuniões, sem direito a voto, o técnico da DRAP respetiva, responsável pelo acompanhamento dos pedidos de utilização previstos nos artigos 22º a 24º.

4 – Sempre que necessário, é convocado para participar, sem direito a voto, um representante do serviço, organismo ou autarquia em que corre o respetivo processo administrativo relativo ao pedido de parecer prévio vinculativo a elaborar nos termos do artigo 23º.

5 – Podem ser convocados para participar em reuniões, especialistas dos organismos envolvidos, ou de outros organismos ou entidades, no tocante a matérias cuja especificidade o exija.

6 – As entidades regionais da RAN têm o apoio técnico e logístico das DRAP.

Artigo 34º – Competências

Compete às entidades regionais da RAN:

a) Emitir o parecer previsto no nº 4 do artigo 9º;

b) Deliberar sobre os pedidos de parecer prévio vinculativo a elaborar nos termos do artigo 23º;

c) *(Revogado)*

d) Comunicar à administração fiscal a inutilização de terras e solos para a atividade agrícola, nos termos do artigo 28º;

e) Desenvolver ações de sensibilização da opinião pública relativamente à necessidade de defesa dos solos e das terras integrados na RAN;

f) Promover, a nível regional, a cooperação e a colaboração entre todas as entidades públicas, com vista à plena realização dos fins visados com o presente decreto-lei;

g) Colaborar com a entidade nacional da RAN nas ações de promoção e defesa da RAN.

Artigo 35º – Funcionamento da entidade nacional e das entidades regionais da RAN

1 – A entidade nacional e as entidades regionais da RAN aprovam o respetivo regulamento interno, no qual constam as suas normas de funcionamento.

2 – Os regulamentos internos referidos no número anterior são submetidos a homologação do membro do Governo responsável pela área do desenvolvimento rural.

CAPÍTULO VII – Sistema e tecnologias de informação

Artigo 36º – Sistema de informação

1 – A tramitação dos procedimentos previstos no presente decreto-lei é realizada informaticamente, com recurso a sistema informático próprio, o qual, entre outras funcionalidades, permite:

a) A entrega de requerimentos e documentos;

b) A consulta pelos interessados do estado dos procedimentos;

c) O envio de pareceres;

d) O registo da cartografia da RAN;

e) A comunicação do registo do ónus de inalienabilidade previsto no nº 6 do artigo 29º.

2 – O sistema informático previsto neste artigo é objeto de portaria do membro do Governo responsável pelo desenvolvimento rural.[90]

3 – As comunicações são realizadas por via eletrónica, nas quais deve ser, preferencialmente, aposta assinatura eletrónica, que, pelo menos, satisfaça as exigências de segurança e fiabilidade mínimas definidas para a assinatura eletrónica avançada.

4 – O fornecimento de informação por parte das diferentes entidades com competência no âmbito do presente decreto-lei e legislação complementar é concretizado de forma desmaterializada através da disponibilização da adequada interligação técnica com a Plataforma de Interoperabilidade da Administração Pública pelos respetivos sistemas de informação.

[90] V. o nº 11 do artigo 47º.

Artigo 37º – Videoconferência

1 – As reuniões da entidade nacional e das entidades regionais da RAN, bem como as conferências de serviços a que houver lugar podem realizar-se através do sistema de videoconferência.

2 – A gravação da videoconferência tem o valor de ata da respetiva reunião ou conferência de serviços, desde que obtida a anuência dos diferentes intervenientes.

CAPÍTULO VIII – Garantias do regime da RAN

Artigo 38º – Nulidades

São nulos todos os atos administrativos praticados em violação do disposto nos artigos 22º a 25º.

Artigo 39º – Contraordenações

1 – Sem prejuízo da responsabilidade civil, criminal ou disciplinar, constitui contraordenação:

a) A realização de quaisquer ações interditas nos termos do artigo 21º;

b) A utilização não agrícola de solos integrados na RAN em infração ao disposto nos nºs 1 e 4 do artigo 22º ou no artigo 25º;

c) A utilização não agrícola de solos integrados na RAN sem parecer prévio favorável, em infração ao disposto no artigo 23º;

d) O incumprimento do disposto no nº 5 do artigo 29º.

2 – As contraordenações previstas nas alíneas *a*) a *c*) do número anterior são puníveis com a coima de € 1000 a € 3500 ou de € 1000 a € 35 000, consoante se trate de pessoa singular ou de pessoa coletiva.

3 – A contraordenação prevista na alínea *d*) do nº 1 é punível com a coima de € 500 a € 1750 ou de € 500 a € 17 500, consoante se trate de pessoa singular ou de pessoa coletiva.

4 – A tentativa e a negligência são puníveis, sendo os limites referidos nos números anteriores reduzidos para metade.

Artigo 40º – Fiscalização

1 – A fiscalização do disposto no presente decreto-lei compete às DRAP e aos municípios, sem prejuízo das competências atribuídas por lei às autoridades policiais e demais entidades fiscalizadoras.

2 – As DRAP devem comunicar à Inspeção-Geral de Finanças todas as situações em que verifiquem haver violação do disposto no presente decreto-lei, por parte das autarquias locais.

Artigo 41º – Instrução e decisão dos processos contraordenacionais

1 – A instrução dos processos de contraordenações previstas no presente decreto-lei é da competência das DRAP e dos municípios.

2 – Os processos são decididos pelo respetivo diretor regional da agricultura e pescas.

Artigo 42º – Destino do produto das coimas

O produto das coimas é repartido da seguinte forma:

a) 10 % para a entidade fiscalizadora;

b) 20 % para a entidade instrutora;

c) 10 % para a DGADR;

d) 60 % para o Estado.

Artigo 43º – Cessação das ações violadoras do regime da RAN

1 – Independentemente do processamento das contraordenações e da aplicação das coimas, o diretor regional de agricultura e pescas competente pode ordenar a cessação imediata das ações desenvolvidas em violação ao disposto no presente decreto-lei.

2 – O incumprimento da ordem de cessação constitui crime de desobediência, punido nos termos do artigo 348º do Código Penal.

3 – Verificada a situação referida no número anterior, será levantado auto de notícia nos termos previstos no Código de Processo Penal e remetido ao serviço do Ministério Público da área onde tenha sido praticada a infração.

Artigo 44º – Reposição da legalidade

1 – Após audição dos interessados e independentemente de aplicação das coimas, compete ao diretor regional de agricultura e pescas territorialmente competente determinar que os responsáveis pelas ações violadoras do regime da RAN procedam à respetiva conformação com a legislação aplicável, fixando o prazo e os termos que devem ser observados.

2 – Os municípios procedem às operações materiais necessárias à reposição da situação anterior à infração quando tal reposição corresponder à conformação com a legislação aplicável e os responsáveis não a tenham efetuado voluntariamente.

3 – Para efeitos do disposto no número anterior, as DRAP comunicam aos municípios as situações de infração.

4 – No caso previsto no número anterior, os municípios remetem ao infrator, para pagamento, a respetiva nota de despesas.

5 – Na falta de pagamento no prazo de 60 dias, a cobrança é efetuada nos termos do processo de execuções fiscais, constituindo a nota de despesas título

executivo bastante, devendo dela constar o nome e o domicílio do devedor, a proveniência da dívida e a indicação, por extenso, do seu montante, bem como a data a partir da qual são devidos juros de mora.

6 – No caso de a utilização em causa estar ilegalmente licenciada pela entidade pública competente, incumbe a esta a responsabilidade pelas despesas a que se referem os números anteriores.

CAPÍTULO IX – Disposições transitórias e finais

Artigo 45º – Taxas

1 – A emissão de pareceres, bem como outros serviços prestados no âmbito do presente decreto-lei, estão sujeitos a taxas cujo valor é fixado por portaria dos membros do Governo responsáveis pelas áreas das finanças e do desenvolvimento rural.

2 – As taxas correspondem ao custo efetivo dos serviços prestados.

3 – A taxa referida no nº 1 é atualizada anualmente com base no índice de preços ao consumidor, excluída a habitação.

4 – O pagamento a que se refere o nº 1 deve ser efetuado preferencialmente através da Plataforma de pagamentos da Administração Pública.

Artigo 46º – Posse dos membros e entrada em funções da entidade nacional e das entidades regionais da RAN

1 – Os membros da entidade nacional e das entidades regionais da RAN são designados no prazo de 30 dias após a publicação do presente decreto-lei, iniciando imediatamente funções.

2 – *(Revogado).*

Artigo 47º – Regime transitório

1 – *(Revogado).*

2 – No prazo de três anos, contados da data da publicação no Diário da República de despacho do diretor-geral de Agricultura e do Desenvolvimento Rural referido no nº 3 do artigo 6º, os planos territoriais de âmbito intermunicipal ou municipal devem ser adaptados à referida classificação.

3 – A adaptação referida no número anterior pode ser feita no âmbito dos procedimentos de elaboração, alteração ou revisão daqueles planos ou mediante a alteração por adaptação prevista no regime jurídico dos instrumentos de gestão territorial.

4 – Enquanto não se proceder à alteração da delimitação nos termos do número anterior, continuam a vigorar as delimitações efetuadas ao abrigo do Decreto-Lei nº 196/89, de 14 de Junho.

5 – As alterações às delimitações vigentes previstas no número anterior obedecem ao regime previsto no presente decreto-lei.

6 – Nos municípios sem plano diretor municipal em vigor, as áreas da RAN são as constantes da respetiva portaria.[91]

7 – No caso da inexistência de cartografia em ambas as classificações referidas nos artigos 6º e 7º, aplica-se a constante dos planos territoriais de âmbito intermunicipal ou municipal em vigor.

8 – *(Revogado).*

9 – Nos procedimentos de avaliação de impacte ambiental ou de análise das incidências ambientais relativos a projetos de utilizações previstas na alínea *l*) do nº 1 do artigo 22º que tenham sido iniciados antes da entrada em vigor do presente decreto-lei, o parecer prévio referido no nº 1 do artigo 23º é solicitado pela entidade licenciadora, devendo este ser-lhe notificado no prazo de 25 dias, findo o qual se considera o mesmo favorável.

10 – Para efeitos do número anterior, a entidade licenciadora envia à entidade regional da RAN competente todos os elementos relevantes do processo.

11 – Enquanto não estiver em funcionamento o sistema de informação a que se refere o artigo 36º, os pedidos de parecer prévio à entidades regionais da RAN são requeridos junto da respetiva DRAP.

Artigo 48º – Regiões Autónomas

O disposto no presente decreto-lei aplica-se às Regiões Autónomas dos Açores e da Madeira, sem prejuízo da sua adequação à especificidade regional a introduzir por decreto legislativo regional.

Artigo 49º – Norma revogatória

São revogados:

a) O Decreto-Lei nº 196/89, de 14 de Junho;

b) As alíneas *b*) e *d*) do artigo 1º da Portaria nº 528/89, de 11 de Julho.

Artigo 50º – Entrada em vigor

1 – O presente decreto-lei entra em vigor 10 dias após a data da sua publicação.

2 – Para efeitos de emissão de regulamentação, excetuam-se do disposto no número anterior o nº 2 do artigo 36º e o nº 1 do artigo 45º.

[91] Refere-se a anterior forma de delimitação da RAN – v. o artigo 5º do diploma de 1989 substituído pelo presente diploma; neste, cfr. os arts. 11º e 15º.

3. Reserva ecológica nacional

Decreto-Lei nº 166/2008, de 22 de Agosto[92]

A Reserva Ecológica Nacional (REN), criada pelo Decreto-Lei nº 321/83, de 5 de Julho, tem contribuído para proteger os recursos naturais, especialmente água e solo, para salvaguardar processos indispensáveis a uma boa gestão do território e para favorecer a conservação da natureza e da biodiversidade, componentes essenciais do suporte biofísico do nosso país.

Contudo, o balanço da experiência de aplicação do regime jurídico da REN, tal como é estabelecido no Decreto-Lei nº 93/90, de 19 de Março, levou o XVII Governo Constitucional a decidir empreender a sua revisão com base em alguns pressupostos que se consideram fundamentais: *i*) o reforço da importância estratégica da Reserva Ecológica Nacional, tendo presente a sua função de protecção dos recursos considerados essenciais para a manutenção e preservação de uma estrutura biofísica indispensável ao uso sustentável do território; *ii*) a manutenção da natureza jurídica da REN enquanto restrição de utilidade pública fundamentada em critérios claros, objectivos e harmonizados na sua aplicação a nível nacional; *iii*) a articulação explícita com outros instrumentos de política de ambiente e de ordenamento do território; *iv*) a simplificação, racionalização e transparência de procedimentos de delimitação e gestão, e *v*) a identificação de usos e acções compatíveis com cada uma das categorias de áreas integradas na REN, ultrapassando uma visão estritamente proibicionista sem fundamento técnico ou científico.

[92] Rectificado pela Declaração de Rectificação nº 63-B/2008, de 21 de Outubro, e alterado pelos Decretos-Lei nº 239/2012, de 2 de Novembro, que republicou o Anexo II, nº 96/2013, de 19 de Julho e nº 80/2015, de 14 de Maio.
Suprimem-se os Anexos.

Neste contexto, o Decreto-Lei nº 180/2006, de 6 de Setembro, procedeu já a uma alteração preliminar do regime jurídico da REN, visando precisamente a identificação de usos e acções considerados compatíveis com as funções da REN. Com esta medida retomou-se o espírito original da legislação que previa a regulamentação desses usos e acções compatíveis, o que até então não tinha sido feito.

Na sequência dessa primeira alteração, promove-se agora uma revisão mais profunda e global do regime jurídico da REN, procurando dar pleno cumprimento aos pressupostos acima referidos.

A prossecução dos objectivos da REN necessita, em muitos casos, de articulação com outros regimes jurídicos, pelo que se aproveita para clarificar e reforçar a articulação com a disciplina jurídica de outros instrumentos relevantes, com particular destaque, dada a sua importância e interligação com a REN, para os de protecção dos recursos hídricos previstos na Lei da Água, aprovada pela Lei nº 58/2005, de 29 de Dezembro, e respectiva legislação complementar e regulamentar.

O presente decreto-lei permite também clarificar e objectivar as tipologias de áreas integradas na REN, estabelecendo os critérios para a sua delimitação, assinalando as respectivas funções e identificando os usos e as acções que nelas são admitidos.

Prevê-se que a delimitação da REN ocorra em dois níveis: o nível estratégico, concretizado através das orientações estratégicas de âmbito nacional e regional, e o nível operativo, traduzido na elaboração a nível municipal de propostas de cartas de delimitação das áreas de REN com a indicação dos valores e riscos que justificam a sua integração.

A elaboração das orientações estratégicas de âmbito nacional e regional é cometida à Comissão Nacional da REN e às comissões de coordenação e desenvolvimento regional (CCDR), em colaboração com as administrações das regiões hidrográficas.

A proposta de delimitação é cometida às câmaras municipais, podendo estas estabelecer parcerias com as CCDR, nas quais se definem, nomeadamente, os termos de referência e as formas de colaboração técnica para esse efeito. A Comissão Nacional da REN é chamada a dirimir eventuais diferendos e a delimitação está sujeita a aprovação da CCDR com recurso a homologação do membro do Governo responsável pelas áreas do ambiente e do ordenamento do território sempre que haja divergência entre as câmaras municipais e as CCDR.

Ainda em matéria de acompanhamento do processo de delimitação da REN, é de salientar a realização de uma conferência de serviços promovida pela CCDR em que a posição manifestada pelos representantes das entidades relevantes substitui, para todos os efeitos legais, os pareceres dessas entidades. A CCDR tem também a responsabilidade de verificar a compatibilidade da delimitação proposta pelo município com as orientações estratégias de âmbito nacional e regional.

Consagram-se igualmente regras relativas a eventuais alterações e correcções materiais da REN devidamente justificadas e que se afigurem imprescindíveis. Por outro lado, prevê-se a reintegração na REN de áreas anteriormente excluídas que não tenham sido, em tempo razoável, destinadas aos fins que fundamentaram a sua exclusão.

No que respeita ao regime das áreas integradas na REN, identificam-se os usos e acções de iniciativa pública ou privada que são interditos e, relativamente a estes, os casos em que podem ser permitidos por serem compatíveis com os objectivos de protecção ecológica e ambiental e de prevenção e redução dos riscos naturais definidos no presente decreto-lei. As infra-estruturas hidráulicas são excluídas do elenco de usos e acções interditos, subordinando-se a sua realização ao disposto na Lei da Água e respectiva legislação complementar e regulamentar e aos condicionalismos adicionais que possam vir a resultar da aplicação do presente decreto-lei.

Em matéria de sanções, adapta-se a disciplina jurídica da REN ao disposto na lei quadro das contra-ordenações ambientais, aprovada pela Lei nº 50/2006, de 29 de Agosto.

No sentido de promover a efectiva implementação do presente regime, prevêem-se regras em matéria económico-financeira que envolvem a discriminação positiva, quer na atribuição de apoios por programas de financiamento público que contribuam para a gestão sustentável das áreas da REN quer dos municípios com área afecta à REN no âmbito do Fundo Geral Municipal previsto na Lei das Finanças Locais, aprovada pela Lei nº 2/2007, de 15 de Janeiro. Por outro lado, em nome do princípio da igualdade perante os encargos públicos, determina-se que, na elaboração dos planos municipais de ordenamento do território, as áreas integradas na REN sejam consideradas para efeitos de estabelecimento dos mecanismos de perequação compensatória dos benefícios e encargos entre os proprietários.

Aproveita-se ainda este ensejo para rever a composição, a competência e as regras de funcionamento da Comissão Nacional da REN, órgão que passa a funcionar junto da Direcção-Geral do Ordenamento do Território e Desenvolvimento Urbano.

Em suma, pretende-se com a revisão do regime da REN proceder a uma clarificação conceptual e a uma simplificação procedimental, sem perda de rigor e exigência relativamente ao regime anterior. As disposições adoptadas permitem uma melhor e mais clara articulação entre regimes jurídicos, uma maior consistência e uma melhor fundamentação no processo de delimitação, um envolvimento mais responsável por parte dos municípios, uma identificação mais objectiva dos usos e acções compatíveis e dos respectivos mecanismos autorizativos e a promoção de um regime económico-financeiro que discrimine positivamente as áreas integradas na REN e permita uma perequação compensatória mais justa e equitativa.

A prossecução destes objectivos contribui para uma maior transparência e simplificação dos procedimentos exigidos aos cidadãos e às entidades envolvidas, reduzindo formas desnecessárias de conflitualidade e fazendo prevalecer de forma mais compreensível para a sociedade os grandes benefícios de uma boa delimitação e gestão da REN.

De assinalar, finalmente, que o presente decreto-lei concretiza a medida «Simplificar e racionalizar o regime jurídico da REN», inscrita no SIMPLEX – Programa de Simplificação Legislativa e Administrativa.

Foram ouvidos, a título facultativo, a Confederação dos Agricultores de Portugal, a Confederação Nacional das Cooperativas Agrícolas e do Crédito Agrícola de Portugal, CCRL, a Confederação Nacional da Agricultura, a Associação de Produtores Florestais, a Associação Florestal de Portugal, o Grupo de Estudos de Ordenamento do Território e do Ambiente, a Liga para a Protecção da Natureza, a QUERCUS – Associação Nacional de Conservação da Natureza e a AD URBEM – Associação para o Desenvolvimento do Direito do Urbanismo e da Construção.

Foram ouvidos os órgãos de governo próprio das Regiões Autónomas e a Associação Nacional de Municípios Portugueses.

Assim:

Nos termos da alínea *a*) do nº 1 do artigo 198º da Constituição, o Governo decreta o seguinte:

CAPÍTULO I – Disposições gerais

Artigo 1º – Objecto

O presente decreto-lei estabelece o Regime Jurídico da Reserva Ecológica Nacional, abreviadamente designada por REN.

Artigo 2º – Conceito e objetivos

1 – A REN é uma estrutura biofísica que integra o conjunto das áreas que, pelo valor e sensibilidade ecológicos ou pela exposição e susceptibilidade perante riscos naturais, são objecto de protecção especial.

2 – A REN é uma restrição de utilidade pública, à qual se aplica um regime territorial especial que estabelece um conjunto de condicionamentos à ocupação,

uso e transformação do solo, identificando os usos e as ações compatíveis com os objetivos desse regime nos vários tipos de áreas.

3 – A REN visa contribuir para a ocupação e o uso sustentáveis do território e tem por objetivos:

a) Proteger os recursos naturais água e solo, bem como salvaguardar sistemas e processos biofísicos associados ao litoral e ao ciclo hidrológico terrestre, que asseguram bens e serviços ambientais indispensáveis ao desenvolvimento das actividades humanas;

b) Prevenir e reduzir os efeitos da degradação da recarga de aquíferos, dos riscos de inundação marítima, de cheias, de erosão hídrica do solo e de movimentos de massa em vertentes, contribuindo para a adaptação aos efeitos das alterações climáticas e acautelando a sustentabilidade ambiental e a segurança de pessoas e bens;

c) Contribuir para a conectividade e a coerência ecológica da Rede Fundamental de Conservação da Natureza;

d) Contribuir para a concretização, a nível nacional, das prioridades da Agenda Territorial da União Europeia nos domínios ecológico e da gestão transeuropeia de riscos naturais.

Artigo 3º – Articulação de regimes

1 – A REN articula-se com o quadro estratégico e normativo estabelecido no Programa Nacional da Política de Ordenamento do Território, nos planos regionais de ordenamento do território e nos planos setoriais relevantes.

2 – A REN contribui para a utilização sustentável dos recursos hídricos, em coerência e complementaridade com os instrumentos de planeamento e ordenamento e as medidas de proteção e valorização, nos termos do artigo 17º da Lei da Água, aprovada pela Lei nº 58/2005, de 29 de dezembro.

3 – A REN é uma das componentes da Rede Fundamental de Conservação da Natureza, favorecendo a conectividade entre as áreas nucleares de conservação da natureza e da biodiversidade integradas no Sistema Nacional de Áreas Classificadas.

4 – O regime jurídico da REN constitui um instrumento de regulamentação do disposto na alínea *b*) do nº 3 do artigo 7º e no nº 1 do artigo 7º-C do Decreto-Lei nº 140/99, de 24 de abril, na redação dada pelo Decreto-Lei nº 49/2005, de 24 de fevereiro, sempre que contribuir para a manutenção do estado de conservação favorável de *habitats* naturais e de espécies da flora e da fauna inscritos nos anexos desses mesmos diplomas.[93]

[93] Ver a antecedente nota (84), na primeira Secção deste Capítulo, e a norma a que se reporta.

Artigo 4º – Áreas integradas em REN

1 – Os objetivos referidos no artigo 2º são prosseguidos mediante a integração na REN de áreas de proteção do litoral, de áreas relevantes para a sustentabilidade do ciclo hidrológico terrestre e de áreas de prevenção de riscos naturais, a delimitar nos termos do capítulo II do presente decreto-lei.

2 – As áreas de proteção do litoral são integradas de acordo com as seguintes tipologias:

a) Faixa marítima de proteção costeira;

b) Praias;

c) Barreiras detríticas;

d) Tômbolos;

e) Sapais;

f) Ilhéus e rochedos emersos no mar;

g) Dunas costeiras e dunas fósseis;

h) Arribas e respetivas faixas de proteção;

i) Faixa terrestre de proteção costeira;

j) Águas de transição e respetivos leitos, margens e faixas de proteção;

l) *(Revogada)*

3 – As áreas relevantes para a sustentabilidade do ciclo hidrológico terrestre são integradas de acordo com as seguintes tipologias:

a) Cursos de água e respetivos leitos e margens;

b) Lagoas e lagos e respetivos leitos, margens e faixas de proteção;

c) Albufeiras que contribuam para a conectividade e coerência ecológica da REN, bem como os respetivos leitos, margens e faixas de proteção;

d) Áreas estratégicas de proteção e recarga de aquíferos.

4 – As áreas de prevenção de riscos naturais são integradas de acordo com as seguintes tipologias:

a) Zonas adjacentes;

b) Zonas ameaçadas pelo mar;

c) Zonas ameaçadas pelas cheias;

d) Áreas de elevado risco de erosão hídrica do solo;

e) Áreas de instabilidade de vertentes.

CAPÍTULO II – Delimitação da REN

SECÇÃO I – Disposições gerais

Artigo 5º – Âmbito

1 – A delimitação da REN compreende dois níveis:

a) Nível estratégico;

b) Nível operativo.

2 – O nível estratégico é concretizado através de orientações estratégicas de âmbito nacional e regional e de acordo com os critérios constantes do anexo I do presente decreto-lei, que dele faz parte integrante.

3 – O nível operativo é concretizado através da delimitação, em carta de âmbito municipal, das áreas integradas na REN, tendo por base as orientações estratégicas de âmbito nacional e regional e de acordo com os critérios constantes do anexo I do presente decreto-lei, que dele faz parte integrante.

Artigo 6º – Direito à informação e à participação

Ao longo da elaboração das orientações estratégicas de âmbito nacional e regional e da delimitação da REN a nível municipal, as entidades públicas competentes devem facultar aos interessados, nos respetivos sítios da Internet, todos os elementos relevantes para que estes possam conhecer o estádio dos trabalhos e a evolução da tramitação procedimental, bem como formular observações, sugestões e pedidos de esclarecimento.

SECÇÃO II – Nível estratégico

Artigo 7º – Conteúdo do nível estratégico

1 – As orientações estratégicas de âmbito nacional e regional são definidas em coerência com o modelo territorial do Programa Nacional da Política de Ordenamento do Território e com as estruturas regionais de proteção e valorização ambiental, estabelecidas nos planos regionais de ordenamento do território.

2 – As orientações estratégicas de âmbito nacional e regional têm ainda em consideração o disposto no Plano Nacional da Água, nos planos de gestão de bacia hidrográfica e em outros planos setoriais relevantes.

3 – As orientações estratégicas de âmbito nacional e regional compreendem as diretrizes e os critérios para a delimitação das áreas da REN a nível municipal e são acompanhadas de um esquema nacional de referência.

4 – O esquema nacional de referência inclui a identificação gráfica das principais componentes de proteção dos sistemas e processos biofísicos, dos valores a salvaguardar e dos riscos a prevenir.

Artigo 8º – Procedimento de elaboração das orientações estratégicas

1 – As orientações estratégicas de âmbito nacional são elaboradas pela Comissão Nacional da REN, com a colaboração das comissões de coordenação e desenvolvimento regional.

2 – As orientações estratégicas de âmbito regional são elaboradas pelas comissões de coordenação e desenvolvimento regional, com a colaboração da

Agência Portuguesa do Ambiente, I. P., em articulação com os municípios da área territorial abrangida.

3 – Para efeitos do disposto no número anterior, os municípios designam um representante.

4 – A Comissão Nacional da REN e as comissões de coordenação e desenvolvimento regional coordenam os procedimentos de elaboração das orientações de âmbito nacional e regional no sentido de assegurar a coerência dos respetivos conteúdos.

5 – As orientações estratégicas de âmbito nacional e regional são aprovadas por resolução do Conselho de Ministros.[94]

SECÇÃO III - Nível operativo

Artigo 9º – Conteúdo do nível operativo

1 – A delimitação a nível municipal das áreas integradas na REN é obrigatória.

2 – Na elaboração da proposta de delimitação da REN deve ser ponderada a necessidade de exclusão de áreas com edificações legalmente licenciadas ou autorizadas, bem como das destinadas à satisfação das carências existentes em termos de habitação, atividades económicas, equipamentos e infraestruturas.

3 – As cartas de delimitação da REN a nível municipal são elaboradas à escala de 1:25 000 ou superior, acompanhadas da respetiva memória descritiva, e delas devem constar:

a) A delimitação das áreas incluídas na REN, indicando as suas diferentes tipologias de acordo com o artigo 4º;

b) As exclusões de áreas, nos termos do número anterior, que, em princípio, deveriam ser integradas na REN, incluindo a sua fundamentação e a indicação do fim a que se destinam.

4 – As áreas da REN são identificadas nas plantas de condicionantes dos planos especiais e municipais de ordenamento do território e constituem parte integrante das estruturas ecológicas municipais.

Artigo 10º – Delimitação da REN a nível municipal

1 – Compete à câmara municipal elaborar a proposta de delimitação da REN a nível municipal, devendo as comissões de coordenação e desenvolvimento regional e a Agência Portuguesa do Ambiente, I. P., fornecer-lhe a informação

[94] As orientações foram aprovadas pela Resolução do Conselho de Ministros nº 81/2012, de 3 de Outubro (Resolução já referida pelos artigos 42º e 43º, ... na redacção introduzida em Novembro de 2012).

técnica necessária e competindo às primeiras assegurar o acompanhamento assíduo e continuado da elaboração técnica da proposta de delimitação pelo município.

2 – Antes da elaboração da proposta, a câmara municipal pode estabelecer uma parceria com a comissão de coordenação e desenvolvimento regional na qual se definem, designadamente, os termos de referência para a elaboração, os prazos e as formas de colaboração técnica a prestar pela comissão de coordenação e desenvolvimento regional.

Artigo 11º – Acompanhamento e aprovação da delimitação da REN a nível municipal

1 – A câmara municipal apresenta a proposta de delimitação da REN à comissão de coordenação e desenvolvimento regional que, no prazo de 22 dias, procede à realização de uma conferência de serviços com todas as entidades administrativas representativas dos interesses a ponderar, a qual deve ser acompanhada pela câmara municipal.

2 – No âmbito da conferência de serviços, a comissão de coordenação e desenvolvimento regional e as entidades administrativas representativas dos interesses a ponderar em função das áreas da REN em presença pronunciam-se sobre a compatibilidade da proposta de delimitação com os critérios constantes do presente decreto-lei e com as orientações estratégicas de âmbito nacional e regional, bem como sobre as propostas de exclusão de áreas da REN e sua fundamentação.

3 – Finda a conferência de serviços, é emitido um parecer, assinado por todos os intervenientes, com a menção expressa da posição de cada um, que substitui, para todos os efeitos legais, os pareceres que essas entidades devessem emitir sobre a proposta de delimitação, bem como, em conclusão, a posição final da comissão de coordenação e desenvolvimento regional.

4 – Caso o representante de um serviço ou entidade não emita na conferência de serviços o seu parecer relativamente à delimitação ou, apesar de regularmente convocado, não compareça à reunião, considera-se que a entidade por si representada nada tem a opor à proposta de delimitação.

5 – Quando haja convergência entre a posição final da comissão de coordenação e desenvolvimento regional e a proposta de delimitação da câmara municipal sem que nenhuma das entidades consultadas nos termos do nº 3 a ela se oponha, a conclusão do parecer referido no nº 3 é convertida em aprovação definitiva da delimitação da REN.

6 – Quando haja divergência entre a posição final da comissão de coordenação e desenvolvimento regional e a proposta de delimitação da câmara municipal ou quando haja divergência entre as posições de entidades representadas

na conferência de serviços e a posição final favorável da comissão de coordenação e desenvolvimento regional à delimitação proposta, esta promove, no prazo de 15 dias a contar da sua posição final, uma conferência decisória com aquelas entidades e a câmara municipal, para efeitos de decisão final.

7 – A decisão final da conferência decisória prevista no número anterior é tomada por maioria simples e vincula todos os representantes de serviços ou entidades intervenientes na mesma, bem como os que tendo sido regularmente convocados não compareçam àquela conferência.

8 – O disposto no nº 4 é aplicável à conferência decisória.

9 – Caso a decisão final da conferência decisória seja de sentido desfavorável à proposta de delimitação da REN da câmara municipal, esta pode promover a consulta da Comissão Nacional da REN, para efeitos de emissão de parecer, no prazo de 15 dias a contar da referida decisão.

10 – O parecer da Comissão Nacional da REN referido no número anterior é emitido no prazo de 22 dias, não prorrogável, contado a partir da data do pedido de consulta.

11 – A câmara municipal reformula a proposta de delimitação quando:

a) A decisão final da conferência decisória prevista no nº 6 seja desfavorável à delimitação proposta e a câmara municipal não promova a consulta à Comissão Nacional da REN; ou

b) O prazo previsto no nº 9 tenha decorrido sem que esta tenha solicitado o parecer aí previsto; ou

c) A Comissão Nacional da REN emita, nos termos do número anterior, parecer desfavorável à proposta de delimitação da câmara municipal.

12 – Após a reformulação da proposta de delimitação, a câmara municipal envia-a para aprovação da comissão de coordenação e desenvolvimento regional.

13 – A comissão de coordenação e desenvolvimento regional aprova definitivamente a proposta de delimitação da REN apresentada pela câmara municipal no prazo de 15 dias após:

a) A tomada da decisão final favorável pela conferência decisória prevista no nº 6;

b) A emissão pela Comissão Nacional da REN de parecer favorável à proposta da câmara municipal, nos termos do nº 10;

c) A receção da proposta de delimitação devidamente reformulada, nos termos do número anterior.

14 – Nos casos em que a câmara municipal não reformule a proposta de delimitação no prazo de 44 dias após ter sido notificada para o fazer, cabe à comissão de coordenação e desenvolvimento regional reformular a proposta e aprovar definitivamente a delimitação da REN.

15 – A aprovação da delimitação da REN prevista no número anterior produz efeitos após homologação do membro do Governo responsável pelas áreas do ambiente e do ordenamento do território.

Artigo 12º – Publicação da delimitação da REN a nível municipal

Após a aprovação da delimitação da REN, a comissão de coordenação e desenvolvimento regional envia a delimitação da REN, com o conteúdo mencionado no nº 3 do artigo 9º, para publicação na 2.ª série do *Diário da República.*

Artigo 13º – Depósito e consulta

1 – A Direção-Geral do Território procede ao depósito das cartas da REN e da respetiva memória descritiva, bem como das eventuais correções materiais e retificações efetuadas ao abrigo do artigo 19º.

2 – Os elementos referidos no número anterior são disponibilizados na Internet, através do Sistema Nacional de Informação Territorial.

Artigo 14º

(Revogado)

Artigo 15º – Delimitação da REN em simultâneo com a formação de planos municipais de ordenamento do território

1 – A delimitação da REN pode ocorrer em simultâneo com a elaboração, alteração ou revisão de plano municipal de ordenamento do território.

2 – Sempre que se verifique a situação mencionada no número anterior:

a) A conferência de serviços prevista do nº 1 do artigo 11º é realizada no âmbito da comissão de acompanhamento ou pela conferência de serviços, nos termos previstos nos artigos 75º-A e 75º-C do Decreto-Lei nº 380/99, de 22 de setembro, na redação que lhe foi dada pelo Decreto-Lei nº 316/2007, de 19 de setembro;

b) O parecer previsto no nº 3 do artigo 11º é emitido em simultâneo com o parecer da comissão de acompanhamento do plano ou com a ata da conferência de serviços, previsto nos artigos 75º-A e 75º-C do Decreto-Lei nº 380/99, de 22 de setembro, na redação que lhe foi dada pelo Decreto-Lei nº 316/2007, de 19 de setembro;

c) A delimitação da REN elaborada em simultâneo com o plano municipal de ordenamento do território determina a revogação e consequente atualização da carta municipal da REN.

3 – O disposto nos nºs 5 a 13 do artigo 11º e no artigo 12º aplica-se às situações de delimitação da REN que ocorram em simultâneo com a elaboração, alteração ou revisão de plano municipal de ordenamento do território.

Artigo 16º – Alterações da delimitação da REN

1 – As alterações da delimitação da REN devem salvaguardar a preservação dos valores naturais fundamentais, bem como a prevenção e mitigação de riscos para pessoas e bens.

2 – As propostas de alteração da delimitação da REN devem fundamentar-se na evolução das condições económicas, sociais, culturais e ambientais, nomeadamente as decorrentes de projetos públicos ou privados a executar na área cuja exclusão se pretende.

3 – Para efeitos do disposto nos números anteriores, as alterações à delimitação da REN seguem, com as devidas adaptações, o procedimento previsto nos artigos 10º e 11º ou o procedimento previsto no artigo anterior quando a proposta de alteração de delimitação ocorra em simultâneo com a elaboração, alteração ou revisão de um plano municipal de ordenamento do território.

4 – Em casos excecionais e devidamente fundamentados, as alterações da delimitação da REN podem ser elaboradas e aprovadas pela comissão de coordenação e desenvolvimento regional, ouvida a câmara municipal e as entidades administrativas representativas dos interesses a ponderar em função das áreas da REN em presença, sendo homologadas nos termos do nº 15 do artigo 11º.

5 – O disposto no presente artigo pressupõe necessariamente o cumprimento das normas legais e regulamentares aplicáveis, designadamente as constantes nos instrumentos de gestão territorial e nos demais regimes jurídicos de licenciamento.

Artigo 16º-A – Alterações simplificadas da delimitação da REN

1 – Estão sujeitas a um regime procedimental simplificado as alterações da delimitação da REN que, tendo por fundamento a evolução das condições económicas, sociais, culturais e ambientais, decorrente de projetos públicos ou privados a executar, cumpram um dos seguintes requisitos:

a) Correspondam a ampliações até 100% das instalações existentes, desde que devidamente licenciadas e cuja atividade licenciada não tenha sido interrompida nos últimos 12 meses;

b) Correspondam a 5% da área total, até ao máximo de 500 m2, em parcelas de terreno com área até 2 ha;

c) Correspondam a 2,5% da área total, em parcelas de terreno com área entre 2 ha e até 40 ha;

d) Correspondam a 2,5% da área total, até ao máximo de 2,50 ha, em parcelas de terreno com área igual ou superior 40 ha.

2 – As alterações simplificadas à delimitação da REN referidas no número anterior são objeto de proposta da câmara municipal, a apresentar junto da comissão de coordenação e desenvolvimento regional.

3 – No prazo de cinco dias a contar da data da apresentação da proposta da câmara municipal, a comissão de coordenação e desenvolvimento regional solicita a emissão de parecer obrigatório e vinculativo à Agência Portuguesa do Ambiente, I. P., exceto nas alterações em áreas que integram a tipologia da REN prevista na alínea *e*) do nº 4 do artigo 4º.

4 – No prazo de 25 dias a contar da data da apresentação da proposta, deve ser emitido o parecer previsto no número anterior.

5 – No prazo de 40 dias a contar da data da apresentação da proposta, a comissão de coordenação e desenvolvimento regional aprova a alteração simplificada da delimitação da REN quando:

a) O parecer previsto no nº 3 for de sentido favorável ou favorável condicionado; ou

b) Nas alterações em áreas que integram a tipologia da REN prevista na alínea *e*) do nº 4 do artigo 4º, a comissão de coordenação e desenvolvimento regional comprove que a alteração proposta não prejudica a preservação do valor natural, bem como a prevenção e mitigação de riscos.

6 – Estão igualmente sujeitas a um regime procedimental simplificado as alterações de delimitação da REN decorrentes de projetos públicos ou privados objeto de procedimento de que resulte a emissão de declaração de impacte ambiental ou decisão de incidências ambientais favorável ou condicionalmente favorável.

7 – Nas situações referidas no número anterior, a câmara municipal, tendo em conta a declaração de impacte ambiental ou decisão de incidências ambientais favorável ou condicionalmente favorável, promove as diligências necessárias à alteração da delimitação da REN e apresenta a respetiva proposta de alteração à comissão de coordenação e desenvolvimento regional.

8 – No prazo de 10 dias a contar da apresentação da proposta referida no número anterior, a comissão de coordenação e desenvolvimento regional aprova a alteração simplificada da delimitação da REN com fundamento na declaração de impacte ambiental ou na decisão de incidências ambientais.

9 – À alteração simplificada da delimitação da REN é aplicável o disposto no artigo 12º.

10 – O disposto no presente artigo pressupõe necessariamente o cumprimento das normas legais e regulamentares aplicáveis, designadamente as constantes nos instrumentos de gestão territorial e nos demais regimes jurídicos de licenciamento.

Artigo 17º

(Revogado)

Artigo 18º – Reintegração

1 – As áreas que tenham sido excluídas da REN são reintegradas, no todo ou em parte, quando as mesmas não tenham sido destinadas aos fins que fundamentaram a sua exclusão:

a) No prazo de cinco anos, quando a exclusão tenha ocorrido no âmbito de procedimento de delimitação ou alteração da delimitação para a execução de projetos e a obra ainda não se tenha iniciado;

b) No prazo para a execução de plano municipal de ordenamento do território, quando a exclusão tenha ocorrido no âmbito da elaboração desse plano e a obra ainda não se tenha iniciado.

2 – Nos casos de projetos com título válido para a sua execução, a reintegração só ocorre com a caducidade do título.

3 – Decorridos os prazos previstos nos números anteriores e para efeitos de reintegração, a câmara municipal promove obrigatoriamente a alteração da carta municipal da REN e submete-a a aprovação da comissão de coordenação e desenvolvimento regional, aplicando-se o disposto no artigo 12º.

4 – A alteração mencionada no número anterior pode ser promovida a todo o tempo.

Artigo 19º – Correções materiais e retificações

1 – As correções materiais de delimitação da REN são admissíveis para efeitos de:

a) Correções de erros materiais, patentes e manifestos, na representação cartográfica;

b) Correções de erros materiais que correspondam a incongruências com instrumentos de gestão territorial.

2 – As correções materiais são efetuadas por despacho do presidente da comissão de coordenação e desenvolvimento regional, a publicar na 2.ª série do *Diário da República*, após apreciação, e podem ser efetuadas a todo o tempo.

3 – As correções materiais podem ser promovidas pela comissão de coordenação e desenvolvimento regional, pela câmara municipal ou pela entidade responsável pela elaboração da REN.

4 – São admissíveis retificações para correção de lapsos gramaticais, ortográficos, de cálculo ou de natureza análoga ou para correção de erros materiais provenientes de divergências entre o ato original e o ato efetivamente publicado na 2.ª série do *Diário da República*, que podem ser feitas a todo o tempo mediante declaração da respetiva entidade do ato original.

CAPÍTULO III – Regime das áreas integradas em REN

Artigo 20º – Regime

1 – Nas áreas incluídas na REN são interditos os usos e as ações de iniciativa pública ou privada que se traduzam em:

a) Operações de loteamento;

b) Obras de urbanização, construção e ampliação;

c) Vias de comunicação;

d) Escavações e aterros;

e) Destruição do revestimento vegetal, não incluindo as ações necessárias ao normal e regular desenvolvimento das operações culturais de aproveitamento agrícola do solo e das operações correntes de condução e exploração dos espaços florestais.

2 – Excetuam-se do disposto no número anterior os usos e as ações que sejam compatíveis com os objetivos de proteção ecológica e ambiental e de prevenção e redução de riscos naturais de áreas integradas em REN.

3 – Consideram-se compatíveis com os objetivos mencionados no número anterior os usos e ações que, cumulativamente:

a) Não coloquem em causa as funções das respetivas áreas, nos termos do anexo I; e

b) Constem do anexo II do presente decreto-lei, que dele faz parte integrante, nos termos dos artigos seguintes, como:

i) Isentos de qualquer tipo de procedimento; ou

ii) Sujeitos à realização de uma mera comunicação prévia; ou

iii) *(Revogada)*

4 – Consideram-se ainda dispensadas da aplicação do disposto no nº 1 as ações de arborização e rearborização com espécies florestais, bem como a implantação de infraestruturas no seu âmbito, quando decorrentes de projetos autorizados pelo Instituto da Conservação da Natureza e das Florestas, I.P., ou aprovados pelas entidades competentes no âmbito de programas públicos de apoio ao desenvolvimento florestal, nos termos da lei.

5 – Para efeitos do disposto no número anterior, a análise das ações inerente aos projetos submetidos a autorização ou aprovação deve incorporar os princípios e objetivos da REN.

6 – Compete aos membros do Governo responsáveis pelas áreas do ambiente, do ordenamento do território, da agricultura, do desenvolvimento rural, das pescas, da economia, das obras públicas e dos transportes aprovar, por portaria, as condições a observar para a viabilização dos usos e ações referidos nos nºs 2 e 3.[95]

[95] Portaria nº 419/2012, de 20 de Dezembro, subsequentemente inserta.

Artigo 21º – Ações de relevante interesse público

1 – Nas áreas da REN podem ser realizadas as ações de relevante interesse público que sejam reconhecidas como tal por despacho do membro do Governo responsável pelas áreas do ambiente e do ordenamento do território e do membro do Governo competente em razão da matéria, desde que não se possam realizar de forma adequada em áreas não integradas na REN.

2 – O despacho referido no número anterior pode estabelecer, quando necessário, condicionamentos e medidas de minimização de afetação para execução de ações em áreas da REN.

3 – Nos casos de infraestruturas públicas, nomeadamente rodoviárias, ferroviárias, portuárias, aeroportuárias, de abastecimento de água ou de saneamento, sujeitas a avaliação de impacte ambiental, a declaração de impacte ambiental favorável ou condicionalmente favorável equivale ao reconhecimento do interesse público da ação.

Artigo 22º – Comunicação prévia

1 – A comunicação prévia a que se refere a subalínea *ii*) da alínea *b*) do nº 3 do artigo 20º é realizada por escrito e dirigida à comissão de coordenação e desenvolvimento regional, contendo os elementos estabelecidos por portaria a aprovar pelo membro do Governo responsável pelas áreas do ambiente e do ordenamento do território.

2 – A comunicação prévia pode ser apresentada pelo interessado ou pela entidade administrativa competente para aprovar ou autorizar a ação em causa.

3 – No prazo de cinco dias a contar da data da apresentação da comunicação prévia, a comissão de coordenação e desenvolvimento regional verifica as questões de ordem formal e solicita ao comunicante as informações e correções que se revelem necessárias, bem como a apresentação de elementos em falta.

4 – Sob pena de rejeição liminar da comunicação prévia, o comunicante apresenta as informações, correções e elementos solicitados no prazo de 10 dias, encontrando-se o procedimento suspenso durante este período.

5 – Nas situações de usos ou ações que carecem de parecer da Agência Portuguesa do Ambiente, I. P., a definir por portaria nos termos do nº 4 do artigo 20º, a comissão de coordenação e desenvolvimento regional solicita parecer obrigatório e vinculativo àquela entidade, o qual deve ser emitido no prazo de 10 dias, encontrando-se o procedimento suspenso durante este período.

6 – No prazo de 22 dias a contar da data da apresentação da comunicação prévia, a comissão de coordenação e desenvolvimento regional decide pela sua rejeição quando se verifique que o respetivo uso ou ação:

a) Não cumpre cumulativamente as alíneas *a*) e *b*) do nº 3 do artigo 20º;

b) Não cumpre as condições a observar para a respetiva viabilização, fixadas por portaria nos termos do nº 4 do artigo 20º;

c) Foi objeto de parecer desfavorável da Agência Portuguesa do Ambiente, I. P., emitido nos termos do número anterior.

7 – A não rejeição nos termos do número anterior determina que os usos e ações objeto de comunicação prévia podem iniciar-se no prazo de 25 dias a contar da data de apresentação da comunicação prévia, com exceção das ações de defesa da floresta contra incêndios, as quais podem iniciar-se no prazo de 10 dias a contar da data da apresentação da comunicação prévia.

8 – No caso de a comunicação prévia ser apresentada nos termos do artigo 13º-A do Regime Jurídico da Urbanização e da Edificação, aprovado pelo Decreto-Lei nº 555/99, de 16 de dezembro, aplicam-se os prazos previstos naquele diploma.

9 – O disposto no presente artigo pressupõe necessariamente o cumprimento das normas legais e regulamentares aplicáveis, designadamente as constantes nos instrumentos de gestão territorial e nos demais regimes jurídicos de licenciamento.

Artigo 23º

(Revogado)

Artigo 24º – Usos e ações sujeitos a outros regimes

1 – Nos casos em que os usos e as ações previstos no anexo II recaiam em áreas cuja utilização necessite de título de utilização dos recursos hídricos, em áreas classificadas ou em áreas integradas na Reserva Agrícola Nacional (RAN), a comissão de coordenação e desenvolvimento regional promove a realização de uma conferência de serviços com as entidades respetivamente competentes.

2 – No âmbito da conferência de serviços mencionada no número anterior, sem prejuízo da emissão autónoma do título de utilização de recursos hídricos, é emitida uma comunicação única de todas as entidades competentes ao interessado, a qual colige todos os atos que cada uma das entidades envolvidas deve praticar, nos termos legais e regulamentares.

3 – A comunicação prevista no número anterior deve refletir a posição manifestada por cada uma das entidades, observando as respetivas competências próprias.

4 – Nos casos a que se refere o nº 1 em que seja também necessária a emissão de título de utilização dos recursos hídricos, os elementos necessários à realização do procedimento atinente à sua emissão, nos termos do Decreto-Lei nº 226-A/2007, de 31 de maio, são remetidos à Agência Portuguesa do Ambiente, I. P., no prazo máximo de cinco dias a contar da data da apresentação do pedido.

5 – Quando estejam em causa exclusivamente áreas integradas na REN e na RAN, a conferência de serviços prevista no nº 1 deve ocorrer em simultâneo com a reunião da entidade regional da RAN.

6 – *(Revogado)*

7 – Quando a pretensão em causa esteja sujeita a procedimento de avaliação de impacte ambiental ou de avaliação de incidências ambientais, a pronúncia favorável da comissão de coordenação e desenvolvimento regional no âmbito desses procedimentos compreende a emissão de autorização.

8 – *(Revogado)*

9 – Nos casos em que a comissão de coordenação e desenvolvimento regional autorize ou emita parecer sobre uma pretensão ao abrigo de um regime específico, deve nesse ato também decidir sobre a possibilidade de afetação de áreas integradas na REN, nos termos do presente decreto-lei, sendo neste caso aplicável o prazo previsto no respetivo regime.

Artigo 25º – Contratos de parceria

As competências da comissão de coordenação e desenvolvimento regional previstas nos artigos 22º e 23º podem ser exercidas em parceria com as câmaras municipais, mediante a celebração de contratos de parceria que estabeleçam o âmbito, os termos e as suas condições.

Artigo 26º – Operações de loteamento

1 – As áreas integradas na REN podem ser incluídas em operações de loteamento desde que não sejam destinadas a usos ou ações incompatíveis com os objetivos de proteção ecológica e ambiental e de prevenção e redução de riscos naturais.

2 – As áreas integradas na REN podem ser consideradas para efeitos de cedências destinadas a espaços verdes públicos e de utilização coletiva, infraestruturas e equipamentos que sejam compatíveis, nos termos do presente decreto-lei, com os objetivos de proteção ecológica e ambiental e de prevenção e redução de riscos naturais daquelas áreas.

Artigo 27º – Invalidade dos atos e responsabilidade civil

1 – São nulos os atos administrativos praticados em violação do disposto no presente capítulo ou que permitam a realização de ações em desconformidade com os fins que determinaram a exclusão de áreas da REN.

2 – A entidade administrativa responsável pela emissão do ato administrativo revogado, anulado ou declarado nulo bem como os titulares dos respetivos órgãos e os seus funcionários e agentes respondem civilmente pelos prejuízos causados, nos termos da lei.

3 – Quando a ilegalidade que fundamenta a revogação, a anulação ou a declaração de nulidade resulte de parecer vinculativo, autorização ou aprovação legalmente exigível, a entidade que o emitiu responde solidariamente com a entidade administrativa que praticou o ato revogado, anulado ou declarado nulo, que tem sobre aquela direito de regresso.

4 – O disposto no presente artigo em matéria de responsabilidade solidária não prejudica o direito de regresso que ao caso couber, nos termos gerais de direito.

CAPÍTULO IV – Comissão Nacional da REN[96]

Artigos 28º a 31º

(Revogados)

CAPÍTULO V – Regime económico-financeiro

Artigo 32º – Programas de financiamento público

As regras de aplicação dos programas de financiamento público devem discriminar positivamente as ações que contribuam para a gestão sustentável das áreas da REN.

Artigo 33º – Financiamento de projetos em áreas da REN

1 – Podem ser objeto de financiamento pelo Fundo de Intervenção Ambiental projetos públicos ou privados que contribuam para a gestão sustentável das áreas da REN.

2 – Os projetos públicos ou privados que contribuam para a gestão sustentável das áreas da REN relevantes para a gestão e salvaguarda dos recursos hídricos podem ainda ser objeto de financiamento pelo Fundo de Proteção dos Recursos Hídricos.

Artigo 34º – Promoção da sustentabilidade local

A inclusão de áreas municipais na REN constitui fator de discriminação positiva para efeitos de aplicação da alínea *a*) do nº 2 do artigo 6º da Lei nº 2/2007, de 15 de janeiro.[97]

[96] As atribuições desta Comissão, assim extinta, passaram a ser desempenhadas pela Comissão Nacional do Território, criada pelo R.J.I.G.T. de 2015 (inserto no Cap. VI), conforme se dispõe no artigo 201º deste regime.

[97] Actual Lei das Finanças Locais.

Artigo 35º – Perequação compensatória

1 – Na elaboração dos planos municipais de ordenamento do território, as áreas integradas na REN são consideradas para efeitos de estabelecimento dos mecanismos de perequação compensatória dos benefícios e encargos entre os proprietários.

2 – Sem prejuízo do disposto no número anterior, as áreas da REN não são contabilizadas para o cálculo da edificabilidade nos casos em que os planos municipais de ordenamento do território assim o determinem.

CAPÍTULO VI – Fiscalização e regime contraordenacional

Artigo 36º – Inspeção e fiscalização

1 – A verificação do cumprimento do presente decreto-lei é desenvolvida de forma sistemática pelas autoridades da administração central e local em função das respetivas competências e área de intervenção e de forma pontual em função das queixas e denúncias recebidas, assumindo a forma de fiscalização.

2 – A fiscalização compete às comissões de coordenação e desenvolvimento regional, à Agência Portuguesa do Ambiente, I. P., e aos municípios, bem como a outras entidades competentes em razão da matéria ou da área de jurisdição.

3 – A verificação assume ainda a forma de inspeção, a efetuar pela Inspeção-Geral da Agricultura, do Mar, do Ambiente e do Ordenamento do Território, nos termos das suas competências.

4 – A Inspeção-Geral da Agricultura, do Mar, do Ambiente e do Ordenamento do Território centraliza a informação relativa à fiscalização, devendo as restantes entidades mencionadas no nº 2 participar-lhe todos os factos relevantes de que tomarem conhecimento e pertinentes a tal fim, enviando-lhes cópia dos autos de notícia ou participações, bem como dos embargos e demolições que forem ordenados.

Artigo 37º – Contraordenações

1 – Constitui contraordenação ambiental leve:

a) A realização de usos ou ações sem que tenha sido apresentada a respetiva comunicação prévia, quando a mesma seja exigível nos termos dos artigos 20º e 22º;

b) *(Revogada)*

2 – *(Revogado)*

3 – Constitui contraordenação ambiental muito grave:

a) A realização de usos ou ações interditos nos termos do artigo 20º;

b) O incumprimento ou cumprimento deficiente dos condicionamentos e medidas de minimização estabelecidos, nos termos do nº 2 do artigo 21º.

4 – A tentativa é punível nas contraordenações mencionadas nos nºs 2 e 3, sendo os limites mínimos e máximos da respetiva coima reduzidos a metade.

5 – A negligência é sempre punível.

6 – Pela prática das contraordenações previstas nos nºs 2 e 3 podem ser aplicadas ao infrator as sanções acessórias previstas no nº 1 do artigo 30º da Lei nº 50/2006, de 29 de agosto.

7 – Pode ser objeto de publicidade, nos termos do disposto no artigo 38º da Lei nº 50/2006, de 29 de agosto, a condenação pela prática das infrações previstas nos nºs 2 e 3, quando a medida concreta da coima aplicada ultrapasse metade do montante máximo da coima abstratamente aplicável.

8 – A autoridade administrativa pode ainda, sempre que necessário, determinar a apreensão provisória de bens e documentos, nos termos previstos no artigo 42º da Lei nº 50/2006, de 29 de agosto.

Artigo 38º – Instrução dos processos

A instrução e a decisão dos processos contraordenacionais competem à comissão de coordenação e desenvolvimento regional ou à Agência Portuguesa do Ambiente, I. P., quando as entidades que tenham procedido ao levantamento do auto de notícia se integrem na Administração do Estado e às câmaras municipais.

Artigo 39º – Embargo e demolição

1 – Compete à Inspeção-Geral da Agricultura, do Mar, do Ambiente e do Ordenamento do Território, às comissões de coordenação e desenvolvimento regional, à Agência Portuguesa do Ambiente, I. P., aos municípios e às demais entidades competentes em razão da matéria ou área de jurisdição embargar e demolir as obras, bem como fazer cessar outros usos e ações, realizadas em violação ao disposto no presente decreto-lei, nomeadamente os interditos nos termos do artigo 20º e os que careçam de autorização nos termos dos artigos 20º e 23º sem que a mesma tenha sido emitida.

2 – As entidades referidas no número anterior devem determinar o cumprimento integral dos condicionamentos e medidas de minimização estabelecidos nos termos do nº 2 do artigo 21º quando se verifique o incumprimento ou cumprimento deficiente dos mesmos.

3 – As entidades referidas no nº 1 podem ainda determinar o embargo e a demolição das obras, bem como fazer cessar outros usos e ações, que violem a autorização emitida pela comissão de coordenação e desenvolvimento regional, nomeadamente os termos e as condições que determinaram a sua emissão ou

que foram nela estabelecidos e que, desse modo, ponham em causa as funções que as áreas pretendem assegurar.

4 – A entidade competente nos termos do nº 1 intima o proprietário a demolir as obras feitas ou a repor o terreno no estado anterior à intervenção, fixando-lhe prazos de início e termo dos trabalhos para o efeito necessários.

5 – Decorridos os prazos referidos no número anterior sem que a intimação se mostre cumprida, procede-se à demolição ou reposição nos termos do nº 1, por conta do proprietário, sendo as despesas cobradas coercivamente através do processo de execução fiscal, servindo de título executivo a certidão extraída de livros ou documentos de onde constem a importância e os demais requisitos exigidos no artigo 163º do Código de Procedimento e de Processo Tributário.

CAPÍTULO VII – Disposições complementares, transitórias e finais

Artigo 40º – Ações já licenciadas ou autorizadas

O disposto no capítulo III não se aplica à realização de ações já licenciadas ou autorizadas à data da entrada em vigor da delimitação da REN nos termos do artigo 12º.

Artigo 41º – Elaboração das orientações estratégicas de âmbito nacional e regional

1 – As orientações estratégicas de âmbito nacional e regional devem ser elaboradas no prazo de um ano contado a partir da data de tomada de posse da Comissão Nacional da REN.

2 – Até à publicação das orientações estratégicas de âmbito nacional e regional, a delimitação da REN a nível municipal segue o procedimento estabelecido no artigo 3º do Decreto-Lei nº 93/90, de 19 de março, sendo aprovada por portaria do membro do Governo responsável pela área do ambiente e do ordenamento do território.

Artigo 42º – Inexistência de delimitação municipal

1 – Carece de autorização da comissão de coordenação e desenvolvimento regional a realização dos usos e ações previstos no nº 1 do artigo 20º nas áreas identificadas no anexo III do presente decreto-lei, que dele faz parte integrante, que ainda não tenham sido objeto de delimitação.

2 – A autorização referida no número anterior é solicitada pela câmara municipal ou pelo interessado no caso de a ação não estar sujeita a licenciamento ou comunicação prévia.

3 – O pedido considera-se tacitamente deferido na ausência de decisão final no prazo de 40 dias a contar da data da sua apresentação junto da entidade competente.

4 – O disposto no capítulo VI do presente decreto-lei é aplicável às áreas referidas no presente artigo.

5 – No caso dos municípios sem delimitação de REN em vigor, o procedimento de revisão dos planos diretores municipais apenas pode ser aprovado, sob pena de nulidade, se a respetiva delimitação municipal da REN for efetuada ao abrigo das orientações estratégicas de âmbito nacional e regional, aprovadas pela Resolução do Conselho de Ministros nº 81/2012, de 3 de outubro.

Artigo 43º – Adaptação das delimitações municipais

1 – *(Revogado).*

2 – Até à alteração das delimitações municipais da REN, para adaptação às orientações estratégicas de âmbito nacional e regional, aprovadas pela Resolução do Conselho de Ministros nº 81/2012, de 3 de outubro, continuam a vigorar as delimitações efetuadas ao abrigo do Decreto-Lei nº 93/90, de 19 de março.

3 – A correspondência das áreas definidas no Decreto-Lei nº 93/90, de 19 de março, com as novas categorias das áreas integradas na REN é identificada no anexo IV do presente decreto-lei, que dele faz parte integrante.

4 – *(Revogado).*

Artigo 44º – Regime transitório de reconhecimento do interesse público de infraestruturas públicas

1 – O disposto no nº 3 do artigo 21º é aplicável às declarações de impacte ambiental favoráveis ou condicionalmente favoráveis que tenham sido emitidas antes da entrada em vigor do presente decreto-lei.

2 – Nas situações previstas no número anterior em que o procedimento de avaliação de impacte ambiental tenha ocorrido em fase de estudo prévio ou de anteprojeto, a comissão de coordenação e desenvolvimento regional pode estabelecer, quando necessário, os condicionamentos e as medidas de minimização de afetação das áreas integradas na REN previstas no nº 2 do artigo 21º.

3 – O estabelecimento dos condicionamentos e das medidas de minimização previstas no número anterior está sujeito a homologação pelo membro do Governo responsável pelas áreas do ambiente e do ordenamento do território, a qual deve ocorrer até ao limite do prazo estabelecido no nº 7 do artigo 28º do Decreto-Lei nº 69/2000, de 3 de maio, na redação dada pelo Decreto-Lei nº 197/2005, de 8 de novembro, considerando-se recusada a homologação caso aquele limite seja excedido.

4 – Para efeitos do número anterior, a autoridade de avaliação de impacte ambiental envia os elementos relevantes do processo à comissão de coordenação e desenvolvimento regional competente.

Artigo 45º – Cessação de funções

Com a entrada em vigor do presente decreto-lei cessam funções os membros da anterior Comissão Nacional da REN, continuando os mesmos a assegurar o seu normal funcionamento até ao início de funções dos novos membros.

Artigo 46º – Regiões Autónomas

O disposto no presente decreto-lei aplica-se às Regiões Autónomas dos Açores e da Madeira, sem prejuízo da sua adequação à especificidade regional a introduzir por decreto legislativo regional.

Artigo 47º – Norma revogatória

É revogado o Decreto-Lei nº 93/90, de 19 de março, com as alterações introduzidas pelos Decretos-Leis nºs 316/90, de 13 de outubro, 213/92, de 12 de outubro, 79/95, de 20 de abril, 203/2003, de 1 de outubro, e 180/2006, de 6 de setembro.

Artigo 48º – Entrada em vigor

O presente decreto-lei entra em vigor 30 dias após a data da sua publicação.

Portaria nº 419/2012, de 20 de Dezembro[98]

O Decreto-Lei nº 239/2012, de 2 de novembro, introduziu importantes alterações no regime jurídico da Reserva Ecológica Nacional (REN), aprovado pelo Decreto-Lei nº 166/2008, de 22 de agosto, as quais visam uma melhor articulação entre os vários regimes jurídicos existentes na área do ordenamento do território e a consequente simplificação procedimental, concretizando assim os objetivos definidos pelo Programa do XIX Governo Constitucional.

No que concerne aos usos e ações compatíveis com a REN eliminou-se a figura de controlo prévio, na modalidade de autorização e, deste modo, acentua-se a responsabilização dos particulares e o sistema de fiscalização sucessiva.

Por outro lado, as ações e usos que não ficaram isentos de controlo prévio, de acordo com o anexo II ao Decreto-Lei nº 166/2008, de 22 de agosto, na redação que lhe foi conferida pelo Decreto-Lei nº 239/2012, de 2 de novembro, passam a ser objeto de mera comunicação prévia, cuja instrução carece de regulamentação.

Acresce ainda que, nos termos previstos no nº 5 do artigo 22º do Decreto-Lei nº 166/2008, de 22 de agosto, na redação conferida pelo Decreto-Lei nº 239/2012, de 2 de novembro, serão definidas em portaria as situações de usos ou ações considerados compatíveis com os objetivos de proteção hidrológica e ambiental e de prevenção e redução de riscos naturais de áreas integradas em REN, que sendo objeto de comunicação prévia, carecem de parecer obrigatório e vinculativo da Agência Portuguesa do Ambiente, I.P..

Assim:

[98] Suprimiram-se, no Anexo I e no Anexo II, os seguintes grupos, idênticos num e noutro anexo: III – Sector agrícola e florestal; IV – Aquicultura; V – Salicultura; VI – Prospecção e exploração de recursos geológicos.
A norma habilitante invocada – nº 4 do artigo 20º – é a da redacção então em vigor; com alteração do Decreto-Lei nº 96/2013, esse nº 4 passou a ser o actual nº 6.

Manda o Governo, pelos Secretários de Estado da Economia e Desenvolvimento Regional, do Empreendedorismo, Competitividade e Inovação, das Obras Públicas, Transportes e Comunicações, da Energia, da Agricultura, das Florestas e Desenvolvimento Rural, do Mar e do Ambiente e do Ordenamento do Território, ao abrigo do disposto no nº 4 do artigo 20º do Decreto-Lei nº 166/ /2008, de 22 de agosto, na redação conferida pelo Decreto-Lei nº 239/2012, de 2 de novembro, o seguinte:

Artigo 1º - Objeto e âmbito

1 – A presente portaria procede à definição das condições e requisitos a que ficam sujeitos os usos e ações referidos nos nºs 2 e 3 do artigo 20º do Decreto-Lei nº 166/2008, de 22 de agosto, na redação que lhe foi conferida pelo Decreto-Lei nº 239/2012, de 2 de novembro.

2 – São também definidas as situações de usos ou ações considerados compatíveis com os objetivos de proteção ecológica e ambiental e de prevenção e redução de riscos naturais de áreas integradas em REN, que carecem de parecer obrigatório e vinculativo da Agência Portuguesa do Ambiente, I.P., doravante designada APA, I.P., referido no nº 5 do artigo 22º do Decreto-Lei nº 166/2008, de 22 de agosto, na redação que lhe foi conferida pelo Decreto-Lei nº 239/2012, de 2 de novembro.

Artigo 2º - Instrumentos de gestão territorial e regimes de licenciamento

1 – Nos termos da presente portaria são admissíveis usos e ações compatíveis com as áreas integradas na REN, sem prejuízo do cumprimento das normas legais e regulamentares aplicáveis, designadamente as constantes nos instrumentos de gestão territorial vigentes e vinculativos para os particulares, bem como nos regimes jurídicos de licenciamento específicos, a verificar pelas entidades competentes nos termos legalmente previstos.

2 – A comunicação prévia admitida nos termos da presente portaria não prejudica a necessidade da obtenção de todos os pareceres obrigatórios nos termos legalmente previstos, designadamente os respeitantes à conservação da natureza, previamente ao licenciamento.

Artigo 3º - Zonas adjacentes e zonas ameaçadas pelas cheias e pelo mar

Em zonas adjacentes e zonas ameaçadas pelas cheias e pelo mar, a pretensão só pode ser admitida se estiver assegurada a livre circulação de águas.

Artigo 4º - Instrução

1 – A instrução do procedimento de comunicação prévia, nos termos previstos nos anexos I e III da presente portaria e que dela fazem parte integrante, é

da responsabilidade do comunicante, competindo-lhe obter os elementos comprovativos para a verificação dos necessários requisitos.

2 – Os procedimentos de comunicação prévia de ações sujeitas a título de utilização dos recursos hídricos nos termos do Decreto-Lei nº 226-A/2007, de 31 de maio, são instruídos com os elementos previstos na presente portaria e na Portaria nº 1450/2007, de 12 de novembro.

Artigo 5º – Parecer da Agência Portuguesa do Ambiente, I.P.

1 – Ficam sujeitos a parecer obrigatório e vinculativo da APA, I.P., os usos e ações constantes do anexo II à presente portaria e que dela faz parte integrante, a emitir mediante solicitação da comissão de coordenação e desenvolvimento regional, doravante designada por CCDR, o qual deve ser emitido no prazo de 10 dias, encontrando-se o procedimento suspenso até à emissão deste parecer.

2 – Para efeitos do disposto no número anterior, a CCDR notifica o comunicante da data da solicitação e da recepção do parecer da APA, I.P., bem como do seu teor.

3 – Nos casos em que usos e ações constantes do anexo II à presente portaria estejam sujeitos a avaliação de impacte ambiental ou a avaliação de incidências ambientais, a pronúncia da APA, I.P. nessa sede compreende a emissão do parecer obrigatório e vinculativo referido no nº 1 do presente artigo.

Artigo 6º – Produção de efeitos

A presente portaria produz efeitos desde o dia 1 de dezembro de 2012.

ANEXO I

Condições e requisitos para a admissão dos usos e ações referidas nºs 2 e 3 do artigo 20º do Decreto-Lei nº 166/2008, de 22 de agosto, na redação conferida pelo Decreto-Lei nº 239/2012, de 2 de novembro.

I – Obras de construção, alteração e ampliação

a) Apoios agrícolas afetos exclusivamente à exploração agrícola e instalações para transformação de produtos exclusivamente da exploração ou de carácter artesanal diretamente afetos à exploração agrícola

A pretensão pode ser admitida desde que a área total de implantação de edificações para apoios agrícolas e respetivas ampliações não exceda 1000 m2 e a área total impermeabilizada não exceda 2% da área da exploração agrícola. Quando os apoios se refiram a explorações hortícolas e florícolas a área total de implantação de edificações e respetivas ampliações e impermeabilizações pode exceder 2% da área da exploração, desde que não seja ultrapassada a área total de implantação de 250 m2.

b) Habitação, turismo, indústria, agro-indústria e pecuária com área de implantação superior a 40 m2 e inferior a 250 m2

A pretensão pode ser admitida desde que a área de implantação não exceda 2% da área total do prédio, até ao limite de 250 m2.

c) Cabinas para motores de rega com área inferior a 4 m2

Sem requisitos específicos.

d) Pequenas construções de apoio aos sectores da agricultura e floresta, ambiente, energia e recursos geológicos, telecomunicações e indústria, cuja área de implantação seja igual ou inferior a 40 m2

Sem requisitos específicos.

e) Ampliação de edificações existentes destinadas a usos industriais e de energia e recursos geológicos

A pretensão pode ser admitida desde que cumpra, cumulativamente, os seguintes requisitos:

i) A edificação existente esteja licenciada, nos termos legalmente exigidos, ou não tendo carecido de licença, tal facto seja confirmado pela Câmara Municipal.

ii) Não implique um acréscimo da área de implantação superior a 50 % da área de implantação existente, e da aplicação deste requisito não resulte uma área total de implantação (soma das áreas de implantação existente e a ampliar) superior a 450 m2.

f) Ampliação de edificações existentes destinadas a empreendimentos de turismo em espaço rural, de turismo da natureza, de turismo de habitação

A pretensão pode ser admitida desde que cumpra, cumulativamente, os seguintes requisitos:

i) A edificação existente esteja licenciada, nos termos legalmente exigidos, ou no caso de à data da construção não ser exigível a emissão de licença, tal facto seja confirmado pela Câmara Municipal.

ii) Não implique um acréscimo da área de implantação superior a 50% da área de implantação existente. Quando da aplicação deste requisito não resulte uma área total de implantação (soma das áreas de implantação existente e a ampliar) superior a 1000 m2, pode ser admitida uma ampliação até 500 m2 de área total de implantação.

iii) Os equipamentos de recreio e lazer de apoio ao empreendimento sejam dimensionados em função da capacidade de alojamento do empreendimento, não devendo as intervenções implicar alterações significativas da topografia do terreno, devendo ser privilegiada a utilização de materiais permeáveis ou semipermeáveis nos pavimentos.

g) Ampliação de edificações existentes destinadas a usos de habitação e outras não abrangidas pelas alíneas e) e f), nomeadamente afetas a outros empreendimentos turísticos e a equipamentos de utilização coletiva

A pretensão pode ser admitida desde que cumpra, cumulativamente, os seguintes requisitos:

i) A edificação existente esteja licenciada, nos termos legalmente exigidos, ou no caso de à data da construção não ser exigível a emissão de licença, tal facto seja confirmado pela Câmara Municipal.

ii) A área a ampliar não exceda 50% da área de implantação existente e daí não resulte uma área total de implantação (soma das áreas de implantação existente e a ampliar) superior a 250 m2.

h) Muros de vedação e muros de suporte de terras com altura correspondente ao limite da cota do terreno ou até mais 0,20 m acima deste

Sem requisitos específicos.

II – Infraestruturas

a) Pequenas estruturas e infraestruturas de rega e órgãos associados de apoio à exploração agrícola, nomeadamente instalação de tanques, estações de filtragem, condutas, canais, incluindo levadas

Sem requisitos específicos.

b) Charcas para fins agroflorestais e de defesa da floresta contra incêndios, com capacidade máxima de 2000 m3

A pretensão pode ser admitida desde que cumpra, cumulativamente, os seguintes requisitos:

i) Não estabeleçam ligação com as linhas de água, com exceção do eventual encaminhamento de excedentes através de descarregador para uma linha de água próxima.

ii) No caso de charcas para fins de defesa da floresta contra incêndios, desde que exista parecer favorável da autoridade municipal de proteção civil.

c) Charcas para fins agroflorestais e de defesa da floresta contra incêndios, com capacidade de 2000 m3 a 50000 m3

A pretensão pode ser admitida desde que cumpra, cumulativamente, os seguintes requisitos:

i) Não estabeleçam ligação com as linhas de água, com exceção do eventual encaminhamento de excedentes através de descarregador para uma linha de água próxima.

ii) No caso de charcas para fins de defesa da floresta contra incêndios, desde que exista parecer favorável da autoridade municipal de proteção civil.

d) Infraestruturas de abastecimento de água, de drenagem e tratamento de águas residuais e de gestão de efluentes, incluindo estações elevatórias, ETA, ETAR, reservatórios e plataformas de bombagem

A pretensão pode ser admitida desde que cumpra, cumulativamente, os seguintes requisitos:

i) Sejam estabelecidas medidas de minimização das disfunções ambientais e paisagísticas.

ii) Nas zonas ameaçadas pelas cheias não é admitida a instalação de ETAR.

e) Beneficiação de infraestruturas portuárias e de acessibilidades marítimas existentes

Sem requisitos específicos.

f) Produção e distribuição de eletricidade a partir de fontes de energia renováveis (instalações de produção de eletricidade a partir de fontes de energia renováveis nos termos do regime legal aplicável)

Sem requisitos específicos.

g) Antenas de rádio, teledifusão e estações de telecomunicações

Sem requisitos específicos.

h) Redes elétricas aéreas de baixa tensão, excluindo subestações

Sem requisitos específicos.

i) Redes elétricas aéreas de alta e média tensão, excluindo subestações

Sem requisitos específicos.

j) Estações meteorológicas e de rede sísmica digital

Sem requisitos específicos.

l) Sistema de prevenção contra tsunamis e outros sistemas de prevenção geofísica

Sem requisitos específicos.

m) Redes subterrâneas elétricas e de telecomunicações e condutas de combustíveis, incluindo postos de transformação e pequenos reservatórios de combustíveis

A pretensão pode ser admitida se for garantida a reposição das camadas de solo removidas e assegurado o adequado tratamento paisagístico.

n) Pequenas beneficiações de vias e de caminhos municipais, sem novas impermeabilizações

Sem requisitos específicos.

o) Alargamento de plataformas e de faixas de rodagem e pequenas correções de traçado

Sem requisitos específicos.

p) Construção de restabelecimentos para supressão de passagens de nível

A pretensão pode ser admitida desde que cumpra, cumulativamente, os seguintes requisitos:

i) Seja demonstrado, pelo comunicante, que o projeto da obra minimiza a ocupação de área REN e as operações de aterro e escavação.

ii) Seja respeitada a drenagem natural dos terrenos, garantindo a minimização da contaminação dos solos e da água.

iii) Sejam estabelecidas medidas de minimização das disfunções ambientais e paisagísticas.

q) Construção de subestações de tração para eletrificação ou reforço da alimentação em linhas ferroviárias existentes

Sem requisitos específicos.

r) Desassoreamento, estabilização de taludes e de áreas com risco de erosão, nomeadamente muros de suporte e obras de correção torrencial (incluindo as ações de proteção e gestão do domínio hídrico)

Sem requisitos específicos.

s) Postos de vigia de apoio à defesa da floresta contra incêndios e de apoio a outros fins públicos como a vigilância da costa, de iniciativa de entidades públicas ou privadas

Sem requisitos específicos.

t) Pequenas pontes, pontões e obras de alargamento de infraestruturas existentes

A pretensão pode ser admitida desde que cumpra, cumulativamente, os seguintes requisitos:

i) Seja demonstrado, pelo comunicante, que o projeto da intervenção minimiza a ocupação de área de REN e as operações de aterro e escavação.

ii) Sejam estabelecidas medidas de minimização das disfunções ambientais e paisagísticas.

iii) Nos leitos dos cursos de água a pretensão pode ser admitida se não constituir ou contiver elementos que funcionem como obstáculo à livre circulação das águas, e desde que a secção cumpra as dimensões necessárias para o escoamento de uma cheia com o período de retorno de 100 anos, excecionando-se as ações temporárias necessárias à realização das obras.

III – Sector agrícola e florestal

....

IV – Aquicultura

....

V – Salicultura

....

VI – Prospecção e exploração de recursos geológicos

....

VII – Equipamentos, recreio e lazer

a) Espaços não construídos de instalações militares (nomeadamente heliportos, parques de estacionamento em pavimento permeável ou semipermeável, espaços verdes, sem prejuízo da necessária limitação das áreas impermeabilizadas e das alterações ao relevo, assegurando uma adequada integração paisagística)

A pretensão pode ser admitida desde que cumpra, cumulativamente, os seguintes requisitos:

i) Seja adaptada à topografia do local, não podendo implicar movimentos de terras significativos.

ii) Seja garantido que as ações a desenvolver têm em consideração a minimização da erosão dos solos e não afetam os leitos dos cursos de água.

b) Equipamentos e apoios às zonas de recreio balnear e à atividade náutica de recreio em águas interiores, bem como infraestruturas associadas

A pretensão pode ser admitida desde que cumpra, cumulativamente, os seguintes requisitos:

i) Assegure as funções de apoio de praia, quando inseridos em zonas de apoio balnear.

ii) As edificações sejam preferencialmente em madeira e assentes em estacaria, sem impermeabilização do solo e com um sistema adequado de tratamento de efluentes.

iii) A abertura de novos acessos, viários e pedonais, bem como a reabilitação e ampliação dos existentes, pode ser admitida quando os mesmos sejam necessários ao funcionamento das zonas de recreio balnear ou de apoio à náutica de recreio e seja garantido o seu enquadramento ambiental e paisagístico.

iv) Os acessos devem ser executados em materiais permeáveis ou semipermeáveis.

c) Equipamentos e apoios à náutica de recreio no mar e em águas de transição, bem como infraestruturas associadas

A pretensão pode ser admitida desde que cumpra, cumulativamente, os seguintes requisitos:

i) Assegure as funções de apoio de praia, quando inseridos em zonas de apoio balnear.

ii) As edificações sejam preferencialmente em madeira e assentes em estacaria, sem impermeabilização do solo e com um sistema adequado de tratamento de efluentes.

iii) A abertura de novos acessos, viários e pedonais, bem como a reabilitação e ampliação dos existentes, pode ser admitida quando os mesmos sejam necessários ao funcionamento das zonas de recreio balnear ou de apoio à náutica de recreio e seja garantido o seu enquadramento ambiental e paisagístico.

iv) Os acessos devem ser executados em materiais permeáveis ou semipermeáveis.

d) Equipamentos e apoios de praia, bem como infraestruturas associadas à utilização de praias costeiras

A pretensão pode ser admitida desde que cumpra, cumulativamente, os seguintes requisitos:

i) A abertura de novos acessos, viários e pedonais, bem como a reabilitação e ampliação dos existentes esteja prevista em plano de praia que integre um plano de ordenamento da orla costeira (POOC) ou plano de ordenamento de estuário (POE) eficazes.

ii) No caso de não existir plano especial de ordenamento do território eficaz, os equipamentos e apoios de praia são admitidos desde que estejam enquadrados em projeto e assegurem as funções de apoio de praia, quando inseridos em zonas de apoio balnear. Neste caso, a abertura de novos acessos, viários e pedonais, bem como a reabilitação e ampliação dos existentes, pode ser admitida quando os mesmos sejam necessários ao funcionamento das zonas de recreio balnear ou das infraestruturas de apoio à atividade náutica, devendo ser executados em materiais permeáveis ou semipermeáveis.

e) Espaços verdes equipados de utilização coletiva

A pretensão pode ser admitida desde que cumpra, cumulativamente, os seguintes requisitos:

i) As estruturas de apoio à atividade sejam preferencialmente estruturas leves do tipo amovível, à exceção das instalações sanitárias.

ii) Seja adaptada à topografia do local, não podendo implicar movimentos de terras significativos.

iii) Seja garantida a preservação da vegetação existente, em particular a ripícola.

iv) Seja assegurada a recolha de resíduos.

f) Abertura de trilhos e caminhos pedonais/cicláveis destinados à educação e interpretação ambiental e de descoberta da natureza, incluindo pequenas estruturas de apoio

A pretensão pode ser admitida desde que cumpra, cumulativamente, os seguintes requisitos:

i) Seja adaptada à topografia do terreno.

ii) As estruturas de apoio à atividade sejam preferencialmente estruturas leves do tipo amovível, à exceção das instalações sanitárias.

iii) Sejam exclusivamente utilizados pavimentos permeáveis ou semipermeáveis.

VIII – Instalações desportivas especializadas

Instalação de campos de golfe e de outras instalações desportivas que não impliquem a impermeabilização do solo, excluindo as áreas edificadas

A pretensão pode ser admitida desde que cumpra, cumulativamente, os seguintes requisitos:

i) Seja adaptada às condições topográficas do terreno, não devendo implicar movimentos de terras significativos.

ii) As estruturas de apoio às instalações desportivas sejam preferencialmente estruturas leves do tipo amovível, à exceção das instalações sanitárias.

ANEXO II

Usos e ações que carecem de parecer obrigatório e vinculativo da APA, I.P., nos termos do nº 5 do artigo 22º do Decreto-Lei nº 166/2008, de 22 de agosto, na redação conferida pelo Decreto-Lei nº 239/2012, de 2 de novembro.

A APA I.P. emite o seu parecer obrigatório e vinculativo em função das tipologias de áreas da REN em causa, tendo em consideração se os usos e ações em questão envolvem impactes significativos e se os mesmos são susceptíveis de ser compatíveis com a salvaguarda do recurso ou do risco respeitante a uma tipologia de área da REN.

I – Obras de construção, alteração e ampliação

a) Apoios agrícolas afectos exclusivamente à exploração agrícola e instalações para transformação de produtos exclusivamente da exploração ou de carácter artesanal diretamente afectos à exploração agrícola

Carece de parecer obrigatório e vinculativo da APA, I.P., nos casos em que o uso ou ação se localize em:

i) Áreas estratégicas de proteção e recarga de aquífero;

ii) Áreas de elevado risco de erosão hídrica do solo;

iii) Zonas adjacentes;

iv) Zonas ameaçadas pelas cheias e pelo mar.

b) Habitação, turismo, indústria, agro-indústria e pecuária com área de implantação superior a 40 m2 e inferior a 250m2

Carece de parecer obrigatório e vinculativo da APA, I.P., nos casos em que o uso ou ação se localize em:

i) Áreas estratégicas de proteção e recarga de aquífero;

ii) Áreas de elevado risco de erosão hídrica do solo.

c) Cabinas para motores de rega com área inferior a 4 m2

Não aplicável.

d) Pequenas construções de apoio aos setores da agricultura e floresta, ambiente, energia e recursos geológicos, telecomunicações e indústria, cuja área de implantação seja igual ou inferior a 40m2

Carece de parecer obrigatório e vinculativo da APA, I.P., nos casos em que o uso ou ação se localize em:

i) Faixa de proteção às águas de transição, fora da margem;

ii) Zonas adjacentes;

iii) Zonas ameaçadas pelas cheias e pelo mar.

e) Ampliação de edificações existentes destinadas a usos industriais e de energia e recursos geológicos

Carece de parecer obrigatório e vinculativo da APA, I.P., nos casos em que o uso ou ação se localize em:

i) Áreas estratégicas de proteção e recarga de aquífero;

ii) Áreas de elevado risco de erosão hídrica do solo;

iii) Zonas adjacentes.

f) Ampliação de edificações existentes destinadas a empreendimentos de turismo em espaço rural e de turismo da natureza e a turismo de habitação

Carece de parecer obrigatório e vinculativo da APA, I.P., nos casos em que o uso ou ação se localize em:

i) Faixa de proteção às águas de transição, fora da margem e quando não esteja abrangido por plano especial de ordenamento do território;

ii) Faixa terrestre de proteção costeira, fora da margem e quando não esteja abrangido por plano especial de ordenamento do território;

iii) Áreas estratégicas de proteção e recarga de aquíferos;

iv) Áreas de elevado risco de erosão hídrica do solo;

v) Zonas adjacentes.

g) Ampliação de edificações existentes destinadas a usos de habitação e outras não abrangidas pelas alíneas e) e f), nomeadamente afectas a outros empreendimentos turísticos, equipamentos de utilização colectiva

Carece de parecer obrigatório e vinculativo da APA, I.P., nos casos em que o uso ou ação se localize em:

i) Faixa de proteção às águas de transição, fora da margem e quando não esteja abrangido por plano especial de ordenamento do território;

ii) Faixa terrestre de proteção costeira, fora da margem e quando não esteja abrangido por plano especial de ordenamento do território;

iii) Áreas estratégicas de proteção e recarga de aquíferos;

iv) Áreas de elevado risco de erosão hídrica do solo;

v) Zonas adjacentes.

h) Muros de vedação e muros de suporte de terras desde que apenas ao limite da cota do terreno, ou até mais 0,20m acima deste

Carece de parecer obrigatório e vinculativo da APA, I.P., nos casos em que o uso ou ação se localize na faixa terrestre de proteção às águas de transição, fora da margem e quando não esteja abrangido por plano especial de ordenamento do território.

II – Infraestruturas

a) Pequenas estruturas e infraestruturas de rega e órgãos associados de apoio à exploração agrícola, nomeadamente instalação de tanques, estações de filtragem, condutas, canais, incluindo levadas

Não aplicável.

b) Charcas para fins agroflorestais e de defesa da floresta contra incêndios, com capacidade máxima de 2000 m3

Não aplicável.

c) Charcas para fins agroflorestais e de defesa da floresta contra incêndios, com capacidade de 2000 m3 a 50000 m3

Não aplicável.

d) Infraestruturas de abastecimento de água de drenagem e tratamento de águas residuais e de gestão de efluentes, incluindo estações elevatórias, ETA, ETAR, reservatórios e plataformas de bombagem

Não aplicável.

e) Beneficiação de infraestruturas portuárias e de acessibilidades marítimas existentes

Não aplicável.

f) Produção e distribuição de eletricidade a partir de fontes de energia renováveis

Carece de parecer obrigatório e vinculativo da APA, I.P., nos casos em que o uso ou ação se localize em:

i) Faixa terrestre de proteção costeira, fora da margem;
ii) Áreas de elevado risco de erosão hídrica do solo;
iii) Zonas adjacentes;
iv) Zonas ameaçadas pelas cheias e pelo mar.

g) Antenas de rádio, teledifusão e estações de telecomunicações

Não aplicável.

h) Redes elétricas aéreas de baixa tensão, excluindo subestações

Não aplicável.

i) Redes elétricas aéreas de alta e média tensão, excluindo subestações

Não aplicável.

j) Estações meteorológicas e de rede sísmica digital

Não aplicável.

l) Sistema de prevenção contra tsunamis e outros sistemas de prevenção geofísica

Não aplicável.

m) Redes subterrâneas elétricas e de telecomunicações e condutas de combustíveis, incluindo postos de transformação e pequenos reservatórios de combustíveis

Carece de parecer obrigatório e vinculativo da APA, I.P., nos casos em que o uso ou ação se localize em:

i) Áreas estratégicas de proteção e recarga de aquíferos;
ii) Áreas de elevado risco de erosão hídrica do solo;
iii) Zonas adjacentes;
iv) Zonas ameaçadas pelas cheias e pelo mar.

n) Pequenas beneficiações de vias e de caminhos municipais, sem novas impermeabilizações

Não aplicável.

o) Alargamento de plataformas e de faixas de rodagem e pequenas correções de traçado

Carece de parecer obrigatório e vinculativo da APA, I.P., nos casos em que o uso ou ação se localize na faixa de proteção às águas de transição, fora da margem.

p) Construção de restabelecimentos para supressão de passagens de nível

Carece de parecer obrigatório e vinculativo da APA, I.P., nos casos em que o uso ou ação se localize em:

i) Áreas estratégicas de proteção e recarga de aquíferos;
ii) Áreas de elevado risco de erosão hídrica do solo;
iii) Zonas adjacentes;
iv) Zonas ameaçadas pelas cheias e pelo mar.

q) Construção de subestações de tração para eletrificação ou reforço da alimentação, em linhas existentes

Carece de parecer obrigatório e vinculativo da APA, I.P., nos casos em que o uso ou ação se localize em:

i) Áreas estratégicas de proteção e recarga de aquíferos;
ii) Áreas de elevado risco de erosão hídrica do solo.

r) Desassoreamento, estabilização de taludes e de áreas com risco de erosão, nomeadamente muros de suporte e obras de correção torrencial (incluindo as ações de proteção e gestão do domínio hídrico)

Não aplicável.

s) Postos de vigia de apoio à defesa da floresta contra incêndios e de apoio a outros fins públicos como a vigilância da costa, de iniciativa de entidades públicas ou privadas

Não aplicável.

t) Pequenas pontes, pontões e obras de alargamentos das infraestruturas existentes

Carece de parecer obrigatório e vinculativo da APA, I.P., nos casos em que o uso ou ação se localize em:

i) Faixa de proteção às águas de transição, fora da margem;
ii) Faixa terrestre de proteção costeira, fora da margem;
iii) Áreas estratégicas de proteção e recarga de aquíferos;
iv) Áreas de elevado risco de erosão hídrica do solo;
v) Zonas adjacentes;
vi) Zonas ameaçadas pelas cheias e pelo mar.

III – Sector agrícola e florestal

....

IV – Aquicultura

....

V – Salicultura

....

VI – Prospecção e exploração de recursos geológicos

....

VII – Equipamentos, recreio e lazer

a) Espaços não construídos de instalações militares

Carece de parecer obrigatório e vinculativo da APA, I.P., nos casos em que o uso ou ação se localize em:

i) Faixa de proteção às águas de transição, fora da margem;
ii) Faixa terrestre de proteção costeira, fora da margem;
iii) Áreas estratégicas de proteção e recarga de aquíferos;
iv) Áreas de elevado risco de erosão hídrica do solo;
v) Zonas adjacentes;
vi) Zonas ameaçadas pelas cheias e pelo mar.

b) Equipamentos e apoios às zonas de recreio balnear e à atividade náutica de recreio em águas interiores, bem como infraestruturas associadas

Carece de parecer obrigatório e vinculativo da APA, I.P., nos casos em que o uso ou ação se localize em:

i) Áreas estratégicas de proteção e recarga de aquíferos;
ii) Áreas de elevado risco de erosão hídrica do solo;
iii) Zonas adjacentes;
iv) Zonas ameaçadas pelas cheias e pelo mar.

c) Equipamentos e apoios à náutica de recreio no mar e em águas de transição, bem como infraestruturas associadas

Carece de parecer obrigatório e vinculativo da APA, I.P., nos casos em que o uso ou ação se localize em:

i) Faixa de proteção às águas de transição, fora da margem;

ii) Faixa terrestre de proteção costeira, fora da margem.

d) Equipamentos e apoios de praia, bem como infraestruturas associadas à utilização de praias costeiras

Carece de parecer obrigatório e vinculativo da APA, I.P., nos casos em que o uso ou ação se localize em:

i) Faixa de proteção às águas de transição, fora da margem;

ii) Arribas e faixas de proteção, fora da margem;

iii) Faixa terrestre de proteção costeira, fora da margem;

iv) Áreas estratégicas de proteção e recarga de aquíferos;

v) Zonas adjacentes;

vi) Zonas ameaçadas pelas cheias e pelo mar.

e) Espaços verdes equipados de utilização coletiva

Não aplicável.

f) Abertura de trilhos e caminhos pedonais/cicláveis destindos à educação e interpretação ambiental e de descoberta da natureza, incluindo pequenas estruturas de apoio

Não aplicável.

VIII – Instalações desportivas especializadas

Instalação de campos de golfe, excluindo as áreas edificadas.

Carece de parecer obrigatório e vinculativo da APA, I.P., nos casos em que o uso ou ação se localize em:

i) Áreas estratégicas de proteção e recarga de aquíferos;

ii) Áreas de elevado risco de erosão hídrica do solo;

iii) Zonas adjacentes;

iv) Zonas ameaçadas pelas cheias e pelo mar.

ANEXO III
Elementos instrutórios

a) Memória descritiva e justificativa da qual conste a:

i) Identificação do comunicante;

ii) Descrição da situação existente e da atividade desenvolvida, bem como indicação das edificações existentes e propostas, quando aplicável;

iii) Descrição do uso ou ação, incluindo o seu destino, a sua necessidade e as suas condições de instalação e funcionamento;

iv) Quantificação da superfície total de REN afetada pelo uso ou ação, expressa em m2 ou em hectares;

v) Demonstração da não afetação significativa da estabilidade ou do equilíbrio ecológico do sistema biofísico e dos valores naturais em presença;

vi) Demonstração do cumprimento dos requisitos respetivamente aplicáveis a cada um dos usos ou ações, definidos na presente portaria;

vii) Planta de localização à escala de 1:25000;

viii) Delimitação do terreno ou parcela e localização exata da ação no interior do mesmo, nomeadamente em planta a escala adequada (1:10000, 1:5000, 1:2000 ou 1:1000) e/ou através da indicação das respetivas coordenadas geográficas;

ix) Outros elementos tidos como relevantes pelo comunicante para a instrução do seu pedido.

V. Protecção do património cultural

1. Lei de Bases

- Lei nº 107/2001, de 8 de Setembro

2. Património cultural imóvel

- Decreto-Lei nº 309/2009, de 23 de Outubro

3. Regime dos estudos, projectos, relatórios, obras e intervenções

- Decreto-Lei nº 140/2009, de 15 de Junho

1. Lei de Bases

Lei nº 107/2001, de 8 de Setembro

Estabelece as bases da política e do regime de protecção e valorização do património cultural

A Assembleia da República decreta, nos termos da alínea *c*) do artigo 161º da Constituição, para valer como lei geral da República, o seguinte:

TITULO I – Dos princípios basilares

Artigo 1º – Objecto

1 – A presente lei estabelece as bases da política e do regime de protecção e valorização do património cultural, como realidade da maior relevância para a compreensão, permanência e construção da identidade nacional e para a democratização da cultura.

2 – A política do património cultural integra as acções promovidas pelo Estado, pelas Regiões Autónomas, pelas autarquias locais e pela restante Administração Pública, visando assegurar, no território português, a efectivação do direito à cultura e à fruição cultural e a realização dos demais valores e das tarefas e vinculações impostas, neste domínio, pela Constituição e pelo direito internacional.

Artigo 2º – Conceito e âmbito do património cultural

1 – Para os efeitos da presente lei integram o património cultural todos os bens que, sendo testemunhos com valor de civilização ou de cultura portadores de interesse cultural relevante, devam ser objecto de especial protecção e valorização.

2 – A língua portuguesa, enquanto fundamento da soberania nacional, é um elemento essencial do património cultural português.

3 – O interesse cultural relevante, designadamente histórico, paleontológico, arqueológico, arquitectónico, linguístico, documental, artístico, etnográfico, científico, social, industrial ou técnico, dos bens que integram o património cultural reflectirá valores de memória, antiguidade, autenticidade, originalidade, raridade, singularidade ou exemplaridade.

4 – Integram, igualmente, o património cultural aqueles bens imateriais que constituam parcelas estruturantes da identidade e da memória colectiva portuguesas.

5 – Constituem, ainda, património cultural quaisquer outros bens que como tal sejam considerados por força de convenções internacionais que vinculem o Estado Português, pelo menos para os efeitos nelas previstos.

6 – Integram o património cultural não só o conjunto de bens materiais e imateriais de interesse cultural relevante, mas também, quando for caso disso, os respectivos contextos que, pelo seu valor de testemunho, possuam com aqueles uma relação interpretativa e informativa.

7 – O ensino, a valorização e a defesa da língua portuguesa e das suas variedades regionais no território nacional, bem como a sua difusão internacional, constituem objecto de legislação e políticas próprias.

8 – A cultura tradicional popular ocupa uma posição de relevo na política do Estado e das Regiões Autónomas sobre a protecção e valorização do património cultural e constitui objecto de legislação própria.

Artigo 3º – Tarefa fundamental do Estado

1 – Através da salvaguarda e valorização do património cultural, deve o Estado assegurar a transmissão de uma herança nacional cuja continuidade e enriquecimento unirá as gerações num percurso civilizacional singular.

2 – O Estado protege e valoriza o património cultural como instrumento primacial de realização da dignidade da pessoa humana, objecto de direitos fundamentais, meio ao serviço da democratização da cultura e esteio da independência e da identidade nacionais.

3 – O conhecimento, estudo, protecção, valorização e divulgação do património cultural constituem um dever do Estado, das Regiões Autónomas e das autarquias locais.

Artigo 4º – Contratualização da administração do património cultural

1 – Nos termos da lei, o Estado, as Regiões Autónomas e as autarquias locais podem celebrar com detentores particulares de bens culturais, outras entidades interessadas na preservação e valorização de bens culturais ou empresas

especializadas acordos para efeito da prossecução de interesses públicos na área do património cultural.

2 – Entre outros, os instrumentos referidos no número anterior podem ter por objecto a colaboração recíproca para fins de identificação, reconhecimento, conservação, segurança, restauro, valorização e divulgação de bens culturais, bem como a concessão ou delegação de tarefas, desde que não envolvam a habilitação para a prática de actos administrativos de classificação.

3 – Com as pessoas colectivas de direito público e de direito privado detentoras de acervos de bens culturais de excepcional importância e com as entidades incumbidas da respectiva representação podem o Estado, as Regiões Autónomas ou as autarquias locais acordar fórmulas institucionais de composição mista destinadas a canalizar de modo concertado, planificado e expedito as respectivas relações no domínio da aplicação da presente lei e da sua legislação de desenvolvimento.

4 – O disposto nos números anteriores aplica-se a todas as confissões religiosas e no que diz respeito à Igreja Católica, enquanto entidade detentora de uma notável parte dos bens que integram o património cultural português, com as adaptações e os aditamentos decorrentes do cumprimento pelo Estado do regime dos bens de propriedade da Igreja Católica ou de propriedade do Estado e com afectação permanente ao serviço da Igreja Católica, definido pela Concordata entre a República Portuguesa e a Santa Sé[99].

Artigo 5º – Identidades culturais

1 – No âmbito das suas relações bilaterais ou multilaterais com os países lusófonos, o Estado Português contribui para a preservação e valorização daquele património cultural, sito no território nacional ou fora dele, que testemunhe capítulos da história comum.

2 – O Estado Português contribui, ainda, para a preservação e salvaguarda do património cultural sito fora do espaço lusófono que constitua testemunho de especial importância de civilização e de cultura portuguesas.

3 – A política do património cultural visa, em termos específicos, a conservação e salvaguarda do património cultural de importância europeia e do património cultural de valor universal excepcional, em particular quando se trate de bens culturais que integrem o património cultural português ou que com este apresentem conexões significativas.

[99] A Concordata, assinada em 7.5.1940, foi publicada no então *Diário do Governo* de 10.7.1940.

Artigo 6º – Outros princípios gerais

Para além de outros princípios presentes nesta lei, a política do património cultural obedece aos princípios gerais de:

a) Inventariação, assegurando-se o levantamento sistemático, actualizado e tendencialmente exaustivo dos bens culturais existentes com vista à respectiva identificação;

b) Planeamento, assegurando que os instrumentos e recursos mobilizados e as medidas adaptadas resultam de uma prévia e adequada planificação e programação;

c) Coordenação, articulando e compatibilizando o património cultural com as restantes políticas que se dirigem a idênticos ou conexos interesses públicos e privados, em especial as políticas de ordenamento do território, de ambiente, de educação e formação, de apoio à criação cultural e de turismo;

d) Eficiência, garantindo padrões adequados de cumprimento das imposições vigentes e dos objectivos previstos e estabelecidos;

e) Inspecção e prevenção, impedindo, mediante a instituição de organismos, processos e controlos adequados, a desfiguração, degradação ou perda de elementos integrantes do património cultural;

f) Informação, promovendo a recolha sistemática de dados e facultando o respectivo acesso tanto aos cidadãos e organismos interessados como às competentes organizações internacionais;

g) Equidade, assegurando a justa repartição dos encargos, ónus e benefícios decorrentes da aplicação do regime de protecção e valorização do património cultural;

h) Responsabilidade, garantindo prévia e sistemática ponderação das intervenções e dos actos susceptíveis de afectar a integridade ou circulação lícita de elementos integrantes do património cultural;

i) Cooperação internacional, reconhecendo e dando efectividade aos deveres de colaboração, informação e assistência internacional.

TÍTULO II – Dos direitos, garantias e deveres dos cidadãos

Artigo 7º – Direito à fruição do património cultural

1 – Todos têm direito à fruição dos valores e bens que integram o património cultural, como modo de desenvolvimento da personalidade através da realização cultural.

2 – A fruição por terceiros de bens culturais, cujo suporte constitua objecto de propriedade privada ou outro direito real de gozo, depende de modos de

divulgação concertados entre a administração do património cultural e os titulares das coisas.[100]

3 – A fruição pública dos bens culturais deve ser harmonizada com as exigências de funcionalidade, segurança, preservação e conservação destes.

4 – O Estado respeita, também, como modo de fruição cultural o uso litúrgico, devocional, catequético e educativo dos bens culturais afectos a finalidades de utilização religiosa.

Artigo 8º – Colaboração entre a Administração Pública e os particulares

As pessoas colectivas de direito público colaborarão com os detentores de bens culturais, por forma que estes possam conjugar os seus interesses e iniciativas com a actuação pública, à luz dos objectivos de protecção e valorização do património cultural, e beneficiem de contrapartidas de apoio técnico e financeiro e de incentivos fiscais.

Artigo 9º – Garantias dos administrados

1 – Aos titulares de direitos e interesses legalmente protegidos sobre bens culturais, ou outros valores integrantes do património cultural, lesados por actos jurídicos ou materiais da Administração Pública ou de entidades em que esta delegar tarefas nos termos do artigo 4º e do nº 2 do artigo 26º são reconhecidas as garantias gerais dos administrados, nomeadamente:

a) O direito de promover a impugnação dos actos administrativos e das normas emitidas no desempenho da função administrativa;

b) O direito de propor acções administrativas;

[100] A "administração do património cultural", aqui pela primeira vez referida no diploma, está naturalmente concentrada, a nível do Estado, no Ministério ou Secretaria de Estado da Cultura, num dos seus serviços ou institutos autónomos. Em 1980, foi criado o Instituto Português do Património Cultural, depois transformado no Instituto Português do Património Arquitectónico e Arqueológico pelo Decreto-Lei nº 106-F/92, de 1 de Junho. Na sequência da recriação do Ministério da Cultura, em 1995, a nova Lei orgânica deste Departamento, constante do Decreto-Lei nº 42/96, de 7 de Maio, cindiu os organismos que se ocupam do património arquitectónico e do património arqueológico: este ficou a cargo do Instituto Português de Arqueologia, disciplinado pelo Decreto-Lei nº 117/97, de 14 de Maio, vindo o novo Instituto Português do Património Arquitectónico (que manteve a sigla IPPAR) a ter como lei orgânica o Decreto-Lei nº 120/97, de 16 de Maio.
Nova concentração das duas áreas ocorreu em 2006 (Decreto-Lei nº 215/2006, de 27 de Outubro), com a criação do Instituto de Gestão do Património Arquitectónico e Arqueológico (IGESPAR). As atribuições deste Instituto transitaram depois para uma Direcção-Geral do Património Cultural (Decreto-Lei nº 126-A/2011, de 29 de Dezembro).
Ver, sobre "providências de carácter organizatório" previstas na presente lei, os subsequentes artigos 95º, 96º e 111º, nº 2.

c) O direito de desencadear meios processuais de natureza cautelar, incluindo os previstos na lei de processo civil quando os meios específicos do contencioso administrativo não puderem proporcionar uma tutela provisória adequada;

d) O direito de apresentação de denúncia, queixa ou participação ao Ministério Público e de queixa ao Provedor de Justiça.

2 – É reconhecido, nos termos da lei geral, o direito de participação procedimental e de acção popular para a protecção de bens culturais ou outros valores integrantes do património cultural.[101]

3 – Sem prejuízo da iniciativa processual dos lesados e do exercício da acção popular, compete também ao Ministério Público a defesa dos bens culturais e de outros valores integrantes do património cultural contra lesões violadoras do direito, através, nomeadamente, do exercício dos meios processuais referidos no n.° 1 do presente artigo.

4 – O direito de acção popular inclui a utilização de embargo judicial de obra, trabalho ou serviço novo iniciados em qualquer bem cultural contra o disposto na presente lei e nas restantes normas do direito do património cultural, bem como o emprego de quaisquer outros procedimentos cautelares adequados, nos termos da alínea *c*) do nº 1 do presente artigo.

Artigo 10º – Estruturas associativas de defesa do património cultural

1 – Para além dos contributos individuais, a participação dos cidadãos interessados na gestão efectiva do património cultural pela Administração Pública poderá ser assegurada por estruturas associativas, designadamente institutos culturais, associações de defesa do património cultural, e outras organizações de direito associativo. [102]

2 – Para os efeitos da presente lei, entende-se por estruturas associativas de defesa do património cultural as associações sem fins lucrativos dotadas de personalidade jurídica constituídas nos termos da lei geral e em cujos estatutos conste como objectivo a defesa e a valorização do património cultural ou deste e do património natural, conservação da natureza e promoção da qualidade de vida.

[101] O direito de participação procedimental e de acção popular encontra-se hoje genericamente regulado na Lei nº 83/95, de 31 de Agosto.
O direito de acção popular havia porém já sido introduzido no âmbito da defesa do património pela anterior Lei nº 13/85, no seu artigo 59º.

[102] A anterior Lei nº 13/85 (artigo 6º) estabelecia que as "associações de defesa do património" tinham assento no conselho consultivo do então Instituto Português do Património Cultural. V. hoje, sem tal previsão, a Secção do património arquitectónico e arqueológico do Conselho Nacional de Cultura (Decreto-Lei nº 132/2013, de 13 de Setembro, art. 21º).

3 – As estruturas associativas de defesa do património cultural são de âmbito nacional, regional ou local e de representatividade genérica ou específica, nos termos da lei que as regular.

4 – As estruturas associativas de defesa do património cultural gozam do direito de participação, informação e acção popular, nos termos da presente lei, da lei que as regular e da lei geral.

5 – A Administração Pública e as estruturas associativas de defesa do património cultural colaborarão em planos e acções que respeitem à protecção e à valorização do património cultural.

6 – As administrações central, regional e local poderão ajustar com as estruturas associativas de defesa do património cultural formas de apoio a iniciativas levadas a cabo por estas últimas, em particular no domínio da informação e formação dos cidadãos.

7 – As estruturas associativas de defesa do património cultural gozam dos incentivos e benefícios fiscais atribuídos pela legislação tributária às pessoas colectivas de utilidade pública administrativa.

Artigo 11º – Dever de preservação, defesa e valorização do património cultural

1 – Todos têm o dever de preservar o património cultural, não atentando contra a integridade dos bens culturais e não contribuindo para a sua saída do território nacional em termos não permitidos pela lei.

2 – Todos têm o dever de defender e conservar o património cultural, impedindo, no âmbito das faculdades jurídicas próprias, em especial, a destruição, deterioração ou perda de bens culturais.

3 – Todos têm o dever de valorizar o património cultural, sem prejuízo dos seus direitos, agindo, na medida das respectivas capacidades, com o fito da divulgação, acesso à fruição e enriquecimento dos valores culturais que nele se manifestam.

TÍTULO III – Dos objectivos

Artigo 12º – Finalidades da protecção e valorização do património cultural

1 – Como tarefa fundamental do Estado e dever dos cidadãos, a protecção e a valorização do património cultural visam:

a) Incentivar e assegurar o acesso de todos à fruição cultural;

b) Vivificar a identidade cultural comum da Nação Portuguesa e das comunidades regionais e locais a ela pertencentes e fortalecer a consciência da participação histórica do povo português em realidades culturais de âmbito transnacional;

c) Promover o aumento do bem-estar social e económico e o desenvolvimento regional e local;

d) Defender a qualidade ambiental e paisagística.

2 – Constituem objectivos primários da política de património cultural o conhecimento, a protecção, a valorização e o crescimento dos bens materiais e imateriais de interesse cultural relevante, bem como dos respectivos contextos.

Artigo 13º – Componentes específicas da política do património cultural

A política do património cultural deverá integrar especificamente, entre outras, as seguintes componentes:

a) Definição de orientações estratégicas para todas as áreas do património cultural;

b) Definição, através de planos, programas e directrizes, das prioridades de intervenção ao nível da conservação, recuperação, acrescentamento, investigação e divulgação do património cultural;

c) Definição e mobilização dos recursos humanos, técnicos e financeiros necessários à consecução dos objectivos e das prioridades estabelecidas;

d) Definição das relações e aplicação dos instrumentos de cooperação entre os diversos níveis da Administração Pública e desta com os principais detentores de bens culturais e com as populações;

e) Definição dos modelos de articulação da política do património cultural com as demais políticas sectoriais;

f) Definição de modelos de aproveitamento das tecnologias da informação e comunicação;

g) Adopção de medidas de fomento à criação cultural.

TÍTULO IV – Dos bens culturais e das formas de protecção

Artigo 14º – Bens culturais

1 – Consideram-se bens culturais os bens móveis e imóveis que, de harmonia com o disposto nos nºs 1, 3 e 5 do artigo 2º, representem testemunho material com valor de civilização ou de cultura.

2 – Os princípios e disposições fundamentais da presente lei são extensíveis, na medida do que for compatível com os respectivos regimes jurídicos, aos bens naturais, ambientais, paisagísticos ou paleontológicos.

Artigo 15º – Categorias de bens

1 – Os bens imóveis podem pertencer às categorias de monumento, conjunto ou sítio, nos termos em que tais categorias se encontram definidas no direito internacional, e os móveis, entre outras, às categorias indicadas no título VII[103].

2 – Os bens móveis e imóveis podem ser classificados como de interesse nacional, de interesse público ou de interesse municipal[104].

3 – Para os bens imóveis classificados como de interesse nacional, sejam eles monumentos, conjuntos ou sítios, adoptar-se-á a designação «monumento nacional» e para os bens móveis classificados como de interesse nacional é criada a designação «tesouro nacional».

4 – Um bem considera-se de interesse nacional quando a respectiva protecção e valorização, no todo ou em parte, represente um valor cultural de significado para a Nação.

5 – Um bem considera-se de interesse público quando a respectiva protecção e valorização represente ainda um valor cultural de importância nacional, mas para o qual o regime de protecção inerente à classificação como de interesse nacional se mostre desproporcionado.

[103] A anterior Lei nº 13/85 reproduzia no seu artigo 8º, de forma útil, e com uma adaptação que melhorava talvez o original, as noções dessas categorias.
Será agora preciso consultar o artigo 1º da Convenção para a Protecção do Património Mundial e Cultural, assinada em Paris em 23.11.1972 e aprovada internamente pelo Decreto nº 46/79, de 6 de Junho. As noções em causa são respectivamente as seguintes:
"– Obras arquitectónicas, de escultura ou de pintura monumentais, elementos ou estruturas de carácter arqueológico, inscrições, grutas e grupos de elementos com valor universal excepcional do ponto de vista da história, da arte ou da ciência:
– Grupos de construções isoladas ou reunidas que, em virtude da sua arquitectura, unidade ou integração na paisagem, têm valor excepcional do ponto de vista da história, da arte ou da ciência;
– Obras do homem, ou obras conjugadas do homem e da natureza, e as zonas, incluindo os locais de interesse arqueológico, com um valor universal excepcional do ponto de vista histórico, estético, etnológico ou antropológico."
Era a seguinte a redacção constante do mencionado artigo 8º:
"*a*) Monumentos: obras de arquitectura, composições importantes ou criações mais modestas, notáveis pelo seu interesse histórico, arqueológico, artístico, científico, técnico ou social, incluindo as instalações ou elementos decorativos que fazem parte integrante destas obras, bem como as obras de escultura ou de pintura monumental;
b) Conjuntos: agrupamentos arquitectónicos urbanos ou rurais de suficiente coesão, de modo a poderem ser delimitados geograficamente, e notáveis, simultaneamente, pela sua unidade ou integração na paisagem e pelo seu interesse histórico, arqueológico, artístico, científico ou social;
c) Sítios: obras do homem ou obras conjuntas do homem e da natureza, espaços suficientemente característicos e homogéneos, de maneira a poderem ser delimitados geograficamente, notáveis pelo seu interesse histórico, arqueológico, artístico, científico ou social."
[104] V. a nota ao subsequente artigo 31º, nº 2.

6 – Consideram-se de interesse municipal os bens cuja protecção e valorização, no todo ou em parte, representem um valor cultural de significado predominante para um determinado município.

7 – Os bens culturais imóveis incluídos na lista do património mundial integram, para todos os efeitos e na respectiva categoria, a lista dos bens classificados como de interesse nacional.

8 – A existência das categorias e designações referidas neste artigo não prejudica a eventual relevância de outras, designadamente quando previstas no direito internacional.

Artigo 16º – Formas de protecção dos bens culturais

1 – A protecção legal dos bens culturais assenta na classificação e na inventariação.

2 – Cada forma de protecção dá lugar ao correspondente nível de registo, pelo que existirá:

a) O registo patrimonial de classificação;

b) O registo patrimonial de inventário.

3 – A aplicação de medidas cautelares previstas na lei não depende de prévia classificação ou inventariação de um bem cultural.

Artigo 17º – Critérios genéricos de apreciação

Para a classificação ou a inventariação, em qualquer uma das categorias referidas no artigo 15º, serão tidos em conta algum ou alguns dos seguintes critérios:

a) O carácter matricial do bem;

b) O génio do respectivo criador;

c) O interesse do bem como testemunho simbólico ou religioso;

d) O interesse do bem como testemunho notável de vivências ou factos históricos;

e) O valor estético, técnico ou material intrínseco do bem;

f) A concepção arquitectónica, urbanística e paisagística;

g) A extensão do bem e o que nela se reflecte do ponto de vista da memória colectiva;

h) A importância do bem do ponto de vista da investigação histórica ou científica;

i) As circunstâncias susceptíveis de acarretarem diminuição ou perda da perenidade ou da integridade do bem.

Artigo 18º – Classificação

1 – Entende-se por classificação o acto final do procedimento administrativo mediante o qual se determina que certo bem possui um inestimável valor cultural.

2 – Os bens móveis pertencentes a particulares só podem ser classificados como de interesse nacional quando a sua degradação ou o seu extravio constituam perda irreparável para o património cultural.

3 – Dos bens móveis pertencentes a particulares só são passíveis de classificação como de interesse público os que sejam de elevado apreço e cuja exportação definitiva do território nacional possa constituir dano grave para o património cultural.

4 – Só é possível a classificação de bens móveis de interesse municipal com o consentimento dos respectivos proprietários.

Artigo 19º – Inventariação

1 – Entende-se por inventariação o levantamento sistemático, actualizado e tendencialmente exaustivo dos bens culturais existentes a nível nacional, com vista à respectiva identificação.

2 – O inventário abrange os bens independentemente da sua propriedade pública ou privada.

3 – O inventário inclui os bens classificados e os que, de acordo com os nºs 1, 3 e 5 do artigo 2º e o nº 1 do artigo 14º, mereçam ser inventariados.

4 – O inventário abrange duas partes: o inventário de bens públicos, referente aos bens de propriedade do Estado ou de outras pessoas colectivas públicas, e o inventário de bens de particulares, referente aos bens de propriedade de pessoas colectivas privadas e de pessoas singulares.

5 – Só a título excepcional, e mediante despacho devidamente justificado do membro do governo central ou regional responsável pela área da cultura, os bens não classificados pertencentes a pessoas colectivas privadas e as pessoas singulares serão incluídos no inventário sem o acordo destas.

6 – Ficarão a constar do inventário independentemente do desfecho do procedimento os bens que se encontrem em vias de classificação.

TÍTULO V – Do regime geral de protecção dos bens culturais

CAPÍTULO I – Disposições gerais

SECÇÃO I – Direitos e deveres especiais

Artigo 20º – Direitos especiais dos detentores

Os proprietários, possuidores e demais titulares de direitos reais sobre bens que tenham sido classificados ou inventariados gozam, entre outros, dos seguintes direitos específicos:

a) O direito de informação quanto aos actos da administração do património cultural que possam repercutir-se no âmbito da respectiva esfera jurídica;

b) O direito de conhecer as prioridades e as medidas políticas já estabelecidas para a conservação e valorização do património cultural;

c) O direito de se pronunciar sobre a definição da política e de colaborar na gestão do património cultural, pelas formas organizatórias e nos termos procedimentais que a lei definir;

d) O direito a uma indemnização sempre que do acto de classificação resultar uma proibição ou uma restrição grave à utilização habitualmente dada ao bem;

e) O direito de requerer a expropriação, desde que a lei o preveja.[105]

Artigo 21º – Deveres especiais dos detentores

1 – Os proprietários, possuidores e demais titulares de direitos reais sobre bens que tenham sido classificados ou inventariados estão especificamente adstritos aos seguintes deveres:

a) Facilitar à administração do património cultural a informação que resulte necessária para execução da presente lei;

b) Conservar, cuidar e proteger devidamente o bem, de forma a assegurar a sua integridade e a evitar a sua perda, destruição ou deterioração;

c) Adequar o destino, o aproveitamento e a utilização do bem à garantia da respectiva conservação.

2 – Sobre os proprietários, possuidores e demais titulares de direitos reais sobre bens que tenham sido classificados incidem ainda os seguintes deveres:

a) Observar o regime legal instituído sobre acesso e visita pública, à qual podem, todavia, eximir-se mediante a comprovação da respectiva incompatibilidade, no caso concreto, com direitos, liberdades e garantias pessoais ou outros valores constitucionais;

b) Executar os trabalhos ou as obras que o serviço competente, após o devido procedimento, considerar necessários para assegurar a salvaguarda do bem.

Artigo 22º – Deveres especiais da Administração

1 – O Estado deverá promover a existência e adequada estruturação e funcionamento de um sistema nacional de informação do património cultural, através da implantação, compatibilização e progressiva interoperatividade das diferentes redes de bases de dados.

[105] A formulação condicional é incorrecta, dado o disposto no subsequente artigo 50º, nº 1, al. *c*). que não estabelece nenhuma restrição a esse direito de requerer a expropriação, embora também nada diga quanto aos parâmetros da correspondente decisão (diferentemente, quanto às zonas *non aedificandi*, cfr. o artigo 23º, nº 3 da anterior Lei nº 13/85; sobre estas, na presente lei, nada se diz – artigo 43º).

2 – A legislação de desenvolvimento deverá obrigatoriamente regular a constituição, organização e funcionamento das redes nacionais de arquivos, bibliotecas e museus.

3 – Serão assegurados os direitos e as garantias estabelecidas na Constituição e na lei geral em matéria de protecção de dados pessoais e os imperativos de segurança dos bens, designadamente através do estabelecimento de níveis de acesso e gestão adequados.

4 – A administração do património cultural deverá promover a cooperação entre os seus serviços e instituições, a qual poderá incluir a cedência e troca de bens culturais sempre que se trate de integrar ou completar colecções ou fundos de natureza histórica ou de especial interesse literário, artístico, científico ou técnico.

SECÇÃO II – Procedimento administrativo[106]

Artigo 23º – Direito subsidiário

Em tudo quanto não estiver expressamente regulado neste título, são aplicáveis aos procedimentos administrativos previstos na legislação do património cultural os princípios e as disposições do Código do Procedimento Administrativo.

Artigo 24º – Prazos gerais para conclusão

1 – Sempre que a natureza e a extensão das tarefas o permitam, deve o procedimento de inventariação ser concluído no prazo máximo de um ano.

2 – O procedimento de classificação deve ser concluído no prazo máximo de um ano.

3 – Sempre que, no âmbito do mesmo procedimento, estejam em causa conjuntos, sítios, colecções, fundos ou realidades equivalentes, pode o instrutor prorrogar os prazos até ao limite dos prazos máximos correspondentes.

4 – É de 18 meses o prazo máximo para a definição de zona especial de protecção.

5 – Transcorridos os prazos referidos nos números anteriores, pode qualquer interessado, no prazo de 60 dias, denunciar a mora, para efeitos de a Administração decidir de forma expressa e em idêntico prazo, sob pena de caducidade do procedimento.

[106] O Decreto-Lei nº 309/99, de 23 de Outubro, inserto na Secção seguinte, aprovou o regime do procedimento de classificação de bens imóveis, bem como o regime das zonas de protecção e do plano de pormenor de salvaguarda.

Artigo 25º – Início do procedimento

1 – O impulso para a abertura de um procedimento administrativo de classificação ou inventariação pode provir de qualquer pessoa ou organismo, público ou privado, nacional ou estrangeiro.

2 – A iniciativa do procedimento pode pertencer ao Estado, Regiões Autónomas, autarquias locais ou a qualquer pessoa singular ou colectiva dotada de legitimidade, nos termos gerais.

3 – Para efeito de notificação do acto que determina a abertura do procedimento, considera-se também interessado o município da área de situação do bem.

4 – Os bens em vias de classificação ficam sujeitos a um regime especial, nos termos da lei.[107]

5 – Um bem considera-se em vias de classificação a partir da notificação ou publicação do acto que determine a abertura do respectivo procedimento, nos termos do nº 1 do presente artigo, no prazo máximo de 60 dias úteis após a entrada do respectivo pedido.

Artigo 26º – Instrução do procedimento

1 – A instrução do procedimento compete ao serviço instrutor da entidade competente para a prática do acto final, em conformidade com as leis estatutárias e orgânicas e a demais legislação de desenvolvimento.

2 – As tarefas e funções específicas do procedimento podem ser cometidas a entidades não públicas, desde que excluída a prática de actos ablativos.

3 – Na instrução do procedimento são obrigatoriamente ouvidos os órgãos consultivos competentes, nos termos da lei.

Artigo 27º – Audiência dos interessados

1 – Os interessados têm o ónus de carrear para a instrução do procedimento todos os factos e elementos susceptíveis de conduzir a uma justa e rápida decisão e devem ser ouvidos antes de tomada a decisão final, nos termos do Código do Procedimento Administrativo.

2 – Quando o número de interessados for superior a 10 proceder-se-á a consulta pública, nos termos do Código do Procedimento Administrativo[108].

[107] É enganadora a expressão "nos termos da lei", constante deste preceito, ao apontar para a existência de lei especial para o regime dos bens em vias de classificação, quando este se acha já definido, ao menos em múltiplos pontos, nesta própria lei (cfr., por exemplo, o imediato nº 5 e os subsequentes artigos 33º, nº 1, 34º, 36º, 37º, 39º).

[108] Cfr. hoje o artigo 9º, nº 2 do Decreto-Lei nº 309/99, referido na antecedente nota (106).

Artigo 28º – Forma dos actos

1 – A classificação de um bem como de interesse nacional reveste a forma de decreto do Governo.

2 – A classificação de um bem como de interesse público reveste a forma de portaria.

3 – A forma dos demais actos a praticar obedecerá ao disposto na legislação aplicável.

4 – Todo o acto final de um procedimento sobre uma determinada forma de protecção deverá ser devidamente fundamentado, identificando com rigor o bem ou as partes componentes da universalidade em questão.

Artigo 29º – Notificação, publicação e efeitos da decisão

1 – A decisão final é notificada aos interessados, bem como ao município da área a que o bem pertença, quando não seja deste o serviço instrutor, e ainda às associações que tenham participado na instrução do procedimento.

2 – Toda a decisão final deve ser publicada.

3 – Os efeitos da decisão produzem-se a partir da data da notificação da mesma às pessoas directamente interessadas.

Artigo 30º – Procedimento para a revogação

O disposto nesta secção, com as necessárias adaptações, é aplicável aos procedimentos extintivos de actos que tenham instituído alguma forma de protecção.

CAPÍTULO II – Protecção dos bens culturais classificados

SECÇÃO I – Bens móveis e imóveis

Artigo 31º – Tutela dos bens

1 – Todo o bem classificado como de interesse nacional fica submetido a uma especial tutela do Estado, a qual, nas Regiões Autónomas, deve ser partilhada com os órgãos de governo próprios ou quando for o caso, com as competentes organizações internacionais, nos termos da lei e do direito internacional.

2 – A classificação de um bem como de interesse nacional consome eventual classificação já existente como de interesse público, de interesse regional, de valor concelhio ou de interesse municipal, devendo os respectivos registos ser cancelados[109].

[109] A nova classificação dos bens, em termos de valor relativo, consta do antecedente artigo 15º, nº 2, que retoma, com nova terminologia, a que vigorava anteriormente a 1985 ("monumentos nacionais", "imóveis de interesse público" e "valores concelhios").

3 – O registo patrimonial de classificação abrirá, aos proprietários, possuidores e demais titulares de direitos reais sobre os bens culturais classificados, o acesso aos regimes de apoio, incentivos, financiamentos e estipulação de acordos e outros contratos a que se refere o nº 1 do artigo 60º, reforçados de forma proporcional ao maior peso das limitações.

4 – Os bens classificados como de interesse nacional e municipal ficarão submetidos, com as necessárias adaptações, às limitações referidas nos nºs 2 e 4 do artigo 60º, bem como a todos os outros condicionamentos e restrições para eles estabelecidos na presente lei e na legislação de desenvolvimento.

Artigo 32º – Dever de comunicação das situações de perigo

O proprietário ou titular de outro direito real de gozo sobre um bem classificado nos termos do artigo 15º da presente lei, ou em vias de classificação como tal, deve avisar imediatamente o órgão competente da administração central ou regional, os serviços com competência inspectiva, o presidente da câmara municipal ou a autoridade policial logo que saiba de algum perigo que ameace o bem ou que possa afectar o seu interesse como bem cultural.

Artigo 33º – Medidas provisórias

1 – Logo que a Administração Pública tenha conhecimento de que algum bem classificado, ou em vias de classificação, corra risco de destruição, perda, extravio ou deterioração, deverá o órgão competente da administração central, regional ou municipal determinar as medidas provisórias ou as medidas técnicas de salvaguarda indispensáveis e adequadas, podendo, em caso de impossibilidade própria, qualquer destes órgãos solicitar a intervenção de outro.

2 – Se as medidas ordenadas importarem para o detentor a obrigação de praticar determinados actos, deverão ser fixados os termos, os prazos e as condições da sua execução, nomeadamente a prestação de apoio financeiro ou técnico.

3 – Além das necessárias medidas políticas e administrativas, fica o Governo obrigado a instituir um fundo destinado a comparticipar nos actos referidos no nº 2 do presente artigo e a acudir a situações de emergência ou de calamidade pública.

A Lei nº 13/85, no seu artigo 7º, nº 2, falava antes em bens de "valor local, valor regional, valor nacional ou valor internacional".
Daqui decorre que, neste nº 2, se misturam as referências aos dois sistemas de classificação.

Artigo 34º – Usucapião

Os bens culturais classificados nos termos do artigo 15º da presente lei, ou em vias de classificação como tal, são insusceptíveis de aquisição por usucapião[110].

SECÇÃO II – Alienações e direitos de preferência

Artigo 35º – Transmissão de bens classificados

A lei estabelecerá as limitações incidentes sobre a transmissão de bens classificados ou em vias de classificação pertencentes a pessoas colectivas públicas ou a outras pessoas colectivas tituladas ou subvencionadas pelo Estado ou pelas Regiões Autónomas.

Artigo 36º – Dever de comunicação da transmissão

1 – A alienação, a constituição de outro direito real de gozo ou a dação em pagamento de bens classificados nos termos do artigo 15º da presente lei, ou em vias de classificação como tal, depende de prévia comunicação escrita ao serviço competente para a instrução do respectivo procedimento.

2 – A transmissão por herança ou legado de bens classificados nos termos do artigo 15º da presente lei, ou em vias de classificação como tal, deverá ser comunicada pelo cabeça-de-casal ao serviço competente referido no número anterior, no prazo de três meses contados sobre a data de abertura da sucessão.

3 – O disposto no número anterior é aplicável aos bens situados nas zonas de protecção dos bens classificados nos termos do artigo 15º da presente lei, ou em vias de classificação como tal.

Artigo 37º – Direito de preferência

1 – Os comproprietários, o Estado, as Regiões Autónomas e os municípios gozam, pela ordem indicada, do direito de preferência em caso de venda ou dação em pagamento de bens classificados ou em vias de classificação ou dos bens situados na respectiva zona de protecção.

2 – É aplicável ao direito de preferência previsto neste artigo o disposto nos artigos 416º a 418º e 1410º do Código Civil, com as necessárias adaptações.

3 – O disposto no presente artigo não prejudica os direitos de preferência concedidos à Administração Pública pela legislação avulsa.

[110] Cfr. o artigo 1287º do Código Civil.

Artigo 38º – Escrituras e registos

1 – O incumprimento do dever de comunicação estabelecido nos artigos anteriores constituirá impedimento à celebração pelos notários das respectivas escrituras, bem como obstáculo a que os conservadores inscrevam os actos em causa nos competentes registos.

2 – Quando efectuadas contra o preceituado pelo artigo 35º e pelo nº 1 do artigo 36º, a alienação, a constituição de outro direito real de gozo ou a dação em pagamento são anuláveis pelos tribunais sob iniciativa do membro da administração central, regional ou municipal competente, dentro de um ano a contar da data do conhecimento.

Artigo 39º – Registo predial

1 – Os prédios classificados nos termos do artigo 15º da presente lei, ou em vias de classificação como tal, devem ter esta qualidade inscrita gratuitamente no respectivo registo predial.

2 – O disposto no número anterior aplica-se aos prédios incluídos em conjuntos classificados ou em vias de classificação.

SECÇÃO III – Bens imóveis[111]

SUBSECÇÃO I – Disposições comuns

Artigo 40º – Impacte de grandes projectos e obras

1 – Os órgãos competentes da administração do património cultural têm de ser previamente informados dos planos, programas, obras e projectos, tanto públicos como privados, que possam implicar risco de destruição ou deterioração de bens culturais, ou que de algum modo os possam desvalorizar.

2 – Para os efeitos do número anterior, o Governo, os órgãos de governo próprio das Regiões Autónomas e os órgãos das autarquias locais estabelecerão, no âmbito das competências respectivas, as medidas de protecção e as medidas correctivas que resultem necessárias para a protecção do património cultural.

[111] É incompreensível a sistemática desta Secção, que, tratando de bens imóveis, compreende uma Subsecção I, com "disposições comuns" e uma Subsecção II, sobre "Monumentos, conjuntos e sítios". De facto, como resulta da primeira parte do nº 1 do artigo 15º, os bens imóveis distribuem-se necessariamente por estas três categorias.

Artigo 41º – Inscrições e afixações

1 – É proibida a execução de inscrições ou pinturas em imóveis classificados nos termos do artigo 15º da presente lei, ou em vias de classificação como tal, bem como a colocação de anúncios, cartazes ou outro tipo de material informativo fora dos locais ali reservados para a exposição de elementos de divulgação das características do bem cultural e das finalidades e realizações a que corresponder o seu uso, sem autorização da entidade responsável pela classificação.

2 – A lei pode condicionar a afixação ou instalação de toldos, de tabuletas, de letreiros, de anúncios ou de cartazes, qualquer que seja a sua natureza e conteúdos, nos centros históricos e outros conjuntos urbanos legalmente reconhecidos, bem como nos locais onde possa prejudicar a perspectiva dos imóveis classificados.

Artigo 42º – Efeitos da abertura do procedimento

1 – A notificação do acto que determina a abertura do procedimento de classificação de bens imóveis nos termos do artigo 15º da presente lei opera, além de outros efeitos previstos nesta lei, a suspensão dos procedimentos de concessão de licença ou autorização de operações de loteamento, obras de urbanização, edificação, demolição, movimento de terras ou actos administrativos equivalentes, bem como a suspensão dos efeitos das licenças ou autorizações já concedidas, pelo prazo e condições a fixar na lei.[112]

2 – Enquanto outro prazo não for fixado pela legislação de desenvolvimento, o mesmo será de 120 dias para efeito de aplicação do disposto neste artigo.

3 – As operações urbanísticas que se realizem em desconformidade com o disposto no número anterior são ilegais, podendo a administração do património cultural competente ou os municípios ordenar a reconstrução ou demolição, pelo infractor ou à sua custa, nos termos da legislação urbanística, com as devidas adaptações.

4 – A classificação dos bens a que se refere o nº 1 gera a caducidade dos procedimentos, licenças e autorizações suspensos nos termos deste preceito, sem prejuízo de direito a justa indemnização pelos encargos e prejuízos anormais e especiais resultantes da extinção dos direitos previamente constituídos pela Administração.

[112] A figura da suspensão dos procedimentos havia já sido introduzida no artigo 117º do Regime jurídico dos instrumentos de gestão territorial de 1999, quando do início da discussão pública de novos planos, sendo porém inovatória a possibilidade de suspensão de licenças ou autorizações já concedidas. Ver hoje o artigo 145º do actual R.J.I.G.T.

Artigo 43º – Zonas de protecção[113]

1 – Os bens imóveis classificados nos termos do artigo 15º da presente lei, ou em vias de classificação como tal, beneficiarão automaticamente de uma zona geral de protecção de 50 m, contados a partir dos seus limites externos, cujo regime é fixado por lei.

2 – Os bens imóveis classificados nos termos do artigo 15º da presente lei, ou em vias de classificação como tal, devem dispor ainda de urna zona especial de protecção, a fixar por portaria do órgão competente da administração central ou da Região Autónoma quando o bem aí se situar.

3 – Nas zonas especiais de protecção podem incluir-se zonas *non aedificandi.*

4 – As zonas de protecção são servidões administrativas, nas quais não podem ser concedidas pelo município, nem por outra entidade, licenças para obras de construção e para quaisquer trabalhos que alterem a topografia, os alinhamentos e as cérceas e, em geral, a distribuição de volumes e coberturas ou o revestimento exterior dos edifícios sem prévio parecer favorável da administração do património cultural competente.

5 – Excluem-se do preceituado pelo número anterior as obras de mera alteração no interior de imóveis.[114]

Artigo 44º – Defesa da qualidade ambiental e paisagística

1 – A lei definirá outras formas para assegurar que o património cultural imóvel se torne um elemento potenciador da coerência dos monumentos, conjuntos e sítios que o integram, e da qualidade ambiental e paisagística.

2 – Para os efeitos deste artigo, o Estado, as Regiões Autónomas e as autarquias locais promoverão, no âmbito das atribuições respectivas, a adopção de providências tendentes a recuperar e valorizar zonas, centros históricos e outros conjuntos urbanos, aldeias históricas, paisagens, parques, jardins e outros elementos naturais, arquitectónicos ou industriais integrados na paisagem.

3 – Relativamente aos conjuntos e sítios, a legislação de desenvolvimento estabelecerá especialmente:

a) Os critérios exigidos para o seu reconhecimento legal e os benefícios e incentivos daí decorrentes;

b) Os parâmetros a que devem obedecer os planos, os programas e os regulamentos aplicáveis;

c) Os sistemas de incentivo e apoio à gestão integrada e descentralizada;

d) As medidas de avaliação e controlo.

[113] Ver o regime referido na antecedente nota (106).

[114] Cfr. os artigos 4º e 6º do Decreto-Lei nº 555/99, inserto no Cap. VII.

Artigo 45º – Projectos, obras e intervenções

1 – Os estudos e projectos para as obras de conservação, modificação, reintegração e restauro em bens classificados, ou em vias de classificação, são obrigatoriamente elaborados e subscritos por técnicos de qualificação legalmente reconhecida ou sob a sua responsabilidade directa[115].

2 – Os estudos e projectos referidos no número anterior devem integrar ainda um relatório sobre a importância e a avaliação artística ou histórica da intervenção, da responsabilidade de um técnico competente nessa área.

3 – As obras ou intervenções em bens imóveis classificados nos termos do artigo 15º da presente lei, ou em vias de classificação como tal, serão objecto de autorização e acompanhamento do órgão competente para a decisão final do procedimento de classificação, nos termos definidos na lei.

4 – Concluída a intervenção, deverá ser elaborado e remetido à administração do património cultural competente um relatório de onde conste a natureza da obra, as técnicas, as metodologias, os materiais e os tratamentos aplicados, bem como documentação gráfica, fotográfica, digitalizada ou outra sobre o processo seguido.

Artigo 46º – Obras de conservação obrigatória

1 – No respeito dos princípios gerais e nos limites da lei, o Estado, as Regiões Autónomas, os municípios e os proprietários ou titulares de outros direitos reais de gozo sobre imóveis classificados nos termos do artigo 15º da presente lei, ou em vias de classificação como tal, devem executar todas as obras ou quaisquer outras intervenções que a administração do património cultural competente considere necessárias para assegurar a sua salvaguarda.

2 – No caso de as obras ou intervenções não terem sido iniciadas ou concluídas dentro do prazo fixado, poderão as entidades previstas no nº 2 do artigo 40º da presente lei promover a sua execução coerciva nos termos previstos na legislação em vigor[116].

[115] Continuou aqui a copiar-se a fórmula constante do artigo 14º, nº 2 da Lei de 1985, quando se devia ter transposto a regra pouco depois introduzida pelo Decreto-Lei nº 205/88, de 16 de Junho que reservara a elaboração desses projectos a arquitectos.
E nem sequer essa fórmula vaga foi repetida quanto à autoria dos projectos de intervenção em imóveis situados em zonas de protecção (cfr. o artigo 23º, nº 2 da Lei nº 13/85), também já desenvolvida nesse Decreto-Lei nº 205/88 (artigo 3º).
Hoje, vigora nesse domínio a Lei nº 31/2009, inserta no Capítulo I. Cfr. também as regras de desenvolvimento introduzidas pelo Decreto-Lei nº 140/2009, de 15 de Junho (inserto na subsequente Secção 3), diploma que em especial definiu o regime dos "estudos, projectos, relatórios, obras ou intervenções sobre bens culturais classificados ou em vias de classificação".
[116] Cfr. os artigos 89º e 91º do Decreto-Lei nº 555/99, inserto no Cap. VII.

Artigo 47º – Embargos e medidas provisórias

1 – O organismo competente da administração do Estado, da administração regional autónoma ou da administração municipal deve determinar o embargo administrativo de quaisquer obras ou trabalhos em bens imóveis classificados como de interesse nacional, de interesse público ou de interesse municipal, ou em vias de classificação como tal, cuja execução decorra ou se apreste a iniciar em desconformidade com a presente lei.

2 – O disposto no número anterior aplica-se também às obras ou trabalhos em zonas de protecção de bens imóveis classificados nos termos do artigo 15º da presente lei, ou em vias de classificação como tal.

3 – A lei determinará as demais medidas provisórias aplicáveis.

Artigo 48º – Deslocamento

Nenhum imóvel classificado nos termos do artigo 15º da presente lei, ou em vias de classificação como tal, poderá ser deslocado ou removido, em parte ou na totalidade, do lugar que lhe compete, salvo se, na sequência do procedimento previsto na lei, assim for julgado imprescindível por motivo de força maior ou por manifesto interesse público, em especial no caso de a salvaguarda material do mesmo o exigir imperativamente, devendo então a autoridade competente fornecer todas as garantias necessárias quanto à desmontagem, à remoção e à reconstrução do imóvel em lugar apropriado.

Artigo 49º – Demolição

1 – Sem prejuízo do disposto nos artigos anteriores, não podem ser concedidas licenças de demolição total ou parcial de bens imóveis classificados nos termos do artigo 15º da presente lei, ou em vias de classificação como tal, sem prévia e expressa autorização do órgão competente da administração central, regional autónoma ou municipal, conforme os casos.

2 – A autorização de demolição por parte do órgão competente da administração central, regional autónoma ou municipal tem como pressuposto obrigatório a existência de ruína ou a verificação em concreto da primazia de um bem jurídico superior ao que está presente na tutela dos bens culturais, desde que, em qualquer dos casos, se não mostre viável nem razoável, por qualquer outra forma, a salvaguarda ou o deslocamento do bem.

3 – Verificado um ou ambos os pressupostos, devem ser decretadas as medidas adequadas à manutenção de todos os elementos que se possam salvaguardar, autorizando-se apenas as demolições estritamente necessárias.

4 – A autorização de demolição por parte do órgão competente da administração central, regional autónoma ou municipal não deve ser concedida quando a situação de ruína seja causada pelo incumprimento do disposto no presente capítulo, impondo-se aos responsáveis a reposição, nos termos da lei.

5 – São nulos os actos administrativos que infrinjam o disposto nos números anteriores.

Artigo 50º – Expropriação

1 – Ouvidos os interessados e os órgãos consultivos competentes, pode a administração do património cultural promover a expropriação dos bens imóveis classificados nos termos do artigo 15º da presente lei, ou em vias de classificação como tal, nos seguintes casos:

a) Quando por responsabilidade do detentor, decorrente de violação grave dos seus deveres gerais, especiais ou contratualizados, se corra risco sério de degradação do bem;

b) Quando por razões jurídicas, técnicas ou científicas devidamente fundamentadas a expropriação se revele a forma mais adequada de assegurar a tutela do bem;

c) Quando a expropriação tiver sido requerida pelo interessado[117].

2 – Ouvidos os interessados e os órgãos consultivos competentes, podem ainda ser expropriados os bens imóveis situados nas zonas de protecção dos bens classificados nos termos do artigo 15º da presente lei, ou em vias de classificação como tal, quando prejudiquem a boa conservação daqueles bens culturais ou ofendam ou desvirtuem as suas características ou enquadramento.

3 – No âmbito da aplicação dos nºs 1 e 2 do presente artigo, e tratando-se de bens imóveis classificados como de interesse municipal, ou em vias de classificação como tal, enquadrados num instrumento de gestão territorial eficaz, os municípios podem promover a respectiva expropriação, sendo a assembleia municipal competente para a declaração de utilidade desta expropriação, nos termos da lei[118].

SUBSECÇÃO II – Monumentos, conjuntos e sítios

Artigo 51º – Intervenções

Não poderá realizar-se qualquer intervenção ou obra, no interior ou no exterior de monumentos, conjuntos ou sítios classificados, nem mudança de uso susceptível de o afectar, no todo ou em parte, sem autorização expressa e o acompanhamento do órgão competente da administração central, regional autónoma ou municipal, conforme os casos.

[117] V. a nota ao antecedente artigo 20º, al. *e*).

[118] Cfr. os nºs 2 a 4 do artigo 14º do Código das Expropriações.

Artigo 52º - Contexto

1 - O enquadramento paisagístico dos monumentos será objecto de tutela reforçada.

2 - Nenhumas intervenções relevantes, em especial alterações com incidência no volume, natureza, morfologia ou cromatismo, que tenham de realizar-se nas proximidades de um bem imóvel classificado, ou em vias de classificação, podem alterar a especificidade arquitectónica da zona ou perturbar significativamente a perspectiva ou contemplação do bem.

3 - Exceptuam-se do disposto no número anterior as intervenções que tenham manifestamente em vista qualificar elementos do contexto ou dele retirar elementos espúrios, sem prejuízo do controlo posterior.

4 - A existência de planos de pormenor de salvaguarda ou de planos integrados não desonera do cumprimento do regime definido nos números anteriores.

Artigo 53º - Planos

1 - O acto que decrete a classificação de monumentos, conjuntos ou sítios nos termos do artigo 15º da presente lei, ou em vias de classificação como tal, obriga o município, em parceria com os serviços da administração central ou regional autónoma responsáveis pelo património cultural, ao estabelecimento de um plano de pormenor de salvaguarda para a área a proteger.

2 - A administração do património cultural competente pode ainda determinar a elaboração de um plano integrado, salvaguardando a existência de qualquer instrumento de gestão territorial já eficaz, reconduzido a instrumento de política sectorial nos domínios a que deva dizer respeito[119].

3 - O conteúdo dos planos de pormenor de salvaguarda será definido na legislação de desenvolvimento, o qual deve estabelecer, para além do disposto no regime jurídico dos instrumentos de gestão territorial[120]:

a) A ocupação e usos prioritários;

b) As áreas a reabilitar;

[119] É obscura, face à tipologia dos instrumentos de gestão territorial, esta referência a "planos integrados". Sobre instrumentos de política sectorial, vejam-se os planos sectoriais previstos hoje no artigo 39º do Dec.-Lei nº 80/2015, inserto no Cap. VI.

[120] Já no domínio da Lei de 1985 se havia tentado definir o conteúdo dos planos de pormenor de salvaguarda, para tanto se incumbindo o então IPPC de elaborar o correspondente projecto de regulamento (Despacho nº 45/88 do Secretário de Estado da Cultura, de 22.4.1988, publicado em D.R., II Série, de 10.5.1988), sem resultados porém.
Esses planos apenas tiveram uma fugaz regulamentação durante o curto período de vigência da primeira versão do diploma de 1995 que disciplinou a categoria dos planos especiais de ordenamento do território - cfr. a nota ao art. 42º do Decreto-Lei nº 80/2015, inserto no Cap. VI.
Hoje, cumprida finalmente esta previsão, vigora o Decreto-Lei nº 309/2009, inserto na Secção seguinte.

c) Os critérios de intervenção nos elementos construídos e naturais;

d) A cartografia e o recenseamento de todas as partes integrantes do conjunto;

e) As normas específicas para a protecção do património arqueológico existente;

f) As linhas estratégicas de intervenção, nos planos económico, social e de requalificação urbana e paisagística.

Artigo 54º – Projectos, obras e intervenções[121]

1 – Até à elaboração de algum dos planos a que se refere o artigo anterior, a concessão de licenças, ou a realização de obras licenciadas, anteriormente à classificação do monumento, conjunto ou sítio dependem de parecer prévio favorável da administração do património cultural competente.

2 – Após a entrada em vigor do plano de pormenor de salvaguarda, podem os municípios licenciar as obras projectadas em conformidade com as disposições daquele, sem prejuízo do dever de comunicar à administração do património cultural competente, no prazo máximo de 15 dias, as licenças concedidas.

3 – Os actos administrativos que infrinjam o disposto nos números anteriores são nulos.

SECÇÃO IV – Dos bens móveis

Artigo 55º – Bens culturais móveis

1 – Consideram-se bens culturais móveis integrantes do património cultural aqueles que se conformem com o disposto no nº 1 do artigo 14º e constituam obra de autor português ou sejam atribuídos a autor português, hajam sido criados ou produzidos em território nacional, provenham do desmembramento de bens imóveis aí situados, tenham sido encomendados ou distribuídos por entidades nacionais ou hajam sido propriedade sua, representem ou testemunhem vivências ou factos nacionais relevantes a que tenham sido agregados elementos naturais da realidade cultural portuguesa, se encontrem em território português há mais de 50 anos ou que, por motivo diferente dos referidos, apresentem especial interesse para o estudo e compreensão da civilização e cultura portuguesas.

2 – Consideram-se ainda bens culturais móveis integrantes do património cultural aqueles que, não sendo de origem ou de autoria portuguesa, se encontrem em território nacional e se conformem com o disposto no nº 1 do artigo 14º

[121] Cfr. também a este respeito o Decreto-Lei nº 309/2009.

3 – Os bens culturais móveis referidos no número anterior constituem espécies artísticas, etnográficas, científicas e técnicas, bem como espécies arqueológicas, arquivísticas, áudio-visuais, bibliográficas, fotográficas, fonográficas e ainda quaisquer outras que venham a ser consideradas pela legislação de desenvolvimento.

Artigo 56º – Classificação de bens culturais de autor vivo

A classificação feita nos termos do artigo 1º da presente lei de bens culturais de autor vivo depende do consentimento do respectivo proprietário, salvo situações excepcionais a definir em legislação de desenvolvimento.

Artigo 57º – Dever de comunicação de mudança de lugar

Os proprietários e possuidores de bens móveis classificados nos termos do artigo 15º da presente lei, ou em vias de classificação como tal, devem comunicar previamente ao serviço competente para a classificação a mudança de lugar ou qualquer circunstância que afecte a posse ou a guarda do bem.

Artigo 58º – Depósito

1 – Os proprietários e possuidores de bens móveis classificados nos termos do artigo 15º da presente lei, ou em vias de classificação como tal, podem acordar com a Administração Pública a respectiva cedência para depósito.

2 – Em caso de incumprimento, por parte dos detentores, de deveres gerais, especiais ou contratualizados, susceptível de acarretar um risco sério de degradação ou dispersão dos bens, poderá o Governo, os órgãos de governo próprio das Regiões Autónomas e os órgãos municipais competentes nos termos da presente lei ordenar que os mesmos sejam transferidos, a título de depósito, para a guarda de bibliotecas, arquivos ou museus.

Artigo 59º – Projectos e intervenções

1 – As intervenções físicas ou estruturantes em bens móveis classificados nos termos do artigo 15º da presente lei, ou em vias de classificação como tal, são obrigatoriamente asseguradas por técnicos de qualificação legalmente reconhecida.

2 – Nos termos da lei, e com as necessárias adaptações, são aplicáveis aos bens móveis classificados, ou em vias classificação, as disposições dos artigos 45º, 46º, 47º e 50º da presente lei.

SECÇÃO V – Particularização de regimes[122]

Artigo 60º – Outras disposições aplicáveis aos bens classificados

1 – O registo patrimonial de classificação abrirá aos proprietários, possuidores e demais titulares de direitos reais sobre os respectivos bens culturais o acesso a regimes de apoio, incentivos, financiamentos e estipulação de contratos e outros acordos, nos termos da presente lei e da legislação de desenvolvimento.

2 – Os bens classificados como de interesse público ficam sujeitos às seguintes restrições e ónus:

a) Dever, da parte do detentor, de comunicar a alienação ou outra forma de transmissão da propriedade ou de outro direito real de gozo, para efeitos de actualização de registo;

b) Sujeição a prévia autorização do desmembramento ou dispersão das partes integrantes do bem ou colecção;

c) Sujeição a prévia autorização do serviço competente de quaisquer intervenções que visem alteração, conservação ou restauro, as quais só poderão ser efectuadas por técnicos especializados, nos termos da legislação de desenvolvimento[123];

d) Existência de regras próprias sobre a transferência ou cedência de espécies de uma instituição para outra ou entre serviços públicos;

e) Sujeição da exportação a prévia autorização ou licença;

f) Identificação do bem através de sinalética própria, especialmente no caso dos imóveis;

g) Obrigação de existência de um documento para registos e anotações na posse do respectivo detentor.

3 – Relativamente ao regime definido no número anterior, os bens classificados como de interesse municipal poderão conhecer níveis menos intensos de limitações, nos termos a especificar na legislação de desenvolvimento.

[122] É uma vez mais muito pouco clara a razão de ordem sistemática que levou à previsão desta secção, face à organização do Capítulo em que está inserida.
Muito em particular, não é de modo algum claro se, nos seus nºs 2 a 6 se querem incluir todas as disposições específicas dos imóveis classificados como de interesse público e de interesse municipal, pois tal deveria então ter sido assinalado na sistemática do capítulo, cujos artigos 31º a 59º (mais o nº 1 deste artigo 60º) deveriam integrar uma divisão – por exemplo – relativa aos bens classificados como de interesse nacional, englobando-se numa outra divisão estas regras dos nºs 2 a 6 deste artigo. Não deveriam entretanto ficar suspensas da legislação de desenvolvimento as especificações e adaptações previstas nos nºs 3, 5 e 6, apenas concretizada em 2009 pelos dois diplomas subsequentemente insertos neste Capítulo.

[123] Confrontar a este respeito a nota ao antecedente artigo 45º, nº 1.

4 – No respeito pelos princípios gerais aplicáveis, poderá ainda a lei estabelecer, atenta a situação concreta do bem ou do tipo de bens em questão, um regime diferenciado de limitações, designadamente espaciais.

5 – Aos bens imóveis e móveis classificados como de interesse público são correspondentemente aplicáveis, com as especificações a definir na legislação de desenvolvimento, as disposições do nº 2 do artigo 31º e dos artigos 32º e 40º a 59º da presente lei.

6 – As disposições dos artigos 40º a 60º da presente lei apenas são aplicáveis, com as necessárias adaptações, aos bens imóveis e móveis classificados como de interesse municipal quando assim seja previsto na legislação de desenvolvimento.

CAPÍTULO III – Protecção dos bens culturais inventariados

Artigo 61º – Inventário geral

1 – Os bens inventariados gozam de protecção com vista a evitar o seu perecimento ou degradação, a apoiar a sua conservação e a divulgar a respectiva existência.

2 – O inventário geral do património cultural será assegurado e coordenado pelo Governo sem prejuízo da necessidade de articulação com os inventários já existentes.

Artigo 62º – Inventário de bens de particulares

1 – Qualquer pessoa pode, mediante solicitação fundamentada, requerer a inventariação de um bem, colecção ou conjunto de que seja detentor, juntando todos os elementos pertinentes.

2 – A solicitação referida no número anterior deverá ser decidida no prazo de 90 dias.

3 – A inclusão de qualquer bem, colecção ou conjunto no inventário geral confere ao respectivo detentor o direito a um título de identidade, sem prejuízo de outros benefícios a reconhecer por lei, em especial quando as operações de inventariação tiverem sido promovidas a expensas do particular.

Artigo 63.º – Inventário de bens públicos

1 – Para o efeito da elaboração do inventário dos bens públicos, os representantes das autarquias locais e das demais pessoas colectivas públicas não territoriais devem apresentar à administração do património cultural competente instrumentos de descrição de todos os bens pertencentes às entidades que representam, susceptíveis de integrar o património cultural de acordo com os nºs 1, 3 e 5 do artigo 2º e o nº 1 do artigo 14º da presente lei.

2 – Idêntico dever de comunicação é extensível aos bens que venham, por qualquer título, a integrar no futuro o património da pessoa colectiva.

3 – A lei estabelecerá os termos e condições em que se deve processar a apresentação dos instrumentos de descrição por parte dos serviços da administração central do Estado, da administração regional autónoma e de outros organismos públicos.

4 – A lei poderá estabelecer a classificação automática de certos bens públicos, na sequência do cumprimento do disposto nos números anteriores.

CAPÍTULO IV – Exportação, expedição, importação, admissão e comércio

Artigo 64º – Exportação e expedição

1 – A exportação e a expedição temporárias ou definitivas de bens que integrem o património cultural, ainda que não inscritos no registo patrimonial de classificação ou inventariação, devem ser precedidas de comunicação à administração do património cultural competente com a antecedência de 30 dias.

2 – A obrigação referida no número anterior respeitará, em particular, as espécies a que alude o nº 3 do artigo 55º, independentemente da apreciação definitiva do interesse cultural do bem em causa.

3 – A administração do património cultural competente poderá vedar liminarmente a exportação ou a expedição, a título de medida provisória, sem que de tal providência decorra a vinculação do Estado à aquisição da coisa.

4 – As exportações e as expedições que não obedeçam ao disposto no nº 1 do presente artigo e no artigo 65º, nos nºs 1 e 5 do artigo 66º e no artigo 67º são ilícitas.

Artigo 65º – Exportação e expedição de bens classificados como de interesse nacional

1 – A saída de território nacional de bens classificados como de interesse nacional, ou em vias de classificação como tal, fora dos casos previstos nos nºs 2 e 3 do presente artigo é interdita.

2 – A exportação e expedição temporárias de bens classificados como de interesse nacional, ou em vias de classificação como tal, apenas pode ser autorizada, por despacho do membro do Governo responsável pela área da cultura, para finalidades culturais ou científicas, bem como de permuta temporária por outros bens de igual interesse para o património cultural.

3 – A exportação e expedição definitivas de bens classificados como de interesse nacional, ou em vias de classificação como tal, pertencentes ao Estado, apenas podem ser autorizadas, a título excepcional, pelo Conselho de Ministros,

para efeito de permuta definitiva por outros bens existentes no estrangeiro que se revistam de excepcional interesse para o património cultural português.

4 – As autorizações ou licenças de exportação ou de expedição de bens referidas nos números anteriores especificarão as condições ou cláusulas modais que forem consideradas convenientes.

Artigo 66º – Exportação e expedição de outros bens classificados

1 – Dependem de autorização ou licença da administração do património cultural a exportação e a expedição definitivas ou temporárias de bens classificados como de interesse público, ou em vias de classificação como tal.

2 – A autorização ou a licença a que se refere o número anterior podem sujeitar a exportação ou a expedição a condições ou cláusulas modais.

3 – A apresentação do pedido de exportação ou de expedição para venda concede ao Estado o direito de preferência na aquisição.

4 – As leis de desenvolvimento regularão o regime de exportação e expedição dos demais bens classificados, assim como os procedimentos e formalidades aplicáveis.

5 – A exportação e a expedição de bens inventariados pertencentes a entidades públicas depende de autorização da administração do património cultural.

6 – A autorização a que se refere o número anterior sujeitar-se-á a condições especiais a definir por lei.

Artigo 67º – Exportação de bens culturais de Estados membros da União Europeia

As formalidades para efeito de exportação de bens pertencentes ao património cultural de Estados membros da União Europeia regem-se pelo disposto no direito comunitário.

Artigo 68º – Importação e admissão

1 – É aplicável à importação e à admissão de bens culturais, com as necessárias adaptações, o disposto nos nºs 1 e 2 do artigo 64º.

2 – Às importações e admissões de bens culturais promovidas por particulares que se efectuem em conformidade com a lei serão aplicáveis as seguintes regras:

a) O proprietário gozará do direito ao título de identificação do bem, com equivalência ao estatuto de bem inventariado;

b) Salvo acordo do proprietário, é vedada a classificação como de interesse nacional ou de interesse público do bem nos 10 anos seguintes à importação ou admissão.

3 – A lei regulará os demais procedimentos e condições a que deve obedecer a importação e a admissão, temporária ou definitiva, de bens culturais.

Artigo 69º – Regime do comércio e da restituição

1 – Em condições de reciprocidade, consideram-se nulas as transacções realizadas em território português incidentes sobre bens pertencentes ao património cultural de outro Estado e que se encontrem em território nacional em consequência da violação da respectiva lei de protecção.

2 – Os bens a que se refere o número anterior do presente artigo são restituíveis nos termos do direito comunitário ou internacional que vincular o Estado Português.

3 – A restituição de bens pertencentes ao património cultural dos demais Estados membros da União Europeia pode ser limitada às categorias de objectos relacionadas nos actos de direito comunitário derivado.

4 – As acções de restituição correrão pelos tribunais judiciais, nelas cabendo legitimidade activa exclusivamente ao Estado de onde o bem cultural tenha saído ilegalmente e desde que se trate de Estado membro da União Europeia ou de Estado em condições de reciprocidade na ordem interna portuguesa que lhe confira tal direito.

5 – Na acção de restituição, discutir-se-á apenas:

a) Se o bem que é objecto do pedido tem a qualidade de bem cultural nos termos das normas aplicáveis;

b) Se a saída do bem do território do Estado de origem foi ilícita nos termos das normas aplicáveis;

c) Se o possuidor ou detentor adquiriu o bem de boa fé;

d) O montante da indemnização a arbitrar ao possuidor ou detentor de boa fé;

e) Outros aspectos do conflito de interesses cuja discussão na acção de restituição seja consentido pelas normas aplicáveis do direito comunitário ou internacional.

6 – A acção de restituição não procederá quando o bem cultural reclamado constitua elemento do património cultural português.

7 – A legislação de desenvolvimento regulará a compra, venda e comércio de antiguidades e de outros bens culturais móveis.

TÍTULO VI – Do regime geral de valorização dos bens culturais

Artigo 70º – Componentes do regime de valorização

São componentes do regime geral de valorização dos bens culturais:

a) A conservação preventiva e programada;

b) A pesquisa e a investigação;

c) A protecção e valorização da paisagem e a instituição de novas e adequadas formas de tutela dos bens culturais e naturais, designadamente os centros históricos, conjuntos urbanos e rurais, jardins históricos e sítios;

d) O acesso e a fruição;

e) A formação;

f) A divulgação, sensibilização e animação;

g) O crescimento e o enriquecimento;

h) O apoio à criação cultural;

i) A utilização, o aproveitamento, a rendibilização e a gestão;

j) O apoio a instituições técnicas e científicas.

Artigo 71º – Instrumentos

Constituem, entre outros, instrumentos do regime de valorização dos bens culturais:

a) O inventário geral do património cultural;

b) Os instrumentos de gestão territorial;

c) Os parques arqueológicos;

d) Os programas e projectos de apoio à musealização, exposição e depósito temporário de bens e espólios;

e) Os programas de apoio às formas de utilização originária, tradicional ou natural dos bens;

f) Os regimes de acesso, nomeadamente a visita pública e as colecções visitáveis;

g) Os programas e projectos de divulgação, sensibilização e animação;

h) Os programas de formação específica e contratualizada;

i) Os programas de voluntariado;

j) Os programas de apoio à acção educativa;

l) Os programas de aproveitamento turístico;

m) Os planos e programas de aquisição e permuta.

TÍTULO VII – Dos regimes especiais de protecção e valorização de bens culturais[124]

CAPÍTULO I – Disposições comuns

Artigo 72º – Disposições gerais

1 – As normas do presente título aplicam-se aos bens culturais e aos demais elementos integrantes do património cultural previstos nos capítulos seguintes.

2 – Em tudo o que não estiver previsto neste título, aplicam-se os princípios e disposições da presente lei, salvo os que se mostrem incompatíveis com a natureza dos bens.

3 – As leis de desenvolvimento poderão estabelecer formas de protecção, e correspondentes regimes, especialmente aplicáveis aos bens culturais ou a certo tipo de elementos integrantes do património arqueológico, arquivístico, áudio-visual, bibliográfico, fonográfico ou fotográfico ou a novos tipos de bens culturais, nomeadamente os que integrem o património electrónico ou o património industrial.

4 – As disposições respeitantes ao património arquivístico aplicam-se subsidiariamente aos bens culturais e aos demais elementos integrantes do património áudio-visual, bibliográfico, fonográfico e fotográfico, na medida em que se mostrem compatíveis com a natureza dos bens.

5 – Para a classificação ou o inventário do património áudio-visual, bibliográfico, fonográfico e fotográfico valerão também algum ou alguns dos seguintes critérios de apreciação:

a) Proximidade da matriz ou versão originais;

b) Processos utilizados na criação ou produção;

c) Estado de conservação.

6 – Não carece do consentimento exigido pelo artigo 56º desta lei a classificação dos elementos matriciais de bens áudio-visuais ou fotográficos ou, na falta daqueles, de uma das respectivas cópias.

Artigo 73º – Acesso à documentação

1 – A lei promove o acesso à documentação integrante do património cultural.

2 – O acesso tem, desde logo, por limites os que decorram dos imperativos de conservação das espécies.

[124] Suprimiram-se os Capítulos III a VII do presente Titulo, que sucessivamente se ocupam dos patrimónios arquivístico, áudio-visual, bibliográfico, fonográfico e fotográfico.

3 – A menos que seja possível apresentar uma cópia de onde hajam sido expurgados elementos lesivos de direitos e valores fundamentais, não será objecto de acesso o documento que os contiver.

4 – As restrições legais da comunicabilidade de documentação integral do património cultural caducam decorridos 100 anos sobre a data de produção do documento, a menos que a lei estabeleça prazos especiais mais reduzidos.

CAPÍTULO II – Do património arqueológico

Artigo 74º – Conceito e âmbito do património arqueológico e paleontológico

1 – Integram o património arqueológico e paleontológico todos os vestígios, bens e outros indícios da evolução do planeta, da vida e dos seres humanos:

a) Cuja preservação e estudo permitam traçar a história da vida e da humanidade e a sua relação com o ambiente;

b) Cuja principal fonte de informação seja constituída por escavações, prospecções, descobertas ou outros métodos de pesquisa relacionados com o ser humano e o ambiente que o rodeia.

2 – O património arqueológico integra depósitos estratificados, estruturas, construções, agrupamentos arquitectónicos, sítios valorizados, bens móveis e monumentos de outra natureza, bem como o respectivo contexto, quer estejam localizados em meio rural ou urbano, no solo, subsolo ou em meio submerso, no mar territorial ou na plataforma continental.

3 – Os bens provenientes da realização de trabalhos arqueológicos constituem património nacional, competindo ao Estado e Regiões Autónomas proceder ao seu arquivo, conservação, gestão, valorização e divulgação através dos organismos vocacionados para o efeito, nos termos da lei.

4 – Entende-se por parque arqueológico qualquer monumento, sítio ou conjunto de sítios arqueológicos de interesse nacional, integrado num território envolvente marcado de forma significativa pela intervenção humana passada, território esse que integra e dá significado ao monumento, sítio ou conjunto de sítios, e cujo ordenamento e gestão devam ser determinados pela necessidade de garantir a preservação dos testemunhos arqueológicos aí existentes.

5 – Para os efeitos do disposto no número anterior, entende-se por território envolvente o contexto natural ou artificial que influencia, estática ou dinamicamente, o modo como o monumento, sítio ou conjunto de sítios é percebido.

Artigo 75º – Formas e regime de protecção

1 – Aos bens arqueológicos será desde logo aplicável, nos termos da lei, o princípio da conservação pelo registo científico.

2 – Em qualquer lugar onde se presuma a existência de vestígios, bens ou outros indícios arqueológicos, poderá ser estabelecido com carácter preventivo e temporário, pelo órgão da administração do património cultural competente, uma reserva arqueológica de protecção, por forma a garantir-se a execução de trabalhos de emergência, com vista a determinar o seu interesse.

3 – Sempre que o interesse de um parque arqueológico o justifique, o mesmo poderá ser dotado de uma zona especial de protecção, a fixar pelo órgão da administração do património cultural competente, por forma a garantir-se a execução futura de trabalhos arqueológicos no local.

4 – A legislação de desenvolvimento poderá também estabelecer outros tipos de providências limitativas da modificação do uso, da transformação e da remoção de solos ou de qualquer actividade de edificação sobre os mesmos, até que possam ser estudados dentro de prazos máximos os testemunhos que se saiba ou fundamentadamente se presuma ali existirem.

5 – Desde que os bens arqueológicos não estejam classificados, ou em vias de o serem, poderão os particulares interessados promover, total ou parcialmente, a expensas suas, nos termos da lei, os trabalhos arqueológicos de cuja conclusão dependa a cessação das limitações previstas nos nºs 2 e 4 do presente artigo.

6 – Depende de prévia emissão de licença a utilização de detectores de metais e de qualquer outro equipamento de detecção ou processo destinados à investigação arqueológica, nos termos da lei.

7 – Com vista a assegurar o ordenamento e a gestão dos parques arqueológicos, definidos no nº 4 do artigo 74º, a administração do património arqueológico competente deve, nos termos da lei, elaborar um plano especial de ordenamento do território, designado por plano de ordenamento de parque arqueológico[125].

8 – Os objectivos, o conteúdo material e o conteúdo documental do plano referido no número anterior serão definidos na legislação de desenvolvimento.

Artigo 76º – Deveres especiais das entidades públicas

1 – Constituem particulares deveres do Estado, sem prejuízo do disposto nos estatutos das Regiões Autónomas:

a) Criar, manter e actualizar o inventário nacional georreferenciado do património arqueológico imóvel;

b) Articular o cadastro da propriedade com o inventário nacional georreferenciado do património arqueológico;

[125] Face ao aqui disposto, ficou aumentada a lista dos planos especiais de ordenamento do território, então constante do artigo 42º, nº 3 do Dec.-Lei nº 380/99, estando hoje este tipo de plano expressamente mencionado no mesmo preceito do actual R.J.I.G.T. (Cap. VI).
A figura do parque arqueológico foi depois disciplinada pelo Decreto-Lei nº 131/2002, de 11 de Maio.

c) Estabelecer a disciplina e a fiscalização da actividade de arqueólogo.

2 – Constitui particular dever do Estado e das Regiões Autónomas aprovar os planos anuais de trabalhos arqueológicos.

3 – Constituem particulares deveres da Administração Pública competente no domínio do licenciamento e autorização de operações urbanísticas:

a) Certificar-se de que os trabalhos por si autorizados, que envolvam transformação de solos, revolvimento ou remoção de terreno no solo, subsolo ou nos meios subaquáticos, bem como a demolição ou modificação de construções, estão em conformidade com a legislação sobre a salvaguarda do património arqueológico;

b) Dotar-se de meios humanos e técnicos necessários no domínio da arqueologia ou recorrer a eles sempre que necessário.

Artigo 77º – Trabalhos arqueológicos

1 – Para efeitos da presente lei, são trabalhos arqueológicos todas as escavações, prospecções e outras investigações que tenham por finalidade a descoberta, o conhecimento, a protecção e a valorização do património arqueológico.

2 – São escavações arqueológicas as remoções de terreno no solo, subsolo ou nos meios subaquáticos que, de acordo com metodologia arqueológica, se realizem com o fim de descobrir, conhecer, proteger e valorizar o património arqueológico.

3 – São prospecções arqueológicas as explorações superficiais sem remoção de terreno que, de acordo com metodologia arqueológica, visem as actividades e objectivos previstos no número anterior.

4 – A realização de trabalhos arqueológicos será obrigatoriamente dirigida por arqueólogos e carece de autorização a conceder pelo organismo competente da administração do património cultural.

5 – Não se consideram trabalhos arqueológicos, para efeitos da presente lei, os achados fortuitos ou ocorridos em consequência de outro tipo de remoções de terra, demolições ou obras de qualquer índole.

Artigo 78º – Notificação de achado arqueológico

1 – Quem encontrar, em terreno público ou particular, ou em meio submerso, quaisquer testemunhos arqueológicos fica obrigado a dar conhecimento do achado no prazo de quarenta e oito horas à administração do património cultural competente ou à autoridade policial, que assegurará a guarda desses testemunhos e de imediato informará aquela, a fim de serem tomadas as providências convenientes.

2 – A descoberta fortuita de bens móveis arqueológicos com valor comercial confere ao achador o direito a uma recompensa, nos termos da lei.

Artigo 79º – Ordenamento do território e obras

1 – Para além do disposto no artigo 40º, deverá ser tida em conta, na elaboração dos instrumentos de planeamento territorial, o salvamento da informação arqueológica contida no solo e no subsolo dos aglomerados urbanos, nomeadamente através da elaboração de cartas do património arqueológico.

2 – Os serviços da administração do património cultural condicionarão a prossecução de quaisquer obras à adopção pelos respectivos promotores, junto das autoridades competentes, das alterações ao projecto aprovado capazes de garantir a conservação, total ou parcial, das estruturas arqueológicas descobertas no decurso dos trabalhos.

3 – Os promotores das obras ficam obrigados a suportar, por meio das entidades competentes, os custos das operações de arqueologia preventiva e de salvamento tornadas necessárias pela realização dos seus projectos.

4 – No caso de grandes empreendimentos públicos ou privados que envolvam significativa transformação da topografia ou paisagem, bem como do leito ou subsolo de águas interiores ou territoriais, quaisquer intervenções arqueológicas necessárias deverão ser integralmente financiadas pelo respectivo promotor.

....

TÍTULO VIII – Dos bens imateriais[126]

....

TÍTULO IX – Das atribuições do Estado, Regiões Autónomas e autarquias locais

Artigo 93º – Atribuições comuns, colaboração e auxílio interadministrativo

1 – As Regiões Autónomas e os municípios comparticipam com o Estado na tarefa fundamental de proteger e valorizar o património cultural do povo português, prosseguido por todos como atribuição comum, ainda que diferenciada nas respectivas concretizações e sem prejuízo da discriminação das competências dos órgãos de cada tipo de ente.

2 – Sem prejuízo das reservas das atribuições e competências próprias, o Estado, as Regiões Autónomas e os municípios articularão entre si a adopção e execução das providências necessárias à realização de fins estabelecidos na presente lei e os respectivos órgãos assegurarão a prestação recíproca de auxílio entre os serviços e instituições deles dependentes no tocante à circulação

[126] Igualmente suprimido.

de informação e à prática de actos materiais que requeiram conhecimentos ou utensilagem especializados.

3 – O Estado, as Regiões Autónomas e os municípios constituirão fundos e estabelecerão regimes de comparticipação, de modo a enquadrar as intervenções de conservação, restauro, manutenção e valorização dos bens culturais por eles classificados ou inventariados e, tanto quanto possível, de bens culturais que, não obstante haverem sido objecto de um tal acto por parte de outra pessoa colectiva pública, se encontrem na respectiva área de jurisdição.

Artigo 94º – Atribuições em matéria de classificação e inventariação

1 – A classificação de bens culturais como de interesse nacional incumbe, nos termos da lei, aos competentes órgãos e serviços do Estado, a classificação de bens culturais como de interesse público incumbe aos competentes órgãos e serviços do Estado ou das Regiões Autónomas quando o bem ali se localizar, nos termos da lei e dos estatutos político-administrativos, e a classificação de bens culturais como de interesse municipal incumbe aos municípios.

2 – A classificação de bens culturais pelos municípios será antecedida de parecer dos competentes órgãos e serviços do Estado, ou das Regiões Autónomas se o município aí se situar.

3 – Se outra coisa não for disposta pela legislação de desenvolvimento, o silêncio do órgão competente pelo prazo de 45 dias vale como parecer favorável.

4 – Os registos de classificação das Regiões Autónomas serão comunicados ao Estado, e os registos de classificação dos municípios serão comunicados ao Estado, ou ao Estado e à Região Autónoma.

5 – A classificação de bens culturais pertencentes a igrejas e a outras comunidades religiosas incumbe exclusivamente ao Estado e às Regiões Autónomas.

6 – Sem prejuízo de delegação de tarefas permitida pelo nº 2 do artigo 4º, a inventariação de bens culturais incumbe aos competentes órgãos e serviços do Estado e das Regiões Autónomas e, bem assim, aos municípios, devendo processar-se com recurso a bases de dados normalizadas e intercomunicáveis, nos termos do disposto pela legislação de desenvolvimento.

7 – À competência para classificar e inventariar corresponde a de emitir actos em sentido oposto.

Artigo 95º – Outras atribuições

1 – Salvo disposição da lei em contrário, incumbirá às pessoas colectivas públicas cujos órgãos hajam procedido, por esta ordem, à classificação ou inventariação, ou tenham pendentes procedimentos para esse efeito, a tomada das seguintes decisões, quando a elas haja lugar na base de normas que as prevejam:

a) Expropriação de bens culturais ou de prédios situados na zona de protecção de bens culturais imóveis;

b) Autorização, exercício do direito de preferência ou outras decisões motivadas pela alienação de bens culturais;

c) Emissão de parecer vinculativo, autorização ou asseguramento de intervenções de conservação, restauro, alteração ou de qualquer outro tipo sobre bens culturais ou nas respectivas zonas de protecção;

d) Reconhecimento do acesso de detentores de bens culturais aos benefícios decorrentes da classificação ou inventariação.

2 – Na ausência de normas específicas de distribuição da competência no seio da pessoa colectiva pública apurada nos termos do número anterior, o poder para praticar os actos ali referidos caberá, consoante os casos, ao organismo da administração central ou regional cujo escopo corresponda à natureza do bem ou, na sua falta, ao governo central ou regional ou ao município.

Artigo 96º – Providências de carácter organizatório

No âmbito dos organismos existentes ou a criar, funcionarão obrigatoriamente as seguintes estruturas e cargos:

a) Uma estrutura de coordenação, a nível infragovernamental, das administrações estaduais do ambiente, do ordenamento do território, do equipamento, das obras públicas e da cultura;

b) Serviços de inspecção e observação dos bens classificados;

c) Serviços que especificamente acompanhem o comércio de arte e das antiguidades;

d) Um centro de estudos do direito do património cultural e da promoção, no plano técnico, da sua consolidação, actualização e aperfeiçoamento.

TÍTULO X – Dos benefícios e incentivos fiscais

Artigo 97º – Regime de benefícios e incentivos fiscais

A definição e estruturação do regime de benefícios e incentivos fiscais relativos à protecção e valorização do património cultural são objecto de lei autónoma[127].

[127] Foi publicado nesse sentido o Decreto-Lei nº 258/86, de 28 de Agosto, conhecido como lei do mecenato.
As suas disposições foram depois substituídas, e em parte alteradas, pelas constantes dos vários códigos fiscais.
Em 1999, foi de novo aprovado um Estatuto do Mecenato (Decreto-Lei nº 74/99, de 16 de Março), mas voltou a desaparecer com a Lei nº 53-A/2006, de 29 de Dezembro, fazendo as suas disposições trânsito para o genérico Estatuto dos Benefícios Fiscais.

Artigo 98º – Emolumentos notariais e registrais

1 – Os actos que tenham por objecto bens imóveis ou móveis classificados, bem como a contracção de empréstimos com o fim da respectiva aquisição, estão isentos de quaisquer emolumentos registrais e notariais.

2 – A isenção emolumentar prevista no número anterior não abrange os emolumentos pessoais nem as importâncias correspondentes à participação emolumentar devida aos notários, conservadores e oficiais do registo e do notariado pela sua intervenção nos actos.

Artigo 99º – Outros apoios

1 – O Governo promoverá o apoio financeiro ou a possibilidade de recurso a formas especiais de crédito, em condições favoráveis, a proprietários ou outros titulares de direitos reais de gozo sobre bens culturais classificados ou inventariados com a condição de os mesmos procederem a trabalhos de protecção, conservação e valorização dos bens, de harmonia com as normas estabelecidas sobre a matéria e sob a orientação dos serviços competentes.

2 – Os benefícios financeiros referidos no número anterior poderão ser subordinados a especiais condições e garantias, em termos a fixar, caso a caso, pela administração competente.

TÍTULO XI – Da tutela penal e contra-ordenacional

CAPÍTULO I – Da tutela penal

Artigo 100º – Infracções criminais previstas no Código Penal

Aos crimes praticados contra bens culturais aplicam-se as disposições previstas no Código Penal, com as especialidades constantes da presente lei.[128]

Artigo 101º – Crime de deslocamento

Quem proceder ao deslocamento de um bem imóvel classificado, ou em vias de classificação, fora das condições referidas no artigo 48º, é punido com pena de prisão até 3 anos ou com pena de multa até 360 dias.

Artigo 102º – Crime de exportação ilícita

1 – Quem proceder à exportação ou expedição de um bem classificado como de interesse nacional, ou em vias de classificação como tal, fora dos casos pre-

[128] Cfr. em particular a previsão do crime de dano qualificado constante do artigo 213º do Código Penal.

vistos nos nºs 2 ou 3 do artigo 65º, é punido com pena de prisão até 5 anos ou com pena de multa até 600 dias.

2 – Em caso de negligência, o agente é punido com pena de prisão até 1 ano ou com multa até 120 dias.

Artigo 103º – Crime de destruição de vestígios

Quem, por inobservância de disposições legais ou regulamentares ou providências limitativas decretadas em conformidade com a presente lei, destruir vestígios, bens ou outros indícios arqueológicos é punido com pena de prisão até 3 anos ou com pena de multa até 360 dias.

CAPITULO II – Da tutela contra-ordenacional

Artigo 104º – Contra-ordenações especialmente graves

Constitui contra-ordenação punível com coima de 500 000$00 a 5 000 000$00 e de 5 000 000$00 a 100 000 000$00, conforme sejam praticados por pessoa singular ou colectiva:

a) O deslocamento ou a demolição de imóveis classificados, ou em vias de classificação, fora das condições referidas nos artigos 48º e 49º;

b) A realização de obras que hajam sido previamente embargadas de harmonia com o disposto no nº 1 do artigo 47º;

c) A exportação e a expedição de bens classificados, ou em vias de classificação, em violação do disposto no artigo 65º;

d) A violação do disposto no nº 1 do artigo 64º, quando o agente retirar um benefício económico calculável superior a 20 000 000$00.

Artigo 105º – Contra-ordenações graves

Constitui contra-ordenação punível com coima de 350 000$00 a 3 500 000$00 e de 3 500 000$00 a 20 000 000$00, conforme sejam praticadas por pessoa singular ou colectiva:

a) A violação do disposto no nº 3 do artigo 45º, no artigo 51º e no nº 6 do artigo 75º, bem como do regime de apresentação de licença de exportação de bens culturais para fora do território aduaneiro da União Europeia, tal como prescrito no artigo 2º do Regulamento nº 3911/92/CEE, do Conselho, de 9 de Dezembro;

b) A violação do disposto no artigo 32º, nos nºs 1 e 2 do artigo 36º, no artigo 57º e no nº 1 do artigo 64º, fora dos casos previstos na alínea *d*) do artigo 104º, bem como a violação do disposto no nº 1 do artigo 78º;

c) A violação do dever de comunicação de importação ou de admissão, decorrente do disposto no nº 1 do artigo 68º;

d) A violação do disposto no nº 3 do artigo 45º e no artigo 51º, bem como o deslocamento ou a demolição ilícita, a realização de obras previamente embargadas ou a exportação ou expedição de bens realizadas em desconformidade com o disposto nos nºs 1 e 5 do artigo 66º, quando, em qualquer dos casos, a violação respeite a bens classificados como de interesse público.

Artigo 106º – Contra-ordenações simples

Constitui contra-ordenação punível com coima de 100 000$00 a 500 000$00 e de 500 000$00 a 5 000 000$00, conforme sejam praticadas por pessoa singular ou colectiva:

a) A violação do disposto no artigo 32º e nos nºs 1 e 2 do artigo 36º, quando a mesma respeite a bens classificados como de interesse municipal;

b) A violação do disposto no artigo 21º e no nº 1 dos artigos 41º e 46º, e a violação de algum dos deveres ou restrições previstos nas alíneas *a*), *b*) e *c*) do nº 2 do artigo 60º.

Artigo 107º – Negligência

A negligência é punível.

Artigo 108º – Sanções acessórias

1 – Conjuntamente com a coima prevista no tipo legal de contra-ordenação, pode ser aplicada ao infractor uma das seguintes sanções acessórias:

a) Apreensão dos bens objecto da infracção;

b) Interdição do exercício da profissão de antiquário ou leiloeiro;

c) Privação do direito a subsídio ou benefício outorgado por entidade ou serviço público para efeitos de salvaguarda ou valorização de bem cultural;

d) Privação do direito de participar em arrematações ou concursos públicos;

e) Encerramento do estabelecimento cujo funcionamento esteja sujeito a autorização ou licença de autoridade administrativa;

f) Suspensão de autorizações, licenças e alvarás.

2 – As sanções referidas nas alíneas *b*) e *c*) do número anterior terão a duração máxima de dois anos, que se contarão a partir da decisão condenatória.

Artigo 109º – Responsabilidade solidária

Quando tiverem sido executados trabalhos de conservação ou restauro que impliquem dano irreparável ou destruição ou demolição em bens classificados ou em vias de o serem, sem prévia autorização do serviço competente, as pessoas a quem se achem vinculados, por contrato de trabalho, de prestação de serviços ou de empreitada, aqueles que cometerem qualquer das contra-ordenações previstas nesta lei são subsidiariamente responsáveis pelo pagamento da importância igual à da coima àqueles aplicável, salvo se provarem ter tomado as providências necessárias para os fazer observar a lei.

Artigo 110º – Instrução e decisão

1 – A instrução do procedimento por contra-ordenação cabe ao serviço da administração do património cultural competente para o procedimento de classificação.

2 – A aplicação da coima compete ao órgão dirigente do serviço referido no número anterior, cabendo o montante da coima em 60% ao Estado e em 40% à entidade respectiva, salvo quando cobradas pelos organismos competentes dos Governos Regionais, caso em que revertem totalmente para a respectiva Região.

TÍTULO XII – Disposições finais e transitórias

Artigo 111º – Legislação de desenvolvimento

1 – Sem prejuízo dos poderes legislativos regionais, no prazo de um ano, deve o Governo aprovar, preferencialmente de forma unitária e consolidada, a legislação de desenvolvimento.

2 – No prazo de um ano, devem o Governo central e os Governos Regionais aprovar as alterações das leis orgânicas dos vários institutos e serviços da administração do património cultural competente que se revelem necessárias à compatibilização daqueles diplomas com as orientações formuladas na presente lei[129].

Artigo 112º – Anteriores actos de classificação e inventariação[130]

1 – Mantêm-se em vigor os efeitos decorrentes de anteriores formas de protecção de bens culturais móveis e imóveis da responsabilidade da administração central ou da administração regional autónoma, independentemente das conversões a que tenha de se proceder por força da presente lei.

2 – Os bens imóveis anteriormente classificados pelo Estado ou pelas Regiões Autónomas como valores concelhios passam a considerar-se bens classificados de interesse municipal.

3 – A legislação de desenvolvimento determinará as demais regras necessárias à conversão para novas formas de protecção e designações.

[129] V. a nota ao antecedente artigo 7º, nº 2.

[130] V. a nota ao antecedente artigo 31º, nº 2.

Artigo 113º – Disposições finais e transitórias avulsas

1 – Consideram-se feitas para as correspondentes disposições desta lei todas as remissões para normas da Lei nº 13/85, de 6 de Julho, contidas em leis ou regulamentos avulsos[131].

2 – Enquanto não for editada a legislação de desenvolvimento da presente lei, no território do continente considerar-se-ão em vigor as normas até agora aplicáveis do Decreto nº 20985, de 7 de Março de 1932, com as sucessivas alterações, em tudo o que não contrarie princípios ou disposições fundamentais da presente lei[132].

3 – Os representantes das autarquias locais e das demais pessoas colectivas públicas não territoriais deverão remeter ao Governo, no prazo de dois anos a contar da entrada em vigor da presente lei, os instrumentos de descrição a que se refere o artigo 63º.

4 – Legislação especial assegurará um regime transitório de protecção urbanística aplicável aos conjuntos e sítios já classificados e àqueles que o venham a ser até à entrada em vigor da legislação e dos instrumentos que tornem exequível o disposto nos artigos 53º, 54º e 75º da presente lei[133].

5 – O Governo fica obrigado a apresentar à Assembleia da República, de três em três anos e com início em 2001, um relatório circunstanciado sobre o estado do património cultural em Portugal.

Artigo 114º – Normas revogatórias e inaplicabilidade

1 – Sem prejuízo do disposto no artigo anterior, são revogadas as Leis nºs 2032, de 11 de Junho de 1949, e 13/85, de 6 de Julho, bem como todas as disposições de leis gerais da República que contrariem o disposto na presente lei[134].

[131] Deverá ter-se em conta que, na Região Autónoma dos Açores, a Lei nº 13/85 nunca chegou a entrar em vigor: por deficiência do procedimento legislativo, que estranhamente nunca foi suprida até ao ano de 2000 (v. a nota ao subsequente artigo 114º, nº 4), foi declarada inconstitucional na sua aplicação a essa Região pelo acórdão do Tribunal Constitucional nº 403/89, de 23.5.1989, publicado em D.R., I S., de 27.7.1989.

[132] O referido diploma organizou os "serviços de belas artes" e disciplinou a protecção do património, em particular quanto aos bens classificados como monumentos nacionais e imóveis de interesse público.

Ao menos em matéria de protecção de imóveis, julga-se totalmente substituído pelas disposições da Lei nº 13/85, contra o que decorreria deste número.

[133] V. as notas ao antecedentes artigos 53º e 75º.

[134] A Lei nº 2032 havia introduzido a figura do valor concelhio e devia já considerar-se revogada pela Lei nº 13/85.

2 – São revogados a alínea *b*) do nº 1 do artigo 9º e os artigos 21º a 30º do Decreto-Lei nº 16/93, de 23 de Janeiro, bem como os artigos 6º e 46º-A deste mesmo diploma, na redacção que lhes foi dada pela Lei nº 14/94, de 11 de Maio[135].

3 – O disposto no Decreto nº 14881, de 13 de Janeiro de 1928, no Decreto-Lei nº 48547, de 27 de Agosto de 1968, e no Decreto Regulamentar nº 90/84, de 26 de Dezembro, que de algum modo interfira com bens imóveis classificados ou em vias de o ser, sejam eles monumentos, conjuntos ou sítios, fica para todos os efeitos condicionado à presente lei e à legislação específica existente [136].

4 – Mantém-se em vigor a Lei nº 19/2000, de 10 de Agosto.[137]

Artigo 115º – Entrada em vigor

1 – Em tudo o que não necessite de desenvolvimento, esta lei entra em vigor 60 dias após a respectiva publicação.

2 – As demais disposições entram em vigor com os respectivos diplomas de desenvolvimento ou com a legislação de que se mostrem carecidas.

[135] O Decreto-Lei nº 16/93 continha o regime geral dos arquivos e do património arquivístico.

[136] Os diplomas referidos neste número tratam, respectivamente, do estabelecimento e conservação das linhas e estações telegráficas e telefónicas, do exercício da profissão farmacêutica e do estabelecimento e exploração das redes de distribuição de energia eléctrica em baixa tensão.

[137] A Lei nº 19/2000 veio estabelecer que, nas Regiões Autónomas, "a adopção das medidas necessárias e indispensáveis para a realização de trabalhos arqueológicos, terrestres e subaquáticos, e para o levantamento, estudo, protecção, conservação e valorização do património cultural arqueológico, terrestre e subaquático, móvel e imóvel, e suas zonas envolventes, nos termos definidos na Lei nº 13/85, de 6 de Julho, e no Decreto-Lei nº 164/97, de 27 de Junho, é da competência dos respectivos Governos Regionais".
O mencionado Decreto-Lei nº 164/97, na sequência de diploma inicial de 1993, tinha vindo em particular dispôr sobre o património cultural subaquático, não sendo manifestamente afectado por esta nova lei, mas devendo nela ter sido expressamente referido, salvaguardando-se a sua vigência – o que justamente deveria ter ocorrido neste artigo 114º.
Por outro lado, quanto ao património cultural "não subaquático", o laconismo da disposição deste nº 4 suscita a dúvida sobre o exacto alcance da transcrita regra da Lei nº 19/2000, face ao teor da própria Lei nº 107/2001.

2. Património cultural imóvel

Decreto-Lei nº 309/2009, de 23 de Outubro

É tarefa fundamental do Estado proteger e valorizar o património cultural como instrumento primacial de realização da dignidade da pessoa humana, objecto de direitos fundamentais, meio ao serviço da democratização da cultura e esteio da independência e identidade nacionais.

Considerando a política e as preocupações do Governo português em matéria de protecção e valorização do património cultural imóvel, o presente decreto-lei define o procedimento de classificação de bens culturais imóveis, o regime das zonas de protecção e o estabelecimento das regras para a elaboração do plano de pormenor de salvaguarda.

Prevê-se o percurso do procedimento administrativo de classificação de acordo com a sequência de actos prevista na Lei nº 107/2001, de 8 de Setembro – que estabelece as bases da política e do regime de protecção e valorização do património cultural –, desde a iniciativa para a abertura do procedimento, passando pelo estabelecimento da zona especial de protecção e culminando na elaboração do plano de pormenor de salvaguarda.

A regulação instituída promove a compatibilização da protecção do património cultural com o ordenamento do território e o desenvolvimento sustentável das comunidades, tendo em conta a recente evolução do direito do ordenamento do território, da urbanização e da edificação e da reabilitação urbana.

Assim, importa realçar que as medidas de protecção instituídas para o enquadramento dos imóveis, conjuntos e sítios, graduam a intervenção da administração do património cultural ao estritamente necessário para garantir a continuidade da protecção exigida pela classificação.

Por outro lado, estabelece-se uma estreita articulação com a administração autárquica na tarefa comum de proteger os bens classificados, independentemente da sua graduação. Cumpre sublinhar que o presente decreto-lei consagra, finalmente, a possibilidade de os municípios aplicarem o regime geral de protecção dos bens culturais imóveis previsto na Lei nº 107/2001, de 8 de Setembro, aos imóveis classificados, ou em vias de classificação, como de interesse municipal. Regulam-se, ainda, os casos em que se revela desnecessária a intervenção da administração central em relação às operações urbanísticas em bens imóveis e nas zonas de protecção.

As zonas de protecção são agora configuradas tendencialmente como unidades de planeamento autónomas que permitem antecipar as virtualidades do plano de pormenor de salvaguarda, cuja iniciativa e elaboração compete aos municípios.

O presente decreto-lei estabelece a possibilidade de criação de uma zona especial de protecção provisória cujos efeitos se prolongam até à aprovação da zona especial de protecção. A zona especial de protecção provisória, como a própria designação sugere, visa proteger o enquadramento arquitectónico, urbanístico e paisagístico de um imóvel. Esta zona de protecção é fixada no momento de abertura do procedimento de classificação ou durante a respectiva instrução e permite ultrapassar o constrangimento que a zona geral de protecção de 50 m muitas vezes suscitava em relação à manutenção das características históricas e do contexto em que o imóvel se insere.

No que respeita ao regime da zona especial de protecção dá-se resposta à principal crítica que se relaciona com as limitações instituídas pela servidão administrativa dos imóveis classificados e que não permitiam atender às especificidades de cada caso concreto. A partir de agora as zonas especiais de protecção têm a extensão e impõem as restrições adequadas à protecção e valorização do imóvel classificado, permitindo, através da respectiva modulação, que os interessados saibam, com maior celeridade e segurança jurídica, quais as operações urbanísticas que aí podem realizar.

A Administração passa a poder identificar os imóveis sobre que pretende, eventualmente, exercer o direito de preferência, evitando, deste modo, a necessidade de milhares de certidões que se consubstanciam numa mera declaração do não exercício desse direito com custos injustificáveis para os administrados.

No domínio urbanístico, definem-se antecipadamente e através de zonamentos, dentro da zona de protecção, as restrições, designadamente, respeitantes à volumetria, morfologia, alinhamentos e cérceas, o que tem um papel relevante no âmbito da renovação urbana e limita a discricionariedade da intervenção da administração central na apreciação das operações urbanísticas.

As consequências da abertura do procedimento de classificação são agora desenvolvidas de uma forma equilibrada e de modo a proteger o enquadramento do imóvel em vias de classificação. Na verdade, a Lei nº 107/2001, de 8 de Setembro, determina cautelarmente que o início do procedimento de classificação tem como consequência a suspensão dos procedimentos e licenças ou autorizações urbanísticas em relação ao imóvel como condição da respectiva salvaguarda. Entende-se que a suspensão se deve manter até à decisão do procedimento de classificação e estender o regime à respectiva zona de protecção sob pena de prejudicar irremediavelmente o enquadramento do imóvel e os próprios fundamentos para a sua classificação.

As consequências para os direitos e interesses legítimos dos particulares do efeito da abertura do procedimento são acautelados através da possibilidade de levantamento da suspensão, a pedido do interessado, desde que, no caso concreto, o prosseguimento do procedimento de autorização ou licença não prejudique os valores culturais a proteger. Estabelece-se, igualmente, o dever de a Administração indicar, em caso de decisão desfavorável, os condicionamentos a observar para um licenciamento ou autorização compatíveis com a defesa do imóvel e o respectivo contexto, sem prejuízo da justa indemnização pelos encargos e prejuízos anormais resultantes da extinção de direitos previamente constituídos.

Atendendo a que todo o acto que institui a classificação de bens imóveis aconselha à elaboração de um plano de pormenor de salvaguarda, a intervenção da administração central limita-se, equilibradamente, a garantir a conformidade e coexistência das operações urbanísticas, baseadas no plano, com as exigências de protecção dos imóveis classificados.

Importa sublinhar que o presente decreto-lei confere aos particulares sujeitos às restrições impostas pela salvaguarda dos imóveis classificados a possibilidade da revisão das decisões da Administração Pública, através de impugnações administrativas, sem prejuízo da possibilidade de impugnação contenciosa.

O procedimento de classificação valoriza a intervenção obrigatória, nos termos da Lei nº 107/2001, de 8 de Setembro, de um órgão consultivo do Ministério da Cultura em momento prévio à audiência dos interessados, para promover a consensualização e uma melhor ponderação dos motivos que levam a Administração a assegurar a protecção e valorização dos bens culturais imóveis.

Em consonância com as novas competências orgânicas decorrentes do Programa de Reestruturação da Administração Central do Estado (PRACE), o presente decreto-lei clarifica o papel do Instituto de Gestão do Património Arquitectónico e Arqueológico, I. P., e das direcções regionais de cultura, de forma a articular esforços e potenciar sinergias na salvaguarda do património cultural.

Com a presente regulação do procedimento administrativo de classificação evitam-se interpretações divergentes sobre as formalidades a cumprir e sobre a intervenção dos diversos serviços e organismos do Ministério da Cultura.

Esclarece-se, por outro lado, obviando a prática de actos desnecessários e indesejáveis numa óptica de desburocratização, que apenas a proposta de decisão elaborada pelo Instituto de Gestão do Património Arquitectónico e Arqueológico, I. P., a seguir à intervenção dos interessados em sede de audiência prévia, é que é submetida ao membro do Governo para decidir o procedimento administrativo de classificação. Esta classificação obedece, de acordo com a tradição jurídica portuguesa, sublinhada pela Lei nº 107/2001, de 8 de Setembro, à forma solene de portaria ou decreto, respectivamente, para os imóveis de interesse público e para os imóveis de interesse nacional.

Por fim, concretiza-se a participação das estruturas associativas de defesa do património cultural e estimula-se a sua colaboração com a administração do património cultural. Foi ouvida a Associação Nacional de Municípios Portugueses.

Foram ouvidas, a título facultativo, a Conferência Episcopal Portuguesa e a Comissão Nacional da UNESCO.

Assim:

No desenvolvimento do regime jurídico estabelecido pela Lei nº 107/2001, de 8 de Setembro, e nos termos das alíneas *a*) e *c*) do nº 1 do artigo 198º da Constituição, o Governo decreta o seguinte:

CAPÍTULO I - Património cultural imóvel

Artigo 1º - Objecto

O presente decreto-lei estabelece o procedimento de classificação dos bens imóveis de interesse cultural, bem como o regime jurídico das zonas de protecção e do plano de pormenor de salvaguarda.

Artigo 2º - Âmbito da classificação

1 - Um bem imóvel é classificado nas categorias de monumento, conjunto ou sítio, nos termos em que tais categorias se encontram definidas no direito internacional.

2 - A classificação de um bem imóvel pode abranger, designadamente, prédios rústicos e prédios urbanos, edificações ou outras construções que se incorporem no solo com carácter de permanência, bem como jardins, praças ou caminhos.

Artigo 3º - Graduação do interesse cultural e classificação

1 - Um bem imóvel pode ser classificado como de interesse nacional, de interesse público ou de interesse municipal.

2 – A graduação do interesse cultural, para efeitos do número anterior, obedece aos critérios previstos nos nºs 4, 5 e 6 do artigo 15º da Lei nº 107/2001, de 8 de Setembro.

3 – A designação de «monumento nacional» é atribuída aos bens imóveis classificados como de interesse nacional, sejam eles monumentos, conjuntos ou sítios.

CAPÍTULO II – Procedimento de classificação

SECÇÃO I – Abertura do procedimento de classificação

Artigo 4º – Iniciativa do procedimento

O procedimento administrativo de classificação de um bem imóvel inicia-se oficiosamente ou a requerimento de qualquer interessado, nos termos do artigo 25º da Lei nº 107/2001, de 8 de Setembro.

Artigo 5º – Requerimento inicial

1 – O requerimento inicial é formulado por escrito e contém, designadamente, os seguintes elementos:

a) Identificação, localização e descrição do bem imóvel;

b) Identificação, sempre que possível, da propriedade, posse ou outro direito real de gozo, relativo ao bem imóvel;

c) Fundamento do pedido em função do interesse cultural do bem imóvel.

2 – O requerimento inicial é apresentado ao Instituto de Gestão do Património Arquitectónico e Arqueológico, I. P. (IGESPAR, I. P.), e deve ser apresentado por via electrónica através da página electrónica do IGESPAR, I. P., nos termos do artigo 73º [138]

Artigo 6º – Modelo de requerimento inicial

1 – O IGESPAR, I. P., e as direcções regionais de cultura disponibilizam na respectiva página electrónica o modelo de requerimento inicial.

2 – O modelo de requerimento inicial indica os documentos a juntar e é acompanhado de instruções de preenchimento, designadamente, em relação às categorias de classificação e à respectiva graduação.

3 – O modelo de requerimento e as respectivas instruções de preenchimento são elaborados pelo IGESPAR, I. P., ouvidas as direcções regionais de cultura, e aprovados por despacho do membro do Governo responsável pela área da cultura.

[138] Ver a antecedente nota (100).

Artigo 7º – Instrução do requerimento inicial

1 – No prazo de 20 dias contado da recepção do requerimento inicial, o IGESPAR, I. P., em articulação com a direcção regional de cultura territorialmente competente, verifica se o mesmo se encontra instruído com a totalidade dos elementos exigidos.

2 – Se da verificação do requerimento resultar a sua não conformidade com os requisitos legais e regulamentares aplicáveis, o IGESPAR, I. P., em articulação com a direcção regional de cultura territorialmente competente, no prazo previsto no número anterior:

a) Solicita ao requerente, por uma única vez, a prestação de informações ou elementos complementares, bem como o aditamento ou a reformulação do requerimento, sob pena de indeferimento; ou

b) Indefere liminarmente o pedido, com a consequente extinção do procedimento, se a não conformidade com os requisitos legais e regulamentares for insusceptível de suprimento ou correcção.

3 – O IGESPAR, I. P., em articulação com a direcção regional de cultura territorialmente competente, pode, no prazo referido no nº 1, e sem prejuízo do disposto na alínea *a*) do número anterior, convocar o requerente para a realização de uma conferência instrutória na qual são abordados os aspectos necessários para a boa decisão do pedido.

4 – No caso previsto na alínea *a*) do nº 2, o IGESPAR, I. P., deve fixar prazo de 10 a 45 dias para o requerente corrigir ou completar o pedido, sob pena de indeferimento liminar, suspendendo-se o prazo de decisão do pedido de abertura do procedimento de classificação até à prestação daquelas.

5 – O requerente pode solicitar a prorrogação do prazo fixado nos termos do número anterior ou a continuação do procedimento em alternativa à prestação das informações complementares solicitadas.

6 – No prazo de 10 dias a contar da junção ao processo de elementos adicionais pelo requerente, no caso previsto na alínea *a*) do nº 2, se subsistir a não conformidade com os condicionalismos legais e regulamentares que impossibilite a apreciação do requerimento, o IGESPAR, I. P., indefere-o liminarmente.

Artigo 8º – Abertura do procedimento

1 – O IGESPAR, I. P., decide o pedido de abertura do procedimento de classificação ou o seu arquivamento no prazo de 60 dias a contar da data de apresentação do requerimento inicial, sem prejuízo do disposto no artigo anterior.

2 – O prazo referido no número anterior é prorrogável, mediante despacho fundamentado do director do IGESPAR, I. P., por igual período, quando seja necessário definir uma zona especial de protecção provisória.

Artigo 9º – Notificação e publicação da decisão de abertura do procedimento

1 – O IGESPAR, I. P., notifica o proprietário, o possuidor ou o titular de outro direito real sobre o imóvel, a câmara municipal do município onde se situe o bem imóvel e, quando diferente, o requerente da decisão de abertura do procedimento de classificação.

2 – A decisão de abertura do procedimento de classificação é, ainda, objecto de anúncio a publicar na 2.ª série do Diário da República.

3 – Quando não seja conhecido o proprietário, o possuidor ou o titular de outro direito real sobre o imóvel, ou o seu o número for superior a 10, consideram-se estes notificados nos termos do número anterior.

4 – A notificação indica:

a) O conteúdo e objecto da decisão de abertura do procedimento de classificação;

b) A planta de localização e implantação do bem imóvel e da respectiva zona geral de protecção ou da zona especial de protecção provisória;

c) Os efeitos da abertura do procedimento;

d) A aplicação aos bens imóveis situados na zona geral de protecção ou na zona especial de protecção provisória do regime de suspensão previsto no artigo 42º da Lei nº 107/2001, de 8 de Setembro.

Artigo 10º – Comunicação

1 – O IGESPAR, I. P., comunica a decisão de abertura do procedimento de classificação à direcção regional de cultura territorialmente competente, à Direcção-Geral do Tesouro e Finanças e, no caso de bem imóvel afecto à Defesa Nacional, à Direcção-Geral de Infra-Estruturas do Ministério da Defesa, bem como à conservatória do registo predial competente da situação do bem imóvel, para os efeitos previstos no artigo 39º da Lei nº 107/2001, de 8 de Setembro.

2 – O IGESPAR, I. P., dá ainda conhecimento do acto que decide a abertura do procedimento de classificação à Ordem dos Arquitectos, à Ordem dos Engenheiros e às estruturas associativas de defesa do património cultural.

3 – Para efeitos do previsto no número anterior, o IGESPAR, I. P., promove o registo das estruturas associativas de defesa do património cultural através de formulário electrónico disponibilizado na respectiva página electrónica.

Artigo 11º – Divulgação da abertura do procedimento

1 – O IGESPAR, I. P., e a direcção regional de cultura territorialmente competente divulgam nas respectivas páginas electrónicas a decisão de abertura do procedimento de classificação com a indicação dos elementos referidos no nº 4 do artigo 9º.

2 – A câmara municipal do município onde se situe o bem imóvel divulga o acto que decide a abertura do procedimento de classificação no boletim municipal e na respectiva página electrónica.

Artigo 12º – Arquivamento do pedido de abertura do procedimento

A decisão de arquivamento do pedido de abertura do procedimento de classificação é notificada ao requerente.

Artigo 13º – Impugnação administrativa

1 – O interessado pode reclamar ou interpor recurso tutelar do acto que decide a abertura do procedimento de classificação ou o arquivamento do pedido, nos termos do Código do Procedimento Administrativo, sem prejuízo da possibilidade de impugnação contenciosa.

2 – A reclamação ou o recurso tutelar referidos no número anterior não suspendem os efeitos da abertura do procedimento.

SECÇÃO II – Efeitos da abertura do procedimento de classificação

Artigo 14º – Efeitos gerais

1 – Um bem imóvel é considerado em vias de classificação a partir da notificação da decisão de abertura do respectivo procedimento de classificação ou da publicação do respectivo anúncio, consoante aquela que ocorra em primeiro lugar, nos termos previstos no artigo 9º.

2 – Um bem imóvel em vias de classificação fica ao abrigo, designadamente:

a) Do dever de comunicação de situações de perigo que o ameacem ou que possam afectar o seu interesse como bem cultural, nos termos do artigo 32º da Lei nº 107/2001, de 8 de Setembro;

b) Da prática dos actos ou operações materiais indispensáveis à sua salvaguarda no âmbito do decretamento de medidas provisórias ou de medidas técnicas de salvaguarda, nos termos do artigo 33º da Lei nº 107/2001, de 8 de Setembro;

c) Da insusceptibilidade de usucapião, nos termos do artigo 34º da Lei nº 107/2001, de 8 de Setembro;

d) Do dever de comunicação prévia da alienação, da constituição de outro direito real de gozo ou de dação em pagamento, nos termos do nº 1 do artigo 36º da Lei nº 107/2001, de 8 de Setembro;

e) Do dever de comunicação da transmissão por herança ou legado, nos termos do nº 2 do artigo 36º da Lei nº 107/2001, de 8 de Setembro;

f) Do pedido de autorização prévia para a execução de inscrições ou pinturas, bem como a colocação de anúncios, cartazes ou outro tipo de material informativo fora dos locais reservados para o efeito, nos termos do artigo 41º da Lei nº 107/2001, de 8 de Setembro;

g) Do regime de suspensão relativo aos procedimentos de concessão de licenças ou autorizações, nos termos do artigo 42º da Lei nº 107/2001, de 8 de Setembro, bem como a suspensão dos procedimentos de admissão de comunicações prévias;

h) Das restrições previstas para a zona geral de protecção ou zona especial de protecção provisória, nos termos do artigo 43º da Lei nº 107/2001, de 8 de Setembro;

i) Do pedido de autorização de obras ou intervenções no bem imóvel, nos termos do artigo 45º da Lei nº 107/2001, de 8 de Setembro;

j) Das regras estabelecidas em relação a projectos, obras e intervenções de conservação, modificação, reintegração e restauro, designadamente, nos termos do artigo 45º da Lei nº 107/2001, de 8 de Setembro, de acordo com o previsto no Decreto-Lei nº 140/2009, de 15 de Junho;

l) Das qualificações legalmente exigidas para a autoria de estudos, projectos e relatórios, bem como para a execução de obras ou intervenções, nos termos do artigo 45º da Lei nº 107/2001, de 8 de Setembro, de acordo com o previsto no Decreto-Lei nº 140/2009, de 15 de Junho.

Artigo 15º – Suspensão de licenças ou autorizações

A suspensão dos procedimentos de concessão de licença ou autorização e de admissão de comunicações prévias, bem como dos efeitos de licença ou autorização já concedidas e de comunicações prévias já admitidas, prevista no artigo 42º da Lei nº 107/2001, de 8 de Setembro, mantém-se até à decisão final do procedimento de classificação, salvo se outro prazo for estabelecido na decisão de abertura do respectivo procedimento de classificação.

Artigo 16º – Suspensão nas zonas de protecção

O regime de suspensão previsto no artigo 42º da Lei nº 107/2001, de 8 de Setembro, e na alínea *g*) do nº 2 do artigo 14º aplica-se aos bens imóveis situados na zona geral de protecção ou na zona especial de protecção provisória, desde que tal seja expressamente indicado na decisão de abertura do procedimento de classificação, e mantém-se até à decisão final do procedimento de classificação.

Artigo 17º – Levantamento da suspensão

1 – O requerente de licença ou autorização suspensas e aquele que apresentou comunicação prévia suspensa nos termos do artigo 15º e do artigo anterior pode solicitar ao IGESPAR, I. P., o levantamento da suspensão.

2 – O IGESPAR, I. P., decide o pedido referido no número anterior no prazo de 40 dias e notifica o requerente e a câmara municipal do município onde se situe o bem imóvel.

3 – A decisão desfavorável indica as alterações necessárias que permitam o levantamento da suspensão, sempre que possível, em função da salvaguarda do bem imóvel.

4 – Quando a decisão indique as alterações referidas no número anterior, o interessado pode apresentar pedido de alteração da licença, da comunicação prévia ou da autorização suspensas, de acordo com o previsto no regime jurídico da urbanização e edificação, aprovado pelo Decreto-Lei nº 555/99, de 16 de Dezembro.

SECÇÃO III – Instrução do procedimento de classificação de bem imóvel

Artigo 18º – Diligências instrutórias

1 – O IGESPAR, I. P., elabora os estudos necessários e realiza as diligências que entender convenientes para o rápido e eficaz andamento do procedimento de classificação de um bem imóvel e fixação da respectiva zona especial de protecção ou zona especial de protecção provisória, bem como para a identificação do património móvel integrado.

2 – As direcções regionais de cultura podem elaborar os estudos e realizar as diligências referidos no número anterior, de acordo com as instruções, metodologias e procedimentos estabelecidos pelo IGESPAR, I. P..

3 – Para efeitos do previsto nos números anteriores, podem ser estabelecidas formas de cooperação com estabelecimentos de investigação e de ensino superior, bem como com estruturas associativas de defesa do património cultural ou outras entidades de reconhecido mérito na salvaguarda do património cultural imóvel.

4 – O IGESPAR, I. P., em articulação com as direcções regionais de cultura, pode recorrer à contratação de entidades públicas ou privadas para a realização de diligências instrutórias quando tal se revele necessário, designadamente para permitir o cumprimento dos prazos legalmente previstos para a conclusão do procedimento de classificação e de fixação de zona especial de protecção.

5 – Devem ser estabelecidas formas de cooperação com as igrejas ou outras comunidades religiosas sempre que estejam em causa bens imóveis de interesse religioso de que sejam proprietárias.

6 – As formas de cooperação ou contratação previstas nos nºs 3, 4 e 5 para a realização de diligências instrutórias excluem a prática de actos administrativos ablativos.

Artigo 19º – Prazo geral de conclusão do procedimento de classificação de bem imóvel

1 – Na sequência das diligências instrutórias, o director do IGESPAR, I. P., por sua iniciativa ou por proposta da direcção regional de cultura territorialmente competente, pode determinar, mediante despacho fundamentado, a prorrogação do prazo previsto no nº 2 do artigo 24º da Lei nº 107/2001, de 8 de Setembro, por uma só vez e por igual período.

2 – A prorrogação do prazo referido no número anterior é notificada nos termos dos nºs 1 e 3 do artigo 9º e divulgada nos termos do nº 1 do artigo 11º.

Artigo 20º – Acesso ao bem imóvel

1 – O proprietário, o possuidor ou o titular de outro direito real sobre o bem imóvel em vias de classificação deve autorizar o acesso a este bem, permitir a respectiva vistoria, o registo topográfico, fotográfico ou videográfico, bem como a utilização de métodos não intrusivos de detecção arqueológica, na medida do estritamente necessário para a instrução do procedimento de classificação.

2 – Em caso de recusa de acesso ao bem imóvel ou de impedimento da realização das diligências previstas no número anterior, o IGESPAR, I. P., pode requerer suprimento judicial da autorização.

Artigo 21º – Interesse cultural

1 – Na instrução do procedimento de classificação, o IGESPAR, I. P., verifica e documenta o interesse cultural relevante do bem imóvel, designadamente, nos seguintes domínios:

a) Histórico;
b) Paleontológico;
c) Arqueológico;
d) Arquitectónico;
e) Artístico;
f) Etnográfico;
g) Científico;
h) Social;
i) Industrial;
j) Técnico.

2 – O interesse cultural relevante documentado, nos termos do número anterior, deve demonstrar, separada ou conjuntamente, valores de memória, antiguidade, autenticidade, originalidade, raridade, singularidade ou exemplaridade.

3 – Na instrução do procedimento de classificação são, ainda, identificados e tidos em conta os critérios genéricos de apreciação aplicáveis, de acordo com o disposto no artigo 17º da Lei nº 107/2001, de 8 de Setembro, bem como o valor cultural que justifica a respectiva graduação, nos termos do artigo 3º.

4 – A classificação com o grau de interesse nacional, de interesse público ou de interesse municipal deve ser justificada em função do valor cultural do bem imóvel na perspectiva da sua protecção e valorização.

Artigo 22º – Parecer do órgão consultivo

1 – O procedimento de classificação de um bem imóvel e, quando definida, da respectiva zona especial de protecção é obrigatoriamente sujeito a parecer do órgão consultivo competente, referido no artigo 74º.

2 – A deliberação do órgão consultivo refere, de forma especificada e fundamentada, o interesse cultural relevante do bem imóvel e os demais critérios de apreciação aplicáveis, a respectiva categoria e graduação da classificação, bem como a amplitude e a onerosidade da zona especial de protecção proposta.

3 – O prazo para emitir o parecer é de 30 dias, prorrogável por igual período e por uma só vez, em situações devidamente fundamentadas.

SECÇÃO IV – Projecto de decisão de classificação de bem imóvel e arquivamento

Artigo 23º – Projecto de decisão de classificação de bem imóvel

Uma vez emitido o parecer previsto no artigo anterior, o IGESPAR, I. P., elabora projecto de decisão de classificação do bem imóvel como de interesse nacional ou de interesse público ou determina o arquivamento do procedimento.

Artigo 24º – Arquivamento do procedimento de classificação de bem imóvel

1 – No caso de arquivamento do procedimento de classificação de bem imóvel os interessados são notificados nos termos dos nºs 1 a 3 do artigo 9º.

2 – O arquivamento é igualmente comunicado às entidades referidas no artigo 10º.

3 – Qualquer interessado pode reclamar ou interpor recurso tutelar do acto que decide o arquivamento, nos termos do Código do Procedimento Administrativo, sem prejuízo da possibilidade de impugnação contenciosa.

SECÇÃO V – Audiência prévia dos interessados no âmbito do procedimento de classificação de bem imóvel

Artigo 25º – Audiência prévia

1 – O projecto de decisão de classificação de bem imóvel e, quando definida, da respectiva zona especial de protecção, é sujeito a audiência prévia dos interessados.

2 – A audiência prévia obedece ao disposto no Código do Procedimento Administrativo, revestindo a forma de consulta pública quando o número de interessados for superior a 10, e é objecto de notificação e publicação nos termos dos nºs 1 e 2 do artigo 9º.

3 – A câmara municipal do município onde se situe o bem imóvel é ouvida em audiência prévia.

4 – A notificação e a publicação para a audiência prévia indicam:

a) O sentido do projecto de decisão;

b) O local onde os interessados podem consultar o processo administrativo;

c) O prazo para a pronúncia dos interessados.

Artigo 26º – Prazo para a pronúncia dos interessados na audiência prévia

O prazo para a pronúncia dos interessados na audiência prévia em relação ao projecto de decisão de classificação e, quando definida, de zona especial de protecção é fixado pelo IGESPAR, I. P., não podendo ser inferior a 30 dias, sendo publicitado nos termos da alínea *c*) do nº 4 do artigo anterior.

Artigo 27º – Consulta do processo administrativo de classificação de bem imóvel

1 – O IGESPAR, I. P., envia cópia do processo administrativo de classificação incluindo, quando definida, a respectiva zona especial de protecção, à câmara municipal do município onde se situe o bem imóvel e à direcção regional de cultura territorialmente competente, de forma a facilitar aos interessados e à câmara municipal a respectiva consulta e a apresentação de observações.

2 – Sem prejuízo do disposto no número anterior, o IGESPAR, I. P., e a direcção regional de cultura territorialmente competente devem disponibilizar na respectiva página electrónica os elementos relevantes do projecto de decisão em relação à classificação do bem imóvel e, quando definida, da zona especial de protecção, bem como a indicação do termo do prazo para a pronúncia dos interessados na audiência prévia.

Artigo 28º – Pronúncia das direcções regionais de cultura no âmbito da audiência dos interessados

As observações suscitadas no âmbito da audiência dos interessados e da câmara municipal do município onde se situe o bem imóvel são apresentadas junto da direcção regional de cultura territorialmente competente que se pronuncia sobre os respectivos fundamentos e as remete, no prazo de 15 dias, ao IGESPAR, I. P..

SECÇÃO VI - Conclusão do procedimento de classificação de bem imóvel

Artigo 29º – Relatório final e proposta de decisão final do procedimento de classificação de bem imóvel

1 – O IGESPAR, I. P., elabora um relatório final do procedimento onde se apreciam as observações apresentadas no âmbito da audiência prévia e pela câmara municipal do município onde se situe o bem imóvel, a pronúncia da direcção regional de cultura territorialmente competente e o resultado de eventuais diligências complementares.

2 – Com base no relatório final referido no número anterior, o director do IGESPAR, I. P., formula uma proposta de decisão final do procedimento de classificação, bem como, quando possível, de fixação de zona especial de protecção.

3 – No caso de tramitação em simultâneo do procedimento de classificação de bem imóvel e de definição de zona de protecção especial, deve ser elaborado um único relatório final e uma única proposta de decisão em relação a ambos os procedimentos.

Artigo 30º – Decisão final do procedimento de classificação de bem imóvel

1 – A decisão final do procedimento de classificação de bem imóvel como de interesse nacional cabe ao Governo, sob a forma de decreto, mediante proposta do membro do Governo responsável pela área da cultura.

2 – A decisão final do procedimento de classificação de bem imóvel como de interesse público e, quando definida em simultâneo, da zona especial de protecção, compete ao membro do Governo responsável pela área da cultura, sob a forma de portaria.

Artigo 31º – Notificação e comunicação da decisão final do procedimento de classificação de bem imóvel

As decisões referidas no artigo anterior são notificadas e comunicadas nos termos dos nºs 1 e 3 do artigo 9º e do artigo 10º.

Artigo 32º – Publicação da decisão final do procedimento de classificação de bem imóvel

1 – O decreto do Governo e a portaria do membro do Governo responsável pela área da cultura previstos no artigo 28º da Lei nº 107/2001, de 8 de Setembro, e no artigo 30º do presente decreto-lei são publicados no Diário da República e indicam, de forma resumida, o respectivo conteúdo e objecto, incluindo a planta de localização e implantação do bem imóvel classificado, bem como, quando existente, o património móvel integrado.

2 – A portaria referida no número anterior deve incluir a zona especial de protecção quando a mesma seja fixada em simultâneo com a decisão final do procedimento de classificação.

3 – O IGESPAR, I. P., bem como as direcções regionais de cultura, disponibilizam na respectiva página electrónica os decretos e portarias de classificação, bem como as restantes portarias que fixem zonas especiais de protecção.

Artigo 33º – Identificação dos bens imóveis classificados

1 – Os bens imóveis classificados são identificados através de placa informativa e sinalética adequadas para o efeito.

2 – A placa informativa e sinalética referidas no número anterior, bem como as regras de afixação, são aprovadas por portaria dos membros do Governo responsáveis pelas áreas das finanças, das autarquias locais, das obras públicas e da cultura, ouvida a Associação Nacional de Municípios Portugueses.

SECÇÃO VII – Caducidade do procedimento de classificação e desclassificação

Artigo 34º – Caducidade do procedimento de classificação

1 – O prazo para decidir de forma expressa o procedimento de classificação previsto no nº 5 do artigo 24º da Lei nº 107/2001, de 8 de Setembro, pode ser prorrogado, mediante despacho fundamentado do director do IGESPAR, I. P., até ao limite máximo de 120 dias após a denúncia da mora por parte do interessado.

2 – O despacho referido no número anterior é notificado ao interessado.

3 – Após o prazo de 120 dias ou após a prorrogação previstos no nº 1, considera-se que o procedimento caducou.

4 – No caso de caducidade do procedimento, a abertura de novo procedimento para a classificação do mesmo bem imóvel deve ser expressamente fundamentado.

5 – A prorrogação do prazo referido no nº 1 e a abertura do procedimento referida no número anterior carecem de aprovação do membro do Governo responsável pela área da cultura, quando esteja em causa a classificação de bem imóvel como de interesse nacional ou de interesse público.

6 – O interessado que denunciou a mora do procedimento pode reclamar ou interpor recurso do acto de prorrogação do prazo referido no nº 1, nos termos do Código do Procedimento Administrativo, sem prejuízo da possibilidade de impugnação contenciosa.

Artigo 35º – Desclassificação

1 – A proposta para o início do procedimento de desclassificação depende de despacho favorável do membro do Governo responsável pela área da cultura e é seguida obrigatoriamente da notificação e comunicação previstas nos artigos 9º e 10º, bem como de consulta pública.

2 – O início do procedimento referido no número anterior não suspende os efeitos da classificação.

3 – Ao procedimento de desclassificação aplicam-se, com as necessárias adaptações, as disposições do presente capítulo.

CAPÍTULO III - Zonas de protecção

Artigo 36º – Tipos de zonas de protecção

1 – Os bens imóveis em vias de classificação beneficiam automaticamente de uma zona geral de protecção.

2 – Os bens imóveis em vias de classificação podem beneficiar, em alternativa à zona de protecção prevista no número anterior, de uma zona especial de protecção provisória.

3 – Os bens imóveis classificados beneficiam de uma zona especial de protecção.

Artigo 37º – Zona geral de protecção

1 – A zona geral de protecção tem 50 m contados dos limites externos do bem imóvel e vigora a partir da data da decisão de abertura do procedimento de classificação.

2 – Quando o limite da zona de geral de protecção abranja parcialmente um bem imóvel, considera-se o mesmo sujeito na sua totalidade ao regime aplicável aos bens imóveis situados na zona de protecção.

Artigo 38º – Zona especial de protecção provisória

1 – O IGESPAR, I. P., pode fixar uma zona especial de protecção provisória com a decisão de abertura do procedimento de classificação ou durante a instrução do mesmo, através de despacho fundamentado do seu director.

2 – A zona especial de protecção provisória é fixada quando a zona geral de protecção se revele insuficiente ou desadequada para a protecção e valorização do bem imóvel.

3 – O estudo da zona especial de protecção provisória é realizado em articulação com a direcção regional de cultura territorialmente competente e com a câmara municipal do município onde se situe o bem imóvel.

Artigo 39º – Âmbito da zona especial de protecção provisória

A zona especial de protecção provisória tem a amplitude adequada em função da protecção e valorização do bem imóvel em vias de classificação, podendo incluir zonas non aedificandi.

Artigo 40º – Duração dos efeitos da zona geral de protecção ou da zona especial de protecção provisória

1 – Os efeitos da zona geral de protecção ou da zona especial de protecção provisória de um bem imóvel classificado, de interesse nacional ou de interesse público, mantêm-se até à publicação da respectiva zona especial de protecção.

2 – O despacho que estabelece uma zona especial de protecção provisória pode ser revogado quando se considerar que os fundamentos da sua criação, nos termos do nº 2 do artigo 38º, deixaram de se verificar.

3 – No caso previsto no número anterior, o bem imóvel em causa continua a beneficiar de uma zona geral de protecção.

Artigo 41º – Zona especial de protecção

1 – O procedimento administrativo de definição de uma zona especial de protecção inicia-se oficiosamente ou a requerimento de qualquer interessado e pode decorrer em simultâneo com o procedimento de classificação de um bem imóvel.

2 – A instrução do procedimento de definição de uma zona especial de protecção é realizada pelo IGESPAR, I. P., em articulação com a direcção regional de cultura territorialmente competente e com a câmara municipal do município onde se situe o bem imóvel, de forma que esta venha a constituir uma unidade autónoma de planeamento.

3 – Na definição da zona especial de protecção pelo IGESPAR, I. P., é ouvido o órgão consultivo competente nos termos do disposto nos artigos 22º e 44º.

Artigo 42º – Prazo para a conclusão do procedimento de definição de uma zona especial de protecção

1 – A zona especial de protecção deve ser fixada no prazo máximo de 18 meses a contar da data da publicação prevista no nº 1 do artigo 32º.

2 – A zona especial de protecção pode ser estabelecida em simultâneo com a decisão final do procedimento de classificação.

Artigo 43º – Conteúdo da zona especial de protecção

1 – A zona especial de protecção tem a extensão e impõe as restrições adequadas em função da protecção e valorização do bem imóvel classificado, podendo especificar:

a) Zonas non aedificandi;

b) Áreas de sensibilidade arqueológica com a graduação das restrições, nomeadamente quanto ao tipo de procedimento de salvaguarda de carácter preventivo:

c) Bens imóveis, ou grupos de bens imóveis, que:

i) Podem ser objecto de obras de alteração, nomeadamente quanto à morfologia, cromatismo e revestimento exterior dos edifícios;

ii) Devem ser preservados;

iii) Em circunstâncias excepcionais, podem ser demolidos;

iv) Podem suscitar o exercício do direito de preferência, em caso de venda ou dação em pagamento;

d) Identificação das condições e da periodicidade de obras de conservação de bens imóveis ou grupo de bens imóveis;

e) As regras genéricas de publicidade exterior.

2 – A zona especial de protecção assegura o enquadramento paisagístico do bem imóvel e as perspectivas da sua contemplação, devendo abranger os espaços verdes, nomeadamente jardins ou parques de interesse histórico, que sejam relevantes para a defesa do contexto do bem imóvel classificado.

3 – Nas situações previstas nos números anteriores são estabelecidos zonamentos específicos e indicadas as restrições estritamente necessárias.

Artigo 44º – Projecto de decisão de definição de zona especial de protecção

Ouvido o órgão consultivo competente, de acordo com o previsto no artigo 22º, o IGESPAR, I. P., elabora projecto de decisão de definição de zona especial de protecção.

Artigo 45º – Audiência prévia no âmbito do procedimento de definição de zona especial de protecção

1 – O projecto de decisão de definição de zona especial de protecção é objecto de audiência prévia dos interessados.

2 – A audiência prévia dos interessados referida no número anterior deve, sempre que possível, ser realizada em conjunto com a audiência prévia prevista no artigo 25º.

3 – A audiência prévia reveste a forma de consulta pública a realizar em prazo a determinar pelo IGESPAR, I. P., que não deve ser inferior a 30 dias.

4 – As observações dos interessados são apresentadas nos termos do artigo 28º e podem ter como objecto a ilegalidade, inutilidade, excessiva amplitude ou onerosidade da zona especial de protecção globalmente considerada ou das restrições impostas pelos respectivos zonamentos e demais especificações.

5 – O anúncio da consulta pública, a planta de localização e implantação do bem imóvel classificado e a respectiva zona especial de protecção, bem como a

indicação das especificações previstas no nº 1 do artigo 43º, são publicados na 2.ª série do Diário da República e notificados à câmara municipal do município onde se situe o bem imóvel.

Artigo 46º – Divulgação da consulta pública no âmbito do procedimento de definição de zona especial de protecção

1 – O IGESPAR, I. P., e a direcção regional de cultura territorialmente competente divulgam a consulta pública nas respectivas páginas electrónicas.

2 – A câmara municipal do município onde se situe a zona especial de protecção é responsável pela divulgação da consulta pública no boletim municipal e na respectiva página electrónica.

Artigo 47º – Relatório final e proposta de decisão do procedimento de definição de zona especial de protecção

1 – O IGESPAR, I. P., elabora relatório final do procedimento onde se apreciam as observações apresentadas no âmbito da audiência prévia e a pronúncia da direcção regional de cultura territorialmente competente e o resultado de eventuais diligências complementares.

2 – Com base no relatório final referido no número anterior, o director do IGESPAR, I. P., formula uma proposta de decisão de definição de zona especial de protecção, especificando a respectiva extensão e restrições.

3 – No caso de tramitação em simultâneo do procedimento de classificação de bem imóvel e de definição de zona de protecção especial, aplica-se o disposto no nº 3 do artigo 29º.

Artigo 48º – Decisão final do procedimento de definição de zona de protecção especial

1 – A decisão final de fixação de zona especial de protecção compete ao membro do Governo responsável pela área da cultura e reveste a forma de portaria.

2 – A portaria referida no número anterior deve incluir a decisão final do procedimento de classificação, quando ambos os processos decorram em simultâneo, nos termos do nº 2 do artigo 30º.

Artigo 49º – Divulgação e comunicação da decisão final do procedimento de definição de zona de protecção especial

1 – A decisão final de fixação de zona especial de protecção é divulgada nos termos do previsto no nº 4 do artigo 32º.

2 – O IGESPAR, I. P., comunica à conservatória do registo predial competente os bens imóveis ou grupos de bens imóveis na situação referida na subalínea *iv*) da alínea *c*) do nº 1 do artigo 43º, para efeitos do previsto nos artigos 38º e 39º da Lei nº 107/2001, de 8 de Setembro.

Artigo 50º – Alteração de zona especial de protecção

À alteração de zona especial de protecção aplicam-se, com as necessárias adaptações, as disposições do presente capítulo.

Artigo 51º – Licenças e autorizações em zona de protecção

1 – Nas zonas de protecção de bens imóveis em vias de classificação ou de bens imóveis classificados de interesse nacional ou de interesse público não podem ser concedidas pela câmara municipal ou por qualquer outra entidade licença para as operações urbanísticas admissão de comunicação prévia ou autorização de utilização previstas no regime jurídico da urbanização e da edificação, aprovado pelo Decreto-Lei nº 555/99, de 16 de Dezembro, sem parecer prévio favorável do IGESPAR, I. P..

2 – Exceptuam-se do disposto no número anterior:

a) As obras de mera alteração no interior de bens imóveis, sem impacte arqueológico;

b) As operações urbanísticas expressamente indicadas na portaria que fixa a zona especial de protecção, nos termos do artigo 43º.

3 – A câmara municipal competente notifica o IGESPAR, I. P., e a direcção regional de cultura territorialmente competente, das licenças ou autorizações concedidas e das comunicações prévias admitidas ao abrigo da alínea *b*) do número anterior, no prazo de 15 dias.

4 – As licenças ou autorizações concedidas e as comunicações prévias admitidas que infrinjam o disposto no nº 1 e na alínea *b*) do nº 2 são nulas.

Artigo 52º – Impugnação administrativa do parecer prévio desfavorável do IGESPAR, I. P.

1 – O interessado pode reclamar ou interpor recurso tutelar do parecer prévio desfavorável do IGESPAR, I. P., nos termos do Código do Procedimento Administrativo, sem prejuízo da possibilidade de impugnação contenciosa, no âmbito do licenciamento ou autorização das operações urbanísticas previstas no nº 1 do artigo anterior.

2 – O IGESPAR, I. P., por sua iniciativa ou a pedido do interessado, pode determinar a emissão de parecer do órgão consultivo competente, referido no artigo 74º, sobre os fundamentos da reclamação.

3 – A reclamação ou o recurso tutelar não suspendem a eficácia do parecer prévio do IGESPAR, I. P., e devem ser decididos no prazo de 30 dias.

CAPÍTULO IV – Conjuntos e sítios

Artigo 53º – Delimitação

A delimitação de um conjunto ou sítio observa o procedimento de classificação previsto no capítulo II.

Artigo 54º – Conteúdo do conjunto ou sítio

1 – Na área abrangida por um conjunto ou sítio, o IGESPAR, I. P., em articulação com a direcção regional de cultura territorialmente competente e com a câmara municipal do município onde se situe o imóvel, especifica:

a) Graduação das restrições, nomeadamente, quanto à volumetria, morfologia, alinhamentos e cérceas, cromatismo e revestimento exterior dos edifícios;

b) Zonas non aedificandi;

c) Áreas de sensibilidade arqueológica com a graduação das restrições, nomeadamente quanto ao tipo de procedimento de salvaguarda de carácter preventivo;

d) Bens imóveis, ou grupos de bens imóveis, que:

i) Devem ser preservados integralmente;

ii) Podem ser objecto de obras de alteração;

iii) Devem ser preservados;

iv) Em circunstâncias excepcionais, podem ser demolidos;

v) Podem suscitar o exercício do direito de preferência, em caso de venda ou dação em pagamento;

vi) Se encontram sujeitos ao regime de obras ou intervenções previsto no Decreto-Lei nº 140/2009, de 15 de Junho;

e) Identificação das condições e da periodicidade de obras de conservação de bens imóveis ou grupo de bens imóveis, de acordo com o regime do Decreto-Lei nº 140/2009, de 15 de Junho;

f) As regras de publicidade exterior.

2 – Às operações urbanísticas a realizar em conjuntos ou sítios aplica-se com as necessárias adaptações, o disposto nos artigos 51º e 52º.

Artigo 55º – Zonas de protecção

O conjunto ou sítio podem dispor de zona especial de protecção provisória e de zona especial de protecção, a fixar nos termos do capítulo III, quando a respectiva fixação seja indispensável para assegurar o enquadramento arquitectónico, paisagístico e a integração urbana, bem como as perspectivas de contemplação.

Artigo 56º – Imóveis individualmente classificados

1 – Na área abrangida pela delimitação de um conjunto ou de um sítio podem coexistir bens imóveis individualmente classificados.

2 – Os efeitos da zona de protecção de um bem imóvel individualmente classificado mantêm-se até à publicação da classificação do conjunto ou sítio conforme previsto no nº 1 do artigo 32º.

CAPÍTULO V – Imóveis de interesse municipal

Artigo 57º – Classificação

1 – Compete à câmara municipal, nos termos da alínea *m*) do nº 2 do artigo 64º da Lei nº 169/99, de 18 de Setembro, a classificação de bem imóvel como de interesse municipal de acordo com o previsto no nº 6 do artigo 15º da Lei nº 107/2001, de 8 de Setembro.

2 – O procedimento de classificação de bem imóvel como de interesse municipal obedece, com as necessárias adaptações, ao disposto no capítulo II.

Artigo 58º – Zonas de protecção

1 – Os bens imóveis classificados, ou em vias de classificação, como de interesse municipal podem dispor de uma zona especial de protecção provisória ou de uma zona especial de protecção, quando os instrumentos de gestão territorial não assegurem o enquadramento necessário à protecção e valorização do bem imóvel, mediante deliberação do órgão autárquico competente.

2 – Para efeitos do disposto no número anterior, aplicam-se, com as necessárias adaptações, as disposições do capítulo III.

Artigo 59º – Conjuntos e sítios

Aos conjuntos e sítios classificados como de interesse municipal aplicam-se, com as necessárias adaptações, as disposições do capítulo IV.

Artigo 60º – Remessa de processo à câmara municipal

1 – Nas situações de arquivamento previstas nos artigos 12º e 24º o IGESPAR, I. P., remete oficiosamente cópia do processo que documenta a instrução do procedimento à câmara municipal do município onde se situe o bem imóvel.

2 – Sempre que o IGESPAR, I. P., considere que o bem imóvel cujo procedimento foi arquivado pode merecer a classificação como de interesse municipal, elabora parecer que remete igualmente à câmara municipal.

3 – Na situação referida no número anterior é dispensado o parecer previsto no nº 2 do artigo 94º da Lei nº 107/2001, de 8 de Setembro.

Artigo 61º – Comunicação e divulgação

1 – As câmaras municipais comunicam ao IGESPAR, I. P., e à direcção regional de cultura territorialmente competente a decisão de abertura e a decisão final do procedimento de classificação de bem imóvel como de interesse municipal, bem como, quando fixada, de zona de protecção.

2 – O IGESPAR, I. P., e a direcção regional territorialmente competente divulgam nas respectivas páginas electrónicas os bens imóveis classificados como de interesse municipal e as respectivas zonas de protecção.

Artigo 62º – Aplicação do regime da Lei nº 107/2001, de 8 de Setembro

As disposições dos artigos 40º a 54º da Lei nº 107/2001, de 8 de Setembro, são aplicáveis, com as necessárias adaptações e em conformidade com o previsto no presente decreto-lei, aos bens imóveis classificados como de interesse municipal, à excepção do disposto no artigo 42º.

CAPÍTULO VI – Plano de pormenor de salvaguarda

Artigo 63º – Regime jurídico aplicável

O plano de pormenor de salvaguarda obedece ao disposto no regime jurídico dos instrumentos de gestão territorial, aprovado pelo Decreto-Lei nº 380/99, de 22 de Setembro, com as especificidades introduzidas pelo presente decreto-lei.

Artigo 64º – Objecto

O plano de pormenor de salvaguarda estabelece as orientações estratégicas de actuação e as regras de uso e ocupação do solo e edifícios necessárias à preservação e valorização do património cultural existente na sua área de intervenção, desenvolvendo as restrições e os efeitos estabelecidos pela classificação do bem imóvel e pela zona especial de protecção.

Artigo 65º – Âmbito territorial

O plano de pormenor de salvaguarda pode abranger o solo rural e o solo urbano correspondente à totalidade ou parte de um bem imóvel classificado e respectiva zona de protecção.

Artigo 66º – Conteúdo material

Sem prejuízo do conteúdo material próprio dos planos de pormenor nos termos do artigo 91º do regime jurídico dos instrumentos de gestão territorial, aprovado pelo Decreto-Lei nº 380/99, de 22 de Setembro, o plano de pormenor de salvaguarda deve adoptar o conteúdo material específico apropriado à protecção e valorização dos bens imóveis classificados e respectivas zonas especiais de protecção, estabelecendo, nomeadamente:

a) A ocupação e os usos prioritários;

b) As áreas a reabilitar;

c) Os critérios de intervenção nos elementos construídos e naturais;

d) A cartografia e o recenseamento de todas as partes integrantes do bem imóvel e zona especial de protecção;

e) As linhas estratégicas de intervenção, nos planos económico, social e de requalificação urbana e paisagística;

f) A delimitação e caracterização física, arquitectónica, histórico-cultural e arqueológica da área de intervenção;

g) A situação fundiária da área de intervenção, procedendo, quando necessário, à sua transformação;

h) As regras de alteração da forma urbana, considerando as operações urbanísticas e os trabalhos de remodelação de terrenos;

i) As regras da edificação, incluindo a regulação de volumetrias, alinhamentos e cérceas, o cromatismo e os revestimentos exteriores dos edifícios;

j) As regras específicas para a protecção do património arqueológico, nomeadamente, as relativas a medidas de carácter preventivo de salvaguarda do património arqueológico;

l) As regras a que devem obedecer as obras de construção, reconstrução, ampliação, alteração, conservação e demolição;

m) A avaliação da capacidade resistente dos elementos estruturais dos edifícios, nomeadamente, no que diz respeito ao risco sísmico;

n) As regras de publicidade exterior e de sinalética;

o) A identificação dos bens imóveis, ou grupos de bens imóveis, que podem suscitar o exercício do direito de preferência em caso de venda ou dação em pagamento.

Artigo 67º – Relação entre autarquia e administração do património cultural

1 – A elaboração do plano de pormenor de salvaguarda compete à câmara municipal e é objecto de parceria com o IGESPAR, I. P., e com a direcção regional de cultura territorialmente competente.

2 – Os termos da parceria referida no número anterior, entre o IGESPAR, I. P., a direcção regional de cultura territorialmente competente e a câmara municipal competente podem ser objecto de um protocolo, sem prejuízo do acompanhamento obrigatório do plano de pormenor de salvaguarda.

Artigo 68º – Elaboração

1 – O IGESPAR, I. P., pronuncia-se sobre os termos de referência do plano de pormenor de salvaguarda, ouvida a direcção regional de cultura territorialmente competente.

2 – A elaboração do plano de pormenor de salvaguarda deve ser realizada por equipa pluridisciplinar, com as qualificações profissionais exigidas por lei.

3 – Concluída a elaboração da proposta de plano pormenor de salvaguarda cuja área de intervenção contenha ou coincida com bens imóveis classificados, ou em vias de classificação, como de interesse nacional ou interesse público, e respectivas zonas de protecção, o IGESPAR, I. P., ouvida a direcção regional de cultura territorialmente competente, emite parecer obrigatório e vinculativo no prazo de 60 dias, findo o qual se considera o parecer como favorável.

4 – O parecer referido no número anterior, quando desfavorável, indica especificadamente as objecções à proposta do plano de pormenor de salvaguarda e quais as alterações necessárias para a viabilização, sempre que possível, das soluções do plano, em ordem a promover uma solução concertada para a protecção e valorização dos bens imóveis e respectivas zonas de protecção.

Artigo 69º – Projectos, obras e intervenções

1 – Após a entrada em vigor do plano de pormenor de salvaguarda a câmara municipal pode conceder licença para as operações urbanísticas, admitir comunicação prévia, ou emitir autorização de utilização previstas no regime jurídico da urbanização e da edificação, aprovado pelo Decreto-Lei nº 555/99, de 16 de Dezembro, sem prejuízo do dever de comunicar ao IGESPAR, I. P., e à direcção regional de cultura territorialmente competente os alvarás concedidos no prazo de 15 dias.

2 – O plano de pormenor de salvaguarda não dispensa o parecer obrigatório e vinculativo do IGESPAR, I. P., em relação a projectos, obras ou intervenções em imóveis individualmente classificados de interesse nacional e de interesse público nos termos do Decreto-Lei nº 140/2009, de 15 de Junho.[139]

3 – O plano de pormenor pode prever expressamente a necessidade de emissão de parecer prévio favorável por parte do IGESPAR, I. P., relativamente a operações urbanísticas que incidam sobre bens imóveis classificados ou em vias de classificação como de interesse nacional ou de interesse público ou sobre imóveis situados nas respectivas zonas de protecção, procedendo à sua identificação em anexo ao regulamento e em planta de localização.

4 – Em qualquer caso, não pode ser efectuada a demolição total ou parcial de bem imóvel classificado ou em vias de classificação sem prévia e expressa auto-

[139] Inserto na subsequente Secção.

rização do IGESPAR, I. P., aplicando-se as regras constantes do artigo 49º da Lei nº 107/2001, de 8 de Setembro.

Artigo 70º – Plano de pormenor de reabilitação urbana

1 – Os planos de pormenor de reabilitação urbana cuja área de intervenção contenha ou coincida com bens imóveis classificados, ou em vias de classificação, e respectivas zonas de protecção, prosseguem os objectivos e fins dos planos de pormenor de salvaguarda, tendo também para aquelas áreas o respectivo conteúdo.

2 – O plano de pormenor de reabilitação urbana cuja área de intervenção contenha ou coincida com bens imóveis classificados, ou em vias de classificação, como de interesse nacional ou interesse público, e respectivas zonas de protecção depende de parecer obrigatório e vinculativo do IGESPAR, I. P., ouvida a direcção regional de cultura territorialmente competente, a emitir de acordo com o previsto nos nºs 3 e 4 do artigo 68º.

3 – Na situação referida no nº 1, é dispensada a elaboração de plano de pormenor de salvaguarda.

CAPÍTULO VII – Disposições finais

Artigo 71º – Indemnização

Os prejuízos decorrentes de servidões administrativas ou de outras restrições resultantes da aplicação do presente decreto-lei são indemnizáveis nos termos do artigo 16º da Lei nº 67/2007, de 31 de Dezembro.

Artigo 72º – Património mundial

1 – A inclusão de um bem imóvel na lista indicativa do património mundial determina oficiosamente a abertura de procedimento de classificação, no grau de interesse nacional, e de fixação da respectiva zona especial de protecção, nos termos do presente decreto-lei.

2 – A zona tampão de bem imóvel incluído na lista do património mundial corresponde, para todos os efeitos, a uma zona especial de protecção.

3 – A planta de localização e implantação de bem imóvel inscrito na lista do património mundial à data da entrada em vigor do presente decreto-lei, incluindo a respectiva zona de protecção, é publicada sob a forma de aviso no Diário da República no prazo de um ano.

Artigo 73º – Procedimento informatizado

1 – O requerimento inicial e a instrução dos pedidos de classificação de bens imóveis são realizados por via electrónica através da página electrónica do IGESPAR, I. P..

2 – Até à entrada em funcionamento do procedimento informatizado previsto neste artigo, o requerimento inicial é apresentado, por escrito, junto do IGESPAR, I. P..

Artigo 74º – Órgão consultivo competente

O órgão consultivo competente a que o presente decreto-lei faz referência nos artigos 22º e 44º é o órgão consultivo do Ministério da Cultura, nos termos do Decreto-Lei nº 215/2006, de 27 de Outubro, e do Decreto Regulamentar nº 35/2007, de 29 de Março.[140]

Artigo 75º – Confidencialidade

1 – A divulgação pública de dados referentes aos bens imóveis classificados, ou em vias de classificação, deve ser restringida, por iniciativa do IGESPAR, I. P., ou a pedido do proprietário, possuidor ou detentor de outros direitos reais, quando da mesma resulte perigo para a segurança, nomeadamente no que diz respeito ao património móvel integrado.

2 – A restrição de divulgação pública de dados referida no número anterior pode também ser requerida pelos respectivos proprietários, possuidores ou detentores de outros direitos reais com fundamento na incompatibilidade, no caso concreto, com direitos, liberdades e garantias pessoais.

Artigo 76º – Interpretação de plantas

1 – As dúvidas suscitadas pela leitura de planta publicada ou divulgada respeitante à delimitação de bem imóvel ou zona de protecção são resolvidas através da consulta do original arquivado para o efeito no IGESPAR, I. P..

2 – O IGESPAR, I. P., faculta, a requerimento dos interessados, reprodução em suporte de papel ou suporte analógico das plantas referidas no número anterior mediante o pagamento de taxa conforme previsto na alínea *e*) do nº 2 e no nº 3 do artigo 11º do Decreto-Lei nº 96/2007, de 29 de Março.

Artigo 77º – Adequação de situações existentes

1 – Os actos de classificação de bens imóveis que correspondam materialmente às categorias de conjunto ou sítio são objecto de revisão em conformidade com o regime do presente decreto-lei em prazo a estabelecer por despacho

[140] V., hoje, o diploma referido na antecedente nota (102).

do membro do Governo responsável pela área da cultura, mediante proposta do IGESPAR, I. P., ouvidas as direcções regionais de cultura.

2 – As zonas de protecção vigentes à data de entrada em vigor do presente decreto-lei, são alteradas em conformidade com o seu regime em prazo a estabelecer por despacho do membro do Governo responsável pela área da cultura, mediante proposta do IGESPAR, I. P., ouvidas as direcções regionais de cultura.

Artigo 78º – Bens imóveis em vias de classificação[141]

1 – O regime previsto no presente decreto-lei aplica-se aos procedimentos em curso de classificação de bens imóveis em que ainda não tenha sido realizada a audiência prévia dos interessados.

2 – Sem prejuízo do disposto no artigo 34º, o prazo para a conclusão dos procedimentos de classificação em curso abrangidos pelo número anterior, quando esteja em causa a classificação de bem imóvel de interesse nacional ou de interesse público, é prorrogado até 30 de junho de 2013, desde que já esteja a decorrer a fase de consulta pública.

3 – Os procedimentos de classificação a que se refere o número anterior caducam, se não for tomada decisão final até à data referida.

4 – O IGESPAR, I. P., e a direcção regional de cultura territorialmente competente divulgam nas respectivas páginas electrónicas os bens imóveis em vias de classificação na data de entrada em vigor do presente decreto-lei.

Artigo 79º – Entrada em vigor

O presente decreto-lei entra em vigor no dia 1 de Janeiro de 2010.

[141] A actual redacção dos nºs 2 e 3, prorrogando o prazo inicialmente fixado, resulta das alterações introduzidas pelos Dec.-Lei nº 115/2011, de 5 de Dezembro e Dec.-Lei nº 265/2012, de 28 de Dezembro.

3. Regime dos estudos, projectos, relatórios, obras e intervenções

Decreto-Lei nº 140/2009, de 15 de Junho

A Lei nº 107/2001, de 8 de Setembro, que estabeleceu as bases da política e do regime de protecção e valorização do património cultural, introduz um mecanismo de controlo prévio e de responsabilização em relação a todas as obras ou intervenções no património cultural.

O desenvolvimento do regime jurídico relativo aos estudos, projectos, obras ou intervenções em bens culturais classificados, ou em vias de classificação, pressupõe necessariamente a existência de um relatório prévio, elaborado por técnicos legalmente qualificados, em relação às obras ou intervenções, bem como o acompanhamento destas pela administração do património cultural competente e ainda a entrega de um relatório final.

As imposições normativas decorrentes dos artigos 45º e 59º da referida lei são objecto de concretização no presente diploma, com respeito pelas particularidades próprias da natureza dos bens. Assim, complementam-se as regras já existentes para os bens imóveis e cria-se um procedimento para os bens móveis protegidos.

As intervenções em bens imóveis obedecem às regras procedimentais do regime jurídico da urbanização e edificação, razão pela qual o presente diploma adapta aquelas regras às especificidades do património cultural imóvel de forma a facilitar a apreciação, por parte da administração autárquica e da administração central, da necessidade, pertinência e adequação das propostas de obras ou intervenções.

A obrigatoriedade do relatório prévio tem a virtualidade de promover a qualificação das obras ou intervenções e estimular o crescimento e especialização de vários sectores profissionais responsáveis pela sua elaboração, ao mesmo tempo que introduz um mecanismo de controlo prévio na realização de operações urbanísticas em relação aos bens culturais imóveis. Permite igualmente à câmara municipal e às entidades externas com participação no procedimento urbanístico uma ponderação mais célere das pretensões dos particulares.

Procura-se, deste modo, evitar os casos de decisões desfavoráveis por falta de elementos instrutórios necessários à apreciação dos riscos e benefícios das obras ou intervenções nos bens culturais protegidos e, simultaneamente, promover a indicação dos termos em que as decisões podem ser favoráveis, sempre que possível em função do cumprimento das orientações de valorização e de salvaguarda do património cultural.

Neste sentido, prevê-se também o mecanismo de prestação de informações complementares sempre que se revelem necessárias para a devida apreciação dos pedidos. Convida-se, deste modo, o proponente a suprir eventuais faltas do pedido que sejam relevantes à boa tomada de decisão, ainda numa fase prévia e sem desaproveitar o esforço empreendido para a abertura de um procedimento para a realização de obras ou intervenções em bens culturais. Procedimento este que se institui inovatoriamente em relação aos bens móveis, cumprindo-se assim o desígnio de efectiva salvaguarda de uma realidade diversificada de bens que espelham uma pluralidade de formas de expressão cultural.

É, aliás, esta inevitável diversidade que aconselha um razoável grau de discricionariedade administrativa na aferição das qualificações adequadas à realização de obras ou intervenções em bens que merecem uma tutela especial em função do seu reconhecido valor cultural. De facto, em muitas situações, só a consideração casuística das qualificações adquiridas, formalmente ou por experiência profissional, permite a análise adequada das propostas de obras ou intervenções no que respeita à conservação e restauro consoante a natureza dos bens.

O acompanhamento obrigatório das obras ou intervenções em bens culturais protegidos tem em conta o princípio da prevenção que norteia este diploma e as particularidades da realidade que conforma, face ao risco e à dificuldade inerentes aos trabalhos nos domínios da conservação e do restauro. Risco e dificuldades que crescem exponencialmente em função da grandeza ou complexidade das obras ou intervenções, razão pela qual se prevê a possibilidade de a Administração poder exigir um relatório intercalar nestas situações.

Sublinhe-se a importância atribuída pelo legislador ao relatório final, que sintetiza o processo seguido nas obras ou intervenções em bens culturais imóveis e móveis. Este relatório permitirá à Administração Pública dispor de registos permanentes e consultáveis sobre as técnicas e metodologias utilizadas e estabelecer comparações e fundamentar decisões em função de experiências concretas.

Desta forma, supre-se uma importante lacuna em relação ao registo e arquivo das técnicas, das metodologias e dos tratamentos utilizados ao longo do tempo na salvaguarda do património cultural. Espera-se que o cumprimento do dever de elaboração do relatório final e o respectivo arquivo, por regra digitalizado, contribua para constituir a indispensável memória dos trabalhos de protecção e valorização do património cultural. Importa, por fim, realçar a importância do acervo documental a constituir para a investigação e desenvolvimento científicos nestes domínios.

Foi ouvida a Associação Nacional de Municípios Portugueses.

Assim:

No desenvolvimento do regime jurídico estabelecido pela Lei nº 107/2001, de 8 de Setembro, e nos termos da alínea *c*) do nº 1 do artigo 198º da Constituição, o Governo decreta o seguinte:

CAPÍTULO I – Disposições gerais

Artigo 1º – Objecto e âmbito de aplicação

1 – O presente decreto-lei estabelece o regime jurídico dos estudos, projectos, relatórios, obras ou intervenções sobre bens culturais classificados, ou em vias de classificação, de interesse nacional, de interesse público ou de interesse municipal.

2 – O regime jurídico referido no número anterior abrange:

a) Os bens culturais imóveis;

b) Os bens culturais móveis;

c) O património móvel integrado em bens culturais imóveis e identificado como tal no respectivo acto de classificação ou no acto de abertura do procedimento de classificação.

Artigo 2º – Princípios gerais

1 – Os estudos, projectos, relatórios, obras ou intervenções sobre bens culturais obedecem aos seguintes princípios:

a) Prevenção, garantindo como regra o carácter prévio e sistemático da apreciação, acompanhamento e ponderação das obras ou intervenções e actos susceptíveis de afectar a integridade de bens culturais de forma a impedir a sua fragmentação, desfiguração, degradação, perda física ou de autenticidade;

b) Planeamento, assegurando prévia, adequada e rigorosa programação, por técnicos qualificados para o efeito, dos trabalhos a desenvolver em bens culturais, respectivas técnicas, metodologias e recursos a empregar em sede de execução;

c) Graduabilidade, fazendo corresponder o nível de exigências e requisitos a fixar para as obras ou intervenções em bens culturais ao seu valor cultural e à forma de protecção de que são objecto;

d) Fiscalização, promovendo o controlo das obras ou intervenções em bens culturais de acordo com os estudos e projectos aprovados;

e) Informação, através da divulgação sistemática e padronizada de dados sobre as obras ou intervenções realizadas em bens culturais para fins histórico-documentais, de investigação e estatísticos.

2 – A aplicação dos princípios referidos no número anterior subordina-se e articula-se com os princípios gerais da política e do regime de protecção e valorização do património cultural previstos na Lei nº 107/2001, de 8 de Setembro.

Artigo 3º – Definições

Para efeitos do presente decreto-lei, entende-se por:

a) «Administração do património cultural competente» a entidade responsável pela abertura do procedimento de classificação;

b) «Bens culturais» os bens móveis e imóveis classificados, ou em vias de classificação, de interesse nacional, de interesse público ou de interesse municipal, nos termos da Lei nº 107/2001, de 8 de Setembro, bem como o património móvel integrado;

c) «Relatório prévio» o relatório sobre a importância e a avaliação das obras ou intervenções cuja realização seja proposta em relação a bens culturais;

d) «Relatório intercalar» o relatório descritivo dos trabalhos efectuados, em curso e a realizar, fundamentando, nomeadamente, eventuais alterações no planeamento, técnicas, metodologias e execução em relação ao previsto em relatório prévio ou outros factos relevantes no âmbito das obras ou intervenções;

e) «Relatório final» o relatório de onde conste a natureza das obras ou intervenções realizadas, os exames e análise efectuados, as técnicas, as metodologias, os materiais e tratamentos aplicados, bem como documentação gráfica, fotográfica, videográfica ou outra sobre o processo seguido e o respectivo resultado;

f) «Património móvel integrado» os bens móveis de interesse cultural relevante ligados materialmente e com carácter de permanência a bem cultural imóvel, bem como os bens móveis que estejam afectos de forma duradoura ao seu serviço ou ornamentação.

CAPÍTULO II – Disposições comuns

Artigo 4º – Relatório prévio

Para efeitos de apreciação de pedidos de parecer, aprovação ou autorização para obras ou intervenções em bens culturais é obrigatória a entrega do relatório prévio, sem prejuízo dos demais elementos previstos no âmbito do presente decreto-lei.

Artigo 5º – Autoria do relatório prévio

1 – O relatório prévio é da responsabilidade de um técnico habilitado com formação superior adequada e cinco anos de experiência profissional após a obtenção do título académico.

2 – A formação superior e a experiência profissional referidas no número anterior devem ser relevantes na respectiva área de especialidade e no âmbito das obras ou intervenções em causa.

3 – Na elaboração do relatório prévio participam igualmente os técnicos especialistas competentes em função da natureza do bem cultural e do tipo de obras ou intervenções a realizar.

Artigo 6º – Informações complementares

1 – A administração do património cultural competente pode solicitar informações complementares, apresentação de documentos ou de outros elementos para a apreciação do pedido de parecer, aprovação ou autorização, no prazo de 10 dias após a recepção do respectivo pedido.

2 – O pedido de informações complementares pela administração do património cultural competente suspende o prazo de decisão sobre pedido de parecer, aprovação ou autorização até à data da prestação daquelas.

3 – O interessado pode requerer a continuação do procedimento em alternativa à prestação das informações complementares prevista no número anterior.

Artigo 7º – Vistoria prévia

1 – A administração do património cultural competente realiza vistoria prévia em relação ao bem cultural objecto de pedido de parecer, aprovação ou autorização sempre que o considerar necessário para aferir da necessidade e adequação das obras ou intervenções, no prazo de 15 dias após a recepção do relatório prévio.

2 – A vistoria é obrigatória e realizada no prazo de 20 dias após a recepção do relatório prévio quando as obras ou intervenções tenham por objecto bens culturais classificados de interesse nacional.

3 – A vistoria é realizada dentro do prazo previsto para a decisão do pedido de parecer, aprovação ou autorização de obras ou intervenções.

4 – A vistoria deve ser realizada, sempre que possível, por técnico com qualificações, no mínimo, equivalentes às exigidas para a autoria do relatório prévio.

5 – A omissão de vistoria prévia prevista nos números anteriores não dispensa a apreciação, pela administração do património cultural competente,

do pedido de parecer, aprovação ou autorização realizado ao abrigo do regime jurídico da urbanização e edificação, aprovado pelo Decreto-Lei nº 555/99, de 16 de Dezembro.

Artigo 8º – Acompanhamento

1 – As obras ou intervenções em bens culturais são objecto de acompanhamento pelos serviços da administração do património cultural competente.

2 – O acompanhamento compreende as diligências necessárias, podendo consistir na realização de exames, vistorias, fiscalização técnica, avaliações ou peritagens.

3 – Para efeitos do número anterior, o proprietário, o possuidor e demais detentores de direitos reais, bem como o responsável pela direcção das obras ou intervenções, devem facultar o acesso aos bens sempre que a administração do património cultural competente o solicite.

Artigo 9º – Relatório intercalar

1 – A administração do património cultural competente determina a elaboração de relatório intercalar e indica o prazo para a respectiva entrega, quando:

a) As diligências realizadas no âmbito do acompanhamento referido no artigo anterior o justifiquem;

b) Obras ou intervenções de grande dimensão ou complexidade o aconselhem.

2 – O relatório intercalar é elaborado pelo responsável pela direcção das respectivas obras ou intervenções.

Artigo 10º – Relatório final

1 – O relatório final é obrigatório relativamente às obras ou intervenções em bens culturais.

2 – O responsável pela direcção das obras ou intervenções deve elaborar e enviar o relatório final à administração do património cultural competente no prazo de 30 dias após a conclusão dos trabalhos.

Artigo 11º – Elementos do relatório final

1 – O relatório final contém:

a) Os elementos do relatório prévio;

b) A justificação dos desvios verificados em sede de execução;

c) A avaliação dos impactes das obras ou intervenções realizadas no bem cultural;

d) Os exames e análises realizados, as técnicas, metodologias, materiais e tratamentos aplicados;

e) Levantamento fotográfico ou videográfico geral, de conjunto e de detalhe, do processo seguido e do resultado final dos trabalhos;

f) Plano de monitorização, inspecção e manutenção a realizar em relação ao bem cultural objecto das obras ou intervenções.

2 – A administração do património cultural competente pode solicitar, sempre que necessário, elementos adicionais a integrar o relatório final, no prazo de 20 dias.

3 – O responsável pela direcção das obras ou intervenções envia os elementos referidos no número anterior à administração do património cultural competente no prazo de 30 dias após a recepção do respectivo pedido.

Artigo 12º – Arquivo

1 – O arquivo, tratamento e disponibilização da informação relativa às obras ou intervenções realizadas é da responsabilidade da administração do património cultural competente.

2 – O sistema de arquivo, tratamento e disponibilização da informação referida no número anterior é fixado por despacho normativo do membro do Governo responsável pela área da cultura, em função da natureza e do tipo dos bens culturais.

CAPÍTULO III – Bens culturais imóveis

Artigo 13º – Relatório prévio para bens culturais imóveis

O pedido de informação prévia, de licença ou a consulta prévia previstos no regime jurídico da urbanização e edificação em relação a obras de reconstrução, ampliação, alteração e conservação de bens culturais imóveis incluem obrigatoriamente o relatório prévio.

Artigo 14º – Autoria do relatório prévio para bens culturais imóveis

Aplica-se à autoria do relatório prévio relativo a obras ou intervenções em bens culturais imóveis o disposto no artigo 5º, sem prejuízo das habilitações académicas específicas previstas em legislação própria.[142]

Artigo 15º – Elementos do relatório prévio para bens culturais imóveis

O relatório prévio incide, nomeadamente, sobre os seguintes aspectos:

a) Critérios que fundamentem as obras ou intervenções de reconstrução, ampliação, alteração e conservação propostas;

[142] Previstas quanto à elaboração dos projectos – v. a Lei nº 31/2009, no Capítulo I.

b) Adequação das obras ou intervenções em relação às características do imóvel, tendo em conta o grau de classificação de interesse nacional, de interesse público ou de interesse municipal, bem como o interesse cultural que a fundamenta, designadamente o interesse histórico, arquitectónico, artístico, científico, social ou técnico;

c) Compatibilidade dos sistemas e materiais propostos em relação aos existentes;

d) Avaliação dos benefícios e riscos das obras ou intervenções propostas;

e) Consequências das obras ou intervenções no património arqueológico;

f) A utilização proposta para o imóvel;

g) Bibliografia e fontes documentais relevantes no âmbito das obras ou intervenções propostas;

h) Levantamento fotográfico ou videográfico geral, de conjunto e de detalhe do interior e do exterior.

CAPÍTULO IV – Bens culturais móveis

Artigo 16º – Autorização

As obras ou intervenções em bens culturais móveis, bem como em património móvel integrado, são obrigatoriamente sujeitas à autorização da administração do património cultural competente.

Artigo 17º – Pedido de autorização

O pedido de autorização é instruído com os seguintes elementos:

a) Identificação do proprietário, do possuidor e demais detentores de direitos reais sobre o bem objecto das obras ou intervenções;

b) Relatório prévio;

c) Comprovativo das qualificações exigidas ao responsável pela direcção das obras ou intervenções;

d) Composição e currículos profissionais dos elementos da equipa técnica;

e) Prazo de execução e orçamento previstos.

Artigo 18º – Autoria do relatório prévio para bens culturais móveis

1 – O relatório prévio relativo a obras ou intervenções de conservação e restauro em bens culturais móveis é da responsabilidade de um técnico habilitado com formação superior de cinco anos em conservação e restauro e cinco anos de experiência profissional após a obtenção do título académico.

2 – A formação superior e a experiência profissional referidas no número anterior devem ser relevantes na respectiva área de especialidade e no âmbito das obras ou intervenções em causa.

3 – A administração do património cultural competente pode, a título excepcional e de forma fundamentada, admitir técnicos com qualificações académicas inferiores às exigidas no presente decreto-lei para a elaboração do relatório prévio relativo a obras ou intervenções em bens culturais móveis desde que adequadas para o efeito e sem prejuízo de um mínimo de cinco anos de experiência profissional na respectiva área de especialidade.

Artigo 19º – Elementos do relatório prévio para bens culturais móveis

1 – O relatório prévio incide, nomeadamente, sobre os seguintes aspectos:

a) Identificação e localização do bem;

b) Histórico de obras ou intervenções no bem;

c) Diagnóstico do estado de conservação;

d) Âmbito e objectivos das obras ou intervenções;

e) Adequação das obras ou intervenções em relação às características do móvel, ou património móvel integrado, tendo em conta o grau de classificação de interesse nacional, de interesse público ou de interesse municipal, bem como o interesse cultural que a fundamenta;

f) Caracterização das técnicas, metodologias e tratamentos propostos, bem como dos materiais a utilizar, e compatibilidade com os materiais existentes;

g) Avaliação dos benefícios e riscos das obras ou intervenções propostas;

h) Bibliografia e fontes documentais relevantes no âmbito das obras ou intervenções propostas;

i) Levantamento fotográfico ou videográfico geral, de conjunto e de detalhe.

2 – Para além dos elementos previstos no número anterior, são fixados por portaria do membro do Governo responsável pela área da cultura outros elementos que se revelem necessários, designadamente em relação aos patrimónios arqueológico, arquivístico, audiovisual, bibliográfico, fonográfico e fotográfico.

Artigo 20º – Decisão

1 – A administração do património cultural competente decide o pedido de autorização no prazo de 40 dias.

2 – O prazo referido no número anterior é prorrogável, por igual período e por uma só vez, nos casos de obras ou intervenções de grande dimensão ou complexidade.

Artigo 21º – Indeferimento

1 – O pedido de autorização é indeferido quando:

a) O requerente instrua o pedido sem os elementos previstos no artigo 17º e não supra as deficiências no prazo determinado para o efeito, nunca inferior a 10 dias;

b) A administração do património cultural competente considere insuficientes ou inadequadas as qualificações ou a experiência profissional do responsável pela direcção das obras ou intervenções ou da respectiva equipa técnica.

2 – Nas situações de indeferimento com base no disposto na alínea *b*) do número anterior, o requerente pode propor a substituição do responsável pela direcção das obras ou intervenções, ou da respectiva equipa técnica, aproveitando-se neste caso os demais elementos entregues com o pedido.

Artigo 22º – Direcção e execução

1 – À direcção de obras ou intervenções de conservação e restauro em bens culturais móveis é aplicável o disposto no artigo 18º com as necessárias adaptações.

2 – A execução das obras ou intervenções é realizada por técnicos com qualificação e experiência adequadas nas respectivas áreas de especialidade.

3 – A alteração do director das obras ou intervenções autorizadas depende de prévio parecer favorável da administração do património cultural competente.

4 – Para efeitos do número anterior, a administração do património cultural competente pronuncia-se no prazo de 15 dias a contar da data de entrada do pedido.

Artigo 23º – Alterações supervenientes

As alterações não previstas nos estudos e projectos de obras ou intervenções autorizados devem ser de imediato comunicadas à administração do património cultural competente.

Artigo 24º – Suspensão dos trabalhos

1 – Sempre que se verifiquem na execução dos trabalhos situações que desvirtuem ou prejudiquem de alguma forma os bens culturais móveis, aqueles devem ser imediatamente suspensos pelo responsável pela direcção das obras ou intervenções.

2 – A suspensão dos trabalhos é comunicada pelo responsável pela direcção das obras ou intervenções à administração do património cultural competente no prazo de 48 horas.

3 – A administração do património cultural competente deve determinar o prosseguimento dos trabalhos autorizados logo que cessem as razões que justificaram a sua suspensão.

4 – O proprietário, possuidor ou demais detentores de direitos reais sobre o bem cultural objecto de obras ou intervenções pode solicitar o prosseguimento dos trabalhos nos termos do disposto no número anterior mediante pedido fundamentado.

5 – A administração do património cultural competente decide sobre o prosseguimento dos trabalhos no prazo de 20 dias após a recepção do pedido.

Artigo 25º – Medidas provisórias

A administração do património cultural competente pode ainda determinar as medidas provisórias necessárias quando, durante a execução das obras ou intervenções, se revele risco para a salvaguarda dos bens culturais móveis.

Artigo 26º – Revogação da autorização

1 – A autorização deve ser revogada sempre que se detectem alterações aos estudos e projectos autorizados ou erros graves na direcção ou execução dos trabalhos que comprometam a salvaguarda do bem cultural móvel, ou quando não se verifique a suspensão dos trabalhos determinada nos termos do artigo 24º

2 – A autorização pode ser revogada a todo o tempo quando por motivos supervenientes, devidamente fundamentados, o prosseguimento das obras ou intervenções se revele manifestamente prejudicial à salvaguarda do bem cultural.

3 – A alteração do responsável pela direcção da obra ou intervenção sem autorização prévia da administração do património cultural competente pode determinar a revogação da autorização de obras ou intervenções concedida no âmbito do presente decreto-lei.

Artigo 27º – Obras ou intervenções coercivas

1 – A administração do património cultural competente pode determinar a execução de obras ou intervenções em bens culturais móveis que se revelem indispensáveis para assegurar a sua integridade e evitar a sua perda, destruição ou deterioração.

2 – Quando o proprietário, possuidor ou demais detentores de direitos reais não iniciar as obras ou intervenções que lhe sejam determinadas, ou não as realizar nas condições ou no prazo que lhe forem fixados, a administração do património cultural competente pode determinar o depósito coercivo do bem, em instituição adequada em função da sua natureza, e proceder à execução daquelas obras ou intervenções.

3 – As quantias relativas às despesas realizadas nos termos do número anterior são da responsabilidade do infractor.

4 – Quando aquelas quantias não forem pagas voluntariamente no prazo de 30 dias a contar da notificação para o efeito, são cobradas judicialmente em processo de execução fiscal, servindo de título executivo certidão, passada pelos serviços competentes, comprovativa das despesas efectuadas.

CAPÍTULO V - Regime sancionatório

Artigo 28º - Contra-ordenações e coimas

Constitui contra-ordenação punível com a coima de € 500 a € 3500 e de € 3500 a € 25 000, conforme se trate de pessoas singulares ou de pessoas colectivas, respectivamente:

a) A omissão injustificada de entrega do relatório previsto no artigo 9º;

b) A omissão injustificada de entrega do relatório final previsto no artigo 10º;

c) A omissão injustificada de entrega dos elementos referidos no nº 3 do artigo 11º;

d) A omissão injustificada das comunicações referidas no artigo 23º e no nº 2 do artigo 24º;

e) O incumprimento do disposto no nº 2 do artigo 22º;

f) O incumprimento do disposto no nº 1 do artigo 24º.

Artigo 29º - Sanções acessórias

Em simultâneo com as coimas previstas no artigo anterior pode ser determinada a privação dos direitos a subsídios ou benefícios outorgados por entidades ou serviços públicos.

Artigo 30º - Processamento

A instrução do processo contra-ordenacional e a aplicação das coimas incumbem à administração do património cultural competente.

Artigo 31º - Destino das coimas

O valor das coimas aplicadas às contra-ordenações previstas no presente decreto-lei reverte em:

a) 60% para o Estado;

b) 40% para a administração do património cultural competente.

CAPÍTULO VI - Disposições finais

Artigo 32º - Obras ou intervenções realizadas pela administração

1 - As obras ou intervenções realizadas, directa ou indirectamente, pela administração do património cultural competente estão sujeitas à elaboração dos relatórios previstos no presente decreto-lei.

2 - Pode ser dispensada a elaboração do relatório prévio e do relatório intercalar por despacho fundamentado do dirigente máximo do serviço competente.

Artigo 33º – Dispensa de relatório intercalar

1 – Nas situações de obras de demolição, reconstrução, ampliação, alteração ou conservação de bens culturais imóveis anteriormente previstas em programa de intervenção, aprovado por resolução do Conselho de Ministros, não há lugar à apresentação de relatório intercalar.

2 – A dispensa do relatório intercalar aplica-se igualmente nas situações de alteração superveniente relativas a obras referidas no número anterior.

Artigo 34º – Obras ou intervenções urgentes

1 – A administração do património cultural competente, por iniciativa própria ou mediante requerimento fundamentado de qualquer interessado, pode excepcionalmente dispensar o relatório prévio e proceder a vistoria prévia quando as obras ou intervenções revelem carácter urgente em função do risco de destruição, perda ou deterioração iminente do bem cultural.

2 – O auto de vistoria, referido no número anterior, substitui o relatório prévio.

Artigo 35º – Trabalhos arqueológicos

As obras ou intervenções em bens culturais que revistam a natureza de trabalhos arqueológicos observam as regras previstas em legislação própria.

Artigo 36º – Informação

Os serviços competentes do Ministério da Cultura publicam anualmente, na respectiva página electrónica, os dados estatísticos referentes às obras ou intervenções realizadas ao abrigo do presente decreto-lei.

Artigo 37º – Confidencialidade

1 – A divulgação pública de dados referentes aos bens culturais objecto de obras ou intervenções no âmbito do presente decreto-lei deve ser restringida, por iniciativa da administração do património cultural competente ou a pedido do proprietário, possuidor ou detentor de outros direitos reais, quando da mesma resulte perigo para a segurança daqueles bens.

2 – A restrição de divulgação pública de dados referida no número anterior pode também ser requerida pelos respectivos proprietários, possuidores ou detentores de outros direitos reais com fundamento na incompatibilidade, no caso concreto, com direitos, liberdades e garantias pessoais, ou com outro motivo atendível devidamente fundamentado, nomeadamente respeitante a dados abrangidos por segredo comercial ou industrial, propriedade artística ou científica ou sujeitos a outras regras de confidencialidade, nos termos do Código do Procedimento Administrativo, aprovado pelo Decreto-Lei nº 442/91, de 15 de Novembro.

Artigo 38º – Procedimento informatizado

1 – A instrução dos pedidos referentes a obras ou intervenções em bens culturais móveis ou imóveis é realizado por via electrónica através da página electrónica dos serviços competentes do Ministério da Cultura, sem prejuízo do previsto no artigo 8º-A do regime jurídico da urbanização e edificação.

2 – A página electrónica deve disponibilizar um manual de procedimentos relativo à instrução de pedidos para obras ou intervenções.

3 – Até à entrada em funcionamento do procedimento informatizado previsto neste artigo, os pedidos de autorização são apresentados, por escrito, junto dos serviços competentes do Ministério da Cultura.

Artigo 39º – Contratualização

1 – A administração do património cultural competente pode recorrer à contratação de entidades especializadas quando tal se revele estritamente necessário para o cumprimento das obrigações relativas à apreciação dos estudos, projectos e relatórios, ou para o acompanhamento ou realização das obras ou intervenções em bens culturais.

2 – Sem prejuízo do disposto nos artigos 44º a 51º do Código do Procedimento Administrativo, é vedada a contratação de entidades especializadas, públicas ou privadas, que suscitem conflitos de interesses na apreciação dos estudos, projectos e relatórios ou no acompanhamento ou realização das obras ou intervenções em bens culturais.

Artigo 40º – Cooperação científica e com o ensino

1 – A administração do património cultural competente estabelece formas de cooperação com entidades vocacionadas para o ensino e a investigação, designadamente estabelecimentos de investigação e de ensino superior no âmbito da salvaguarda dos bens culturais.

2 – A administração do património cultural competente deve facultar aos estabelecimentos de ensino que ministrem cursos nas áreas da conservação e restauro oportunidades de prática e formação profissional, mediante protocolos que estabeleçam a forma de colaboração, as obrigações e prestações mútuas, a repartição de encargos financeiros e os resultados da colaboração.

Artigo 41º – Anteriores actos de classificação e inventariação

O regime do presente decreto-lei aplica-se aos bens culturais móveis e imóveis independentemente das conversões para as novas formas de protecção e designação previstas na Lei nº 107/2001, de 8 de Setembro.

Artigo 42º – Entrada em vigor

O presente decreto-lei entra em vigor 180 dias após a data da sua publicação.

VI. Ordenamento do território

1. Lei de bases

- Lei nº 31/2014, de 30 de Maio

2. Regime jurídico dos instrumentos de gestão territorial

- Decreto-Lei nº 80/2015, 14 de Maio

1. Lei de bases

Lei nº 31/2014, de 30 de Maio

Lei de bases gerais da política pública de solos, de ordenamento do território e de urbanismo

Incluiu-se apenas o índice deste diploma que substituiu a anterior lei de bases da política de ordenamento do território e do urbanismo (Lei nº 48/98, de 11 de Agosto), e incorporou a matéria da anterior Lei dos Solos (Decreto-Lei nº 794/76, de 5 de Novembro), como se pode constatar no seu título.

2. Regime jurídico dos instrumentos de gestão territorial

Decreto-Lei nº 80/2015, de 14 de Maio

Índice

Estabelecidas as bases gerais de política pública de solos, do ordenamento do território e do urbanismo pela Lei nº 31/2014, de 30 de maio, o presente decreto-lei procede, no cumprimento do estabelecido no artigo 81º da referida lei, à revisão do Regime Jurídico dos Instrumentos de Gestão Territorial.

A lei de bases de política pública de solos, do ordenamento do território e do urbanismo procedeu a uma reforma estruturante, tanto do ponto de vista dos conteúdos, no sentido de definir um conjunto de normas relativas à disciplina do uso do solo, como do ponto do vista do seu sistema jurídico, com objetivo de traduzir uma visão conjunta do sistema de planeamento e dos instrumentos de política de solos, entendidos como os instrumentos por excelência de execução dos planos territoriais.

Constitui objetivo daquela lei o enriquecimento do sistema de gestão territorial através da distinção regimentar entre programas e planos, com fundamento na diferenciação material entre, por um lado, as intervenções de natureza estratégica da administração central e, por outro lado, as intervenções da administração local, de caráter dispositivo e vinculativo dos particulares. Assim, os instrumentos da administração central passam a designar-se programas, no sentido de reforçar o seu caráter de meio de intervenção do Governo na tutela de interesses públicos de âmbito nacional e regional.

Não obstante, o plano diretor municipal mantém-se como um instrumento de definição da estratégia municipal ou intermunicipal, estabelecendo o quadro estratégico de desenvolvimento territorial ao nível local ou sub-regional. Por outro lado, os planos territoriais passam a ser os únicos instrumentos passíveis de determinar a classificação e qualificação do uso do solo, bem como a respetiva execução e programação.

Desta forma, devem ser integradas no plano diretor municipal ou intermunicipal e aí adaptadas as orientações de desenvolvimento territorial decorrentes dos programas de âmbito nacional, regional e sub-regional.

Pretende-se, com esta opção, introduzir uma regulamentação que permita salvaguardar os interesses dos particulares e a sua confiança no ordenamento jurídico vigente, na medida em que todas as normas relativas à ocupação, uso e transformação dos solos, para poderem ser impostas aos particulares, devem estar previstas no mesmo regulamento.

Por outro lado, privilegiando-se a concretização da avaliação das políticas de planeamento, prevê -se a obrigatoriedade de fixação de indicadores destinados a sustentar a avaliação e a monitorização dos programas e dos planos territoriais no respetivo conteúdo documental, de cujos resultados passam a depender diretamente os processos de alteração e revisão dos planos.

Com o mesmo objetivo, clarifica-se o âmbito das relações entre os diversos níveis de planeamento, estabelecendo-se um princípio de prevalência cronológica uniforme, com obrigatoriedade de atualização e adaptação dos instrumentos anteriores.

Reconhecendo-se que a falta de agilidade na tramitação administrativa é incompatível com a urgência de iniciativas, é importante agilizar procedimentos, concertar posições e reforçar a contratualização e participação dos particulares nos processos de planeamento.

Deste modo, o novo regime, procurando superar as situações de impasse em fase final do acompanhamento da elaboração do plano diretor municipal, comete às comissões de coordenação e desenvolvimento regional a elaboração de um único parecer final que vincula toda a administração central, o qual é acompanhado pela ata da comissão consultiva.

Prevê-se, ainda, a disponibilização de uma plataforma eletrónica para efeitos de acompanhamento dos procedimentos de elaboração, alteração ou revisão dos planos diretores municipais.

Garante-se, assim, maior eficiência dos serviços da Administração, impondo procedimentos desmaterializados e do conhecimento automático de todos os intervenientes.

Sendo certo que a uniformização de procedimentos e de normas técnicas constitui um fator essencial de simplificação é criada a Comissão Nacional do Território, que articula e avalia a política nacional do ordenamento do território, propõe a aprovação de normas técnicas no âmbito do planeamento e emite pareceres e recomendações sobre todas as questões relativas ao ordenamento do território e à articulação com os instrumentos de ordenamento do espaço marítimo, por sua iniciativa ou a solicitação de outras entidades. Esta Comissão vem, ainda, suceder à Comissão Nacional de Reserva Ecológica Nacional, nas suas atribuições.

O novo regime jurídico dos instrumentos de gestão territorial garante uma efetiva articulação e compatibilização dos programas e dos planos territoriais com os planos de ordenamento do espaço marítimo nacional, de modo a salvaguardar a interação mar-terra.

O presente decreto-lei prevê, no desenvolvimento da Lei nº 31/2014, de 30 de maio, a possibilidade das entidades intermunicipais, por vontade conjunta dos municípios constituintes destas, e de municípios vizinhos, se associarem para definirem, de modo coordenado, a estratégia de desenvolvimento e o modelo territorial, as opções de localização e de gestão de equipamentos públicos e infraestruturas, aprovando conjuntamente programas intermunicipais de ordenamento e desenvolvimento, planos diretores, planos de urbanização ou planos de pormenor.

Um modelo coerente de ordenamento do território deve assegurar a coesão territorial e a correta classificação do solo, invertendo-se a tendência, predominante nas últimas décadas, de transformação excessiva e arbitrária do solo rural em solo urbano. Com efeito, pretende-se contrariar a especulação urbanística, o crescimento excessivo dos perímetros urbanos e o aumento incontrolado dos preços do imobiliário, designadamente através da alteração do estatuto jurídico do solo.

Institui-se um novo sistema de classificação do solo, em solo urbano e solo rústico, que opta por uma lógica de efetiva e adequada afetação do solo urbano ao solo parcial ou totalmente urbanizado ou edificado, eliminando-se a categoria operativa de solo urbanizável. Em nome do princípio da sustentabilidade territorial, a reclassificação do solo como urbano é limitada ao indispensável, sustentável dos pontos de vista económico e financeiro, e traduz uma opção de planeamento necessária, devidamente programada, que deve ser objeto de contratualização. Assim, institui-se a obrigatoriedade da demonstração da sustentabilidade económica e financeira da transformação do solo rústico em urbano, através de indicadores demográficos e dos níveis de oferta e procura do solo urbano.

Por forma a assegurar a execução da operação urbanística, o plano deve definir um prazo para a execução da operação urbanística, findo o qual a classificação pode caducar, no caso de a mesma não ser realizada. A reclassificação do solo como urbano implica a fixação, por via contratual, dos encargos urbanísticos da operação e do respetivo prazo de execução e a redistribuição de benefícios e encargos, considerando todos os custos urbanísticos envolvidos na operação. Uma vez demonstrada a viabilidade económica na transformação do solo rústico em solo urbano, o direito de construir apenas se adquire com a aprovação da programação e com o cumprimento dos ónus urbanísticos fixados no contrato.

Em resumo, os programas e os planos territoriais integram orientações para a sua execução, nomeadamente no que respeita à identificação e à programação das intervenções consideradas estratégicas, com a estimativa dos custos individuais e dos respetivos prazos de execução, à ponderação da viabilidade jurídico-fundiária e da sustentabilidade económico-financeira das propostas, à definição dos meios e dos sujeitos responsáveis pelo financiamento e à estimativa da capacidade de investimento público.

Com a revisão dos instrumentos de gestão territorial a Administração ganha novos meios de intervenção pública no solo, destacando-se a reserva de solo, a venda e o arrendamento forçado de prédios urbanos, cujos proprietários não cumpram os ónus e os deveres a que estão obrigados por um plano territorial.

As políticas públicas devem ser direcionadas para a disponibilização de um ambiente sustentável e adequadamente infraestruturado, exigindo-se uma correta programação pública das intervenções a efetuar pelos municípios, assente em dois princípios fundamentais: o princípio da sustentabilidade financeira e o princípio da incorporação dos custos. Deste modo, os municípios devem elaborar um plano de sustentabilidade urbanística, que integra o programa plurianual de investimentos municipais na execução, na manutenção e no reforço das infraestruturas gerais e na previsão de custos gerais de gestão urbana.

Pretende-se, assim, iniciar um novo conceito e uma nova forma de gestão territorial, mais coerente, consequente e responsável, e dotando-a da racionalidade coletiva que o ordenamento do território lhe confere, enquadrando as dinâmicas económicas e sociais com efeitos espacializados.

Foram ouvidos os órgãos de governo próprio das Regiões Autónomas e a Associação Nacional de Municípios Portugueses.

Assim:

No desenvolvimento do regime jurídico estabelecido pela Lei nº 31/2014, de 30 de maio, e nos termos das alíneas *a*) e *c*) do nº 1 do artigo 198º da Constituição, o Governo decreta o seguinte:

CAPÍTULO I – Disposições gerais

SECÇÃO I – Disposições gerais relativas ao planeamento territorial

Artigo 1º – Objeto

O presente decreto-lei desenvolve as bases da política pública de solos, de ordenamento do território e de urbanismo, definindo o regime de coordenação dos âmbitos nacional, regional, intermunicipal e municipal do sistema de gestão territorial, o regime geral de uso do solo e o regime de elaboração, aprovação, execução e avaliação dos instrumentos de gestão territorial.

Artigo 2º – Sistema de gestão territorial

1 – A política de ordenamento do território e de urbanismo assenta no sistema de gestão territorial, que se organiza, num quadro de interação coordenada, em quatro âmbitos:

a) O âmbito nacional;

b) O âmbito regional;

c) O âmbito intermunicipal;

d) O âmbito municipal.

2 – O âmbito nacional é concretizado através dos seguintes instrumentos:

a) O programa nacional da política de ordenamento do território;

b) Os programas setoriais;

c) Os programas especiais.

3 – O âmbito regional é concretizado através dos programas regionais.

4 – O âmbito intermunicipal é concretizado através dos seguintes instrumentos:

a) Os programas intermunicipais;

b) O plano diretor intermunicipal;

c) Os planos de urbanização intermunicipais;

d) Os planos de pormenor intermunicipais.

5 – O âmbito municipal é concretizado através dos seguintes planos:

a) O plano diretor municipal;

b) Os planos de urbanização;

c) Os planos de pormenor.

Artigo 3º – Vinculação jurídica

1 – Os programas territoriais vinculam as entidades públicas.

2 – Os planos territoriais vinculam as entidades públicas e, direta e imediatamente, os particulares.

3 – O disposto nos números anteriores não prejudica a vinculação direta e imediata dos particulares relativamente às normas de intervenção sobre a ocupação e utilização dos espaços florestais.

4 – São nulas as orientações e as normas dos programas e dos planos territoriais que extravasem o respetivo âmbito material.

5 – As normas dos programas territoriais que, em função da sua incidência territorial urbanística, condicionem a ocupação, uso e transformação do solo são obrigatoriamente integradas nos planos territoriais.

Artigo 4º – Fundamento técnico

1 – Os programas e os planos territoriais devem explicitar, de forma clara, os fundamentos das respetivas previsões, indicações e determinações, a estabelecer com base no conhecimento sistematicamente adquirido:

a) Das características físicas, morfológicas e ecológicas do território;

b) Dos recursos naturais e do património arquitetónico e arqueológico;

c) Da dinâmica demográfica natural e migratória;

d) Das transformações ambientais, económicas, sociais e culturais;

e) Das assimetrias regionais e das condições de acesso às infraestruturas, aos equipamentos, aos serviços e às funções urbanas.

2 – Os programas e os planos territoriais devem conter os indicadores qualitativos e quantitativos para efeitos da avaliação prevista no capítulo VIII.

Artigo 5º – Direito à informação

1 – Todos os interessados têm direito a ser informados sobre a política de gestão do território e, em especial, sobre a elaboração, a aprovação, o acompanhamento, a execução e a avaliação dos programas e planos territoriais.

2 – O direito à informação referido no número anterior compreende as faculdades de:

a) Consultar os diversos processos, designadamente, os estudos de base e outra documentação, escrita e desenhada, que fundamentem as opções estabelecidas;

b) Obter cópias de atas de reuniões deliberativas e certidões dos instrumentos aprovados;

c) Obter informações sobre as disposições constantes de programas e de planos territoriais, bem como conhecer as condicionantes, as servidões administrativas e as restrições de utilidade aplicáveis ao uso do solo.

3 – As entidades responsáveis pela elaboração e pelo depósito dos programas e dos planos territoriais devem criar e manter atualizado um sistema que assegure o exercício do direito à informação, designadamente através do recurso a meios informáticos.

4 – A informação e os dados referidos no número anterior devem ser disponibilizados em formatos abertos, que permitam a leitura por máquina, nos termos da Lei nº 36/2011, de 21 de junho.

Artigo 6º – Direito de participação

1 – Todas as pessoas, singulares e coletivas, incluindo as associações representativas dos interesses ambientais, económicos, sociais e culturais, têm o direito de participar na elaboração, na alteração, na revisão, na execução e na avaliação dos programas e dos planos territoriais.

2 – O direito de participação referido no número anterior compreende a possibilidade de formulação de sugestões e de pedidos de esclarecimento, no âmbito dos procedimentos previstos no presente decreto-lei, às entidades responsáveis pelos programas ou pelos planos territoriais, bem como a faculdade

de propor a celebração de contratos para planeamento e a intervenção nas fases de discussão pública.

3 – As entidades públicas responsáveis pela elaboração, alteração, revisão, execução e avaliação dos programas e dos planos territoriais divulgam, designadamente através do seu sítio na Internet, da plataforma colaborativa de gestão territorial e da comunicação social:

a) A decisão de desencadear o processo de elaboração, de alteração ou de revisão, identificando os objetivos a prosseguir;

b) A conclusão da fase de elaboração, de alteração ou de revisão, bem como o teor dos elementos a submeter a discussão pública;

c) A abertura e a duração das fases de discussão pública;

d) As conclusões da discussão pública;

e) Os mecanismos de execução dos programas e dos planos territoriais;

f) O regime económico e financeiro dos planos territoriais;

g) O início e as conclusões dos procedimentos de avaliação, incluindo de avaliação ambiental.

4 – As entidades referidas no número anterior estão sujeitas ao dever de ponderação das propostas apresentadas, bem como de resposta fundamentada aos pedidos de esclarecimento formulados, nos termos previstos no presente decreto-lei.

5 – A abertura dos períodos de discussão pública é feita através de aviso a publicar no *Diário da República,* o qual deve prever o recurso a meios eletrónicos para participação na discussão pública, designadamente através de plataforma colaborativa de gestão territorial.

Artigo 7º – Garantias dos particulares

1 – No âmbito dos programas e dos planos territoriais são reconhecidas aos interessados as garantias gerais dos administrados previstas no Código do Procedimento Administrativo e no regime de participação procedimental, nomeadamente:

a) O direito de ação popular;

b) O direito de apresentação de queixa ao Provedor de Justiça;

c) O direito de apresentação de queixa ao Ministério Público.

2 – No âmbito dos planos intermunicipais e municipais é, ainda, reconhecido aos particulares o direito de promover a sua impugnação direta.

SECÇÃO II – Interesses públicos com expressão territorial

SUBSECÇÃO I – Harmonização dos interesses

Artigo 8º – Princípios gerais

1 – Os programas e os planos territoriais identificam os interesses públicos prosseguidos, justificando os critérios utilizados na sua identificação e hierarquização.

2 – Os programas e os planos territoriais asseguram a harmonização dos vários interesses públicos com expressão territorial, tendo em conta as estratégias de desenvolvimento económico e social, bem como a sustentabilidade e a solidariedade intra e intergeracional na ocupação e utilização do território, assegurando a qualidade de vida e um equilibrado desenvolvimento socioeconómico às gerações presentes e futuras.

3 – Os programas e os planos territoriais devem estabelecer as medidas de tutela dos interesses públicos prosseguidos e explicitar os respetivos efeitos, designadamente quando essas medidas condicionem a ação territorial de entidades públicas ou particulares.

4 – As medidas de proteção dos interesses públicos estabelecidas nos programas e nos planos territoriais constituem referência na adoção de quaisquer outros regimes de salvaguarda.

Artigo 9º – Graduação do interesse público

1 – Nas áreas territoriais em que convergem interesses públicos incompatíveis entre si, deve ser dada prioridade àqueles cuja prossecução determine o mais adequado uso do solo, em termos ambientais, económicos, sociais e culturais.

2 – Excetuam-se do disposto no número anterior os interesses respeitantes à defesa nacional, à segurança, à saúde pública, à proteção civil e à prevenção e minimização de riscos, cuja prossecução tem prioridade sobre os demais interesses públicos.

Artigo 10º – Identificação dos recursos territoriais

Os programas e os planos territoriais identificam:

a) As áreas afetas à defesa nacional, à segurança e à proteção civil;

b) Os recursos e valores naturais;

c) As áreas perigosas e as áreas de risco;

d) As áreas agrícolas e florestais;

e) As áreas de exploração de recursos energéticos e geológicos;

f) A estrutura ecológica;

g) O património arquitetónico, arqueológico e paisagístico;

h) O sistema urbano;

i) A localização e a distribuição das atividades económicas;

j) As redes de transporte e mobilidade;

k) As redes de infraestruturas e equipamentos coletivos.

Artigo 11º – Defesa nacional, segurança e proteção civil

1 – Sempre que não haja prejuízo para os interesses do Estado, as redes de estruturas, de infraestruturas e dos sistemas indispensáveis à defesa nacional são identificadas nos programas e nos planos territoriais.

2 – O conjunto dos equipamentos, infraestruturas e sistemas que asseguram a segurança, a proteção civil e a prevenção e minimização de riscos, é identificado nos programas e nos planos territoriais.

Artigo 12º – Recursos e valores naturais

1 – Os programas e os planos territoriais identificam os recursos e valores naturais e os sistemas indispensáveis à utilização sustentável do território, bem como estabelecem as medidas e os limiares mínimos e máximos de utilização, que garantem a renovação e a valorização do património natural.

2 – Os programas e os planos territoriais procedem à identificação de recursos e valores naturais com relevância estratégica para a sustentabilidade ambiental e a solidariedade intergeracional, designadamente:

a) Orla costeira e zonas ribeirinhas;

b) Albufeiras de águas públicas;

c) Áreas protegidas e as zonas únicas que integram;

d) Rede hidrográfica;

e) Outros recursos territoriais relevantes para a conservação da natureza e da biodiversidade.

3 – Para efeitos do disposto nos números anteriores:

a) Os programas territoriais definem os princípios e as diretrizes que concretizam as orientações políticas relativas à proteção e à valorização dos recursos e valores naturais;

b) Os planos intermunicipais ou os planos municipais estabelecem, no quadro definido pelos programas e pelos planos territoriais cuja eficácia condicione o respetivo conteúdo, os parâmetros urbanísticos de ocupação e de utilização do solo adequados à salvaguarda e à valorização dos recursos e valores naturais;

c) Os programas especiais estabelecem os regimes de salvaguarda, determinados por critérios de proteção e valorização dos sistemas e valores naturais, por forma a compatibilizá-los com a fruição pelas populações.

Artigo 13º – Áreas perigosas e áreas de risco

1 – Os programas e os planos territoriais identificam e delimitam as áreas perigosas e de risco, desenvolvendo-as e concretizando-as.

2 – Os planos territoriais delimitam as áreas perigosas e de risco, identificam os elementos vulneráveis para cada risco e estabelecem as regras e as medidas para a prevenção e minimização de riscos, em função da graduação dos níveis de perigosidade e de acordo com os critérios a estabelecer pelas entidades responsáveis em razão da matéria.

Artigo 14º – Áreas agrícolas e florestais

1 – Os programas e os planos territoriais identificam as áreas afetas a usos agrícolas, florestais e pecuários, designadamente as áreas de reserva agrícola, de obras de aproveitamento hidroagrícola e de regime florestal.

2 – Os programas setoriais estabelecem os objetivos e as medidas indispensáveis ao adequado ordenamento agrícola e florestal do território, equacionando as necessidades atuais e futuras.

3 – A afetação, pelos programas e planos territoriais, das áreas referidas no nº 1 a utilizações diversas da exploração agrícola, florestal ou pecuária tem caráter excecional, sendo admitida apenas quando tal for comprovadamente necessário.

Artigo 15º – Áreas de exploração de recursos energéticos e geológicos

1 – Os programas e os planos territoriais devem identificar as áreas afetas à exploração de recursos energéticos e geológicos.

2 – Os planos territoriais devem delimitar e regulamentar as áreas previstas no número anterior, assegurando a minimização dos impactes ambientais e a compatibilização de usos.

Artigo 16º – Estrutura ecológica

1 – Os programas e os planos territoriais identificam as áreas, os valores e os sistemas fundamentais para a proteção e valorização ambiental dos espaços rústicos e urbanos, designadamente as redes de proteção e valorização ambiental, regionais e municipais, que incluem as áreas de risco de desequilíbrio ambiental.

2 – Os programas regionais, os programas especiais e os programas setoriais relevantes definem os princípios, as diretrizes e as medidas que concretizam as orientações políticas relativas às áreas de proteção e valorização ambiental que garantem a salvaguarda e a valorização dos ecossistemas.

3 – Os planos intermunicipais e municipais estabelecem, no quadro definido pelos programas e pelos planos territoriais, cuja eficácia condicione o respetivo conteúdo, os parâmetros e as condições de ocupação e de utilização do solo,

assegurando a compatibilização das funções de proteção, regulação e enquadramento com os usos produtivos, o recreio e lazer, e o bem-estar das populações.

Artigo 17º – Património arquitetónico, arqueológico e paisagístico

1 – Os vestígios arqueológicos, bem como os elementos e conjuntos construídos, que representam testemunhos da história da ocupação e do uso do território e assumem interesse relevante para a memória e a identidade das comunidades, são identificados nos programas e nos planos territoriais.

2 – Os programas e os planos territoriais estabelecem as medidas indispensáveis à proteção e à valorização do património arquitetónico, arqueológico e paisagístico, acautelando o uso dos espaços envolventes.

3 – No quadro definido por lei e pelos programas e planos territoriais, cuja eficácia condicione o respetivo conteúdo, os planos intermunicipais e municipais estabelecem os parâmetros urbanísticos aplicáveis e a delimitação de zonas de proteção.

Artigo 18º – Sistema urbano

1 – Os programas e os planos territoriais caracterizam a estrutura do povoamento preconizada e estabelecem, no quadro da política de cidades, os objetivos quantitativos e qualitativos que asseguram a coerência e a sustentabilidade do sistema urbano.

2 – Para efeitos do disposto no número anterior:

a) O programa nacional da política de ordenamento do território, os programas regionais, os programas intermunicipais e os programas setoriais relevantes, definem os princípios e as diretrizes que concretizam as orientações políticas relativas à distribuição equilibrada das funções de habitação, trabalho e lazer, bem como à otimização de equipamentos e infraestruturas, e às redes de transporte e mobilidade;

b) Os planos intermunicipais e municipais estabelecem, no quadro definido pelos programas e pelos planos territoriais cuja eficácia condicione o respetivo conteúdo, os parâmetros de ocupação e de utilização do solo adequados à concretização do modelo do desenvolvimento urbano adotado.

Artigo 19º – Localização e distribuição das atividades económicas

1 – As condições e os critérios de localização e a distribuição das atividades industriais, turísticas, de comércio e de serviços, são identificadas nos programas e nos planos territoriais.

2 – O programa nacional da política de ordenamento do território, os programas regionais, os programas intermunicipais e os programas setoriais definem os princípios e as diretrizes subjacentes:

a) À localização dos espaços industriais, compatibilizando a racionalidade económica com a equilibrada distribuição de usos e funções no território e com a qualidade ambiental;

b) À estratégia de localização, instalação e desenvolvimento de espaços turísticos, comerciais e de serviços, compatibilizando o equilíbrio urbano e a qualidade ambiental com a criação de oportunidades de emprego e a equilibrada distribuição de usos e funções no território.

3 – Os planos intermunicipais e municipais estabelecem, no quadro definido pelos programas e pelos planos territoriais, cuja eficácia condicione o respetivo conteúdo, as condições e os critérios e parâmetros de ocupação e de utilização do solo, para os fins relativos à localização e distribuição das atividades económicas.

Artigo 20º – Redes de transporte e mobilidade

1 – As redes rodoviária e ferroviária nacionais, as estradas regionais, os portos e aeroportos, bem como a respetiva articulação com as redes locais de transporte e mobilidade, são identificados e definidos nos programas e nos planos territoriais.

2 – Para efeitos do disposto no número anterior, as entidades responsáveis pelos vários âmbitos de intervenção devem estabelecer procedimentos de informação permanentes que garantam a coerência das opções definidas nos programas e nos planos territoriais.

Artigo 21º – Redes de infraestruturas e equipamentos coletivos

1 – As redes de infraestruturas e os equipamentos de nível fundamental que promovem a qualidade de vida, apoiam a atividade económica e asseguram a otimização do acesso à cultura, à educação, à justiça, à saúde, à segurança social, ao desporto e ao lazer, são identificadas nos programas e nos planos territoriais.

2 – Para efeitos do disposto no número anterior, os programas e os planos territoriais definem uma estratégia coerente de instalação, de conservação e de desenvolvimento das infraestruturas ou equipamentos, considerando as necessidades sociais e culturais da população e as perspetivas de evolução económicas e sociais.

SUBSECÇÃO II – Coordenação das intervenções

Artigo 22º – Princípio geral

1 – A articulação das estratégias de ordenamento territorial, determinadas pela prossecução dos interesses públicos com expressão territorial, impõe ao Estado, às entidades intermunicipais e às autarquias locais, o dever de coordenação das respetivas intervenções em matéria territorial.

2 – A elaboração, a aprovação, a alteração, a revisão, a execução e a avaliação dos programas e dos planos territoriais obriga a identificar e a ponderar, nos diversos âmbitos, os planos, os programas e os projetos, designadamente da iniciativa da Administração Pública, com incidência na área a que respeitam, considerando os que já existem e os que se encontrem em preparação, por forma a assegurar as necessárias compatibilizações.

3 – A coordenação entre entidades da Administração Pública constitui um imperativo de atuação, tendo em vista o desenvolvimento nacional, regional, sub-regional e municipal, comprometendo soluções de compatibilização expedita entre programas e planos territoriais, cuja aprovação e entrada em vigor se sucedam no tempo.

Artigo 23º – Coordenação interna

1 – As entidades responsáveis pela elaboração, aprovação, alteração, revisão, execução e avaliação dos programas e dos planos territoriais devem assegurar, nos respetivos âmbitos de intervenção, a necessária coordenação entre as diversas políticas com incidência territorial e a política de ordenamento do território e de urbanismo, mantendo uma estrutura orgânica e funcional apta a prosseguir uma efetiva articulação no exercício das várias competências.

2 – A coordenação das políticas nacionais consagradas no programa nacional da política de ordenamento do território, nos programas setoriais e nos programas especiais de ordenamento do território, incumbe ao Governo.

3 – A coordenação ao nível regional, das políticas consagradas nos programas regionais, incumbe ao Governo, através das comissões de coordenação e desenvolvimento regional.

4 – A coordenação ao nível intermunicipal, das políticas consagradas nos programas e nos planos intermunicipais, incumbe às entidades intermunicipais ou ao conjunto de municípios associados para essa finalidade.

5 – A coordenação ao nível municipal, das políticas consagradas nos planos municipais, incumbe aos municípios.

Artigo 24º – Coordenação externa

1 – A elaboração, a aprovação, a alteração, a revisão, a execução e a avaliação dos programas e dos planos territoriais requer uma adequada coordenação das políticas nacionais, regionais, intermunicipais e municipais com incidência territorial.

2 – O Estado, os municípios e as associações de municípios têm o dever de promover, de forma articulada entre si, a política de ordenamento do território, garantindo, designadamente:

a) O respeito pelas respetivas atribuições, na elaboração dos programas e dos planos territoriais nacionais, regionais, intermunicipais e municipais;

b) O cumprimento dos limites materiais impostos à intervenção dos diversos órgãos e agentes, relativamente ao procedimento de planeamento nacional, regional, intermunicipal e municipal;

c) A definição, em função das estruturas orgânicas e funcionais, de um modelo de interlocução que permita uma interação coerente em matéria de ordenamento territorial, evitando o concurso de competências.

Artigo 25º – Articulação e compatibilidade dos programas e planos territoriais com os instrumentos de ordenamento do espaço marítimo nacional

1 – O disposto no presente decreto-lei não é aplicável ao ordenamento e à gestão do espaço marítimo nacional.

2 – Sem prejuízo do disposto no número anterior, as regras e as diretrizes dos programas setoriais e especiais que abrangem zonas marítimas devem ser integradas nos instrumentos de ordenamento do espaço marítimo.

3 – Os programas e os planos territoriais devem assegurar a respetiva compatibilidade com os instrumentos de ordenamento do espaço marítimo nacional, sempre que incidam sobre a mesma área ou sobre áreas que, pela interdependência estrutural ou funcional dos seus elementos, necessitem de uma coordenação integrada, devendo ser dada prioridade às soluções que determinem uma utilização mais sustentável do espaço.

4 – Os programas e os planos territoriais avaliam e ponderam as regras dos instrumentos de ordenamento do espaço marítimo nacional preexistentes, identificando expressamente as normas incompatíveis que devem ser revogadas ou alteradas.

CAPÍTULO II – Sistema de gestão territorial

SECÇÃO I – Relação entre os programas e planos territoriais

Artigo 26º – Relação entre os programas de âmbito nacional e regional

1 – O programa nacional da política de ordenamento do território, os programas setoriais, os programas especiais e os programas regionais traduzem um compromisso recíproco de compatibilização das respetivas opções.

2 – O programa nacional da política de ordenamento do território, os programas setoriais e os programas especiais prosseguem objetivos de interesse nacional e estabelecem os princípios e as regras que devem ser observados pelos programas regionais.

3 – A elaboração dos programas setoriais e especiais é condicionada pelas orientações definidas no programa nacional de política de ordenamento do território.

4 – Os programas regionais prosseguem os objetivos de interesse regional e respeitam o disposto nos programas territoriais de âmbito nacional.

Artigo 27º – Relações entre programas e planos territoriais

1 – Os programas regionais definem o quadro estratégico a desenvolver pelos programas e pelos planos intermunicipais e municipais.

2 – Os programas e os planos intermunicipais, bem como os planos municipais devem assegurar a programação e a concretização das políticas com incidência territorial, que, como tal, estejam assumidas pelos programas territoriais de âmbito nacional e regional.

3 – Os planos territoriais de âmbito municipal devem atender às orientações definidas nos programas intermunicipais preexistentes.

4 – A existência de um plano diretor, de um plano de urbanização ou de um plano de pormenor de âmbito intermunicipal exclui a possibilidade de existência, na respetiva área de abrangência, de planos municipais do mesmo tipo, sem prejuízo das regras relativas à dinâmica de planos territoriais.

5 – O plano diretor municipal define o quadro estratégico de desenvolvimento territorial do município, sendo o instrumento de referência para a elaboração dos demais planos municipais.

6 – Sempre que entre em vigor um programa territorial de âmbito nacional ou regional é obrigatória a alteração ou a atualização dos planos territoriais de âmbito intermunicipal e municipal, que com ele não sejam conformes ou compatíveis.

Artigo 28º – Atualização dos programas e planos territoriais

1 – Os programas estabelecem o prazo para a atualização dos planos de âmbito intermunicipal ou municipal preexistentes, após audição, respetivamente, da entidade intermunicipal ou de outra associação de municípios responsável pelo plano territorial a atualizar ou dos municípios abrangidos.

2 – Sem prejuízo do disposto no número anterior, a entidade responsável pela elaboração do programa deve dar conhecimento, à comissão de coordenação e desenvolvimento regional territorialmente competente, dos prazos estabelecidos para a atualização dos planos territoriais.

3 – A atualização dos planos territoriais, decorrente da entrada em vigor de normas legais e regulamentares, é obrigatória.

4 – A atualização dos programas e dos planos territoriais, que não implique uma decisão autónoma de planeamento, segue o procedimento previsto no artigo 121º.

5 – Quando procedam à alteração de programa ou de plano territorial preexistente, os novos programas e planos territoriais indicam expressamente as disposições incompatíveis que determinam a sua alteração.

Artigo 29º – A falta de atualização de planos territoriais

1 – A não atualização do plano territorial, no prazo fixado nos termos do nº 1 do artigo anterior, determina a suspensão das normas do plano territorial, intermunicipal ou municipal que deviam ter sido alteradas, não podendo, na área abrangida, haver lugar à prática de quaisquer atos ou operações que impliquem a ocupação, uso e transformação do solo.

2 – Para efeitos do disposto no número anterior, a comissão de coordenação e desenvolvimento regional territorialmente competente deve emitir uma declaração da suspensão, a qual deve ser publicitada no *Diário da República* e na plataforma colaborativa de gestão territorial, no prazo de 10 dias a contar da data da suspensão.

3 – A suspensão prevista nos números anteriores vigora da data da publicação da declaração de suspensão até à atualização dos planos territoriais.

4 – A falta de iniciativa, por parte da entidade intermunicipal, da associação de municípios ou do município, tendente a desencadear o procedimento de atualização do plano territorial, bem como o atraso da mesma atualização por facto imputável às referidas entidades, determina a suspensão do respetivo direito de candidatura a apoios financeiros comunitários e nacionais, até à data da conclusão do processo de atualização, bem como a não celebração de contratos-programa.[143]

5 – Para efeitos do disposto no número anterior, a comissão de coordenação e desenvolvimento regional territorialmente competente deve solicitar à entidade intermunicipal, à associação de municípios ou ao município a apresentação, no prazo de 15 dias, de documentos que comprovem a iniciativa de atualização do plano territorial e que o atraso deste procedimento não se deve a facto que seja imputável àquelas entidades.

6 – Na falta de apresentação dos documentos previstos no número anterior, a suspensão é comunicada pela comissão de coordenação e desenvolvimento regional territorialmente competente às entidades intermunicipais, às associações de municípios ou ao município, bem como às entidades gestoras de apoios financeiros nacionais e comunitários, para efeitos da aplicação do disposto no nº 4.

[143] Já o artigo 6º-A do Dec.-Lei nº 281/93, de 17 de Agosto (aditado pelo Dec.-Lei nº 402/99, de 14 de Outubro), estabelecera que, nas candidaturas a financiamentos no âmbito do Quadro Comunitário de Apoio, a partir de 30.6.2000, só seriam consideradas as propostas de autarquias que dispusessem de plano director municipal eficaz.

SECÇÃO II - Âmbito nacional

SUBSECÇÃO I - Programa nacional da política de ordenamento do território[144]

Artigo 30º - Noção

O programa nacional da política de ordenamento do território estabelece as opções estratégicas com relevância para a organização do território nacional, consubstancia o quadro de referência a considerar na elaboração dos demais programas e planos territoriais e constitui um instrumento de cooperação com os demais Estados-Membros para a organização do território da União Europeia.

Artigo 31º - Objetivos

O programa nacional da política de ordenamento do território visa:

a) Definir o quadro unitário para o desenvolvimento territorial integrado, harmonioso e sustentável do País, tendo em conta a identidade própria da sua diversidade regional e a sua inserção no espaço da União Europeia;

b) Garantir a coesão territorial do País, atenuando as assimetrias regionais e garantindo a igualdade de oportunidades;

c) Estabelecer a tradução territorial das estratégias de desenvolvimento económico e social;

d) Estabelecer as grandes opções de investimento público, com impacte territorial significativo, as suas prioridades e a respetiva programação, considerando, designadamente, as estratégias definidas para a aplicação dos fundos comunitários e nacionais;

e) Articular as políticas setoriais com incidência na organização do território;

f) Racionalizar o povoamento, a implantação de equipamentos estruturantes e a definição das redes;

g) Estabelecer os parâmetros de acesso às funções urbanas e às formas de mobilidade;

h) Definir os princípios orientadores da disciplina de ocupação do território;

i) Concretizar as políticas europeias de desenvolvimento territorial.

[144] A elaboração do Programa foi determinada pela Resolução do Conselho de Ministros nº 76/2002, publicada em D.R. de 11.4.2002, rectificada pela Declaração de Rectificação nº 23-G/2002 (D.R. de 29.6.2002), tendo sido incumbida de promover essa elaboração a Direcção-Geral do Ordenamento do Território e Desenvolvimento Urbano.
Foi aprovado pela Lei nº 58/2007, de 4 de Setembro, rectificada pela Declaração de Rectificação nº 80-A/2007, de 7 de Setembro.

Artigo 32º – Conteúdo material

1 – O programa nacional da política de ordenamento do território concretiza e articula as opções definidas nos demais instrumentos estratégicos de âmbito nacional e define um modelo de organização espacial que estabelece:

a) As opções e as diretrizes relativas à conformação da política de cidades, das redes, das infraestruturas e dos equipamentos de interesse nacional, bem como à salvaguarda e à valorização das áreas de interesse nacional em termos ambientais, patrimoniais e de desenvolvimento rural;

b) Os objetivos e os princípios assumidos pelo Estado, numa perspetiva de médio e de longo prazo, quanto à localização das atividades, dos serviços e dos grandes investimentos públicos;

c) Os padrões mínimos e os objetivos a atingir em matéria de qualidade de vida e de efetivação dos direitos ambientais, económicos, sociais e culturais;

d) Os objetivos qualitativos e quantitativos a atingir em matéria de estruturas de povoamento, bem como de implantação de infraestruturas e de equipamentos estruturantes;

e) As orientações para a coordenação entre as políticas de ordenamento do território e de desenvolvimento regional, tendo em vista objetivos de equidade social e de coesão territorial;

f) Os mecanismos de articulação entre as políticas de ordenamento do território e de ambiente que assegurem as condições necessárias à concretização de uma estratégia de utilização sustentável e eficiente dos recursos naturais;

g) As medidas de coordenação dos programas setoriais com incidência territorial.

2 – O programa nacional da política de ordenamento do território pode estabelecer diretrizes aplicáveis a determinado tipo de áreas ou de temáticas, com incidência territorial, visando assegurar a igualdade de regimes e a coerência na sua observância pelos demais programas e planos territoriais.

Artigo 33º – Conteúdo documental

1 – O programa nacional da política de ordenamento do território é constituído por um relatório e um programa de ação.

2 – O relatório define cenários de desenvolvimento territorial e fundamenta as orientações estratégicas, as opções e as prioridades da intervenção político-administrativa, em matéria de ordenamento do território, sendo acompanhado por peças gráficas ilustrativas do modelo de organização espacial estabelecido.

3 – O programa de ação estabelece:

a) Os objetivos a atingir numa perspetiva de médio e de longo prazo, em consonância com as orientações estratégicas, as opções e as prioridades da intervenção político-administrativa definidas no relatório;

b) Os compromissos do Governo em matéria de medidas legislativas, de investimentos públicos ou de aplicação de outros instrumentos de natureza fiscal ou financeira, para a concretização da política de desenvolvimento territorial;

c) As propostas do Governo para a cooperação, no domínio do ordenamento do território, com as entidades intermunicipais, as associações de municípios, os municípios e as entidades privadas, incluindo o lançamento de programas de apoio específicos;

d) A definição de prioridades e de hierarquias para as ações propostas, bem como a programação temporal da sua realização;

e) A identificação dos meios de financiamento das ações propostas;

f) O quadro de referência a considerar na elaboração, na alteração ou na revisão dos demais instrumentos de gestão territorial;

g) O modelo de governação e a identificação das entidades responsáveis pela implementação das ações propostas, explicitando a necessária coordenação e articulação entre as diversas entidades;

h) Os indicadores qualitativos e quantitativos que suportem a avaliação prevista no capítulo VIII.

Artigo 34º – Elaboração

1 – A elaboração do programa nacional da política de ordenamento do território compete ao Governo, sob coordenação do membro do Governo responsável pela área do ordenamento do território.

2 – A elaboração do programa nacional da política de ordenamento do território é determinada por resolução do Conselho de Ministros, da qual devem constar nomeadamente:

a) Os princípios orientadores do programa nacional da política de ordenamento do território, bem como a metodologia definida para a compatibilização das disciplinas dos diversos instrumentos de desenvolvimento territorial e para a articulação das intervenções de âmbito nacional, regional, sub-regional e local;

b) As competências relativas à elaboração do programa nacional da política de ordenamento do território;

c) Os prazos de elaboração do programa nacional da política de ordenamento do território;

d) A constituição e o funcionamento da comissão consultiva.

Artigo 35º – Comissão consultiva do programa nacional da política de ordenamento do território

A elaboração do programa nacional da política de ordenamento do território é acompanhada por uma comissão consultiva, criada pela resolução do Conselho de Ministros referida no artigo anterior e composta por representantes das regiões autónomas, das autarquias locais e dos interesses ambientais, económicos, sociais e culturais relevantes.

Artigo 36º – Concertação

1 – O acompanhamento da elaboração da proposta de programa nacional de política de ordenamento do território inclui a concertação com as entidades que, no decurso dos trabalhos da comissão consultiva, formulem objeções às orientações do futuro programa.

2 – Elaborada a proposta de programa e emitidos os pareceres da comissão consultiva e da Comissão Nacional do Território, o Governo promove, nos 20 dias subsequentes à emissão destes pareceres, a realização de uma reunião de concertação com as entidades que, no âmbito das referidas comissões, tenham formal e fundamentadamente discordado das orientações da proposta de programa, tendo em vista obter uma solução concertada que permita ultrapassar as objeções formuladas.

3 – Quando o consenso não for alcançado, o Governo apresenta a versão da proposta de programa a submeter a discussão pública, optando pelas soluções que considere mais adequadas e salvaguardando a respetiva legalidade.

Artigo 37º – Participação

1 – Emitidos os pareceres da comissão consultiva e da Comissão Nacional do Território, e quando for o caso, decorrido o período adicional de concertação, o Governo procede à abertura de um período de discussão pública, através de aviso a publicar no *Diário da República* e a divulgar através da comunicação social e do seu sítio na Internet, do qual consta o período de discussão, a forma como os interessados podem apresentar as suas observações ou sugestões, as eventuais sessões públicas a que haja lugar e os locais onde se encontra disponível a proposta, o parecer da comissão consultiva, os demais pareceres emitidos e os resultados da reunião de concertação.

2 – A discussão pública consiste na recolha de observações e sugestões sobre as orientações da proposta de programa nacional da política de ordenamento do território.

3 – O período de discussão pública deve ser anunciado com a antecedência mínima de 15 dias e não deve ser inferior a 30 dias.

4 – Findo o período de discussão pública, o Governo pondera e divulga os respetivos resultados, designadamente através da comunicação social e da sua página na Internet, e elabora a versão final da proposta a apresentar à Assembleia da República.

Artigo 38º – Aprovação

1 – O programa nacional da política de ordenamento do território é aprovado pela Assembleia de República, cabendo ao Governo o desenvolvimento e a concretização do programa de ação.

2 – A lei que aprova o programa nacional da política de ordenamento do território deve:

a) Identificar as disposições dos programas de âmbito regional incompatíveis com o modelo de ocupação espacial definido pelo programa nacional de política de ordenamento do território;

b) Consagrar os prazos e as formas de atualização dos programas regionais preexistentes, ouvidas previamente as comissões de coordenação e desenvolvimento regional.

SUBSECÇÃO II – Programas setoriais e programas especiais

Artigo 39º – Programas setoriais

1 – Os programas setoriais são instrumentos programáticos ou de concretização das diversas políticas com incidência na organização do território.

2 – Para efeitos do presente decreto-lei, são considerados programas setoriais:

a) Os programas e as estratégias de desenvolvimento, respeitantes aos diversos setores da administração central, nomeadamente nos domínios da defesa, segurança pública, prevenção e minimização de riscos, ambiente, recursos hídricos, conservação da natureza e da biodiversidade, transportes, infraestruturas, comunicações, energia e recursos geológicos, cultura, saúde, habitação, turismo, agricultura, florestas, comércio e indústria;[145]

b) Os regimes territoriais definidos ao abrigo de lei especial;

c) As decisões sobre a localização de grandes empreendimentos públicos com incidência territorial.

Artigo 40º – Conteúdo material dos programas setoriais

Os programas setoriais estabelecem, nomeadamente:

a) As opções setoriais e os objetivos a alcançar no quadro das diretrizes nacionais aplicáveis;

b) As ações de concretização dos objetivos setoriais estabelecidos;

c) A expressão territorial da política setorial definida;

[145] V. por exemplo, relativamente à Rede Natura 2000, referida no art. 25º do Decreto-Lei nº 142/2008, transcrito no antecedente Capítulo IV, o Plano Sectorial aprovado pela Resolução do Conselho de Ministros nº 115-A/2008, de 21 de Julho.

d) A articulação da política setorial com a disciplina consagrada nos demais programas e planos territoriais aplicáveis.

Artigo 41º – Conteúdo documental dos programas setoriais

1 – Os programas setoriais estabelecem e justificam as opções e os objetivos setoriais com incidência territorial e definem normas de execução, integrando as peças gráficas necessárias à representação da respetiva expressão territorial.

2 – Sempre que incidam sobre a mesma área ou sobre áreas que, pela interdependência estrutural ou funcional dos seus elementos, necessitem de uma coordenação integrada, os programas setoriais identificam, ainda, o instrumento de ordenamento do espaço marítimo, bem como as respetivas medidas de articulação e de coordenação.

3 – Os programas setoriais são acompanhados por um relatório do programa, que procede ao diagnóstico da situação territorial sobre a qual intervém e à fundamentação técnica das opções e dos objetivos estabelecidos.

4 – Sempre que seja exigida a avaliação ambiental nos termos do artigo 3º do Decreto-Lei nº 232/2007, de 15 de junho, alterado pelo Decreto-Lei nº 58/2011, de 4 de maio, o programa setorial é acompanhado por um relatório ambiental, no qual são identificados, descritos e avaliados, os eventuais efeitos significativos no ambiente, resultantes da aplicação do programa, e as medidas de minimização, tendo em conta os objetivos, e o âmbito de aplicação territorial.

5 – Os programas setoriais incluem indicadores qualitativos e quantitativos que suportam a avaliação prevista no capítulo VIII.

Artigo 42º – Programas especiais

1 – Os programas especiais são elaborados pela administração central e visam a prossecução de objetivos considerados indispensáveis à tutela de interesses públicos e de recursos de relevância nacional com repercussão territorial, estabelecendo, exclusivamente, regimes de salvaguarda de recursos e valores naturais.

2 – Os programas especiais têm por objeto a orla costeira, as áreas protegidas, as albufeiras de águas públicas e os estuários.

3 – Consideram-se, ainda, programas especiais, os planos de ordenamento dos parques arqueológicos previstos na Lei nº 107/2001, de 8 de setembro, e no Decreto-Lei nº 131/2002, de 11 de maio.[146]

[146] Na redacção inicial do diploma que criou os planos especiais, agora revogado – o Decreto-Lei nº 151/95, de 24 de Junho –, integravam-se ainda nessa categoria os planos de ordenamento florestal, os planos de ordenamento e expansão dos portos, os planos integrados de habitação e os planos de salvaguarda do património. E podia ainda considerar-se como forma especial de ordenamento, por exemplo, a prevista, para os parques industriais, no Decreto-Lei nº 232/92, de 22 de Outubro.

Artigo 43º – Objetivos dos programas especiais

Para os efeitos previstos no presente decreto-lei, os programas especiais visam, exclusivamente:

a) A salvaguarda de objetivos de interesse nacional com incidência territorial delimitada;

b) A garantia das condições de permanência dos sistemas indispensáveis à utilização sustentável do território.

Artigo 44º – Conteúdo material dos programas especiais

1 – Os programas especiais estabelecem regimes de salvaguarda de recursos e valores naturais e o regime de gestão compatível com a utilização sustentável do território, através do estabelecimento de ações permitidas, condicionadas ou interditas, em função dos respetivos objetivos.

2 – As normas que estabelecem ações permitidas, condicionadas ou interditas, relativas à ocupação, uso e transformação do solo, devem ser integradas nos planos territoriais, nos termos do nº 5 do artigo 3º.

3 – As normas de gestão das respetivas áreas abrangidas, nomeadamente, as relativas à circulação de pessoas, veículos ou animais, à prática de atividades desportivas ou a quaisquer comportamentos suscetíveis de afetar ou comprometer os recursos ou valores naturais a salvaguardar podem ser desenvolvidas em regulamento próprio, nas situações e nos termos que o programa admitir.

4 – O regulamento a que se refere o número anterior está sujeito a discussão pública e deve ser aprovado pela entidade responsável pela elaboração do programa, no prazo de 30 dias a contar da data da publicação deste, sendo publicitado no seu sítio na Internet e no dos municípios abrangidos.

5 – Sempre que incidam sobre a mesma área ou sobre áreas que, pela interdependência estrutural ou funcional dos seus elementos, necessitem de uma coordenação integrada, os programas especiais identificam, ainda, o instrumento de ordenamento do espaço marítimo, bem como as respetivas medidas de articulação e de coordenação de usos e atividades.

6 – As normas dos programas especiais que procedam à classificação ou à qualificação do uso do solo são nulas.

A modificação nele introduzida pelo Decreto-Lei nº 5/96, de 29 de Fevereiro, excluiu do elenco esses quatro tipos de planos.

Quanto aos últimos, após a sua mera previsão no art. 21º da Lei nº 13/85, a actual Lei nº 107/2001 (artigos 53º, 54º e 76º) e o Decreto-Lei nº 309/2009 desenvolveram a sua disciplina (ver o antecedente Capítulo V).

Ver ainda a nota (125), no Capítulo V, sobre os planos, especiais, de "ordenamento de parque arqueológico", agora aqui expressamente acolhidos.

Artigo 45º – Conteúdo documental dos programas especiais

1 – Os programas especiais estabelecem as diretivas para a proteção e valorização de recursos e valores naturais e definem normas de execução, integrando as peças gráficas necessárias à representação da respetiva expressão territorial.

2 – Os programas especiais são acompanhados por:

a) Relatório do programa, que procede ao diagnóstico da situação territorial sobre a qual intervém e à fundamentação técnica das opções e objetivos estabelecidos;

b) Relatório ambiental no qual se identificam, descrevem e avaliam os eventuais efeitos significativos no ambiente resultantes da aplicação do programa e as alternativas razoáveis, tendo em conta os objetivos e o âmbito de aplicação territorial respetivos, salvo o disposto na alínea *g*) do nº 1 do artigo seguinte;

c) Programa de execução e plano de financiamento;

d) Indicadores qualitativos e quantitativos que suportem a avaliação prevista no capítulo VIII.

Artigo 46º – Elaboração

1 – A elaboração dos programas setoriais e especiais é determinada por despacho do membro do Governo competente em razão da matéria, em articulação com o membro do Governo responsável pela área do ordenamento do território, do qual deve constar, nomeadamente:

a) A finalidade do programa, com menção expressa dos interesses públicos prosseguidos;

b) A especificação dos objetivos a atingir;

c) A indicação da entidade, do departamento ou do serviço competente para a elaboração;

d) O âmbito territorial do programa, com menção expressa dos municípios cujos territórios são abrangidos;

e) O prazo de elaboração;

f) As exigências procedimentais ou de participação que, em função da complexidade da matéria ou dos interesses a salvaguardar, se considerem ser de adotar, para além do procedimento definido no presente decreto-lei;

g) A sujeição do programa a avaliação ambiental ou as razões que justificam a inexigibilidade desta;

h) A constituição e o funcionamento da comissão consultiva, no caso dos programas especiais.

2 – A elaboração dos programas setoriais e dos programas especiais obriga a identificar e a ponderar, os planos, os programas e os projetos da iniciativa da Administração Pública, com incidência na área a que respeitam, bem como os instrumentos de ordenamento do espaço marítimo, considerando os que já

existem e os que se encontrem em preparação, por forma a assegurar as necessárias compatibilizações.

3 – O prazo de elaboração dos programas setoriais e especiais pode ser prorrogado por uma única vez, por um período máximo igual ao previamente estabelecido.

4 – O não cumprimento dos prazos estabelecidos determina a caducidade do procedimento de elaboração, devendo ser desencadeado um novo procedimento.

Artigo 47º – Avaliação ambiental

1 – A decisão a que se refere a alínea *g*) do nº 1 do artigo anterior pode ser precedida da consulta prevista no nº 3 do artigo 3º do Decreto-Lei nº 232/2007, de 15 de junho, alterado pelo Decreto-Lei nº 58/2011, de 4 de maio.

2 – Sempre que a entidade responsável pela elaboração do programa solicite pareceres, nos termos do número anterior, estes devem conter, também, a pronúncia sobre o âmbito da avaliação ambiental e sobre o alcance da informação a incluir no relatório ambiental, aplicando-se o disposto no artigo 5º do Decreto-Lei nº 232/2007, de 15 de junho, alterado pelo Decreto-Lei nº 58/2011, de 4 de maio.

3 – Os pareceres solicitados nos termos do presente artigo são emitidos no prazo de 20 dias, sob pena de não serem considerados.

Artigo 48º – Acompanhamento do programa setorial

1 – No decurso da elaboração do programa setorial, a entidade responsável pela respetiva elaboração solicita parecer à comissão de coordenação e desenvolvimento regional territorialmente competente, às entidades ou aos serviços da administração central representativas dos interesses a ponderar, bem como às entidades intermunicipais, às associações de municípios e aos municípios abrangidos, os quais devem pronunciar-se no prazo de 20 dias, findo o qual se considera nada terem a opor à proposta de programa.

2 – Na elaboração dos programas sujeitos a avaliação ambiental, caso não tenha sido promovida a consulta referida no nº 1 do artigo anterior, deve ser solicitado parecer sobre o âmbito da avaliação ambiental e sobre o alcance da informação a incluir no relatório ambiental, bem como pareceres sobre a proposta de programa e sobre o respetivo relatório ambiental, nos termos do nº 3 do artigo 7º do Decreto-Lei nº 232/2007, de 15 de junho, alterado pelo Decreto-Lei nº 58/2011, de 4 de maio, os quais devem ser emitidos no prazo de 20 dias, sob pena de não serem considerados.

3 – Quando a entidade competente para a elaboração do programa o determine, os pareceres previstos nos números anteriores são emitidos em confe-

rência procedimental, aplicando-se com as necessárias adaptações o disposto no artigo 84º.

4 – A entidade responsável pela elaboração do programa pondera os pareceres referidos nos nºs 1 e 2, ficando obrigada a um especial dever de fundamentação, sempre que seja invocada a desconformidade com disposições legais e regulamentares ou a desconformidade com programas ou planos territoriais.

5 – O acompanhamento dos programas setoriais é assegurado mediante o recurso à plataforma colaborativa de gestão territorial.[147]

Artigo 49º – Acompanhamento e concertação dos programas especiais

1 – A elaboração técnica dos programas especiais é acompanhada por uma comissão consultiva, cuja composição deve traduzir a natureza dos interesses ambientais, económicos e sociais a salvaguardar, integrando representantes de serviços e entidades da administração direta ou indireta do Estado, das regiões autónomas, das entidades intermunicipais, das associações de municípios e dos municípios abrangidos e de outras entidades públicas cuja participação seja aconselhável no âmbito do acompanhamento da elaboração do programa.

2 – A constituição da comissão consultiva deve integrar representantes do ordenamento e gestão do espaço marítimo, bem como da administração portuária respetiva, sempre que o programa incida sobre áreas que, pela sua interdependência estrutural ou funcional dos seus elementos, necessitem de uma coordenação integrada mar-terra.

3 – Na elaboração dos programas especiais sujeitos a avaliação ambiental, caso não tenha sido promovida a consulta prevista no nº 1 do artigo 47º, deve ser solicitado parecer sobre o âmbito da avaliação ambiental e sobre o alcance da informação a incluir no relatório ambiental, bem como pareceres sobre a proposta de programa e respetivo relatório ambiental, nos termos do nº 3 do artigo 7º do Decreto-Lei nº 232/2007, de 15 de junho, alterado pelo Decreto-Lei nº 58/2011, de 4 de maio, os quais devem ser emitidos no prazo de 20 dias, sob pena de não serem considerados.

4 – A comissão consultiva fica obrigada a um acompanhamento continuado, devendo, no final dos trabalhos de elaboração, formalizar um único parecer escrito, assinado pelos representantes das entidades envolvidas, com menção expressa da orientação defendida.

5 – O parecer final da comissão integra a apreciação da proposta de programa e do relatório ambiental.

[147] Esta plataforma, referida neste e muitos outros preceitos idênticos (artigos 49º, nº 12, 57º, nº 6, 67º, nº 3, 83º, nº 8, 86º, nº 5, 89º, nº 6), deverá ser criada e assegurado o seu funcionamento pela Direcção-Geral do Território – cfr. o artigo 190º, nº 2, al. *a*) e 4 e o artigo 191º, nº 7.

6 – No âmbito do parecer final, a posição da comissão de coordenação e desenvolvimento regional inclui obrigatoriamente a apreciação da articulação e da coerência da proposta com os objetivos, os princípios e as regras aplicáveis ao território em causa, definidos por quaisquer outros programas e planos territoriais eficazes.

7 – À comissão consultiva dos programas especiais é aplicável o disposto no artigo 84º, com as devidas adaptações.

8 – A entidade responsável pela elaboração do programa especial pondera o parecer da comissão consultiva, ficando obrigada a um especial dever de fundamentação, sempre que seja invocada a desconformidade com disposições legais e regulamentares, com programas ou planos territoriais ou com instrumentos de ordenamento do espaço marítimo.

9 – Elaborada a proposta de programa e emitido o parecer da comissão consultiva, a entidade responsável pelo plano promove, nos 15 dias subsequentes à emissão daquele parecer, a realização de uma reunião de concertação com as entidades que, no âmbito daquela comissão, tenham formal e fundamentadamente discordado das orientações da proposta de programa, tendo em vista obter uma solução concertada que permita ultrapassar as objeções formuladas.

10 – Quando o consenso não for alcançado, a comissão de coordenação e desenvolvimento regional submete a proposta a parecer da Comissão Nacional do Território, o qual tem caráter vinculativo para a entidade responsável pela elaboração do programa.

11 – O parecer previsto no número anterior pronuncia-se sobre os fundamentos dos pareceres desfavoráveis e deve ser proferido no prazo de 30 dias a contar da data da receção do pedido, sob pena de se considerar favorável à proposta de programa.

12 – O acompanhamento dos programas especiais é assegurado mediante o recurso à plataforma colaborativa de gestão territorial.

Artigo 50º – Participação

1 – Concluída a elaboração do programa setorial ou especial e emitidos os pareceres previstos no artigo anterior ou decorridos os prazos fixados, a entidade pública responsável pela respetiva elaboração procede à abertura de um período de discussão pública da proposta de programa, através de aviso a publicar, com a antecedência de 5 dias, no *Diário da República* e a divulgar através da comunicação social e no respetivo sítio na Internet.

2 – Durante o período de discussão pública, que não pode ser inferior a 20 dias, a proposta de programa, os pareceres emitidos ou a ata da conferência procedimental são divulgados no sítio na Internet da entidade pública responsável pela sua elaboração e podem ser consultados na respetiva sede, bem como na sede dos municípios abrangidos.

3 – Sempre que o programa se encontre sujeito a avaliação ambiental, a entidade competente divulga o respetivo relatório ambiental, juntamente com os documentos referidos no número anterior.

4 – A discussão pública consiste na recolha de observações e de sugestões, sobre as soluções da proposta de programa.

5 – Findo o período de discussão pública, a entidade pública responsável pela elaboração do programa pondera e divulga os respetivos resultados, através da comunicação social e no respetivo sítio na Internet, e elabora a versão final da proposta de programa para aprovação.[148]

Artigo 51º – Aprovação

1 – Os programas setoriais e os programas especiais são aprovados por resolução do Conselho de Ministros, salvo norma especial que determine a sua aprovação por decreto-lei ou decreto regulamentar.

2 – O diploma que aprova o programa deve:

a) Identificar as disposições dos programas e dos planos territoriais preexistentes incompatíveis;

b) Consagrar as formas e os prazos de atualização dos programas ou dos planos preexistentes, ouvidas as comissões de coordenação e desenvolvimento regional e a entidade intermunicipal, a associação de municípios ou os municípios abrangidos.

SECÇÃO III – Âmbito regional[149]

Artigo 52º – Noção

1 – Os programas regionais definem a estratégia regional de desenvolvimento territorial, integrando as opções estabelecidas a nível nacional e considerando as

[148] Julga-se que, como constava da anterior redacção (artigo 98º, nº 6 do RJIGT de 1999), continuará também a ser aplicável a solução que se mantém, em idêntica situação, nos nºs 3 e 4 do artigo 89º.

[149] Continua a não se saber exactamente qual seja o âmbito regional. O "âmbito regional" a que inicialmente se reportava a Lei de Bases de 1998 era o correspondente ao das regiões administrativas, que não chegaram a ser criadas, por força do resultado do referendo realizado em 8.11.1998. Múltiplos dos seus preceitos perderam então campo de aplicação.
Mesmo o diploma de desenvolvimento – o Decreto-Lei nº 380/99 – continuou a padecer do defeito, já não de antecipar uma situação inexistente, mas de admitir que ainda se poderia vir a concretizar, como é patente nos 16º e 17º parágrafos do seu preâmbulo, acabando por ser obscura quanto ao regime "transitório" que por tal motivo quis adoptar. Só com o Decreto-Lei nº 310/2003 se eliminaram os preceitos que mantinham essa expectativa (sejam os artigos 21º, nº 3 e 51º, nº 2, que previam soluções "até à instituição em concreto das regiões administrativas").
Agora continua a fazer-se uma ligação a entidades administrativas ou mesmo a áreas correspondentes a essas entidades (artigo 52º, nº 2 e nº 3).

estratégias sub-regionais e municipais de desenvolvimento local, constituindo o quadro de referência para a elaboração dos programas e dos planos intermunicipais e dos planos municipais.[150]

2 – As competências relativas aos programas regionais são exercidas pelas comissões de coordenação e desenvolvimento regional.

3 – As comissões de coordenação e desenvolvimento regional podem propor ao Governo que o programa regional seja estruturado em unidades de planeamento correspondentes a espaços sub-regionais, designadamente os correspondentes às áreas geográficas das entidades intermunicipais, integrados na respetiva área de atuação e suscetíveis de elaboração e de aprovação faseadas.[151]

[150] Os programas regionais nasceram em 1991, como planos regionais de ordenamento do território, vinculativos dos particulares, tendo sido aprovados os seguintes até à entrada em vigor da Lei de Bases de 1998:

1. O PROT para o Algarve ou PROTAL – Decreto-Regulamentar nº 11/91, de 21 de Março:
2. O PROT para a Zona Envolvente do Douro ou PROZED – Decreto-Regulamentar nº 60/91, de 21 de Novembro;
3. O PROT para a Zona Envolvente das Albufeiras de Aguieira, Coiço e Fronhas ou PROZAC – Decreto-Regulamentar nº 22/92, de 25 de Setembro, objecto da Declaração de rectificação nº 187/92, de 31 de Outubro;
4. O PROT do Litoral Alentejano ou PROTALI – Decreto-Regulamentar nº 26/93, de 27 de Agosto, objecto da Declaração de rectificação nº 215/93, de 30 de Outubro.

Fora também aprovado o Plano para o Ordenamento do Território na Região Autónoma da Madeira, pelo Decreto Legislativo Regional nº 12/95/M, de 24 de Junho, alterado pelo Decreto Legislativo Regional nº 9/97/M, de 18 Julho.

Foi revisto o PROT – Algarve – Resoluções do Conselho de Ministros nº 102/2007, D.R. de 3 de Agosto, e nº 188/2007, D.R. de 28 de Dezembro.

O PROTALI foi integrado no PROT do Alentejo de 2010.

Com essa reforma de 1998, os PROTs foram reconduzidos à categoria de instrumentos de desenvolvimento territorial, de natureza estratégica, tendo sido aprovados os seguintes:

1. O PROT da Área Metropolitana de Lisboa – PROTAML (Resolução do Conselho de Ministros nº 68/2002, D.R. de 8 de Abril);
2. O PROT da Zona Envolvente da Albufeira do Alqueva – PROZEA (Resolução do Conselho de Ministros nº 70/2002, D.R. de 9 de Abril);
3. O PROT da Zona dos Mármores – PROZOM (Resolução do Conselho de Ministros nº 93/2002, D.R. de 8 de Maio);
4. O PROT do Oeste e Vale do Tejo – PROTOVT (Resolução do Conselho de Ministros nº 64-A/ /2009, D.R. de 6 de Agosto);
5. O PROT do Alentejo – PROTA (Resolução do Conselho de Ministros nº 53/2010, D.R. de 2 de Agosto, rectificada pela Declaração de Rectificação nº 30-A/2010, D.R. de 1 de Outubro), que substituiu os PROTs do Litoral Alentejano, da Zona Envolvente do Alqueva e da Zona dos Mármores.

[151] As entidades intermunicipais aqui referidas, tal como nos subsequentes artigos 61º, nº 2, 65º e 68º, têm o seu regime estabelecido pela Lei nº 75/2013, de 12 de Setembro.

Artigo 53º – Objetivos

O programa regional visa:

a) Desenvolver, no âmbito regional, as opções constantes do programa nacional da política de ordenamento do território, dos programas setoriais e dos programas especiais;

b) Traduzir, em termos espaciais, os grandes objetivos de desenvolvimento económico e social sustentável à escala regional;

c) Equacionar as medidas tendentes à atenuação das assimetrias de desenvolvimento intrarregionais;

d) Servir de base à formulação da estratégia nacional de ordenamento territorial e de quadro de referência para a elaboração dos programas e dos planos intermunicipais e dos planos municipais;

e) Estabelecer, a nível regional, as grandes opções de investimento público, com impacte territorial significativo, as suas prioridades e a respetiva programação, em articulação com as estratégias definidas para a aplicação dos fundos comunitários e nacionais.

Artigo 54º – Conteúdo material

Os programas regionais definem um modelo de organização do território regional, estabelecendo, nomeadamente:

a) A estrutura regional do sistema urbano, das infraestruturas e dos equipamentos de utilização coletiva de interesse regional, assegurando a salvaguarda e a valorização das áreas de interesse regional em termos económicos, agrícolas, florestais, de conservação da natureza, ambientais, paisagísticos e patrimoniais;

b) Os objetivos e os princípios assumidos a nível regional quanto à localização das atividades e dos grandes investimentos públicos, suas prioridades e programação;

c) A incidência espacial, ao nível regional, das políticas estabelecidas no programa nacional da política de ordenamento do território e nos planos, programas e estratégias setoriais preexistentes, bem como das políticas de relevância regional a desenvolver pelos planos territoriais intermunicipais e municipais abrangidos;

d) A política ambiental a nível regional, incluindo a estrutura ecológica regional de proteção e valorização ambiental, bem como a receção, ao nível regional, das políticas e das medidas estabelecidas nos programas e setoriais e especiais.

Artigo 55º – Conteúdo documental

1 – Os programas regionais são constituídos por:

a) Opções estratégicas, normas orientadoras e um conjunto de peças gráficas ilustrativas das orientações substantivas neles definidas;

b) Esquema, representando o modelo territorial proposto, com a identificação dos principais sistemas, redes e articulações de nível regional.

2 – Os programas regionais são acompanhados por um relatório do programa, que contém:

a) A avaliação das dinâmicas territoriais, incluindo a evolução do uso, transformação e ocupação do solo, as dinâmicas demográficas, a estrutura de povoamento e as perspetivas de desenvolvimento económico, social e cultural da região;

b) A definição de unidades de paisagem;

c) Os estudos relativos à caracterização da estrutura regional de proteção e valorização ambiental e patrimonial;

d) A identificação dos espaços agrícolas, florestais e pecuários com relevância para a estratégia regional de desenvolvimento rural;

e) A representação das redes de transporte e mobilidade e dos equipamentos;

f) O programa de execução, que inclui disposições indicativas sobre a realização das obras públicas a efetuar na região, a curto prazo ou a médio prazo, indicando as entidades responsáveis pela respetiva concretização;

g) A identificação das fontes e da estimativa de meios financeiros, designadamente dos programas operacionais regionais e setoriais.

3 – Os programas regionais são, ainda, acompanhados por um relatório ambiental, no qual se identificam, descrevem e avaliam os eventuais efeitos significativos no ambiente resultantes da aplicação do programa e as alternativas razoáveis, tendo em conta os objetivos e o âmbito de aplicação territorial respetivos.

4 – Os programas regionais incluem indicadores qualitativos e quantitativos que suportem a avaliação prevista no capítulo VIII.

Artigo 56º – Elaboração

A elaboração dos programas regionais compete às comissões de coordenação e desenvolvimento regional, sob coordenação do membro do Governo responsável pela área do ordenamento do território, sendo determinada por resolução do Conselho de Ministros, da qual deve constar, nomeadamente:

a) A finalidade do programa, com menção expressa dos interesses públicos prosseguidos;

b) A especificação dos objetivos a atingir;

c) O âmbito territorial do programa, com menção expressa dos municípios abrangidos;

d) O prazo de elaboração;

e) As exigências procedimentais ou de participação que, em função da complexidade da matéria ou dos interesses a salvaguardar, se considere serem de adotar para além do procedimento definido no presente decreto-lei;

f) A sujeição do programa a avaliação ambiental ou as razões que justificam a inexigibilidade desta;

g) A composição e o funcionamento da comissão consultiva.

Artigo 57º – Acompanhamento

1 – A elaboração dos programas regionais é acompanhada por uma comissão consultiva, integrada por representantes das entidades e serviços da administração direta e indireta do Estado que assegurem a prossecução dos interesses públicos relevantes, designadamente, em matéria de ordenamento do território, do ordenamento do espaço marítimo, do ambiente, conservação da natureza, energia, habitação, economia, agricultura, florestas, obras públicas, transportes, infraestruturas, comunicações, educação, saúde, segurança, defesa nacional, proteção civil, desporto, cultura, dos municípios abrangidos, bem como de representantes dos interesses ambientais, económicos, sociais e culturais.

2 – Na elaboração dos programas regionais deve ser garantida a integração, na comissão consultiva, das entidades às quais, em virtude das suas responsabilidades ambientais específicas, possam interessar os efeitos ambientais resultantes da aplicação do programa, e que exercem na comissão as competências consultivas atribuídas pelos artigos 5º e 7º do Decreto-Lei nº 232/2007, de 15 de junho, alterado pelo Decreto-Lei nº 58/2011, de 4 de maio, e acompanham a elaboração do relatório ambiental.

3 – A comissão fica obrigada a um acompanhamento continuado dos trabalhos de elaboração da proposta de programa, devendo, no final, apresentar um único parecer escrito, com menção expressa das orientações defendidas, que se pronuncie sobre o cumprimento das normas legais e regulamentares aplicáveis e, ainda, sobre a adequação e conveniência das soluções propostas.

4 – À comissão consultiva dos programas regionais é aplicável o disposto no artigo 84º com as devidas adaptações.

5 – O parecer final da comissão acompanha a proposta de programa, para efeitos de aprovação pelo Governo.

6 – O acompanhamento dos programas regionais é assegurado mediante o recurso à plataforma colaborativa de gestão territorial.

Artigo 58º – Concertação

1 – Elaborada a proposta de programa e emitido o parecer da comissão consultiva, a comissão de coordenação e desenvolvimento regional promove, nos 15 dias subsequentes à emissão daquele parecer, a realização de uma reunião de concertação com as entidades que, no âmbito da comissão consultiva, tenham formal e fundamentadamente discordado das orientações da proposta de programa, tendo em vista obter uma solução concertada que permita ultrapassar as objeções formuladas.

2 – A comissão de coordenação e desenvolvimento regional pondera os pareceres referidos no número anterior, ficando obrigada a resposta fundamentada sempre que seja invocada a desconformidade com disposições legais e regulamentares e a desconformidade com programas e planos territoriais.

3 – Quando o consenso não for alcançado, a comissão de coordenação e desenvolvimento regional submete a proposta a parecer da Comissão Nacional do Território, o qual tem caráter vinculativo.

4 – O parecer previsto no número anterior pronuncia-se sobre os fundamentos dos pareceres desfavoráveis e deve ser proferido no prazo de 30 dias a contar da data da receção do pedido, sob pena de se considerar favorável à proposta de programa.

Artigo 59º – Participação

1 – A discussão pública dos programas regionais rege-se, com as necessárias adaptações, pelas disposições relativas ao programa nacional da política de ordenamento do território.

2 – Juntamente com a proposta de programa regional é divulgado o respetivo relatório ambiental.

Artigo 60º – Aprovação

1 – Os programas regionais são aprovados por resolução do Conselho de Ministros.

2 – A resolução do Conselho de Ministros referida no número anterior deve:

a) Identificar as disposições dos programas de âmbito nacional, bem como dos programas e planos intermunicipais e dos planos municipais preexistentes incompatíveis com a estrutura regional, do sistema urbano, das redes, das infraestruturas e dos equipamentos de interesse regional e com a delimitação da estrutura regional de proteção e valorização ambiental;

b) Consagrar as formas e os prazos para a alteração dos programas e planos preexistentes, ouvidas previamente as entidades da Administração Pública responsáveis pela elaboração do programa e as entidades intermunicipais, as associações de municípios ou os municípios envolvidos.

SECÇÃO IV – Âmbito intermunicipal e municipal

SUBSECÇÃO I – Programas intermunicipais

Artigo 61º – Noção

1 – O programa intermunicipal é o instrumento que assegura a articulação entre o programa regional e os planos intermunicipais e municipais, no caso

de áreas territoriais que, pela interdependência estrutural ou funcional ou pela existência de áreas homogéneas de risco, necessitem de uma ação integrada de planeamento.

2 – O programa intermunicipal é de elaboração facultativa e pode abranger uma das seguintes áreas:

a) A área geográfica que abrange a totalidade de uma entidade intermunicipal;

b) A área geográfica de dois ou mais municípios territorialmente contíguos integrados na mesma entidade intermunicipal, salvo situações excecionais, autorizadas pelo membro do Governo responsável pela área do ordenamento do território, após parecer das comissões de coordenação e desenvolvimento regional.

Artigo 62º – Objetivos

Os programas intermunicipais visam:

a) Articular a estratégia intermunicipal de desenvolvimento económico e social, de conservação da natureza e de garantia da qualidade ambiental;

b) Coordenar a incidência intermunicipal dos projetos de redes, equipamentos, infraestruturas e de distribuição das atividades industriais, turísticas, comerciais e de serviços, constantes do programa nacional da política de ordenamento do território, dos programas regionais e dos programas setoriais e especiais aplicáveis;

c) Estabelecer os objetivos, a médio e longo prazo, de racionalização do povoamento;

d) Definir os objetivos em matéria de acesso a equipamentos e a serviços públicos.

Artigo 63º – Conteúdo material

Os programas intermunicipais definem um modelo de organização do território abrangido, estabelecendo, nomeadamente:

a) As grandes opções estratégicas de organização do território e de investimento público, as suas prioridades e a respetiva programação, em articulação com as estratégias definidas nos programas de âmbitos nacional e regional e a avaliação dos impactos das estratégias de desenvolvimento adotadas e desenvolvidas, atentas as especificidades e os recursos diferenciadores de cada território;

b) As diretrizes e as orientações para os planos territoriais de âmbito intermunicipal e municipal;

c) As orientações para as redes de infraestruturas, de equipamentos, de transportes e mobilidade e de serviços;

d) Os padrões mínimos e os objetivos a atingir em matéria de qualidade ambiental, de conservação da natureza e de valorização paisagística.

Artigo 64º – Conteúdo documental

1 – Os programas intermunicipais são constituídos por um relatório do programa e por um conjunto de peças gráficas indicativas das orientações definidas.

2 – Os programas intermunicipais podem ser acompanhados, em função dos respetivos âmbito e objetivos, por:

a) Planta de enquadramento abrangendo a área de intervenção e a área envolvente dos vários municípios integrados pelo programa;

b) Identificação dos valores culturais, naturais e paisagísticos, bem como dos espaços agrícolas e florestais a proteger;

c) Representação das redes de transporte e mobilidade e dos equipamentos públicos de interesse supramunicipal;

d) Programa de execução, contendo disposições indicativas sobre a realização das obras públicas a efetuar, bem como dos objetivos e das ações de interesse intermunicipal, indicando as entidades responsáveis pela respetiva concretização;

e) Identificação das fontes e da estimativa de meios financeiros, atendendo designadamente aos programas operacionais regionais e setoriais.

3 – Sempre que seja necessário proceder à avaliação ambiental nos termos do artigo 2º do Decreto-Lei nº 232/2007, de 15 de junho, alterado pelo Decreto-Lei nº 58/2011, de 4 de maio, os programas intermunicipais são ainda acompanhados pelo relatório ambiental, no qual se identificam, descrevem e avaliam os eventuais efeitos significativos no ambiente resultantes da aplicação do programa e as alternativas razoáveis, tendo em conta os objetivos e o âmbito de aplicação territorial respetivos.

4 – Os programas intermunicipais incluem indicadores qualitativos e quantitativos que suportem a avaliação prevista no capítulo VIII.

Artigo 65º – Elaboração

1 – A elaboração dos programas intermunicipais compete:

a) Nas situações previstas na alínea *a*) do nº 2 do artigo 61º, à comissão executiva metropolitana, nas áreas metropolitanas, e ao conselho intermunicipal, nas comunidades intermunicipais;

b) Nas situações previstas na alínea *b*) do nº 2 do artigo 61º, às câmaras municipais dos municípios associados para o efeito.

2 – A deliberação de elaboração do programa intermunicipal deve ser publicada no *Diário da República* e divulgada através da comunicação social e dos respetivos sítios na Internet, pelas entidades intermunicipais, associações de municípios e municípios envolvidos.

Artigo 66º – Avaliação ambiental

1 – A deliberação a que se refere o nº 2 do artigo anterior deve indicar se o programa está sujeito a avaliação ambiental, ou as razões que justificam a ine-

xigibilidade desta, podendo, para o efeito, ser precedida da consulta prevista no nº 3 do artigo 3º do Decreto-Lei nº 232/2007, de 15 de junho, alterado pelo Decreto-Lei nº 58/2011, de 4 de maio.

2 – Sempre que as entidades intermunicipais, as associações de municípios ou os municípios solicitem pareceres nos termos do número anterior, esses pareceres devem conter, também, a pronúncia sobre o âmbito da avaliação ambiental e sobre o alcance da informação a incluir no relatório ambiental, aplicando-se o artigo 5º do Decreto-Lei nº 232/2007, de 15 de junho, alterado pelo Decreto-Lei nº 58/2011, de 4 de maio.

3 – Os pareceres solicitados ao abrigo do presente artigo são emitidos no prazo de 20 dias, sob pena de não serem considerados.

Artigo 67º – Acompanhamento, concertação e participação

1 – A elaboração dos programas intermunicipais é acompanhada por uma comissão consultiva, aplicando-se ao acompanhamento, à concertação e à discussão pública destes programas, as disposições relativas ao plano diretor municipal, com as necessárias adaptações.

2 – No âmbito do parecer final da comissão consultiva, a comissão de coordenação e desenvolvimento regional pronuncia-se obrigatoriamente sobre a conformidade com as disposições legais e regulamentares vigentes, a articulação e a coerência da proposta com os objetivos, os princípios e as regras aplicáveis no território em causa, definidos por quaisquer outros programas e planos territoriais eficazes.

3 – O acompanhamento dos programas intermunicipais é assegurado mediante o recurso à plataforma colaborativa de gestão territorial.

Artigo 68º – Aprovação

1 – Os programas intermunicipais são aprovados:

a) Nas situações previstas na alínea *a*) do nº 2 do artigo 61º, por deliberação do conselho metropolitano, nas áreas metropolitanas, e da assembleia intermunicipal, nas comunidades intermunicipais;

b) Nas situações previstas na alínea *b*) do nº 2 do artigo 61º, por deliberação das assembleias municipais interessadas, mediante proposta apresentada pelas respetivas câmaras municipais.

2 – A deliberação referida no número anterior deve:

a) Identificar as disposições dos planos intermunicipais ou municipais preexistentes, incompatíveis com o modelo de organização do território intermunicipal preconizado;

b) Conter as formas e os prazos de atualização dos planos intermunicipais ou municipais preexistentes, previamente acordados com as respetivas entidades intermunicipais, as associações de municípios ou os municípios envolvidos.

SUBSECÇÃO II – Planos intermunicipais e municipais

DIVISÃO I – Disposições gerais

Artigo 69º – Noção

Os planos intermunicipais e municipais são instrumentos de natureza regulamentar e estabelecem o regime de uso do solo, definindo modelos de ocupação territorial e da organização de redes e sistemas urbanos e, na escala adequada, parâmetros de aproveitamento do solo, bem como de garantia da sustentabilidade socioeconómica e financeira e da qualidade ambiental.

Artigo 70º – Regime de uso do solo

O regime de uso do solo estabelece as regras de ocupação, transformação e utilização do solo e é definido nos planos intermunicipais ou municipais, através da classificação e da qualificação do solo.

Artigo 71º – Classificação do solo

1 – A classificação do solo determina o destino básico dos terrenos, assentando na distinção fundamental entre solo urbano e solo rústico.

2 – Os planos intermunicipais ou municipais classificam o solo como urbano ou rústico, considerando como:

a) Solo urbano, o que está total ou parcialmente urbanizado ou edificado e, como tal, afeto em plano territorial à urbanização ou edificação;

b) Solo rústico, aquele que, pela sua reconhecida aptidão, se destine, nomeadamente, ao aproveitamento agrícola, pecuário, florestal, à conservação, à valorização e à exploração de recursos naturais, de recursos geológicos ou de recursos energéticos, assim como o que se destina a espaços naturais, culturais, de turismo, recreio e lazer ou à proteção de riscos, ainda que seja ocupado por infraestruturas, e aquele que não seja classificado como urbano.

Artigo 72º – Reclassificação para solo urbano

1 – A reclassificação do solo rústico para solo urbano tem caráter excecional, sendo limitada aos casos de inexistência de áreas urbanas disponíveis e comprovadamente necessárias ao desenvolvimento económico e social e à indispensabilidade de qualificação urbanística, traduzindo uma opção de planeamento sustentável em termos ambientais, patrimoniais, económicos e sociais.

2 – Nos termos do disposto no número anterior, a reclassificação do solo como urbano deve contribuir, de forma inequívoca, para o desenvolvimento sustentável do território, obrigando à fixação, por via contratual, dos encargos urbanísticos das operações, do respetivo prazo de execução e das condições de

redistribuição de benefícios e encargos, considerando todos os custos urbanísticos envolvidos.

3 – A demonstração da sustentabilidade económica e financeira da transformação do solo deve integrar os seguintes elementos:

a) Demonstração da indisponibilidade de solo urbano, na área urbana existente, para a finalidade em concreto, através, designadamente, dos níveis de oferta e procura de solo urbano, com diferenciação tipológica quanto ao uso, e dos fluxos demográficos;

b) Demonstração do impacto da carga urbanística proposta, no sistema de infraestruturas existente, e a previsão dos encargos necessários ao seu reforço, à execução de novas infraestruturas e à respetiva manutenção;

c) Demonstração da viabilidade económico-financeira da proposta, incluindo a identificação dos sujeitos responsáveis pelo financiamento, a demonstração das fontes de financiamento contratualizadas e de investimento público.

4 – A reclassificação do solo processa-se através dos procedimentos de elaboração, de revisão ou de alteração de planos de pormenor com efeitos registais, acompanhado do contrato previsto no nº 2, e nos termos previstos no decreto regulamentar que estabelece os critérios uniformes de classificação e reclassificação do solo.[152]

5 – O plano deve delimitar a área objeto de reclassificação e definir o prazo para execução das obras de urbanização e das obras de edificação, o qual deve constar expressamente da certidão do plano a emitir para efeitos de inscrição no registo predial.

6 – A reclassificação do solo que se destine exclusivamente à execução de infraestruturas e de equipamentos de utilização coletiva obedece aos critérios previstos nos nºs 1 e 3 e processa-se através de procedimentos de elaboração, de revisão ou de alteração de planos territoriais, nos quais é fixado o respetivo prazo de execução.

7 – A alteração por adaptação, do plano diretor municipal ou do plano diretor intermunicipal, só deve ser realizada findo o prazo previsto no nº 5 e desde que executadas as operações urbanísticas previstas no plano, seguindo o procedimento referido no artigo 121º.

8 – Findo o prazo previsto para a execução do plano, a não realização das operações urbanísticas previstas determina, automaticamente, a caducidade total ou parcial da classificação do solo como urbano, sem prejuízo das faculdades urbanísticas adquiridas mediante título urbanístico, nos termos da lei.

[152] Decreto Regulamentar nº 15/2015, de 19 de Agosto.

9 – Nas situações previstas no número anterior a câmara municipal deve, no prazo de 60 dias, iniciar procedimento de alteração ou de revisão do plano, de forma a garantir a coerência do modelo territorial.

Artigo 73º – Reclassificação para solo rústico

A reclassificação do solo urbano como rústico pode ser feita a todo o tempo.

Artigo 74º – Qualificação do solo

1 – A qualificação do solo define, com respeito pela sua classificação, o conteúdo do seu aproveitamento, por referência às potencialidades de desenvolvimento do território, fixando os respetivos usos dominantes e, quando admissível, a edificabilidade.

2 – A qualificação do solo urbano processa-se através da integração em categorias que conferem a suscetibilidade de urbanização ou de edificação.

3 – A qualificação do solo rústico processa-se através da integração em categorias, designadamente as seguintes:

a) Espaços agrícolas ou florestais;

b) Espaços de exploração de recursos energéticos e geológicos;

c) Espaços afetos a atividades industriais diretamente ligadas às utilizações referidas nas alíneas anteriores;

d) Espaços naturais e de valor cultural e paisagístico;

e) Espaços destinados a infraestruturas ou a outros tipos de ocupação humana, como o turismo, que não impliquem a classificação como solo urbano, designadamente permitindo usos múltiplos em atividades compatíveis com espaços agrícolas, florestais ou naturais.

4 – A definição dos usos dominantes referida no nº 1, bem como das categorias relativas ao solo urbano e rústico, obedece a critérios uniformes, aplicáveis a todo o território nacional, a estabelecer por decreto regulamentar.[153]

DIVISÃO II – Planos municipais

SUBDIVISÃO I – Disposições gerais

Artigo 75º – Objetivos

Os planos municipais visam estabelecer:

a) A tradução, no âmbito local, do quadro de desenvolvimento do território estabelecido nos programas nacional e regional;

b) A expressão territorial da estratégia de desenvolvimento local;

[153] Também o Decreto Regulamentar nº 15/2015, referido na nota anterior.

c) A articulação das políticas setoriais com incidência local;

d) A base de uma gestão programada do território municipal;

e) A definição da estrutura ecológica para efeitos de proteção e de valorização ambiental municipal;

f) Os princípios e as regras de garantia da qualidade ambiental, da integridade paisagística e da preservação do património cultural;

g) Os princípios e os critérios subjacentes a opções de localização de infraestruturas, de equipamentos, de serviços e de funções;

h) Os critérios de localização e a distribuição das atividades industriais, de armazenagem e logística, turísticas, comerciais e de serviços, que decorrem da estratégia de desenvolvimento local;

i) Os parâmetros de uso do solo;

j) Os parâmetros de uso e fruição do espaço público;

k) Outros indicadores relevantes para a elaboração dos demais programas e planos territoriais.

Artigo 76º – Elaboração

1 – A elaboração de planos municipais é determinada por deliberação da câmara municipal, a qual estabelece os prazos de elaboração e o período de participação, sendo publicada no *Diário da República* e divulgada através da comunicação social, da plataforma colaborativa de gestão territorial e no sítio na Internet da câmara municipal.

2 – A deliberação que determina a elaboração do plano diretor municipal deve assentar na estratégia de desenvolvimento local, a qual define as orientações estratégicas da implementação e da gestão estruturada dos processos de desenvolvimento e de competitividade do município.

3 – Compete à câmara municipal a definição da oportunidade e dos termos de referência dos planos municipais, sem prejuízo da posterior intervenção de outras entidades públicas ou particulares.

4 – A elaboração de planos municipais obriga a identificar e a ponderar os programas, os planos e os projetos, com incidência na área em causa, considerando os que já existam e os que se encontrem em preparação, por forma a assegurar as necessárias compatibilizações.

5 – A elaboração dos planos municipais pode decorrer em paralelo com a elaboração de programas que incidam sobre a mesma área territorial, aplicando-se com as necessárias adaptações o procedimento previsto no presente capítulo.

6 – O prazo de elaboração dos planos municipais pode ser prorrogado, por uma única vez, por um período máximo igual ao previamente estabelecido.

7 – O não cumprimento dos prazos estabelecidos determina a caducidade do procedimento.

Artigo 77º – Relatório sobre o estado do ordenamento do território

A deliberação de elaboração de planos diretores municipais deve ser acompanhada de relatório sobre o estado do ordenamento do território a nível local, nos termos do nº 3 do artigo 189º.

Artigo 78º – Avaliação ambiental

1 – Os planos de urbanização e os planos de pormenor só são objeto de avaliação ambiental no caso de se determinar que são suscetíveis de ter efeitos significativos no ambiente ou nos casos em que constituam o enquadramento para a aprovação de projetos sujeitos a avaliação de impacto ambiental ou a avaliação de incidências ambientais.

2 – A qualificação dos planos de urbanização e dos planos de pormenor, para efeitos do disposto no número anterior, compete à câmara municipal, de acordo com os critérios estabelecidos no anexo ao Decreto-Lei nº 232/2007, de 15 de junho, alterado pelo Decreto-Lei nº 58/2011, de 4 de maio, podendo ser precedida de consulta das entidades às quais, em virtude das suas responsabilidades ambientais específicas, possam interessar os efeitos ambientais resultantes da aplicação do plano.

3 – Tendo sido deliberada a elaboração de plano de urbanização ou de plano de pormenor, a câmara municipal solicita parecer sobre o âmbito da avaliação ambiental e sobre o alcance da informação a incluir no relatório ambiental, nos termos do artigo 5º do Decreto-Lei nº 232/2007, de 15 de junho, alterado pelo Decreto-Lei nº 58/2011, de 4 de maio.

4 – Os pareceres emitidos ao abrigo do número anterior são emitidos no prazo de 20 dias, sob pena de não serem considerados e devem, nos casos em que se justifique, conter, também, a pronúncia sobre o âmbito da avaliação ambiental e sobre o alcance da informação a incluir no relatório ambiental.

Artigo 79º – Contratos para planeamento

1 – A elaboração, a revisão ou a alteração de planos territoriais de âmbito municipal, pode ser precedida da celebração de contratos entre os municípios e as entidades competentes pela elaboração de programas de âmbito nacional e regional, nos quais são definidas as formas e os prazos para adequação dos planos municipais existentes, em relação a planos supervenientes, com os quais devem ser compatíveis.

2 – A câmara municipal pode obrigar-se através de contrato para planeamento, perante um ou mais interessados, a propor à assembleia municipal, a aprovação, a alteração ou a revisão de um plano de urbanização ou de um plano de pormenor.

3 – Os procedimentos de formação dos contratos para planeamento asseguram uma adequada publicitação e a realização de discussão pública.

Artigo 80º – Efeitos do contrato para planeamento

1 – Os contratos para planeamento são contratos sobre o exercício de poderes públicos, com efeitos obrigacionais entre as partes, podendo o respetivo incumprimento dar lugar a responsabilidade civil.

2 – Os contratos para planeamento não prejudicam o livre exercício dos poderes públicos municipais relativamente ao conteúdo, procedimento de elaboração, de aprovação e de execução do plano, nem a observância dos regimes legais relativos ao uso do solo e às disposições dos demais programas e planos territoriais.

Artigo 81º – Formação de contratos para planeamento

1 – Os interessados na elaboração, na revisão ou na alteração de um plano de urbanização ou de um plano de pormenor, podem propor à câmara municipal a celebração de um contrato para planeamento.

2 – A celebração do contrato para planeamento depende de deliberação da câmara municipal devidamente fundamentada, que explicite:

a) As razões que justificam, do ponto de vista do interesse local, a sua celebração;

b) A oportunidade da deliberação, tendo em conta os termos de referência do futuro plano, designadamente, a sua articulação e a sua coerência com a estratégia territorial do município e o seu enquadramento na programação constante do plano diretor municipal ou do programa ou do plano intermunicipal;

c) A eventual necessidade de alteração aos planos intermunicipais e municipais em vigor.

3 – A proposta de contrato e a deliberação referida no número anterior são objeto de discussão pública, nos termos do nº 1 do artigo 89º, pelo prazo mínimo de 10 dias.

4 – Os contratos são publicitados conjuntamente com a deliberação que determina a aprovação do plano e acompanham a proposta de plano, no decurso do período de discussão pública, nos termos do nº 1 do artigo 89º.

Artigo 82º – Objetivos do acompanhamento

O acompanhamento da elaboração dos planos municipais visa:

a) Promover a respetiva conformidade ou compatibilização com os programas de âmbito regional e nacional, bem como a sua harmonização com quaisquer outros planos, programas e projetos, de interesse municipal ou intermunicipal;

b) Permitir a ponderação das diversas ações da Administração Pública suscetíveis de condicionar as soluções propostas, garantindo uma informação atualizada sobre as mesmas;

c) Promover o estabelecimento de uma adequada concertação de interesses.

Artigo 83º – Acompanhamento dos planos diretores municipais

1 – O acompanhamento da elaboração do plano diretor municipal é assegurado por uma comissão consultiva de natureza colegial, coordenada e presidida pela comissão de coordenação e desenvolvimento regional territorialmente competente.

2 – A composição da comissão consultiva deve traduzir a natureza dos principais interesses a salvaguardar, integrando os representantes de serviços e entidades da administração direta ou indireta do Estado, das Regiões Autónomas, da entidade intermunicipal e de outras entidades públicas cuja participação seja legalmente exigível.

3 – Deve ser garantida a integração, na comissão consultiva, das entidades às quais, em virtude das suas responsabilidades ambientais específicas, interessem os efeitos ambientais resultantes da aplicação do plano, e que exercem, no âmbito daquela comissão, as competências consultivas atribuídas pelos artigos 5º e 7º do Decreto-Lei nº 232/2007, de 15 de junho, alterado pelo Decreto-Lei nº 58/2011, de 4 de maio, e acompanham a elaboração do relatório ambiental.

4 – As entidades que integram a comissão consultiva em função da natureza dos principais interesses a salvaguardar podem declarar, expressamente, não existir fundamento para a sua representação na comissão consultiva.

5 – A comissão consultiva é constituída no prazo de 15 dias, após solicitação da câmara municipal à comissão de coordenação e desenvolvimento regional.

6 – A comissão fica obrigada a um acompanhamento continuado dos trabalhos de elaboração da proposta de plano.

7 – A constituição, a composição e o funcionamento da comissão consultiva são regulados por portaria do membro do Governo responsável pela área do ordenamento do território.[154]

8 – O acompanhamento dos planos diretores municipais é assegurado mediante o recurso à plataforma colaborativa de gestão territorial.

Artigo 84º – Representação na comissão consultiva

1 – Para efeitos do disposto no nº 1 do artigo anterior, a designação dos representantes dos serviços e entidades da administração direta ou indireta do Estado e das regiões autónomas incorpora a delegação ou subdelegação dos poderes necessários à vinculação daqueles serviços e entidades.

2 – A posição manifestada pelos representantes dos serviços e entidades da administração direta ou indireta do Estado e das regiões autónomas, na comissão consultiva, substitui os pareceres que aqueles serviços e entidades devem emitir, a qualquer título, sobre o plano, nos termos legais e regulamentares.

[154] Portaria nº 277/2015, de 10 de Setembro.

3 – Caso o representante de um serviço ou de uma entidade não manifeste, fundamentadamente, a sua discordância com as soluções propostas, ou, apesar de regularmente convocado, não compareça à reunião, nem o serviço ou entidade que representa manifeste a sua posição até à data da reunião, considera-se que este serviço ou esta entidade nada tem a opor à proposta de plano diretor municipal.

Artigo 85º – Parecer final

1 – Ponderadas as posições manifestadas e os interesses em presença resultantes do acompanhamento pela comissão consultiva, é proferido, no prazo de 15 dias, pela comissão de coordenação e desenvolvimento regional territorialmente competente, o parecer final, o qual traduz uma decisão global definitiva e vinculativa para toda a Administração Pública.

2 – O parecer referido no número anterior é acompanhado pela ata da comissão consultiva, contendo as posições finais das entidades nela representadas e deve pronunciar-se sobre os seguintes aspetos:

a) Cumprimento das normas legais e regulamentares aplicáveis;

b) Conformidade ou compatibilidade da proposta de plano com os programas territoriais existentes.

3 – O parecer final acompanha a proposta de plano apresentada pela câmara municipal à assembleia municipal.

4 – Para efeitos de avaliação ambiental, o parecer final integra a análise sobre o relatório ambiental.

Artigo 86º – Acompanhamento dos planos de urbanização e dos planos de pormenor

1 – O acompanhamento da elaboração dos planos de urbanização e dos planos de pormenor é facultativo.

2 – No decurso da elaboração dos planos, a câmara municipal solicita o acompanhamento que entender necessário, designadamente a emissão de pareceres sobre as propostas de planos ou a realização de reuniões de acompanhamento, à comissão de coordenação e desenvolvimento regional territorialmente competente ou às demais entidades representativas dos interesses a ponderar.

3 – Sem prejuízo do disposto no número anterior, concluída a elaboração, a câmara municipal apresenta a proposta de plano e o relatório ambiental à comissão de coordenação e desenvolvimento regional territorialmente competente que, no prazo de 10 dias, remete a documentação recebida a todas as entidades representativas dos interesses a ponderar, convocando-as para uma conferência procedimental, a realizar no prazo de 20 dias a contar da data de expedição da referida documentação, aplicando-se, com as necessárias adaptações, o disposto no artigo 84º.

4 – São convocadas para a conferência procedimental, as entidades às quais, em virtude das suas responsabilidades ambientais específicas, possam interessar os efeitos ambientais resultantes da aplicação do plano.

5 – O acompanhamento dos planos de urbanização e dos planos de pormenor é assegurado mediante o recurso a plataforma colaborativa de gestão territorial.

Artigo 87º – Concertação

1 – Emitido o parecer final, a câmara municipal promove, nos 20 dias subsequentes, a realização de uma reunião de concertação com as entidades que, no âmbito daquela comissão ou daquela conferência, tenham discordado expressa e fundamentadamente do futuro plano, tendo em vista obter uma solução concertada que permita ultrapassar as objeções formuladas.

2 – Quando o consenso não for alcançado, a câmara municipal elabora a versão da proposta de plano municipal a submeter a discussão pública, optando pelas soluções que considere mais adequadas e salvaguardando a respetiva legalidade.

Artigo 88º – Participação

1 – Durante a elaboração dos planos municipais, a câmara municipal deve facultar aos interessados todos os elementos relevantes, para que estes possam conhecer o estado dos trabalhos e a evolução da tramitação procedimental, bem como formular sugestões à autarquia ou à comissão consultiva.

2 – A deliberação que determina a elaboração do plano estabelece um prazo, que não deve ser inferior a 15 dias, para a formulação de sugestões e para a apresentação de informações, sobre quaisquer questões que possam ser consideradas no âmbito do respetivo procedimento de elaboração.

Artigo 89º – Discussão pública

1 – Concluído o período de acompanhamento e, quando for o caso, decorrido o período adicional de concertação, a câmara municipal procede à abertura de um período de discussão pública, através de aviso a publicar no *Diário da República* e a divulgar através da comunicação social, da plataforma colaborativa de gestão territorial e do respetivo sítio na Internet, do qual consta o período de discussão, a forma como os interessados podem apresentar as suas reclamações, observações ou sugestões, as eventuais sessões públicas a que haja lugar e os locais onde se encontra disponível a proposta, o respetivo relatório ambiental, o parecer final, a ata da comissão consultiva, os demais pareceres emitidos e os resultados da concertação.

2 – O período de discussão pública deve ser anunciado com a antecedência mínima de cinco dias, e não pode ser inferior a 30 dias, para o plano diretor municipal, e a 20 dias, para o plano de urbanização e para o plano de pormenor.

3 – A câmara municipal pondera as reclamações, as observações, as sugestões e os pedidos de esclarecimento, apresentados pelos particulares, ficando obrigada a resposta fundamentada perante aqueles que invoquem, designadamente:

a) A desconformidade ou a incompatibilidade com programas e planos territoriais e com projetos que devem ser ponderados em fase de elaboração;

b) A desconformidade com disposições legais e regulamentares aplicáveis;

c) A lesão de direitos subjetivos.

4 – A resposta referida no número anterior é comunicada por escrito aos interessados, sem prejuízo do disposto no nº 4 do artigo 10º da Lei nº 83/95, de 31 de agosto.[155]

5 – Sempre que necessário ou conveniente, a câmara municipal promove o esclarecimento direto dos interessados, quer através dos seus próprios técnicos, quer através do recurso a técnicos da administração direta ou indireta do Estado e das regiões autónomas.

6 – Findo o período de discussão pública, a câmara municipal pondera e divulga os resultados, designadamente, através da comunicação social, da plataforma colaborativa de gestão territorial e do respetivo sítio na Internet, e elabora a versão final da proposta de plano para aprovação.

7 – São obrigatoriamente públicas, todas as reuniões da câmara municipal e da assembleia municipal que respeitem à elaboração ou aprovação de qualquer plano municipal.

Artigo 90º – Aprovação

1 – Os planos municipais são aprovados pela assembleia municipal, mediante proposta apresentada pela câmara municipal.

2 – Quando o plano diretor municipal aprovado contiver disposições desconformes ou incompatíveis com programas setoriais, especiais ou regionais, o órgão responsável pela sua aprovação solicita a ratificação nos termos do artigo seguinte.

Artigo 91º – Ratificação

1 – A ratificação de plano diretor municipal implica a revogação ou a alteração das disposições constantes do programa setorial, especial ou regional em causa e dos respetivos elementos documentais, de modo a que traduzam a atualização da disciplina vigente.

[155] Neste preceito, do diploma geral sobre participação nos procedimentos, prevê-se a comunicação da resposta através da sua publicação em dois jornais diários e num jornal regional, quando exista, se "se adoptar a forma de audição através de representantes, ou no caso de a apresentação de observações escritas ser em número superior a 20".

2 – A ratificação pelo Governo de plano diretor municipal é excecional e ocorre, por solicitação do órgão responsável pela respetiva elaboração, quando no âmbito do procedimento de elaboração e aprovação tiver sido suscitada, por si ou pelos serviços ou entidades com competências consultivas, a incompatibilidade referida no número anterior.

3 – Recebida a proposta de ratificação, o membro do Governo responsável pela área do ordenamento do território solicita, à comissão de coordenação e de desenvolvimento regional territorialmente competente e à entidade competente pela elaboração do programa territorial, parecer fundamentado, a emitir no prazo de 15 dias, que inclui a identificação das disposições inerentes a cada programa, a publicar no ato de aprovação referido no número seguinte.

4 – A ratificação do plano diretor municipal pode ser total ou parcial, devendo adotar a forma prevista para a aprovação do programa setorial, especial ou regional.

Artigo 92º – Conclusão da elaboração e prazo de publicação

1 – A elaboração dos planos municipais considera-se concluída com a aprovação da respetiva proposta pela assembleia municipal, salvo quando careça de ratificação.

2 – Os procedimentos administrativos subsequentes à conclusão da elaboração dos planos municipais devem ser concretizados de modo a que, entre a respetiva aprovação e a publicação no *Diário da República,* medeiem os seguintes prazos máximos:

a) Plano diretor municipal – 60 dias;

b) Plano de urbanização – 30 dias;

c) Plano de pormenor – 30 dias.

3 – Os prazos fixados no número anterior suspendem-se nos casos previstos no nº 2 do artigo anterior.

Artigo 93º – Vigência

1 – Os planos municipais podem ter um prazo de vigência máximo previamente fixado, permanecendo, no entanto, eficazes até à entrada em vigor da respetiva revisão ou alteração.

2 – Os planos municipais devem ser obrigatoriamente revistos quando a respetiva monitorização e avaliação, consubstanciada nos relatórios de estado do ordenamento do território, identificarem níveis de execução e uma evolução das condições ambientais, económicas, sociais e culturais que lhes estão subjacentes, suscetível de determinar uma modificação do modelo territorial definido.

Artigo 94º – Disponibilização da informação

1 – Os planos municipais são disponibilizados, com caráter de permanência e na versão atualizada, no sítio eletrónico do município a que respeitam, bem como no sítio eletrónico do Sistema Nacional de Informação Territorial (SNIT), através de ligação eletrónica a este sistema nacional.

2 – Para efeitos do número anterior, os municípios devem proceder à transcrição digital vetorial e georreferenciada das peças gráficas dos planos municipais, disponibilizando-as nos respetivos sítios eletrónicos, de acordo com modelo de dados a aprovar pela Direção-Geral do Território.

3 – As plantas e o respetivo acesso devem estar disponíveis em modelo a aprovar pela Direção-Geral do Território.

SUBDIVISÃO II – Plano diretor municipal

Artigo 95º – Objeto

1 – O plano diretor municipal é o instrumento que estabelece a estratégia de desenvolvimento territorial municipal, a política municipal de solos, de ordenamento do território e de urbanismo, o modelo territorial municipal, as opções de localização e de gestão de equipamentos de utilização coletiva e as relações de interdependência com os municípios vizinhos, integrando e articulando as orientações estabelecidas pelos programas de âmbito nacional, regional e intermunicipal.

2 – O plano diretor municipal é um instrumento de referência para a elaboração dos demais planos municipais, bem como para o desenvolvimento das intervenções setoriais da administração do Estado no território do município, em concretização do princípio da coordenação das respetivas estratégias de ordenamento territorial.

3 – O modelo territorial municipal tem por base a classificação e a qualificação do solo.

4 – O plano diretor municipal é de elaboração obrigatória, salvo nos casos em que os municípios optem pela elaboração de plano diretor intermunicipal.

Artigo 96º – Conteúdo material

1 – O plano diretor municipal define o quadro estratégico de desenvolvimento territorial do município e o correspondente modelo de organização territorial, estabelecendo nomeadamente:

a) A caracterização, ou a sua atualização, económica, social e biofísica, incluindo a identificação dos valores culturais, do sistema urbano e das redes de transportes e de equipamentos, de educação, de saúde e de segurança, bem como os sistemas de telecomunicações, de abastecimento de energia, de gás, de captação, de tratamento e abastecimento de água, de drenagem e tratamento de efluentes e de recolha, depósito e tratamento de resíduos;

b) Os objetivos de desenvolvimento económico local e as medidas de intervenção municipal no mercado de solos;

c) Os critérios de sustentabilidade a adotar, bem como os meios disponíveis e as ações propostas, que sejam necessários à proteção dos valores e dos recursos naturais, recursos hídricos, culturais, agrícolas e florestais, e a identificação da estrutura ecológica municipal;

d) A referenciação espacial dos usos e das atividades, nomeadamente através da definição das classes e das categorias de espaços;

e) A definição de estratégias e dos critérios de localização, de distribuição e de desenvolvimento das atividades industriais, turísticas, comerciais e de serviços;

f) A identificação e a qualificação do solo rústico, garantindo a adequada execução dos programas e das políticas de desenvolvimento agrícola e florestal, bem como de recursos geológicos e energéticos;

g) A identificação e a delimitação das áreas urbanas, com a definição do sistema urbano municipal e os correspondentes programas na área habitacional, bem como as condições de promoção da regeneração e da reabilitação urbanas e as condições de reconversão das áreas urbanas de génese ilegal;

h) A identificação das áreas de interesse público para efeitos de expropriação, bem como a definição das respetivas regras de gestão;

i) Os critérios para a definição das áreas de cedência e a definição das respetivas regras de gestão, assim como a cedência média para efeitos de perequação;

j) Os critérios de compensação e de redistribuição de benefícios e encargos decorrentes da gestão urbanística, a concretizar nos planos previstos para as unidades operativas de planeamento e gestão;

k) A especificação qualitativa e quantitativa dos índices, dos indicadores e dos parâmetros de referência, urbanísticos ou de ordenamento, a estabelecer em plano de urbanização e em plano de pormenor, bem como os de natureza supletiva aplicáveis na ausência destes;

l) A programação da execução das opções de ordenamento estabelecidas e a definição de unidades operativas de planeamento e gestão do plano, identificando, para cada uma destas, os respetivos objetivos e os termos de referência para a necessária elaboração de planos de urbanização e de pormenor;

m) A identificação de condicionantes de caráter permanente, designadamente reservas e zonas de proteção, bem como as necessárias à concretização dos planos de emergência de proteção civil de âmbito municipal;

n) A identificação e a delimitação das áreas com vista à salvaguarda de informação arqueológica contida no solo e no subsolo;

o) As condições de atuação sobre áreas de reabilitação urbana, situações de emergência ou de exceção, bem como sobre áreas degradadas em geral;

p) A articulação do modelo de organização municipal do território com a disciplina consagrada nos demais planos municipais aplicáveis;

q) A proteção e a salvaguarda de recursos e de valores naturais que condicionem a ocupação, uso e transformação do solo;

r) O prazo de vigência, o sistema de monitorização e as condições de revisão.

2 – Não obstante a existência dos índices, parâmetros e indicadores de natureza supletiva a que alude a alínea *k*) do número anterior, são diretamente aplicáveis às operações urbanísticas a realizar em zona urbana consolidada, como tal identificada no plano, os índices, os parâmetros e os indicadores de referência, para elaboração de plano de urbanização ou de plano de pormenor, nas seguintes condições:

a) Tenha decorrido o prazo de cinco anos sobre a data da entrada em vigor do plano diretor municipal, sem que haja sido aprovado o plano de urbanização ou o plano de pormenor;

b) Os índices e os parâmetros de referência estabelecidos no plano diretor municipal definam os usos e a altura total das edificações ou a altura das fachadas, bem como os indicadores relativos à definição da rede viária e do estacionamento.

Artigo 97º – Conteúdo documental

1 – O plano diretor municipal é constituído por:

a) Regulamento;

b) Planta de ordenamento, que representa o modelo de organização espacial do território municipal, de acordo com os sistemas estruturantes e a classificação e qualificação dos solos, as unidades operativas de planeamento e gestão definidas e, ainda, a delimitação das zonas de proteção e de salvaguarda dos recursos e valores naturais;

c) Planta de condicionantes que identifica as servidões administrativas e as restrições de utilidade pública em vigor que possam constituir limitações ou impedimentos a qualquer forma específica de aproveitamento.

2 – O plano diretor municipal é acompanhado por:

a) Relatório, que explicita a estratégia e modelo de desenvolvimento local, nomeadamente os objetivos estratégicos e as opções de base territorial adotadas para o modelo de organização espacial, bem como a respetiva fundamentação técnica, suportada na avaliação das condições ambientais, económicas, sociais e culturais para a sua execução;

b) Relatório ambiental, no qual se identificam, descrevem e avaliam os eventuais efeitos significativos no ambiente resultantes da aplicação do plano e as alternativas razoáveis, tendo em conta os objetivos e o âmbito de aplicação territorial respetivos;

c) Programa de execução, contendo, designadamente, as disposições sobre a execução das intervenções prioritárias do Estado e do município, previstas a curto e médio prazo, e o enquadramento das intervenções do Estado e as intervenções municipais previstas a longo prazo;

d) Plano de financiamento e fundamentação da sustentabilidade económica e financeira.

3 – O plano diretor municipal é, ainda, acompanhado pelos seguintes elementos complementares:

a) Planta de enquadramento regional, elaborada a escala inferior à do plano diretor municipal, com indicação dos centros urbanos mais importantes, principais vias de comunicação, infraestruturas relevantes e grandes equipamentos que sirvam o município e indicação dos demais programas e planos territoriais em vigor para a área do município;

b) Planta da situação existente com a ocupação do solo à data da deliberação que determina a elaboração do plano;

c) Planta e relatório com a indicação dos alvarás de licença e dos títulos de comunicação prévia de operações urbanísticas emitidos, bem como das informações prévias favoráveis em vigor ou declaração comprovativa da inexistência dos referidos compromissos urbanísticos na área do plano;

d) Mapa de ruído;

e) Participações recebidas em sede de discussão pública e respetivo relatório de ponderação;

f) Ficha dos dados estatísticos em modelo a disponibilizar pela Direção-Geral do Território.

4 – O plano diretor municipal inclui indicadores qualitativos e quantitativos que suportem a avaliação prevista no capítulo VIII.

SUBDIVISÃO III – Plano de urbanização

Artigo 98º – Objeto

1 – O plano de urbanização desenvolve e concretiza o plano diretor municipal e estrutura a ocupação do solo e o seu aproveitamento, fornecendo o quadro de referência para a aplicação das políticas urbanas e definindo a localização das infraestruturas e dos equipamentos coletivos principais.

2 – O plano de urbanização pode abranger:

a) Qualquer área do território do município incluída em perímetro urbano por plano diretor municipal eficaz e, ainda, os solos rústicos complementares de um ou mais perímetros urbanos, que se revelem necessários para estabelecer uma intervenção integrada de planeamento;

b) Outras áreas do território municipal que possam ser destinadas a usos e a funções urbanas, designadamente à localização de instalações ou parques industriais, logísticos ou de serviços ou à localização de empreendimentos turísticos e equipamentos e infraestruturas associados.

3 – Nas sedes de concelho e nas áreas urbanas com mais de 25.000 mil habitantes, o regime do uso do solo deve ser previsto, preferencialmente, em plano de urbanização municipal.

Artigo 99º – Conteúdo material

O plano de urbanização adota o conteúdo material apropriado às condições da área territorial a que respeita, aos objetivos das políticas urbanas e às transformações previstas nos termos de referência e na deliberação municipal que determinou a sua elaboração, dispondo nomeadamente, sobre:

a) A definição e a caracterização da área de intervenção, identificando e delimitando os valores culturais e naturais a proteger e a informação arqueológica contida no solo e subsolo;

b) A conceção geral da organização urbana, a partir da qualificação do solo, definindo a rede viária estruturante, a localização de equipamentos de uso e interesse coletivo, a estrutura ecológica, bem como o sistema urbano de circulação, de transporte público e privado e de estacionamento;

c) A definição do zonamento para localização das diversas funções urbanas, designadamente habitacionais, comerciais, turísticas, de serviços, industriais e de gestão de resíduos, bem como a identificação das áreas a recuperar, a regenerar ou a reconverter;

d) A adequação do perímetro urbano definido no plano diretor municipal ou no plano diretor intermunicipal, em função do zonamento e da conceção geral da organização urbana definidos, incluindo, nomeadamente, o traçado e o dimensionamento das redes de infraestruturas gerais que estruturam o território, fixando os respetivos espaços-canal, os critérios de localização e de inserção urbanística e o dimensionamento dos equipamentos de utilização coletiva;

e) As condições de aplicação dos instrumentos da política de solos e de política urbana previstos na lei, em particular os que respeitam à reabilitação e regeneração urbanas de áreas urbanas degradadas;

f) Os indicadores e os parâmetros urbanísticos aplicáveis a cada uma das categorias e subcategorias de espaços;

g) A delimitação e os objetivos das unidades ou subunidades operativas de planeamento e gestão, a estruturação das ações de compensação e redistribuição de benefícios e encargos e a identificação dos sistemas de execução do plano.

Artigo 100º – Conteúdo documental

1 – O plano de urbanização é constituído por:

a) Regulamento;

b) Planta de zonamento, que representa a estrutura territorial e o regime de uso do solo da área a que respeita;

c) Planta de condicionantes, que identifica as servidões administrativas e as restrições de utilidade pública em vigor que possam constituir limitações ou impedimentos a qualquer forma específica de aproveitamento.

2 – O plano de urbanização é acompanhado por:

a) Relatório, que explicita os objetivos estratégicos do plano e a respetiva fundamentação técnica, suportada na avaliação das condições ambientais, económicas, sociais e culturais para a sua execução;

b) Relatório ambiental, no qual se identificam, descrevem e avaliam os eventuais efeitos significativos no ambiente que possam decorrer da aplicação do plano e as alternativas razoáveis, tendo em conta os objetivos e o âmbito de aplicação territorial respetivos;

c) Programa de execução, contendo, designadamente, disposições indicativas sobre a execução das intervenções municipais previstas;

d) Modelo de redistribuição de benefícios e encargos;

e) Plano de financiamento e fundamentação da sua sustentabilidade económica e financeira.

3 – O plano de urbanização é, ainda, acompanhado pelos seguintes elementos complementares:

a) Planta de enquadramento, elaborada a escala inferior à do plano de urbanização, com indicação das principais vias de comunicação, outras infraestruturas relevantes e grandes equipamentos, bem como outros elementos considerados pertinentes;

b) Planta da situação existente, com a ocupação do solo à data da deliberação que determina a elaboração do plano;

c) Planta e relatório, com a indicação dos alvarás de licença e dos títulos de comunicação prévia de operações urbanísticas emitidos, bem como das informações prévias favoráveis em vigor ou declaração comprovativa da inexistência dos referidos compromissos urbanísticos na área do plano;

d) Plantas de identificação do traçado de infraestruturas viárias, de abastecimento de água, de saneamento, de energia elétrica, de recolha de resíduos de gás e de condutas destinadas à instalação de infraestruturas de telecomunicações e demais infraestruturas relevantes existentes e previstas na área do plano;

e) Mapa de ruído, nos termos do nº 1 do artigo 7º do Regulamento Geral do Ruído;

f) Participações recebidas em sede de discussão pública e respetivo relatório de ponderação;

g) Ficha dos dados estatísticos, em modelo a disponibilizar pela Direção-Geral do Território.

4 – O conteúdo documental do plano de urbanização é adaptado ao seu conteúdo material.

5 – O plano de urbanização inclui indicadores qualitativos e quantitativos que suportem a avaliação prevista no capítulo VIII.

SUBDIVISÃO IV – Plano de pormenor

Artigo 101º – Objeto

1 – O plano de pormenor desenvolve e concretiza em detalhe as propostas de ocupação de qualquer área do território municipal, estabelecendo regras sobre a implantação das infraestruturas e o desenho dos espaços de utilização coletiva, a implantação, a volumetria e as regras para a edificação e a disciplina da sua integração na paisagem, a localização e a inserção urbanística dos equipamentos de utilização coletiva e a organização espacial das demais atividades de interesse geral.

2 – O plano de pormenor abrange áreas contínuas do território municipal, que podem corresponder a uma unidade ou subunidade operativa de planeamento e gestão ou a parte delas.

Artigo 102º – Conteúdo material

1 – O plano de pormenor adota o conteúdo material apropriado às condições da área territorial a que respeita, aos objetivos e aos fundamentos técnicos previstos nos termos de referência e na deliberação municipal que determinou a sua elaboração, estabelecendo, nomeadamente:

a) A definição e a caracterização da área de intervenção, identificando e delimitando os valores culturais e a informação arqueológica contida no solo e no subsolo, os valores paisagísticos e naturais a proteger, bem como todas as infraestruturas relevantes para o seu desenvolvimento;

b) As operações de transformação fundiária preconizadas e a definição das regras relativas às obras de urbanização;

c) O desenho urbano, exprimindo a definição dos espaços públicos, incluindo os espaços de circulação viária e pedonal e de estacionamento, bem como o respetivo tratamento, a localização de equipamentos e zonas verdes, os alinhamentos, as implantações, a modelação do terreno e a distribuição volumétrica;

d) A distribuição de funções, conjugações de utilizações de áreas de construção e a definição de parâmetros urbanísticos, designadamente, densidade máxima de fogos, número de pisos e altura total das edificações ou altura das fachadas;

e) As operações de demolição, conservação e reabilitação das construções existentes;

f) As regras para a ocupação e para a gestão dos espaços públicos;

g) A implantação das redes de infraestruturas, com delimitação objetiva das áreas que lhe são afetas;

h) Regulamentação da edificação, incluindo os critérios de inserção urbanística e o dimensionamento dos equipamentos de utilização coletiva, bem como a respetiva localização no caso dos equipamentos públicos;

i) A identificação dos sistemas de execução do plano, do respetivo prazo e da programação dos investimentos públicos associados, bem como a sua articulação com os investimentos privados;

j) A estruturação das ações de compensação e de redistribuição de benefícios e encargos.

2 – O plano de pormenor relativo a área não abrangida por plano de urbanização, incluindo as intervenções em solo rústico, procede à prévia explicitação do zonamento, dos fundamentos e dos efeitos da alteração do zonamento, com base na disciplina consagrada no plano diretor municipal ou plano diretor intermunicipal.

Artigo 103º – Modalidades específicas

1 – O plano de pormenor pode adotar modalidades específicas com conteúdo material adaptado a finalidades particulares de intervenção.

2 – São modalidades específicas de plano de pormenor:

a) O plano de intervenção no espaço rústico;

b) O plano de pormenor de reabilitação urbana;

c) O plano de pormenor de salvaguarda.

Artigo 104º – Plano de intervenção no espaço rústico

1 – O plano de intervenção no espaço rústico abrange o solo rústico e estabelece as regras relativas a:

a) Construção de novas edificações e a reconstrução, alteração, ampliação ou demolição das edificações existentes, quando tal se revele necessário ao exercício das atividades autorizadas no solo rústico;

b) Implantação de novas infraestruturas de circulação de veículos, de animais e de pessoas, e de novos equipamentos, públicos ou privados, de utilização coletiva, e a remodelação, ampliação ou alteração dos existentes;

c) Criação ou beneficiação de espaços de utilização coletiva, públicos ou privados, e respetivos acessos e áreas de estacionamento;

d) Criação de condições para a prestação de serviços complementares das atividades autorizadas no solo rústico;

e) Operações de proteção, valorização e requalificação da paisagem natural e cultural.

2 – O plano de intervenção no espaço rústico não pode promover a reclassificação do solo rústico em urbano.

Artigo 105º – Plano de pormenor de reabilitação urbana

1 – O plano de pormenor de reabilitação urbana abrange solo urbano correspondente à totalidade ou a parte de:

a) Centro histórico delimitado em plano diretor ou plano de urbanização eficaz;

b) Área de reabilitação urbana constituída nos termos da lei.

2 – O conteúdo e as finalidades do plano de pormenor de reabilitação urbana são definidos no regime jurídico da reabilitação urbana[156].

Artigo 106º – Plano de pormenor de salvaguarda

O conteúdo e as finalidades do plano de pormenor de salvaguarda são definidos nos termos previstos na lei de bases do património cultural e demais legislação complementar.

Artigo 107º – Conteúdo documental

1 – O plano de pormenor é constituído por:

a) Regulamento;

b) Planta de implantação, que estabelece, designadamente, o desenho urbano e as parcelas, os alinhamentos e o polígono base para a implantação de edificações, a altura total das edificações ou a altura das fachadas, o número de pisos, o número máximo de fogos, a área de construção e respetivos usos, a demolição e manutenção ou reabilitação das edificações existentes e a natureza e localização dos equipamentos, dos espaços verdes e de outros espaços de utilização coletiva;

c) Planta de condicionantes, que identifica as servidões administrativas e as restrições de utilidade pública em vigor, que possam constituir limitações ou impedimentos a qualquer forma específica de aproveitamento.

2 – O plano de pormenor é acompanhado por:

a) Relatório, contendo a fundamentação técnica das soluções propostas no plano, suportada na identificação e caracterização objetiva dos recursos territo-

156 O regime de reabilitação urbana consta do Decreto-Lei nº 307/2009, de 23 de Outubro, alterado pelo Decreto-Lei nº 136/2014, de 9 de Setembro.

riais da sua área de intervenção e na avaliação das condições ambientais, económicas, sociais, e culturais para a sua execução;

b) Relatório ambiental, sempre que seja necessário proceder à avaliação ambiental, no qual se identificam, descrevem e avaliam os eventuais efeitos significativos no ambiente resultantes da aplicação do plano e as alternativas razoáveis, tendo em conta os objetivos e o âmbito de aplicação territorial respetivos;

c) Peças escritas e desenhadas que suportem as operações de transformação fundiária previstas, nomeadamente para efeitos de registo predial e de elaboração ou conservação do cadastro geométrico da propriedade rústica ou do cadastro predial;

d) Programa de execução das ações previstas;

e) Modelo de redistribuição de benefícios e encargos;

f) Plano de financiamento e fundamentação da sustentabilidade económica e financeira.

3 – Para efeitos de registo predial e, quando aplicável, para a execução ou conservação do cadastro geométrico da propriedade rústica ou do cadastro predial, as peças escritas e desenhadas previstas na alínea *c*) do número anterior consistem em:

a) Planta cadastral ou ficha cadastral original, quando existente;

b) Quadro com a identificação dos prédios, natureza, descrição predial, inscrição matricial, áreas e confrontações;

c) Planta da operação de transformação fundiária, com a identificação dos novos prédios e dos bens de domínio público;

d) Quadro com a identificação dos novos prédios ou fichas individuais, com a indicação da respetiva área, da área destinada à implantação dos edifícios e das construções anexas, da área de construção, da volumetria, da altura total da edificação ou da altura da fachada e do número de pisos acima e abaixo da cota de soleira para cada um dos edifícios, do número máximo de fogos e da utilização de edifícios e fogos;

e) Planta com as áreas de cedência para o domínio municipal;

f) Quadro com a descrição das parcelas a ceder, sua finalidade e área de implantação, bem como das áreas de construção e implantação dos equipamentos de utilização coletiva;

g) Quadro de transformação fundiária, explicitando a relação entre os prédios originários e os prédios resultantes da operação de transformação fundiária.

4 – O plano de pormenor é, ainda, acompanhado pelos seguintes elementos complementares:

a) Planta de localização, contendo o enquadramento do plano no território municipal envolvente, com indicação das principais vias de comunicação e demais infraestruturas relevantes, da estrutura ecológica e dos grandes equipamentos, existentes e previstos na área do plano e demais elementos considerados relevantes;

b) Planta da situação existente, com a ocupação do solo e a topografia à data da deliberação que determina a elaboração do plano;

c) Planta ou relatório, com a indicação dos alvarás de licença e dos títulos de comunicação prévia de operações urbanísticas emitidos, bem como das informações prévias favoráveis em vigor ou declaração comprovativa da inexistência dos referidos compromissos urbanísticos na área do plano;

d) Plantas contendo os elementos técnicos definidores da modelação do terreno, cotas mestras, volumetrias, perfis longitudinais e transversais dos arruamentos e traçados das infraestruturas;

e) Relatório sobre recolha de dados acústicos ou mapa de ruído, nos termos do nº 2 do artigo 7º do Regulamento Geral do Ruído;

f) Participações recebidas em sede de discussão pública e respetivo relatório de ponderação;

g) Ficha dos dados estatísticos, em modelo a disponibilizar pela Direção-Geral do Território.

5 – O conteúdo documental do plano de pormenor é adaptado, de forma fundamentada, ao seu conteúdo material.

6 – Nas modalidades específicas de plano de pormenor previstas no nº 2 do artigo 103º, o conteúdo documental do plano é ajustado, de forma fundamentada, devendo ser garantida a correta fundamentação técnica e caracterização urbanística, face à especificidade do conteúdo de cada plano.

7 – O plano de pormenor inclui indicadores qualitativos e quantitativos que suportem a avaliação prevista no capítulo VIII.

Artigo 108º – Efeitos registais

1 – A certidão do plano de pormenor que contenha as menções constantes das alíneas *a*) a *d*), *g*) a *i*) do nº 1 do artigo 102º, e que seja acompanhada das peças escritas e desenhadas enunciadas no nº 3 do artigo anterior, constitui título bastante para a individualização no registo predial dos prédios resultantes das operações de transformação fundiária previstas no plano.

2 – O registo previsto no número anterior incide apenas sobre as inscrições prediais em que o requerente surja como titular.

3 – Nas situações de reestruturação da compropriedade ou de reparcelamento, o registo referido no nº 1 depende da apresentação, respetivamente, do acordo de reestruturação da compropriedade ou do contrato previsto no nº 2 do artigo 165º.

4 – O acordo e os contratos referidos no número anterior são oponíveis ao proprietário ou ao comproprietário que tenha inscrito o seu direito após a data da respetiva celebração.

5 – É dispensada a menção do sujeito passivo nas aquisições por reestruturação da compropriedade ou por reparcelamento.

6 – As parcelas de terreno cedidas ao município integram-se no domínio municipal no ato de individualização no registo predial dos lotes respetivos e estão sujeitas a cadastro predial.

7 – Nas situações previstas no presente artigo não é aplicável o disposto no nº 1 do artigo 49º do regime jurídico da urbanização e da edificação.

Artigo 109º – Taxas e obras de urbanização

1 – Sempre que outra solução não resulte do plano de pormenor, a emissão da certidão referida no nº 1 do artigo anterior depende do prévio pagamento:

a) Da taxa pela realização, manutenção e reforço de infraestruturas, sem prejuízo do disposto no artigo no nº 3 do artigo 175º;

b) Das compensações em numerário devidas nos termos do nº 4 do artigo 44º do regime jurídico da urbanização e da edificação.

2 – A certidão do plano de pormenor identifica a forma e o montante da caução de boa execução das obras de urbanização referentes às parcelas a individualizar, nos termos do artigo anterior.

3 – Na falta de indicação e fixação de caução nos termos do número anterior, a caução é prestada por primeira hipoteca legal sobre as parcelas a individualizar, calculada de acordo com a respetiva comparticipação nos custos de urbanização.

4 – Cada prédio responde apenas pela parte do montante da garantia que lhe cabe nos termos da parte final do número anterior, sendo lícito ao seu titular requerer a substituição da hipoteca legal por outro meio de caução admissível, valendo a deliberação camarária de aceitação, como título bastante para cancelamento da inscrição da hipoteca legal.

DIVISÃO III – Planos intermunicipais

Artigo 110º – Regime geral

1 – Os planos intermunicipais são instrumentos de natureza regulamentar que prosseguem os objetivos previstos no artigo 75º relativamente ao território de dois ou mais municípios vizinhos.

2 – Aos planos intermunicipais aplicam-se as disposições relativas aos planos municipais correspondentes com as necessárias adaptações, sem prejuízo do disposto nos artigos seguintes.

3 – Nas áreas metropolitanas, quando promovido por todos os municípios que as integram, o plano diretor intermunicipal tem a designação de plano metropolitano de ordenamento do território.

Artigo 111º – Elaboração

1 – A elaboração dos planos intermunicipais compete a uma comissão constituída para o efeito, cuja composição é definida conjuntamente pelas câmaras municipais dos municípios associados para a elaboração do plano, sem prejuízo do número seguinte.

2 – Quando promovido por todos os municípios que integram uma entidade intermunicipal, a elaboração do plano intermunicipal compete à comissão executiva metropolitana, nas áreas metropolitanas, e ao conselho intermunicipal, nas comunidades intermunicipais.

3 – A elaboração dos planos intermunicipais pode decorrer em paralelo com a elaboração de programas que incidam sobre a mesma área territorial, aplicando-se com as necessárias adaptações o previsto no presente capítulo.

Artigo 112º – Aprovação

1 – Os planos intermunicipais são aprovados por deliberação das assembleias municipais abrangidas, mediante proposta conjunta, apresentada pelas respetivas câmaras municipais, sem prejuízo do número seguinte.

2 – Quando promovido por todos os municípios que integram uma entidade intermunicipal, o plano intermunicipal é aprovado por deliberação do conselho metropolitano ou da assembleia intermunicipal, mediante proposta apresentada pela comissão executiva metropolitana ou pelo conselho intermunicipal.

3 – As deliberações referidas no número anterior devem:

a) Identificar as disposições dos programas e dos planos intermunicipais ou municipais preexistentes, incompatíveis com o modelo de organização do território intermunicipal preconizado;

b) Consagrar os prazos de atualização dos programas e dos planos intermunicipais e dos planos municipais preexistentes, previamente acordados com as entidades intermunicipais, associações de municípios ou municípios envolvidos.

4 – Quando o plano diretor intermunicipal aprovado contiver disposições incompatíveis com programas setoriais, especiais ou regionais preexistentes, as entidades responsáveis pela sua aprovação solicitam, com as necessárias adaptações, a ratificação nos termos do artigo 91º.

5 – As câmaras municipais de dois ou mais municípios vizinhos ou o conselho intermunicipal podem celebrar contratos para planeamento relativos a planos de urbanização e a planos de pormenor intermunicipais.

Artigo 113º – Planos diretores intermunicipais

1 – O plano diretor intermunicipal estabelece, de modo coordenado, a estratégia de desenvolvimento territorial intermunicipal, o modelo territorial intermunicipal, as opções de localização e de gestão de equipamentos de utilização

pública locais e as relações de interdependência entre dois ou mais municípios territorialmente contíguos.

2 – O plano diretor intermunicipal é um instrumento de referência para a elaboração dos demais planos intermunicipais e municipais, bem como para o desenvolvimento das intervenções setoriais da administração, em concretização do princípio da coordenação das respetivas estratégias de ordenamento territorial.

3 – O plano diretor intermunicipal define a classificação e a qualificação do solo que servem de base à definição do modelo de organização espacial dos territórios municipais abrangidos.

4 – O plano diretor intermunicipal substitui o plano diretor municipal, para efeitos de definição da disciplina territorial aplicável aos municípios abrangidos.

Artigo 114º – Planos de urbanização e de pormenor intermunicipais

Aos planos de urbanização e de pormenor intermunicipais são aplicáveis, com as necessárias adaptações, as regras previstas para os planos de urbanização e de pormenor municipais.

SECÇÃO V – Dinâmica

Artigo 115º – Disposições gerais

1 – Os programas e os planos territoriais podem ser objeto de alteração, de correção material, de revisão, de suspensão e de revogação.

2 – A alteração dos programas e dos planos territoriais incide sobre o normativo e ou parte da respetiva área de intervenção e decorre:

a) Da evolução das condições ambientais, económicas, sociais e culturais subjacentes e que fundamentam as opções definidas no programa ou no plano;

b) Da incompatibilidade ou da desconformidade com outros programas e planos territoriais aprovados ou ratificados;

c) Da entrada em vigor de leis ou regulamentos que colidam com as respetivas disposições ou que estabeleçam servidões administrativas ou restrições de utilidade pública que afetem as mesmas.

3 – A revisão dos programas e dos planos territoriais implica a reconsideração e a reapreciação global, com caráter estrutural ou essencial, das opções estratégicas do programa ou do plano, dos princípios e dos objetivos do modelo territorial definido ou dos regimes de salvaguarda e de valorização dos recursos e valores territoriais.

4 – A suspensão dos programas e dos planos territoriais pode decorrer da verificação de circunstâncias excecionais que se repercutam no ordenamento do território, pondo em causa a prossecução de interesses públicos relevantes.

Artigo 116º – Alteração dos programas de âmbito nacional e regional

1 – O programa nacional de política de ordenamento do território, os programas setoriais, especiais e regionais, são alterados sempre que a evolução das perspetivas de desenvolvimento económico e social o determine.

2 – Os programas de âmbito nacional e regional são alterados sempre que entrem em vigor novos programas, de âmbito nacional ou regional, que com eles não sejam compatíveis.

3 – Os programas de âmbito nacional e regional são alterados por força de posterior ratificação e publicação de planos municipais ou intermunicipais.

Artigo 117º – Alteração dos programas intermunicipais

Os programas intermunicipais são alterados sempre que a evolução das perspetivas de desenvolvimento económico e social o determine e sempre que entrem em vigor novos programas nacionais ou regionais, que com eles não sejam compatíveis.

Artigo 118º – Alteração dos planos intermunicipais e municipais

Os planos intermunicipais e municipais são alterados em função da evolução das condições ambientais, económicas, sociais e culturais que lhes estão subjacentes ou sempre que essa alteração seja necessária, em resultado da entrada em vigor de novas leis ou regulamentos.

Artigo 119º – Procedimento

1 – As alterações aos programas e planos territoriais seguem, com as devidas adaptações, os procedimentos previstos no presente decreto-lei para a sua elaboração, aprovação, ratificação e publicação, com exceção do disposto nos números e artigos seguintes.

2 – As alterações ao plano diretor intermunicipal e ao plano diretor municipal são objeto de acompanhamento, nos termos do disposto no artigo 86º, com as devidas adaptações.

3 – A revisão dos programas e dos planos territoriais segue, com as devidas adaptações, os procedimentos estabelecidos no presente decreto-lei para a sua elaboração, acompanhamento, aprovação, ratificação e publicação.

Artigo 120º – Avaliação ambiental

1 – As pequenas alterações aos programas e aos planos territoriais só são objeto de avaliação ambiental no caso de se determinar que são suscetíveis de ter efeitos significativos no ambiente.

2 – A qualificação das alterações para efeitos do número anterior compete à entidade responsável pela elaboração do plano ou do programa, de acordo com

os critérios estabelecidos no anexo ao Decreto-Lei nº 232/2007, de 15 de junho, alterado pelo Decreto-Lei nº 58/2011, de 4 de maio, podendo ser precedida de consulta às entidades às quais, em virtude das suas responsabilidades ambientais específicas, possam interessar os efeitos ambientais resultantes da aplicação do plano.

3 – Sempre que seja solicitado parecer nos termos do número anterior, esse parecer deve, nos casos em que se justifique, conter também a pronúncia sobre o âmbito da avaliação ambiental e sobre o alcance da informação a incluir no relatório ambiental.

4 – Os pareceres solicitados ao abrigo do presente artigo são emitidos no prazo de 20 dias, sob pena de não serem considerados.

Artigo 121º – Alteração por adaptação

1 – A alteração por adaptação dos programas e dos planos territoriais decorre:

a) Da entrada em vigor de leis ou regulamentos;

b) Da entrada em vigor de outros programas e planos territoriais com que devam ser compatíveis ou conformes;

c) Do disposto no nº 7 do artigo 72º.

2 – A alteração por adaptação dos programas e dos planos territoriais não pode envolver uma decisão autónoma de planeamento e limita-se a transpor o conteúdo do ato legislativo ou regulamentar ou do programa ou plano territorial que determinou a alteração.

3 – A alteração por adaptação dos programas ou de planos territoriais depende de mera declaração da entidade responsável pela elaboração do plano, a qual deve ser emitida, no prazo de 60 dias, através da alteração dos elementos que integram ou acompanham o instrumento de gestão territorial a alterar, na parte ou partes relevantes, aplicando-se o disposto no capítulo IX.

4 – A declaração referida no número anterior é transmitida previamente ao órgão competente pela aprovação do programa ou plano, quando este seja diferente do órgão responsável pela respetiva elaboração, sendo depois transmitida à comissão de coordenação e desenvolvimento regional territorialmente competente e remetida para publicação e depósito, nos termos previstos no presente decreto-lei.

Artigo 122º – Correções materiais

1 – As correções materiais dos programas e dos planos territoriais são admissíveis para efeitos de:

a) Acertos de cartografia, determinados por incorreções de cadastro, de transposição de escalas, de definição de limites físicos identificáveis no terreno, bem como por discrepâncias entre plantas de condicionantes e plantas de ordenamento;

b) Correções de erros materiais ou omissões, patentes e manifestos, na representação cartográfica ou no regulamento;

c) Correções do regulamento ou das plantas, determinadas por incongruência destas peças entre si;

d) Correção de lapsos gramaticais, ortográficos, de cálculo ou de natureza análoga; ou

e) Correção de erros materiais provenientes de divergências entre o ato original e o ato efetivamente publicado na 1.ª série do *Diário da República.*

2 – As correções materiais podem ser efetuadas a todo o tempo, por comunicação da entidade responsável pela elaboração dos programas ou dos planos, e são publicadas na mesma série do *Diário da República* em que foi publicado o programa ou plano objeto de correção.

3 – A comunicação referida no número anterior é transmitida previamente ao órgão competente para a aprovação do programa ou do plano, quando este seja diferente do órgão responsável pela respetiva elaboração, sendo depois transmitida à comissão de coordenação e desenvolvimento regional territorialmente competente e remetida para publicação e depósito, nos termos previstos no presente decreto-lei.

Artigo 123º – Alteração simplificada

1 – Estão sujeitas a um regime procedimental simplificado, as alterações de planos intermunicipais e municipais que resultem da necessidade de redefinição do uso do solo, determinada pela cessação de servidões administrativas e de restrições de utilidade pública ou pela desafetação de bens imóveis do domínio público ou dos fins de utilidade pública a que se encontravam adstritos, designadamente os do domínio privado indisponível do Estado.

2 – A integração a que se refere o número anterior é feita por analogia, através da aplicação das normas do plano que são aplicáveis às parcelas confinantes e com as quais, a parcela em causa tenha condições para constituir uma unidade harmoniosa.

3 – A deliberação da câmara municipal, da comissão executiva metropolitana, do conselho intermunicipal ou das câmaras municipais associadas para o efeito, que determina o início do procedimento de alteração simplificada, nos termos do presente artigo, é tomada no prazo de 60 dias a contar da data da verificação da desafetação e deve conter a proposta integradora, nos termos do disposto no número anterior.

4 – A câmara municipal, a comissão executiva metropolitana, o conselho intermunicipal ou as câmaras municipais associadas para o efeito procedem à publicitação e à divulgação da proposta, estabelecendo um prazo, que não deve ser inferior a 10 dias, para a apresentação de reclamações, observações ou sugestões.

5 – Findo o prazo previsto no número anterior e ponderadas as participações, a câmara, a comissão executiva metropolitana, o conselho intermunicipal ou as câmaras municipais associadas para o efeito, reformulam os elementos do plano na parte afetada.

6 – As alterações dos planos intermunicipais e municipais referidas no presente artigo, dependem de parecer não vinculativo da comissão de coordenação e desenvolvimento regional, quanto à conformidade com as disposições legais e regulamentares vigentes e à compatibilidade ou conformidade com os programas e os planos territoriais eficazes, o qual deve ser proferido no prazo de 10 dias a contar da data do envio da proposta.

7 – As alterações simplificadas são aprovadas pela assembleia municipal, pelo conselho metropolitano, pela assembleia intermunicipal ou pelas assembleias municipais dos municípios associados para o efeito, consoante os casos, mediante proposta do executivo, aplicando-se o disposto no capítulo VIII.

Artigo 124º – Revisão dos programas e planos territoriais

1 – A revisão dos programas regionais decorre da necessidade de adequação das opções estratégicas que determinaram a sua elaboração, tendo em conta o relatório sobre o estado do ordenamento do território, previsto no nº 2 do artigo 189º.

2 – A revisão dos planos intermunicipais e municipais decorre:

a) Da necessidade de adequação à evolução, a médio e longo prazo, das condições ambientais, económicas, sociais e culturais, que determinaram a respetiva elaboração, tendo em conta os relatórios sobre o estado do ordenamento do território previsto no nº 3 do artigo 189º;

b) De situações de suspensão do plano e da necessidade da sua adequação à prossecução dos interesses públicos que a determinaram.

3 – A revisão prevista na alínea *a*) do número anterior só pode ocorrer decorridos três anos desde a entrada em vigor do plano.

4 – O disposto nos nºs 2 e 3 é aplicável aos programas setoriais e especiais, com as necessárias adaptações.

5 – A revisão do programa nacional de política de ordenamento do território decorre do resultado da avaliação do programa de ação.

Artigo 125º – Suspensão dos programas de âmbito nacional e regional

1 – A suspensão, total e parcial, dos programas de âmbito nacional e regional ocorre quando se verifiquem circunstâncias excecionais resultantes de alteração significativa das perspetivas de desenvolvimento económico-social incompatíveis com a concretização das opções estabelecidas no programa, ouvidas as câmaras municipais e as entidades intermunicipais abrangidas, as entidades

públicas responsáveis pela elaboração do programa setorial ou do programa especial e a comissão de coordenação e desenvolvimento regional territorialmente competente, consoante os casos.

2 – A suspensão do programa referida no número anterior deve obedecer à forma adotada para a aprovação.

3 – O ato que determina a suspensão deve conter a fundamentação, o prazo e a incidência territorial da suspensão, bem como indicar expressamente as disposições suspensas.

Artigo 126º – Suspensão dos planos intermunicipais e municipais

1 – A suspensão, total ou parcial, de planos intermunicipais e municipais é determinada:

a) Por resolução do Conselho de Ministros, em casos excecionais de reconhecido interesse nacional ou regional, ouvidas as câmaras municipais e as entidades intermunicipais abrangidas;

b) No caso de suspensão de planos municipais, por deliberação da assembleia municipal, sob proposta da câmara municipal, quando se verifiquem circunstâncias excecionais resultantes de alteração significativa das perspetivas de desenvolvimento económico e social local ou de situações de fragilidade ambiental incompatíveis com a concretização das opções estabelecidas no plano;

c) No caso de suspensão de planos intermunicipais, por deliberação da conselho metropolitano, da assembleia intermunicipal ou das assembleias municipais, mediante proposta, respetivamente, da comissão executiva metropolitana, do conselho intermunicipal e das câmaras municipais, quando se trate de municípios associados para o efeito.

2 – A resolução do Conselho de Ministros e as deliberações referidas no número anterior devem conter a fundamentação, o prazo e a incidência territorial da suspensão, bem como indicar expressamente as disposições suspensas.

3 – A proposta de suspensão, apresentada nos termos das alíneas *b*) e *c*) do nº 1 do presente artigo, é objeto de parecer da comissão de coordenação e desenvolvimento regional territorialmente competente, o qual incide apenas sobre a sua conformidade com as disposições legais e regulamentares aplicáveis.

4 – O parecer referido no número anterior é emitido no prazo improrrogável de 20 dias, podendo a comissão de coordenação e desenvolvimento regional territorialmente competente proceder à realização de uma conferência procedimental com entidades representativas dos interesses a ponderar, de acordo com o disposto no artigo 84º, com as necessárias adaptações.

5 – A não emissão de parecer no prazo referido no número anterior equivale à emissão de parecer favorável.

6 – O parecer da comissão de coordenação e desenvolvimento regional territorialmente competente, quando emitido, acompanha a proposta de suspensão de plano municipal ou intermunicipal a submeter à aprovação do órgão competente.

7 – A suspensão prevista nas alíneas *b*) e *c*) do nº 1 implica obrigatoriamente o estabelecimento de medidas preventivas e a abertura de procedimento de elaboração, revisão ou alteração de plano intermunicipal ou municipal para a área em causa, em conformidade com a deliberação tomada, o qual deve estar concluído no prazo em que vigorem as medidas preventivas.

Artigo 127º – Revogação

1 – Os programas e os planos territoriais podem ser objeto de revogação sempre que a avaliação da evolução das condições ambientais, económicas, sociais e culturais assim o determine.

2 – A revogação de plano territorial intermunicipal, por decisão de um dos municípios associados, implica a revogação parcial e a respetiva revisão do plano, sem prejuízo de eventuais obrigações contratuais assumidas.

3 – A revogação dos programas e dos planos territoriais segue, com as devidas adaptações, os procedimentos estabelecidos no presente decreto-lei para a sua aprovação e publicação.

4 – Sem prejuízo do disposto nos números anteriores, a revogação dos planos diretores municipais e intermunicipais só produz efeitos com a entrada em vigor de nova regulamentação para a mesma área.

CAPÍTULO III – Violação dos programas e planos territoriais

Artigo 128º – Princípio geral

1 – A compatibilidade ou a conformidade entre os diversos programas e planos territoriais é condição da respetiva validade.

2 – Os programas e os planos territoriais são obrigados a aplicar os conceitos técnicos e as definições nos domínios do ordenamento do território e do urbanismo fixados por decreto regulamentar, não sendo admissíveis outros conceitos, designações, definições ou abreviaturas para o mesmo conteúdo e finalidade.[157]

[157] Decreto Regulamentar nº 9/2009, de 29 de Maio, objecto da Declaração de Rectificação nº 53/2009, de 28 de Julho.

Artigo 129º – Invalidade dos planos e programas

1 – São nulas as normas de programas e de planos que violem qualquer programa ou plano territorial com o qual devessem ser compatíveis ou conformes.

2 – São, ainda, nulos os programas e os planos territoriais aprovados em violação de instrumentos de ordenamento do espaço marítimo, sempre que não tenham sido previstas as necessárias medidas de compatibilização, de acordo com o disposto no artigo 25º.

3 – Salvo menção expressa em contrário, acompanhada da necessária comunicação do dever de indemnizar, a declaração de nulidade não prejudica os efeitos dos atos administrativos entretanto praticados com base no plano.

Artigo 130º – Invalidade dos atos

1 – São nulos os atos praticados em violação de qualquer plano de âmbito intermunicipal ou municipal aplicável.

2 – Aos atos nulos previstos no número anterior é aplicável o disposto nos artigos 68º e 69º do regime jurídico de urbanização e edificação.

Artigo 131º – Fiscalização e inspeção

1 – A fiscalização do cumprimento das normas previstas nos planos territoriais intermunicipais e municipais compete às câmaras municipais territorialmente competentes, sem prejuízo das competências atribuídas por lei a outras entidades.

2 – A fiscalização das normas que decorrem dos regulamentos previstos no nº 3 do artigo 44º cabe às entidades que, nos termos da lei, são competentes em matéria de proteção e salvaguarda de recursos e valores naturais.

3 – A fiscalização prevista nos números anteriores pode ser sistemática, no cumprimento geral do dever de vigilância atribuído às entidades, ou pontual, em função das queixas e denúncias recebidas.

4 – A realização de ações de inspeção para verificação do cumprimento do disposto no presente decreto-lei, no que respeita aos interesses de âmbito nacional ou regional, como tal previstos nos programas e nos planos territoriais, compete à inspeção-geral da agricultura, do mar, do ambiente e do ordenamento do território.

5 – As contraordenações pela violação de disposições de plano intermunicipal ou de plano municipal ou de medidas cautelares são desenvolvidas e reguladas em diploma próprio.

Artigo 132º – Embargo e demolição

1 – Sem prejuízo da coima aplicável e das atribuições de outras entidades nos termos legais, pode ser determinado o embargo de trabalhos ou a demolição de obras nos seguintes casos:

a) Pelo presidente da câmara municipal, quando violem plano intermunicipal ou plano municipal;

b) Pelo inspetor-geral da agricultura, do mar, do ambiente e do ordenamento do território ou do presidente da comissão de coordenação e desenvolvimento regional territorialmente competente, quando esteja em causa a prossecução de objetivos de interesse nacional ou regional, respetivamente;

2 – As despesas com a demolição correm por conta do dono das obras a demolir e, sempre que não forem pagas voluntariamente no prazo de 20 dias a contar da notificação para o efeito, são cobradas coercivamente, servindo de título executivo certidão passada pelos serviços competentes, da qual conste, além dos demais requisitos exigidos, a identificação do dono das obras e o montante em dívida.

3 – As ordens de embargo e de demolição são objeto de registo na conservatória de registo predial competente, mediante comunicação do presidente da câmara municipal ou da comissão de coordenação e desenvolvimento regional, procedendo-se oficiosamente aos necessários averbamentos.

Artigo 133º – Desobediência

O prosseguimento dos trabalhos embargados nos termos do artigo anterior constitui crime de desobediência nos termos do disposto na alínea *b*) do nº 1 do artigo 348º do Código Penal.

CAPÍTULO IV – Medidas cautelares

Artigo 134º – Medidas preventivas

1 – Em área para a qual tenha sido decidida a elaboração, a alteração ou a revisão de um plano de âmbito intermunicipal ou municipal podem ser estabelecidas medidas preventivas destinadas a evitar a alteração das circunstâncias e das condições de facto existentes que possa limitar a liberdade de planeamento ou comprometer ou tornar mais onerosa a execução do programa ou plano de âmbito intermunicipal ou municipal.

2 – O estabelecimento de medidas preventivas nos termos do número anterior determina a suspensão da eficácia do plano na área abrangida por aquelas medidas e, ainda, quando assim seja determinado no ato que as adote, a suspensão dos demais programas e planos territoriais em vigor na mesma área.

3 – Em área para a qual tenha sido decidida a suspensão de plano municipal ou intermunicipal, são estabelecidas medidas preventivas nos termos do nº 7 do artigo 126º.

4 – As medidas preventivas podem consistir na proibição, na limitação ou na sujeição a parecer vinculativo das seguintes ações:

a) Operações de loteamento e obras de urbanização, de construção, de ampliação, de alteração e de reconstrução, com exceção das que sejam isentas de controlo administrativo prévio;

b) Trabalhos de remodelação de terrenos;

c) Obras de demolição de edificações existentes, exceto as que, por regulamento municipal, possam ser dispensadas de controlo administrativo prévio;

d) Derrube de árvores em maciço ou destruição do solo vivo e do coberto vegetal.

5 – Ficam excluídas do âmbito de aplicação das medidas preventivas, as ações validamente autorizadas antes da sua entrada em vigor, bem como aquelas em relação às quais exista já informação prévia favorável ou aprovação do projeto de arquitetura válidas.

6 – Em casos excecionais, quando a ação em causa prejudique de forma grave e irreversível a finalidade do plano, a disposição do número anterior pode ser afastada, sem prejuízo do direito de indemnização a que houver lugar.

7 – Quando as medidas preventivas envolvam a sujeição a parecer vinculativo, o órgão competente para o seu estabelecimento determina quais as entidades a consultar.

8 – Para salvaguardar situações excecionais de reconhecido interesse nacional ou regional, nomeadamente a execução de empreendimentos de relevante interesse público, situações de calamidade pública ou outras situações de risco, bem como para garantir a elaboração, alteração ou revisão de programas especiais, o Governo pode estabelecer medidas preventivas, sendo aplicável as disposições previstas nos números anteriores.

Artigo 135º – Normas provisórias

1 – Quando ponderados todos os interesses públicos em presença, a imposição de proibições e limitações a que se refere o artigo anterior se revele desadequada ou excessiva, podem ser adotadas normas provisórias que definam de forma positiva o regime transitoriamente aplicável a uma determinada área do território.

2 – A adoção de normas provisórias depende da verificação cumulativa das seguintes condições:

a) Existência de opções de planeamento suficientemente densificadas e documentadas no âmbito do procedimento de elaboração, revisão ou alteração do plano territorial em causa;

b) Necessidade de tais medidas para a salvaguarda de interesses públicos inerentes à elaboração, revisão ou alteração do plano em causa.

Artigo 136º – Natureza jurídica

As medidas preventivas e as normas provisórias têm a natureza de regulamentos administrativos.

Artigo 137º – Competências

1 – No caso de plano municipal compete à assembleia municipal aprovar as medidas preventivas e as normas provisórias, sob proposta da câmara municipal.

2 – No caso de programa ou plano intermunicipal compete ao conselho metropolitano ou à assembleia intermunicipal ou às assembleias municipais dos municípios associados aprovar as medidas preventivas e as normas provisórias, mediante proposta, respetivamente, da comissão executiva metropolitana, do conselho metropolitano ou das câmaras municipais dos municípios associados.

3 – Nos casos previstos no nº 8 do artigo 134º, as medidas preventivas são aprovadas por resolução do Conselho de Ministros, salvo norma especial que determine a sua aprovação por decreto-lei ou decreto regulamentar.

Artigo 138º – Procedimento

1 – A proposta de medidas preventivas relativas a planos municipais ou intermunicipais é objeto de parecer da comissão de coordenação e desenvolvimento regional territorialmente competente.

2 – Nos casos em que as medidas preventivas são estabelecidas como consequência da suspensão de planos intermunicipais ou de planos municipais, a comissão de coordenação e desenvolvimento regional territorialmente competente emite um único parecer.

3 – Ao parecer referido nos números anteriores aplica-se o disposto nos nºs 4, 5 e 6 do artigo 126º, com as devidas adaptações.

4 – Na elaboração de medidas preventivas a entidade competente está dispensada de dar cumprimento aos trâmites da audiência dos interessados ou de discussão pública.

5 – A adoção de normas provisórias é precedida de pareceres das entidades que se devam pronunciar em função da matéria e de discussão pública, nos termos aplicáveis ao plano territorial intermunicipal ou municipal a que respeitam.

6 – A deliberação municipal ou intermunicipal de adoção de medidas preventivas ou normas provisórias, bem como a deliberação relativa à prorrogação das mesmas estão sujeitas a publicação.

Artigo 139º – Limite material das medidas cautelares

1 – O estabelecimento de medidas preventivas ou de normas provisórias deve ser limitado aos casos em que fundadamente se preveja ou receie que os prejuízos resultantes da possível alteração das características do local sejam socialmente mais gravosas do que os inerentes à adoção daquelas.

2 – O estabelecimento de medidas preventivas ou de normas provisórias deve demonstrar a respetiva necessidade, bem como esclarecer as vantagens e os inconvenientes de ordem económica, técnica, social e ambiental decorrentes da sua adoção.

3 – Quando o estado dos trabalhos de elaboração ou de revisão dos planos o permita, deve a entidade competente para a aprovação de medidas preventivas ou de normas provisórias cautelares precisar quais são as disposições do futuro plano cuja execução ficaria comprometida na ausência daquelas medidas.

Artigo 140º – Âmbito territorial das medidas preventivas e das normas provisórias

1 – A área sujeita às medidas preventivas e às normas provisórias deve ter a extensão que se mostre adequada à satisfação dos fins a que se destina.

2 – A entidade competente para a aprovação de medidas preventivas ou de normas provisórias procede à delimitação da área a abranger, devendo os limites dessa área, quando não possam coincidir, no todo ou em parte, com as divisões administrativas, ser definidos, sempre que possível, pela referência a elementos físicos facilmente identificáveis, designadamente vias públicas e linhas de água.

Artigo 141º – Âmbito temporal das medidas preventivas e das normas provisórias

1 – O prazo de vigência das medidas preventivas e das normas provisórias deve ser fixado no ato que as estabelecer, não podendo ser superior a dois anos, prorrogável por mais um, quando tal se mostre necessário.

2 – Na falta de fixação do prazo de vigência, as medidas preventivas e as normas provisórias vigoram pelo prazo de um ano, prorrogável por seis meses.

3 – As medidas preventivas e as normas provisórias deixam de vigorar quando:

a) Forem revogadas;

b) Decorrer o prazo fixado para a sua vigência;

c) Entrar em vigor o plano que motivou a sua adoção;

d) A entidade competente abandonar a intenção de elaborar o plano que as originou;

e) Cessar o interesse na salvaguarda das situações excecionais de reconhecido interesse público, determinando a sua caducidade.

4 – As medidas preventivas devem ser total ou parcialmente revogadas quando, com o decorrer dos trabalhos de elaboração ou de revisão do plano, se revelem desnecessárias.

5 – Uma área só pode voltar a ser abrangida por medidas preventivas ou normas provisórias depois de decorridos quatro anos sobre a caducidade das anteriores, salvo casos excecionais, devidamente fundamentados.

6 – Os planos intermunicipais e municipais que façam caducar medidas preventivas e normas provisórias devem referi-lo expressamente.

7 – A prorrogação das medidas preventivas e das normas provisórias segue o procedimento previsto no presente decreto-lei para o seu estabelecimento, devendo o parecer da comissão de coordenação e desenvolvimento regional territorialmente competente ser emitido no prazo de 10 dias, sob pena de não ser considerado.

Artigo 142º – Dever de indemnização

A adoção de medidas preventivas e de normas provisórias pode dar lugar a indemnização quando destas resulte sacrifício de direitos preexistentes e juridicamente consolidados, sendo aplicável o disposto no artigo 171º.

Artigo 143º – Invalidade do licenciamento ou comunicação prévia

São nulos os atos administrativos que decidam pedidos de licenciamento ou admitam comunicações prévias, com inobservância das proibições ou limitações decorrentes do estabelecimento de medidas preventivas e de normas provisórias, que violem os pareceres vinculativos emitidos ou que tenham sido praticados sem prévia solicitação dos pareceres vinculativos devidos.

Artigo 144º – Embargo e demolição

1 – As obras e os trabalhos efetuados com inobservância das proibições, condicionantes ou pareceres vinculativos decorrentes das medidas preventivas e das normas provisórias, ainda que licenciados ou objeto de comunicação prévia, podem ser embargados ou demolidos ou, sendo o caso, pode ser ordenada a reposição da configuração do terreno e da recuperação do coberto vegetal, segundo projeto a aprovar pelas entidades referidas no número seguinte.

2 – A competência para ordenar o embargo, a demolição, a reposição da configuração do terreno ou a recuperação do coberto vegetal, referidos no número anterior, pertence ao presidente da câmara municipal ou, quando se trate de medidas preventivas estabelecidas pelo Governo, ao membro do Governo responsável pela área do ordenamento do território.

3 – O embargo ou a demolição de obras e trabalhos não prejudica o dever de indemnização, nos termos do artigo 142º.

Artigo 145º – Suspensão de procedimentos

1 – Nas áreas a abranger por novas regras urbanísticas constantes de plano intermunicipal ou plano municipal ou da sua revisão, os procedimentos de informação prévia, de comunicação prévia e de licenciamento ficam suspensos, a partir da data fixada para o início do período de discussão pública e até à data da entrada em vigor daqueles planos.

2 – Cessando a suspensão do procedimento nos termos do número anterior, este é decidido de acordo com as novas regras urbanísticas em vigor.

3 – Caso as novas regras urbanísticas não entrem em vigor no prazo de 180 dias desde a data do início da respetiva discussão pública, cessa a suspensão do procedimento, devendo neste caso prosseguir a apreciação do pedido até à decisão final de acordo com as regras urbanísticas em vigor à data da sua prática.

4 – Não se suspende o procedimento nos termos do presente artigo, quando o pedido seja feito ao abrigo de normas provisórias ou tenha por objeto obras de reconstrução ou de alteração em edificações existentes, desde que tais obras não originem ou agravem desconformidade com as normas em vigor ou tenham como resultado a melhoria das condições de segurança e de salubridade da edificação.

5 – Quando haja lugar à suspensão do procedimento nos termos do presente artigo, os interessados podem apresentar novo requerimento com referência às regras do plano colocado à discussão pública, mas a respetiva decisão final fica condicionada à entrada em vigor das regras urbanísticas que conformam a pretensão.

6 – Caso a versão final do plano aprovado implique alterações ao projeto a que se refere o número anterior, os interessados podem, querendo, reformular a sua pretensão, dispondo de idêntica possibilidade aqueles que não tenham feito uso da faculdade prevista no mesmo número.

CAPÍTULO V – Execução e indemnização

SECÇÃO I – Programação e sistemas de execução

Artigo 146º – Princípio geral

1 – O município promove a execução coordenada e programada do planeamento territorial, com a colaboração das entidades públicas e privadas, procedendo à realização das infraestruturas e dos equipamentos de acordo com o interesse público, os objetivos e as prioridades estabelecidas nos planos intermunicipais e municipais, recorrendo aos meios previstos na lei.

2 – A coordenação e a execução programada dos planos intermunicipais ou municipais determinam para os particulares o dever de concretizarem e de adequarem as suas pretensões aos objetivos e às prioridades neles estabelecidas e nos respetivos instrumentos de programação.

3 – A execução dos sistemas gerais de infraestruturas e de equipamentos públicos municipais e intermunicipais determina para os particulares o dever de participar no seu financiamento.

4 – Os planos territoriais integram orientações para a sua execução, a inscrever nos planos de atividades e nos orçamentos, que contêm, designadamente:

a) A identificação e a programação das intervenções consideradas estratégicas ou estruturantes, por prioridades, a explicitação dos objetivos e a descrição e estimativa dos custos individuais e da globalidade das ações previstas no plano, e os respetivos prazos de execução;

b) A ponderação da viabilidade jurídico-fundiária e da sustentabilidade económico-financeira das respetivas propostas;

c) A definição dos meios, dos sujeitos responsáveis pelo financiamento da execução e dos demais agentes a envolver;

d) A estimativa da capacidade de investimento público relativa às propostas do plano territorial em questão, a médio e a longo prazo, tendo em conta os custos da sua execução.

Artigo 147º – Sistemas de execução

1 – Os planos territoriais são executados através dos sistemas de iniciativa dos interessados, de cooperação e de imposição administrativa.

2 – A execução dos planos através dos sistemas referidos no número anterior desenvolve -se no âmbito de unidades de execução, delimitadas pela câmara municipal, por iniciativa própria ou a requerimento dos proprietários interessados.

3 – Os planos podem ser executados fora de sistema de execução quando se verifique uma das seguintes situações:

a) A execução do plano territorial de âmbito intermunicipal ou municipal, ou de parte de um plano, possa ser realizada por meio de operações urbanísticas, em zonas urbanas consolidadas, tal como definidas no regime jurídico da urbanização e da edificação;

b) A delimitação de unidades de execução se revelar impossível ou desnecessária, à luz dos objetivos delineados pelo próprio plano.

Artigo 148º – Delimitação das unidades de execução

1 – A delimitação de unidades de execução consiste na fixação em planta cadastral dos limites físicos da área a sujeitar a intervenção urbanística, acompanhada da identificação de todos os prédios abrangidos.

2 – As unidades de execução devem ser delimitadas de modo a assegurar um desenvolvimento urbano harmonioso e a justa repartição de benefícios e encargos pelos proprietários abrangidos, devendo integrar as áreas a afetar a espaços públicos, a infraestruturas ou a equipamentos previstos nos programas e nos planos territoriais.

3 – As unidades de execução podem corresponder a uma unidade operativa de planeamento e gestão, à área abrangida por plano de urbanização ou por plano de pormenor ou a parte desta.

4 – Na falta de plano de urbanização ou de plano de pormenor aplicável à área abrangida pela unidade de execução, deve a câmara municipal promover, previamente à aprovação, um período de discussão pública, em termos análogos aos previstos para o plano de pormenor.

Artigo 149º – Sistema de iniciativa dos interessados

1 – No sistema de iniciativa dos interessados, a execução dos planos de âmbito municipal e intermunicipal deve ser promovida pelos proprietários ou pelos titulares de outros direitos reais relativos a prédios abrangidos no plano, ficando estes obrigados a prestar ao município a compensação devida de acordo com as regras estabelecidas nos planos ou em regulamento municipal.

2 – Os direitos e as obrigações dos participantes na unidade de execução são definidos por contrato de urbanização.

3 – De acordo com os critérios estabelecidos na lei e nos planos, cabe aos particulares proceder à redistribuição dos benefícios e encargos resultantes da execução do instrumento de planeamento entre todos os proprietários e titulares de direitos inerentes à propriedade abrangidos pela unidade de execução, na proporção do valor previamente atribuído aos seus direitos.

4 – A valorização prévia a que se refere o número anterior refere-se à situação anterior à data da entrada em vigor do plano, sendo, na falta de acordo global entre os intervenientes, estabelecida nos termos aplicáveis ao processo de expropriação litigiosa, com as necessárias adaptações.

5 – Nos títulos emitidos no âmbito do procedimento de controlo prévio administrativo menciona-se a compensação prestada ou que esta não é devida.

6 – É proibida a transmissão em vida ou o registo com base em título de operação urbanística que não contenha alguma das menções a que se refere o número anterior.

Artigo 150º – Sistema de cooperação

1 – No sistema de cooperação, a iniciativa de execução do plano pertence ao município, com a cooperação dos particulares interessados, atuando coordenadamente, de acordo com a programação estabelecida pela câmara municipal e nos termos do adequado instrumento contratual.

2 – Os direitos e as obrigações das partes são definidos por contrato de urbanização, que pode assumir as seguintes modalidades:

a) Contrato de urbanização, entre os proprietários e ou os promotores da intervenção urbanística, na sequência da iniciativa municipal;

b) Contrato de urbanização entre o município, os proprietários e ou os promotores da intervenção urbanística e, eventualmente, outras entidades interessadas na execução do plano.

Artigo 151º – Sistema de imposição administrativa

1 – No sistema de imposição administrativa, a iniciativa de execução do plano pertence ao município, que atua diretamente ou mediante concessão de urbanização.

2 – A concessão só pode ter lugar precedendo concurso público, devendo o respetivo caderno de encargos especificar as obrigações mínimas do concedente e do concessionário ou os respetivos parâmetros, a concretizar nas propostas.

3 – Na execução do plano, o concessionário exerce, em nome próprio, os poderes de intervenção do concedente.

4 – O processo de formação do contrato e a respetiva formalização e efeitos regem-se pelas disposições aplicáveis às concessões de obras públicas pelo município, com as necessárias adaptações.

Artigo 152º – Fundo de compensação

1 – Cada unidade de execução pode estar associada a um fundo de compensação com os seguintes objetivos:

a) Liquidar as compensações devidas pelos particulares e respetivos adicionais;

b) Cobrar e depositar em instituição bancária as quantias liquidadas;

c) Liquidar e pagar as compensações devidas a terceiros.

2 – O fundo de compensação é gerido pela câmara municipal com a participação dos interessados nos termos a definir em regulamento municipal.

SECÇÃO II – Instrumentos de execução dos planos

Artigo 153º – Domínio do Estado e políticas públicas de solo

1 – O Estado, as regiões autónomas e as autarquias locais podem adquirir ou alienar bens imóveis para prossecução de finalidades de política pública de solo.

2 – Sem prejuízo de outras finalidades previstas na lei, os bens imóveis do domínio privado do Estado, das regiões autónomas e das autarquias locais podem ser afetos à prossecução de finalidades de política pública de solo, com vista, nomeadamente, à:

a) Regulação do mercado do solo, tendo em vista a prevenção da especulação fundiária e a regulação do respetivo valor;

b) Aplicação dos princípios supletivos aplicáveis aos mecanismos de redistribuição de benefícios e encargos;

c) Localização de infraestruturas, de equipamentos e de espaços verdes e outros espaços de utilização coletiva;

d) Realização de intervenções públicas ou de iniciativa pública, nos domínios da proteção civil, da agricultura, das florestas, da conservação da natureza, da habitação social e da reabilitação e regeneração urbanas;

e) Execução programada dos planos territoriais.

3 – A cessação de restrições de utilidade pública ou de servidões administrativas de utilidade pública e a desafetação de imóveis do domínio público ou dos fins de utilidade pública a que se encontravam adstritos, designadamente os do domínio privado indisponível do Estado, mesmo que integrem o património de institutos públicos ou de empresas públicas, têm como efeito a caducidade do regime de uso do solo para eles especificamente previsto nos planos territoriais, caso estes não tenham estabelecido o regime de uso do solo aplicável em tal situação.

4 – Sempre que ocorra a caducidade do regime de uso do solo, nos termos do número anterior, deve ser redefinido o uso do solo, mediante a elaboração de plano territorial ou a sua alteração simplificada, de acordo com o previsto no artigo 123º.

Artigo 154º – Reserva de solo

1 – Os planos territoriais podem estabelecer reservas de solo para a execução de infraestruturas urbanísticas, de equipamentos e de espaços verdes e outros espaços de utilização coletiva.

2 – A reserva de solo que incida sobre prédios de particulares determina a obrigatoriedade da sua aquisição, no prazo estabelecido no plano territorial ou no respetivo instrumento de programação.

3 – Na falta de fixação do prazo a que se refere o número anterior, a reserva do solo caduca no prazo de cinco anos, contados da data da entrada em vigor do respetivo plano territorial.

4 – São responsáveis pela aquisição dos prédios abrangidos pela reserva de solo, as entidades administrativas do Estado, das regiões autónomas ou das autarquias locais, em benefício das quais foi estabelecida aquela reserva.

5 – Findo o prazo a que se referem os nºs 2 e 3, sem que se verifique a aquisição dos prédios abrangidos, a reserva de solo caduca.

6 – O disposto no número anterior não se aplica quando a ausência de transmissão do prédio resulte da falta de execução do plano ou do incumprimento dos deveres urbanísticos, por parte do proprietário, designadamente dos deveres de realização de cedências, no âmbito de mecanismos de perequação ou da execução de operações urbanísticas previstas no plano.

7 – Os municípios são obrigados a declarar a caducidade da reserva de solo e a proceder à redefinição do uso do solo, salvo se o plano territorial vigente tiver previsto o regime de uso do solo supletivamente aplicável.

Artigo 155º – Direito de preferência

1 – Sem prejuízo do previsto no regime jurídico da reabilitação urbana, os municípios têm o direito de exercer preferência nas transmissões de prédios, realizadas ao abrigo do direito privado e a título oneroso, no âmbito de execução de planos de pormenor ou de unidades de execução, designadamente para reabilitação, regeneração ou restruturação da propriedade.

2 – O direito de preferência pode ser exercido com a declaração de não aceitação do preço convencionado, desde que o valor do terreno ou dos edifícios, de acordo com a avaliação efetuada por perito da lista oficial de escolha do preferente, for inferior em, pelo menos, 20 % ao preço convencionado.

3 – No caso do número anterior, se o transmitente não concordar, por sua vez, com o oferecido pelo preferente, o preço a pagar no âmbito da preferência deve ser fixado nos termos previstos para o processo de expropriação litigiosa, com as necessárias adaptações.

4 – O procedimento do exercício do direito de preferência é fixado em decreto regulamentar.[158]

Artigo 156º – Direito de superfície

1 – Os municípios podem constituir direitos de superfície sobre bens imóveis do seu domínio privado para a prossecução de finalidades de política pública do solo.

2 – O direito de superfície é constituído a título oneroso, exceto quando as operações a realizar pelo superficiário prossigam diretamente interesses públicos relevantes e constituam contrapartida económica suficiente do direito conferido.

3 – Quando o direito de superfície for constituído a título oneroso, a contrapartida exigida ao superficiário pode consistir no pagamento de quantia pecuniária, única ou periódica, ou em qualquer outra prestação que assegure a equivalência financeira em relação ao benefício conferido.

4 – O procedimento do exercício do direito de preferência é fixado em decreto regulamentar.[159]

[158] No domínio da anterior lei sobre esta matéria (Lei dos Solos, artigo 27º, nº 1), a regulamentação constava do Decreto nº 862/76, de 22 de Dezembro, alterado pelo Decreto-Lei nº 194/83, de 17 de Maio.

[159] Queria por certo falar-se em direito de superfície, neste preceito de mais um recente diploma que não foi objecto das necessárias rectificações.
No domínio da anterior Lei de Solos, também se encontrava a disciplina regulamentar no diploma referido na nota anterior.

Artigo 157º – Demolição de edifícios

A demolição de edifícios deve ser autorizada:

a) Quando for necessária para a execução de plano de urbanização ou plano de pormenor;

b) Quando for integrada em operação de reabilitação urbana, prevista no quadro de uma unidade de execução ou de plano intermunicipal ou de plano municipal;

c) Quando os edifícios careçam de condições de segurança ou de salubridade indispensáveis ao fim a que se destinam e a respetiva beneficiação ou reparação for técnica ou economicamente inviável;

d) Quando as características arquitetónicas dos edifícios ou a sua integração urbanística revelem falta de qualidade ou desadequação.

Artigo 158º – Concessão de utilização e exploração do domínio público

1 – O Estado, as regiões autónomas e as autarquias locais podem celebrar contratos de concessão ou conceder licenças de uso privativo de bens que integram o seu domínio público, designadamente para efeitos de utilização, exploração ou gestão de infraestruturas urbanas e de espaços e equipamentos de utilização coletiva.

2 – Aos contratos de concessão referidos no número anterior é aplicável o disposto no Código dos Contratos Públicos e demais legislação complementar.

Artigo 159º – Expropriação por utilidade pública

1 – Podem ser expropriados os terrenos ou os edifícios que sejam necessários à execução dos programas e dos planos territoriais, bem como à realização de intervenções públicas e instalação de infraestruturas e de equipamentos de utilidade pública.

2 – As expropriações referidas no presente artigo seguem o disposto no Código das Expropriações.

3 – Podem, designadamente, ser expropriados por causa de utilidade pública da execução do plano:

a) As faixas adjacentes contínuas, de acordo com o previsto nos planos territoriais, destinadas a edificações e suas dependências, nos casos de abertura, alargamento ou regularização de ruas, praças, jardins e outros espaços de utilização coletiva;

b) Os terrenos destinados a construção adjacentes a vias públicas de áreas urbanas, quando os proprietários, notificados para os aproveitarem em edificações, o não fizerem, sem motivo legítimo, no prazo de 18 meses a contar da notificação;

c) Os prédios urbanos que devam ser reconstruídos ou remodelados, em razão das suas pequenas dimensões, implantação fora do alinhamento, más condições de segurança e salubridade ou falta de qualidade estética, quando os proprietários não derem cumprimento, sem motivo legítimo, no prazo de 18 meses, à notificação que, para esse fim, lhes for feita, sem prejuízo do disposto quanto à restruturação da propriedade.

4 – Os prazos a que se referem as alíneas *b*) e *c*) do número anterior referem-se ao início das obras.

5 – Sem prejuízo do disposto nos números anteriores, a expropriação só pode ter lugar quando a constituição de uma servidão de direito administrativo ou de outros meios menos lesivos não seja suficiente para assegurar a prossecução das finalidades de interesse público em causa.

Artigo 160º – Venda forçada

1 – Em alternativa à expropriação prevista no artigo anterior, podem ser sujeitos a venda forçada:

a) Os bens imóveis necessários às operações de regeneração ou de reabilitação urbana, quando os respetivos proprietários não cumpram os ónus e deveres decorrentes de plano territorial;

b) Os edifícios em ruína ou sem condições de habitabilidade, bem como das parcelas de terrenos resultantes da sua demolição, nas situações previstas no regime jurídico da reabilitação urbana.

2 – O procedimento de venda forçada obedece ao disposto nos artigos 62º e 63º do regime jurídico da reabilitação urbana, com as necessárias adaptações.

3 – Os adquirentes dos edifícios e parcelas de terrenos ficam obrigados aos ónus e deveres a que estavam sujeitos os anteriores proprietários, os quais devem ser expressamente previstos no ato de venda forçada, assim como o respetivo prazo e programação.

4 – No caso de incumprimento previsto no número anterior, pode haver lugar a expropriação ou a retoma do procedimento de venda forçada.

Artigo 161º – Arrendamento forçado

Os edifícios e as frações autónomas objeto de ação de reabilitação podem ser sujeitos a arrendamento forçado, nos termos e condições previstas no artigo 59º do regime jurídico da reabilitação urbana, com as necessárias adaptações.

Artigo 162º – Estruturação da propriedade

1 – São operações de reestruturação da propriedade o fracionamento, o emparcelamento e o reparcelamento da propriedade.

2 – O fracionamento, o emparcelamento e o reparcelamento da propriedade do solo realiza-se de acordo com o previsto nos planos territoriais, devendo as unidades prediais ser adequadas ao aproveitamento do solo neles estabelecido.

3 – As operações de reestruturação da propriedade visam:

a) Viabilizar a reconfiguração de limites cadastrais de terrenos;

b) Contribuir para a execução de operações de regeneração e reabilitação urbanas;

c) Assegurar a implementação de políticas públicas e de planos territoriais;

d) Ajustar a dimensão e a configuração do solo à estrutura fundiária definida pelo plano intermunicipal ou plano municipal;

e) Distribuir equitativamente, entre os proprietários, os benefícios e encargos resultantes do plano intermunicipal ou plano municipal;

f) Localizar as áreas a ceder obrigatoriamente pelos proprietários destinadas à implantação de infraestruturas, de espaços verdes ou de outros espaços e equipamentos de utilização coletiva.

4 – As operações de reestruturação em solo urbano são promovidas pela câmara municipal, por associação de municípios ou pelos proprietários dos solos urbanos.

5 – As operações de reestruturação de iniciativa pública podem ser promovidas mediante imposição administrativa ou mediante proposta de acordo para reestruturação da propriedade sobre as unidades prediais a reestruturar.

6 – O município pode proceder à expropriação por causa da utilidade pública da execução do plano, nos termos do artigo 159º:

a) Se os proprietários não subscreverem o acordo proposto ou outro alternativo no prazo fixado;

b) Se os mesmos não derem início às obras ou não as concluírem nos prazos fixados.

7 – Nos casos previstos no número anterior, os edifícios ou prédios devem ser alienados pela câmara municipal em hasta pública, tendo os anteriores proprietários direito de preferência, a exercer na referida hasta pública, cuja realização lhes é notificada pessoalmente ou, quando tal não seja possível, através de edital.

8 – As operações de reestruturação respeitam o uso do solo estabelecido nos planos intermunicipais e municipais e adequam-se à localização, configuração, função predominante e utilização da propriedade.

Artigo 163º – Direito à expropriação

Os proprietários podem exigir a expropriação por utilidade pública dos seus terrenos necessários à execução dos planos, quando se destinem a retificação de estremas, indispensável à realização do aproveitamento previsto em plano de pormenor.

Artigo 164º – Reparcelamento do solo urbano

1 – O reparcelamento do solo urbano é a operação de reestruturação da propriedade que consiste no agrupamento de terrenos localizados em solo urbano e na sua posterior divisão, com adjudicação dos lotes resultantes aos primitivos proprietários ou a outros interessados.

2 – Sem prejuízo do disposto no nº 3 do artigo 162º, são objetivos específicos do reparcelamento:

a) Ajustar às disposições do plano intermunicipal ou do plano municipal, a configuração e o aproveitamento dos terrenos para construção;

b) Distribuir equitativamente os benefícios e encargos resultantes do plano;

c) Localizar as áreas a ceder obrigatoriamente pelos proprietários destinadas à implantação de infraestruturas, de espaços verdes e de equipamentos públicos.

Artigo 165º – Procedimento das operações de reparcelamento do solo urbano

1 – A operação de reparcelamento é da iniciativa dos proprietários, diretamente ou conjuntamente com outras entidades interessadas, ou da câmara municipal, isoladamente ou em cooperação.

2 – As relações entre os proprietários e o município, bem como entre os proprietários e outras entidades interessadas, são reguladas por contrato de urbanização.

3 – O contrato previsto no número anterior pode prever a transferência para as outras entidades interessadas, dos direitos de comercialização dos prédios ou dos fogos e de obtenção dos respetivos proventos, bem como a aquisição do direito de propriedade ou de superfície.

4 – A operação de reparcelamento em área abrangida por plano de pormenor que contenha as menções constantes das alíneas *a*) a *d*), *g*) e *h*) do nº 1 do artigo 102º pode concretizar-se através de contrato de urbanização sem necessidade de controlo administrativo prévio, sendo o registo efetuado nos termos dos artigos 108º e 109º.

Artigo 166º – Reparcelamento do solo urbano de iniciativa particular

1 – A operação de reparcelamento da iniciativa dos proprietários inicia-se com a apresentação de requerimento dirigido ao presidente da câmara municipal, instruído com o projeto de reparcelamento e subscrito por todos os proprietários dos prédios abrangidos, bem como pelas demais entidades interessadas, no caso de iniciativa conjunta.

2 – Às operações de reparcelamento do solo urbano por iniciativa particular são aplicáveis as disposições legais e regulamentares relativas às operações de loteamento.

Artigo 167º – Reparcelamento do solo urbano de iniciativa da câmara municipal

1 – A operação de reparcelamento da iniciativa da câmara municipal inicia-se com a aprovação da delimitação da área a sujeitar a reparcelamento, que deve ser notificada a todos os proprietários dos prédios abrangidos.

2 – Sempre que algum ou alguns dos proprietários manifestem o seu desacordo, no prazo de 15 dias, relativamente ao projeto de reparcelamento, pode a câmara municipal promover a aquisição dos respetivos prédios pela via do direito privado ou, quando não seja possível, mediante o recurso à expropriação por utilidade pública.

3 – Em tudo o que não se encontre expressamente previsto no presente decreto-lei, são aplicáveis às operações previstas nos números anteriores, as disposições legais e regulamentares relativas às operações de loteamento de iniciativa municipal.

Artigo 168º – Critérios para o reparcelamento

1 – A repartição dos direitos entre os proprietários na operação de reparcelamento é feita na proporção do valor do respetivo prédio à data do início do processo ou na proporção da sua área nessa data.

2 – Os proprietários podem fixar, por unanimidade, outro critério, tendo em conta, designadamente, a participação das outras entidades interessadas nos encargos decorrentes da operação de reparcelamento.

3 – O cálculo do valor dos lotes ou parcelas resultantes do processo de reparcelamento deve obedecer a critérios objetivos e aplicáveis a toda a área objeto de reparcelamento, tendo em consideração a localização, a dimensão e a configuração dos lotes.

4 – Sempre que possível deve procurar-se que os lotes ou parcelas se situem nos antigos prédios dos mesmos titulares ou na sua proximidade.

5 – Em caso algum podem ser criados ou distribuídos lotes com superfície inferior à dimensão mínima edificável ou que não reúnam a configuração e características adequadas para a sua edificação ou urbanização em conformidade com o plano.

Artigo 169º – Efeitos do reparcelamento

1 – O licenciamento, apresentação da comunicação prévia ou a aprovação da operação de reparcelamento está sujeita às normas legais e regulamentares aplicáveis às operações de loteamento e produz os seguintes efeitos:

a) Substituição, com plena eficácia real, dos antigos terrenos pelos novos lotes;

b) Transmissão para a câmara municipal, de pleno direito e livre de quaisquer ónus ou encargos, das parcelas de terrenos para espaços verdes públicos e de utilização coletiva, infraestruturas, designadamente arruamentos viários e pedonais, e equipamentos coletivos que, de acordo com a operação de reparcelamento, devam integrar o domínio municipal.

2 – A operação de reparcelamento concretizada nos termos do nº 4 do artigo 165º produz os efeitos referidos no número anterior, com as adaptações decorrentes do disposto nos artigos 108º e 109º.

Artigo 170º – Obrigação de urbanização

1 – A operação de reparcelamento que incida sobre solo urbano implica a obrigação de urbanizar a zona.

2 – A obrigação referida no número anterior recai sobre quem tiver dado início ao processo de reparcelamento, podendo, no caso de reparcelamento da iniciativa dos proprietários, ser assumida por um ou vários, caso se disponham a isso.

3 – Os custos da urbanização são repartidos pelos proprietários e as outras entidades interessadas ou por estes e pela câmara municipal nos termos do capítulo seguinte.

SECÇÃO III – Da indemnização

Artigo 171º – Dever de indemnização

1 – As restrições impostas aos proprietários pelos planos territoriais geram um dever de indemnizar nos termos dos números seguintes, quando a compensação não seja possível.

2 – O sacrifício de direitos preexistentes e juridicamente consolidados que determine a caducidade, revogação ou a alteração das condições de licença, da comunicação prévia ou informação prévia válidos e eficazes determina o dever de justa indemnização.

3 – A restrição ao aproveitamento urbanístico constante da certidão de um plano de pormenor com efeitos registais, determinada pela sua alteração, revisão ou suspensão, durante o prazo de execução previsto na programação do plano, determina o dever de justa indemnização.

4 – De acordo com o princípio da proteção da confiança, são, ainda, indemnizáveis as restrições singulares às possibilidades objetivas de aproveitamento do solo impostas aos proprietários, resultantes da alteração, revisão ou suspensão de planos territoriais, que comportem um encargo ou um dano anormal, desde que ocorram no decurso do período de três anos a contar da data da sua entrada em vigor.

5 – Estão excluídas do número anterior, as restrições, devidamente fundamentadas, determinadas pelas características físicas e naturais do solo, pela existência de riscos para as pessoas e bens ou pela falta de vocação do solo para o processo de urbanização e edificação que decorre da respetiva classificação prevista no plano territorial.

6 – A indemnização a que se refere os números anteriores segue o regime previsto no Código das Expropriações.

7 – Nas situações previstas nos nºs 2 a 4 são igualmente indemnizáveis as despesas efetuadas na concretização de uma modalidade de utilização prevista no plano territorial se essa utilização for posteriormente alterada ou suprimida por efeitos de revisão ou suspensão daquele instrumento e essas despesas tiverem perdido utilidade.

8 – Quando a perequação compensatória não seja possível, é responsável pelo pagamento da indemnização prevista no presente artigo a pessoa coletiva que aprovar o programa ou plano territorial que determina direta ou indiretamente os danos indemnizáveis.

9 – O direito de indemnização caduca no prazo de três anos a contar da data de entrada em vigor do plano territorial nos termos dos números anteriores.

CAPÍTULO VI – Regime económico-financeiro

SECÇÃO I – Disposições gerais

Artigo 172º – Princípios gerais

1 – A regulação fundiária é indispensável ao ordenamento do território, com vista ao aproveitamento pleno dos recursos naturais, do património arquitetónico, arqueológico e paisagístico, à organização eficiente do mercado imobiliário, ao desenvolvimento económico sustentável e à redistribuição justa de benefícios e encargos.

2 – Os programas e planos territoriais são financeiramente sustentáveis, justificando os fundamentos das opções de planeamento e garantindo a sua infraestruturação, identificando as mais-valias fundiárias, bem como a definição dos critérios para a sua parametrização e redistribuição.

3 – A execução de infraestruturas urbanísticas e de equipamentos de utilização coletiva obedece a critérios de eficiência e sustentabilidade financeira, sem prejuízo da coesão territorial.

Artigo 173º – Mecanismos de incentivos

Os planos intermunicipais e municipais devem prever mecanismos de incentivo visando prosseguir as seguintes finalidades:

a) Conservação da natureza e da biodiversidade;

b) Salvaguarda do património natural, cultural ou paisagístico;

c) Minimização de riscos coletivos inerentes a acidentes graves ou a catástrofes e de riscos ambientais;

d) Reabilitação ou regeneração urbanas;

e) Dotação adequada em infraestruturas, transportes, equipamentos, espaços verdes ou outros espaços de utilização coletiva;

f) Habitação social;

g) Eficiência na utilização dos recursos e eficiência energética.

Artigo 174º – Programa de financiamento urbanístico

1 – Os municípios devem elaborar um programa de financiamento urbanístico que integra o programa plurianual de investimentos municipais na execução, conservação e reforço das infraestruturas gerais, assim como a previsão de custos gerais de gestão urbanística e da forma de financiamento.

2 – O programa de financiamento urbanístico é aprovado anualmente pela assembleia municipal, sob proposta da câmara municipal.

3 – O conteúdo documental que integra o programa de financiamento urbanístico é definido por portaria aprovada pelos membros do Governo responsáveis pelas áreas do ordenamento do território e da administração local.

Artigo 175º – Encargos com as operações urbanísticas

1 – As operações urbanísticas previstas em plano municipal e intermunicipal devem assegurar a execução e o financiamento das infraestruturas, dos equipamentos e dos espaços verdes e de outros espaços de utilização coletiva.

2 – Para garantia do disposto no número anterior, o plano deve fixar:

a) A realização das necessárias obras de urbanização;

b) A participação proporcional no financiamento das infraestruturas, dos equipamentos, dos espaços verdes e outros espaços de utilização coletiva, através do pagamento de taxa pela realização, manutenção e reforço de infraestruturas urbanísticas;

c) A cedência de bens imóveis para fins de utilidade pública.

3 – Ao montante da taxa pela realização, manutenção e reforço de infraestruturas urbanísticas que seja devida deve ser deduzida a participação proporcional nos encargos com a realização de infraestruturas gerais.

SECÇÃO II – Redistribuição de benefícios e encargos

Artigo 176º – Objetivos

1 – Os planos territoriais garantem a justa repartição dos benefícios e encargos e a redistribuição das mais-valias fundiárias entre os diversos proprietários, a concretizar nas unidades de execução, devendo prever mecanismos diretos ou indiretos de perequação.

2 – A redistribuição de benefícios e encargos a prever nos planos territoriais deve ter em consideração os seguintes objetivos:

a) A garantia da igualdade de tratamento relativamente a benefícios e encargos decorrentes de plano territorial de âmbito intermunicipal ou municipal;

b) A obtenção pelos municípios de meios financeiros adicionais para o financiamento da reabilitação urbana, da sustentabilidade dos ecossistemas e para garantia da prestação de serviços ambientais;

c) A disponibilização de terrenos e de edifícios ao município, para a construção ou ampliação de infraestruturas, de equipamentos coletivos e de espaços verdes e outros espaços de utilização coletiva;

d) A supressão de terrenos expetantes e da especulação imobiliária;

e) A correção dos desequilíbrios do mercado urbanístico;

f) A promoção do mercado de arrendamento por via da criação de uma bolsa de oferta de base municipal;

g) A realização das infraestruturas urbanísticas e de equipamentos coletivos em zonas carenciadas.

Artigo 177º – Mecanismos de perequação

1 – Os municípios podem utilizar, designadamente, os seguintes mecanismos de perequação:

a) Estabelecimento da edificabilidade média do plano;

b) Estabelecimento de uma área de cedência média;

c) Repartição dos custos de urbanização.

2 – Os mecanismos de perequação devem ser utilizados de forma conjugada para garantir a repartição dos benefícios que resultem do plano, assim como dos encargos necessários à sua execução.

Artigo 178º – Distribuição de benefícios

1 – O valor dos benefícios atribuídos a cada proprietário é o resultado da diferença entre a edificabilidade abstrata e o direito concreto de construção que lhe é atribuído, nos termos a que se referem os números seguintes.

2 – A edificabilidade abstrata a atribuir a cada proprietário é expressa em metros quadrados de área de construção e corresponde ao produto da edificabilidade média prevista no plano pela área total de terreno detida inicialmente por cada proprietário.

3 – A edificabilidade média do plano é determinada pelo quociente entre a área total de construção e a área de intervenção do plano.

4 – O direito concreto de construção corresponde à edificabilidade específica de cada parcela ou lote, expressa em metros quadrados e resultante da licença ou apresentação de comunicação prévia de controlo prévio de operações urbanísticas, em conformidade com os índices e parâmetros urbanísticos estabelecidos no plano.

5 – Quando o direito concreto de construção do proprietário for inferior à sua edificabilidade abstrata, o proprietário deve receber uma compensação, nos termos a prever em regulamento municipal, designadamente, através das seguintes medidas alternativas ou complementares:

a) Desconto nas taxas que tenha de suportar;

b) Aquisição pelo município, por permuta ou compra, da parte do terreno menos edificável;

c) Transmissão de uma área correspondente à edificabilidade em defeito.

6 – Quando o direito concreto de construção do proprietário for superior à sua edificabilidade abstrata, o proprietário, deve compensar a área de construção correspondente a essa diferença, em numerário ou em espécie, designadamente através da transmissão para o domínio privado do município de uma área correspondente à área de construção em excesso.

7 – Salvo disposição contratual em contrário, a compensação é devida no momento do controlo prévio da operação urbanística.

Artigo 179º – Compra e venda de edificabilidade

1 – A compensação prevista nos nºs 5 e 6 do artigo anterior pode ser objeto de contratos de compra e venda de edificabilidade entre os proprietários ou entre estes e a câmara municipal.

2 – A compra e venda de edificabilidade pode assumir a forma de créditos de edificabilidade.

3 – As transações efetuadas ao abrigo do presente artigo são realizadas nos termos do regulamento do plano, devem ser obrigatoriamente comunicadas à câmara municipal e estão sujeitas a inscrição no registo predial.

Artigo 180º – Reserva de edificabilidade

Os planos territoriais de âmbito intermunicipal ou municipal podem prever uma percentagem de índice de construção que reservam para efeitos de perequação, definindo os termos e condições em que os valores do direito concreto de construir podem ser utilizados, bem como os mecanismos para a respetiva operacionalização.

Artigo 181º – Cálculo da distribuição perequativa intraplano

Os montantes gerados pela perequação entre todos os proprietários da área da unidade de execução devem compensar-se, de forma que o valor correspondente aos pagamentos a efetuar equilibre o valor dos recebimentos a que haja lugar.

Artigo 182º – Área de cedência média

1 – O plano diretor municipal ou intermunicipal fixa uma área de cedência média para a instalação de infraestruturas, de equipamentos e espaços urbanos de utilização coletiva, aplicável à perequação intraplano a realizar a nível municipal.

2 – Na ausência de determinação nos termos previstos no número anterior, o plano de pormenor deve fixar a área de cedência média.

3 – Para efeitos da cedência média são considerados os parâmetros de dimensionamento das áreas destinadas à implantação de espaços verdes, de equipamentos e de infraestruturas de utilização coletiva, nos termos definidos no regime jurídico da urbanização e edificação.[160]

4 – A cedência efetiva é realizada, de acordo com o plano, no ato de individualização no registo predial dos lotes constituídos por plano de pormenor ou no procedimento de controlo prévio de operações de loteamento ou de operações com impacte relevante ou semelhante a loteamento.

5 – Quando a área de cedência efetiva for superior à cedência média, o proprietário deve, quando pretenda realizar operações urbanísticas, ser compensado, nos termos previstos no plano ou em regulamento municipal.

6 – Quando a área de cedência efetiva for inferior à cedência média, o proprietário tem que compensar os demais proprietários ou pagar a respetiva compensação urbanística nos termos definidos em regulamento municipal.

Artigo 183º – Repartição dos encargos

1 – Os encargos de urbanização para efeitos de perequação intraplano correspondem a todos os custos previstos nos planos com infraestruturas urbanísticas, equipamentos, espaços verdes e outros espaços de utilização coletiva.

[160] Esses parâmetros foram inicialmente definidos no âmbito do R.J.U.E., constando porém hoje de portaria com diferente lei habilitante – a Portaria nº 216-B/2008, de 3 de Março, inserta no Cap. VII, 2, e referida no subsequente artigo 202º, nº 3.

2 – A comparticipação nos custos de urbanização é determinada pelos seguintes critérios:

a) O tipo de aproveitamento urbanístico determinados pelas disposições dos planos;

b) A capacidade edificatória atribuída;

c) A extensão excecional de infraestruturas para serviço de uma parcela.

CAPÍTULO VII – Comissão Nacional do Território

Artigo 184º – Atribuições

1 – É criada a Comissão Nacional do Território com a atribuição de coordenar a execução da política nacional do ordenamento do território, sustentada em indicadores qualitativos e quantitativos dos instrumentos de gestão territorial, restrições de utilidade pública e servidões administrativas.

2 – A Comissão Nacional do Território funciona na dependência do membro do Governo responsável pela área do ordenamento do território, competindo-lhe:

a) Acompanhar a aplicação e o desenvolvimento do disposto na lei de bases de política pública de solos, do ordenamento do território e urbanismo;

b) Emitir pareceres e recomendações sobre questões relativas ao ordenamento do território, por sua iniciativa ou a solicitação do membro do Governo responsável pela área do ordenamento do território;

c) Acompanhar e monitorizar a elaboração do relatório nacional sobre o estado do ordenamento do território;

d) Recomendar a elaboração, alteração ou revisão dos relatórios periódicos de avaliação sobre o desenvolvimento das orientações fundamentais do programa nacional da política de ordenamento do território, em especial sobre a articulação das estratégias setoriais;

e) Apresentar à Direção-Geral do Território propostas de elaboração de normas técnicas e procedimentos uniformes para todo o território nacional a aplicar pelos organismos com responsabilidades e competências em matéria de ordenamento do território;

f) Apresentar à Direção-Geral do Território propostas de elaboração de manuais técnicos de boas práticas em política de ordenamento do território;

g) Publicar os relatórios, pareceres ou quaisquer outros trabalhos emitidos ou realizados no âmbito das suas competências;

h) As demais competências previstas no presente decreto-lei.

3 – À Comissão Nacional do Território compete, ainda:

a) Elaborar e atualizar as orientações estratégicas de âmbito nacional da Reserva Ecológica Nacional (REN);

b) Acompanhar a elaboração das orientações estratégicas de âmbito regional;

c) Produzir recomendações técnicas e guias de apoio adequados ao exercício das competências pelas entidades responsáveis em matéria de REN;

d) Pronunciar-se, a solicitação dos municípios ou das comissões de coordenação e desenvolvimento regional, sobre a aplicação dos critérios de delimitação da REN;

e) Emitir parecer em caso de divergência entre as entidades com competências na aprovação de delimitação da REN a nível municipal;

f) Formular os termos gerais de referência para a celebração dos contratos de parceria entre as comissões de coordenação e desenvolvimento regional e os municípios, nos termos do regime jurídico da REN;

g) Gerir a informação disponível sobre a REN, disponibilizando-a, designadamente, no seu sítio na Internet.

4 – A Comissão Nacional do Território, no âmbito das suas competências, promove as consultas necessárias aos diversos serviços da administração central, regional e local e deve facultar a informação por estes solicitada, bem como assegurar os contactos necessários com a comunidade científica e a participação dos cidadãos.

5 – Os pareceres que devam ser solicitados à Comissão Nacional do Território, nos casos previstos no presente decreto-lei, são vinculativos para as entidades responsáveis pela elaboração dos programas.

Artigo 185º – Composição

1 – A Comissão Nacional do Território é composta por representantes de entidades com atribuições em matéria de gestão territorial, nos seguintes termos:

a) Pelo Diretor-Geral do Território, que preside;

b) Por um representante de cada uma das comissões de coordenação e desenvolvimento regional;

c) Por um representante da Agência Portuguesa do Ambiente, I. P.;

d) Por um representante do Instituto da Conservação da Natureza e das Florestas, I. P.;

e) Por um representante da Associação Nacional de Municípios Portugueses;

f) Por um representante das organizações não-governamentais de ambiente e de ordenamento do território, a indicar pela respetiva confederação nacional;

g) Por um representante do município, entidade intermunicipal ou da associação dos municípios, quando estejam em causa matérias da respetiva competência.

2 – Sempre que se revele necessário em função dos interesses a salvaguardar, devem integrar a Comissão Nacional do Território, representantes que prossigam estes interesses, designadamente:

a) Um representante da Direção-Geral do Tesouro e Finanças;

b) Um representante da Direção-Geral dos Recursos da Defesa Nacional;

c) Um representante da Autoridade Nacional de Proteção Civil;

d) Um representante da Direção-Geral da Política de Justiça;

e) Um representante da Direção-Geral da Administração Local;

f) Um representante do Instituto da Mobilidade e dos Transportes Terrestres, I. P.;

g) Um representante da Direção-Geral de Energia e Geologia;

h) Um representante da Direção-Geral dos Recursos Naturais, Serviços e Segurança Marítima;

i) Um representante da Direção-Geral da Agricultura e Desenvolvimento Rural;

j) Um representante da Direção-Geral da Saúde;

k) Um representante da Direção-Geral da Educação;

l) Um representante da área metropolitana ou das comunidades intermunicipais, face aos interesses sub-regionais e municipais envolvidos.

3 – A representação das entidades referidas nos números anteriores é assegurada pelos seus responsáveis máximos, com possibilidade de delegação em titulares de cargos de direção superior de 2º grau, ou em cargos equivalentes no âmbito de outras entidades.

4 – Os representantes referidos no número anterior podem fazer-se acompanhar, nas reuniões da Comissão Nacional do Território, por técnicos das respetivas entidades ou por peritos, quando tal se revele adequado em face da ordem de trabalhos e da natureza das questões a tratar.

5 – Podem, ainda, ser convidados representantes de outros organismos ou pessoas de reconhecido mérito, em função das matérias submetidas a discussão pela Comissão Nacional do Território.

6 – Sempre que a matéria em discussão na Comissão Nacional do Território tenha incidência em atribuições de ministérios nela não representados, deve ser solicitada a participação de representantes desses ministérios na reunião.

7 – Os representantes que integram a Comissão Nacional do Território e as entidades consultadas, não têm, pelo exercício destas funções, direito a receber qualquer remuneração ou abono.

Artigo 186º – Funcionamento

1 – A Comissão Nacional do Território reúne, ordinariamente, com periodicidade bimestral, sem prejuízo do disposto no número seguinte.

2 – O presidente, por sua iniciativa ou a solicitação dos seus membros, pode convocar reuniões extraordinárias da Comissão Nacional do Território.

3 – As deliberações da Comissão Nacional do Território são tomadas por maioria dos votos dos membros presentes, com menção expressa da posição de cada um e lavrada em ata.

4 – A Comissão Nacional do Território elabora o seu regimento interno e submete-o a homologação do membro do Governo responsável pelas áreas do ordenamento do território e do ambiente.

5 – A Direção-Geral do Território presta o apoio logístico, administrativo e técnico ao funcionamento da Comissão Nacional do Território.

CAPÍTULO VIII – Avaliação

Artigo 187º – Princípios gerais

1 – As entidades da administração devem promover permanente avaliação da adequação e concretização da disciplina consagrada nos programas e planos territoriais por si elaborados, suportada nos indicadores qualitativos e quantitativos neles previstos.

2 – Nos programas e planos sujeitos a avaliação ambiental, deve ser garantida a avaliação dos efeitos significativos da sua execução no ambiente, por forma a identificar os efeitos negativos imprevistos e aplicar as necessárias medidas corretivas previstas na declaração ambiental.

3 – Sem prejuízo do disposto no nº 1, sempre que a entidade responsável pela elaboração o considere conveniente, a avaliação pode ser assegurada por entidades independentes de reconhecido mérito, designadamente instituições universitárias ou científicas nacionais com uma prática de investigação relevante nas áreas do ordenamento do território.

Artigo 188º – Propostas de alteração decorrentes da avaliação dos planos municipais e intermunicipais

A avaliação pode fundamentar propostas de alteração do plano ou dos respetivos mecanismos de execução, nomeadamente com o objetivo de:

a) Assegurar a concretização dos fins do plano, tanto ao nível da execução como dos objetivos a médio e longo prazo;

b) Garantir a criação ou alteração coordenada das infraestruturas e dos equipamentos;

c) Corrigir distorções de oferta no mercado imobiliário;

d) Garantir a oferta de terrenos e lotes destinados a edificações, com rendas ou a custos controlados;

e) Promover a melhoria de qualidade de vida e a defesa dos valores ambientais e paisagísticos.

Artigo 189º – Relatórios sobre o estado do ordenamento do território

1 – O Governo elabora, de dois em dois anos, um relatório sobre o estado do ordenamento do território a submeter à apreciação da Assembleia da República.

2 – A comissão de coordenação e desenvolvimento regional elabora, de quatro em quatro anos, um relatório sobre o estado do ordenamento do território a nível regional, a submeter à apreciação da respetiva tutela.

3 – A câmara municipal, a comissão executiva metropolitana, o conselho intermunicipal ou as câmaras municipais dos municípios associados elaboram, de quatro em quatro anos, um relatório sobre o estado do ordenamento do território, a submeter, respetivamente, à apreciação da assembleia municipal, do conselho metropolitano, da assembleia intermunicipal ou das assembleias municipais dos municípios associados para o efeito.

4 – Os relatórios sobre o estado do ordenamento do território, referidos nos números anteriores, traduzem o balanço da execução dos programas e dos planos territoriais, objeto de avaliação, bem como dos níveis de coordenação interna e externa obtidos, fundamentando uma eventual necessidade de revisão.

5 – Concluída a sua elaboração, os relatórios sobre o estado do ordenamento do território são submetidos a um período de discussão pública de duração não inferior a 30 dias.

6 – A não elaboração dos relatórios sobre o estado do ordenamento do território, nos prazos estabelecidos nos números anteriores, determina, consoante o caso, a impossibilidade de rever o programa nacional da política de ordenamento do território, os programas regionais e os planos municipais e intermunicipais.

Artigo 190º – Sistemas nacionais de informação

1 – O Governo promove a criação e o desenvolvimento de um sistema nacional de informação territorial, integrando os elementos de análise relevante nos âmbitos nacional, regional, sub-regional e local, a funcionar em articulação com a Comissão Nacional do Território.

2 – O Governo assegura, através da Direção-Geral do Território, no âmbito do sistema de informação referido no número anterior, a utilização das seguintes plataformas eletrónicas:

a) Plataforma colaborativa de gestão territorial, destinada a servir de apoio ao acompanhamento dos programas e dos planos territoriais, quer pelas entidades responsáveis pela sua elaboração, alteração ou revisão, quer pelas entidades representativas dos interesses públicos em presença na respetiva área de intervenção;

b) Plataforma de submissão automática, destinada ao envio dos programas e dos planos territoriais para publicação no *Diário da República* e para depósito na Direção-Geral do Território, bem como ao envio para publicação no *Diário da República,* de todos os atos constitutivos dos processos de formação dos programas e dos planos territoriais identificados no artigo seguinte.

3 – A submissão automática referida na alínea *b*) do número anterior deve ser realizada de acordo com o modelo de dados aprovado pela Direção-Geral do Território.

4 – A plataforma colaborativa a que se refere a alínea *a*) do número anterior destina-se, ainda, a disponibilizar aos interessados e a todos os cidadãos os elementos relativos à elaboração, alteração, correção material, revisão, suspensão, revogação e avaliação dos programas e dos planos territoriais.

5 – Os requisitos, as condições e as regras de funcionamento e de utilização das plataformas a que se refere o nº 2, incluindo o modelo de dados aplicável, são fixados, por portaria dos membros do Governo responsáveis pelas áreas do ordenamento do território e da modernização administrativa e do membro do Governo com superintendência sobre a Imprensa Nacional Casa da Moeda, S. A., tendo em conta a interoperabilidade com as plataformas já existentes na Administração Pública.

6 – Sem prejuízo do disposto no presente artigo, os serviços e organismos da Administração Pública devem proceder às demais consultas mútuas, para obtenção de pareceres, de informações e de outros elementos previstos no presente decreto-lei, através de meios eletrónicos, nomeadamente da plataforma de interoperabilidade da Administração Pública e do correio eletrónico.

CAPÍTULO IX – Eficácia e publicidade

Artigo 191º – Publicação no *Diário da República*

1 – A eficácia dos programas e dos planos territoriais depende da respetiva publicação no *Diário da República.*

2 – São publicados na 1.ª série do *Diário da República:*

a) A resolução do Conselho de Ministros que determina a elaboração do programa nacional da política de ordenamento do território;

b) A resolução do Conselho de Ministros que determina a elaboração do programa regional;

c) A lei que aprova o programa nacional da política de ordenamento do território, incluindo o relatório e as peças gráficas ilustrativas;

d) A resolução do Conselho de Ministros que determina a suspensão de plano municipal ou de plano intermunicipal;

e) A resolução do Conselho de Ministros que aprova o programa regional, incluindo os elementos referidos no nº 1 do artigo 155º;

f) A resolução do Conselho de Ministros ou, quando for o caso, o ato que, nos termos da lei, aprova o programa setorial, incluindo os elementos referidos no nº 1 do artigo 41º;

g) O ato que ratifica o plano diretor municipal ou o plano diretor intermunicipal, incluindo o regulamento, a planta de ordenamento e a planta de condicionantes;

h) A resolução do Conselho de Ministros que aprova o programa especial, incluindo as normas de execução e as peças gráficas ilustrativas;

i) A resolução do Conselho de Ministros que aprova as medidas preventivas, incluindo o respetivo texto e a planta de delimitação;

j) A resolução do Conselho de Ministros que suspende o programa regional, o programa setorial e o programa especial;

k) A resolução do Conselho de Ministros que determina a revogação de programa territorial.

3 – No caso da ratificação prevista na alínea *e*) do número anterior ser parcial, devem ser identificadas no regulamento publicado as disposições não ratificadas.

4 – São publicados na 2.ª série do *Diário da República:*

a) Os avisos de abertura do período de discussão pública dos programas e dos planos territoriais;

b) A declaração de suspensão prevista no nº 2 do artigo 29º;

c) A deliberação municipal que determina a elaboração de plano municipal;

d) A deliberação das assembleias municipais ou da assembleia intermunicipal que determina a elaboração de programa intermunicipal;

e) A deliberação das assembleias municipais ou da assembleia intermunicipal que aprova o plano intermunicipal, incluindo o relatório e as peças gráficas ilustrativas;

f) A deliberação municipal que aprova o plano municipal não sujeito a ratificação, incluindo o regulamento, a planta de ordenamento, de zonamento ou de implantação, consoante os casos, e a planta de condicionantes;

g) A deliberação das assembleias municipais ou da assembleia intermunicipal que aprova o plano intermunicipal, incluindo o regulamento, a planta de ordenamento e a planta de condicionantes;

h) A deliberação municipal que aprova as medidas preventivas e normas provisórias, incluindo o respetivo texto e a planta de delimitação, bem como a deliberação municipal que aprova a prorrogação do prazo de vigência das medidas preventivas e das normas provisórias;

i) A deliberação municipal que suspende o plano municipal, incluindo o texto das medidas preventivas e das normas provisórias respetivas e a planta de delimitação;

j) A deliberação municipal ou intermunicipal que determina a revogação de plano diretor municipal ou de plano diretor intermunicipal.

k) A declaração da entidade responsável pela elaboração do programa ou do plano territorial, prevista no nº 3 do artigo 121º.

5 – As alterações ou revisões dos programas e dos planos territoriais que incidem sobre as respetivas plantas e peças gráficas determinam a publicação integral das mesmas ou, quando for o caso, da folha ou das folhas alteradas.

6 – A publicação das plantas e demais peças gráficas referentes aos programas e aos planos territoriais, bem como das suas alterações, é efetuada mediante ligação automática do local da publicação dos atos a que se referem no sítio na Internet do *Diário da República* ao local da sua publicação no SNIT.[161]

7 – Compete à Direção-Geral do Território assegurar a criação e o funcionamento da plataforma informática a que se refere a alínea *b*) do artigo 190º, que garante a permanente acessibilidade e legibilidade no SNIT das plantas e peças gráficas referidas no número anterior, devendo assegurar que:

a) As plantas e peças gráficas não são alteradas;

b) Sempre que se proceda a alterações, a revisões, a adaptações ou a retificações das plantas e peças gráficas é disponibilizada uma nova versão integral das mesmas.

8 – O envio dos programas e planos territoriais para publicação no *Diário da República* é efetuado por via eletrónica através da plataforma informática prevista na alínea *b*) do artigo 190º.

Artigo 192º – Outros meios de publicidade

1 – O programa nacional da política de ordenamento do território, os programas setoriais, os programas especiais e os programas regionais divulgados nos termos previstos no artigo anterior, devem ser objeto de publicitação na página na Internet das entidades responsáveis pela sua elaboração.

2 – Os programas e planos intermunicipais e os planos municipais, as medidas preventivas e as normas provisórias e a declaração de suspensão dos planos intermunicipais ou municipais, deve ser objeto de publicitação nos boletins municipais e na página na Internet das entidades responsáveis pela sua elaboração.

3 – Os programas e os planos territoriais cuja área de intervenção incide sobre o território municipal devem, ainda, ser objeto de publicação nos boletins municipais.

Artigo 193º – Depósito e consulta

1 – A Direção-Geral do Território procede, através da plataforma eletrónica a que se refere a alínea *b*) do nº 2 do artigo 190º, ao depósito de todos os programas e planos territoriais com o conteúdo documental integral previsto no presente decreto-lei, incluindo as alterações, as revisões, as suspensões, as adap-

[161] O sistema nacional de informação territorial previsto no antecendente artigo 190º, nº 1.

tações e as retificações de que sejam objeto, bem como das medidas preventivas, disponibilizando a sua consulta a todos os interessados.

2 – As câmaras municipais devem criar e manter um sistema que assegure a possibilidade de consulta pelos interessados dos programas e dos planos territoriais com incidência sobre o território municipal, podendo fazê-lo através de ligação ao sistema nacional de informação territorial.

3 – A consulta dos programas e dos planos territoriais, prevista no presente artigo, deve, igualmente, ser possível em suporte informático adequado e através do sistema nacional de informação territorial.

Artigo 194º – Instrução dos pedidos de depósito

1 – Para efeitos do depósito de planos intermunicipais e municipais não sujeitos a ratificação, assim como das respetivas alterações e revisões, e ainda de medidas preventivas, a assembleia intermunicipal ou a câmara municipal, conforme a natureza do plano aprovado, remete à Direção-Geral do Território uma coleção completa das peças escritas e gráficas que, nos termos do presente decreto-lei, constituem o conteúdo documental do instrumento de planeamento territorial, bem como cópia autenticada da deliberação da assembleia municipal que aprova o plano, o respetivo relatório ambiental, os pareceres emitidos nos termos do presente decreto-lei ou a ata da conferência procedimental, quando a eles houver lugar, e o relatório de ponderação dos resultados da discussão pública.

2 – Sem prejuízo do disposto no número anterior, as entidades responsáveis pela elaboração dos demais programas e planos territoriais remetem à Direção-Geral do Território, uma coleção completa das peças escritas e gráficas que, nos termos do presente decreto-lei, constituem o conteúdo documental do instrumento de planeamento territorial.

3 – A submissão dos programas e dos planos territoriais a depósito na Direção-Geral do Território é realizada por via eletrónica, com o envio para publicação no *Diário da República*, através da plataforma informática referida na alínea *b*) do nº 2 do artigo 190º.

Artigo 195º – Informação e divulgação

1 – Após a publicação no *Diário da República* de programa ou de plano territorial sujeito a avaliação ambiental, a entidade competente pela respetiva elaboração envia à Agência Portuguesa do Ambiente, I. P., uma declaração contendo os elementos referidos no artigo 10º do Decreto-Lei nº 232/2007, de 15 de junho, alterado pelo Decreto-Lei nº 58/2011, de 4 de maio.

2 – A informação referida no número anterior é disponibilizada ao público pela entidade responsável pela elaboração do plano ou do programa, através da

respetiva página na Internet, podendo igualmente ser publicitada na página na Internet da Agência Portuguesa do Ambiente, I. P..

CAPÍTULO X – Disposições finais e transitórias

Artigo 196º – Comissões consultivas

Os representantes que participem nas comissões consultivas previstas no presente decreto-lei não têm, por esse facto, direito a receber qualquer tipo de remuneração ou abono.

Artigo 197º – Aplicação direta

1 – As regras estabelecidas no presente decreto-lei aplicam-se aos procedimentos já iniciados à data da sua entrada em vigor, sem prejuízo da salvaguarda dos atos já praticados.

2 – Excecionam-se do disposto no número anterior os procedimentos relativos aos instrumentos de gestão territorial que se encontrem em fase de discussão pública, à data da entrada em vigor do presente decreto-lei.

Artigo 198º – Planos especiais em vigor

1 – O conteúdo dos planos especiais em vigor deve ser integrado no prazo e nas condições estabelecidas pelo artigo 78º da lei bases de política pública de solos, do ordenamento do território e urbanismo.[162]

[162] Dispõe esse artigo 78º: "1 – O conteúdo dos planos especiais de ordenamento do território em vigor deve ser vertido, nos termos da lei, no plano diretor intermunicipal ou municipal e em outros planos intermunicipais ou municipais aplicáveis à área abrangida pelos planos especiais, no prazo máximo de três anos, a contar da data da entrada em vigor da presente lei.
2 – Compete às comissões de coordenação e desenvolvimento regional, com o apoio das entidades responsáveis pela elaboração dos planos especiais de ordenamento do território em vigor e das associações de municípios e municípios abrangidos por aqueles, a identificação, no prazo de um ano a contar da data da entrada em vigor da presente lei, das normas relativas aos regimes de salvaguarda de recursos territoriais e valores naturais diretamente vinculativas dos particulares que devam ser integradas em plano intermunicipal ou municipal.
2 – As normas identificadas pelas comissões de coordenação e desenvolvimento regional nos termos do número anterior, são comunicadas à associação de municípios ou município em causa, para efeitos de atualização dos planos intermunicipais e municipais, sendo aplicável o disposto no nº 4 do artigo 46º.
4 – Findo o prazo definido no nº 1, os planos especiais continuam a vigorar mas deixam de vincular direta e imediatamente os particulares, sem prejuízo do disposto nos nºs 5 e 6 do artigo 46º".
A Lei nº 31/2014 entrou em vigor em 29.6.2014.

2 – Na transposição dos planos especiais para os planos municipais ou intermunicipais, deve ser assegurada a conformidade entre os dois planos ao nível dos regulamentos e das respetivas plantas.

3 – Para efeitos do disposto no presente artigo são aplicáveis as regras previstas no nº 4 do artigo 3º e no artigo 91º, com as necessárias adaptações.

Artigo 199º – Classificação do solo

1 – As regras relativas à classificação dos solos são aplicáveis nos termos do artigo 82º da lei bases de política pública de solos, do ordenamento do território e urbanismo.

2 – Sem prejuízo do disposto no número anterior, os planos municipais ou intermunicipais devem, no prazo máximo de cinco anos após a entrada em vigor do presente decreto-lei, incluir as regras de classificação e qualificação previstas no presente decreto-lei, sob pena de suspensão das normas do plano territorial que deveriam ter sido alteradas, não podendo, na área abrangida e enquanto durar a suspensão, haver lugar à prática de quaisquer atos ou operações que impliquem a ocupação, uso e transformação do solo.

Artigo 200º – Instrumentos de gestão territorial

1 – Os planos setoriais e regionais devem ser reconduzidos aos novos programas setoriais e regionais, no período de dois anos, a contar da data de entrada em vigor do presente decreto-lei.

2 – Findo o prazo estabelecido para a transposição do conteúdo dos planos especiais, nos termos do artigo 78º da lei bases de política pública de solos, do ordenamento do território e urbanismo, devem os mesmos ser reconduzidos aos programas especiais, no prazo de um ano.

Artigo 201º – Extinção da Comissão Nacional da Reserva Ecológica Nacional

1 – É extinta a Comissão Nacional da Reserva Ecológica Nacional.

2 – A Comissão Nacional do Território sucede nas atribuições da Comissão Nacional da Reserva Ecológica Nacional, bem como em todas as posições jurídicas assumidas por esta.

3 – Todas as referências legais feitas à Comissão Nacional da Reserva Ecológica Nacional consideram-se feitas à Comissão Nacional do Território.

Artigo 202º – Disposição transitória

1 – Os relatórios do estado do ordenamento do território, previstos no artigo 189º, são obrigatoriamente revistos no prazo de quatro anos.

2 – Durante o período definido no artigo anterior, sempre que a necessidade de revisão de um programa ou plano territorial não esteja fundamentada em

relatório sobre o estado do ordenamento do território, deve ser ponderada em sede de um relatório de avaliação elaborado especificamente para o efeito.

3 – Para efeitos de cálculo de áreas destinadas à implantação de espaços verdes e de utilização coletiva, de infraestruturas viárias e de equipamentos, sempre que os planos municipais não determinarem os parâmetros de dimensionamento, é aplicável o disposto na Portaria nº 216-B/2008, de 3 de março.

4 – As contraordenações previstas nos artigos 104º e 113º do Decreto-Lei nº 380/99, de 22 de setembro, mantêm-se em vigor até à publicação do diploma previsto no nº 5 do artigo 131º.

Artigo 203º – Regulamentação

1 – No prazo de 90 dias são revistos ou aprovados os regulamentos, que definem:

a) A composição e o funcionamento da comissão consultiva que assegura o acompanhamento da elaboração do plano diretor municipal;[163]

b) Os critérios uniformes de classificação e reclassificação do solo, de definição da atividade dominante, bem como das categorias relativas ao solo rústico e urbano, aplicáveis a todo o território nacional;[164]

c) A composição interdisciplinar mínima das equipas autoras da elaboração dos planos;[165]

d) Os conceitos técnicos nos domínios do ordenamento do território e do urbanismo, designadamente, relativos aos indicadores, aos parâmetros, à simbologia e à sistematização gráfica, a utilizar nos programas e nos planos territoriais.[166]

2 – No prazo de 180 dias são revistos:

a) O Decreto-Lei nº 159/2012, de 24 de julho;

b) O Decreto-Lei nº 107/2009, de 15 de maio, alterado pelo Decreto-Lei nº 26/2010, de 20 de março;

c) O Decreto-Lei nº 129/2008, de 21 de julho;

d) O Decreto-Lei nº 142/2008, de 24 de julho.[167]

3 – A cartografia topográfica e topográfica de imagem a utilizar na elaboração, alteração ou revisão dos programas e planos territoriais e na aplicação de medidas cautelares e a cartografia temática que daí resulte, estão sujeitas ao previsto no Decreto-Lei nº 193/95, de 18 de julho, republicado pelo Decreto-Lei

[163] V. o antecedente artigo 83º, nº 7.

[164] V. os antecedentes artigos 72º, nº 4 e 74º, nº 4.

[165] V. o Decreto-Lei nº 292/95, inserto no antecedente Cap. I, 1.

[166] V. o antecedente artigo 128º, nº 2.

[167] Estes diplomas disciplinam os planos de ordenamento da orla costeira, das albufeiras de águas públicas, dos estuários e das áreas naturais protegidas. Cfr. o antecedente artigo 42º e respectiva nota.

nº 141/2014, de 19 de setembro, e às normas e especificações técnicas constantes do sítio na Internet da Direção-Geral do Território.[168]

Artigo 204º – Regiões autónomas

1 – O presente decreto-lei aplica-se às regiões autónomas dos Açores e da Madeira, sem prejuízo das respetivas competências legislativas em matéria de ordenamento do território.

2 – As figuras de programas e de planos territoriais específicos das regiões autónomas devem enquadrar-se como modalidades específicas dos programas especiais, dos programas regionais e dos planos territoriais estabelecidos no presente decreto-lei.

Artigo 205º – Norma revogatória

Sem prejuízo do disposto no nº 4 do artigo 199º, são revogados:

a) O Decreto-Lei nº 380/99, de 22 de setembro;

b) Os artigos 28º a 31º do Decreto-Lei nº 166/2008, de 22 de agosto, alterado pelos Decretos-Leis nºs 239/2012, de 2 de novembro, e 96/2013, de 19 de julho;

c) A Portaria nº 137/2005, de 2 de fevereiro;

d) A Portaria nº 138/2005, de 2 de fevereiro, alterada pelo Decreto-Lei nº 9/2007, de 17 de janeiro.

Artigo 206º – Entrada em vigor

O presente decreto-lei entra em vigor 60 dias após a data da sua publicação.

168 A cartografia para o planeamento territorial encontrava-se disciplinada no Decreto Regulamentar nº 10/2009, de 29 de Maio, que foi revogado pelo decreto-Lei nº 141/2014, referido neste preceito. Essa disciplina consta agora do diploma que em geral trata de cartografia (o aí também indicado Decreto-Lei nº 193/95) e do Regulamento nº 142/2016, aprovado pelo Director-Geral do Território, publicado em D.R., 2ª Série, de 9.2.2016.

VII. Regime geral dos procedimentos de controle das operações urbanísticas

1. Regime jurídico da urbanização e edificação

- Decreto-Lei nº 555/99, de 16 de Dezembro

2. Diplomas complementares

- Portaria nº 216-A/2008, de 3 de Março
- Portaria nº 216-B/2008, de 3 de Março

1. Regime jurídico da urbanização e edificação

Decreto-Lei nº 555/99, de 16 de Dezembro[169]

Índice:

[169] A versão fixada pela Lei nº 177/2001, de 4 de Junho, após reapreciação parlamentar do diploma original, foi objecto da Declaração de Rectificação nº 13-T/2001, de 30 de Junho, e alterada pela Lei nº 15/2002, de 22 de Fevereiro, pela Lei nº 4-A/2003, de 19 de Fevereiro, pelo Decreto-Lei nº 157/2006, de 8 de Agosto, pela Lei nº 60/2007, de 4 de Setembro, pelo Decreto-Lei nº 18/2008, de 29 de Janeiro, pelo Decreto-Lei nº 116/2008, de 4 de Julho, pelo Decreto-Lei nº 26/2010, de 30 de Março, que o republicou, pela Lei nº 28/2010, de 2 de Setembro, pelo Decreto-Lei nº 266-B/2012, de 31 de Dezembro, pelo Decreto-Lei nº 136/2014, de 9 de Setembro, que o voltou a republicar, tendo sido objeto da Declaração de Rectificação nº 46-A/2014, de 10 de Novembro, e pelo Decreto-lei nº 214-G/20015, de 2 de Outubro.
Suprime-se o preâmbulo do diploma original, em larga medida já sem correspondência no texto, atentas as extensas alterações sucessivamente introduzidas.

....

Assim, no uso da autorização legislativa concedida pelo artigo 1º da Lei nº 110/99, de 3 de Agosto e nos termos da alínea *b*) do nº 1 do artigo 198º da Constituição, o Governo decreta o seguinte:

CAPÍTULO I – Disposições preliminares

Artigo 1º – Objeto

O presente diploma estabelece o regime jurídico da urbanização e da edificação.

Artigo 2º – Definições

Para efeitos do presente diploma, entende-se por:

a) «Edificação», a atividade ou o resultado da construção, reconstrução, ampliação, alteração ou conservação de um imóvel destinado a utilização humana, bem como de qualquer outra construção que se incorpore no solo com caráter de permanência;

b) «Obras de construção», as obras de criação de novas edificações;

c) «Obras de reconstrução», as obras de construção subsequentes à demolição, total ou parcial, de uma edificação existente, das quais resulte a reconstituição da estrutura das fachadas;

d) «Obras de alteração», as obras de que resulte a modificação das características físicas de uma edificação existente, ou sua fração, designadamente a respetiva estrutura resistente, o número de fogos ou divisões interiores, ou a natureza e cor dos materiais de revestimento exterior, sem aumento da área total de construção, da área de implantação ou da altura da fachada;

e) «Obras de ampliação», as obras de que resulte o aumento da área de implantação, da área total de construção, da altura da fachada ou do volume de uma edificação existente;

f) «Obras de conservação», as obras destinadas a manter uma edificação nas condições existentes à data da sua construção, reconstrução, ampliação ou alteração, designadamente as obras de restauro, reparação ou limpeza;

g) «Obras de demolição», as obras de destruição, total ou parcial, de uma edificação existente;

h) «Obras de urbanização», as obras de criação e remodelação de infraestruturas destinadas a servir diretamente os espaços urbanos ou as edificações, designadamente arruamentos viários e pedonais, redes de esgotos e de abastecimento de água, eletricidade, gás e telecomunicações, e ainda espaços verdes e outros espaços de utilização coletiva;

i) «Operações de loteamento», as ações que tenham por objeto ou por efeito a constituição de um ou mais lotes destinados, imediata ou subsequentemente, à edificação urbana e que resulte da divisão de um ou vários prédios ou do seu reparcelamento;

j) «Operações urbanísticas», as operações materiais de urbanização, de edificação, utilização dos edifícios ou do solo desde que, neste último caso, para fins não exclusivamente agrícolas, pecuários, florestais, mineiros ou de abastecimento público de água;

l) «Obras de escassa relevância urbanística», as obras de edificação ou demolição que, pela sua natureza, dimensão ou localização tenham escasso impacte urbanístico;

m) «Trabalhos de remodelação dos terrenos», as operações urbanísticas não compreendidas nas alíneas anteriores que impliquem a destruição do revestimento vegetal, a alteração do relevo natural e das camadas de solo arável ou o derrube de árvores de alto porte ou em maciço para fins não exclusivamente agrícolas, pecuários, florestais ou mineiros;

n) *[Revogada]*;

o) «Zona urbana consolidada», a zona caracterizada por uma densidade de ocupação que permite identificar uma malha ou estrutura urbana já definida, onde existem as infraestruturas essenciais e onde se encontram definidos os alinhamentos dos planos marginais por edificações em continuidade.

Artigo 3º – Regulamentos municipais

1 – No exercício do seu poder regulamentar próprio, os municípios aprovam regulamentos municipais de urbanização e ou de edificação, bem como regulamentos relativos ao lançamento e liquidação das taxas e prestação de caução que, nos termos da lei, sejam devidas pela realização de operações urbanísticas.

2 – Os regulamentos previstos no número anterior devem ter como objetivo a concretização e execução do presente diploma, designadamente:

a) Concretizar quais as obras de escassa relevância urbanística para efeitos de delimitação das situações isentas de controlo prévio;

b) Pormenorizar, sempre que possível, os aspetos que envolvam a formulação de valorações próprias do exercício da função administrativa, em especial os aspetos morfológicos e estéticos a que devem obedecer os projetos de urbanização e edificação, assim como as condições exigíveis para avaliar a idoneidade da utilização dos edifícios e suas frações;

c) Disciplinar os aspetos relativos ao projeto, execução, receção e conservação das obras e serviços de urbanização, podendo, em particular, estabelecer normas para o controlo da qualidade da execução e fixar critérios morfológicos e estéticos a que os projetos devam conformar-se;

d) Disciplinar os aspetos relativos à segurança, funcionalidade, economia, harmonia e equilíbrio socioambiental, estética, qualidade, conservação e utilização dos edifícios, suas frações e demais construções e instalações;

e) Fixar os critérios e trâmites do reconhecimento de que as edificações construídas se conformam com as regras em vigor à data da sua construção, assim como do licenciamento ou comunicação prévia de obras de reconstrução ou de alteração das edificações para efeitos da aplicação do regime da garantia das edificações existentes;

f) Fixar os montantes das taxas a cobrar;

g) Indicar a instituição e o número da conta bancária do município onde é possível efetuar o depósito dos montantes das taxas devidas, identificando o órgão à ordem do qual é efetuado o pagamento;

h) Condições a observar na execução de operações urbanísticas objeto de comunicação prévia;

i) Determinar quais os atos e operações que devem estar submetidos a discussão pública, designadamente, concretizar as operações de loteamento com significativa relevância urbanística e definir os termos do procedimento da sua discussão;

j) Regular outros aspetos relativos à urbanização e edificação cuja disciplina não esteja reservada por lei a instrumentos de gestão territorial.

3 – Os projetos dos regulamentos referidos no nº 1 são submetidos a discussão pública, por prazo não inferior a 30 dias, antes da sua aprovação pelos órgãos municipais.[170]

4 – Os regulamentos referidos no nº 1 são objeto de publicação na 2.ª série do *Diário da República,* sem prejuízo das demais formas de publicidade previstas na lei.

CAPÍTULO II – Controlo prévio

SECÇÃO I – Âmbito e competência

Artigo 4º – Licença, comunicação prévia e autorização de utilização

1 – A realização de operações urbanísticas depende de licença, comunicação prévia com prazo, adiante designada abreviadamente por comunicação prévia ou comunicação, ou autorização de utilização, nos termos e com as exceções constantes da presente secção.

2 – Estão sujeitas a licença administrativa:

a) As operações de loteamento;

b) As obras de urbanização e os trabalhos de remodelação de terrenos em área não abrangida por operação de loteamento;

c) As obras de construção, de alteração ou de ampliação em área não abrangida por operação de loteamento ou por plano de pormenor;

d) As obras de conservação, reconstrução, ampliação, alteração ou demolição de imóveis classificados ou em vias de classificação, bem como de imóveis integrados em conjuntos ou sítios classificados ou em vias de classificação, e as obras de construção, reconstrução, ampliação, alteração exterior ou demolição de imóveis situados em zonas de proteção de imóveis classificados ou em vias de classificação;

e) Obras de reconstrução das quais resulte um aumento da altura da fachada ou do número de pisos;

f) As obras de demolição das edificações que não se encontrem previstas em licença de obras de reconstrução;

[170] O artigo 2º do Dec.-Lei nº 177/2001, dispôs que os regulamentos já existentes neste domínio se mantinham em vigor "até que sejam submetidos, no prazo máximo de seis meses", a contar da sua entrada em vigor, "sob pena de ineficácia, a confirmação pelos órgãos municipais competentes, após apreciação pública por prazo não inferior a 30 dias".
Na sequência da Lei nº 28/2002, de 22 de Novembro, que para tanto autorizou o Governo, o Decreto-Lei nº 65/2003, de 3 de Abril, prorrogou esse prazo por mais nove meses.

g) *[Revogada]*;

h) As obras de construção, reconstrução, ampliação, alteração ou demolição de imóveis em áreas sujeitas a servidão administrativa ou restrição de utilidade pública, sem prejuízo do disposto em legislação especial;

i) As demais operações urbanísticas que não estejam sujeitas a comunicação prévia ou isentas de controlo prévio, nos termos do presente diploma.

3 – A sujeição a licenciamento dos atos de reparcelamento da propriedade de que resultem parcelas não destinadas imediatamente a urbanização ou edificação depende da vontade dos proprietários.

4 – Estão sujeitas a comunicação prévia as seguintes operações urbanísticas:

a) As obras de reconstrução das quais não resulte um aumento da altura da fachada ou do número de pisos;

b) As obras de urbanização e os trabalhos de remodelação de terrenos em área abrangida por operação de loteamento;

c) As obras de construção, de alteração ou de ampliação em área abrangida por operação de loteamento ou plano de pormenor;

d) As obras de construção, de alteração ou de ampliação em zona urbana consolidada que respeitem os planos municipais ou intermunicipais e das quais não resulte edificação com cércea superior à altura mais frequente das fachadas da frente edificada do lado do arruamento onde se integra a nova edificação, no troço de rua compreendido entre as duas transversais mais próximas, para um e para outro lado;

e) A edificação de piscinas associadas a edificação principal;

f) As operações urbanísticas precedidas de informação prévia favorável, nos termos dos nºs 2 e 3 do artigo 14º;

g) *[Revogada]*.

h) *[Revogada]*.

5 – Está sujeita a autorização a utilização dos edifícios ou suas frações, bem como as alterações da utilização dos mesmos.

6 – Nas operações urbanísticas sujeitas a comunicação prévia pode o interessado, no requerimento inicial, optar pelo regime de licenciamento.

Artigo 5º – Competência

1 – A concessão da licença prevista no nº 2 do artigo anterior é da competência da câmara municipal, com faculdade de delegação no presidente e de subdelegação deste nos vereadores.

2 – *[Revogado]*.

3 – A concessão da autorização prevista no nº 5 do artigo anterior é da competência do presidente da câmara, podendo ser delegada nos vereadores, com faculdade de subdelegação, ou nos dirigentes dos serviços municipais.

4 – A aprovação da informação prévia regulada no presente diploma é da competência da câmara municipal, podendo ser delegada no seu presidente, com faculdade de subdelegação nos vereadores.

Artigo 6º – Isenção de controlo prévio

1 – Sem prejuízo do disposto na alínea *d*) do nº 2 do artigo 4º, estão isentas de controlo prévio:

a) As obras de conservação;

b) As obras de alteração no interior de edifícios ou suas frações que não impliquem modificações na estrutura de estabilidade, das cérceas, da forma das fachadas e da formados telhados ou coberturas;

c) As obras de escassa relevância urbanística;

d) Os destaques referidos nos nºs 4 e 5 do presente artigo.

2 – *[Revogado]*.

3 – *[Revogado]*.

4 – Os atos que tenham por efeito o destaque de uma única parcela de prédio com descrição predial que se situe em perímetro urbano estão isentos de licença desde que as duas parcelas resultantes do destaque confrontem com arruamentos públicos.

5 – Nas áreas situadas fora dos perímetros urbanos, os atos a que se refere o número anterior estão isentos de licença quando, cumulativamente, se mostrem cumpridas as seguintes condições:

a) Na parcela destacada só seja construído edifício que se destine exclusivamente a fins habitacionais e que não tenha mais de dois fogos;

b) Na parcela restante se respeite a área mínima fixada no projeto de intervenção em espaço rural em vigor ou, quando aquele não exista, a área de unidade de cultura fixada nos termos da lei geral para a região respetiva.[171]

6 – Nos casos referidos nos nºs 4 e 5 não é permitido efetuar na área correspondente ao prédio originário novo destaque nos termos aí referidos por um prazo de 10 anos contados da data do destaque anterior.

7 – O condicionamento da construção bem como o ónus do não fracionamento previstos nos nºs 5 e 6 devem ser inscritos no registo predial sobre as parcelas resultantes do destaque, sem o que não pode ser licenciada ou comunicada qualquer obra de construção nessas parcelas.

8 – O disposto no presente artigo não isenta a realização das operações urbanísticas nele previstas da observância das normas legais e regulamentares

[171] Ver, hoje, como modalidade específica de plano de pormenor, o "plano de intervenção no espaço rústico", previsto no artigo 104º do R.J.I.G.T. (antecedente Cap. VI), e a actual previsão da unidade de cultura no artigo 49º da Lei nº 111/2015, de 27 de Agosto (Regime Jurídico da Estruturação Fundiária).

aplicáveis, designadamente as constantes de planos municipais, intermunicipais ou especiais de ordenamento do território, de servidões ou restrições de utilidade pública, as normas técnicas de construção, as de proteção do património cultural imóvel, e a obrigação de comunicação prévia nos termos do artigo 24º do Decreto-Lei nº 73/2009, de 31 de março, que estabelece o regime jurídico da Reserva Agrícola Nacional.

9 – A certidão emitida pela câmara municipal comprovativa da verificação dos requisitos do destaque constitui documento bastante para efeitos de registo predial da parcela destacada.

10 – Os atos que tenham por efeito o destaque de parcela com descrição predial que se situe em perímetro urbano e fora deste devem observar o disposto nos nºs 4 ou 5, consoante a localização da parcela a destacar, ou, se também ela se situar em perímetro urbano e fora deste, consoante a localização da área maior.

Artigo 6º-A – Obras de escassa relevância urbanística

1 – São obras de escassa relevância urbanística:

a) As edificações, contíguas ou não, ao edifício principal com altura não superior a 2,2 m ou, em alternativa, à cércea do rés do chão do edifício principal com área igual ou inferior a 10 m^2 e que não confinem com a via pública;

b) A edificação de muros de vedação até 1,8 m de altura que não confinem com a via pública e de muros de suporte de terras até uma altura de 2 m ou que não alterem significativamente a topografia dos terrenos existentes;

c) A edificação de estufas de jardim com altura inferior a 3 m e área igual ou inferior a 20 m^2;

d) As pequenas obras de arranjo e melhoramento da área envolvente das edificações que não afetem área do domínio público;

e) A edificação de equipamento lúdico ou de lazer associado a edificação principal com área inferior à desta última;

f) A demolição das edificações referidas nas alíneas anteriores;

g) A instalação de painéis solares fotovoltaicos ou geradores eólicos associada a edificação principal, para produção de energias renováveis, incluindo de microprodução, que não excedam, no primeiro caso, a área de cobertura da edificação e a cércea desta em 1 m de altura, e, no segundo, a cércea da mesma em 4 m e que o equipamento gerador não tenha raio superior a 1,5 m, bem como de coletores solares térmicos para aquecimento de águas sanitárias que não excedam os limites previstos para os painéis solares fotovoltaicos;

h) A substituição dos materiais de revestimento exterior ou de cobertura ou telhado por outros que, conferindo acabamento exterior idêntico ao original, promovam a eficiência energética;

i) Outras obras, como tal qualificadas em regulamento municipal.

2 – Excetuam-se do disposto no número anterior as obras e instalações em:

a) Imóveis classificados ou em vias de classificação, de interesse nacional ou de interesse público;

b) Imóveis situados em zonas de proteção de imóveis classificados ou em vias de classificação;

c) Imóveis integrados em conjuntos ou sítios classificados ou em vias de classificação.

3 – O regulamento municipal a que se refere a alínea *i*) do nº 1 pode estabelecer limites além dos previstos nas alíneas *a*) a *c*) do mesmo número.

4 – A descrição predial pode ser atualizada mediante declaração de realização de obras de escassa relevância urbanística nos termos do presente diploma.

5 – A instalação de geradores eólicos referida na alínea *g*) do nº 1 é precedida de notificação à câmara municipal.

6 – A notificação prevista no número anterior destina-se a dar conhecimento à câmara municipal da instalação do equipamento e deve ser instruída com:

a) A localização do equipamento;

b) A cércea e raio do equipamento;

c) O nível de ruído produzido pelo equipamento;

d) Termo de responsabilidade onde o apresentante da notificação declare conhecer e cumprir as normas legais e regulamentares aplicáveis à instalação de geradores eólicos.

Artigo 7º – Operações urbanísticas promovidas pela Administração Pública

1 – Estão igualmente isentas de controlo prévio:

a) As operações urbanísticas promovidas pelas autarquias locais e suas associações em área abrangida por plano municipal ou intermunicipal de ordenamento do território;

b) As operações urbanísticas promovidas pelo Estado relativas a equipamentos ou infraestruturas destinados à instalação de serviços públicos ou afetos ao uso direto e imediato do público, sem prejuízo do disposto no nº 4;

c) As obras de edificação ou demolição promovidas por institutos públicos ou entidades da Administração Pública que tenham por atribuições específicas a salvaguarda do património cultural ou a promoção e gestão do parque habitacional do Estado e que estejam diretamente relacionadas com a prossecução destas atribuições;

d) As obras de edificação ou demolição promovidas por entidades públicas que tenham por atribuições específicas a administração das áreas portuárias ou do domínio público ferroviário ou aeroportuário, quando realizadas na respetiva área de jurisdição e diretamente relacionadas com a prossecução daquelas atribuições;

e) As obras de edificação ou de demolição e os trabalhos promovidos por entidades concessionárias de obras ou serviços públicos, quando se reconduzam à prossecução do objeto da concessão;

f) As operações urbanísticas promovidas por empresas públicas relativamente a parques empresariais e similares, nomeadamente zonas empresariais responsáveis (ZER), zonas industriais e de logística.

2 – A execução das operações urbanísticas previstas no número anterior, com exceção das promovidas pelos municípios, fica sujeita a parecer prévio não vinculativo da câmara municipal, que deve ser emitido no prazo de 20 dias a contar da data da receção do respetivo pedido.

3 – As operações de loteamento e as obras de urbanização promovidas pelas autarquias locais e suas associações em área não abrangida por plano municipal ou intermunicipal de ordenamento do território devem ser previamente autorizadas pela assembleia municipal, depois de submetidas a parecer prévio não vinculativo da Comissão de Coordenação e Desenvolvimento Regional (CCDR), a qual deve pronunciar-se no prazo de 20 dias a contar da receção do respetivo pedido.

4 – As operações de loteamento e as obras de urbanização promovidas pelo Estado devem ser previamente autorizadas pelo ministro da tutela e pelo ministro responsável pelo ordenamento do território, depois de ouvida a câmara municipal, a qual se deve pronunciar no prazo de 20 dias após a receção do respetivo pedido.

5 – As operações de loteamento e as obras de urbanização promovidas pelas autarquias locais e suas associações ou pelo Estado, em área não abrangida por plano de urbanização ou plano de pormenor, são submetidas a discussão pública, nos termos estabelecidos no regime jurídico dos instrumentos de gestão territorial, com as necessárias adaptações, exceto no que se refere aos períodos de anúncio e de duração da discussão pública que são, respetivamente, de 8 e de 15 dias.

6 – A realização das operações urbanísticas previstas neste artigo deve observar as normas legais e regulamentares que lhes forem aplicáveis, designadamente as constantes de instrumento de gestão territorial, do regime jurídico de proteção do património cultural, do regime jurídico aplicável à gestão de resíduos de construção e demolição, e as normas técnicas de construção.

7 – À realização das operações urbanísticas previstas no presente artigo aplica-se o disposto no presente diploma no que se refere ao termo de responsabilidade, à publicitação do início e do fim das operações urbanísticas e ao pagamento de taxas urbanísticas, o qual deve ser realizado por autoliquidação antes do início da obra, nos termos previstos nos regulamentos municipais referidos no artigo 3º.

8 – As operações urbanísticas previstas no presente artigo só podem iniciar-se depois de emitidos os pareceres ou autorizações referidos no presente artigo ou após o decurso dos prazos fixados para a respetiva emissão.

9 – Até cinco dias antes do início das obras que estejam isentas de controlo prévio, nos termos do presente artigo, o interessado deve notificar a câmara municipal dessa intenção, comunicando também a identidade da pessoa, singular ou coletiva, encarregada da execução dos mesmos, para efeitos de eventual fiscalização e de operações de gestão de resíduos de construção e demolição.

SECÇÃO II – Formas de procedimento

SUBSECÇÃO I – Disposições gerais

Artigo 8º – Procedimento

1 – O controlo prévio das operações urbanísticas obedece às formas de procedimento previstas na presente secção, devendo ainda ser observadas as condições especiais de licenciamento previstas na secção III do presente capítulo.

2 – Sem prejuízo das competências do gestor de procedimento, a direção da instrução do procedimento compete ao presidente da câmara municipal, podendo ser delegada nos vereadores, com faculdade de subdelegação nos dirigentes dos serviços municipais.

3 – Cada procedimento é acompanhado por gestor de procedimento, a quem compete assegurar o normal desenvolvimento da tramitação processual, acompanhando, nomeadamente, a instrução, o cumprimento de prazos, a prestação de informação e os esclarecimentos aos interessados.

4 – O comprovativo eletrónico de apresentação do requerimento de licenciamento, informação prévia ou comunicação prévia contém a identificação do gestor do procedimento, bem como a indicação do local, do horário e da forma pelo qual pode ser contactado.

5 – Em caso de substituição do gestor de procedimento, é notificada ao interessado a identidade do novo gestor, bem como os elementos referidos no número anterior.

Artigo 8º-A – Tramitação do procedimento através de sistema eletrónico

1 – A tramitação dos procedimentos previstos no presente diploma é realizada informaticamente através de plataforma eletrónica, nos termos a regulamentar em portaria dos membros do Governo responsáveis pelas áreas da modernização administrativa, das autarquias locais e do ordenamento do território.[172]

[172] Portaria nº 216-A/2008, de 3 de Março, inserta na Secção subsequente, dando origem ao SIRJUE (Sistema de Informação do RJUE), já referido na actual redacção do nº 4.

2 – A tramitação dos procedimentos previstos no presente diploma na plataforma eletrónica referida no número anterior permite, nos termos a fixar na portaria aí referida, nomeadamente:

a) A entrega de requerimentos e comunicações;

b) A consulta pelos interessados do estado dos procedimentos;

c) A submissão dos procedimentos a consulta por entidades externas ao município;

d) A obtenção de comprovativos automáticos de submissão de requerimentos e comunicações e de ocorrência de deferimento tácito, quando decorridos os respetivos prazos legais;

e) A disponibilização de informação relativa aos procedimentos de comunicação prévia para efeitos de registo predial e matricial.

3 – No caso de instalação ou alteração de estabelecimentos abrangidos pelo Decreto-Lei nº 48/2011, de 1 de abril, alterado pelo Decreto-Lei nº 141/2012, de 11 de julho, ou pelo Decreto-Lei nº 169/2012, de 1 de agosto, que envolvam operações urbanísticas sujeitas aos procedimentos previstos no artigo 4º do presente decreto-lei, tais procedimentos, bem como os documentos necessários à sua instrução, podem ser iniciados através do balcão eletrónico previsto nos referidos diplomas, adiante designado por «Balcão do Empreendedor».

4 – A integração da plataforma eletrónica referida no nº 1 com o balcão único eletrónico dos serviços a que se referem os artigos 5º e 6º do Decreto-Lei nº 92/2010, de 26 de julho, com o «Balcão do Empreendedor» e com todas as entidades externas com competências para intervir e se pronunciar no âmbito dos procedimentos regulados pelo presente diploma é regulada por portaria dos membros do Governo responsáveis pelas áreas da economia, da administração local, da modernização administrativa e do ordenamento do território, tendo em conta, na interoperabilidade com sistemas externos às integrações já presentes no SIRJUE, as plataformas já existentes na Administração Pública, nomeadamente a plataforma de interoperabilidade da administração pública e o previsto no regulamento nacional da interoperabilidade digital.

5 – A apresentação de requerimentos deve assegurar que o acesso à plataforma pelos seus utilizadores é feito mediante mecanismos de autenticação proporcional às operações em causa, havendo lugar a autenticação nos termos definidos na portaria referida no número anterior.

6 – Nas situações de inexistência ou indisponibilidade do sistema informático, os procedimentos podem decorrer com recurso a outros suportes digitais, ou com recurso ao papel.

7 – Nos casos previstos no número anterior, o processo administrativo ou os seus elementos entregues através de outros suportes digitais ou em papel

são obrigatoriamente integrados no sistema informático pelos serviços requeridos, após a cessação da situação de inexistência ou indisponibilidade do sistema informático.

Artigo 9º – Requerimento e comunicação

1 – Salvo disposição em contrário, os procedimentos previstos no presente diploma iniciam-se através de requerimento ou comunicação apresentados com recurso a meios eletrónicos e através do sistema previsto no artigo anterior, dirigidos ao presidente da câmara municipal, dos quais devem constar a identificação do requerente ou comunicante, incluindo o domicílio ou sede, bem como a indicação da qualidade de titular de qualquer direito que lhe confira a faculdade de realizar a operação urbanística.

2 – Do requerimento ou comunicação consta igualmente a indicação do pedido ou objeto em termos claros e precisos, identificando o tipo de operação urbanística a realizar por referência ao disposto no artigo 2º, bem como a respetiva localização.

3 – Quando respeite a mais de um dos tipos de operações urbanísticas referidos no artigo 2º diretamente relacionadas, devem ser identificadas todas as operações abrangidas, aplicando-se neste caso a forma de procedimento correspondente a cada tipo de operação, sem prejuízo da tramitação e apreciação conjunta.

4 – O pedido ou comunicação é acompanhado dos elementos instrutórios previstos em portaria aprovada pelos ministros responsáveis pelas obras públicas e pelo ordenamento do território, para além dos documentos especialmente referidos no presente diploma.[173]

5 – *[Revogado].*

6 – Com a apresentação de requerimento ou comunicação, ou nas situações referidas no nº 6 do artigo anterior, quando cesse a inexistência ou indisponibilidade, é emitido comprovativo eletrónico.

7 – No requerimento inicial pode o interessado solicitara indicação das entidades que, nos termos da lei, devam emitir parecer, autorização ou aprovação relativamente ao pedido apresentado, sendo-lhe prestada tal informação no prazo de 15 dias, através do sistema informático a que se refere o artigo anterior, sem prejuízo do disposto no artigo 121º.

8 – O disposto no número anterior não se aplica nos casos de rejeição liminar do pedido, nos termos do disposto no artigo 11º.

9 – O gestor do procedimento regista no processo a junção subsequente de quaisquer novos documentos e a data das consultas a entidades exteriores ao

[173] Portaria nº 113/2015, de 22 de Abril, inserta no antecedente Capítulo II.

município e da receção das respetivas respostas, quando for caso disso, bem como a data e o teor das decisões dos órgãos municipais.

10 – A substituição do requerente ou comunicante, do titular do alvará de construção ou do título de registo emitidos pelo Instituto da Construção e do Imobiliário, I. P.(InCI, I. P.), do responsável por qualquer dos projetos apresentados, do diretor de obra ou do diretor de fiscalização de obra deve ser comunicada ao gestor do procedimento para que este proceda ao respetivo averbamento no prazo de 15 dias a contar da data da substituição.

11 – Cabe ao gestor do procedimento verificar a adequação das habilitações do titular do alvará de construção ou do título de registo emitidos pelo InCI, I. P., à natureza e à estimativa de custo da operação urbanística.

Artigo 10º – Termo de responsabilidade

1 – O requerimento ou comunicação é sempre instruído com declaração dos autores dos projetos, da qual conste que foram observadas na elaboração dos mesmos as normas legais e regulamentares aplicáveis, designadamente as normas técnicas de construção em vigor, e do coordenador dos projetos, que ateste a compatibilidade entre os mesmos.

2 – Das declarações mencionadas no número anterior deve, ainda, constar referência à conformidade do projeto com os planos municipais ou intermunicipais de ordenamento do território aplicáveis à pretensão, bem como com a licença de loteamento, quando exista.

3 – Sem prejuízo do disposto no número seguinte e em legislação especial, só podem subscrever projetos os técnicos legalmente habilitados que se encontrem inscritos em associação pública de natureza profissional e que façam prova da validade da sua inscrição aquando da apresentação do requerimento inicial.

4 – Os técnicos cuja atividade não esteja abrangida por associação pública podem subscrever os projetos para os quais possuam habilitação adequada, nos termos do disposto no regime da qualificação profissional exigível aos técnicos responsáveis pela elaboração e subscrição de projetos ou em legislação especial relativa a organismo público legalmente reconhecido.

5 – Os autores e coordenador dos projetos devem declarar, nomeadamente nas situações previstas no artigo 60º, quais as normas técnicas ou regulamentares em vigor que não foram observadas na elaboração dos mesmos, fundamentando as razões da sua não observância.

6 – Sempre que forem detetadas irregularidades nos termos de responsabilidade, no que respeita às normas legais e regulamentares aplicáveis e à conformidade do projeto com os planos municipais ou intermunicipais de ordenamento do território ou licença de loteamento, quando exista, devem as mesmas ser comunicadas à associação pública de natureza profissional onde o técnico está

inscrito ou ao organismo público legalmente reconhecido no caso dos técnicos cuja atividade não esteja abrangida por associação pública.

Artigo 11º – Saneamento e apreciação liminar

1 – Compete ao presidente da câmara municipal, por sua iniciativa ou por indicação do gestor do procedimento, decidir as questões de ordem formal e processual que possam obstar ao conhecimento de qualquer pedido ou comunicação apresentados no âmbito do presente diploma.

2 – No prazo de oito dias a contar da apresentação do requerimento, o presidente da câmara municipal profere despacho:

a) De aperfeiçoamento do pedido, sempre que o requerimento não contenha a identificação do requerente, do pedido ou da localização da operação urbanística a realizar, bem como no caso de faltar documento instrutório exigível que seja indispensável ao conhecimento da pretensão e cuja falta não possa ser oficiosamente suprida;

b) De rejeição liminar, oficiosamente ou por indicação do gestor do procedimento, quando da análise dos elementos instrutórios resultar que o pedido é manifestamente contrário às normas legais ou regulamentares aplicáveis;

c) De extinção do procedimento, nos casos em que a operação urbanística em causa está isenta de controlo prévio ou sujeita a comunicação prévia exceto se o interessado estiver a exercer a faculdade prevista no nº 6 do artigo 4º.

3 – No caso previsto na alínea *a*) do número anterior, o requerente é notificado, por uma única vez, para no prazo de 15 dias corrigir ou completar o pedido, ficando suspensos os termos ulteriores do procedimento, sob pena de rejeição liminar.

4 – *[Revogado]*.

5 – Não ocorrendo rejeição liminar ou convite para corrigir ou completar o pedido ou comunicação, no prazo previsto no nº 2, presume-se que o requerimento ou comunicação se encontram corretamente instruídos.

6 – Sem prejuízo do disposto nos números anteriores, o gestor do procedimento deve dar a conhecer ao presidente da câmara municipal, até à decisão final, qualquer questão que prejudique o desenvolvimento normal do procedimento ou impeça a tomada de decisão sobre o objeto do pedido, nomeadamente a ilegitimidade do requerente e a caducidade do direito que se pretende exercer.

7 – Salvo no que respeita às consultas a que se refere o artigo 13º, se a decisão final depender da decisão de uma questão que seja da competência de outro órgão administrativo ou dos tribunais, deve o presidente da câmara municipal suspender o procedimento até que o órgão ou o tribunal competente se pronun-

ciem, notificando o requerente desse ato, sem prejuízo do disposto no nº 2 do artigo 31º do Código do Procedimento Administrativo.[174]

8 – Sem prejuízo do disposto no número anterior, o interessado pode requerer a continuação do procedimento em alternativa à suspensão, ficando a decisão final condicionada, na sua execução, à decisão que vier a ser proferida pelo órgão administrativo ou tribunal competente.

9 – Havendo rejeição do pedido ou comunicação, nos termos do presente artigo, o interessado que apresente novo pedido ou comunicação para o mesmo fim está dispensado de juntar os documentos utilizados anteriormente que se mantenham válidos e adequados.

10 – O presidente da câmara municipal pode delegar nos vereadores, com faculdade de subdelegação, ou nos dirigentes dos serviços municipais, as competências referidas nos nºs 1, 2 e 7.

11 – *[Revogado]*.

Artigo 12º – Publicidade do pedido

O pedido de licenciamento ou a comunicação prévia de operação urbanística devem ser publicitados sob forma de aviso, segundo o modelo aprovado por portaria do membro do Governo responsável pelo ordenamento do território, a colocar no local de execução da operação de forma visível da via pública, no prazo de 10 dias a contar da apresentação do requerimento inicial ou comunicação.[175]

Artigo 12º-A – Suspensão do procedimento

Nas áreas a abranger por novas regras urbanísticas constantes de instrumento de gestão territorial diretamente vinculativo dos particulares ou sua revisão, aplica-se o disposto no regime jurídico dos instrumentos de gestão territorial em matéria de suspensão de procedimentos.[176]

[174] Hoje, nº 2 do artigo 38º deste Código, revisto em 2014, que dispõe:
"A suspensão cessa:
a) Quando a decisão da questão prejudicial depender da apresentação de pedido pelo interessado e este não o apresentar perante o órgão administrativo ou o tribunal competente nos 30 dias seguintes à notificação da suspensão;
b) Quando o procedimento ou o processo instaurado para conhecimento da questão prejudicial estiver parado, por culpa do interessado, por mais de 30 dias;
c) Quando, por circunstâncias supervenientes, a falta de resolução imediata do assunto causar graves prejuízos para interesses públicos ou privados."

[175] Portaria nº 216-C/2008, de 3 de Março.

[176] Cfr. o nº 5 do subsequente artigo 17º e ver o artigo 145º, nº 1 do RJIGT.

Artigo 13º – Disposições gerais sobre a consulta a entidades externas

1 – A consulta às entidades que, nos termos da lei, devam emitir parecer, autorização ou aprovação sobre o pedido, que não respeitem a aspetos relacionados com a localização, é promovida pelo gestor do procedimento, e é efetuada em simultâneo, através da plataforma eletrónica referida no nº 1 do artigo 8º-A.

2 – É dispensada a consulta a entidades externas em procedimentos relativos a operações urbanísticas que já tenham sido objeto de apreciação favorável no âmbito do procedimento de informação prévia, de aprovação de operações de loteamento urbano ou de aprovação de planos de pormenor, com exceção dos planos de salvaguarda que estabeleçam a necessidade dessa consulta.

3 – Nos casos previstos no artigo seguinte, o gestor do procedimento comunica o pedido, com a identificação das entidades a consultar, à CCDR.

4 – As entidades exteriores ao município pronunciam-se exclusivamente no âmbito das suas atribuições e competências.

5 – As entidades consultadas devem pronunciar-se no prazo de 20 dias a contar da data de disponibilização do processo.

6 – Considera-se haver concordância daquelas entidades com a pretensão formulada se os respetivos pareceres, autorizações ou aprovações não forem recebidos dentro do prazo fixado no número anterior.

7 – Os pareceres das entidades exteriores ao município só têm caráter vinculativo quando tal resulte da lei, desde que se fundamentem em condicionamentos legais ou regulamentares e sejam recebidos dentro do prazo previsto no nº 5.

8 – Constam de diploma próprio os projetos, estudos e certificações técnicas que carecem de consulta, de aprovação ou de parecer, interno ou externo, bem como as condições a que deve obedecer a sua elaboração.

9 – Os projetos de arquitetura e os de especialidades, bem como os pedidos de autorização de utilização, quando acompanhados por termo de responsabilidade subscrito por técnico autor de projeto legalmente habilitado nos termos da lei da qualificação profissional exigível aos técnicos responsáveis pela elaboração e subscrição de projetos, fiscalização de obra e direção de obra que ateste o cumprimento das normas legais e regulamentares aplicáveis, incluindo a menção a plano municipal ou intermunicipal de ordenamento do território em vigor ou licença de loteamento, ficam dispensados da apresentação na câmara municipal de consultas, certificações, aprovações ou pareceres externos, sem prejuízo da necessidade da sua obtenção quando legalmente prevista.

10 – A realização de vistoria, certificação, aprovação ou parecer, pelo município ou por entidade exterior, sobre a conformidade da execução dos projetos das especialidades e outros estudos com o projeto aprovado ou apresentado é dispensada mediante emissão de termo de responsabilidade por técnico legal-

mente habilitado para esse efeito, de acordo com o respetivo regime legal, que ateste essa conformidade.

11 – O disposto no número anterior não se aplica às especialidades de eletricidade e de gás que são reguladas por legislação especial que assegure a segurança das instalações.

12 – No termo do prazo fixado para a promoção das consultas, o interessado pode solicitar a passagem de certidão dessa promoção, a qual é emitida pela câmara municipal no prazo de oito dias e, se esta for negativa, promover diretamente as consultas que não hajam sido realizadas, nos termos do artigo 13º-B, ou pedir ao tribunal administrativo que intime a câmara municipal, nos termos do artigo 112º.

13 – Para efeitos do número anterior, e nos termos a regulamentar na portaria a que se refere o nº 4 do artigo 8º-A, o interessado pode:

a) Obter comprovativo eletrónico da promoção ou não promoção da consulta das entidades externas pela câmara municipal;

b) Promover diretamente a consulta das entidades externas.

Artigo 13º-A – Parecer, aprovação ou autorização em razão da localização

1 – A consulta de entidades da administração central, direta ou indireta, do setor empresarial do Estado, bem como de entidades concessionárias que exerçam poderes de autoridade, que se devam pronunciar sobre a operação urbanística em razão da localização, é efetuada através de uma única entidade coordenadora, a CCDR territorialmente competente, a qual emite uma decisão global e vinculativa de toda a administração.

2 – A CCDR identifica, no prazo de cinco dias a contar da receção dos elementos através do sistema previsto no artigo 8º-A, as entidades que nos termos da lei devam emitir parecer, aprovação ou autorização de localização, promovendo dentro daquele prazo a respetiva consulta, a efetivar em simultâneo e com recurso ao referido sistema informático.

3 – As entidades consultadas devem pronunciar-se no prazo de 20 dias, sendo este prazo imperativo.

4 – *[Revogado]*.

5 – Os prazos referidos nos números anteriores suspendem-se, por uma única vez, nas seguintes situações:

a) Quando as entidades consultadas verificarem que existem omissões ou irregularidades no requerimento e nos elementos instrutórios cuja junção é obrigatória e requererem à CCDR, no prazo de 8 dias, que convide o requerente a supri-las, no prazo de 15 dias, retomando o seu curso com a receção pela entidade consultada dos elementos adicionais solicitados ou com o indeferimento do requerimento de aperfeiçoamento pela CCDR;

b) Quando as entidades consultadas estejam, por força de compromissos assumidos no âmbito de tratados internacionais, ou de obrigação decorrente da legislação comunitária, sujeitas à obtenção de parecer prévio de entidade sediada fora do território nacional, devendo essa circunstância ser comunicada à CCDR e não podendo a suspensão ter uma duração superior a 20 dias.

6 – Caso não existam posições divergentes entre as entidades consultadas, a CCDR toma a decisão final no prazo de cinco dias a contar do fim do prazo previsto no número anterior.

7 – Caso existam pareceres negativos das entidades consultadas, a CCDR promove uma reunião, preferencialmente por videoconferência, a realizar no prazo de 10 dias a contar do último parecer recebido dentro do prazo fixado nos termos do nº 4, com todas as entidades e com o requerente, tendo em vista obter uma solução concertada que permita ultrapassar as objeções formuladas, e toma decisão final vinculativa no prazo de 10 dias.

8 – Na conferência decisória referida no número anterior, as entidades consultadas são representadas por pessoas com poderes para as vincular.

9 – Não sendo possível obter a posição de todas as entidades, por motivo de falta de comparência de algum representante ou por ter sido submetida a apreciação alguma questão nova, os trabalhos da conferência podem ser suspensos por um período máximo de cinco dias.

10 – Quando a CCDR não adote posição favorável a uma operação urbanística por esta ser desconforme com instrumento de gestão territorial, pode a CCDR, quando a operação se revista de especial relevância regional ou local, por sua iniciativa ou a solicitação do município, respetivamente, propor ao Governo a aprovação em resolução do Conselho de Ministros da alteração, suspensão ou ratificação, total ou parcial, de plano da sua competência relativamente ao qual a desconformidade se verifica.

11 – Quando a decisão seja proferida em conferência decisória, os pareceres emitidos têm natureza não vinculativa, independentemente da sua classificação em legislação especial.

12 – O procedimento de decisão da administração central previsto nos números anteriores é objeto de portaria dos membros do Governo responsáveis pelo ordenamento do território e pela administração local.[177]

13 – A CCDR comunica ao município a decisão da conferência decisória no prazo de cinco dias após a sua realização.

14 – Caso a CCDR não cumpra o prazo previsto no número anterior, considera-se que as consultas tiveram um sentido favorável.

[177] Portaria nº 349/2008, de 5 de Maio, publicada antes da renumeração do artigo em 2010, e invocando assim o então nº 10 do preceito.

Artigo 13º-B – Consultas prévias

1 – Sem prejuízo do disposto no número seguinte, o interessado na consulta a entidades externas pode solicitar previamente os pareceres, autorizações ou aprovações legalmente exigidos junto das entidades competentes, entregando-os com o requerimento inicial, caso em que não há lugar a nova consulta desde que, até à data da apresentação de tal pedido ou comunicação na câmara municipal, não haja decorrido mais de dois anos desde a emissão dos pareceres, autorizações ou aprovações emitidos ou desde que, caso tenha sido esgotado este prazo, não se tenham verificado alterações dos pressupostos de facto ou de direito em que os mesmos se basearam.

2 – As comunicações prévias de operações urbanísticas são sempre precedidas das consultas às entidades externas a que haja lugar.

3 – Para os efeitos dos números anteriores, na falta de pronúncia da entidade consultada no prazo legal, o requerimento inicial ou a comunicação prévia podem ser instruídos com prova da solicitação das consultas e declaração do requerente ou comunicante de que os mesmos não foram emitidos dentro daquele prazo.

4 – Nos procedimentos de controlo prévio, com exceção das comunicações prévias, não tendo o interessado promovido todas as consultas necessárias, o gestor do procedimento promove as consultas a que haja lugar, de acordo com o previsto no artigo 13º.

5 – A utilização da plataforma eletrónica referida no nº 1 do artigo 8º-A pelo interessado para os efeitos previstos no nº 1 faz-se em termos a regulamentar na portaria a que se refere o mesmo número.

SUBSECÇÃO II – Informação prévia

Artigo 14º – Pedido de informação prévia

1 – Qualquer interessado pode pedir à câmara municipal, a título prévio, informação sobre a viabilidade de realizar determinada operação urbanística ou conjunto de operações urbanísticas diretamente relacionadas, bem como sobre os respetivos condicionamentos legais ou regulamentares, nomeadamente relativos a infraestruturas, servidões administrativas e restrições de utilidade pública, índices urbanísticos, cérceas, afastamentos e demais condicionantes aplicáveis à pretensão.

2 – O interessado pode, em qualquer circunstância, designadamente quando o pedido respeite a operação de loteamento em área não abrangida por plano de pormenor, ou a obra de construção, ampliação ou alteração em área não abrangida por plano de pormenor ou operação de loteamento, requerer que a infor-

mação prévia contemple especificamente os seguintes aspetos, em função da informação pretendida e dos elementos apresentados:

a) A volumetria, alinhamento, cércea e implantação da edificação e dos muros de vedação;

b) Projeto de arquitetura e memória descritiva;

c) Programa de utilização das edificações, incluindo a área total de construção a afetar aos diversos usos e o número de fogos e outras unidades de utilização, com identificação das áreas acessórias, técnicas e de serviço;

d) Infraestruturas locais e ligação às infraestruturas gerais;

e) Estimativa de encargos urbanísticos devidos;

f) Áreas de cedência destinadas à implantação de espaços verdes, equipamentos de utilização coletiva e infraestruturas viárias.

3 – Quando o interessado não seja o proprietário do prédio, o pedido de informação prévia inclui a identificação daquele bem como dos titulares de qualquer outro direito real sobre o prédio, através de certidão emitida pela conservatória do registo predial.

4 – No caso previsto no número anterior, a câmara municipal deve notificar o proprietário e os demais titulares de qualquer outro direito real sobre o prédio da abertura do procedimento.

Artigo 15º – Consultas no âmbito do procedimento de informação prévia

1 – No âmbito do procedimento de informação prévia há lugar a consultas externas, nos termos dos artigos 13º a 13º-B, às entidades cujos pareceres, autorizações ou aprovações condicionem, nos termos da lei, a informação a prestar, sempre que tal consulta seja exigível num eventual pedido de licenciamento ou com a apresentação de comunicação prévia.

2 – A pronúncia das entidades referidas no número anterior não incide sobre avaliação de impacte ambiental.

Artigo 16º – Deliberação

1 – A câmara municipal delibera sobre o pedido de informação prévia no prazo de 20 dias ou, no caso previsto no nº 2 do artigo 14º, no prazo de 30 dias contados a partir:

a) Da data da receção do pedido ou dos elementos solicitados nos termos do nº 3 do artigo 11º; ou

b) Da data da receção do último dos pareceres, autorizações ou aprovações emitidos pelas entidades exteriores ao município, quando tenha havido lugar a consultas; ou ainda

c) Do termo do prazo para a receção dos pareceres, autorizações ou aprovações, sempre que alguma das entidades consultadas não se pronuncie até essa data.

2 – Os pareceres, autorizações ou aprovações emitidos pelas entidades exteriores ao município são obrigatoriamente notificados ao requerente juntamente com a informação prévia aprovada pela câmara municipal, dela fazendo parte integrante.

3 – A câmara municipal indica sempre, na informação favorável, o procedimento de controlo prévio a que se encontra sujeita a realização da operação urbanística projetada, de acordo com o disposto na secção I do capítulo II do presente diploma.

4 – No caso de a informação ser desfavorável, dela deve constar a indicação dos termos em que a mesma, sempre que possível, pode ser revista por forma a serem cumpridas as prescrições urbanísticas aplicáveis, designadamente as constantes de plano municipal ou intermunicipal de ordenamento do território ou de operação de loteamento.

Artigo 17º – Efeitos

1 – A informação prévia favorável vincula as entidades competentes na decisão sobre um eventual pedido de licenciamento e no controlo sucessivo de operações urbanísticas sujeitas a comunicação prévia.

2 – Quando seja proferida nos termos dos nºs 2 e 3 do artigo 14º, ou respeite a área sujeita a plano de pormenor ou a operação de loteamento, tem por efeito a sujeição da operação urbanística em causa ao regime da comunicação prévia, a efetuar nos exatos termos em que foi apreciada, e dispensa a realização de novas consultas externas.

3 – O pedido de licenciamento ou a apresentação de comunicação prévia a que se refere o número anterior deve ser efetuado no prazo de um ano após a decisão favorável do pedido de informação prévia e é sempre acompanhado de declaração dos autores e coordenador dos projetos de que aquela respeita os limites constantes da informação prévia favorável.

4 – Decorrido o prazo fixado no número anterior, o particular pode requerer ao presidente da câmara a declaração de que se mantêm os pressupostos de facto e de direito que levaram à anterior decisão favorável, devendo o mesmo decidir no prazo de 20 dias e correndo novo prazo de um ano para efetuar a apresentação dos pedidos de licenciamento ou de comunicação prévia se os pressupostos se mantiverem ou se o presidente da câmara municipal não tiver respondido no prazo legalmente previsto.

5 – Não se suspendem os procedimentos de licenciamento ou comunicação prévia requeridos ou apresentados com suporte em informação prévia nas áreas a abranger por novas regras urbanísticas, constantes de plano municipal, intermunicipal ou especial de ordenamento do território ou sua revisão, a partir da data fixada para o início da discussão pública e até à data da entrada em vigor daquele instrumento.

SUBSECÇÃO III – Licença

Artigo 18º – Âmbito

1 – Obedece ao procedimento regulado na presente subsecção a apreciação dos pedidos relativos às operações urbanísticas previstas no nº 2 do artigo 4º

2 – *[Revogado].*

Artigo 19º

[Revogado].

Artigo 20º – Apreciação dos projetos de obras de edificação

1 – A apreciação do projeto de arquitetura, no caso de pedido de licenciamento relativo a obras previstas nas alíneas *c*) a *f*) do nº 2 do artigo 4º, incide sobre a sua conformidade com planos municipais ou intermunicipais de ordenamento no território, planos especiais de ordenamentodo território, medidas preventivas, área de desenvolvimento urbano prioritário, área de construção prioritária[178], servidões administrativas, restrições de utilidade pública e quaisquer outras normas legais e regulamentares relativas ao aspeto exterior e a inserção urbana e paisagística das edificações, bem como sobre o uso proposto.

2 – Para os efeitos do número anterior, a apreciação da inserção urbana das edificações é efetuada na perspetiva formal e funcional, tendo em atenção o edificado existente, bem como o espaço público envolvente e as infraestruturas existentes e previstas.

3 – A câmara municipal delibera sobre o projeto de arquitetura no prazo de 30 dias contado a partir:

a) Da data da receção do pedido ou dos elementos solicitados nos termos do nº 3 do artigo 11º; ou

b) Da data da receção do último dos pareceres, autorizações ou aprovações emitidos pelas entidades exteriores ao município, quando tenha havido lugar a consultas; ou ainda

c) Do termo do prazo para a receção dos pareceres, autorizações ou aprovações, sempre que alguma das entidades consultadas não se pronuncie até essa data.

4 – O interessado deve apresentar os projetos das especialidade se outros estudos necessários à execução da obra no prazo de seis meses a contar da noti-

[178] Estas áreas de desenvolvimento urbano prioritário e áreas de construção prioritária continuam a ser referidas, uma vez que tecnicamente continua em vigor o diploma que as previu (Decreto-Lei nº 152/82, de 3 de Maio, rectificado em D.R. de 11.5.1982 e alterado pelo Decreto-Lei nº 210/83, de 23 de maio), mas nunca tal regime foi aplicado.

ficação do ato que aprovou o projeto de arquitetura caso não tenha apresentado tais projetos com o requerimento inicial.

5 – O presidente da câmara pode prorrogar o prazo referido no número anterior, por uma só vez e por período não superior a três meses, mediante requerimento fundamentado apresentado antes do respetivo termo.

6 – A falta de apresentação dos projetos das especialidades e outros estudos no prazo estabelecido no nº 4 ou naquele que resultar da prorrogação concedida nos termos do número anterior implica a suspensão do processo de licenciamento pelo período máximo de seis meses, findo o qual é declarada a caducidade após audiência prévia do interessado.

7 – *[Revogado]*.

8 – As declarações de responsabilidade dos autores dos projetos de arquitetura, no que respeita aos aspetos interiores das edificações, bem como dos autores dos projetos das especialidades e de outros estudos nos termos do nº 4 do artigo 10º, constituem garantia bastante do cumprimento das normas legais e regulamentares aplicáveis, excluindo a sua apreciação prévia, salvo quando as declarações sejam formuladas nos termos do nº 5 do artigo 10º.

Artigo 21º – Apreciação dos projetos de loteamento, de obras de urbanização e trabalhos de remodelação de terrenos

A apreciação dos projetos de loteamento, obras de urbanização e dos trabalhos de remodelação de terrenos pela câmara municipal incide sobre a sua conformidade com planos municipais ou intermunicipais de ordenamento do território, planos especiais de ordenamento do território, medidas preventivas, área de desenvolvimento urbano prioritário, área de construção prioritária, servidões administrativas, restrições de utilidade pública e quaisquer outras normas legais e regulamentares aplicáveis, bem como sobre o uso e a integração urbana e paisagística.

Artigo 22º – Consulta pública

1 – Os municípios podem determinar, através de regulamento municipal, a prévia sujeição a discussão pública do licenciamento de operações de loteamento com significativa relevância urbanística.

2 – A consulta prevista no número anterior tem sempre lugar quando a operação de loteamento exceda algum dos seguintes limites:

a) 4 ha;

b) 100 fogos;

c) 10% da população do aglomerado urbano em que se insere a pretensão.

Artigo 23º – Deliberação final

1 – A câmara municipal delibera sobre o pedido de licenciamento:

a) No prazo de 45 dias, no caso de operação de loteamento;

b) No prazo de 30 dias, no caso de obras de urbanização;

c) No prazo de 45 dias, no caso de obras previstas nas alíneas *c*) a *f*) do nº 2 do artigo 4º;

d) *[Revogada]*.

2 – *[Revogado]*.

3 – Os prazos previstos nas alíneas *a*) e *b*) do nº 1 contam-se a partir:

a) Da data da receção do pedido ou dos elementos solicitados nos termos do nº 3 do artigo 11º;

b) Da data da receção do último dos pareceres, autorizações ou aprovações emitidos pelas entidades exteriores ao município, quando tenha havido lugar a consultas; ou ainda

c) Do termo do prazo para a receção dos pareceres, autorizações ou aprovações, sempre que alguma das entidades consultadas não se pronuncie até essa data.

4 – O prazo previsto na alínea *c*) do nº 1 conta-se:

a) Da data da apresentação dos projetos das especialidades e outros estudos ou da data da aprovação do projeto de arquitetura se o interessado os tiver apresentado juntamente com o requerimento inicial; ou

b) Quando haja lugar a consulta de entidades externas, a partir da data da receção do último dos pareceres, autorizações ou aprovações; ou ainda

c) Do termo do prazo para a receção dos pareceres, autorizações ou aprovações, sempre que alguma das entidades consultadas não se pronuncie até essa data.

5 – Quando o pedido de licenciamento de obras de urbanização seja apresentado em simultâneo com o pedido de licenciamento de operação de loteamento, o prazo previsto na alínea *b*) do nº 1 conta-se a partir da deliberação que aprove o pedido de loteamento.

6 – No caso das obras previstas nas alíneas *c*) a *e*) do nº 2 do artigo 4º, a câmara municipal pode, a requerimento do interessado, aprovar uma licença parcial para construção da estrutura, imediatamente após a entrega de todos os projetos das especialidades e outros estudos e desde que se mostrem aprovado o projeto de arquitetura e prestada caução para demolição da estrutura até ao piso de menor cota em caso de indeferimento.

7 – Nos casos referidos no número anterior, o deferimento do pedido de licença parcial dá lugar à emissão de alvará.

Artigo 24º – Indeferimento do pedido de licenciamento

1 – O pedido de licenciamento é indeferido quando:

a) Violar plano municipal e intermunicipal de ordenamento do território, plano especial de ordenamento doterritório, medidas preventivas, área de desenvolvimento urbano prioritário, área de construção prioritária, servidão administrativa, restrição de utilidade pública ou quaisquer outras normas legais e regulamentares aplicáveis;

b) Existir declaração de utilidade pública para efeitos de expropriação que abranja o prédio objeto do pedido de licenciamento, salvo se tal declaração tiver por fim a realização da própria operação urbanística;

c) Tiver sido objeto de parecer negativo ou recusa de aprovação ou autorização de qualquer entidade consultada nos termos do presente diploma cuja decisão seja vinculativa para os órgãos municipais.

2 – Quando o pedido de licenciamento tiver por objeto a realização das operações urbanísticas referidas nas alíneas *a*) a *e*) do nº 2 do artigo 4º, o indeferimento pode ainda ter lugar com fundamento em:

a) A operação urbanística afetar negativamente o património arqueológico, histórico, cultural ou paisagístico, natural ou edificado;

b) A operação urbanística constituir, comprovadamente, uma sobrecarga incomportável para as infraestruturas ou serviços gerais existentes ou implicar, para o município, a construção ou manutenção de equipamentos, a realização de trabalhos ou a prestação de serviços por este não previstos, designadamente quanto a arruamentos e redes de abastecimento de água, de energia elétrica ou de saneamento.

3 – *[Revogado]*.

4 – Quando o pedido de licenciamento tiver por objeto a realização das obras referidas nas alíneas *c*) e *d*) do nº 2 do artigo 4º, pode ainda ser indeferido quando a obra seja suscetível de manifestamente afetar o acesso e a utilização de imóveis classificados de interesse nacional ou interesse público, a estética das povoações, a sua adequada inserção no ambiente urbano ou a beleza das paisagens, designadamente em resultado da desconformidade com as cérceas dominantes, a volumetria das edificações e outras prescrições expressamente previstas em regulamento.

5 – O pedido de licenciamento das obras referidas na alínea *c*) do nº 2 do artigo 4º deve ser indeferido na ausência de arruamentos ou de infraestruturas de abastecimento de água e saneamento ou se a obra projetada constituir, comprovadamente, uma sobrecarga incomportável para as infraestruturas existentes.

6 – *[Revogado]*.

Artigo 25º – Reapreciação do pedido

1 – Quando exista projeto de decisão de indeferimento com os fundamentos referidos na alínea *b*) do nº 2 e no nº 5 do artigo anterior, pode haver deferimento do pedido desde que o requerente, na audiência prévia, se comprometa a realizar os trabalhos necessários ou a assumir os encargos inerentes à sua execução, bem como os encargos de funcionamento das infraestruturas por um período mínimo de 10 anos.

2 – *[Revogado]*.

3 – Em caso de deferimento nos termos do nº 1, o requerente deve, antes da emissão do alvará, celebrar com a câmara municipal contrato relativo ao cumprimento das obrigações assumidas e prestar caução adequada, beneficiando de redução proporcional ou isenção das taxas por realização de infraestruturas urbanísticas, nos termos a fixar em regulamento municipal.

4 – A prestação da caução referida no número anterior bem como a execução ou manutenção das obras de urbanização que o interessado se compromete a realizar ou a câmara municipal entenda indispensáveis devem ser mencionadas expressamente como condição do deferimento do pedido.

5 – À prestação da caução referida no nº 3 aplica-se, com as necessárias adaptações, o disposto no artigo 54º.

6 – Os encargos a suportar pelo requerente ao abrigo do contrato referido no nº 3 devem ser proporcionais à sobrecarga para as infraestruturas existentes resultante da operação urbanística.

Artigo 26º – Licença

A deliberação final de deferimento do pedido de licenciamento consubstancia a licença para a realização da operação urbanística.

Artigo 27º – Alterações à licença

1 – A requerimento do interessado, podem ser alterados os termos e condições da licença.

2 – A alteração da licença de operação de loteamento é precedida de consulta pública quando a mesma esteja prevista em regulamento municipal ou quando sejam ultrapassados alguns dos limites previstos no nº 2 do artigo 22º.

3 – Sem prejuízo do disposto no artigo 48º, a alteração da licença de operação de loteamento não pode ser aprovada se ocorrer oposição escrita dos titulares da maioria da área dos lotes constantes do alvará, devendo, para o efeito, o gestor de procedimento proceder à sua notificação para pronúncia no prazo de 10 dias.

4 – A alteração à licença obedece ao procedimento estabelecido na presente subsecção, com as especialidades constantes dos números seguintes.

5 – É dispensada a consulta às entidades exteriores ao município desde que o pedido de alteração se conforme com os pressupostos de facto e de direito dos pareceres, autorizações ou aprovações que hajam sido emitidos no procedimento.

6 – No procedimento de alteração são utilizados os documentos constantes do processo que se mantenham válidos e adequados, promovendo a câmara municipal, quando necessário, a atualização dos mesmos.

7 – A alteração da licença dá lugar a aditamento ao alvará, que, no caso de operação de loteamento, deve ser comunicado oficiosamente à conservatória do registo predial competente para efeitos de averbamento, contendo a comunicação os elementos em que se traduz a alteração.

8 – As alterações à licença de loteamento, com ou sem variação do número de lotes, que se traduzam na variação das áreas de implantação, de construção ou variação do número de fogos até 3%, desde que observem os parâmetros urbanísticos ou utilizações constantes de plano municipal ou intermunicipal de ordenamento do território, são aprovadas por simples deliberação da câmara municipal, com dispensa de quaisquer outras formalidades, sem prejuízo das demais disposições legais e regulamentares aplicáveis.

9 – Excetuam-se do disposto nos nºs 3 a 6 as alterações às condições da licença que se refiram ao prazo de conclusão das operações urbanísticas licenciadas ou ao montante da caução para garantia das obras de urbanização, que se regem pelos artigos 53º, 54º e 58º.

SUBSECÇÃO IV – Autorização

Artigos 28º a 33º

[*Revogados*].

SUBSECÇÃO V – Comunicação prévia

Artigo 34º – Âmbito

1 – Obedece ao procedimento regulado na presente subsecção a realização das operações urbanísticas referidas no nº 4 do artigo 4º.

2 – A comunicação prévia consiste numa declaração que, desde que corretamente instruída, permite ao interessado proceder imediatamente à realização de determinadas operações urbanísticas após o pagamento das taxas devidas, dispensando a prática de quaisquer atos permissivos.

3 – O pagamento das taxas a que se refere o número anterior faz-se por autoliquidação nos termos e condições definidos nos regulamentos municipais previstos no artigo 3º, não podendo o prazo de pagamento ser inferior a 60 dias, contados do termo do prazo para a notificação a que se refere o nº 2 do artigo 11º.

4 – As operações urbanísticas realizadas ao abrigo de comunicação prévia observam as normas legais e regulamentares aplicáveis, designadamente as relativas às normas técnicas de construção e o disposto nos instrumentos de gestão territorial.

5 – Sempre que seja obrigatória a realização de consultas externas nos termos previstos na lei, a comunicação prévia pode ter lugar quando tais consultas já tenham sido efetuadas no âmbito de pedido de informação prévia, de aprovação de planos de pormenor ou de operações de loteamento urbano, ou se o interessado instruir a comunicação prévia com as consultas por ele promovidas nos termos do artigo 13º-B.

Artigo 35º – Regime da comunicação prévia

1 – A comunicação prévia é dirigida ao presidente da câmara municipal e efetuada através da plataforma eletrónica referida no nº 1 do artigo 8º-A nos termos a regulamentar na portaria a que se refere o mesmo número.

2 – Na comunicação prévia o interessado indica o prazo de execução das obras, sem prejuízo do disposto nos artigos 71º e 72º.

3 – *[Revogado]*.

4 – Os elementos instrutórios da comunicação prévia são regulados por portaria dos membros do Governo responsáveis pelas áreas do ordenamento do território e da administração local, neles se incluindo obrigatoriamente o termo de responsabilidade subscrito por técnico legalmente habilitado que ateste o cumprimento das normas legais e regulamentares aplicáveis.[179]

5 – As operações urbanísticas objeto de comunicação prévia são disponibilizadas diariamente através da plataforma eletrónica referida no nº 1 do artigo 8º-A que emite o comprovativo eletrónico da sua apresentação.

6 – O comunicante pode solicitar aos serviços municipais que seja emitida, sem dependência de qualquer despacho, certidão na qual conste a identificação da operação urbanística objeto de comunicação prévia bem como a data da sua apresentação.

7 – É aplicável à comunicação prévia o disposto na alínea *a*) do nº 2 e no nº 3 do artigo 11º, com as devidas adaptações, sendo o despacho notificado ao interessado nos termos do disposto no artigo 121º.

8 – Sem prejuízo do disposto nos números anteriores, a câmara municipal deve, em sede de fiscalização sucessiva, inviabilizar a execução das operações urbanísticas objeto de comunicação prévia e promover as medidas necessárias à reposição da legalidade urbanística, quando verifique que não foram cumpridas as normas e condicionantes legais e regulamentares, ou que estas não tenham

[179] Também (ver o artigo 9º, nº 1) a Portaria nº 113/2015, de 22 de Abril.

sido precedidas de pronúncia, obrigatória nos termos da lei, das entidades externas competentes, ou que com ela não se conformem.

9 – O dever de fiscalização previsto no número anterior caduca 10 anos após a data de emissão do título da comunicação prévia.

Artigo 36º

[Revogado].

Artigo 36º-A

[Revogado].

SUBSECÇÃO VI - Procedimentos especiais

Artigo 37º

[Revogado].

Artigo 38º – Empreendimentos turísticos

1 – Os empreendimentos turísticos estão sujeitos ao regime jurídico das operações de loteamento nos casos em que se pretenda efetuar a divisão jurídica do terreno em lotes.

2 – Nas situações referidas no número anterior não é aplicável o disposto no artigo 41º, podendo a operação de loteamento realizar-se em áreas em que o uso turístico seja compatível com o disposto nos instrumentos de gestão territorial válidos e eficazes.

Artigo 39º – Dispensa de autorização prévia de localização

Sempre que as obras se situem em área que nos termos de plano de urbanização, plano de pormenor ou licença ou comunicação prévia de loteamento em vigor esteja expressamente afeta ao uso proposto, é dispensada a autorização prévia de localização que, nos termos da lei, devesse ser emitida por parte de órgãos da administração central, sem prejuízo das demais autorizações ou aprovações exigidas por lei relativas a servidões administrativas ou restrições de utilidade pública.

Artigo 40º

[Revogado].

SECÇÃO III – Condições especiais de licenciamento ou comunicação prévia

SUBSECÇÃO I – Operações de loteamento

Artigo 41º – Localização

As operações de loteamento só podem realizar-se em áreas situadas dentro do perímetro urbano e em terrenos já urbanizados ou cuja urbanização se encontre programada em plano municipal ou intermunicipal de ordenamento do território.

Artigo 42º – Parecer da CCDR

1 – O licenciamento de operação de loteamento que se realize em área não abrangida por qualquer plano municipal ou intermunicipal de ordenamento do território está sujeito a parecer prévio favorável da CCDR ao qual se aplica, com as necessárias adaptações, o disposto nos nºs 5 e 6 do artigo 13º.

2 – O parecer da CCDR destina-se a avaliar a operação de loteamento do ponto de vista do ordenamento do território e a verificar a sua articulação com os instrumentos de desenvolvimento territorial previstos na lei.

3 – O parecer da CCDR caduca no prazo de dois anos, salvo se, dentro desse prazo, for licenciada a operação de loteamento, ou, uma vez esgotado, não existirem alterações nos pressupostos de facto e de direito em que se fundamentou o parecer.

4 – A apresentação de requerimento nos termos referidos no artigo 112º suspende a contagem do prazo referido no número anterior.

Artigo 43º – Áreas para espaços verdes e de utilização coletiva, infraestruturas e equipamentos

1 – Os projetos de loteamento devem prever áreas destinadas à implantação de espaços verdes e de utilização coletiva, infraestruturas viárias e equipamentos.

2 – Os parâmetros para o dimensionamento das áreas referidas no número anterior são os que estiverem definidos em plano municipal ou intermunicipal de ordenamento do território.[180]

3 – Para aferir se o projeto de loteamento respeita os parâmetros a que alude o número anterior consideram-se quer as parcelas de natureza privada a afetar àqueles fins quer as parcelas a ceder à câmara municipal nos termos do artigo seguinte.

[180] Ver a Portaria nº 216-B/2008, de 3 de Março, inserta na Secção subsequente.

4 – Os espaços verdes e de utilização coletiva, infraestruturas viárias e equipamentos de natureza privada constituem partes comuns dos lotes resultantes da operação de loteamento e dos edifícios que neles venham a ser construídos e regem-se pelo disposto nos artigos 1420º a 1438º-A do Código Civil.

Artigo 44º – Cedências

1 – O proprietário e os demais titulares de direitos reais sobre o prédio a lotear cedem gratuitamente ao município as parcelas para implantação de espaços verdes públicos e equipamentos de utilização coletiva e as infraestruturas que, de acordo com a lei e a licença ou comunicação prévia, devam integrar o domínio municipal.

2 – Para os efeitos do número anterior, o requerente deve assinalar as áreas de cedência ao município em planta a entregar com o pedido de licenciamento ou comunicação prévia.

3 – As parcelas de terreno cedidas ao município integram-se no domínio municipal com a emissão do alvará ou, nas situações previstas no artigo 34º, através de instrumento notarial próprio a realizar no prazo de 20 dias após a receção da comunicação prévia, devendo a câmara municipal definir, no alvará ou no instrumento notarial, as parcelas afetas aos domínios público e privado do município.

4 – Se o prédio a lotear já estiver servido pelas infraestruturas a que se refere a alínea *h*) do artigo 2º ou não se justificar a localização de qualquer equipamento ou espaço verde públicos no referido prédio ou ainda nos casos referidos no nº 4 do artigo anterior, não há lugar a qualquer cedência para esses fins, ficando, no entanto, o proprietário obrigado ao pagamento de uma compensação ao município, em numerário ou em espécie, nos termos definidos em regulamento municipal.

5 – O proprietário e demais titulares de direitos reais sobre prédio a sujeitar a qualquer operação urbanística que nos termos de regulamento municipal seja considerada como de impacte relevante ficam também sujeitos às cedências e compensações previstas para as operações de loteamento.

Artigo 45º – Reversão

1 – O cedente tem o direito de reversão sobre as parcelas cedidas nos termos do artigo anterior sempre que estas sejam afetas a fins diversos daqueles para que hajam sido cedidas.

2 – Para os efeitos previstos no número anterior, considera-se que não existe alteração de afetação sempre que as parcelas cedidas sejam afetas a um dos fins previstos no nº 1 do artigo anterior, independentemente das especificações eventualmente constantes do documento que titula a transmissão.

3 – Ao exercício do direito de reversão previsto no número anterior aplica-se, com as necessárias adaptações, o disposto no Código das Expropriações.

4 – Em alternativa ao exercício do direito referido no nº 1 ou no caso do nº 10, o cedente pode exigir ao município uma indemnização, a determinar nos termos estabelecidos no Código das Expropriações com referência ao fim a que se encontre afeta a parcela, calculada à data em que pudesse haver lugar à reversão.

5 – As parcelas que, nos termos do nº 1, tenham revertido para o cedente ficam sujeitas às mesmas finalidades a que deveriam estar afetas aquando da cedência, salvo quando se trate de parcela a afetar a equipamento de utilização coletiva, devendo nesse caso ser afeta a espaço verde, procedendo-se ainda ao averbamento desse facto no respetivo alvará ou à sua integração na comunicação prévia.

6 – Os direitos previstos nos nºs 1, 3 e 4 podem ser exercidos pelos proprietários de, pelo menos, um terço dos lotes constituídos em consequência da operação de loteamento.

7 – Havendo imóveis construídos na parcela revertida, o tribunal pode ordenar a sua demolição, a requerimento do cedente, nos termos estabelecidos nos artigos 37º e seguintes da Lei nº 15/2002, de 22 de fevereiro.[181]

8 – O município é responsável pelos prejuízos causados aos proprietários dos imóveis referidos no número anterior, nos termos estabelecidos na Lei nº 67/2007, de 31 de dezembro, alterada pela Lei nº 31/2008, de 17 de julho, em matéria de atos ilícitos.

9 – A demolição prevista no nº 7 não prejudica os direitos legalmente estabelecidos de realojamento dos ocupantes.

10 – O direito de reversão previsto no nº 1 não pode ser exercido quando os fins das parcelas cedidas sejam alterados ao abrigo do disposto no nº 1 do artigo 48º.

Artigo 46º – Gestão das infraestruturas e dos espaços verdes e de utilização coletiva

1 – A gestão das infraestruturas e dos espaços verdes e de utilização coletiva pode ser confiada a moradores ou a grupos de moradores das zonas loteadas e urbanizadas, mediante a celebração com o município de acordos de cooperação ou de contratos de concessão do domínio municipal.

2 – Os acordos de cooperação podem incidir, nomeadamente, sobre os seguintes aspetos:

a) Limpeza e higiene;

b) Conservação de espaços verdes existentes;

[181] Deveria ter-se escrito: "... artigos 37º e seguintes do Código de Processo nos Tribunais Administrativos e Fiscais, aprovado pela Lei nº 15/2002 ...".

c) Manutenção dos equipamentos de recreio e lazer;

d) Vigilância da área, por forma a evitar a sua degradação.

3 – Os contratos de concessão devem ser celebrados sempre que se pretenda realizar investimentos em equipamentos de utilização coletiva ou em instalações fixas e não desmontáveis em espaços verdes, ou a manutenção de infraestruturas.

Artigo 47º – Contrato de concessão

1 – Os princípios a que devem subordinar-se os contratos administrativos de concessão do domínio municipal a que se refere o artigo anterior são estabelecidos em diploma próprio, no qual se fixam as regras a observar em matéria de prazo de vigência, conteúdo do direito de uso privativo, obrigações do concessionário e do município em matéria de realização de obras, prestação de serviços e manutenção de infraestruturas, garantias a prestar e modos e termos do sequestro e rescisão.[182]

2 – A utilização das áreas concedidas nos termos do número anterior e a execução dos contratos respetivos estão sujeitas a fiscalização da câmara municipal, nos termos a estabelecer no diploma aí referido.

3 – Os contratos referidos no número anterior não podem, sob pena de nulidade das cláusulas respetivas, proibir o acesso e utilização do espaço concessionado por parte do público, sem prejuízo das limitações a tais acesso e utilização que sejam admitidas no diploma referido no nº 1.

Artigo 48º – Execução de instrumentos de gestão territorial e outros instrumentos urbanísticos

1 – As operações de loteamento com as condições definidas na licença ou comunicação prévia podem ser alteradas por iniciativa da câmara municipal desde que tal alteração se mostre necessária à execução de plano municipal ou intermunicipal de ordenamento do território ou área de reabilitação urbana.

2 – A deliberação da câmara municipal que determine as alterações referidas no número anterior é devidamente fundamentada e implica a emissão de novo alvará e a publicação e submissão a registo deste, a expensas do município.

3 – A deliberação referida no número anterior é precedida da audiência prévia do titular do alvará e demais interessados, que dispõem do prazo de 30 dias para se pronunciarem sobre o projeto de decisão.

[182] O preceito antecedente (artigo 19º do Decreto-Lei nº 448/91, de 29 de Novembro) mandava a este respeito aplicar, "com as necessárias adaptações", o regime jurídico dos terrenos do domínio público hídrico – Decreto-Lei nº 468/71, de 5 de Novembro.

4 – A pessoa coletiva que aprovar os instrumentos referidos no nº 1 que determinem direta ou indiretamente os danos causados ao titular do alvará e demais interessados, em virtude do exercício da faculdade prevista no nº 1, é responsável pelos mesmos nos termos do regime geral aplicável às situações de indemnização pelo sacrifício.

5 – Sem prejuízo do disposto no número anterior, nas situações de afetação das condições da licença ou comunicação prévia que, pela sua gravidade ou intensidade, eliminem ou restrinjam o seu conteúdo económico, o titular do alvará e demais interessados têm direito a uma indemnização correspondente ao valor económico do direito eliminado ou da parte do direito que tiver sido restringido.

6 – Enquanto não forem alteradas as condições das operações de loteamento nos termos previstos no nº 1, as obras de construção, de alteração ou de ampliação, na área abrangida por aquelas operações de loteamento, não têm que se conformar com planos municipais ou intermunicipais de ordenamento do território ou áreas de reabilitação urbana posteriores à licença ou comunicação prévia da operação de loteamento.

Artigo 48º-A – Alterações à operação de loteamento objeto de comunicação prévia

Sem prejuízo do disposto no artigo anterior, a alteração de operação de loteamento objeto de comunicação prévia só pode ser apresentada se for demonstrada a não oposição da maioria dos proprietários dos lotes constantes da comunicação.

Artigo 49º – Negócios jurídicos

1 – Nos títulos de arrematação ou outros documentos judiciais, bem como nos instrumentos relativos a atos ou negócios jurídicos de que resulte, direta ou indiretamente, a constituição de lotes nos termos da alínea *i*) do artigo 2º, sem prejuízo do disposto nos artigos 6º e 7º, ou a transmissão de lotes legalmente constituídos, devem constar o número do alvará ou da comunicação prévia, a data de emissão do título, a data de caducidade e a certidão do registo predial.

2 – Não podem ser realizados atos de primeira transmissão de imóveis construídos nos lotes ou de frações autónomas desses imóveis sem que seja exibida, perante a entidade que celebre a escritura pública ou autentique o documento particular, certidão emitida pela câmara municipal, comprovativa da receção provisória das obras de urbanização ou certidão, emitida pela câmara municipal, comprovativa de que a caução a que se refere o artigo 54º é suficiente para garantir a boa execução das obras de urbanização.

3 – Caso as obras de urbanização sejam realizadas nos termos dos artigos 84º e 85º, os atos referidos no número anterior podem ser efetuados mediante a exibição de certidão, emitida pela câmara municipal, comprovativa da conclusão de tais obras, devidamente executadas em conformidade com os projetos aprovados.

4 – A exibição das certidões referidas nos nºs 2 e 3 é dispensada sempre que o alvará de loteamento tenha sido emitido ao abrigo dos Decretos-Leis nºs 289/73, de 6 de junho, e 400/84, de 31 de dezembro.[183]

Artigo 50º

[Revogado].

Artigo 51º – Informação registral

1 – O conservador do registo predial remete mensalmente à CCDR, até ao dia 15 de cada mês, cópia dos elementos respeitantes a operações de loteamento e respetivos anexos cujos registos tenham sido requeridos no mês anterior.

2 – *[Revogado].*

Artigo 52º – Publicidade à alienação

Na publicidade à alienação de lotes de terreno, de edifícios ou frações autónomas neles construídos, em construção ou a construir, é obrigatório mencionar o número do alvará de loteamento ou da comunicação prévia e a data da sua emissão ou receção pela câmara municipal, bem como o respetivo prazo de validade.

SUBSECÇÃO II – Obras de urbanização

Artigo 53º – Condições e prazo de execução

1 – Com a deliberação prevista no artigo 26º ou através de regulamento municipal nas situações previstas no artigo 34º, o órgão competente para o licenciamento das obras de urbanização estabelece:

a) As condições a observar na execução das mesmas, onde se inclui o cumprimento do disposto no regime da gestão de resíduos de construção e demolição nelas produzidos, e o prazo para a sua conclusão;

b) O montante da caução destinada a assegurar a boa e regular execução das obras;

[183] Os diplomas referidos aprovaram os regimes de loteamento anteriores ao constante do mencionado Decreto-Lei nº 448/91, revogado pelo presente diploma.

c) As condições gerais do contrato de urbanização a que se refere o artigo 55º, se for caso disso.

2 – Nas situações previstas no artigo 34º, o prazo de execução é o fixado pelo interessado, não podendo, no entanto, ultrapassar os limites fixados mediante regulamento municipal.

3 – O prazo estabelecido nos termos da alínea *a*) do nº 1 e do nº 2 pode ser prorrogado a requerimento fundamentado do interessado, por uma única vez e por período não superior a metade do prazo inicial, quando não seja possível concluir as obras dentro do prazo para o efeito estabelecido.

4 – Quando a obra se encontre em fase de acabamentos, pode ainda o presidente da câmara municipal, a requerimento fundamentado do interessado, conceder nova prorrogação, mediante o pagamento de um adicional à taxa referida no nº 2 do artigo 116º, de montante a fixar em regulamento municipal.

5 – O prazo referido no nº 2 pode ainda ser prorrogado em consequência de alteração da licença ou da comunicação prévia.

6 – A prorrogação do prazo nos termos referidos nos números anteriores não dá lugar à emissão de novo alvará nem à apresentação de nova comunicação prévia, devendo ser averbada no alvará ou comunicação existentes.

7 – As obras de urbanização com as condições definidas na licença ou comunicação prévia podem ser alteradas por iniciativa da câmara municipal, nos termos e com os fundamentos estabelecidos no artigo 48º.

Artigo 54º – Caução

1 – O requerente ou comunicante presta caução destinada a garantir a boa e regular execução das obras de urbanização.

2 – A caução referida no número anterior é prestada a favor da câmara municipal, mediante garantia bancária autónoma à primeira solicitação, hipoteca sobre bens imóveis propriedade do requerente, depósito em dinheiro ou seguro-caução, devendo constar do próprio título que a mesma está sujeita a atualização nos termos do nº 4 e se mantém válida até à receção definitiva das obras de urbanização.

3 – O montante da caução é igual ao valor constante dos orçamentos para execução dos projetos das obras a executar, eventualmente corrigido pela câmara municipal com a emissão da licença, a que pode ser acrescido um montante, não superior a 5% daquele valor, destinado a remunerar encargos de administração caso se mostre necessário aplicar o disposto nos artigos 84º e 85º.

4 – O montante da caução deve ser:

a) Reforçado, precedendo deliberação fundamentada da câmara municipal, tendo em atenção a correção do valor dos trabalhos por aplicação das regras legais e regulamentares relativas a revisões de preços dos contratos de empreitada de obras públicas, quando se mostre insuficiente para garantir a conclusão dos trabalhos, em caso de prorrogação do prazo de conclusão ou em consequência de acentuada subida no custo dos materiais ou de salários;

b) Reduzido, nos mesmos termos, em conformidade com o andamento dos trabalhos a requerimento do interessado, que deve ser decidido no prazo de 15 dias.

5 – O conjunto das reduções efetuadas ao abrigo do disposto na alínea *b*) do número anterior não pode ultrapassar 90 % do montante inicial da caução, sendo o remanescente libertado com a receção definitiva das obras de urbanização.

6 – O reforço ou a redução da caução, nos termos do nº 4, não dá lugar à emissão de novo alvará ou a nova comunicação.

Artigo 55º – Contrato de urbanização

1 – Quando a execução de obras de urbanização envolva, em virtude de disposição legal ou regulamentar ou por força de convenção, mais de um responsável, a realização das mesmas pode ser objeto de contrato de urbanização.

2 – São partes no contrato de urbanização, obrigatoriamente, o município e o proprietário e outros titulares de direitos reais sobre o prédio e, facultativamente, as empresas que prestem serviços públicos, bem como outras entidades envolvidas na operação de loteamento ou na urbanização dela resultante, designadamente interessadas na aquisição dos lotes.

3 – O contrato de urbanização estabelece as obrigações das partes contratantes relativamente à execução das obras de urbanização e as responsabilidades a que ficam sujeitas, bem como o prazo para cumprimento daquelas.

4 – Quando haja lugar à celebração de contrato de urbanização, a ele se fará menção no alvará ou comunicação.

5 – Juntamente com o requerimento inicial, comunicação e a qualquer momento do procedimento até à aprovação das obras de urbanização, o interessado pode apresentar proposta de contrato de urbanização.

Artigo 56º – Execução por fases

1 – O interessado pode requerer a execução por fases das obras de urbanização, identificando as obras incluídas em cada fase, o orçamento correspondente e os prazos dentro dos quais se propõe requerer a respetiva licença.

2 – O requerimento referido no número anterior deve ser preferencialmente apresentado com o pedido de licenciamento de loteamento ou, quando as obras de urbanização não se integrem em operação de loteamento, com o pedido de licenciamento das mesmas, podendo, contudo, ser apresentado em qualquer momento do procedimento, desde que não tenha ainda sido proferida decisão final.

3 – Cada fase deve ter coerência interna e corresponder a uma zona da área a lotear ou a urbanizar que possa funcionar autonomamente.

4 – O requerimento é decidido no prazo de 30 dias a contar da data da sua apresentação.

5 – Admitida a execução por fases, o alvará abrange apenas a primeira fase das obras de urbanização, implicando cada fase subsequente um aditamento ao alvará.

6 – Quando se trate de operação efetuada ao abrigo de comunicação prévia, o interessado identifica na comunicação as fases em que pretende proceder à execução das obras de urbanização, aplicando-se, com as necessárias adaptações, o disposto nos nºs 1, 2 e 3.

SUBSECÇÃO III – Obras de edificação[184]

Artigo 57º – Condições de execução

1 – A câmara municipal fixa as condições a observar na execução da obra com o deferimento do pedido de licenciamento das operações urbanísticas e, no caso

[184] Esta Subsecção, por razões de identidade sistemática com a antecedente Subsecção I, sobre operações de loteamento, deveria conter um artigo correspondente ao artigo 49º dessa Subsecção I, que trata de "negócios jurídicos", podendo em alternativa concentrar-se a matéria numa última subsecção.

Mas a correspondente disciplina continua a constar de diploma avulso – o Decreto-Lei nº 281/99, de 26 de Julho – apesar de este se ter assumido como regime transitório, já que carecia de "aprofundada reflexão e inserção na sistemática normativa do regime de licenciamento de obras particulares", que continuou a não ser efectuada quando da parcial alteração do diploma pelo Decreto-Lei nº 116/2008, de 4 de Julho.

Importa pois transcrever as respectivas disposições (suprimindo-se os quatro últimos preceitos, sobre contra-ordenações, sanções acessórias, revogação de normas anteriores e entrada em vigor):

Artigo 1º – Apresentação da licença de utilização

1 – Não podem ser celebrados actos que envolvam a transmissão da propriedade de prédios urbanos ou de suas fracções autónomas sem que se faça prova da existência da correspondente autorização de utilização, perante a entidade que celebrar a escritura ou autenticar o documento particular.

2 – Nos actos de transmissão de imóveis é feita sempre menção do alvará da autorização de utilização, com a indicação do respectivo número e data de emissão, ou da sua isenção.

3 – Nos prédios submetidos ao regime da propriedade horizontal, a menção deve especificar se a autorização de utilização foi atribuída ao prédio na sua totalidade ou apenas à fracção autónoma a transmitir.

4 – A apresentação de autorização nos termos do nº 1 é dispensada se a existência desta estiver anotada no registo predial e o prédio não tiver sofrido alterações.

Artigo 2º – Apresentação de licença de construção

1 – A apresentação do alvará de licença de utilização, no caso de já ter sido requerido e não emitido, pode ser substituída pela exibição do alvará da licença de construção do imóvel, independentemente do respectivo prazo de validade, desde que:

a) O transmitente faça prova de que está requerida a licença de utilização;

das obras sujeitas a comunicação prévia, através de regulamento municipal, devendo salvaguardar o cumprimento do disposto no regime da gestão de resíduos de construção e demolição.

2 – As condições relativas à ocupação da via pública ou à colocação de tapumes e vedações são estabelecidas mediante proposta do requerente, a qual, nas situações previstas no nº 4 do artigo 4º, deve acompanhar a comunicação prévia, não podendo a câmara municipal alterá-las senão com fundamento na violação de normas legais ou regulamentares aplicáveis ou na necessidade de articulação com outras ocupações previstas ou existentes.

3 – No caso previsto no artigo 113º, as condições a observar na execução das obras são aquelas que forem propostas pelo requerente.

4 – A comunicação prévia para obras em área abrangida por operação de loteamento não pode ter lugar antes da receção provisória das respetivas obras de urbanização ou da prestação de caução a que se refere o artigo 54º.

b) O transmitente declare que a construção se encontra concluída, que não está embargada, que não foi notificado de apreensão do alvará de licença de construção, que o pedido de licença de utilização não foi indeferido, que decorreram mais de 50 dias sobre a data do seu requerimento e que não foi notificado para o pagamento das taxas devidas.
2 – Nas subsequentes transmissões de fracções autónomas, de prédios constituídos em regime de propriedade horizontal, o transmitente apenas tem de fazer prova de que foi requerida a licença de utilização e declarar que o pedido não foi indeferido nem a licença emitida no prazo de 50 dias sobre a data do seu requerimento e que não foi notificado para o pagamento das taxas devidas.
3 – No caso da transmissão de fracções autónomas de prédio urbano alienado a diferentes condóminos nas condições do nº 1, são sempre responsáveis solidariamente pela obtenção da licença de utilização o titular do alvará da licença de construção e o primeiro transmitente.
4 – Na transmissão de prédios urbanos que o alienante declare como não concluídos, com licença de construção em vigor, ou na situação dos edifícios inacabados prevista no artigo 73º-A do Decreto-Lei nº 445/91, de 20 de Novembro, na redacção dada pelo Decreto-Lei nº 250/94, de 15 de Outubro, é bastante a exibição do alvará de licença de construção, independentemente do seu prazo de validade.
5 – O disposto no número anterior não é aplicável à transmissão de fracções autónomas de prédios urbanos constituídos em propriedade horizontal nem a moradias unifamiliares.
6 – O notário deve consignar no documento o número e a data de emissão da licença de construção e o respectivo prazo de validade, bem como a advertência aos outorgantes sobre o teor dos nºs 2 e 3 do presente artigo e do artigo seguinte.

Artigo 3º – Efeito das declarações prestadas

Sem prejuízo de outra responsabilidade que no caso couber, o autor das declarações previstas na alínea b) do nº 1 e no nº 2 do artigo anterior constitui-se responsável pelos danos causados ao adquirente ou a terceiros em virtude da declaração emitida em desconformidade com a verdade.

Artigo 4º – Justificação relativa ao trato sucessivo no registo predial

A justificação para os efeitos do artigo 116º do Código do Registo Predial que tiver por objecto prédios urbanos fica sujeita à disciplina deste diploma, na parte que lhe for aplicável.

5 – O disposto no artigo 43º e nos nºs 1 a 3 do artigo 44º aplica-se aos procedimentos de licenciamento ou de comunicação prévia de obras quando respeitem a edifícios contíguos e funcionalmente ligados entre si que determinem, em termos urbanísticos, impactes semelhantes a uma operação de loteamento, nos termos a definir por regulamento municipal.

6 – O disposto no nº 4 do artigo 44º é aplicável aos procedimentos de licenciamento e de comunicação prévia de obras quando a operação contemple a criação de áreas de circulação viária e pedonal, espaços verdes e equipamento de uso privativo.

7 – *[Revogado]*.

Artigo 58º – Prazo de execução[185]

1 – A câmara municipal fixa, com o deferimento do pedido de licenciamento das obras referidas nas alíneas *c)* a *f)* do nº 2 do artigo 4º, o prazo de execução da obra, em conformidade com a programação proposta pelo requerente.

2 – Nas situações previstas no nº 4 do artigo 4º, o prazo de execução é o fixado pelo interessado, não podendo, no entanto, ultrapassar os limites fixados mediante regulamento municipal.

3 – Os prazos referidos nos números anteriores começam a contar da data de emissão do respetivo alvará, da data do pagamento ou do depósito das taxas ou da caução nas situações previstas no artigo 113º, ou da data em que a comunicação prévia se encontre titulada nos termos do nº 2 do artigo 74º.

4 – O prazo para a conclusão da obra pode ser alterado por motivo de interesse público, devidamente fundamentado, no ato de deferimento a que se refere o nº 1, e, no caso de comunicação prévia, até ao termo do prazo previsto no nº 2 do artigo 11º.

5 – Quando não seja possível concluir as obras no prazo previsto, este pode ser prorrogado, a requerimento fundamentado do interessado, por uma única vez e por período não superior a metade do prazo inicial, salvo o disposto nos números seguintes.

6 – Quando a obra se encontre em fase de acabamentos, pode o presidente da câmara municipal, a requerimento fundamentado do interessado, conceder

[185] Na sequência de anterior diploma transitório de igual sentido (o Decreto-Lei nº 26/2010, de 30 de Março), o Decreto-Lei nº 120/2013, de 21 de Agosto, possibilita que, nos procedimentos em curso, os prazos de execução de obra previstos nos nºs 1, 2 e 9 do presente artigo sejam elevados para o dobro, mediante requerimento do interessado.
O mesmo diploma elevou para o dobro os prazos de caducidade e os prazos para apresentação do requerimento de emissão dos títulos de operações urbanísticas previstas nos subsequentes artigos 71º a 76º.

nova prorrogação, mediante o pagamento de um adicional à taxa referida no nº 1 do artigo 116º, de montante a fixar em regulamento municipal.

7 – O prazo estabelecido nos termos dos números anteriores pode ainda ser prorrogado em consequência da alteração da licença, bem como da apresentação de alteração aos projetos apresentados com a comunicação prévia.

8 – A prorrogação do prazo nos termos referidos nos números anteriores não dá lugar à emissão de novo alvará nem à apresentação de nova comunicação, devendo apenas ser nestes averbada.

9 – No caso previsto no artigo 113º, o prazo para a conclusão da obra é aquele que for proposto pelo requerente.

Artigo 59º – Execução por fases

1 – O requerente pode optar pela execução faseada da obra, devendo para o efeito, em caso de operação urbanística sujeita a licenciamento, identificar no projeto de arquitetura os trabalhos incluídos em cada uma das fases e indicar os prazos, a contar da data de aprovação daquele projeto, em que se propõe requerer a aprovação dos projetos das especialidades e outros estudos relativos a cada uma dessas fases, podendo a câmara municipal fixar diferentes prazos por motivo de interesse público devidamente fundamentado.

2 – Cada fase deve corresponder a uma parte da edificação passível de utilização autónoma.

3 – Nos casos referidos no nº 1, o requerimento referido no nº 4 do artigo 20º deverá identificar a fase da obra a que se reporta.

4 – A falta de apresentação do requerimento referido no número anterior dentro dos prazos previstos no nº 1 implica a caducidade do ato de aprovação do projeto de arquitetura e o arquivamento oficioso do processo.

5 – *[Revogado].*

6 – Admitida a execução por fases, o alvará abrange apenas a primeira fase das obras, implicando cada fase subsequente um aditamento ao alvará.

7 – Quando se trate de operação urbanística sujeita a comunicação prévia, o interessado identifica na comunicação as fases em que pretende proceder à execução da obra, aplicando-se com as necessárias adaptações o disposto nos nºs 1 e 2.

Artigo 60º – Edificações existentes

1 – As edificações construídas ao abrigo do direito anterior e as utilizações respetivas não são afetadas por normas legais e regulamentares supervenientes.

2 – A licença de obras de reconstrução ou de alteração das edificações não pode ser recusada com fundamento em normas legais ou regulamentares supervenientes à construção originária, desde que tais obras não originem ou agravem

desconformidade com as normas em vigor ou tenham como resultado a melhoria das condições de segurança e de salubridade da edificação.

3 – O disposto no número anterior aplica-se em sede de fiscalização sucessiva de obras sujeitas a comunicação prévia.

4 – Sem prejuízo do disposto nos números anteriores, a lei pode impor condições específicas para o exercício de certas atividades em edificações já afetas a tais atividades ao abrigo do direito anterior, bem como condicionar a execução das obras referidas no número anterior à realização dos trabalhos acessórios que se mostrem necessários para a melhoria das condições de segurança e salubridade da edificação.

Artigo 61º – Identificação do diretor de obra

O titular da licença de construção e apresentante da comunicação prévia ficam obrigados a afixar numa placa em material imperecível no exterior da edificação ou a gravar num dos seus elementos externos a identificação do diretor de obra.

SUBSECÇÃO IV – Utilização de edifícios ou suas frações

Artigo 62º – Âmbito

1 – A autorização de utilização de edifícios ou suas frações autónomas na sequência de realização de obra sujeita a controlo prévio destina-se a verificar a conclusão da operação urbanística, no todo ou em parte, e a conformidade da obra com o projeto de arquitetura e arranjos exteriores aprovados e com as condições do respetivo procedimento de controlo prévio, assim como a conformidade da utilização prevista com as normas legais e regulamentares que fixam os usos e utilizações admissíveis, podendo contemplar utilizações mistas.

2 – No caso dos pedidos de autorização de utilização, de alteração de utilização ou de alguma informação constante de licença de utilização que já tenha sido emitida, que não sejam precedidos de operações urbanísticas sujeitas a controlo prévio, a autorização de utilização de edifícios ou suas frações autónomas destina-se a verificar a conformidade da utilização prevista com as normas legais e regulamentares que fixam os usos e utilizações admissíveis, bem como a idoneidade do edifício ou sua fração autónoma para o fim pretendido, podendo contemplar utilizações mistas.

Artigo 63º – Instrução do pedido

1 – O pedido de autorização de utilização deve ser instruído com as telas finais, acompanhadas de termo de responsabilidade subscrito pelo diretor de

obra ou pelo diretor de fiscalização de obra, no qual aqueles devem declarar que a obra está concluída e que foi executada de acordo com os projetos de arquitetura e especialidades, bem como com os arranjos exteriores aprovados e com as condições do respetivo procedimento de controlo prévio e que as alterações efetuadas ao projeto estão em conformidade com as normas legais e regulamentares que lhe são aplicáveis.

2 – O pedido de autorização de utilização pode ainda ser instruído com termo de responsabilidade subscrito por pessoa legalmente habilitada a ser autor de projeto, nos termos do regime jurídico que define a qualificação profissional exigível aos técnicos responsáveis pela elaboração e subscrição de projetos, pela fiscalização de obra e pela direção de obra.

3 – O pedido de autorização de utilização, bem como as suas alterações, é apresentado através da plataforma eletrónica referida no nº 1 do artigo 8º-A, podendo ser utilizado o «Balcão do Empreendedor», para os pedidos relativos à instalação de estabelecimento e respetivas alterações de utilização, nos termos a regulamentar na portaria a que se refere o nº 4 do artigo 8º-A.

Artigo 64º – Concessão da autorização de utilização

1 – A autorização de utilização é concedida no prazo de 10 dias a contar da receção do requerimento, com base nos termos de responsabilidade referidos no artigo anterior, salvo na situação prevista no número seguinte.

2 – O presidente da câmara municipal, oficiosamente ou a requerimento do gestor do procedimento e no prazo previsto no número anterior, determina a realização de vistoria, a efetuar nos termos do artigo seguinte, quando se verifique alguma das seguintes situações:

a) O pedido de autorização de utilização não estar instruído com os termos de responsabilidade previsto no artigo anterior;

b) Existirem indícios sérios, nomeadamente com base nos elementos constantes do processo ou do livro de obra, a concretizar no despacho que determina a vistoria, de que a obra se encontra em desconformidade com o respetivo projeto ou condições estabelecidas;

c) Tratando-se da autorização prevista no nº 2 do artigo 62º, existam indícios sérios de que o edifício, ou sua fração autónoma, não é idóneo para o fim pretendido.

3 – Quando o pedido de autorização de utilização for instruído com termo de responsabilidade referido no nº 2 do artigo anterior, é dispensada a realização de vistoria municipal, bem como a apresentação na câmara municipal de certificações, aprovações e pareceres externos, bastando a comunicação da conclusão dos trabalhos, acompanhada de declaração subscrita pelo autor do projeto

e pelo diretor de obra ou diretor de fiscalização de obra, de que tais elementos foram obtidos.

4 – Não sendo determinada a realização de vistoria no prazo referido no nº 1, o requerente pode solicitar a emissão do alvará de autorização de utilização, a emitir no prazo de cinco dias, mediante a apresentação do comprovativo do requerimento da mesma nos termos do artigo 63º.

Artigo 65º – Realização da vistoria

1 – A vistoria realiza-se no prazo de 15 dias a contar da decisão do presidente da câmara referida no nº 2 do artigo anterior, decorrendo sempre que possível em data a acordar com o requerente.

2 – A vistoria é efetuada por uma comissão composta, no mínimo, por três técnicos, a designar pela câmara municipal, dos quais pelo menos dois devem ter habilitação legal para ser autor de projeto, correspondente à obra objeto de vistoria, segundo o regime da qualificação profissional dos técnicos responsáveis pela elaboração e subscrição de projetos.

3 – A data da realização da vistoria é notificada pela câmara municipal ao requerente da autorização de utilização, o qual pode fazer-se acompanhar dos autores dos projetos e do técnico responsável pela direção técnica da obra, que participam, sem direito a voto, na vistoria.

4 – As conclusões da vistoria são obrigatoriamente seguidas na decisão sobre o pedido de autorização.

5 – No caso da imposição de obras de alteração decorrentes da vistoria, a emissão da autorização requerida depende da verificação da adequada realização dessas obras, mediante nova vistoria a requerer pelo interessado, a qual deve decorrer no prazo de 15 dias a contar do respetivo requerimento.

6 – Não sendo a vistoria realizada nos prazos referidos nos nºs 1 ou 5, o requerente pode solicitar a emissão do título de autorização de utilização, mediante a apresentação do comprovativo do requerimento da mesma nos termos do artigo 63º ou do número anterior, o qual é emitido no prazo de cinco dias e sem a prévia realização de vistoria.

Artigo 66º – Propriedade horizontal

1 – No caso de edifícios constituídos em regime de propriedade horizontal, a autorização pode ter por objeto o edifício na sua totalidade ou cada uma das suas frações autónomas.

2 – A autorização de utilização só pode ser concedida autonomamente para uma ou mais frações autónomas quando as partes comuns dos edifícios em que se integram estejam também em condições de serem utilizadas.

3 – Caso o interessado não tenha ainda requerido a certificação pela câmara municipal de que o edifício satisfaz os requisitos legais para a sua constituição

em regime de propriedade horizontal, tal pedido pode integrar o requerimento de autorização de utilização.[186]

4 – O disposto nos nºs 2 e 3 é aplicável, com as necessárias adaptações, aos edifícios compostos por unidades suscetíveis de utilização independente que não estejam sujeitos ao regime da propriedade horizontal.

SECÇÃO IV – Validade e eficácia dos atos de licenciamento e autorização de utilização e efeitos da comunicação prévia

SUBSECÇÃO I – Validade

Artigo 67º – Requisitos

A validade das licenças ou das autorizações de utilização depende da sua conformidade com as normas legais e regulamentares aplicáveis em vigor à data da sua prática, sem prejuízo do disposto no artigo 60º.

Artigo 68º – Nulidades

Sem prejuízo da possibilidade de atribuição de efeitos jurídicos a situações de facto decorrentes de atos nulos nos termos gerais de direito, bem como do disposto no artigo 70º, são nulas as licenças, as autorizações de utilização e as decisões relativas a pedidos de informação prévia previstos no presente diploma que:

a) Violem o disposto em plano municipal ou intermunicipal de ordenamento do território, plano especial de ordenamento do território, medidas preventivas ou licença ou comunicação prévia de loteamento em vigor;

b) *[Revogada]*;

c) Não tenham sido precedidas de consulta das entidades cujos pareceres, autorizações ou aprovações sejam legalmente exigíveis, bem como quando não estejam em conformidade com esses pareceres, autorizações ou aprovações.

Artigo 69º – Participação, ação administrativa especial e declaração de nulidade

1 – Os factos geradores das nulidades previstas no artigo anterior e quaisquer outros factos de que possa resultar a invalidade dos atos administrativos previstos no presente diploma devem ser participados, por quem deles tenha conhe-

[186] A certificação pela câmara municipal de que o edifício satisfaz os requisitos para a constituição da propriedade horizontal, constantes dos artigos 1414º e 1415º do Código Civil, é exigida pelo artigo 59º do Código do Notariado, que já admite no seu nº 2 a hipótese de exibição do respectivo projecto de construção se se tratar de "prédio construído para transmissão em fracções autónomas".

cimento, ao Ministério Público, para efeitos de propositura da competente ação administrativa especial e respetivos meios processuais acessórios.

2 – Quando tenha por objeto atos de licenciamento ou autorizações de utilização com fundamento em qualquer das invalidades previstas no artigo anterior, a citação ao titular da licença ou da autorização de utilização para contestar a ação referida no número anterior tem os efeitos previstos no artigo 103º para o embargo, sem prejuízo do disposto no número seguinte.

3 – O tribunal pode, oficiosamente ou a requerimento dos interessados, autorizar o prosseguimento dos trabalhos caso do recurso resultem indícios de ilegalidade da sua interposição ou da sua improcedência, devendo o juiz decidir esta questão, quando a ela houver lugar, no prazo de 10 dias.

4 – A possibilidade de o órgão que emitiu o ato ou deliberação declarar a nulidade caduca no prazo de 10 anos, caducando também o direito de propor a ação prevista no nº 1 se os factos que determinaram a nulidade não forem participados ao Ministério Público nesse prazo, exceto relativamente a monumentos nacionais e respetiva zona de proteção.

Artigo 70º – Responsabilidade civil da Administração

1 – O município responde civilmente nos termos gerais por ações e omissões cometidas em violação do estabelecido no presente decreto-lei.

2 – O disposto no número anterior inclui a responsabilidade por prejuízos resultantes de operações urbanísticas executadas com base em atos de controlo prévio ilegais, nomeadamente em caso de revogação, anulação ou declaração de nulidade de licenças ou autorizações de utilização, sempre que a causa de revogação, anulação ou declaração de nulidade resulte de uma conduta ilícita dos titulares dos seus órgãos ou dos seus funcionários e agentes.

3 – Para efeitos do disposto no número anterior são solidariamente responsáveis:

a) O titular do órgão administrativo singular que haja praticado os atos ao abrigo dos quais foram executadas ou desenvolvidas as operações urbanísticas referidas sem que tivesse sido promovida a consulta de entidades externas ou em desrespeito do parecer, autorização ou aprovação emitidos, quando vinculativos;

b) Os membros dos órgãos colegiais que tenham votado a favor dos atos referidos na alínea anterior;

c) Os trabalhadores que tenham prestado informação favorável à prática do ato de controlo prévio ilegal, em caso de dolo ou culpa grave;

d) Os membros da câmara municipal quando não promovam as medidas necessárias à reposição da legalidade, nos termos do disposto no nº 8 do artigo 35º, em caso de dolo ou culpa grave.

4 – Quando a ilegalidade que fundamenta a revogação, anulação ou declaração de nulidade de ato administrativo resulte de parecer vinculativo, autorização ou aprovação legalmente exigível, a entidade que o emitiu responde solidariamente com o município, que tem sobre aquela direito de regresso nos termos gerais de direito.

5 – Impende sobre os titulares dos órgãos municipais o dever de desencadear procedimentos disciplinares aos trabalhadores sempre que se verifique alguma das situações referidas no artigo 101º.

SUBSECÇÃO II – Caducidade e revogação da licença e autorização de utilização e cessação de efeitos da comunicação prévia[187]

Artigo 71º – Caducidade

1 – A licença ou comunicação prévia para a realização de operação de loteamento caduca se:

a) Não for apresentada a comunicação prévia para a realização das respetivas obras de urbanização no prazo de um ano a contar da notificação do ato de licenciamento ou, na hipótese de comunicação prévia, não for apresentada comunicação prévia para a realização de obras de urbanização no prazo de um ano a contar da data daquela; ou se

b) Não for requerido o alvará a que se refere o nº 3 do artigo 76º no prazo de um ano a contar da comunicação prévia das respetivas obras de urbanização;

c) Não forem iniciadas as obras de edificação previstas na operação de loteamento no prazo fixado para esse efeito, nos termos da alínea *g*) do nº 1 do artigo 77º.

2 – A licença ou comunicação prévia para a realização de operação de loteamento que não exija a realização de obras de urbanização, bem como a licença para a realização das operações urbanísticas previstas nas alíneas *b*) a *e*) do nº 2 e no nº 4 do artigo 4º, caducam, no caso da licença, se no prazo de um ano a contar da notificação do ato de licenciamento não for requerida a emissão do respetivo alvará ou, no caso da comunicação prévia e sendo devida, não ocorra o pagamento das taxas no prazo previsto para o efeito, determinando, em qualquer dos casos, a imediata cessação da operação urbanística.

3 – Para além das situações previstas no número anterior, a licença ou a comunicação prévia para a realização das operações urbanísticas referidas no número anterior, bem como a licença ou a comunicação prévia para a realização de operação de loteamento que exija a realização de obras de urbanização, caducam ainda:

[187] V. a nota ao antecedente artigo 58º.

a) Se as obras não forem iniciadas no prazo de 12 meses a contar da data de emissão do alvará ou do pagamento das taxas no caso de comunicação prévia, ou nos casos previstos no artigo 113º;

b) Se as obras estiverem suspensas por período superior a seis meses, salvo se a suspensão decorrer de facto não imputável ao titular da licença ou da comunicação prévia;

c) Se as obras estiverem abandonadas por período superior a seis meses;

d) Se as obras não forem concluídas no prazo fixado na licença ou comunicação prévia, ou suas prorrogações, contado a partir da data de emissão do alvará ou do pagamento das taxas no caso da comunicação prévia.

e) *[Revogada]*.

4 – Para os efeitos do disposto na alínea *c*) do número anterior, presumem-se abandonadas as obras ou trabalhos sempre que:

a) Se encontrem suspensos sem motivo justificativo registado no respetivo livro de obra;

b) Decorram na ausência do diretor da obra;

c) Se desconheça o paradeiro do titular da respetiva licença ou comunicação prévia sem que este haja indicado à câmara municipal procurador bastante que o represente.

5 – As caducidades previstas no presente artigo devem ser declaradas pela câmara municipal, verificadas as situações previstas no presente artigo, após audiência prévia do interessado.

6 – Os prazos a que se referem os números anteriores contam-se de acordo com o disposto no artigo 279º do Código Civil.[188]

[188] Dispõe o artigo 279º do Código Civil:
"À fixação do termo são aplicáveis, em caso de dúvida, as seguintes regras:
a) Se o termo se referir ao princípio, meio ou fim do mês, entende-se como tal, respectivamente, o primeiro dia, o dia 15 e o último dia do mês; se for fixado no princípio, meio ou fim do ano, entende-se, respectivamente, o primeiro dia do ano, o dia 30 de Junho e o dia 31 de Dezembro;
b) Na contagem de qualquer prazo não se inclui o dia, nem a hora, se o prazo for de horas, em que ocorrer o evento a partir do qual o prazo começa a correr;
c) O prazo fixado em semanas, meses ou anos, a contar de certa data, termina às 24 horas do dia que corresponda, dentro da última semana, mês ou ano, a essa data: mas, se no último mês não existir dia correspondente, o prazo finda no último dia desse mês:
d) É havido, respectivamente, como prazo de uma ou duas semanas o designado por oito ou quinze dias, sendo havido como prazo de um ou dois dias o designado por 24 ou 48 horas;
e) O prazo que termine em domingo ou dia feriado transfere-se para o primeiro dia útil; aos domingos e dias feriados são equiparadas as férias judiciais, se o acto sujeito a prazo tiver de ser praticado em juízo."

7 – Tratando-se de licença para a realização de operação de loteamento ou de obras de urbanização, a caducidade pelos motivos previstos na alínea *c*) do nº 1 e nos nºs 3 e 4 observa os seguintes termos:

a) A caducidade não produz efeitos relativamente aos lotes para os quais já haja sido deferido pedido de licenciamento para obras de edificação ou já tenha sido apresentada comunicação prévia da realização dessas obras;

b) A caducidade não produz efeitos relativamente às parcelas cedidas para implantação de espaços verdes públicos e equipamentos de utilização coletiva e infraestruturas que sejam indispensáveis aos lotes referidos no número anterior e sejam identificadas pela Câmara Municipal na declaração prevista no nº 5;

c) Nas situações previstas na alínea *c*) do nº 1, a caducidade não produz efeitos, ainda, quanto à divisão ou reparcelamento fundiário resultante da operação de loteamento, mantendo-se os lotes constituídos por esta operação, a respetiva área e localização e extinguindo-se as demais especificações relativas aos lotes, previstas na alínea *e*) do nº 1 do artigo 77º.

Artigo 72º – Renovação

1 – O titular de licença ou comunicação prévia que haja caducado pode requerer nova licença ou apresentar nova comunicação prévia.

2 – No caso referido no número anterior, serão utilizados no novo processo os elementos que instruíram o processo anterior desde que o novo requerimento seja apresentado no prazo de 18 meses a contar da data da caducidade ou, se este prazo estiver esgotado, não existirem alterações de facto e de direito que justifiquem nova apresentação.

3 – *[Revogado].*

Artigo 73º – Revogação

1 – Sem prejuízo do que se dispõe no número seguinte, a licença ou as autorizações de utilização só podem ser revogadas nos termos estabelecidos na lei para os atos constitutivos de direitos.[189]

2 – Nos casos a que se refere o nº 2 do artigo 105º, a licença pode ser revogada pela câmara municipal decorrido o prazo de seis meses a contar do termo do prazo estabelecido de acordo com o nº 1 do mesmo artigo.

[189] Ver hoje os artigos 165º a 174º do Código do Procedimento Administrativo de 2014, nomeadamente os artigos 167º, nº 2 e 168º, nºs 2 a 4.

SUBSECÇÃO III – Títulos das operações urbanísticas

Artigo 74º – Título da licença, da comunicação prévia e da autorização de utilização

1 – As operações urbanísticas objeto de licenciamento são tituladas por alvará, cuja emissão é condição de eficácia da licença.

2 – A comunicação prévia relativa a operações urbanísticas é titulada pelo comprovativo eletrónico da sua apresentação emitido pela plataforma eletrónica referida no nº 1 do artigo 8º-A, acompanhado do documento comprovativo do pagamento das taxas e, no caso de operações de loteamento, é titulada, ainda, por documento comprovativo da prestação de caução e da celebração do instrumento notarial a que se refere o nº 3 do artigo 44º ou por declaração da câmara municipal relativa à sua inexigibilidade.

3 – A autorização de utilização dos edifícios é titulada por alvará.

Artigo 75º – Competência

Compete ao presidente da câmara municipal emitir o alvará para a realização das operações urbanísticas, podendo delegar esta competência nos vereadores, com faculdade de subdelegação, ou nos dirigentes dos serviços municipais.

Artigo 76º – Requerimento

1 – O interessado deve, no prazo de um ano a contar da data da notificação do ato de licenciamento ou da autorização de utilização, requerer a emissão do respetivo alvará, apresentando para o efeito os elementos previstos em portaria aprovada pelo membro do Governo responsável pelo ordenamento do território.[190]

2 – Pode ainda o presidente da câmara municipal, a requerimento fundamentado do interessado, conceder prorrogação, por uma única vez, do prazo previsto no número anterior.

3 – No caso de operação de loteamento que exija a realização de obras de urbanização, é emitido um único alvará, que deve ser requerido no prazo de um ano a contar da comunicação prévia das obras de urbanização.

4 – Sem prejuízo do disposto nos artigos 64º e 65º, o alvará é emitido no prazo de 30 dias a contar da apresentação do requerimento previsto nos números anteriores ou da receção dos elementos a que se refere o nº 3 do artigo 11º desde que se mostrem pagas as taxas devidas.

5 – O requerimento de emissão de alvará só pode ser indeferido com fundamento na caducidade, suspensão, revogação, anulação ou declaração de nuli-

[190] Portaria nº 216-E/2008, de 3 de Março.

dade da licença, na caducidade ou cassação do título da comunicação prévia nos termos do artigo 79º, ou na falta de pagamento das taxas referidas no número anterior.

6 – O alvará obedece a um modelo-tipo a estabelecer por portaria aprovada pelo membro do Governo responsável pelo ordenamento do território.[191]

Artigo 77º – Especificações

1 – O alvará de licença de operação de loteamento ou de obras de urbanização deve conter, nos termos da licença, a especificação dos seguintes elementos, consoante forem aplicáveis:

a) Identificação do titular do alvará;

b) Identificação do prédio objeto da operação de loteamento ou das obras de urbanização;

c) Identificação dos atos dos órgãos municipais relativos ao licenciamento da operação de loteamento e das obras de urbanização;

d) Enquadramento da operação urbanística em plano municipal ou intermunicipal de ordenamento do território em vigor, bem como na respetiva unidade de execução, se a houver;

e) Número de lotes e indicação da área, localização, finalidade, área de implantação, área de construção, número de pisos e número de fogos de cada um dos lotes, com especificação dos fogos destinados a habitações a custos controlados, quando previstos;

f) Cedências obrigatórias, sua finalidade e especificação das parcelas a integrar no domínio municipal;

g) Prazo máximo para a conclusão das operações de edificação previstas na operação de loteamento, o qual deve observar o prazo previsto no instrumento de programação da execução do plano territorial de âmbito municipal ou intermunicipal aplicável e não pode ser superior a 10 anos;

h) Prazo para a conclusão das obras de urbanização;

i) Montante da caução prestada e identificação do respetivo título.

2 – O alvará a que se refere o número anterior deve conter, em anexo, as plantas representativas dos elementos referidos nas alíneas *e*) e *f*).

3 – As especificações do alvará a que se refere o nº 1 vinculam a câmara municipal, o proprietário do prédio, bem como os adquirentes dos lotes.

4 – O alvará de licença para a realização das operações urbanísticas a que se referem as alíneas *b*) a *g*) e *l*) do artigo 2º deve conter, nos termos da licença, os seguintes elementos, consoante sejam aplicáveis:

a) Identificação do titular da licença;

[191] Portaria nº 216-D/2008, de 3 de Março.

b) Identificação do lote ou do prédio onde se realizam as obras ou trabalhos;

c) Identificação dos atos dos órgãos municipais relativos ao licenciamento das obras ou trabalhos;

d) Enquadramento das obras em operação de loteamento ou plano municipal ou intermunicipal de ordenamento do território em vigor, no caso das obras previstas nas alíneas *b*), *c*) e *e*) do artigo 2º;

e) Os condicionamentos a que fica sujeita a licença;

f) As cérceas e o número de pisos acima e abaixo da cota de soleira;

g) A área de construção e a volumetria dos edifícios;

h) O uso a que se destinam as edificações;

i) O prazo de validade da licença, o qual corresponde ao prazo para a conclusão das obras ou trabalhos.

5 – O alvará de autorização de utilização relativo à utilização de edifício ou de sua fração deve conter a especificação dos seguintes elementos:

a) Identificação do titular da autorização;

b) Identificação do edifício ou fração autónoma;

c) O uso a que se destina o edifício ou fração autónoma.

6 – O alvará a que se refere o número anterior deve ainda mencionar, quando for caso disso, que o edifício a que respeita preenche os requisitos legais para a constituição da propriedade horizontal.

7 – No caso de substituição do titular de alvará de licença, o substituto deve disso fazer prova junto do presidente da câmara para que este proceda ao respetivo averbamento no prazo de 15 dias a contar da data da substituição.

8 – A titularidade do alvará de autorização de utilização de edifícios ou frações autónomas é transmitida automaticamente com a propriedade a que respeita.

Artigo 78º – Publicidade

1 – O titular do alvará deve promover, no prazo de 10 dias após a emissão do alvará, a afixação no prédio objeto de qualquer operação urbanística de um aviso, visível do exterior, que deve permanecer até à conclusão das obras.

2 – A emissão do alvará de licença de loteamento deve ainda ser publicitada pela câmara municipal, no prazo estabelecido no nº 1, através de:

a) Publicação de aviso em boletim municipal e na página da Internet do município ou, quando estes não existam, através de edital a afixar nos paços do concelho e nas sedes das juntas de freguesia abrangidas;

b) Publicação de aviso num jornal de âmbito local, quando o número de lotes seja inferior a 20, ou num jornal de âmbito nacional, nos restantes casos.

3 – Compete ao membro do Governo responsável pelo ordenamento do território aprovar, por portaria, o modelo do aviso referido no nº 1.[192]

[192] Portaria nº 216-F/2008, de 3 de Março.

4 – O aviso previsto no número anterior deve mencionar, consoante os casos, as especificações previstas nas alíneas *a*) a *g*) do nº 1 e *a*) a *c*) e *f*) a *i*) do nº 4 do artigo 77º.

5 – O disposto nos números anteriores aplica-se, com as necessárias adaptações, às situações objeto de comunicação prévia.

Artigo 79º – Cassação

1 – O alvará ou o título da comunicação prévia é cassado pelo presidente da câmara municipal quando:

a) A licença caduque, seja revogada, anulada ou declarada nula;

b) A comunicação prévia caduque, não cumpra as normas legais ou regulamentares aplicáveis, não tenha sido antecedida dos pareceres, autorizações ou aprovações legalmente exigidos ou não se conforme com os mesmos.

2 – A cassação do alvará ou do título da comunicação prévia de loteamento é comunicada pelo presidente da câmara municipal à conservatória do registo predial competente, para efeitos de anotação à descrição ou de cancelamento do correspondente registo.

3 – Com a comunicação referida no número anterior, o presidente da câmara municipal dá igualmente conhecimento à conservatória do registo predial dos lotes que se encontrem na situação referida no nº 7 do artigo 71º, requerendo a esta o cancelamento parcial do correspondente registo nos termos da alínea *g*) do nº 2 do artigo 101º do Código do Registo Predial e indicando as descrições a manter.

4 – O alvará cassado é apreendido pela câmara municipal, na sequência de notificação ao respetivo titular.

5 – O título da comunicação prévia é cassado através do averbamento da cassação à informação constante da plataforma eletrónica referida no nº 1 do artigo 8º-A.

CAPÍTULO III – Execução e fiscalização

SECÇÃO I – Início dos trabalhos

Artigo 80º – Início dos trabalhos

1 – A execução das obras e trabalhos sujeitos a licença nos termos do presente diploma só pode iniciar-se depois de emitido o respetivo alvará, com exceção das situações referidas no artigo seguinte e salvo o disposto no artigo 113º.

2 – As obras e os trabalhos sujeitos ao regime da comunicação prévia podem iniciar-se nos termos do disposto no nº 2 do artigo 34º.

3 – As obras e trabalhos referidos no artigo 7º só podem iniciar-se depois de emitidos os pareceres ou autorizações aí referidos ou após o decurso dos prazos fixados para a respetiva emissão.

4 – No prazo de 60 dias a contar do início dos trabalhos relativos às operações urbanísticas referidas nas alíneas *c*) a *e*) do nº 2 do artigo 4º deve o promotor da obra apresentar na câmara municipal cópia das especialidades e outros estudos.

Artigo 80º-A – Informação sobre o início dos trabalhos e o responsável pelos mesmos

1 – Até cinco dias antes do início dos trabalhos, o promotor informa a câmara municipal dessa intenção, comunicando também a identidade da pessoa, singular ou coletiva, encarregada da execução dos mesmos.

2 – A pessoa encarregada da execução dos trabalhos está obrigada à execução exata dos projetos e ao respeito pelas condições do licenciamento ou comunicação prévia.

Artigo 81º – Demolição, escavação e contenção periférica

1 – Quando o procedimento de licenciamento haja sido precedido de informação prévia favorável que vincule a câmara municipal, pode o presidente da câmara municipal, a pedido do interessado, permitir a execução de trabalhos de demolição ou de escavação e contenção periférica até à profundidade do piso de menor cota, logo após o saneamento referido no artigo 11º, desde que seja prestada caução para reposição do terreno nas condições em que se encontrava antes do início dos trabalhos.

2 – Nas obras sujeitas a licença nos termos do presente diploma, a decisão referida no número anterior pode ser proferida em qualquer momento após a aprovação do projeto de arquitetura.

3 – Para os efeitos dos números anteriores, o requerente deve apresentar, consoante os casos, o plano de demolições, o projeto de estabilidade ou o projeto de escavação e contenção periférica até à data da apresentação do pedido referido no mesmo número.

4 – O presidente da câmara decide sobre o pedido previsto no nº 1 no prazo de 15 dias a contar da data da sua apresentação.

5 – É título bastante para a execução dos trabalhos de demolição, escavação ou contenção periférica a notificação do deferimento do respetivo pedido, que o requerente, a partir do início da execução dos trabalhos por ela abrangidos, deverá guardar no local da obra.

Artigo 82º – Ligação às redes públicas

1 – Os alvarás a que se referem os nºs 1 e 4 do artigo 77º e a notificação referida no nº 5 do artigo anterior constituem título bastante para instruir os pedidos

de ligação dos sistemas de água, de saneamento, de gás, de eletricidade e de telecomunicações, podendo os requerentes optar, mediante autorização das entidades gestoras, pela realização das obras indispensáveis à sua concretização nas condições regulamentares e técnicas definidas por aquelas entidades.

2 – No caso de obras sujeitas a comunicação prévia, constitui título bastante para os efeitos previstos no número anterior a apresentação dos documentos referidos no nº 2 do artigo 74º.

3 – Até à apresentação do alvará de autorização de utilização, as ligações referidas no número anterior são efetuadas pelo prazo fixado no alvará respetivo ou no título da comunicação prévia, e apenas podem ser prorrogadas pelo período correspondente à prorrogação daquele prazo, salvo nos casos em que aquele alvará não haja sido emitido por razões exclusivamente imputáveis à câmara municipal.

4 – No caso de obras sujeitas a comunicação prévia, se for necessária a compatibilização de projetos com as infraestruturas existentes ou a sua realização no caso de inexistência, estas serão promovidas pela entidade prestadora ou pelo requerente, nos termos da parte final do nº 1.

SECÇÃO II – Execução dos trabalhos

Artigo 83º – Alterações durante a execução da obra

1 – Podem ser realizadas em obra alterações ao projeto, mediante comunicação prévia nos termos previstos no artigo 35º, desde que essa comunicação seja efetuada com a antecedência necessária para que as obras estejam concluídas antes da apresentação do requerimento a que se refere o nº 1 do artigo 63º.

2 – Podem ser efetuadas sem dependência de comunicação prévia à câmara municipal as alterações em obra que não correspondam a obras que estivessem sujeitas a controlo prévio.

3 – As alterações em obra ao projeto inicialmente aprovado ou apresentado que envolvam a realização de obras de ampliação ou de alterações à implantação das edificações estão sujeitas ao procedimento previsto nos artigos 27º ou 35º, consoante os casos.

4 – Nas situações previstas nos números anteriores, apenas são apresentados os elementos instrutórios que sofreram alterações.

Artigo 84º – Execução das obras pela câmara municipal

1 – Sem prejuízo do disposto no presente diploma em matéria de suspensão, caducidade das licenças, autorizações ou comunicação prévia ou de cassação dos respetivos títulos, a câmara municipal, para salvaguarda do património cultural,

da qualidade do meio urbano e do meio ambiente, da segurança das edificações e do público em geral ou, no caso de obras de urbanização, também para proteção de interesses de terceiros adquirentes de lotes, pode promover a realização das obras por conta do titular do alvará ou do apresentante da comunicação prévia quando, por causa que seja imputável a este último:

a) Não tiverem sido iniciadas no prazo de um ano a contar da data da emissão do alvará ou do título da comunicação prévia;

b) Permanecerem interrompidas por mais de um ano;

c) Não tiverem sido concluídas no prazo fixado ou suas prorrogações, nos casos em que a câmara municipal tenha declarado a caducidade;

d) Não hajam sido efetuadas as correções ou alterações que hajam sido intimadas nos termos do artigo 105º.

2 – A execução das obras referidas no número anterior e o pagamento das despesas suportadas com as mesmas efetuam-se nos termos dos artigos 107º e 108º.

3 – A câmara municipal pode ainda acionar as cauções referidas nos artigos 25º e 54º.

4 – Logo que se mostre reembolsada das despesas efetuadas nos termos do presente artigo, a câmara municipal procede ao levantamento do embargo que possa ter sido decretado ou, quando se trate de obras de urbanização, emite oficiosamente alvará, competindo ao presidente da câmara dar conhecimento das respetivas deliberações, quando seja caso disso, à Direção-Geral do Território, para efeitos cadastrais, e à conservatória do registo predial.

Artigo 85º – Execução das obras de urbanização por terceiro

1 – Qualquer adquirente dos lotes, de edifícios construídos nos lotes ou de frações autónomas dos mesmos tem legitimidade para requerer a autorização judicial para promover diretamente a execução das obras de urbanização quando, verificando-se as situações previstas no nº 1 do artigo anterior, a câmara municipal não tenha promovido a sua execução.

2 – O requerimento é instruído com os seguintes elementos:

a) Cópia do alvará ou do título da comunicação prévia, nos termos do nº 2 do artigo 74º;

b) Orçamento, a preços correntes do mercado, relativo à execução das obras de urbanização em conformidade com os projetos aprovados e condições fixadas no licenciamento;

c) Quaisquer outros elementos que o requerente entenda necessários para o conhecimento do pedido.

3 – Antes de decidir, o tribunal notifica a câmara municipal, o titular do alvará ou o apresentante da comunicação prévia para responderem no prazo de

30 dias e ordena a realização das diligências que entenda úteis para o conhecimento do pedido, nomeadamente a inspeção judicial do local.

4 – Se deferir o pedido, o tribunal fixa especificadamente as obras a realizar e o respetivo orçamento e determina que a caução a que se refere o artigo 54º fique à sua ordem, a fim de responder pelas despesas com as obras até ao limite do orçamento.

5 – Na falta ou insuficiência da caução, o tribunal determina que os custos sejam suportados pelo município, sem prejuízo do direito de regresso deste sobre o titular do alvará ou o apresentante da comunicação prévia.

6 – O processo a que se referem os números anteriores é urgente e isento de custas.

7 – Da sentença cabe recurso nos termos gerais.

8 – Compete ao tribunal judicial da comarca onde se localiza o prédio no qual se devem realizar as obras de urbanização conhecer dos pedidos previstos no presente artigo.

9 – A câmara municipal emite oficiosamente alvará para execução de obras por terceiro, competindo ao seu presidente dar conhecimento das respetivas deliberações à Direção-Geral do Território, para efeitos cadastrais, e à conservatória do registo predial, quando:

a) Tenha havido receção provisória das obras; ou

b) Seja integralmente reembolsada das despesas efetuadas, caso se verifique a situação prevista no nº 5.

SECÇÃO III – Conclusão e receção dos trabalhos

Artigo 86º – Limpeza da área e reparação de estragos

1 – Concluída a obra, o dono da mesma é obrigado a proceder ao levantamento do estaleiro, à limpeza da área, de acordo com o regime da gestão de resíduos de construção e demolição nela produzidos, e à reparação de quaisquer estragos ou deteriorações que tenha causado em infraestruturas públicas.

2 – O cumprimento do disposto no número anterior é condição da emissão do alvará de autorização de utilização ou da receção provisória das obras de urbanização, salvo quando tenha sido prestada, em prazo a fixar pela câmara municipal, caução para garantia da execução das operações referidas no mesmo número.

Artigo 87º – Receção provisória e definitiva das obras de urbanização

1 – É da competência da câmara municipal deliberar sobre a receção provisória e definitiva das obras de urbanização após a sua conclusão e o decurso do prazo de garantia, respetivamente, mediante requerimento do interessado.

2 – A receção é precedida de vistoria, a realizar por uma comissão da qual fazem parte o interessado ou um seu representante e, pelo menos, dois representantes da câmara municipal.

3 – À receção provisória e definitiva, bem como às respetivas vistorias, é aplicável, com as necessárias adaptações, o regime aplicável à receção provisória e definitiva das empreitadas de obras públicas.[193]

4 – Em caso de deficiência das obras de urbanização, como tal assinaladas no auto de vistoria, se o titular das obras de urbanização não reclamar ou vir indeferida a sua reclamação e não proceder à sua correção no prazo para o efeito fixado, a câmara municipal procede em conformidade com o disposto no artigo 84º.

5 – O prazo de garantia das obras de urbanização é de cinco anos.

Artigo 88º – Obras inacabadas

1 – Quando as obras já tenham atingido um estado avançado de execução mas a licença ou comunicação prévia haja caducado, pode ser requerida a concessão de licença especial para a sua conclusão, desde que não se mostre aconselhável a demolição da obra, por razões ambientais, urbanísticas, técnicas ou económicas.

2 – *[Revogado]*.

3 – *[Revogado]*.

4 – *[Revogado]*.

SECÇÃO IV – Utilização e conservação do edificado

Artigo 89º – Dever de conservação

1 – As edificações devem ser objeto de obras de conservação pelo menos uma vez em cada período de oito anos, devendo o proprietário, independentemente desse prazo, realizar todas as obras necessárias à manutenção da sua segurança, salubridade e arranjo estético.

2 – Sem prejuízo do disposto no número anterior, a câmara municipal pode a todo o tempo, oficiosamente ou a requerimento de qualquer interessado, determinar a execução de obras de conservação necessárias à correção de más condições de segurança ou de salubridade ou à melhoria do arranjo estético.

3 – A câmara municipal pode, oficiosamente ou a requerimento de qualquer interessado, ordenar a demolição total ou parcial das construções que ameacem ruína ou ofereçam perigo para a saúde pública e para a segurança das pessoas.

4 – Os atos referidos nos números anteriores são eficazes a partir da sua notificação ao proprietário.

[193] Regime agora constante dos arts. 394º a 398º do Código dos Contratos Públicos, de 2008.

Artigo 89º-A – Proibição de deterioração

1 – O proprietário não pode, dolosamente, provocar ou agravar uma situação de falta de segurança ou de salubridade, provocar a deterioração do edifício ou prejudicar o seu arranjo estético.

2 – Presume-se, salvo prova em contrário, existir violação pelo proprietário do disposto no número anterior nas seguintes situações:

a) Quando o edifício, encontrando-se total ou parcialmente devoluto, tenha apenas os vãos do piso superior ou dos pisos superiores desguarnecidos;

b) Quando estejam em falta elementos decorativos, nomeadamente cantarias ou revestimento azulejar relevante, em áreas da edificação que não sejam acessíveis pelos transeuntes, sendo patente que tal falta resulta de atuação humana.

3 – A proibição constante do nº 1 é aplicável, além do proprietário, a qualquer pessoa singular ou coletiva.

Artigo 90º – Vistoria prévia

1 – As deliberações referidas nos nºs 2 e 3 do artigo 89º são precedidas de vistoria a realizar por três técnicos a nomear pela câmara municipal, dois dos quais com habilitação legal para ser autor de projeto, correspondentes à obra objeto de vistoria, segundo o regime da qualificação profissional dos técnicos responsáveis pela elaboração e subscrição de projetos.

2 – Do ato que determinar a realização da vistoria e respetivos fundamentos é notificado o proprietário do imóvel, mediante carta registada expedida com, pelo menos, sete dias de antecedência.

3 – Até à véspera da vistoria, o proprietário pode indicar um perito para intervir na realização da vistoria e formular quesitos a que deverão responder os técnicos nomeados.

4 – Da vistoria é imediatamente lavrado auto, do qual constam obrigatoriamente a identificação do imóvel, a descrição do estado do mesmo e as obras preconizadas e, bem assim, as respostas aos quesitos que sejam formuladas pelo proprietário.

5 – A descrição do estado do imóvel, a que se refere o número anterior, inclui a identificação do seu estado de conservação, apurado através da determinação do nível de conservação do imóvel de acordo com o disposto no artigo 5º do Decreto-Lei nº 266-B/2012, de 31 de dezembro, e na respetiva regulamentação.[194]

6 – O auto referido no nº 4 é assinado por todos os técnicos e pelo perito que hajam participado na vistoria e, se algum deles não quiser ou não puder assiná-lo, faz-se menção desse facto.

[194] Este diploma estabelece o regime de determinação do nível de conservação do imóvel para efeitos de arrendamento urbano e de reabilitação urbana.

7 – Quando o proprietário não indique perito até à data referida no nº 3, a vistoria é realizada sem a presença deste, sem prejuízo de, em eventual impugnação administrativa ou contenciosa da deliberação em causa, o proprietário poder alegar factos não constantes do auto de vistoria, quando prove que não foi regularmente notificado nos termos do nº 2.

8 – As formalidades previstas no presente artigo podem ser preteridas quando exista risco iminente de desmoronamento ou grave perigo para a saúde pública, nos termos previstos na lei para o estado de necessidade.[195]

Artigo 91º – Obras coercivas

1 – Quando o proprietário não iniciar as obras que lhe sejam determinadas nos termos do artigo 89º ou não as concluir dentro dos prazos que para o efeito lhe forem fixados, pode a câmara municipal tomar posse administrativa do imóvel para lhes dar execução imediata.

2 – À execução coerciva das obras referidas no número anterior aplica-se, com as devidas adaptações, o disposto nos artigos 107º e 108º.

Artigo 92º – Despejo administrativo

1 – A câmara municipal pode ordenar o despejo sumário dos prédios ou parte de prédios nos quais haja de realizar-se as obras referidas nos nºs 2 e 3 do artigo 89º, sempre que tal se mostre necessário à execução das mesmas.

2 – O despejo referido no número anterior pode ser determinado oficiosamente ou, quando o proprietário pretenda proceder às mesmas, a requerimento deste.

3 – A deliberação que ordene o despejo é eficaz a partir da sua notificação aos ocupantes.

4 – O despejo deve executar-se no prazo de 45 dias a contar da sua notificação aos ocupantes, salvo quando houver risco iminente de desmoronamento ou grave perigo para a saúde pública, em que poderá executar-se imediatamente.

5 – Ao despejo de ocupante titular de contrato de arrendamento aplica-se o disposto no Decreto-Lei nº 157/2006, de 8 de agosto.[196]

[195] Cfr. o § 1º do artigo 168º do R.G.E.U. ("Quando houver risco iminente de desmoronamento ou perigo para a saúde, o despejo poderá executar-se imediatamente"), preceito agora substituído pela regra, de idêntico teor, constante do subsequente artigo 92º, nº 4 do presente diploma.

[196] Este diploma aprova o regime jurídico das obras em prédios arrendados.

SECÇÃO V - Fiscalização

SUBSECÇÃO I - Disposições gerais

Artigo 93º - Âmbito

1 - A realização de quaisquer operações urbanísticas está sujeita a fiscalização administrativa, independentemente de estarem isentas de controlo prévio ou da sua sujeição a prévio licenciamento, comunicação prévia ou autorização de utilização.

2 - A fiscalização administrativa destina-se a assegurar a conformidade daquelas operações com as disposições legais e regulamentares aplicáveis e a prevenir os perigos que da sua realização possam resultar para a saúde e segurança das pessoas.

Artigo 94º - Competência

1 - Sem prejuízo das competências atribuídas por lei a outras entidades, a fiscalização prevista no artigo anterior compete ao presidente da câmara municipal, com a faculdade de delegação em qualquer dos vereadores.

2 - Os atos praticados pelo presidente da câmara municipal no exercício dos poderes de fiscalização previstos no presente diploma e que envolvam um juízo de legalidade de atos praticados pela câmara municipal respetiva, ou que suspendam ou ponham termo à sua eficácia, podem ser por esta revogados ou suspensos.

3 - No exercício da atividade de fiscalização, o presidente da câmara municipal é auxiliado por funcionários municipais com formação adequada, a quem incumbe preparar e executar as suas decisões.

4 - O presidente da câmara municipal pode ainda solicitar colaboração de quaisquer autoridades administrativas ou policiais.

5 - A câmara municipal pode contratar com empresas privadas habilitadas a efetuar fiscalização de obras a realização das inspeções a que se refere o artigo seguinte, bem como as vistorias referidas no artigo 64º.

6 - A celebração dos contratos referidos no número anterior depende da observância das regras constantes de decreto regulamentar, de onde constam o âmbito das obrigações a assumir pelas empresas, o respetivo regime da responsabilidade e as garantias a prestar.

Artigo 95º - Inspeções

1 - Os funcionários municipais responsáveis pela fiscalização de obras ou as empresas privadas a que se refere o nº 5 do artigo anterior podem realizar inspeções aos locais onde se desenvolvam atividades sujeitas a fiscalização nos termos do presente diploma, sem dependência de prévia notificação.

2 – O disposto no número anterior não dispensa a obtenção de prévio mandado judicial para a entrada no domicílio de qualquer pessoa sem o seu consentimento.

3 – O mandado previsto no número anterior é concedido pelo juiz da comarca respetiva a pedido do presidente da câmara municipal e segue os termos do procedimento cautelar comum.

Artigo 96º – Vistorias

1 – Para além dos casos especialmente previstos no presente diploma, o presidente da câmara municipal pode ordenar a realização de vistorias aos imóveis em que estejam a ser executadas operações urbanísticas quando o exercício dos poderes de fiscalização dependa da prova de factos que, pela sua natureza ou especial complexidade, impliquem uma apreciação valorativa de caráter pericial.

2 – As vistorias ordenadas nos termos do número anterior regem-se pelo disposto no artigo 90º e as suas conclusões são obrigatoriamente seguidas na decisão a que respeita.

Artigo 97º – Livro de obra

1 – Todos os factos relevantes relativos à execução de obras licenciadas ou objeto de comunicação prévia devem ser registados pelo respetivo diretor de obra no livro de obra, a conservar no local da sua realização para consulta pelos funcionários municipais responsáveis pela fiscalização de obras.

2 – São obrigatoriamente registados no livro de obra, para além das respetivas datas de início e conclusão, todos os factos que impliquem a sua paragem ou suspensão, bem como todas as alterações feitas ao projeto licenciado ou comunicado.

3 – O modelo e demais registos a inscrever no livro de obra são definidos por portaria dos membros do Governo responsáveis pelas obras públicas e pelo ordenamento do território, a qual fixa igualmente as características do livro de obra eletrónico.[197]

SUBSECÇÃO II – Sanções

Artigo 98º – Contraordenações

1 – Sem prejuízo da responsabilidade civil, criminal ou disciplinar, são puníveis como contraordenação:

a) A realização de quaisquer operações urbanísticas sujeitas a prévio licenciamento sem o respetivo alvará de licenciamento, exceto nos casos previstos nos artigos 81º e 113º;

[197] Portaria nº 1268/2008, de 6 de Novembro.

b) A realização de quaisquer operações urbanísticas em desconformidade com o respetivo projeto ou com as condições do licenciamento ou da comunicação prévia;

c) A execução de trabalhos em violação do disposto no nº 2 do artigo 80º-A;

d) A ocupação de edifícios ou suas frações autónomas sem autorização de utilização ou em desacordo com o uso fixado no respetivo alvará ou comunicação prévia, salvo se estes não tiverem sido emitidos no prazo legal por razões exclusivamente imputáveis à câmara municipal;

e) As falsas declarações dos autores e coordenador de projetos no termo de responsabilidade relativamente à observância das normas técnicas gerais e específicas de construção, bem como das disposições legais e regulamentares aplicáveis ao projeto;

f) As falsas declarações no termo de responsabilidade do diretor de obra e do diretor de fiscalização de obra ou de outros técnicos relativamente:

i) À conformidade da execução da obra com o projeto aprovado e com as condições da licença ou da comunicação prévia apresentada;

ii) À conformidade das alterações efetuadas ao projeto com as normas legais e regulamentares aplicáveis;

g) A subscrição de projeto da autoria de quem, por razões de ordem técnica, legal ou disciplinar, se encontre inibido de o elaborar;

h) O prosseguimento de obras cujo embargo tenha sido legitimamente ordenado;

i) A não afixação ou a afixação de forma não visível do exterior do prédio, durante o decurso do procedimento de licenciamento ou autorização, do aviso que publicita o pedido de licenciamento ou autorização;

j) A não manutenção de forma visível do exterior do prédio, até à conclusão da obra, do aviso que publicita o alvará ou a comunicação prévia;

l) A falta do livro de obra no local onde se realizam as obras;

m) A falta dos registos do estado de execução das obras no livro de obra;

n) A não remoção dos entulhos e demais detritos resultantes da obra nos termos do artigo 86º;

o) A ausência de requerimento a solicitar à câmara municipal o averbamento de substituição do requerente, do autor de projeto, de diretor de obra ou diretor de fiscalização de obra, do titular do alvará de construção ou do título de registo emitido pelo InCI, I. P., bem como do titular de alvará de licença ou apresentante da comunicação prévia;

p) A ausência do número de alvará de loteamento ou da comunicação prévia nos anúncios ou em quaisquer outras formas de publicidade à alienação dos lotes de terreno, de edifícios ou frações autónomas nele construídos;

q) A não comunicação à câmara municipal dos negócios jurídicos de que resulte o fracionamento ou a divisão de prédios rústicos no prazo de 20 dias a contar da data de celebração;

r) A realização de operações urbanísticas sujeitas a comunicação prévia sem que esta tenha ocorrido;

s) A não conclusão das operações urbanísticas referidas nos nºs 2 e 3 do artigo 89º nos prazos fixados para o efeito;

t) A deterioração dolosa da edificação pelo proprietário ou por terceiro ou a violação grave do dever de conservação.

2 – A contraordenação prevista nas alíneas *a*) e *r*) do número anterior é punível com coima graduada de € 500 até ao máximo de € 200 000, no caso de pessoa singular, e de € 1500 até € 450 000, no caso de pessoa coletiva.

3 – A contraordenação prevista na alínea *b*) do nº 1 é punível com coima graduada de € 1500 até ao máximo de € 200 000, no caso de pessoa singular, e de € 3000 até € 450 000, no caso de pessoa coletiva.

4 – A contraordenação prevista nas alíneas *c*), *d*), *s*) e *t*) do nº 1 é punível com coima graduada de € 500 até ao máximo de € 100 000, no caso de pessoa singular, e de € 1500 até € 250 000, no caso de pessoa coletiva.

5 – As contraordenações previstas nas alíneas *e*) a *h*) do nº 1 são puníveis com coima graduada de € 1500 até ao máximo de € 200 000.

6 – As contraordenações previstas nas alíneas *i*) a *n*) e *p*) do nº 1 são puníveis com coima graduada de € 250 até ao máximo de € 50 000, no caso de pessoa singular, e de € 1000 até € 100 000, no caso de pessoa coletiva.

7 – A contraordenação prevista nas alíneas *o*) e *q*) do nº 1 é punível com coima graduada de € 100 até ao máximo de € 2500, no caso de pessoa singular, e de € 500 até € 10 000, no caso de pessoa coletiva.

8 – Quando as contraordenações referidas no nº 1 sejam praticadas em relação a operações urbanísticas que hajam sido objeto de comunicação prévia nos termos do presente diploma, os montantes máximos das coimas referidos nos nºs 3 a 5 anteriores são agravados em € 50 000 e os das coimas referidas nos nºs 6 e 7 em € 25 000.

9 – A tentativa e a negligência são puníveis.

10 – A competência para determinar a instauração dos processos de contraordenação, para designar o instrutor e para aplicar as coimas pertence ao presidente da câmara municipal, podendo ser delegada em qualquer dos seus membros.

11 – O produto da aplicação das coimas referidas no presente artigo reverte para o município, inclusive quando as mesmas sejam cobradas em juízo.

Artigo 99º – Sanções acessórias

1 – As contraordenações previstas no nº 1 do artigo anterior podem ainda determinar, quando a gravidade da infração o justifique, a aplicação das seguintes sanções acessórias:

a) A apreensão dos objetos pertencentes ao agente que tenham sido utilizados como instrumento na prática da infração;

b) A interdição do exercício no município, até ao máximo de quatro anos, da profissão ou atividade conexas com a infração praticada;

c) A privação do direito a subsídios outorgados por entidades ou serviços públicos.

2 – As sanções previstas no nº 1, bem como as previstas no artigo anterior, quando aplicadas a empresas de construção, empreiteiros ou construtores, são comunicadas ao InCI, I. P.

3 – As sanções aplicadas ao abrigo do disposto nas alíneas *e*), *f*) e *g*) do nº 1 do artigo anterior aos autores dos projetos, responsáveis pela direção técnica da obra ou a quem subscreva o termo de responsabilidade previsto no artigo 63º são comunicadas à respetiva ordem ou associação profissional, quando exista.

4 – A interdição de exercício de atividade prevista na alínea *b*) do nº 1, quando aplicada a pessoa coletiva, estende-se a outras pessoas coletivas constituídas pelos mesmos sócios.

Artigo 100º – Responsabilidade criminal

1 – O desrespeito dos atos administrativos que determinem qualquer das medidas de tutela da legalidade urbanística previstas no presente diploma constitui crime de desobediência, nos termos do artigo 348º do Código Penal.

2 – As falsas declarações ou informações prestadas pelos responsáveis referidos nas alíneas *e*) e *f*) do nº 1 do artigo 98º, nos termos de responsabilidade ou no livro de obra integram o crime de falsificação de documentos, nos termos do artigo 256º do Código Penal.

Artigo 100º-A – Responsabilidade civil dos intervenientes nas operações urbanísticas

1 – As pessoas jurídicas que violem, com dolo ou negligência, por ação ou omissão, os deveres inerentes ao exercício da atividade a que estejam obrigados por contrato ou por norma legal ou regulamentar aplicável são responsáveis pelo ressarcimento dos danos causados a terceiros e pelos custos e encargos das medidas específicas de reconstituição da situação que existiria caso a ordem jurídica urbanística não tivesse sido violada.

2 – Relativamente a operações urbanísticas sujeitas a controlo prévio que tenham sido desenvolvidas em violação das condições previstas na licença,

comunicação prévia ou autorização, consideram-se solidariamente responsáveis os empreiteiros, os diretores da obra e os responsáveis pela fiscalização, sem prejuízo da responsabilidade dos promotores e dos donos da obra, nos termos gerais.

3 – Relativamente a operações urbanísticas sujeitas a controlo prévio que tenham sido realizadas sem tal controlo ou estejam em desconformidade com os seus pressupostos ou com qualquer das condições previstas na lei para a isenção de controlo prévio, consideram-se solidariamente responsáveis os promotores e donos da obra, os responsáveis pelos usos e utilizações existentes, bem como os empreiteiros e os diretores da obra.

4 – No caso de operações urbanísticas incompatíveis com os instrumentos de gestão territorial aplicáveis são solidariamente responsáveis:

a) Os autores e coordenadores dos projetos e dos demais documentos técnicos;

b) Os diretores da obra;

c) Os responsáveis pela fiscalização.

5 – Consideram-se promotores, para os efeitos do disposto nos nºs 2 e 3:

a) A pessoa jurídica, pública ou privada, seja ou não proprietária dos terrenos relativamente aos quais se refere a operação urbanística, que é responsável pela sua execução ou desenvolvimento;

b) O proprietário do imóvel no qual foram executadas ou desenvolvidas operações urbanísticas, quando tenha tido conhecimento das obras, trabalhos, edificações, usos e utilizações ilícitos, presumindo-se tal conhecimento, salvo prova em contrário, quando o proprietário tenha permitido, por qualquer ato, ao responsável direto da violação o acesso à utilização do imóvel.

6 – Considera-se empreiteiro, para os efeitos do disposto nos nºs 2 e 3, a pessoa jurídica, pública ou privada, que exerce a atividade de execução das obras de edificação e urbanização e se encontre devidamente habilitada pelo InCI, I. P.

7 – As pessoas coletivas são responsáveis pelas infrações cometidas pelos seus órgãos, funcionários e agentes.

8 – Todos os intervenientes na realização de operações urbanísticas respondem solidariamente quando se verifique a impossibilidade de determinar o autor do dano ou, havendo concorrência de culpas, não seja possível precisar o grau de intervenção de cada interveniente no dano produzido.

9 – A aprovação do projeto ou o exercício da fiscalização municipal não isentam os técnicos responsáveis pela sua fiscalização ou direção, da responsabilidade pela condução dos trabalhos em estrita observância pelas condições da licença ou da comunicação prévia.

Artigo 101º – Responsabilidade dos funcionários e agentes da Administração Pública

Os funcionários e agentes da Administração Pública que deixem de participar infrações às entidades fiscalizadoras ou prestem informações falsas ou erradas sobre as infrações à lei e aos regulamentos de que tenham conhecimento no exercício das suas funções incorrem em responsabilidade disciplinar, punível com pena de suspensão a demissão.

Artigo 101º-A – Legitimidade para a denúncia

1 – Qualquer pessoa tem legitimidade para comunicar à câmara municipal, ao Ministério Público, às ordens ou associações profissionais, ao InCI, I. P., ou a outras entidades competentes a violação das normas do presente diploma.

2 – Não são admitidas denúncias anónimas.

SUBSECÇÃO III – Medidas de tutela da legalidade urbanística

Artigo 102º – Reposição da legalidade urbanística

1 – Os órgãos administrativos competentes estão obrigados a adotar as medidas adequadas de tutela e restauração da legalidade urbanística quando sejam realizadas operações urbanísticas:

a) Sem os necessários atos administrativos de controlo prévio;

b) Em desconformidade com os respetivos atos administrativos de controlo prévio;

c) Ao abrigo de ato administrativo de controlo prévio revogado ou declarado nulo;

d) Em desconformidade com as condições da comunicação prévia;

e) Em desconformidade com as normas legais ou regulamentares aplicáveis.

2 – As medidas a que se refere o número anterior podem consistir:

a) No embargo de obras ou de trabalhos de remodelação de terrenos;

b) Na suspensão administrativa da eficácia de ato de controlo prévio;

c) Na determinação da realização de trabalhos de correção ou alteração, sempre que possível;

d) Na legalização das operações urbanísticas;

e) Na determinação da demolição total ou parcial de obras;

f) Na reposição do terreno nas condições em que se encontrava antes do início das obras ou trabalhos;

g) Na determinação da cessação da utilização de edifícios ou suas frações autónomas.

3 – Independentemente das situações previstas no nº 1, a câmara municipal pode:

a) Determinar a execução de obras de conservação necessárias à correção de más condições de segurança ou salubridade ou à melhoria do arranjo estético;

b) Determinar a demolição, total ou parcial, das construções que ameacem ruína ou ofereçam perigo para a saúde pública e segurança das pessoas.

4 – *[Revogado]*.

5 – *[Revogado]*.

6 – *[Revogado]*.

7 – *[Revogado]*.

8 – *[Revogado]*.

Artigo 102º-A – Legalização

1 – Quando se verifique a realização de operações urbanísticas ilegais nos termos do nº 1 do artigo anterior, se for possível assegurar a sua conformidade com as disposições legais e regulamentares em vigor, a câmara municipal notifica os interessados para a legalização das operações urbanísticas, fixando um prazo para o efeito.

2 – O procedimento de legalização deve ser instruído com os elementos exigíveis em função da pretensão concreta do requerente, com as especificidades constantes dos números seguintes.

3 – A câmara municipal pode solicitar a entrega dos documentos e elementos, nomeadamente os projetos das especialidade e respetivos termos de responsabilidade ou os certificados de aprovação emitidos pelas entidades certificadoras competentes, que se afigurem necessários, designadamente, para garantir a segurança e saúde públicas.

4 – Para efeitos do disposto no número anterior, é dispensada, nos casos em que não haja obras de ampliação ou de alteração a realizar, a apresentação dos seguintes elementos:

a) Calendarização da execução da obra;

b) Estimativa do custo total da obra;

c) Documento comprovativo da prestação de caução;

d) Apólice de seguro de construção;

e) Apólice de seguro que cubra a responsabilidade pela reparação dos danos emergentes de acidentes de trabalho;

f) Títulos habilitantes para o exercício da atividade de construção válidos à data da construção da obra;

g) Livro de obra;

h) Plano de segurança e saúde.

5 – Pode ser dispensado o cumprimento de normas técnicas relativas à construção cujo cumprimento se tenha tornado impossível ou que não seja razoável exigir, desde que se verifique terem sido cumpridas as condições técnicas vigentes à data da realização da operação urbanística em questão, competindo ao requerente fazer a prova de tal data.

6 – O interessado na legalização da operação urbanística pode solicitar à câmara municipal informação sobre os termos em que esta se deve processar, devendo a câmara municipal fornecer essa informação no prazo máximo de 15 dias.

7 – Os municípios aprovam os regulamentos necessários para concretizar e executar o disposto no presente artigo, devendo, designadamente, concretizar os procedimentos em função das operações urbanísticas e pormenorizar, sempre que possível, os aspetos que envolvam a formulação de valorações próprias do exercício da função administrativa, em especial os morfológicos e estéticos.

8 – Nos casos em que os interessados não promovam as diligências necessárias à legalização voluntária das operações urbanísticas, a câmara municipal pode proceder oficiosamente à legalização, exigindo o pagamento das taxas fixadas em regulamento municipal.

9 – A faculdade concedida no número anterior apenas pode ser exercida quando estejam em causa obras que não impliquem a realização de cálculos de estabilidade.

10 – Caso o requerente, tendo sido notificado para o pagamento das taxas devidas, não proceda ao respetivo pagamento, é promovido o procedimento de execução fiscal do montante liquidado.

11 – A legalização oficiosa tem por único efeito o reconhecimento de que as obras promovidas cumprem os parâmetros urbanísticos previstos nos instrumentos de gestão territorial aplicáveis, sendo efetuada sob reserva de direitos de terceiros.

Artigo 102º-B – Embargo

1 – Sem prejuízo das competências atribuídas por lei a outras entidades, o presidente da câmara municipal é competente para embargar obras de urbanização, de edificação ou de demolição, bem como quaisquer trabalhos de remodelação de terrenos, quando estejam a ser executadas:

a) Sem a necessária licença ou comunicação prévia;

b) Em desconformidade com o respetivo projeto ou com as condições do licenciamento ou comunicação prévia, salvo o disposto no artigo 83º; ou

c) Em violação das normas legais e regulamentares aplicáveis.

2 – A notificação é feita ao responsável pela direção técnica da obra, bem como ao titular do alvará de licença ou apresentante da comunicação prévia e,

quando possível, ao proprietário do imóvel no qual estejam a ser executadas as obras ou seu representante, sendo suficiente para obrigar à suspensão dos trabalhos qualquer dessas notificações ou a de quem se encontre a executar a obra no local.

3 – Após o embargo, é de imediato lavrado o respetivo auto, que contém, obrigatória e expressamente, a identificação do funcionário municipal responsável pela fiscalização de obras, das testemunhas e do notificado, a data, a hora e o local da diligência e as razões de facto e de direito que a justificam, o estado da obra e a indicação da ordem de suspensão e proibição de prosseguir a obra e do respetivo prazo, bem como as cominações legais do seu incumprimento.

4 – O auto é redigido em duplicado e assinado pelo funcionário e pelo notificado, ficando o duplicado na posse deste.

5 – No caso de a ordem de embargo incidir apenas sobre parte da obra, o respetivo auto faz expressa menção de que o embargo é parcial e identifica claramente qual é a parte da obra que se encontra embargada.

6 – O auto de embargo é notificado às pessoas identificadas no nº 2 e disponibilizado no sistema informático referido no artigo 8º-A, no prazo de cinco dias úteis.

7 – No caso de as obras estarem a ser executadas por pessoa coletiva, o embargo e o respetivo auto são ainda comunicados para a respetiva sede social ou representação em território nacional.

8 – O embargo, assim como a sua cessação ou caducidade, é objeto de registo na conservatória do registo predial, mediante comunicação do despacho que o determinou, procedendo-se aos necessários averbamentos.

Artigo 103º – Efeitos do embargo

1 – O embargo obriga à suspensão imediata, no todo ou em parte, dos trabalhos de execução da obra.

2 – Tratando-se de obras licenciadas ou objeto de comunicação prévia, o embargo determina também a suspensão da eficácia da respetiva licença ou, no caso de comunicação prévia, a imediata cessação da operação urbanística, bem como, no caso de obras de urbanização, a suspensão de eficácia da licença de loteamento urbano a que a mesma respeita ou a cessação das respetivas obras.

3 – É interdito o fornecimento de energia elétrica, gás e água às obras embargadas, devendo para o efeito ser notificado o ato que o ordenou às entidades responsáveis pelos referidos fornecimentos.

4 – O embargo, ainda que parcial, suspende o prazo que estiver fixado para a execução das obras no respetivo alvará de licença ou estabelecido na comunicação prévia.

Artigo 104º – Caducidade do embargo

1 – A ordem de embargo caduca logo que for proferida uma decisão que defina a situação jurídica da obra com caráter definitivo ou no termo do prazo que tiver sido fixado para o efeito.

2 – Na falta de fixação de prazo para o efeito, a ordem de embargo caduca se não for proferida uma decisão definitiva no prazo de seis meses, prorrogável uma única vez por igual período.

Artigo 105º – Trabalhos de correção ou alteração

1 – Nas situações previstas nas alíneas *b*) e *c*) do nº 1 do artigo 102º, o presidente da câmara municipal pode ainda, quando for caso disso, ordenar a realização de trabalhos de correção ou alteração da obra, fixando um prazo para o efeito, tendo em conta a natureza e o grau de complexidade dos mesmos.

2 – Decorrido o prazo referido no número anterior sem que aqueles trabalhos se encontrem integralmente realizados, a obra permanece embargada até ser proferida uma decisão que defina a sua situação jurídica com caráter definitivo.

3 – Tratando-se de obras de urbanização ou de outras obras indispensáveis para assegurar a proteção de interesses de terceiros ou o correto ordenamento urbano, a câmara municipal pode promover a realização dos trabalhos de correção ou alteração por conta do titular da licença ou do apresentante da comunicação prévia, nos termos dos artigos 107º e 108º.

4 – A ordem de realização de trabalhos de correção ou alteração suspende o prazo que estiver fixado no respetivo alvará de licença ou estabelecido na comunicação prévia pelo período estabelecido nos termos do nº 1.

5 – O prazo referido no nº 1 interrompe-se com a apresentação de pedido de alteração à licença ou comunicação prévia, nos termos, respetivamente, dos artigos 27º e 35º.

Artigo 106º – Demolição da obra e reposição do terreno

1 – O presidente da câmara municipal pode igualmente, quando for caso disso, ordenar a demolição total ou parcial da obra ou a reposição do terreno nas condições em que se encontrava antes da data de início das obras ou trabalhos, fixando um prazo para o efeito.

2 – A demolição pode ser evitada se a obra for suscetível de ser licenciada ou objeto de comunicação prévia ou se for possível assegurar a sua conformidade com as disposições legais e regulamentares que lhe são aplicáveis mediante a realização de trabalhos de correção ou de alteração.

3 – A ordem de demolição ou de reposição a que se refere o nº 1 é antecedida de audição do interessado, que dispõe de 15 dias a contar da data da sua notificação para se pronunciar sobre o conteúdo da mesma.

4 – Decorrido o prazo referido no nº 1 sem que a ordem de demolição da obra ou de reposição do terreno se mostre cumprida, o presidente da câmara municipal determina a demolição da obra ou a reposição do terreno por conta do infrator.

Artigo 107º – Posse administrativa e execução coerciva

1 – Sem prejuízo da responsabilidade criminal, em caso de incumprimento de qualquer das medidas de tutela da legalidade urbanística previstas nos artigos anteriores o presidente da câmara pode determinar a posse administrativa do imóvel onde está a ser realizada a obra, por forma a permitir a execução coerciva de tais medidas.

2 – O ato administrativo que tiver determinado a posse administrativa é notificado ao dono da obra e aos demais titulares de direitos reais sobre o imóvel por carta registada com aviso de receção.

3 – A posse administrativa é realizada pelos funcionários municipais responsáveis pela fiscalização de obras, mediante a elaboração de um auto onde, para além de se identificar o ato referido no número anterior, é especificado o estado em que se encontra o terreno, a obra e as demais construções existentes no local, bem como os equipamentos que ali se encontrarem.

4 – Tratando-se da execução coerciva de uma ordem de embargo, os funcionários municipais responsáveis pela fiscalização de obras procedem à selagem do estaleiro da obra e dos respetivos equipamentos.

5 – Em casos devidamente justificados, o presidente da câmara pode autorizar a transferência ou a retirada dos equipamentos do local de realização da obra, por sua iniciativa ou a requerimento do dono da obra ou do seu empreiteiro.

6 – O dono da obra ou o seu empreiteiro devem ser notificados sempre que os equipamentos sejam depositados noutro local.

7 – A posse administrativa do terreno e dos equipamentos mantém-se pelo período necessário à execução coerciva da respetiva medida de tutela da legalidade urbanística, caducando no termo do prazo fixado para a mesma.

8 – Tratando-se de execução coerciva de uma ordem de demolição ou de trabalhos de correção ou alteração de obras, estas devem ser executadas no mesmo prazo que havia sido concedido para o efeito ao seu destinatário, contando-se aquele prazo a partir da data de início da posse administrativa.

9 – *[Revogado]*.

Artigo 108º – Despesas realizadas com a execução coerciva

1 – As quantias relativas às despesas realizadas nos termos do artigo anterior, incluindo quaisquer indemnizações ou sanções pecuniárias que a Administração tenha de suportar para o efeito, são de conta do infrator.

2 – Quando aquelas quantias não forem pagas voluntariamente no prazo de 20 dias a contar da notificação para o efeito, são cobradas judicialmente em processo de execução fiscal, servindo de título executivo certidão, passada pelos serviços competentes, comprovativa das despesas efetuadas, podendo ainda a câmara aceitar, para extinção da dívida, dação em cumprimento ou em função do cumprimento nos termos da lei.[198]

3 – O crédito referido no nº 1 goza de privilégio imobiliário sobre o lote ou terrenos onde se situa a edificação, graduado a seguir aos créditos referidos na alínea *b*) do artigo 748º do Código Civil.[199]

Artigo 108º-A

[Revogado].

Artigo 109º – Cessação da utilização

1 – Sem prejuízo do disposto nos nºs 1 e 2 do artigo 2º do Decreto-Lei nº 281/99, de 26 de julho[200], o presidente da câmara municipal é competente para ordenar e fixar prazo para a cessação da utilização de edifícios ou de suas frações autónomas quando sejam ocupados sem a necessária autorização de utilização ou quando estejam a ser afetos a fim diverso do previsto no respetivo alvará.

2 – Quando os ocupantes dos edifícios ou suas frações não cessem a utilização indevida no prazo fixado, pode a câmara municipal determinar o despejo administrativo, aplicando-se, com as devidas adaptações, o disposto no artigo 92º.

3 – O despejo determinado nos termos do número anterior deve ser sobrestado quando, tratando-se de edifício ou sua fração que estejam a ser utilizados para habitação, o ocupante mostre, por atestado médico, que a execução do mesmo põe em risco de vida, por razão de doença aguda, a pessoa que se encontre no local.

4 – Na situação referida no número anterior, o despejo não pode prosseguir enquanto a câmara municipal não providencie pelo realojamento da pessoa em questão, a expensas do responsável pela utilização indevida, nos termos do artigo anterior.

[198] A dação em cumprimento e em função do cumprimento vêm reguladas, respectivamente, nos artigos 837º e 840º do Código Civil.

[199] Este artigo do Código Civil estabelece a ordem por que são graduados os privilégios imobiliários, isto é, a faculdade de, quanto a certos créditos, os respectivos titulares serem pagos com preferência a outros credores pelo valor de determinados imóveis do devedor.

[200] O Decreto-Lei citado foi transcrito no início da Subsecção que se inicia com o artigo 57º.

CAPÍTULO IV – Garantias dos particulares

Artigo 110º – Direito à informação

1 – Qualquer interessado tem o direito de ser informado pela respetiva câmara municipal:

a) Sobre os instrumentos de desenvolvimento e de gestão territorial em vigor para determinada área do município, bem como das demais condições gerais a que devem obedecer as operações urbanísticas a que se refere o presente diploma;

b) Sobre o estado e andamento dos processos que lhes digam diretamente respeito, com especificação dos atos já praticados e do respetivo conteúdo, e daqueles que ainda devam sê-lo, bem como dos prazos aplicáveis a estes últimos.

2 – As informações previstas no número anterior devem ser prestadas independentemente de despacho e no prazo de 15 dias.

3 – Os interessados têm o direito de consultar os processos que lhes digam diretamente respeito, nomeadamente por via eletrónica, e de obter as certidões ou reproduções autenticadas dos documentos que os integram, mediante o pagamento das importâncias que forem devidas.

4 – O acesso aos processos e passagem de certidões deve ser requerido por escrito, salvo consulta por via eletrónica, e é facultado independentemente de despacho e no prazo de 10 dias a contar da data da apresentação do respetivo requerimento.

5 – A câmara municipal fixa, no mínimo, um dia por semana para que os serviços municipais competentes estejam especificadamente à disposição dos cidadãos para a apresentação de eventuais pedidos de esclarecimento ou de informação ou reclamações.

6 – Os direitos referidos nos nºs 1 e 3 são extensivos a quaisquer pessoas que provem ter interesse legítimo no conhecimento dos elementos que pretendem e ainda, para defesa de interesses difusos definidos na lei, quaisquer cidadãos no gozo dos seus direitos civis e políticos e as associações e fundações defensoras de tais interesses.

Artigo 111º – Silêncio da Administração

Decorridos os prazos fixados para a prática de qualquer ato especialmente regulado no presente diploma sem que o mesmo se mostre praticado, observa-se o seguinte:

a) Tratando-se de ato que devesse ser praticado por qualquer órgão municipal no âmbito do procedimento de licenciamento, o interessado pode recorrer ao processo regulado no artigo 112º;

b) *[Revogada]*;

c) Tratando-se de qualquer outro ato, considera-se tacitamente deferida a pretensão, com as consequências gerais.[201]

Artigo 112º – Intimação judicial para a prática de ato legalmente devido

1 – No caso previsto na alínea *a*) do artigo 111º, pode o interessado pedir ao tribunal administrativo de círculo da área da sede da autoridade requerida a intimação da autoridade competente para proceder à prática do ato que se mostre devido.

2 – O requerimento de intimação deve ser apresentado em duplicado e instruído com cópia do requerimento para a prática do ato devido.

3 – A secretaria, logo que registe a entrada do requerimento, expede por via postal notificação à autoridade requerida, acompanhada do duplicado, para responder no prazo de 14 dias.

4 – Junta a resposta ou decorrido o respetivo prazo, o processo vai com vista ao Ministério Público, por dois dias, e seguidamente é concluso ao juiz, para decidir no prazo de cinco dias.

5 – Se não houver fundamento de rejeição, o requerimento só será indeferido quando a autoridade requerida faça prova da prática do ato devido até ao termo do prazo fixado para a resposta.

6 – Na decisão, o juiz estabelece prazo não superior a 30 dias para que a autoridade requerida pratique o ato devido e fixa sanção pecuniária compulsória, nos termos previstos no Código de Processo nos Tribunais Administrativos.

7 – Ao pedido de intimação é aplicável o disposto no Código de Processo nos Tribunais Administrativos quanto aos processos urgentes.

8 – O recurso da decisão tem efeito meramente devolutivo.

9 – Decorrido o prazo fixado pelo tribunal sem que se mostre praticado o ato devido, o interessado pode prevalecer-se do disposto no artigo 113º, com exceção do disposto no número seguinte.

10 – Na situação prevista no número anterior, tratando-se de aprovação do projeto de arquitetura, o interessado pode juntar os projetos das especialidades e outros estudos ou, caso já o tenha feito no requerimento inicial, inicia-se a contagem do prazo previsto na alínea *c*) do nº 1 do artigo 23º.

Artigo 113º – Deferimento tácito

1 – Nas situações referidas no nº 9 do artigo anterior, o interessado pode iniciar e prosseguir a execução dos trabalhos de acordo com o requerimento apresentado nos termos do nº 4 do artigo 9º ou dar de imediato utilização à obra.

[201] As "consequências gerais" de um deferimento tácito resumem-se a que por sua via se considera proferida uma decisão final, naturalmente por forma implícita e não expressa, no procedimento administrativo em causa – artigo 130º do Código do Procedimento Administrativo de 2014.

2 – O início dos trabalhos ou da utilização depende do prévio pagamento das taxas que se mostrem devidas nos termos do presente diploma.

3 – Quando a câmara municipal se recuse a liquidar ou a receber as taxas devidas, o interessado pode proceder ao depósito do respetivo montante em instituição de crédito à ordem da câmara municipal, ou, quando não esteja efetuada a liquidação, provar que se encontra garantido o seu pagamento mediante caução, por qualquer meio em direito admitido, por montante calculado nos termos do regulamento referido no artigo 3º.

4 – Para os efeitos previstos no número anterior, devem ser afixados nos serviços de tesouraria da câmara municipal o número e a instituição bancária em que a mesma tenha conta e onde seja possível efetuar o depósito, bem como a indicação do regulamento municipal no qual se encontram previstas as taxas a que se refere o nº 2.

5 – Caso a câmara municipal não efetue a liquidação da taxa devida nem dê cumprimento ao disposto no número anterior, o interessado pode iniciar os trabalhos ou dar de imediato utilização à obra, dando desse facto conhecimento à câmara municipal e requerendo ao tribunal administrativo de círculo da área da sede da autarquia que intime esta a emitir o alvará de licença ou autorização de utilização.

6 – Ao pedido de intimação referido no número anterior aplica-se o disposto no nº 7 do artigo anterior.

7 – A certidão da sentença transitada em julgado que haja intimado à emissão do alvará de licença ou autorização de utilização substitui, para todos os efeitos legais, o alvará não emitido.

8 – Nas situações referidas no presente artigo, a obra não pode ser embargada por qualquer autoridade administrativa com fundamento na falta de licença.

Artigo 114º – Impugnação administrativa

1 – Os pareceres expressos que sejam emitidos por órgãos da administração central no âmbito dos procedimentos regulados no presente diploma podem ser objeto de impugnação administrativa autónoma.

2 – A impugnação administrativa de quaisquer atos praticados ou pareceres emitidos nos termos do presente diploma deve ser decidida no prazo de 30 dias, findo o qual se considera deferida.

Artigo 115º – Ação administrativa especial[202]

1 – A ação administrativa especial dos atos previstos no artigo 106º tem efeito suspensivo.

[202] Hoje, "acção administrativa comum", após a revisão de 2015 do Código de Processo nos Tribunais Administrativos.

2 – Com a citação da petição de recurso, a autoridade administrativa tem o dever de impedir, com urgência, o início ou a prossecução da execução do ato recorrido.

3 – A todo o tempo e até à decisão em 1.ª instância, o juiz pode conceder o efeito meramente devolutivo à ação, oficiosamente ou a requerimento do recorrido ou do Ministério Público, caso do mesmo resultem indícios da ilegalidade da sua interposição ou da sua improcedência.

4 – Da decisão referida no número anterior cabe recurso com efeito meramente devolutivo, que sobe imediatamente, em separado.

CAPÍTULO V – Taxas inerentes às operações urbanísticas

Artigo 116º – Taxa pela realização, manutenção e reforço de infraestruturas urbanísticas

1 – A emissão dos alvarás de licença e autorização de utilização previstas no presente diploma estão sujeitas ao pagamento das taxas a que se refere a alínea *b*) do artigo 6º da Lei nº 53-E/2006, de 29 de dezembro, alterada pelas Leis nºs 64-A/2008, de 31 de dezembro, e 117/2009, de 29 de dezembro.

2 – A emissão do alvará de licença e a comunicação prévia de loteamento estão sujeitas ao pagamento das taxas a que se refere a alínea *a*) do artigo 6º da Lei nº 53-E/2006, de 29 de dezembro, alterada pelas Leis nºs 64-A/2008, de 31 de dezembro, e 117/2009, de 29 de dezembro.

3 – A emissão do alvará de licença e a comunicação prévia de obras de construção ou ampliação em área não abrangida por operação de loteamento estão igualmente sujeitas ao pagamento da taxa referida no número anterior.

4 – A emissão do alvará de licença parcial a que se refere o nº 6 do artigo 23º está também sujeita ao pagamento da taxa referida no nº 1, não havendo lugar à liquidação da mesma aquando da emissão do alvará definitivo.

5 – Os projetos de regulamento municipal da taxa pela realização, manutenção e reforço de infraestruturas urbanísticas devem ser acompanhados da fundamentação do cálculo das taxas previstas, tendo em conta, designadamente, os seguintes elementos:

a) Programa plurianual de investimentos municipais na execução, manutenção e reforço das infraestruturas gerais, que pode ser definido por áreas geográficas diferenciadas;

b) Diferenciação das taxas aplicáveis em função dos usos e tipologias das edificações e, eventualmente, da respetiva localização e correspondentes infraestruturas locais.

6 – *[Revogado]*.

Artigo 117º – Liquidação das taxas

1 – O presidente da câmara municipal, com o deferimento do pedido de licenciamento, procede à liquidação das taxas, em conformidade com o regulamento aprovado pela assembleia municipal.

2 – O pagamento das taxas referidas nos nºs 2 a 4 do artigo anterior pode, por deliberação da câmara municipal, com faculdade de delegação no presidente e de subdelegação deste nos vereadores ou nos dirigentes dos serviços municipais, ser fracionado até ao termo do prazo de execução fixado no alvará, desde que seja prestada caução nos termos do artigo 54º.

3 – Da liquidação das taxas cabe reclamação graciosa ou impugnação judicial, nos termos e com os efeitos previstos no Código de Procedimento e de Processo Tributário.

4 – A exigência, pela câmara municipal ou por qualquer dos seus membros, de mais-valias não previstas na lei ou de quaisquer contrapartidas, compensações ou donativos confere ao titular da licença ou comunicação prévia para a realização de operação urbanística, quando dê cumprimento àquelas exigências, o direito a reaver as quantias indevidamente pagas ou, nos casos em que as contrapartidas, compensações ou donativos sejam realizados em espécie, o direito à respetiva devolução e à indemnização a que houver lugar.

5 – Nos casos de autoliquidação previstos no presente diploma, as câmaras municipais devem obrigatoriamente disponibilizar os regulamentos e demais elementos necessários à sua efetivação, podendo os requerentes usar do expediente previsto no nº 3 do artigo 113º.

CAPÍTULO VI – Disposições finais e transitórias

Artigo 118º – Conflitos decorrentes da aplicação dos regulamentos municipais

1 – Para a resolução de conflitos na aplicação dos regulamentos municipais previstos no artigo 3º podem os interessados requerer a intervenção de uma comissão arbitral.

2 – Sem prejuízo do disposto no nº 5, a comissão arbitral é constituída por um representante da câmara municipal, um representante do interessado e um técnico designado por cooptação, especialista na matéria sobre que incide o litígio, o qual preside.

3 – Na falta de acordo, o técnico é designado pelo presidente do tribunal administrativo de círculo competente na circunscrição administrativa do município.

4 – À constituição e funcionamento das comissões arbitrais aplica-se o disposto na lei sobre a arbitragem voluntária.

5 – As associações públicas de natureza profissional e as associações empresariais do setor da construção civil podem promover a criação de centros de arbitragem institucionalizada para a realização de arbitragens no âmbito das matérias previstas neste artigo, nos termos da lei.

Artigo 119º – Relação dos instrumentos de gestão territorial, das servidões e restrições de utilidade pública e de outros instrumentos relevantes

1 – As câmaras municipais devem manter atualizada a relação dos instrumentos de gestão territorial e as servidões administrativas e restrições de utilidade pública especialmente aplicáveis na área do município, nomeadamente:

a) Os referentes a programa e plano regional de ordenamentodo território, planos especiais de ordenamento do território, planos municipais e intermunicipais de ordenamento do território, medidas preventivas, áreas de desenvolvimento urbano prioritário, áreas de construção prioritária, áreas de reabilitação urbana e alvarás de loteamento em vigor;

b) Zonas de proteção de imóveis classificados ou em vias de classificação, reservas arqueológicas de proteção e zonas especiais de proteção de parque arqueológico a que se refere a Lei nº 107/2001, de 8 de setembro, e o Decreto-Lei nº 309/2009, de 23 de outubro;

c) *[Revogada]*;

d) Zonas de proteção a edifícios e outras construções de interesse público a que se referem os Decretos-Leis nºs 40 388, de 21 de novembro de 1955, e 309/2009, de 23 de outubro;

e) Imóveis ou elementos naturais classificados como de interesse municipal a que se refere a Lei nº 107/2001, de 8 de setembro, e o Decreto-Lei nº 309/2009, de 23 de outubro;

f) Zonas terrestres de proteção das albufeiras, lagoas ou lagos de águas públicas a que se refere o Decreto-Lei nº 107/2009, de 15 de maio;

g) Zonas terrestres de proteção dos estuários a que se refere o Decreto-Lei nº 129/2008, de 21 de julho;

h) Áreas integradas no domínio hídrico público ou privado a que se referem a Lei nº 54/2005, de 15 de novembro, e Lei nº 58/2005, de 29 de dezembro;

i) Áreas classificadas a que se refere o Decreto-Lei nº 142/2008, de 24 de julho;

j) Áreas integradas na Reserva Agrícola Nacional a que se refere o Decreto-Lei nº 73/2009, de 31 de março;

l) Áreas integradas na Reserva Ecológica Nacional a que se refere o Decreto-Lei nº 166/2008, de 22 de agosto;

m) Zonas de proteção estabelecidas pelo Decreto-Lei nº 173/2006, de 24 de agosto.[203]

2 – As câmaras municipais mantêm igualmente atualizada a relação dos regulamentos municipais referidos no artigo 3º, dos programas de ação territorial em execução, bem como das unidades de execução delimitadas.

3 – A informação referida nos números anteriores deve ser disponibilizada no sítio da Internet do município.

4 – Para efeitos do disposto no Decreto-Lei nº 151-B/2013, de 31 de outubro, alterado pelo Decreto-Lei nº 47/2014, de 24 de março, que aprova o regime de avaliação de impacte ambiental, sempre que esteja em causa a realização de operação urbanística sujeita a avaliação de impacte ambiental (AIA), não pode ser emitida licença ou apresentada comunicação prévia ao abrigo do presente decreto-lei sem previamente ter sido emitida declaração de impacte ambiental (DIA) favorável ou condicionalmente favorável ou, no caso de o procedimento de AIA ter decorrido em fase de estudo prévio ou de anteprojeto, emitida decisão favorável sobre a conformidade do projeto de execução com a DIA.

Artigo 120º – Dever de informação

1 – As câmaras municipais e as comissões de coordenação e desenvolvimento regional têm o dever de informação mútua sobre processos relativos a operações urbanísticas, o qual deve ser cumprido mediante comunicação a enviar no prazo de 20 dias a contar da data de receção do respetivo pedido.

2 – Não sendo prestada a informação prevista no número anterior, as entidades que a tiverem solicitado podem recorrer ao processo de intimação regulado nos artigos 104ºe seguintes da Lei nº 15/2002, de 22 de fevereiro, alterada pela Lei nº 63/2011, de 14 de dezembro.[204]

Artigo 121º – Regime das notificações e comunicações

As notificações e comunicações referidas no presente diploma e dirigidas aos requerentes efetuam-se através do sistema eletrónico a que se refere o artigo 8º-A, por correio eletrónico ou outro meio de transmissão eletrónica de dados, salvo quando estes não forem possíveis ou se mostrarem inadequados.

[203] Este diploma estabeleceu um regime transitório para que as zonas de protecção dos edifícios públicos de reconhecido valor arquitectónico, fixadas ao abrigo de um particular regime aprovado pelo Decreto-Lei nº 21875, de 18 de Novembro de 1932, fossem revistas e integradas no regime geral de protecção do património cultural aprovado pela Lei nº 107/2001.

[204] Deve fazer-se correcção idêntica à assinalada quanto ao antecedente artigo 45º, nº 7.

Artigo 122º – Legislação subsidiária

A tudo o que não esteja especialmente previsto no presente diploma aplica-se subsidiariamente o Código do Procedimento Administrativo.

Artigo 123º – Relação das disposições legais referentes à construção

Até à codificação das normas técnicas de construção, compete aos membros do Governo responsáveis pelas obras públicas e pelo ordenamento do território promover a publicação da relação das disposições legais e regulamentares a observar pelos técnicos responsáveis dos projetos de obras e sua execução, devendo essa relação constar dos sítios na Internet dos ministérios em causa.

Artigo 124º – Depósito legal dos projetos

O Governo regulamentará, no prazo de seis meses acontar da data de entrada em vigor do presente diploma, o regime do depósito legal dos projetos de urbanização e edificação.

Artigo 125º – Alvarás anteriores

As alterações aos alvarás emitidos ao abrigo da legislação agora revogada e dos Decretos-Leis nºs 166/70, de 15 de abril, 46 673, de 29 de novembro de 1965, 289/73, de 6 de junho, e 400/84, de 31 de dezembro, regem-se pelo disposto no presente diploma.[205]

Artigo 126º – Elementos estatísticos

1 – A câmara municipal envia mensalmente para o Instituto Nacional de Estatística os elementos estatísticos identificados em portaria dos membros do Governo responsáveis pela administração local e pelo ordenamento do território.[206]

2 – Os suportes a utilizar na prestação da informação referida no número anterior serão fixados pelo Instituto Nacional de Estatística, após auscultação das entidades envolvidas.

Artigo 127º – Regiões Autónomas

O regime previsto neste diploma é aplicável às Regiões Autónomas, sem prejuízo do diploma legal que procede às necessárias adaptações.

Artigo 128º

[Revogado]

[205] O primeiro dos diplomas continha o regime de licenciamento de obras anterior ao de 1991; os restantes, os regimes sobre loteamento anteriores ao deste ano.

[206] Hoje, a Portaria nº 235/2013, de 24 de Julho.

Artigo 129º – Revogações

São revogados:

a) O Decreto-Lei nº 445/91, de 20 de novembro;

b) O Decreto-Lei nº 448/91, de 29 de novembro;

c) O Decreto-Lei nº 83/94, de 14 de março;

d) O Decreto-Lei nº 92/95, de 9 de maio;

e) Os artigos 9º, 10º e 165º a 168º do Regulamento Geral das Edificações Urbanas, aprovado pelo Decreto-Lei nº 38 382, de 7 de agosto de 1951.

Artigo 130º – Entrada em vigor

O presente diploma entra em vigor 120 dias após a datada sua publicação.

2. Diplomas complementares

Portaria nº 216-A/2008, de 3 de Março

A Lei nº 60/2007, de 4 de Setembro, diploma que introduz a 6.ª alteração ao Decreto-Lei nº 555/99, de 16 de Dezembro, introduziu no nº 1 do artigo 8º-A daquele diploma que a tramitação dos procedimentos ali previstos é realizada de modo informático, com recurso a sistema ou plataforma própria.

Para tanto, o nº 2 do artigo 8º-A estabelece que o sistema informático é objecto de portaria conjunta dos membros do Governo responsáveis pela justiça, administração local e ordenamento do território.

Assim:

Ao abrigo do disposto no nº 2 do artigo 8º-A do Decreto-Lei nº 555/99, de 16 de Dezembro, na redacção da Lei nº 60/2007, de 4 de Setembro:

Manda o Governo, pelo Secretário de Estado Adjunto e da Administração Local, pelo Secretário de Estado da Justiça e pelo Secretário de Estado do Ordenamento do Território e das Cidades, o seguinte:

1º – Objecto

A presente portaria tem por objecto a regulamentação do funcionamento do sistema informático previsto no nº 2 do artigo 8º-A do Decreto-Lei nº 555/99, de 16 de Dezembro, na redacção da Lei nº 60/2007, de 4 de Setembro.

2º – Sistema informático

1 – Os municípios devem disponibilizar sistema informático ou plataforma que permita a tramitação desmaterializada dos procedimentos de controlo prévio das operações urbanísticas, incluindo de informação prévia, e a entrega e recepção de elementos por via electrónica *online*, bem como informação para os

serviços de finanças, de registo e notariado para efeitos de inscrição e actualização de matrizes e registo e para a realização de negócios jurídicos.

2 – A Administração Central deve disponibilizar sistema informático ou plataforma que permita a tramitação desmaterializada das consultas às entidades externas aos municípios, da Administração Central, directa e indirecta, nos procedimentos consagrados no regime jurídico da urbanização e da edificação.

3 – Na construção dos sistemas informáticos referidos nos números anteriores devem ser salvaguardados mecanismos que permitam a interoperabilidade de sistemas para a disponibilização e recepção de elementos.

3º – Entidade gestora

A gestão do sistema informático ou plataforma e das respectivas funcionalidades compete ao respectivo município e, no caso da Administração Central, é assegurada pela Direcção-Geral das Autarquias Locais (DGAL).

4º – Funcionalidades

1 – Os municípios devem disponibilizar sistema informático ou plataforma com as funcionalidades necessárias à tramitação desmaterializada dos procedimentos previstos no regime jurídico da urbanização e da edificação, incluindo as consagradas no nº 2 do artigo 8º-A do Decreto-Lei nº 555/99, de 16 de Dezembro, na redacção da Lei nº 60/2007, de 4 de Setembro, podendo criar outras funcionalidades ou introduzir alterações às existentes, de forma a garantir e a aperfeiçoar o sistema ou plataforma.

2 – A Administração Central deve disponibilizar sistema informático ou plataforma para a realização das consultas externas às entidades da Administração Central, directa ou indirecta, nos termos dos artigos 13º e 13º-A do Decreto-Lei nº 555/99, de 16 Dezembro, na redacção da Lei nº 60/2007, de 4 de Setembro, com as seguintes funcionalidades:

a) O envio de pedido, recepção e disponibilização simultânea *online* dos elementos que constituem e instruem todos os procedimentos de licenciamento, comunicação prévia, autorização de utilização, de informação prévia, de operações urbanísticas promovidas pela Administração Pública e dos procedimentos apensos a estes, para a realização da consulta externa pelos municípios a entidades da Administração Central, directa ou indirecta;

b) O envio de decisão, parecer, autorização ou aprovação de pedido emitido pelas entidades da Administração Central, directa ou indirecta, consultadas no âmbito de todos os procedimentos de licenciamento, comunicação prévia, autorização de utilização, de informação prévia, de operações urbanísticas promovidas pela Administração Pública e dos procedimentos apensos a estes;

c) Tramitação procedimental desmaterializada de todos os procedimentos de consulta externa pelos municípios a entidades da Administração Central, directa ou indirecta, no âmbito dos procedimentos de licenciamento, comunicação prévia, autorização de utilização, de informação prévia e de operações urbanísticas promovidas pela Administração Pública;

d) Realização de todas as comunicações e notificações no âmbito da consulta pelos municípios a entidades da Administração Central, directa ou indirecta, *online* através do sistema e a disponibilização de informação aos requerentes da operação urbanística;

e) Permitir a realização da liquidação pelas entidades consultadas e notificação para pagamento das taxas devidas pela consulta, com possibilidade de pagamento *online* ou, pela mesma via, efectuar a prova do pagamento e disponibilizar informação sobre o seu pagamento;

f) Efectuar a gestão e contagem dos prazos previstos no RJUE para a consulta, de acordo com as regras estabelecidas no artigo 72º do Código do Procedimento Administrativo;

g) Envio de alertas de aproximação do fim dos prazos previstos nos procedimentos do RJUE;

h) Realizar a gestão da informação documental e processual dos procedimentos de consulta no âmbito dos procedimentos de licenciamento, comunicação prévia, autorização de utilização, de informação prévia e de operações urbanísticas promovidas pela Administração Pública mediante a atribuição de nome de utilizador e de senha de acesso;

i) Registar, gerir e disponibilizar informação estatística acerca dos procedimentos de licenciamento, comunicação prévia, autorização de utilização, de informação prévia e de operações urbanísticas promovidas pela Administração Pública, incluindo de procedimentos apensos a estes, nomeadamente de fiscalização e de aplicação de medidas da tutela de legalidade urbanísticas, submetidos a consulta de entidades da Administração Central por município, NUTS II, NUTS III e território nacional;

j) Cumprir nas suas funcionalidades a legislação de protecção de dados pessoais;

l) Constituir base de dados e *backup* de todos os elementos inseridos no sistema e criação de perfil de utilizador, controlo de acessos e autorizações;

m) Criação de histórico de todos os documentos e movimentos do processo, de acordo com prazos definidos;

n) Introdução única de dados permitindo a sua disponibilização imediata em todos os módulos e sistema totalmente integrado;

o) Parametrização de consultas *online;*

p) Conversão dos relatórios em ficheiros electrónicos;

q) Ferramenta de exploração de base de dados para criação de relatórios, consultas e gráficos *ad hoc;*

r) Ajuda *online.*

3 – A DGAL pode inserir outras funcionalidades ou introduzir alterações às existentes, de forma a garantir e aperfeiçoar o sistema e criar novas funcionalidades.

5º – Prestação de informação aos serviços de finanças

Os serviços de finanças têm acesso à informação disponibilizada pelos sistemas informáticos sobre as operações urbanísticas para efeitos de actualização e registos das matrizes prediais, dispensando os interessados da apresentação de outros elementos.

6º – Prestação de informação aos serviços do registo e a outras entidades tituladoras

1 – Os serviços do registo têm acesso à informação disponibilizada pelos sistemas informáticos, para efeitos da realização de registos prediais e de titulação de negócios jurídicos.

2 – Por protocolo a celebrar entre as respectivas associações públicas e a DGAL ou respectivos municípios pode ser facultado o acesso a advogados, notários e solicitadores à informação disponibilizada pelos sistemas informáticos, para efeitos de titulação de negócios jurídicos.

3 – Por protocolo a celebrar entre as câmaras de comércio e indústria e a DGAL ou respectivos municípios pode ser facultado o acesso à informação disponibilizada pelos sistemas informáticos àquelas entidades, para efeitos de titulação de negócios jurídicos.

7º – Preço

O uso do sistema ou plataforma da Administração Central pode estar sujeito ao pagamento de um preço, a determinar anualmente por despacho dos membros do Governo responsáveis pelas autarquias locais e pelo ordenamento do território, pelo serviço prestado.

8º – Indisponibilidade do sistema informático ou plataforma

1 – Nas situações de inexistência ou indisponibilidade do sistema informático ou plataforma, os procedimentos decorrem com recurso à tramitação em papel, sem prejuízo da eventual entrega de elementos em suporte informático, devendo os requerimentos, comunicações e outros elementos entregues serem acompanhados de duplicado, sendo a cópia devolvida ao requerente ou comunicante depois de nela ser aposta nota, datada, da recepção do original.

2 – Os procedimentos e elementos entregues nas situações de indisponibilidade do sistema devem, quando se torne possível, ser integrados no sistema informático ou plataforma.

3 – Nas situações de indisponibilidade ou enquanto não se encontrar em funcionamento o sistema informático ou plataforma, a informação de não rejeição e de admissão de comunicação prévia a que se refere o nº 1 do artigo 36º-A do Decreto-Lei nº 555/99, de 16 de Dezembro, na redacção conferida pela Lei nº 60/2007, de 4 de Setembro, é efectuada através da emissão de certidão independente de despacho a emitir nos termos do artigo 63º do Código do Procedimento Administrativo.

4 – Enquanto o sistema informático ou plataforma da Administração Central não estiver em funcionamento ou nas situações em que se encontrem temporariamente indisponíveis, os municípios devem solicitar e remeter os elementos necessários à consulta através de meios electrónicos e de forma desmaterializada directamente à entidade consultada.

9º – Entrada em vigor

A presente portaria entra em vigor no mesmo dia da entrada em vigor da Lei nº 60/2007, de 4 de Setembro.

Portaria nº 216-B/2008, de 3 de Março[207]

O Decreto-Lei nº 555/99, de 16 de Dezembro, na redacção que lhe foi conferida pela Lei nº 60/2007, de 4 de Setembro, veio prever que os projectos de loteamento devem prever áreas destinadas à implantação de espaços verdes e de utilização colectiva, infra-estruturas viárias e equipamentos, cujos parâmetros de dimensionamento são os que estiverem definidos em plano municipal de ordenamento do território.

Contudo, estabelece o nº 3 do artigo 6º da Lei nº 60/2007, de 4 de Setembro, que até ao estabelecimento, nos termos do nº 2 do artigo 43º, dos parâmetros para o dimensionamento das áreas destinadas à implantação de espaços verdes e de utilização colectiva, infra-estruturas viárias e equipamentos continuam os mesmos a ser fixados por portaria.

Assim:

Nos termos do disposto no nº 3 do artigo 6º da Lei nº 60/2007, de 4 de Setembro:

Manda o Governo, pelo Secretário de Estado do Ordenamento do Território e das Cidades, o seguinte:

1º Os parâmetros para o dimensionamento das áreas destinadas a espaços verdes e de utilização colectiva, infra-estruturas viárias e equipamentos de utilização colectiva são os constantes dos quadros I e II anexos à presente portaria, que dela fazem parte integrante.

2º Os valores constantes dos quadros I e II são os mínimos a considerar, atendendo aos tipos de ocupação do espaço.

3º O dimensionamento do número de lugares de estacionamento necessários ao uso habitacional deve ser determinado em função da tipologia dos fogos e, na ausência desta indicação, deve ser considerado o valor da área média do fogo.

[207] Objecto da Declaração de Rectificação nº 24/2008, de 2 de Maio.

4º Nos conjuntos comerciais e estabelecimentos comerciais com área de construção total superior a 2500 m2, armazéns, estabelecimentos industriais integrados em áreas de localização empresarial, estabelecimentos de indústria pesada ou plataformas logísticas poderão ser apresentados valores distintos dos fixados para o estacionamento, desde que devidamente fundamentados em estudos de tráfego.

5º A presente portaria produz efeitos na data da entrada em vigor da Lei nº 60/2007, de 4 de Setembro.

QUADRO I – Parâmetros de dimensionamento

Tipo de ocupação	Espaços verdes e de utilização colectiva	Equipamentos de utilização colectiva	Infra-estruturas – Estacionamento (a)
Habitação em moradia unifamiliar	28 m²/fogo	35 m²/fogo	1 lugar/fogo com a.c.< 120 m² 2 lugares/fogo com a.c. entre 120 m² e 300 m² 3 lugares/fogo com a.c. > 300 m² O número total de lugares resultante da aplicação dos critérios anteriores é acrescido de 20% para estacionamento público
Habitação colectiva ...	28 m²/120 m² a.c. hab.	35 m²/120 m² a.c. hab. ...	Habitação com indicação de tipologia: 1 lugar/fogo T0 e T1; 1,5 lugares/fogo T2 e T3; 2 lugares/fogo T4, T5 e T6; 3 lugares/fogo > T6; O número total de lugares resultante da aplicação dos critérios anteriores é acrescido de 20% para estacionamento público. Habitação sem indicação de tipologia: 1 lugar/fogo para a.m.f. < 90 m²; 1,5 lugares/fogo para a.m.f. entre 90 m² e 120 m²; 2 lugares/fogo para a.m.f. entre 120 m² e 300 m²; 3 lugares/fogo para a.m.f. > 300 m²; O número total de lugares resultante da aplicação dos critérios anteriores é acrescido de 20% para estacionamento público.
Comércio	28 m²/100 m² a.c. com	25 m²/100 m² a.c. com...	Comércio: 1 lugar/30m² a.c. com. para establ. < 1000m² a.c.; 1 lugar/25m² a.c. com. para establ. de 1000m² a 2500m² a.c.; 1 lugar/15m² a.c. com. para establ. > 2500m² a.c. e cumulativamente 1 lugar de pesado/200m² a.c. com.
Serviços	28 m²/100 m² a.c. serv	25 m²/100 m² a.c. serv...	3 lugares/100 m² a.c. serv. para establ. ≤ 500m². 5 lugares/100 m² a.c. serv. para establ. > 500m². O número total de lugares resultante da aplicação dos critérios anteriores é acrescido de 30% para estacionamento público.
Indústria e ou armazéns	23 m²/100 m² a.c. ind./armaz	10 m²/100 m² a.c. ind./armaz.	1 lugar/75 m² a.c. ind./armaz. Pesados: 1 lugar/500 m² a.c. ind./armaz., com um mínimo de 1 lugar/lote (a localizar no interior do lote) O número total de lugares resultante da aplicação dos critérios anteriores é acrescido de 20% para estacionamento público.

Quadro II – Parâmetros de dimensionamento

Tipo de ocupação	Infra-estruturas – Arruamentos (*b*)
Habitação a.c. hab. > 80% a.c.	Perfil tipo ≥ 9,7 m. Faixa de rodagem = 6,5 m. Passeio = 1,6 m (x2). Estacionamento = [(2,25 m) (x2)] (opcional). Caldeiras para árvores = [(1,0 m) (x2)] (opcional).
Habitação (se a.c. hab. < 80%), comércio e ou serviços.	Perfil tipo ≥ 12 m. Faixa de rodagem = 7,5 m. Passeios = 2,25 m (x2). Estacionamento = [(2,25 m) (x2)] (opcional). Caldeiras para árvores = [(1,0 m) (x2)] (opcional).
Quando exista indústria e ou armazéns.	Perfil tipo ≥ 12,2 m. Faixa de rodagem = 9 m. Passeios = 1,6 m (x2). Estacionamento = [(2,5 m) (x2)] (opcional). Caldeiras para árvores = [(1.0 m) (x2)] (opcional).

Anotações e conceitos referentes aos quadros I e II

(*a*) Os lugares apontados no quadro I referem-se, genericamente, a veículos ligeiros, que, relativamente a veículos pesados, se faz referência expressa. Para o cálculo das áreas por lugar de estacionamento, deve considerar-se o seguinte: veículos ligeiros: 20 m2 por lugar à superfície e 30 m2 por lugar em estrutura edificada; veículos pesados: 75 m2 por lugar à superfície e 130 m2 por lugar em estrutura edificada.

(*b*) O perfil tipo inclui a faixa de rodagem e os passeios. Caso se prefira pela inclusão de estacionamento ao longo dos arruamentos, devem aumentar-se, a cada perfil tipo, corredores laterais com 2 m (× 2), 2,25 m (×2) ou 2,5 m (× 2), consoante se trate da tipologia habitação, comércio e serviços ou indústria e ou armazéns. Quando se opte pela inclusão no passeio de um espaço permeável para caldeiras para árvores, deve aumentar-se a cada passeio 1 m. Os valores do dimensionamento de áreas destinadas a arruamentos podem não ser aplicáveis em áreas urbanas consolidadas ou com alinhamentos definidos.

Espaços verdes e de utilização colectiva – trata-se de espaços livres, entendidos como espaços exteriores, enquadrados na estrutura verde urbana, que se prestam a uma utilização menos condicionada, a comportamentos espontâneos e a uma estada descontraída por parte da população utente. Inclui, nomeadamente, jardins, equipamentos desportivos a céu aberto e praças, com exclusão dos logradouros privados em moradias uni ou bifamiliares.

Equipamentos de utilização colectiva – áreas afectas às instalações (inclui as ocupadas pelas edificações e os terrenos envolventes afectos às instalações) destinadas à prestação de serviços às colectividades (saúde, ensino, administração, assistência social, segurança pública, protecção civil, etc.), à prestação de serviços de carácter económico (mercados, feiras, etc.) e à prática de actividades culturais, de recreio e lazer e de desporto.

Infra-estruturas – integram a rede viária (espaço construído destinado à circulação de pessoas e viaturas) e o estacionamento.

a. c. (área de construção) – valor expresso em metros quadrados, resultante do somatório das áreas de todos os pavimentos acima e abaixo do solo, medidas pelo extradorso das paredes exteriores, com exclusão das áreas destinadas a estacionamento.

a. c. hab. – área de construção para habitação.

a. c. com. – área de construção para comércio.

a. c. serv. – área de construção para serviços (inclui escritórios).

a. c. ind./armaz. – área de construção para indústria ou armazéns.

a. m. f. (área média do fogo) – quociente entre a área de construção para habitação e o número de fogos.

ÍNDICE GERAL